사랑하는 어머니께 이 책을 바칩니다

잊혀진 민족운동가의 새로운 부활

초판 1쇄 발행   2016년 12월 31일

지은이 ㅣ 박   환
펴낸이 ㅣ 윤 관 백
펴낸곳 ㅣ 도서출판 선인

등 록 ㅣ 제5-77호(1998.11.4)
주 소 ㅣ 서울시 마포구 마포대로 4다길 4 곳마루 B/D 1층
전 화 ㅣ 02)718-6252/6257
팩 스 ㅣ 02)718-6253
E-mail ㅣ sunin72@chol.com

정가 60,000원
ISBN   979-11-6068-025-6   93910

잊혀진 민족운동가의 새로운 부활

국내 민족운동의 숨겨진 이야기

박 환

도서
출판 선인

　일제강점기 유명, 무명의 수많은 혁명가들이 국내외에서 활발히 민족운동을 전개하였다. 그리고 1945년 8월 15일 해방이 되었다. 이름 모를, 널리 알려지지 않은 독립운동가들의 노력이 바로 해방을 가져오지는 못했을 지라도 그들, 잊혀진 항일운동가들의 피눈물 나는 고민과 고통, 역경 속에서의 투쟁이 광복의 밑거름이 된 것은 주지의 사실이다. 그럼에도 불구하고 해방된 지 70년이 지난 오늘날까지도 잊혀진 민족운동가들과 민족운동들이 우리 주변에는 아직 산적해 있다. 광복70주년을 넘기면서 필자는 그동안 국내에서 주로 활동하였으나 잊혀진 민족운동가들의 흔적과 민족운동을 새롭게 부활시키고자 본서를 작성하게 되었고, 책 제목도 "잊혀진 민족운동가의 새로운 부활"로 정해 보았다.

　권두논문에서는 동아시아의 평화와 관련하여 우리의 현실적 과제인 한중일 간의 역사전쟁에 대한 필자의 의견을 피력하였다. 역사전쟁에서 상대방이 인정할 수 있는 사료의 제시 등과 더불어 안중근 의사의 『동양평화론』을 통하여 이 시대와 미래에 평화가 중요하다는 것을 제시하고자 하였다.

　1편에서는 그동안 주목하지 못했던 민족운동가들에 대하여 연구해 보았다. 먼저 수원에서 활동하다 만주지역으로까지 활동영역을 넓혔던 필동 임면수에 대하여 주목해 보았다. 그는 기독교인으로서 신민회의 해외독립운동기지건설의 일환으로 만주로 망명하여 무관학교를 설립한 인물이다. 필자의 연구 결과로 광복70주년을 맞이하여 수원에 동상이 서게 되는 등 역사적 위상을 되찾게 되었다. 다음으로는 휘문고등학교 출신으로 수원구국민단 단장으로 활동한 박선태에 대하여 살펴보았다. 그는 우익 민족주의자의 활동과 향배를 잘 보여주는 인물이다. 그럼에도 불구하고, 지금까지 박선태의 독립운동은 알려지지 않았다. 홍승하는 목사로서 경기도 지역뿐만 아니라 하와이로도 진출하여 전도활동 및 민족운동에 기여하였고, 김정식은 멕시코에서 활동하였다. 황창오와 이관구는 황해도 출신으로 전자는 대동단에서, 후자는 대한광복회 등에서 활동한 민족운동가들이다.

2편에서는 1930~40년대 학생운동을 새롭게 밝혀보았다. 당시는 전시체제였으므로 독립운동의 형태도 비밀결사의 모습으로 나타난다. 본고에서는 그중 특히 낙서운동을 전개했던 김용창과 한글연구회를 조직한 수원고등농림학교 학생들, 그리고 태극단을 조직하여 활동한 대구상고 학생들에 주목하였다. 그 가운데 태극단의 경우는 생존지사인 김상길의 육성증언을 통하여 학생운동의 모습을 보다 구체적이고 생동감있게 전달하고자 기획하였다.

3편에서는 일제강점기 학생들의 학교생활과 삶을 특히 수원군 지역이라는 창을 통하여 살펴보고자 하였다. 이는 필자가 재직하고 있는 학교가 위치한 지역의 사례를 통하여 식민지시대 학생들의 생활을 전체적으로 보다 쉽게 접근해 볼 수 있다는 방법론에 기인한 것이다. 특히 일제강점기 조선총독부가 조선학생을 일본신민, 나아가 황국신민으로 만들어 나가는 과정을 학교생활, 운동회, 그리고 한정택이라는 특정개인을 통하여 밝혀보고자 하였다. 특히 한정택의 일기를 통하여 해방 이전과 이후의 교육계의 변화하는 모습을 밝혀볼 수 있어 더욱 흥미롭다. 아울러 수원군 양감면지역의 사례를 통하여 일본식 학교가 만들어지기 전 조선인들을 중심으로 자발적으로 만들어진 민족교육기관인 보신강습소, 신흥학당, 대화숙 등에 대하여도 주목하여 보았다. 이는 조선인들의 자주적인 교육실현의 한 단면을 살펴볼 수 있다는 점에서 흥미를 자아낸다.

4편에서는 경북 청도군 지역의 전시체제기 민족운동과 강제동원 사례를 통하여 이시기 전체 국민들의 삶의 모습에 대하여 심층적으로 알아보고자 하였다. 아울러 청도인들의 국민총동원령에 대한 반대운동에도 주목하고자 하였다. 특히 강제동원과 관련하여서는 동원된 인물들에 대한 전체 인명록을 작성하여 보다 구체적인 실체에 접근하고자 하였다. 또한 청도지역에 관한 일제의 지배와 조선인의 저항관련 사료들에 대해서도 검토함으로써 지역사 연구 활성화에 기여하고자 하였다.

5편에서는 서울에서 조선인들이 간행한 신문들의 1930년대 논조 변화에 일차적으로 주목해보고, 아울러 일본인이 간행한 수원지방지 편찬의 의미를 통하여, 언론의 두얼굴을 되새겨보고자 하였다. 전자의 경우 친일과 민족 사이에서 고민하고 있음을 살펴볼 수 있을 것이며, 후자의 경우 식민지근대화론을 통하여 일제의 조선지배, 수원지배를 정당화하는 모습들을 밝혀볼 수 있을 것이다.

6편에서는 지역민의 해방정국과 한국전쟁에 대하여 밝혀보고자 하였다. 먼저 증언을 통하여 해방정국 수원사람들의 다양한 삶과 모습을 추적해 보고자 하였다. 다음으로는 한국전쟁의 숨겨진 이야기를 소개하고자 하였다. 일제강점기 격동의 세월을 산 유정수란 인물이 해방 후 한국전쟁기간에 겪은 인생역정을 그의 일기를 통하여 재구성해 보고자 하였다. 일제강점기와 해방 이후의 연결성을 살펴볼 수 있는 그리고, 한국전쟁기의 국민방위군을 새롭게 조망해 볼 수 있는 귀한 글이 아닌가 한다.

이 책의 작성에는 많은 분들의 도움이 있었다. 먼저 지역사에 관심을 갖도록 이끌어주신 화성박물관장 한동민, 수원박물관의 이동근 학예사, 청도문화원장 박윤제 선생께 깊은 감사를 드린다. 아울러 필자의 연구에 힘이 되어준 국가보훈처 정명희 선생께도 각별한 고마움을 표하고 싶다. 또한 형제처럼 항상 격려해주신 선인출판사 윤관백 대표와 이 책을 책다운 책으로 꾸며주신 편집부 식구들에게도 고마운 마음을 전한다. 그리고 지난 30년 동안 안정적인 분위기에서 학문에 정진할 수 있도록 여건을 마련해 준 수원대학교와 항상 힘이 되어준 수원대학교 사학과 학생, 교수들님께도 인사를 전한다. 특히 교정에 힘써준 수원대학교 제자 이승원, 박초희, 황이슬, 신다혜, 박영헌, 김빛나 군에게도 감사함을 표한다.

끝으로 사랑하는 부모님, 가족·형제들과 책 출간의 기쁨을 함께 나누며, 그 고마움에 감사를 드린다. 아빠 책의 출간을 축하해주며, 책 제목 등에도 젊은이들의 생각과 기대를 담아주고자 애써준 박경, 박찬 두 '동학'에게 고마움을 표하고 싶다.

2016. 겨울 문화당에서
清軒 박환

제2편 잊혀진 학생들의 독립을 위한 투쟁

제3편 우리가 몰랐던 학교생활과 민족운동: 수원지역을 중심으로

제4편 새롭게 조명하는 지역민의 민족운동과 강제동원:
경북 청도지역을 중심으로

제5편 언론의 두 얼굴: 조선인이 간행한 신문과 일본인이 편찬한 지방지

제1장 일제강점기 한글신문의 변모양상: '친일'과 '민족'

제6편 지역민의 해방정국과 한국전쟁의 숨겨진 이야기

동아시아 평화를 위한 제언

1. 서언

21세기가 시작되면서, 동아시아에는 역사전쟁의 물결이 소용돌이치고 있다. 2001년 일본의 역사교과서 사건으로 시작된 역사 갈등은 곧이어 2005년 일본의 독도영유권 주장 등으로 이어졌다. 그런 가운데 2004년 중국의 고구려사 왜곡이 겹치면서 혼전의 양상을 연출하고 있다. 특히 중국의 고구려사 왜곡은 동아시아 3국이 역사인식을 좁혀나가는데 또 다른 큰 위협으로 등장했다.

최근 한중일 3국의 역사전쟁 중 한일 간의 역사전쟁이 더욱 치열한 분위기다. 야스쿠니(靖國) 신사참배, 일본군 위안부 및 독도의 역사교과서 기술과 검정, 독도영유권 주장, 징용 징병 피해자, 사할린 한인 문제들이 첨예한 문제들이다. 지난 2011년 12월 정상회담에서 이명박 대통령과 노다(野田) 총리는 일본군 위안부와 독도영유권 문제를 둘러싸고, 장시간 직설적으로 언쟁을 벌였다. 그 후 2012년 8월 이 대통령은 전격적으로 독도를 방문하고 천황이 방한할 경우 사죄해야 한다고 발언하였다. 일본정부는 이에 대해 맹렬히 반발하였다. 이런 분위기에 편승하여 2012년 말 다시 정권을 장악한 아베 신조(安倍晋三) 총리는 일본군 위안부의 강제연행을 부인하고, 1년 후에는 보란 듯이 야스쿠니 신사를 참배했다. 그리고 박근혜 대통령정부에 들어서, 2015년 한일국교정상화 50주년을 맞이하여서는 서로 축하하기보다는 오히려 어색한 분위기가 연출되고 있다.

본고는 동북공정의 실체나 일본역사교과서 왜곡내용을 구체적으로 살펴보는 것을 목적으로 하지 않는다. 이에 대하여는 그동안 충분한 연구들이 이루어져 있기 때문이다.[1] 이에 본고에서는 광복 70주년, 미래 70년을[2] 맞이하여 역사전쟁의 상황 속에서 우리가 이를 어떻게 극복하고 동양의 평화를 이루어나갈 것인가에 초점을 맞추어 살펴보고자 한다. 이를 위해서 우선 간단히 역사전쟁의 실체를 알아보고, 역사전쟁을 극복하기 위하여 선구자적인 역할을 한 사운(史芸) 이종학(李鍾學, 1927~2002)에 대하여 밝혀보고자 한다. 특히 감정이 아닌 객관적인 자료로서, 상대편, 즉 일본 측 자료를 통해 상대방의 주장을 극복하고자 한 그의 주장에 주목하고자 한다.[3] 끝으로 순국할 때까지 동양평화를 주창한 안중근 의사의 사례를 통하여 동양평화에 대하여 다시 한 번 살펴보는 기회를 갖고자 한다. 특히 안중근 의사는 국권회복운동이 활발하던 1908년 10월 1일 수원에 와서 국권회복운동의 일단을 추진해 보고자 하였던 것으로 판단되기 때문이다.

2. 역사전쟁 어떻게 극복할 것인가?: 사운 이종학을 배우자

동아시아 3국의 역사분쟁은 일차적으로 각국의 국내사정에 기인한다. 일본은 10여 년간의 경제 불황을 겪으면서 현저하게 우경화하는 경향을 보이고 있다. 중국의 고구려사 왜곡도 역시 국내사정에 기인하는 것으로 판단된다. 중국에는 한족(漢族) 이외

---

[1] 동북아역사재단 홈페이지에서 이에 대하여 상세히 소개하고 있다.

[2] 정부에서는 광복 70년 미래 30년을 언급하고 있다. 그러나 수원에서는 광복70년, 미래 70년을 슬로건으로 내세우고 있다.

[3] 이종학과 관련하여서는 다음이 참조된다. 수원박물관, 『사운 이종학 끝나지 않은 역사전쟁』, 2012.

에 55개의 소수민족이 있으며, 국가내부 통합이 어느 때보다 강력히 요청되고 있다. 개혁 개방의 성과로 경제규모가 커지고, 경제력이 향상됨에 따라 자신감을 회복하는 한편에는 계층 간 지역 간 격차가 심화되는 부작용도 나타났다. 중국은 소수민족의 통합책으로 역사를 이용하려는 경향을 보이고 있다. 중화민족이라는 새로운 민족개념과 통일적 다민족국가론은 그러한 목표를 달성하기 위해 창출된 이론이다.

중국과 일본의 역사왜곡은 국가주의와 배타적 민족주의 고양의 결과이며, 패권주의의 발현이다. 민족주의는 국민을 통합하는 순기능도 있지만, 배타적 성격을 띠기 쉬우므로 역기능도 크다. 국가주의와 민족주의는 정치지도자나 역사학자에게서 보다 대중에게서 더 강하게 나타나기 때문이다.

역사를 둘러싼 분쟁과 갈등은 여러 가지 바람직하지 못한 결과를 낳는다. 역사분쟁이 초래하는 가장 큰 폐해는 상대국가와 국민에 대한 인식을 부정적으로 바꾸어 놓는 점이다. 시민의 감정악화는 결국, 시민이 정치지도자를 선출하고 정책의 방향을 결정하는 국가에서는 국가의 정책방향을 대결 국면으로 변화시킬 수 있다. 이러한 현상은 중국의 고구려사 왜곡이 시작된 이래 중국을 보는 눈을 크게 달라지게 만들었다. 학문적으로 볼 때, 역사분쟁은 학문의 건전한 발전을 저해한다. 한 국가에 의한 역사왜곡은 상대국가로 하여금 즉각적 대응을 불가피하게 하고, 합리적이고 다양한 모색을 불가능하게 한다.

결국 역사왜곡은 동아시아의 평화를 파괴하고 감정적 대립만을 가져와 공동의 발전을 저해한다. 상호 역사왜곡으로 각국은 고립될 뿐이다. 일본은 중국위협론을 내세우며, 미국과 연합하여 중국에 대항하려고 하고, 중국은 미일동맹의 강화를 경계한다. 이러한 구도를 탈피하여 장기적으로 동아시아 3국은 협조를 강화하여 하나의 지역협력체를 형성할 필요가 있다. 중국과 일본, 한국의 경제력을 합치면, 세계 3대 지역협력체의 하나로 성장할 수 있다. 그러려면 경제협력과 함께 문화공유, 역사인식의 공유가 필요하다.[4]

동북공정에 대한 한국인의 대응양상 및 극복방안에 대하여는 기존의 연구들이 있

---

4) 안병우, 「동아시아 평화와 역사교육」, 『역사와 현실』 53, 2004, 1~7쪽.

으므로,[5] 본장에서는 일본과의 역사전쟁 관련 부분을 중심으로 살펴보도록 하겠다.[6]

1) 역사전쟁에 뛰어들다: "자료는 무기"

사운 이종학은 일본의 역사왜곡에 통분하여 과거의 역사적 진실을 새롭게 밝히고 현재의 잘못을 바로잡아 미래를, 역사를 지켜내고자 했던 인물이었다. 그는 1927년 10월 1일 경기도 수원군 우정면 주곡리 244번지에서 태어났다. 일찍이 이순신 장군과 임진왜란에 대한 관심은 점차 우리의 영토와 한일관계로 그 폭이 넓어졌고, 사료수집 또한 일제의 불법 한일합방에 대한 사료와 우리 영토관련 사료를 다방면에 걸쳐 수집하기 시작하였다. 드디어 이종학의 역사전쟁이 시작된 것이다.

이종학은 일본이 영유권을 주장하는 독도, 한일강제병합의 과정을 겪으면서 남의 땅이 되어 버린 간도와 녹둔도 등의 왜곡된 역사를 지금 바로 잡지 않으면 후대에 더 많은 것을 잃을 지도 모른다는 위기의식에 총칼 없는 역사전쟁터로 주저없이 뛰어들었다.

이 역사전쟁에서 사운 이종학은 누구보다도 역사적 진실을 보여주는 사료를 강조한 인물이라는 점에서 특별히 주목할 필요가 있다. 2002년 그가 사망하자 한국의 주요 신문들은 그의 부음을 전하면서, 생전에 고인이 사료의 중요성을 강조하였음을 다음과 같이 기사화하고 있다.

『한겨레신문』 2002년 11월 25일자에서는,「사료수집 한평생 이종학씨의 생애 / 독도 영유권·일제침략 근대사 연구 '밑돌'」이라는 제목하에,

> 23일 별세한 이종학 전 사운연구소장의 아호는 역사를 김매기 한다는 뜻의 사운(史芸)이다. 이 아호의 뜻대로 그는 독도의 한국영유권 문제와 이충무공 사적, 일제 침략비사 등에 대한 막대한 분량의 기초사료들을 수집해 근대사 연구에 소중한 터전을 닦아놓고 갔다.

---

[5] 정문상,「역사전쟁에서 역사외교로−동북공정에 대한 한국인의 대응양상」,『아시아문화연구』15, 가천대학교 아시아문화연구소, 2008 ; 임기환,「중국의 동북공정과 한국 역사학계의 대응」,『사림』26, 2006 ; 반병률,「동북공정에 대한 우리나라의 대응과 반성」,『중국의 동북공정 5년, 그 성과와 한국의 대응』, 2007.

[6] 2001년까지의 일본의 역사왜곡에 대한 한국사회의 대응은 다음 논문이 참조된다. 신주백,「일본의 역사왜곡에 대한 한국사회의 대응(1965~2001) 새로운 희망을 찾아서」,『한국근현대사연구』17, 2001년 여름호.

라고 하여, 그가 막대한 분량의 기초사료들을 수집해 근대사 연구에 소중한 터전을 닦아놓고 갔음을 강조하며, 그의 죽음을 애도하고 있다.

『서울신문』 2002년 11월 25일자에서도,

> 서지학자 이종학(李鍾學) 씨가 23일 오후 2시 경기 수원 아주대부속병원에서 별세했다. 75세.
> 이 씨는 '자료가 무기'라는 좌우명을 평생 실천한 한국의 대표적인 서지학자(書誌學者)이다.
> 스스로 회고했듯 40년을 자료 모으는 즐거움에 살아온 덕택에 서재는 헤아릴 수 없는 숫자의 사진과 문헌으로 가득하여 지금도 학자들의 주요 순례처가 되고 있다.

라고 하여, '자료가 무기'라는 좌우명을 평생 실천한 한국의 대표적인 서지학자라고 높이 평가하고 있다. 이것이 사운 이종학을 가장 적절히 잘 표현한 것이 아닌가 할 정도이다.

위의 기사들에서 볼 수 있는 바와 같이, 이종학은 독도문제, 이순신 문제 등 한국사의 주요한 문제들에 대한 자료 수집에 진력한 대표적인 서지학자였다는 점은 누구나 공감할 것이다.

2) 역사전쟁의 논리: 상대편도 수긍할 수 있는 자료를 제시하자

이종학은 수많은 좌절과 고민 끝에 일본의 역사왜곡문제는 국내에 존재하는 사료만으로는 해결할 수 없고, 일본 스스로가 만든 사료에서 그들의 모순을 찾는 데서부터 다시 시작해야 한다고 판단하여 비장한 일념으로 수시로 일본을 방문하며 관련 사료를 수집하였다. 즉, 그는 감정적으로 화형식이나 서명운동을 하는 등의 일회성 행사를 보여주는 것만으로는 우리의 주장을 알리는데 한계가 있다고 여겨 일본인 자신도 수긍할 수 있는 사료로 우리의 주장을 뒷받침하는 것이 중요하다고 인식하였던 것이다.[7]

---

7) 오미애, 「사운 이종학의 생애와 활동」, 『사운 이종학 끝나지 않은 역사전쟁』, 수원박물관 2012, 252~255쪽.

노형석 한겨레 신문 문화부 기자는 〈사운 이종학, 삶이 역사가 되다」에서, 다음과
같이 그의 자료수집에 대하여 평가하고 있다.

20년 동안 50여 차례 일본을 드나들며 국립공문서관을 뒤져 1592년 독도가 조선땅임을
일본 스스로 밝힌 「팔도총도」와 1883년 일본 해군성 수로국 발행문서인 「환영수로지」 등을
찾아냈고, 97년에는 마침내 울릉도에 그동안의 관련 사료들을 소장, 전시하는 독도박물관을
세우게 된다. 어리석은 이가 산을 옮긴다는 '우공이산'의 마음으로 폐쇄적인 일본관계기관들
을 수소문하며 독도가 조선땅이며, 동해가 조선해임을 표기한 일본의 고지도 20여 점을 발
견했고, 2000년엔 『한일어업관계자료집』도 발간해 역사적인 영유권 근거의 토대를 닦았
다.[8]

사운 이종학은 2000년 1월 간도가 우리영토임을 밝혀주는 자료인 『통감부임시간도
파출소기요』를, 아울러 독도영토주권을 수호하기 위한 자료집으로서 『일본의 독도정
책자료집』을 발간했다. 전자는 러일전쟁 후 일본이 간도문제를 둘러싼 청과의 교섭
에서 유리한 고지를 선점하기 위해 조사 연구한 자료로 결과적으로 간도가 한국의 영
토임을 확인할 수 있는 자료라는 점에서 가치가 있다.[9] 후자는 일본의 중의원과 참의
원, 그리고 시마네현의 의회록에서 독도와 관련된 내용을 편집한 것이다. 기간은 일
본국회의 경우 1993년 1월 22일부터 2000년 6월 2일까지, 시마네현 의회는 1995년 5월
부터 2000년 5월 30일까지이다.[10]

2001년에는 1867년부터 1876년 조일수교조규체결까지 일본의 대조선외교과정을 밝
힌 『조선심교시말』(1876), 1910년 한국강제병합 당시 일본군의 동향을 알 수 있는 『일
한병합시말』(1911)을 각각 간행했다. 그 후에 발간을 계획한 자료집으로는 『간도사집
첩』,[11] 『간도산업조사서』, 『특별조사 동부간도 및 함경남북도 양도』가 있었다. 그런
데 2002년 그가 작고하면서 이 자료집들의 발간은 실현되지 못했다.[12]

---

8) 노형석, 「사운 이종학 삶이 역사가 되다」, 『사운 이종학 끝나지 않은 역사전쟁』, 273쪽.
9) 윤소영, 「사운 연구소 발간 자료의 특징과 가치」, 『사운 이종학 끝나지 않은 역사전쟁』, 264쪽.
10) 윤소영, 위의 논문, 262~263쪽.
11) 이종학, 「간도사진첩과 관련하여」, 『백산학보』 27, 1983.

그리고 『세계일보』 2000년 6월 26일자 「이종학 전 독도박물관장 '1910년 한국강점 자료집' 출간」에서는,

　　독도문제 전문가로 알려진 이종학 사운연구소 소장(李鍾學. 73. 순천향대 이순신 장군 연구소장. 전 독도박물관장)이 이번엔 1910년 일제의 한국강점이 실질적으로나 절차상으로도 불법강제임을 입증하는 일본의 극비 자료들을 발굴했다. 이 소장은 한국강점 당시 데라우치 마사다케가 내각 총리대신 가쓰라 다로에게 보낸 보고서인 '조선총독보고(朝鮮總督報告) 한국병합시말(韓國倂合始末) 부(附) 한국병합과 군사상의 관계', '통감부와 내각 사이의 전문인 한국병합에 관한 서류(書類) – 발전(發電) – 착전(着電)', 조약체결을 재가한 강점 당일의 추밀원회의 기록 '추밀원회의필기(樞密院會議筆記) – 한국병합에 관한 조약 외(메이지 32년 8월 22일)' 등이 담긴 987쪽짜리 '1910년 한국강점자료집(韓國强占資料集)'을 펴냈다.
　　한일합방 90년만에 처음으로 선보이는 이 자료들을 수집하기 위해 이 소장은 1980년부터 50여 차례 일본을 방문했다. 외부반출을 불허하는 비밀자료들을 극비리에 촬영, 4년여의 번역과 교정 등 편집작업을 거친 끝에 이번에 단행본으로 낸 것이다. 작업에는 조총련계 조선대학교 금병동(琴秉洞) 교수가 동참, 많은 도움을 줬다.

라고 하여, 이종학이 1910년 일제의 한국강점이 실질적으로나 절차상으로도 불법강제임을 입증하는 일본의 극비 자료들을 발굴했음을 보도하고 있다.

3) 역사전쟁 승리의 비법: 전공자에게 사료를 제공하라

이종학은 자신이 서지학자임을 분명히 인식하고 그의 장점과 한계를 인정할 줄 아는 인물이었다. 그는 연구자들에게 자료를 제공함으로써 그 가치를 극대화시킬 줄 아는 겸허한 서지학자라는 점에서 더욱 높이 평가된다. 일반적인 수집상들은 이를 보존하고 이에 만족하는 특징을 보여주고 있다. 이종학의 경우는 이와 크게 대조된다.
『서울신문』 2002년 11월 25일자에서,

---

12) 윤소영, 「사운연구소 발간 자료의 특징과 가치」, 261~262쪽.

　　서지학자 이종학(李鍾學) 씨가 23일 오후 2시 경기 수원 아주대부속병원에서 별세했다. 75세(중략).

　　그러나 이 씨는 최근 '자식 같은' 자료들을 꼭 필요한 곳에 기증하는 데 더 큰 힘을 기울였다. 독도박물관은 그가 제공한 자료가 바탕이 되어 세워질 수 있었고, 독립기념관 등에도 수천 점을 기증했다. 지난해에는 북한 사화과학원에 '일성록'과 '1910년 한국강점자료집' 등을 보내는 등 북한학계에 대한 사료 지원에 힘을 기울였다.

라고 하여, 이종학이 자식같은 자료들을 꼭 필요한 곳에 기증하는데 힘을 기울였다는 점에 무한히 공감하게 된다. 독도박물관, 독립기념관, 북한사회과학원 등이 그 대표적인 곳이다.

　　한편 이종학은 사료를 통하여 일본과의 역사전쟁뿐만 아니라, 남북통일을 위한 교류의 초석을 닦고 있음 또한 명백히 보여주고 있다. 『한겨레신문』 2001년 3월 16일자 「평양서 일제자료전시회 연 이종학 사운연구소장」에,

　　'일제강점무효 남북이 재확인' "일제는 을사조약 체결 때 광화문 위에 기관총을 걸어놓고, 고종이 조선왕조의 위패를 들고 도망갈까봐 종묘에 군대를 배치했습니다. 또 일본 군함이 부산에서 함경도까지 무력시위를 하며 돌아다녔는데, 그게 강점이 아니라 어떻게 '자발적인 조약 체결'이라 할 수 있습니까."

　　지난 1일부터 6일 동안 평양에서 '일제강점 자료전시회'를 성대히 마치고 돌아온 이종학(74. 사진) 사운연구소 소장은 어처구니없는 주장을 계속 해대는 일본을 이해할 수 없다고 말했다. 이 소장은 평양 전시회에 이런 내용이 담긴 '일－한 병합 시말'을 비롯해 당시의 '강압적' 상황을 입증하는 자료 1400여 점을 내놨다. 대부분 일제가 직접 만든 자료다.

라고 있듯이, 그리고 『한겨레신문』 2001년 5월 22일자 뉴스인물 「일제 한반도침탈 사료 전시 이종학 사운연구소장」에서,

　　이종학 소장은 지난 3월 1일 평양에서 분단 이래 처음으로 남북 공동자료전시회를 열었다. 당시 북쪽 사회과학원 역사연구소와 함께 남북공동 전시의 취지에 맞게 남쪽에서도 전시회를 열기로 한 것이다. "이번 전시에는 평양에서 있은 '일본의 역사교과서 왜곡을 규탄하

는 남북역사학자들의 공동성명' 전문과 평양에서 전했던 북한의 사진 및 신문 그리고 일본의 독도에 대한 억지와 생트집을 구체적으로 반박하는 다수의 독도관계 자료도 함께 전시됩니다."

독도박물관에 걸맞은 전시회다. 그러나 울릉도는 너무 멀다. 평양 전시회에 가져간 자료들만 해도 1400여 점인데 이번 전시에는 공간이 좁아 800여 점 정도만 전시할 수밖에 없게 된 것도 아쉽다. 본래는 지난 3월 평양 한복판에 대규모 전시실을 갖춘 인민대학습당에서 열린 전시회처럼 세종문화회관을 빌릴 작정이었다. 그러나 대관 예약이 다 끝나 불가능하다는 얘기를 들었다. "그래서 10월까지 오랫동안 전시할 예정입니다. 또 그 기간 중에 남북 역사학자들의 학술토론회를 병행할 겁니다. 광복절이나 한일병탄조약이 체결된 8월 22일쯤이 좋을 것 같은데 6월에 북을 다시 방문해 구체적인 협의를 진행할 예정입니다."

그의 활동의 단면을 상세히 살펴볼 수 있다.

이종학이 사망한 이후 그의 유족들이 이종학의 자료를 수원에 기증한 것 역시 이종학의 기본 유지를 가장 잘 받든 것이라고 판단된다. 수원만큼 그를 인정하고 그의 자료를 보존해 줄 만한 곳을 찾기 쉽지 않았을 것이기 때문이다.

4) 추모 그리고 제언

이종학이 2002년 사망한 이후 그의 첫 추모행사는 독립기념관에서 이루어졌다. 『한겨레신문』 2003년 11월 22일자에, 「다시 만나는 '독도지킴이'/ 고 이종학 기증자료 특별전」이라는 제목하에,

일제 강점기 통치 사료와 독도 영유권 근거 자료를 수집하는 데 일생을 몸바쳤던 고 이종학(1928~2002) 전 사운연구소장의 1주기를 맞아 충남 천안시 목천면 독립기념관에서 고인의 기증자료 특별전이 열린다.

구내 대한민국 임시정부관 특별기획전시실에서 25일부터 다음달 17일까지 마련되는 이 행사에는 고인이 수집한 일제침략 사료와 독립운동사 관련 사료들을 중심으로 고인이 평생 애착을 갖고 수집했던 독도 및 이순신 관련 사료들이 함께 선보인다. 특히 전시될 사료 가

운데 1876년 일본 해군 수로국에서 발간한 「조선동해안도」는 일제가 19세기 말까지 독도를 조선 땅으로 인정하고 있었음을 보여주는 중요한 근거로 평가된다. 또 1992년 일본 국립공문서관에서 찾아낸 「조선총독보고 한국병합 시말」도 한·일 병합의 불법성을 입증하는 일급 자료다.

라고 하여, 이종학 사료의 중요성을 부각시키고 있다.

그러나 이종학에 대한 추모작업은 그의 자료들이 수원시에 기증되면서 본격화되었다고 볼 수 있다. 『한겨레신문』 2004년 1월 17일자에, 「고 이종학선생 유물 2만점 /수원시에 기증」이라는 제목하에,

서지학자이면서 독도지킴이로 한평생을 살았던 고 이종학 선생이 소장했던 고서적과 사료·지도·사진 등 1만 9836점이 수원시에 기증됐다.

라고 하여 기증에 대하여 보도하고 있다.

이순신이 임진왜란을 준비한 것처럼 이종학은 묵묵히 수원에서 역사전쟁을 준비하였다. 그리고 그가 사망한 이후에도 역사전쟁은 끝나지 않았다. 오히려 새로운 시작이 아닌가 싶을 정도로 역사전쟁은 현재성을 지니고 있다.

2002년 사운 이종학이 사망한 후, 10주기를 맞이하여 2012년 수원박물관에서 이루어진 사운 이종학의 자료 전시회는 우리에게 시사해 주는 점이 많다. 당시 수원박물관장이었던 박덕환은 『경인일보』 2012년 8월 8일자에 다음과 같이 기고하고 있다.

왜! 끝나지 않은 역사전쟁인가?

▲ 박덕환 / 수원박물관장

우리는 지금 총성 없는 역사전쟁 속에 살고 있다. 직접적으로 전투를 치르는 것은 아니지만 즉, 우리 국민 개개인이 병사가 되어 끊임없는 역사 왜곡과의 전쟁을 치르고 있는 것이다.

한국과 중국, 일본의 끝나지 않은 역사전쟁 속에 기록의 중요성을 알리며 '한 줌 재 되어도 우리 땅 독도 지킬 터'를 좌우명으로 살다간 고(故) 사운 이종학(1927~2002) 선생의 유지가 이 시간에도 수원시와 수원박물관에 뚜렷이 남아 있다.

또한 2012년 10월 9일 수원박물관에서 '끝나지 않은 역사전쟁'이란 주제로, '이종학
과 이순신의 재발견－박재광', '일제의 조선강점 불법성과 배상문제－이상찬', '북방영
토와 간도영유권문제－노영돈', '19세기 일본 고지도에 표시된 조선해와 독도'라는 제
목의 학술발표회가 개최되어 이종학 자료에 대한 가치에 대한 재조명 작업이 이루어
졌다.

한편 수원화성박물관장을 역임한 이달호는 2005년 3월 21일자『경인일보』기고
「故 이종학 선생의 독도사랑을 배우자」라는 글에서 다음과 같이 전문가 양성의 필요
성을 일찍부터 강조하고 있다.

> 독도문제를 올바로 풀려면 학문적 축적, 국제법상의 근거, 실효적 지배 모두가 완벽히 요
> 구된다. 이러한 것을 뒷받침 하려면 단기필마였던 이종학 선생을 뛰어넘는 종합적 연구기관
> 의 양성이 필요하다. 이는 수원시에 기증된 이종학 선생의 유물을 토대로 진행될 것이지만
> 국가적 차원의 실천적 대책이 마련돼야 한다. 지금은 피끓는 가슴과 냉철한 머리가 요구되
> 는 시점이다.「이달호 수원시 학예연구사」

즉, 이달호는 단기필마였던 이종학 선생을 뛰어넘는 종합적 연구기관의 설치 필요
성을 강조하고 있다.

수원의 경우 이종학의 사료를 연구자들에게 보다 공개함으로써 이종학 선생의 뜻
이 보다 잘 구현될 수 있도록 개방적 자세를 적극적으로 취할 필요가 있다고 판단된
다. 이를 위해서는 박물관에 이들 자료들을 연구할 수 있는 연구인력을 보다 확충하
는 자세를 보일 필요가 있다. 이는 임진왜란시 이순신 장군이 거북선을 만드는 마음
으로 새로운 역사전쟁을 준비하는 자세로 많은 투자와 함께 이루어져야 할 것이다.

5) 이종학의 역사의식

서지학자 이종학의 역사의식이 자료를 무기로 하는 철저한 실증, 그리고 객관성에
바탕을 두고 있음은 주지의 사실이다. 특히 그는 비록 치욕의 역사라도 없애지 말고

이를 있는 그대로 서술해야 한다는 강한 의지를 갖고 있었다. 다음의 덕수궁 자료에 대한 그의 기고는 이종학의 역사관을 잘 드러내주고 있다.

『한겨레신문』 2001년 7월 13일 「컬럼, 논단」 기고에

기고/덕수궁 사료 공개 이종학씨/치욕의 역사도 역사 덕수궁 완벽 복원하자

나는 최근 『한겨레』에 덕수궁 관련사료들을 서둘러 공개하였다. 그 계기는 5개 궁궐 정전 가운데 덕수궁 중화전이 현재 보수공사 중이라는 사실을 알게 되면서부터였다. 문화재청에 물으니 중화전은 지붕에 비가 새어 해체보수 중이며 45% 정도 공정이 진척됐다고 했다. 이 말을 듣고서 나는 중화전 복원을 위해 하늘이 준 기회라는 생각이 들었다. 덕수궁 복원의 정당성은 공개한 사진자료들이 웅변한다. 흔적 없이 사라진 옛 정문 인화문의 존재와 단층 중화전이 원래 2층의 당당한 건물이었다는 사실을 다시금 입증하는 까닭이다. 게다가 역사적으로도 덕수궁은 복원되어야 할 명백한 근거를 지니고 있다.

1895년 10월 일본공사 미우라는 일본 낭인들을 이끌고 경복궁에 난입해 명성황후를 시해하고 주검을 불태우는 만행을 저질렀다. 신변위협을 느낀 고종은 이듬해 2월 러시아공사관으로 거처를 옮기는, 이른바 '아관파천'을 단행한다. 주권국가 군주가 외국공사관으로 피신한 이 전례 없는 사태는 1년 뒤인 1897년 2월 고종이 새 거처로 일개 이궁이던 덕수궁을 점찍는 배경이 된다.

사실 덕수궁은 정식궁궐로 보기엔 무리한 측면이 있다. 1394년 한양 천도부터 임진왜란이 일어난 1592년까지 조선왕조의 정궁은 경복궁이었고 대원군 중건 때까지는 창덕궁이 정궁구실을 했다. 원래 왕족의 사저였던 덕수궁은 구한말 국운이 쇠락하는 와중에 정궁구실을 잠시 맡았을 뿐이다. 시해악몽에 시달렸던 고종은 외국공사관과 가까운 덕수궁을 고집했다. 여차하면 다시 외국공사관으로 피신하는데 유리하다고 판단했을 것이다.

이런 맥락에서 1904년 4월 덕수궁 큰 불에 대한 오해도 바로잡을 필요가 있다.

당시 불이 난 원인에 대해 일본쪽 문헌들은 함녕전 온돌을 수리한 뒤 말리는 과정에서 불을 지나치게 때어 나무기둥에 옮아 붙으며 큰 불로 번졌다고 기록하고 있다. 그러나 함녕전 온돌과 나무기둥 사이에 한 자 이상의 돌기둥이 있어 이런 주장은 납득할 수 없다.

게다가 1903년 경부철도주식회사가 발행한 『한국전도』에는 영국공사관 들머리와 중화전 앞에 망대(望臺)표시가 보이는데 이는 일본이 전부터 철저하게 왕실을 감시한 증거라 할 수 있다.

또 1904년 1월 17일 일본 『전보신문』(서울 8일발)에는 한국 황제가 독립보다 일신상 위험

을 더 중시해 만일 무슨 일이라도 나면 외국공사관으로 먼저 달아날 것이라고 비꼰 내용도 나온다.

이런 정황을 종합할 때 나는 을사조약을 1년 앞두고 고종을 위협하려는 일본 쪽의 계획적 방화라는 심증을 굳히고 있다. 1907년 7월 일본이 덕수궁 경찰분서를 두고, 같은 달 고종을 내쳐 순종을 즉위시키고 한국강점 야욕을 본격화하는 훗날 역사를 보아도 그렇지 않은가.

차제에 문화재 당국은 망국의 역사적 현장인 덕수궁을 완벽하게 복원하여 역사의 산 교육장으로 삼아야 한다. 치욕의 역사도 역사이기 때문이다.

그런데도 서울시는 지난달 덕수궁 주변 캐나다 대사관터를 준주거지로 바꿔 고층건물 신축을 허용했다고 한다. 대사관 터는 구한말 희비의 정치사가 얽힌 옛 손탁호텔(1500여 평)자리다. 방침대로라면 덕수궁 옛 모습 찾기는 더욱 어려워질 것이 뻔하다.

민족정기를 되찾기 위해서라도 계획 자체를 백지화해야 할 일이다. 사운연구소장

라고 하여, "치욕의 역사도 역사"임을 분명히 강조하고 있다.

또한 이종학은 『한겨레신문』 2001년 7월 9일자 인물평 「한겨레가 만난사람/이종학 서지학자. 사운연구소장」에 「인터뷰 후기」에서,

이종학 소장은 칠순 넘긴 나이답지 않게 매사에 거침 없고 정력이 넘쳤다. 서지학자에게서 떠올리는 유약하고 고답적인 이미지와는 달랐다. 어릴 적 험한 농사일을 했고 5~6km 떨어진 학교를 마라톤하듯 통학하면서 밴 '강골' 탓일까. 수원 화서동 연구소를 찾았을 때도 책상 위에 쌓인 사진과 일제 고문서 더미를 쉴 새 없이 뒤적거리며 분류에 열중하는 중이었다. "금전과 사생활을 바칠 각오로 뛰어들지 않으면 역사의 진실은 실체를 드러내지 않는다"고 열변하는 이씨에게서 노학자의 진득한 외고집이 배어나왔다.

학계 일부에선 재야라는 이유로 여전히 그를 기삿거리나 푸는 독불장군 정도로 폄하하곤 한다. 그러나 이씨는 역사적 순리와 학문적 태도에 대한 소신이 뚜렷했다. 한 민족의 역사는 영광과 굴욕이 함께 존재하는 법이며, 후대 사람들은 이런 양면을 정확하게 받아들여야 민족사에 대한 올곧은 시각을 깨달을 수 있다는 것이다. 그래서인지 임시정부 활동과 독립운동사에 치중하는 학계의 편식증이 적잖이 못마땅한 듯했다. "임진왜란부터 식민지배, 독도영유권 주장까지 일본이 역사에 남긴 생채기부터 분명하게 봐야 해요. 아픈 역사를 알고서 긍지를 찾아야지. 한국강점사 단행본들 가운데 국내 것은 극소수인데도 말이야."

　　정부의 미온적 독도정책에 발끈해 '독도 박물관 문닫습니다'란 플래카드를 내걸고 독도박
물관장직을 박차고 나온 일이나 독도를 자국령이라 주장하는 일본 시마네현 공무원을 논리
싸움으로 항복시킨 일화도 현실에 대한 답답증 때문이었을 것이다. 그는 김대중 대통령도
수상한 애서가상이나 해양수산부가 후원하는 '자랑스런 바다의 상' 등 주요 포상도 대부분
마다했다. "주는 대로 받았으면 자기도취에 빠져 수집을 계속하지 못했을 것"이라고 했다.
누가 그의 정당한 옹고집을 꺾을 수 있을까?

라고 하여, 그는 기존 역사학계의 문제점을 비판하고 있다. "한 민족의 역사는 영광과
굴욕이 함께 존재하는 법이며, 후대 사람들은 이런 양면을 정확하게 받아들여야 민족
사에 대한 올곧은 시각을 깨달을 수 있다는 것이다. 그래서인지 임시정부 활동과 독
립운동사에 치중하는 학계의 편식증이 적잖이 못마땅한 듯했다"라고 한 점이 더욱 그
의 생각을 잘 표현하고 있는 것 같다. 또한 역사학자의 자세로서, "금전과 사생활을
바칠 각오로 뛰어들지 않으면 역사의 진실은 실체를 드러내지 않는다"고 한 그의 말
은 역사를 하는 사람들은 누구나 공감하는 부분일 것이다.

　　2007년 이종학 서거 5주년을 맞이하여 정리한 그의 글들의 제목을 보면 이종학의
역사의식의 일단을 살펴볼 수 있다. 그중 간도 영유권, 독도, 이순신 장군 등 제목과
간행시기를 보면 다음과 같다.

　　1. 영유권 문제
　　적반하장으로 영유권 억지주장이 걱정 (1982.8.3, 『경인일보』)
　　간도사진첩과 관련하여 1983.5 (『백산학보』 27호)

　　2. 독도문제
　　일본교과서 왜곡과 독도의 사적 고찰 (1982.9.12, 9.19, 『독서신문』)
　　일본의 독도영유권문제 왜 생트집인가 (1996.4.1, 『연세동문회보』)
　　일찍이 섬나라 오랑캐의 근성 갈파한 이순신 장군 ─ 일본의 독도영유권주장과 이순신 장
군 (1996, 『고서연구』 13)
　　독도를 지키는 우리의 자세 (1998년 1월, 『월간독립기념관』)

3. 이순신 장군
절세의 名海將 이순신 장군 (1983.4.24, 『독서신문』)
임진애란사 재조명해야 한다 (1989.3.8, 『세계일보』)
충무공은 절세의 명장 극찬 (1998.4.30, 『국방일보』)

총 27건 가운데, 간도영유권 2건, 독도 4권, 이순신 장군 3건, 대동여지도 관련 2건,[13] 동학관련 3건,[14] 화성명칭 관련 4건 등이다. 그중 화성과 관련된 것은 역사적 명칭인 화성이란 표현을 정확히 사용해야 한다는 것이다.[15]

3. 역사분쟁을 넘어 동아시아 평화로: 안중근

안중근은 수원지역과 깊은 인연을 맺고 있다. 남산에 있는 안중근의사기념관에는 안중근 의사가 작성한 친필 엽서 한 장이 남아 있어 보는 이들에게 큰 감동을 주고 있다. 1908년 10월 1일자로 안중근이 안도마 응칠이란 이름으로 수원에서 평안도 진남포 돈의학교에 있는 홍석구 신부에게 보낸 우편엽서이다. 이 엽서에는 권업모범장 사진이 실려 있어 수원임을 직감케 한다. 안중근은 엽서에서도 화급한 일이 있어 수원에 머물고 있다고 쓰고 있다. 화급한 일이란 무엇일까. 10월 2일 이토 히로부미를 척살하기 앞서 수원을 방문한 융희황제와 함께 온 일본 고관들을 응징하러 러시아 연해주에서 이곳 수원까지 온 것은 아닐까 추정된다. 당시 융희황제는 수행원 및 일본 고관들을 대리고 수원 융건릉과 권업모범장을 다녀갔었기 때문이다.

---

13) 古山子全圖 세미나 열자(1991년 5월 10일 『세계일보』) ; 대동여지전도 고산자 작품 의문여전(1991년 5월 10일 『경기일보』).
14) 동학특별전을 준비하며(1994년 3월 12일) ; 전봉준장군의 체포에서 사형에 이르기까지의 전말(1994년 3월 21일, 동학혁명100주년 기념세미나) ; 『동학혁명전사진전도록』 서문(1995년 12월) ; 『동학혁명전쟁사료총서』 출간에 부쳐(1996년 10월).
15) 수원성의 본래 이름은 '화성'(1996년 1월 2일, 『문화의 뜰』) ; 유서깊은 제이름을 빨리 찾아야(1996년 2월 14일자 『경기일보』) ; 『화성서역의궤』 출간에 부쳐(1996년 9월) ; 유네스코 세계문화유산 등재 화성, 아직도 수원성 수원성곽 혼용 한심(1996년 5월 26일 『인천일보』).

즉, 『황성신문』 1908년 10월 2자를 보면, 순종황제 수원 능행차 관련하여, 「행행의장(幸行儀仗)」이라는 제목하에,

> 幸行儀仗 今日幸行時儀仗이 如左하니
> 午前 六時五拾分에 出宮
> 同七時二十分에 南大門停車場에 御着하실 時에 奏樂하고
> 暫時休憩後 宮庭列車에 御乘하시고
> 先到ᄒ 文武百官이 停車場內에서 整列祗送ᄒ고 供俸員이 同時에 陪乘ᄒ고
> 會禰副統監以下統監府文武高等官이 同乘ᄒ고

라고 하여 부통감 이하 통감부 문무고관 등이 융희황제와 동행하였던 것이다. 이를 통하여 볼 때 안중근은 부통감 이하 통감부 고관들을 암살하고자 러시아 연해주에서 이곳 수원으로 온 것은 아닐까 추정해 본다.

안중근은 1907년 10월 말경 블라디보스토크에서 계동청년회에 가입하고 임시사찰로 활동하고 있었다. 그해 겨울 엄인섭, 김기룡 등과 함께 결의형제를 맺고 독립운동의 방향에 대하여 심각하게 고민하고 있던 시점이었던 것이다. 그런 안중근이었으므로 그는 순종황제가 수원에 능행차시 일본 고관들이 동행함을 인지하고 수원으로 온 것은 아닐까 추정하는 것이다. 그러나 안중근의 계획은 폭탄의 구입 등 재정상의 문제로 실행되지 못한 것은 아닌가 짐작된다. 이에 결국 다시 블라디보스토크로 돌아온 안중근은 국권회복운동을 모색하던 중 1909년 3월 31일 『해조신문』에 「인심결합론」을 발표하는 한편, 5월경 동의회의 평의원으로 참여하고, 7월부터 본격적인 국내진공작전을 전개하는 것으로 보인다.[16]

안중근의 『동양평화론』은 1세기를 지난 오늘날에도 우리에게 많은 시사점을 주고 있다. 역사전쟁의 준비는 이종학에서, 역사전쟁의 종식은 안중근의 『동양평화론』에서 이루어져야 하는 것이 아닌가 한다.

---

16) 박환, 『민족의 영웅 시대의 빛 안중근』, 선인, 2013.

1) 사형 순국시 대한독립 대신, 동양평화 3창을 요구했던 안중근

한중일 3국은 함께 살아가야 할 이웃이다. 지정학적 여건이나 역사경험, 현재의 국제정세로 보아 밀접한 관계에 있으며, 상호의존성은 더욱 심화되고 있다. 그러므로 일찍이 안중근 의사는 그가 마지막 숨을 거두는 그 순간에도 동양 평화의 중요성을 인식하고 있었다. 다음의 기록은 이를 단적으로 보여주고 있다.

한국독립운동사 자료 7(안중근편Ⅱ), 11. 안중근 및 관련피고에 대한 재판과 형집행관계 건, 보고서

통감부 통역생 園木末喜
살인 피고인 안중근에 대한 사형은 26일 오전 10시 감옥서내 형장에서 집행되었다. 그 요령은 다음과 같다.
오전 10시 溝淵檢察官·栗園典獄 및 小官 등이 형장 검시실에 着度과 동시에 안중근을 끌어 내어 사형집행의 뜻을 고지하고 유언의 유무를 질문한데 대해 安은 다른 유언할 아무 것도 없으나 원래 자기의 흉행이야 말로 오로지 동양의 평화를 도모하려는 성의에서 나온 것이므로 바라건대 本日 임검한 일본 관헌 各位에 있어서도 다행히 나의 微衷을 량찰하고 피아의 別이 없이 합심 협력하여 동양의 평화를 期圖하기를 切望할 뿐이라고 진술하고 또 이 기회에 臨하여 동양평화의 만세를 三唱하고자 하니 特히 聽許있기 바란다고 신청하였으나 典獄은 그 일에 미칠 수 없다고 說諭하고 看手로 하여금 곧 백지와 白布를 가지고 그 눈을 가리게 하고 특히 기도의 허가를 주었으므로 安은 약 2분간여의 黙禱를 행하고 이윽고 二人의 看手에 부축되어 계단에서 교수대에 올라가 從容히 형의 집행을 받았다.

2) 항구적인 인류평화를 위해 『동양평화론』을 집필하다

안중근은 자서전을 마칠 무렵을 전후하여 『동양평화론』을 기고, 1910년 3월 18일경에는 서론을 마치고 각론을 쓰기 시작하였다. 3월 25일로 예정된 사형집행을 15일 정도 연기해 줄 것을 요청하여 언약까지 받았으나 3월 26일 사형이 집행됨으로써 『동양평화론』은 미완으로 남게 되었던 것이다.

　　안중근 의사는 형 집행을 앞두고 『동양평화론』의 완성을 간절히 원하였고, 그것은 반드시 '사후에 꽃을 피울 것'이라고 확신하였다. 때문에 안중근은 『안응칠역사』에서 '일본국 4천만이 안중근의 날을 외칠 날이 멀지 않을 것이다'라고 하면서 '동양의 평화가 이렇게 깨어지니 백 년 풍운이 어느 때에 그치리오. 이제 일본 당국자가 조금이라도 지식이 있으면 반드시 이 정책을 쓰지 않을 것이다. 더구나 공정한 마음이 있었던들 어찌 이와 같은 행동을 할 수 있을 것인가'라는 말을 덧붙였다. 이처럼 안중근에게 『동양평화론』은 중요한 의미를 지니고 있었다. 그가 이토 히로부미를 포살한 이론적 근거가 바로 '동양평화론'이었기 때문이다.

　　안중근은 『동양평화론』에서 한국의 독립뿐 아니라 나아가 동양평화를 위한 경륜과 사상을 밝히려는 것으로 생각된다. 그러나 일제의 방해로 『동양평화론』은 미완성의 유작이 되고 말았다. 이와 같은 미완성의 『동양평화론』과 그밖에 그가 남긴 언행으로써 그의 독립사상과 『동양평화론』을 정리하면 그 골간이 한국과 중국 그리고 일본 삼국이 각기 서로 침략하지 말고 독립을 견지하면서 서로 상호 부조(扶助)하여 근대 '문명국가'를 건설, 서세동점의 서구제국주의를 막을 때 이룩될 수 있다는 것으로 집약된다.

　　그러나 이토 히로부미를 비롯한 일제 침략자들이 내세우는 동양평화론은 겉으로는 같은 것처럼 보이지만 그 내용과 논리는 판이한 것으로, 그들은 이미 탈아론(脫亞論)에 빠져 황화론(黃禍論)을 빌미로 동양의 패권을 잡아 그들의 동양 각국에 대한 침략주의를 합리화시키려는 것이었다. 따라서 안중근은 그를 정면 반대하였다. 특히 이토 히로부미가 이와 같은 동양평화론 추진의 앞잡이가 되어 대륙침략정책을 계속 강행하면 서구열강에게 동양 침략의 기회와 터전만을 마련하는 것이 되어 장차 동양 전체가 전란에 휩싸여 장차 수십억 동양인민이, '까맣게 타죽는 참상[黑死慘状]'을 맞이할 수밖에 없다는 것이다. 그러므로 안중근은 공판정에서 이토 히로부미사살에 대해 "동양평화를 지킨다"는 정의의 응징이라 답변하면서, 하얼빈 의거를 '동양평화의전(東洋平和義戰)'이라고 기술하였다.

3) 안중근의 동양평화 구상

『동양평화론』은 과거 사실을 통하여 일본의 반성을 촉구하는 정도에서 미완으로
끝나고 말았다. 안중근은 이어서 「현상」·「복선」·「문답」의 집필을 예정하고 있었다.
당시 안중근의 저술구상을 정확하게 헤아릴 수는 없지만, 편명으로 유추는 가능하지
않을까 생각된다. 그러한 면에서 「현상」은 당시의 국제정세와 함께 일본의 한국·청
국에 대한 침략 현상을 정리하고, 동시에 그에 대한 저항을 소개하려고 한 것이 아니
었을까. 또한 안중근이 신문과 자서전 등에서 강조한 이토 히로부미의 죄악상도 「현
상」에서 상세히 언급할 계획이었으리라 생각된다. 그리고 「복선」은 그가 구상하고
있던 동양평화의 구체적인 방안을 제시하고, 「문답」의 경우는 이상에서 논의된 자신
의 견해를 문답식으로 풀려고 한 것이 아닐까. 안중근이 「복선」에 어떠한 구상을 하
고 있었는지는 잘 알 수 없지만, 이와 관련하여 「청취서」가 참조된다. 이는 안중근이
관동도독부 고등법원장과 나눈 담화를 통역관이 필기해 둔 것이다.

> 새로운 정책은 여순을 개방하여 일본·청국 그리고 한국이 공동으로 관리하는 군항으로
> 만들어 세 나라에서 대표를 파견하여 평화회의를 조직한 뒤 이를 공표하는 것이다. 이것은
> 일본이 야심이 없다는 것을 보이는 일이다. 여순은 일단 청국에 돌려주고 그것을 평화의 근
> 거지로 삼는 것이 가장 현명한 방법이라고 생각한다.……
> 재정확보에 대해 말하면 여순에 동양평화회의를 조직하여 회원을 모집하고 회원 1명당
> 회비로 1원을 모금하는 것이다. 일본·청국 그리고 한국의 인민 수억이 이에 가입하는 것은
> 의심할 여지가 없다. 은행을 설립하고 각국이 통용하는 화폐를 발행하면 신용이 생기므로
> 금융은 자연히 원만해질 것이다. 그리고 중요한 곳에 평화회의 지부를 두고 은행의 지점도
> 병설하면 일본의 금융은 원만해지고 재정은 완전해질 것이다. 여순의 유지를 위해서 일본은
> 군함 5~6척만 계류해 두면 된다. 이로써 여순을 돌려주기는 했지만 일본을 지키는 데는 걱
> 정이 없다는 것을 다른 나라에 보여주는 것과 다름이 없다.
> 이상의 방법으로 동양의 평화는 지켜지나 일본을 노리는 열강에 대응하기 위해서는 무장
> 을 하지 않을 수 없다. 이 문제에 대해서는 일본·청국 그리고 한국의 3국에서 각각 대표를
> 파견하여 다루게 한다. 세 나라의 청년들로 군단을 편성하고 이들에게는 2개국 이상의 어학
> 을 배우게 하여 우방 또는 형제의 관념이 높아지도록 지도한다.……

금일의 세계 열강이 아무리 힘을 써도 이루지 못하는 것이 있다. 서구에서는 나폴레옹 시대까지 로마교황으로부터 관을 받아씀으로써 왕위에 올랐었다. 그러나 나폴레옹이 이 제도를 거부한 뒤로는 이같은 의식을 치르지 않게 되었다. 일본이 앞서 말한 것 같은 (평화적인 의미의) 패권을 얻은 뒤 일·청·한 세 나라의 황제가 로마교황을 만나 서로 맹서하고 관을 쓴다면 세계는 이 소식에 놀랄 것이다.

오늘날 존재하는 종교 가운데 2/3는 천주교이다. 로마교황을 통하여 세계 2/3의 민중으로부터 신용을 얻게 된다면 그것은 대단한 힘이 된다. 만일 이에 반대하면 여하히 일본이 강한 나라라고 해도 어쩔 수가 없게 된다.[17]

우선 무엇보다 일본은 러일전쟁 때 점유한 여순항을 청에 돌려주어 그 항구를 동양평화의 근거지로 만들어야 한다는 것이다. 서쪽으로 발해, 동쪽으로 황해에 면하고 남쪽으로 산동반도를 지호지간으로 바라보는 여순군항은 중국 요령성의 요동반도 최남단에 자리 잡고 있으며, 현재 행정구획상 대련시 여순구에 속해 있다. 이 여순항은 명대부터 전략상 요충지로 기록되어 일찍부터 중국 수군이 군항을 건설한 동양 굴지의 부동항이다. 청대에 들어와 중국 최대의 함대인 북양함대를 두고 군항을 확장하였으며, 조선소와 수리도크 등도 건설하였다. 일본은 이 군항을 청일·러일의 두 차례 전쟁 때 수만 군병의 희생을 무릅쓰고 여러 차례 격전을 벌여 점유하고 만주 침략의 주력군단인 관동군의 근거지로 삼았다. 군항 뒤편의 안자산과 동서의 계관산, 그리고 망태, 이용산, 송수산에 철통같은 포대와 보첩을 수년에 걸쳐 쌓아 난공불락의 여순 요새를 완성하고 만주 침략의 교두보로 삼았다.

이와 같은 여순군항을 동양평화의 근거지로 만들려면 첫째, 한·청·일 3국이 공동 관리하는 군항을 만들어 삼국 청년들로 군단을 편성하여 지키게 하고, 그들에게는 2개국 이상의 언어를 배우게 하여 우방 또는 형제의 관념이 높아지게 우의를 다져가야 한다는 것이다. 그렇게 되면 일본의 군비는 여순항의 유지를 위하여 군함 5, 6척 정도만 정박시켜도 족할 것이라고 하였다.

둘째, 여순에 한·중·일이 먼저 동양평화회의를 조직하여 동양평화의 방략을 세우

---

17) 「청취서」, 『21세기와 동양평화론』, 국가보훈처, 1996, 55~57쪽.

고 실천한다는 것이다. 그리고 이 평화회의를 장차 인도·태국·버마 등 동양 제국이 다 참여하는 회의로 발전시키면 동양평화의 중심지가 될 것이라는 것이다.

셋째, 한·중·일 3국이 참여하는 공동금융기구를 설치 운영한다는 것이다. 그 방략의 하나는 한·중·일 국민이 다 같이 회원으로 가입하게 하고, 회원 1인당 1엔씩 회비를 모금하는 것이다. 그러면 삼국의 인민 수억이 가입할 것이고, 그 자금으로 은행을 설립하고 공용화폐도 발행하면 일본의 당면 과제인 재정을 확보할 수 있게 될 것이라 하였다. 더욱이 평화회의에 참가한 각국 중요지에 평화회의 지부와 은행의 지점을 두게 된다면 신용이 두터워져 그만큼 동양평화도 돈독해져 갈 것이라는 것이다. 그렇게 되면 일본의 당면 급선무인 재정정리도 충분히 할 수 있게 될 것이라고 판단하였다.

넷째, 서구에서 나폴레옹 이전 시대까지 중요한 평화유지책이 되었던 로마교황으로부터 왕관을 받아쓰는 고례(古例)를 삼국이 원용한다면 동양평화 유지에 크게 유익할 것이라 하였다. 천주교인인 안중근의 생각은 천주교가 세계 종교 가운데서도 3분의 2 이상의 세력을 가졌고, 로마교황은 그들의 상징이므로 먼저 일본 천황이 동양평화기구의 대표자로서 인준을 로마교황에게 요청한다면 세계의 문명인은 이에 따를 것이고, 일본의 위상도 높아진다는 견해이다.

천주교인이었던 안중근은 전 세계 인구의 2/3가 천주교인이라고 하면서, 동양평화의 유지에 로마교황의 권위를 이용하는 구상도 가지고 있었다. 안중근이 천주교인이었기 때문에 가능하였던 발상으로 생각된다. 죽는 순간까지 독실한 천주교인으로서의 태도를 보인 그는, 서구에서 교황이 누리는 상징적인 위치를 이용할 수 있을 것으로 보았던 것 같다.

안중근이 활동했던 시대에 서구 국가의 압력은 강했다. 21세기 세계화시대에도 경제 영역에 있어 서구 국가의 압력은 가중되고 있다. 특히 2008년 미국에서 비롯된 세계경제위기는 동아시아에도 피해를 안겨 주었고, 그 때문에 동아시아 국가들 사이에서는 역내시장의 필요성이 제기됐다. 그리고 현재 한·중·일은 영토문제로 극심하게 대립하고 있다. 그런 중 동아시아 평화공동체 결성의 필요성도 높아가고 있다.

4. 결어

지금까지 역사전쟁의 내용과 극복방안에 대하여 살펴보았다. 이를 토대로 우리가 나아갈 방향에 대하여 살펴봄으로써 결어에 대신하고자 한다.

역사전쟁은 하루아침에 끝나는 것은 아니다. 그러므로 역사전쟁을 끝내고 역사화해를 이루기 위해서는 다음과 같은 작업과 태도가 지속적으로 전개되어야 할 것이다. 그것이 바로 동양평화를 이루는 지름길이 될 것이다.

첫째, 3국의 역사연구자, 역사교육자, 역사에 관심을 갖고 있는 사람들이 함께 3국의 역사에 대하여 허심탄회하고 진지한 대화가 선행될 필요가 있다. 특히 정부적인 차원과 별도로 지방자치체, 민간 연구자, 민간 시민단체들을 중심으로 이러한 작업들이 보다 적극적으로 이루어질 필요가 있다. 상호 간에 역사적인 주요 유적지들을 방문하는 것도 상호 간을 이해하는데 큰 도움을 줄 수 있을 것이다. 특히 공동연구회, 공동역사교재 개발 등의 작업은 보다 큰 도움을 줄 수 있을 것이다. 한국과 일본 간에는 그나마 이런 노력들이 이루어져 왔으나,[18] 한국과 중국 사이에는 이러한 노력이 상대적으로 부족한 것 같다. 이는 중국의 경우 정부의 권한이 강하고 시민단체의 형성이 아직 미미하기 때문이 아닌가 판단된다.

둘째, 평화와 교류의 시각으로 한중일의 상호 역사를 되돌아볼 필요가 있다. 한중일의 역사는 전쟁과 갈등의 역사이기보다는 더 긴 시간 동안 평화와 교류의 시간을 보내왔다. 특히 우리는 평화의 시각으로 우리 역사를 되돌아보아야 한다는 점이다. 지금까지 우리는 이웃국가와의 투쟁과 전쟁의 역사를 중심으로 자국중심의 역사를 서술하여왔다고 하여도 과언이 아니다. 특히 전쟁의 역사를 통하여 애국심을 배양하는데 총력을 기울여 왔다고 하여도 지나친 말이 아닐 것이다. 그러므로 학생 및 일반인들 사이에는 상호존중과 배려보다는 경쟁과 투쟁이 더 마음속에 자리 잡게 된 것은 아닌가 한다. 3국의 갈등과 대립, 그리고 자국 중심의 역사서술은 결국 투쟁과 전쟁

---

18) 일본의 이러한 노력에 대하여는 다음의 책이 참고 된다. 정재정, 『한일의 역사갈등과 역사대화』, 대한민국 역사박물관, 2014.

을 초래할 것이다. 그러므로 주변 국가와의 평화를 추구하는 방향으로 역사를 서술하는 관점이 필요하다고 생각된다. 우선 상호 간에 평화롭게 살던 시기의 역사 서술과, 한중일 상호 간의 평화추진을 위해 노력하였던 역사의 서술이 우선적으로 이루어져야 할 것이다. 그리고 평화교육, 평화운동 또한 보다 확산될 필요가 있다.[19) 이러한 평화존중과 상호존중의 역사는 지난날의 역사들에 대한 진정한 상호 간의 반성과 사과 속에 이루어질 수 있을 것이다. 아베 총리의 진정과 사과가 전제되어야 하는 것이 바로 이 때문이다. 아울러 베트남전과 관련하여 우리가 역시 사과할 부분이 있다면[20) 사과하는 용기 또한 필요할 것이다.

셋째는 인간의 존엄성을 중시하는 역사교과서 개발과 역사교육을 진행하려는 상호 간의 노력이 무엇보다도 필요하다고 생각된다. 이를 위하여 한국의 시민단체와 일본의 시민단체, 그리고 앞으로는 중국의 시민단체들과도 연대하여 상호교류를 통하여 인간의 존엄을 존중하는 역사의 서술의 필요할 것으로 보인다.

넷째, 한중일 관계를 논함에 있어서 북한을 항상 염두에 두어야 할 것이다. 중국과의 연계에 있어서 고구려, 발해의 부분은 영토상 북한과 직접적인 연계를 갖고 있다. 일본과는 독도, 위안부, 강재동원 등의 문제가 모두 북한을 포함하여 언급되어야 하는 부분들이다. 그러므로 북한에 대한 논의가 항상 주목의 대상이 될 필요성이 있다.

다섯째, 좀 더 넓은 시야로 즉, 동아시아라는 새로운 관점으로 동아시아 역사를 볼 필요가 있다. 아울러 동아시아 역사를 공유하는 역사공동체를 만들 필요가 있다.[21) 3국은 공동의 역사인식을 창출하기 위한 걸음을 시작해야 한다. 역사는 자국 중심으로 서술할 수밖에 없다는 것이 지금까지의 관점이지만, 이에 민족과 국가를 포함하되, 그러한 시야는 과거에 대한 진실한 반성과 국가지상주의, 패권주의를 포기하고 다른 국가의 역사를 인정하고 존중하는 자세에서 출발한다. 일본은 지금이라도 지난

---

19) 김남철, 「역사교육에서의 평화교육의 모색」, 『역사교육』 2, 2005, 170~172쪽.

20) 강정구, 「노근리의 해원을 넘어 베트남 학살의 참화로!」, 『여성과 평화』 1, 한국여성평화연구원, 2000 ; 木村貴, 「국제법상 베트남 양민학살행위에 관한 연구: 한국군에 의한 학살행위를 중심으로」, 『법학연구』 41(1), 부산대학교 법학연구소, 2000.

21) 이한구, 「동아시아 공동체를 위한 역사적 과제: 동아이사 역사전쟁의 종결을 위한 해법」, 『철학과 현실』 71, 철학문화연구소, 2006, 177~180쪽.

날의 침략행위와 식민지지배에 대하여 겸허하게 사죄하여야 하며, 중국은 상대국의 역사를 존중하는 자세를 회복하여야 한다. 상호존중 없이는 역사인식 공유는 불가능하며, 역사해석은 해결할 수 없는 평행선을 걸을 것이다. 그것은 결국 역사를 배우는 사람들에게 잘못된 역사인식을 제공할 것이다.[22]

여섯째, 학계가 시민사회와 소통할 수 있는 영역을 넓히는 방안을 적극적으로 모색할 필요가 있다. 시민단체들에게 학계에서는 학계의 다양한 시각과 연구 성과들을 알기 쉽게 제공해 줄 필요가 있다고 보여진다. 시민단체의 경우 3국의 역사전쟁에 최첨병의 역할을 하는 경우가 많이 있기 때문이다. 강연회 및 저술활동, 페이스북 등 인터넷 망을 통하는 방법도 있지만, 시민단체와 조직적인 연대활동을 전개할 필요도 있다고 판단된다. 시민단체와의 연계는 국내, 나아가 국제적인 연대를 추진하는 것도 한 방안일 수 있다.

일곱째, 학계 내부적으로도 각 전공영역이 상호 소통할 수 있는 방안을 적극적으로 마련할 필요가 있다. 한중일 역사전쟁을 한국사, 동양사, 서양사 등 각 분야의 문제가 아니라 전체사적인 측면에서 대응할 필요가 많기 때문이다. 때에 따라서는 지리학 등 주변 학문들의 도움 또한 필수적이라고 볼 수 있다.[23]

한국과 일본, 중국 등은 상호 간의 신뢰와 우의를 통하여 모두가 국익을 증진시킬 수 있는 존재이다. 그러므로 3국은 3국의 평화, 나아가 동양평화를 구축하지 않으면 안된다. 역사전쟁의 끝은 험한 길이 되겠지만 그 고난의 길을 우리는 가야만 한다.

앞으로 보다 한중일이 각각 동양평화를 위하여 상호존중하고 이해하려는 노력이 증대될 필요가 있다. 이를 위해 이제는 중앙정부와 더불어 지방자치체의 주요 도시들이 선도적인 입장에서 이를 적극적으로 추진할 필요가 있다고 보여진다. 수원은 제암리 학살 등 일본에게 큰 피해를 입은 한국의 대표적인 도시이다. 일본의 나가사키, 히로시마 등은 원폭 피해의 상처를 안고 있다. 중국의 남경, 제남 등은 일본군의 학살만행의 큰 상처 또한 갖고 있다. 이들 도시 상호 간의 교류와 화해, 진정한 반성 등을

---

22) 안병우, 『동아시아 평화와 역사교육』, 8~11쪽.
23) 정문상, 「역사전쟁에서 역사외교로 ─ 동북공정에 대한 한국인의 대응양상」, 227~228쪽.

통하여 도시 차원, 시민 차원의 새로운 평화의 모색이 보다 적극적으로 이루어질 시기가 아닌가 한다. 그래야만이 이종학의 꿈—역사전쟁의 종식, 안중근이 이루지 못한 꿈—동북아의 수평적 연대가 이루어질 수 있을 것이다.[24]

24) 이태준, 「안중근과 신동북아시대—동양평화론: 국제주의자 안중근의 이루지 못한 꿈—동북아의 수평적 연대」, 『월간 말』 217, 2004.7.

제1편
새로 발굴된 민족운동가들의 삶과 꿈

필동 임면수의 민족운동

1. 서언

임면수(林冕洙)는 수원지역의 대표적인 근대교육자이며, 독립운동가로서 노블리스 오블리제를 실천한 인물이다. 『삼일학원 육십오년사』에,

> 특히 그는 여성교육을 위해 家垈와 토지 과수원을 현 매향정보중고등학교 부지로써 희사 하였다. 어찌 선생의 후덕을 잊으리오. 그러나 선생은 삼일학교에서 추호만한 학교권리도 개의한 바 없는 의인이었다.[1]

라고 하여 그의 면모를 잘 보여주고 있다.

아울러 『대한매일신보』 1909년 1월 9일자, 「학계헌신」에서도 그에 대하여

> 수원부 내 삼일학교 교장 임면수씨는 本以名望才藝로 多士心腹하는 바 이어니와 수년전 부터 교육계에 전심전력하여 학교가 處處設立하고 일일확장한다 하니 유지인사의 대모범이

---

[1] 『삼일학원육십오년사』, 삼일학원, 1968, 80~81쪽.

되리라고 물불칭송한다고 한다.

라고 하여 그를 유지인사의 모범으로 높이 평가하고 있다.

임면수는 수원지역의 대표적인 근대학교인 삼일학교(三一學校)의 설립자 중 1인이며, 1909년에는 교장으로 활동한 근대적인 교육자이다. 또한 그는 수원지역 국채보상운동을 주도하였으며, 기호흥학회 수원지부 평의원으로도 활동하였다.

구한말 상동청년학원에서 활동한 그는 1910년 일제에 의해 조선이 강점되자 독립운동기지 건설을 위하여 1911년 2월 만주 서간도 환인현(桓仁縣) 횡도천(橫道川)으로 망명하였다. 그리고 그곳에 개교한 양성중학교(養成中學校) 교장으로서 독립군 양성에 기여하였다. 1910년대 중반에는 부민단(扶民團)의 결사대에 속하여 활동하였으며, 3·1운동 이후 일제의 간도출병으로 통화현(通化縣)에서 해룡현(海龍縣)으로 근거지를 옮겨 항일투쟁을 전개하다 일제에 의해 체포 투옥되었다.

임면수는 이처럼 구한말에는 수원지역을 중심으로 계몽운동을 전개하였고, 1910년대에는 만주에서 항일운동을 활발히 전개하였던 인물이다. 특히 수원출신으로서 만주에서 활동한 인물들이 거의 보이지 않는 점을 상기해 볼 때, 임면수의 민족운동은 더욱 주목된다. 그럼에도 불구하고 그동안 임면수는 학계 및 수원지역 사회에서도 별로 주목하지 못하였다.

본고에서는 먼저 임면수의 학력과 민족의식의 형성에 대하여 살펴보고자 한다. 그의 민족의식 형성에는 상동청년학원의 교육이 중요한 역할을 한 것으로 보인다. 다음에는 그의 민족운동을 국내와 국외로 나누어 알아보고자 한다. 국내의 경우는 수원에서의 학교설립과 국채보상운동 등으로, 국외의 경우는 만주에서의 활동에 중점을 두어 밝혀보고자 한다.

2. 집안과 교육

임면수(1874~1930)는 본관은 나주(羅州)이며, 한자로는 임면수(林冕洙), 또는 임면수(林勉洙)라고도 한다. 호는 필동인데, 한자로는 필동(必東) 또는 필동(弼東)이라고도 한다. 임필동이란 이름은 주로 만주에서 사용하였다. 1874년 6월 13일[2] 수원군 수원면 매향리(梅香里)에서 아버지 임진엽(林鎭曄)과 어머니 송(宋)씨 사이에 2남으로[3] 출생하였다.[4] 19세에 전현석(全賢錫)과 결혼하였다.[5]

1) 수원 양잠학교 졸업

임면수는 향리에서 전통교육을 받았다.[6] 그 후 그는 개항 이후 한국이 근대화되자 근대적인 실용적인 학문에 관심을 기울인 것으로 보인다. 『황성신문』 1903년 11월 6일자에는 그가 양잠학교를 졸업한 기록이 보여 우리의 관심을 끈다.

水原 養蠶學校 秋期卒業榜이 如左니 優等은 梁載純 崔錫圭 二人이오 及第난 林勉洙 洪璟裕 等 六人이오 進級生은 李容默 等 四人이더라 (『황성신문』 1903년 11월 6일, 잡보 「華校蠶業」)

위의 기록에서 볼 수 있는 바와 같이, 임면수는 1903년 수원양잠학교 추기 졸업 명단에 있다. 당시 우등은 양재순과 최석규였으며, 임면수는 홍경유 등 5명과 함께 졸업하였던 것이다.

임면수가 졸업한 수원양잠학교에 대한 기록은 별로 알려진 것이 없다. 다만 『황성

---

[2] 최근 한동민은 「필동 임면수의 가계와 생애에 대한 재검토」(『수원화성향토문화연구』 2, 2015)에서 임면수의 출생일을 1874년 6월 10일(음), 사망일을 1930년 11월 29일(음력, 양력으로는 1931년 1월 17일), 출생지를 북수리 299번지로 보아야 한다고 하고 있다.
[3] 제적등본 참조.
[4] 『광복선열 고필동임면수선생약사』, 1963년 2월 25일 許英伯(이하 『임면수선생약사』로 약함).
[5] 『삼일학원육십오년사』, 79쪽.
[6] 『임면수선생약사』.

신문』에 다음의 기록들이 보여 이를 통하여 짐작해 볼 수 있다.

> 水原 私立養蠶學校에서 春期試驗을 經하얏난 優等은 崔錫圭 金益相 兩人이오 及第난 崔種大 等 九人이더이라 한다 (『황성신문』 1903년 6월 18일, 잡보 「蠶校試驗」)

> 水原郡 私立養蠶學校에서 夏期試驗을 經하얏난 優等은 崔錫圭 金益相 梁載純氏 等 三人이오 及第난 洪璟裕 等 六人 春夏兩等蠶業이 善爲結果하얏다더라 (『황성신문』 1903년 8월 6일, 잡보 「蠶校試驗」)

즉, 위의 기록을 통하여 수원사립양잠학교의 춘기시험과 하기 시험의 성적이 신문에 공고될 정도로 양잠학교는 사람들의 관심의 대상이 된 것으로 보인다.

수원군사립양잠학교에서는 양호한 종자를 판매하기도 하였던 것 같다. 『황성신문』에는 1904년 6월 7월에 걸쳐 여러 번 기사가 실려 있다. 1904년 6월 24일, 6월 25일, 6월 27일, 6월 28일, 6월 29일, 6월 30일, 7월 2일, 7월 4일, 7월 5일 등이다. 이 중 1904년 7월 4일 기사를 보면 다음과 같다.

> **廣 告**
>
> 本校에서 良好秋種을 多數取種야쓰니 願購시 僉君子 陰六月初旬內로 預先通寄시와 精撰取種케시믈 希望홈 其他春 無錫種도 健强良好거슬 精撰取置여시니 來購시죵 수원부 내 사립인공양잠학교 고백 (『황성신문』 1904년 7월 5일자, 「本校에셔 良好秋種을 多數取」)

2) 수원 화성학교 졸업

양잠학교를 졸업한 임면수는 당시 시세를 보아 일어공부를 위하여 화성학원에 진학하였다. 『황성신문』 1905년 5월 9일 「華校卒業」에,

> **華校卒業**
>
> 水原華城學校에서 去月二十六日에 第一回卒業式을 擧行卒業生은 林勉洙 等 七人이오 三

學年進級證書를 受者李容勳 等 十餘人이오 二學年은 羅弘錫 等 二十餘人이오 一學年은 羅景錫 等 二十餘人이오 豫科生은 池閏喜 等 三十餘人인슴 八十餘名이라더라

라고 있는 바와 같이, 임면수는 1905년 4월 26일 수원화성학교를 6명의 동료들과 함께 졸업하였다.

임면수가 다닌 수원화성학교는 어떤 학교일까.『황성신문』1900년 11월 16일자 잡보「語學設校」에,

⊙(語學設校) 日人鶴谷誠隆氏가 水原郡에 語學校를 設고 學徒를 敎育다고 外國語學校長에게 認許를 請더라

라고 있음을 통하여 짐작해 볼 수 있다.

일본인 쯔루타니는 1900년 4월에 조선어연구생으로 일본 정토종의 명을 받고 한국으로 건너온 인물이었다. 쯔루타니가 1901년 서울로 활동무대를 옮긴 이후 화성학교 일본인 교장 및 교사로 미와(三輪政一)가 부임하였다. 그는 1902년 6월에 수원에 와서 거주하며 일어를 가르쳤다. 그의 교장 취임 이후 일어화성학교는 본궤도에 올랐다. 미와는 부족한 자금을 확보하기 위하여 인천 거류지에서 600엔을 거출하였고, 인천 영사 카토(加藤本四郎)의 지원을 받았다. 또한 1905년 하세가와(長谷川) 대장과 하야시(林) 공사 등이 수원화성학교를 방문하여 보조금을 지급하기도 하였다.[7]

수원화성학교의 생도수는 100명 정도로 생도가 많은 곳 가운데 하나였다. 인천의 일어학교는 30~40명, 경성학장은 100여 명 등이었다. 화성학교의 경우 1900년 학생수는 10여 명이었고, 1901년도에는 30여 명이었으나, 1902년 미와의 부임 이후 교사가 좁아 들어가지 못할 정도로 학생이 증가하였다. 당시 화성학교 학생들은 일본군에게 적극적으로 협력하는 자세를 보였다. 화성학교 학생 46명은 군자금으로 44원 80전을 기부하여 교장 미와가 일본영사관에 접수하였다. 동시에 일어를 할 줄 아는 4~5명은 러일전쟁에 통역으로 지원할 정도였다. 러일전쟁이 유리하게 전개되면서 화성학교

---

7) 한동민,『매산100년사』, 189~190쪽.

학생들은 100명을 넘어서게 되었다.[8]

일어학교 졸업생들은 군용철도 감부(監部) 통역, 수원자혜병원 통역, 재판소 서기 등으로 활용되면서 일제의 식민통치기구의 말단으로 활용되었다. 1906년 9월 수원거류민립소학교가 설립된 이후[9] 미와가 교편을 잡았으므로,[10] 그 후 일어화성학교는 지속되지 못한 것 같다.[11]

임면수는 바로 이 화성학교를 1905년 4월 26일, 6명의 동료들과 함께 졸업하였던 것이다. 양잠학교 졸업이 1903년 말이라고 보아 그는 약 2년 동안 일어 공부를 한 것으로 보인다.

임면수는 일어에 능하였음에도 불구하고 상동청년학원에서 민족교육을 받고, 수원에 남아 구국운동을, 그리고 만주로 망명하여 독립운동을 전개하였다. 이러한 것들을 통해 그의 인물됨을 짐작해 볼 수 있을 것 같다.

3. 민족의식의 형성

1) 수원에서 멕시코 이민 모집 대리점 운영

임면수는 1904년 말부터 이듬해 초까지 수원에서 멕시코 이민 모집 대리점을 운영하였다.[12] 『황성신문』 1904년 12월 17일 광고 「농부모집광고」를 보면 다음과 같다.[13]

農夫募集廣告

北米墨西哥國은 合衆國과 相連흔 文明富强國이니 水土極佳ㅎ고 氣候溫暖ㅎ야 瘟疫霍亂

---

8) 『매산 100년사』, 192~193쪽.
9) 한동민, 「근대 수원의 일본인 사회와 일본인학교」, 『지배문화와 민중의식』, 한신대학출판부, 2008, 182쪽.
10) 성주현, 「근대 식민지 도시의 형성과 수원」, 『수원학연구』 2, 수원학연구소, 2005, 191~192쪽.
11) 『매산 100년사』, 192~193쪽.
12) 『황성신문』 1904년 12월 7일 광고.
13) 『황성신문』 1월 9일, 1월 13일 광고에도 같은 내용이 실려 있다.

等病이 無흠은 世界가 所共知라 其國에 富多貧小ᄒᆞ야 工人甚貴ᄒᆞ야 近年에 日淸兩國人이 單身或率眷으로 前往得利者다 有ᄒᆞ니 韓人도 單身或率眷으로 前往□地면 必得厚利흠터이며 韓國와 墨國이 曾無通商條約이니 最惠國으로 待遇ᄒᆞ야 任意往來에 毫□阻碍라 今番大陸殖民合資會社ᄂᆞᆫ 墨國柔氣丹州殷富耕種家의 依囑을 受ᄒᆞ야 農夫을 募集흠은 只爲種麻오 不作他工이니 相約書ᄂᆞᆫ 如左흠

一應募者率眷之意ᄂᆞᆫ 孤在外國에 必 無家庭之樂故요 又所借田園을 可 使耕作이며 鷄豕을 미 使豢養이며 衣服飮食을 可使需供ᄒᆞ야 妻子相 助ᄒᆞ야 必獲大利케ᄒᆞᄂᆞᆫ 緣由라

一渡航旅費船中食債其他浮費ᄂᆞᆫ 自 本農家□供給ᄒᆞ니 應募者ᄂᆞᆫ 此을 不關흠 學

一墨國에 到達ᄒᆞ야 所居家屋과 墾園 地栽種ᄒᆞᄂᆞᆫᄃᆡᄂᆞᆫ 一切免租稅흠 事

一農夫을 特別優待ᄒᆞ에 疾病□罹ᄒᆞ 면 醫藥을 無料로 治療흠 事

一所居家屋은 依例借給ᄒᆞ고 日用柴 炭도 無料供給ᄒᆞ고 農夫之子女年 齡十歲以上은 必入 學校ᄒᆞ야 修文 明之業ᄒᆞᄃᆡ 月謝ᄂᆞᆫ 免除흠 事

一每日勞働時間ᄂᆞᆫ 九時間이오 工錢 은 墨銀一元三十錢(韓貨二元六 十錢)乃至墨銀三元 (韓貨六元)이니 該地一日食價ᄂᆞᆫ 墨銀二十錢 乃至二十五錢이라

一所得工錢은 每七日에 核筭ᄒᆞ야 如 數出給하되 他人代受ᄂᆞᆫ 不許흠 事

一農作은 五簡年으로 爲限ᄒᆞ고 滿限 之日에ᄂᆞᆫ 午意歸國ᄒᆞᄃᆡ 另償墨銀 一百元(韓貨二百 元)할 事

一行中期限ᄂᆞᆫ 大略一個月이니 其發 程之日은 各地代理人이 預先通知 할 事

欲爲應募者ᄂᆞᆫ 速히 各地代理店登名掛号處에 陰十二月初十日內로 來臨ᄒᆞ야 該地人情風 俗을 詳探흔 後□請願ᄒᆞ야 遲者日誤□ᄂᆞᆫ 獘가 無케ᄒᆞᆸ

京城 舊永禧殿 前竹洞 八十一統 總代理店大庭貫一

仁港 杻峴 二九 旅舘 代理店 龍井貞造

開城北部仙岩 代理店 韓敎序

平壤 朱雀門內 平野商店 代理店平野武

甑南浦 大野商店 代理店 大野楠助

水原府內 代理店 林勉洙

임면수가 멕시코 이민대리점을 한 것은 그의 종교와 관련이 있었던 것 같다. 기독교인이었던 임면수는 인천 내리교회의 중심인물이며, 멕시코 이민을 주도했던 존스 (Rev. George Heber Jones) 목사와 깊은 관련을 맺고 있었던 것으로 보인다. 존스는

1867년 미국 뉴욕에서 태어나 신학교를 졸업한 후 1887년 9월 내한하였다. 1892년 인천지역 감리사로 부임한 이래 내리교회를 중심으로 44개 교회를 창설·관리하는 등 전도활동에도 노력을 기울였다. 사경회·신학회 운영은 협성신학교로 발전하는 등 한국의 감리교회 발전에 크게 이바지하였다. 『신학월보』와 『The Korean Repository』· 『The Korean Review』의 주필로서 한국 내 기독교인 동정과 한국문화를 국외에 널리 알리는 데 일익을 담당하였다. 그는 군대해산 당시 선교사인 애비슨·민휴 등과 부상당한 군인을 치료하는 등 독립운동을 지원하고 나섰다. 존스 목사의 한국민에 대한 애정과 관심은 이후에도 지속되었다.[14]

존스 목사의 부인은 부임 초기부터 내리교회에 영화여학교를 설립함으로써 우리나라 근대여성교육 토대를 마련하였다.[15] 수원의 삼일여학당 설립도 이러한 의도에서 비롯되었다. 존스 목사의 부인이 삼일여학교 설립에 관여하고 있는 점을 통해서 볼 때, 삼일학교 발기인인 임면수는 존스와 일정한 인연이 있었을 것이고, 이러한 이유로 그는 멕시코 이민 수원대리점을 운영하였던 것으로 보인다. 수원에서 모집된 인원은 전체 1,033명 중 6명으로 극히 일부에 불과하였다.[16] 한편 존스와 그의 부인과의 만남을 통하여 임면수는 점차 민족의식이 형성되는 계기가 되었던 것으로 판단된다.

2) 상동청년학원에서 공부: 이동휘의 영향

상동청년학원은 1905년 상동교회에서 설립해서 운영한 중등부 과정의 교육기관이다. 상동교회 전덕기 목사는 초등교육기관인 공옥여학교와 공옥남학교 외에 중등부 과정의 청년학원을 설립하였다. 1904년 10월 미국교포 강천명(姜天命)이라는 사람이 그때 돈 5원을 교육사업에 써달라고 부쳐옴으로써 학교 설립이 이루어졌다. 학교가 개학한 때는 1905년이었다. 전덕기 목사는 이 청년학원을 통하여 구국운동에 헌신할 인재를 양성하고 투철한 민족정신을 키워주기 위하여 신앙교육과 함께 다양한 교육

---

14) 『황성신문』 1907년 8월 3일, 잡보「趙博士大慈善」;『대한매일신보』 1907년 8월 3일, 잡보「美教師救療」.
15) 수원종로교회, 『수원종로교회사 1899~1950』, 66~69쪽.
16) 이자경, 「멕시코 한인이민 모집과 송출의 불법성」, 『멕시코 이민 100년의 회상』, 인천광역시, 2005, 47쪽.

을 실시하였다. 교육내용은 한글보급운동·국사강의·외국어강의·군사훈련·신문화 수용과 전파·지도자의 자기 수양(종교훈련) 등을 가르쳤다.

상동청년학원을 통한 한글보급운동은 주시경(周時經)을 중심으로 활발히 전개되었다. 주시경은 1907년 7월 1일부터 상동 청년학원 학생들을 대상으로 여름방학을 이용하여 하기 국어강습회를 열어 국문법을 교수하였다. 그 교수 내용을 보면, 음학(音學)·자분학(字分學)·격분학(格分學)·도해학(圖解學)·변성학(變性學)·실용연습의 6과를 교수하였다. 또한 매주 일요일마다 주일예배 후 오후 2시부터 2시간 정도 정기적으로 상동청년학원 내에서 국어의 중요성과 과학성을 강조하며 가르쳤다. 1907년 11월부터 1909년 12월까지 상동청년학원 안에 국어야학과를 설치하고 국어문법을 가르쳤다. 또한 한국사와 한국지리, 그리고 교련시간을 강화하여 학생들에게 민족의식과 역사의식을 고취시켜 독립정신을 함양하는데 주력하였다. 특히 교련시간에 학생들은 목총을 메고 군가를 부르며 북소리에 맞추어 행진하였다고 한다.[17]

임면수의 상동청년학원에서의 공부에 대한 기록은 허영백이 작성한 임면수의 비문에 있다. 비문을 보면 다음과 같다.

당시 구한말 선생은 뜻한 바 있어, 수원에서 서울로 상경하였다. 상동감리교회 안에 설립되어 있는 청년학원에서 영어와 일어와 측량을 공부하면서 기독교에 입교하였다.

상동청년학원은 상동교회의 담임목사 전덕기 목사가 설립하였다. 당시 이곳은 기독교 중견인물들의 집합소이며 애국자들의 총 집합소였다. 임면수는 서울에 유학하면서 교회와 독립협회가 주최하는 강연회니 토론회니 정부탄핵 연설장이니 강습회니 빠짐없이 따라다니며 식견을 넓히고 인격 향상에도 노력하였다. 특히 강화에서 사학을 30여처나 설립하고 독립교육에 매진하고 있는 이동휘씨의 감화를 많이 받았다. 그리하여 선생은 국가민족의 항로를 계몽하고 선도하는 지침이 오직 교육부터 라는 것을 절감하고 행리로 돌아와 신교육을 개척하고자 하였다.[18]

---

17) 『한국독립운동사사전』, 상동청년학원, 이명화 집필, 상동청년학원 관련 글로서 대표적으로 다음을 들 수 있다.
이승만, 「샹동청년회의 학교를 셜시홈」, 『신학월보』, 1904.11 ; 송길섭, 『민족운동의 선구자 전덕기 목사』, 상동교회 역사편찬위원회, 1979 ; 기독교 대한감리회 상동교회, 『상동교회일백년사』, 1988 ; 한규무, 「상동청년회에 대한 연구」, 『역사학보』 126, 1990 ; 한규무, 「1900년대 서울지역 민족운동 동향」, 『한국민족운동사연구』 19, 1998.

임면수가 감리교 계통의 기독교인이었던 점, 신민회의 일환으로 추진된 만주 독립운동기지 건설 계획에 따라 이주한 점, 만주에서 상동청년학원 관계자들과 함께 활동한 점 등을 통해 볼 때 임면수가 상동청년학원에서 공부하였을 가능성은 큰 것으로 보인다.

1905년 화성학교를 졸업한 임면수는 국권회복에 관심을 갖고 서울로 상경하여 상동청년학원에 다닌 것 같다. 이것은 임면수의 생애에 있어서 가장 큰 변화를 가져오는 계기가 된 것이 아닌가 한다. 특히 감리교 기독교 신자였던 그에게 있어서 상동청년학원은 큰 자극제가 되었던 것이다. 또한 기독교인이며 민족주의자였던 이동휘는 그의 민족의식형성과 활동에 큰 감동을 주었던 것으로 보인다.

4. 구한말 수원에서의 계몽운동

1) 수원 지역의 국채보상운동을 주도

1907년 전국적으로 국채보상운동이 일어나자 상동청년학원에서 민족의식을 고취한 임면수는 이하영, 김태제 등과 함께 국채보상운동에 적극적으로 참여하였다. 『대한매일신보』 1907년 3월 9일자 3면 잡보에,

奮發意氣

수원사는 이하영 임면수 金台濟 3씨가 國債報償事에 대하여 先爲倡論하여 使府內人民으로 咸有愛國經財之心케 하고 국한문 취지를 자비발간하여 逢人輒給에 以啓其奮發之心하여 하엿다더라.

라고 하여, 임면수, 이하영, 김태제 3인이 국한문 취지서를 자비로 발간하여 부민들의 동참을 호소하였음을 밝히고 있다. 아울러 『대한매일신보』 1907년 3월 26일 3면 잡보

---

18) 『삼일학원육십오년사』, 79~80쪽.

「三氏奮義」에,

　　수원부 사는 金濟九, 이하영, 임면수 3씨는 기독교인으로, 애국성이 분발하여 금번 국채
　　보상에 열심주선하여 특설 一會하고 취지서 數百度를 발간하여 경기 각 군에 광포하였는데,
　　불과 2,3일에 의연금이 500여 원에 달하였더라.

라고 하여, 취지서 수백 장을 발간하여 수원뿐만 아니라 경기 각 군에 배포하였음을
보여주고 있다.
　임면수 등이 배포한 국채보상 취지서는 『대한매일신보』 1907년 3월 29일자 1면 잡
보 「국채보상취지서」에 실려 있다.

　　夫國民之義務는 稟在於愛國 而愛國之忱은 專係乎富國安民이라. 不在枚論이어니와 일천
　　삼백원 外債之說이 傳播於國中이후로 일반유지사민이 非無相顧太息流涕者矣로대, 未嘗有
　　奮發創論에 計報此巨額이러니, 何幸忠義丹침이 先激於嶺南靈區하야 단연동맹이 鼓動我二
　　千萬同胞之腦髓함에 閭巷愚夫痴婦와 隻童幼孩와 至於病軀川乞까지 竭力義捐에 자원응모자
　　如雲集水湧이라.
　　　我至聖至仁하신 황상폐하계옵서 洞恤民情하사 特下劵烟不御지 勅敎하시고 정부대관모
　　모씨도 또 有斷煙義捐지 확보하니 此非皇天이 春顧 我大韓而然歟아.
　　　壯哉偉哉라. 斷煙同盟會之倡論이여. 忠哉義哉라. 大邱廣文社長之奮發이여. 此果非人力所
　　取則確信皇天之眷顧也로다. 國權之獨立이 必在於此擧요. 民權之自由도 亦在於此擧則苟爲
　　我韓臣民者孰不欲協力贊成也哉아. 忠義所激에 不計先後일세. 玆設一會하고 敢此公布하니
　　畿西同胞여 勿拘多寡하고 隨力義捐에 補償外債하여 以保我三千里疆土하고 以保我二千萬生
　　命을 泣血懇祝

　　　　　　　　　水原英語三學堂贊成會 회장 金濟九, 서기 李夏榮, 林勉洙

　임면수 등이 주장한 국채보상운동은 수원주민들에게 큰 파장을 일으켰다. 이들은
국한문으로 된 취지서 수백 매를 자비로 인쇄·배포하였다. "나라를 진정으로 사랑하
는 마음은 재물을 가볍게 여긴다"는 취지로 거리 홍보에도 적극적이었다. 또한 도내
각 군에도 취지서를 무료 배포하는 등 국채보상운동 확산에 노력을 기울였다. 이에

2~3일 만에 의연금 수백 원이 모금될 정도로 대단한 호응을 받았다.[19] 도내 국채보상 활동은 이들에 의하여 활성화되는 계기를 맞았다. 재무원인 나중석·차유순(車裕舜) 등도 운영 경비를 자담하는 등 열성적이었다.[20]

이러한 분위기는 경쟁적인 의연금 모금으로 이어졌다. 관립수원농림학교·수원공립보통학교 직원과 생도 등도 분위기 조성에 크게 이바지하였다. 이는 근대교육 필요성과 자립경제 수립을 위한 경각심을 주민들에게 일깨웠다.[21] 1907년 8월 초까지 계속된 모금 현황은 현지 분위기를 단적으로 보여준다. 관내 국채보상운동은 이러한 가운데 더욱 확산되었다.[22]

2) 삼일학교 설립과 발전에 기여

1903년 임면수는 젊은 동지들과 함께 삼일학교를 설립하였다. 당시 이하영과 나중석과는 인척관계로 동지였다. 이성의(李聖儀), 최익환(崔翼煥), 홍건표(洪建杓), 차유순, 김제구 등도 참여하였다.[23]

삼일학교는 발전을 거듭하던 중 1906년에 이르러 재정적인 어려움에 봉착하였다. 이에 부호 강석호(姜錫鎬)는 1906년 5월 거금을 의연하였다.[24] 나중석도 부지 900여 평을 기증하였다. 이때 임면수도 삼일학교 찬성금액으로 동지들과 함께 10원을 희사하였다. 이를 보면 다음과 같다.

---

19) 『대한매일신보』 1907년 3월 9일, 잡보 「奮發義氣」 ; 3월 26일, 잡보 「三氏奮義」.
20) 『대한매일신보』 1907년 6월 11일, 잡보 「兩員熱心」 ; 7월 7일, 국채보상의연금 「水原府內府外」. 羅聖奎는 1910년에 羅重錫으로 개명하였다(『황성신문』 1910년 4월 7일, 광고).
21) 『황성신문』 1907년 6월 22일, 광고 「국채보상의연금 집송인원급액수, 水原公立普通學校」 ;『대한매일신보』 1907년 4월 21일, 국채보상의연금수입광고 「官立水原農林學校生徒」.
22) 『대한매일신보』 1907년 8월 3일, 국채보상의연금 본사수입광고 「水原府內右支社」·「發安場商民秩」·「安仲場商民秩」·「金良場商民秩」·「烏山場商秩民」.
23) 임면수선생약사.
24) 『大韓每日申報』 1907년 7월 18일, 잡보 「姜氏助校」 ;『황성신문』 1908년 2월 6일, 광고 「光武十一年六月日 水原三一學校贊成金額」.

○光武十一年六月日水原三一學校贊成金額

知事姜錫鎬四百四拾圜 前水原觀察使崔錫敏一百圜 主事崔翼煥八十圜 主事羅聖奎七十圜 同崔東弼 同羅基貞 同李聖義 車珩麟金永壽 金哲煥各六十圜 主事李敬儀五十圜 李桂根四十圜 主事車裕舜 車喜均 金致善各三十圜洪建燮 梁聖寬各二十五圜 前郡守李完鎔 池性源 知事李奎淡

支斗鎮 同知韓基潤各二十圜 度部次官柳正秀 金元基 崔性云 李重億 鄭春日 車慶麟 林勉洙 金濟九 金孝根 崔峻燮 主事李在弘 朴在允 鄭得寬 沈用九 金仁甫 李昌順 金桂根 金東恒 趙炳烈 各拾圜 斂使鄭基連 金德基 林興洙各六圜 宋秉斗 洪鳳裕 沈相奎 崔鍾淳 金永化 安熙德 姜性九 安致福 徐敬化 李順益 李鍾益 羅星權 黃益周各五圜 金永奎 宋德根 各四圜

洪奉燁 金永善各三圜 車元回 申春元 申起元 金台鎮 洪壽萬文春植 徐子星 金澤壽 金性會各二圜 韓應奎 金東煥 陳起春金性道 金顯俊 金俊基各一圜果川郡守金東鎰 都事 李承銀 各五圜

華城女學校 水原府私立三一學校 各二拾圜

水原東晟園農務社社長卞國璠

(『황성신문』 1908년 02월 06일, 광고 「光武十一年六月日水原三一學校」)

삼일학교는 1906년 9월 1일 심상과와 고등과로 개편되었다. 1년 과정인 심상과 교과목은 성경·국어·역사·한문·산술·영어·체조 등이었다. 3년제인 고등과는 성경·한문·국어·수신·생리·광물·문리·산술·본국역사·본국지지·만국역사·만국지지·작문·도화·체조 등이었다. 교과과정 정비는 교육내실화를 도모하는 '획기적인' 계기로서 작용하였다. 더욱이 체조는 매우 중시된 교과목 중 하나였다. 군사훈련에 버금가는 병식체조와 행군은 학생들에게 상무정신을 고취시켰다. 담당교사는 구한국군 출신인 강건식(姜建植)에 이어 송세호(宋世鎬)였다.[25]

초기에 임면수도 수업을 담당하였으나 학교교육이 확장됨에 따라 교감직을 담당하였다. 당시는 교장이 대개 명예교장이며, 사실상 실무자는 교감이었다. 특히 그는 여성교육을 위해 집터와 토지 과수원을 현 매향정보중고등학교 부지로써 희사하였다.[26]

---

25) 『삼일학원육십오년사』, 65~73쪽.
26) 『삼일학원육십오년사』, 80~81쪽.

1909년 임면수는 삼일학교 교장으로서 관내 사립학교설립운동을 주도하거나 후원하는 등 교육가로서 면모를 유감없이 발휘하였다.[27] 『대한매일신보』 1909년 1월 9일자 「학계헌신」이란 제목하에 다음과 같이 보도하고 있다.

　수원부 내 삼일학교 교장 임면수 씨는 本以名望才藝로 多士心腹하는 바 이어니와 수년전부터 교육계에 전심전력하여 학교가 處處設立하고 일일확장한다 하니 유지인사의 대모범이 되리라고 물불칭송한다고 한다.

아울러 『기호흥학회월보』 제7호(1909년 02월 25일 발행), 「학계휘문(學界彙問)」에서도 임면수의 활동을 다음과 같이 높이 평가하고 있다.

　△ 學界獻身 水原府內 三一學校校長 林勉洙氏는 素以德望才藝로 多士가 心服ᄒᆞᆫ 바어니와 數年前부터 敎育界에 專心積力ᄒᆞ야 學校를 處處設立ᄒᆞ고 日日擴張ᄒᆞᆫ다더라.

라고 하고 있는 것이다,

3) 기호흥학회 수원지부에서 활동

　임면수는 삼일학교에서 활동하는 한편 기호흥학회 수원지부에서도 중추적인 역할을 하였다. 그가 활동한 기호흥학회는 1907년 기호지방 출신 인사들로 조직한 학회이다. 이 학회의 주도인사는 정영택(鄭永澤)·이우규(李佑珪)·이용직(李容稙)·지석영(池錫永)·유성준(俞星濬)·석진형(石鎭衡)·이상재(李商在)·윤효정(尹孝定)·장헌식(張憲植)·정교(鄭喬)·장도(張燾)·유근(柳瑾)·유일선(柳一宣)·안종화(安鍾和) 등이었다.

　목표와 취지를 보면, 궁극의 목적은 국권을 회복하고 민족을 살리는데 있었다. 우리 민족과 국가가 지금과 같은 상황에 빠진 것은 실력이 없었기 때문이라고 보고 실력을 확고히 하기 위해 분투하자고 하였다. 실력양성의 관건은 교육이고, 교육은 국가 흥망을 좌우하는 실력을 확고히 해준다고 보았다. 즉 흥학(興學)만이 수백 년 암흑을 타파하고 문명·강의·유신·독립을 배워서 20세기에 자주자행·자유자주 할 수 있다고 보았다. 이를 위해 학교를 세워 인재를 양성하고, 인재를 각지에 파견하여 전국청년을 지도하며, 회보를 발간하여 일반인사에게 지식을 주입코자 하였다.

조직으로 서울에 중앙회를 두었는데, 중앙회에는 회장·부회장·총무·회계·서기 각 1인, 간사 2인, 다수의 평의원을 두었으며, 교육부·재무부·찬무부 등 3부로 나누어 운영하였다. 그리고 주로 교육활동과 관련한 새로운 사업을 추진할 때에는 전담위원을 선정·추진하였다. 지방에는 지회를 설치하였는데, 설치 지역은 경기도의 광주(廣州)·수원(水原)·양근(陽根)·장단(長湍)·교하(交河)·강화(江華)·풍덕(豊德), 충북의 청주(清州)·충주(忠州)·제천(堤川)·영동(永同), 충남의 서산(瑞山)·해미(海美)·공주(公州)·목천(木川)·연산(連山)·당진(唐津)·홍주(洪州)·청양(靑陽) 등 19개 군이었다.

활동은 초기 학회의 형식을 답습하고 있으나 내용은 교육운동에 치중된 것이었다. 지역적 차이나 추진주체의 성격으로 교육운동도 초기 학회나 서북학회와 비교하여 구국의 목표는 훨씬 약하게 나타나고 있다.[28] 기호흥학회 본회도 지회 설립인가에 박차를 가하였다. 임원진의 부단한 노력은 1909년 3월 말까지 도내 광주·양근·강화 등 7개 지회 설립인가로 귀결되었다.

기호흥학회 월보에 수원지회에 대하여 다음과 같은 기록이 있다. 『기호흥학회월보』 제2호(1908년 09월 25일), 「本會記事」「會事一覽」에 다음과 같은 기사가 있다.

△水原郡 崔成大氏等 三十九人의 支會請願에 對ᄒ야 李舜夏氏가 動議ᄒ되 該郡에 勸諭 委員 兩氏가 方在ᄒ야 兼行 視察ᄒ 報告가 確有ᄒ니 依受認許ᄒ자 ᄒ야 可決되다.
　○支會任員及會員名簿
　○水原郡
　會長 金宗漢 副會長 李啓煥 總務 崔東弼 書記員 李夏榮 會計員 李容熙 幹事員 池河永 崔

28) 김형목, 「기호흥학회 경기도 지회 현황과 성격」, 『중앙사론』 12·13, 중앙사학회, 1999, 72~75쪽.

鍾淳 崔松 教育部長 朴箕陽 財政部長 吳喆善
評議員
李鍾岳 趙榮鎬 金永瑞 宋榮彬 尹元成 洪健燮 宋世浩 車裕舜 羅聖圭 李容默 崔益煥 李聖儀
林勉洙 李夏榮 金用鎬

會員
崔成大 崔東弼 李聖儀 韓相鳳 龍雲禧 車孝舜 金喜景 崔翼煥 林興洙 李與會 李鍾岳 車裕舜
宋榮彬 洪建燮 尹元成 金用鎬 吳憙泳 洪裕永 朴文會 金永瑞 羅重錫 金彦植 車漢珪 李夏榮
林勉洙 陳始泳 趙燕敎 金錫祐 金漢宗 崔完喜 尹泰殷 趙榮鎬 崔鍾淳 李容默 李成雨 洪思勳
金與泰 洪衡杓 金宗煥 鄭容鎭 黃台淵 田光鉉 李恒九 宋世浩 金禎植 李雲九 車錫祜

위의 기록에 보는 바와 같이, 최성대 등 39인은 「설립인가청원서」를 본회에 제출하였다. 본회는 수원지역 근대교육 확산을 위하여 교육부장 김가진(金嘉鎭)과 평의원 조완구(趙琬九)를 특별위원으로 파견한 후 1908년 6월 14일 평의회에서 이순하(李舜夏) 동의로 설립인가를 가결시켰다.29)

초기 임원진은 지회장 김종한(金宗漢), 부회장 이계환(李啓煥), 총무 최동필(崔東弼), 서기 이하영, 회계 이용희(李容熙), 간사원 지하영(池河永)·최종순(崔鍾淳)·최송(崔松), 교육부장 박기양(朴箕陽), 재정부장 오철선(吳喆善), 평의원 이종악(李鍾岳)·최익환(崔翼煥) 등 14인이었다. 회원은 임원진을 포함하여 차유순·나중석·홍사훈(洪思勳)·이성우(李成雨) 등 54인에 달하였다.30) 흥학을 위하여 본회는 각지에 권유위원을 파견하는 등 노력을 아끼지 않았다. 이는 수원지역 사립학교설립운동을 진전시키는 배경으로 작용하였다.31) 회원 중 오철선·최성대는 인근 용인과 남양에 거주하는 외지인이었다. 외부 인사와 교류는 강한 유대감 속에서 이를 추진하는 기반이나 다름없었다.

29) 기호흥학회, 「본회기사」, 『기호흥학회월보』 2, 57쪽 ; 『황성신문』 1908년 6월 10일, 잡보 「勸諭發行」.
30) 기호흥학회, 「지회임원급 회원명부(수원군)」, 『기호흥학회월보』 2, 61~62쪽 ; 『대한매일신보』 1907년 6월 13일, 잡보 「聯合運動의 校況」.
31) 『황성신문』 1910년 2월 17일, 잡보 「勸諭委員派送議」.

5. 만주로의 망명

1) 환인현 횡도천으로

을사늑약이 체결된 이후, 일제의 침략이 더욱 노골화하던 1907년, 서울에서 안창호·양기탁·이회영 등을 중심으로 신민회라는 비밀 결사단체가 조직되었다. 이 단체에서는 1909년 봄에 일제에 의하여 한국의 멸망이 거의 확실시되자 국내에서의 민족 운동은 거의 불가능하다고 판단하였다. 그러므로 서울 양기탁의 집에서 이동녕·주진수·안태국·김구 등이 참석한 가운데 비밀 간부 회의를 개최하고 해외에 독립기지를 건설할 것과 군관 학교를 설치할 것에 대하여 의논하게 되었다. 그 결과 서간도 지역의 한 지점을 택하여 그 지역에 동지들을 이주시키고 무관학교를 설립해서 독립군을 양성하기로 결의하였다.

임면수는 1910년 일제에 의해 조선이 강점되자 이 소식을 듣고 아연 질색하여 애통한 나머지 서울로 올라와 비밀히 신민회에 가입하고 양기탁 씨 집에서 열리는 구국운동회의에 참여하여 신민회의 공결(公決)과 지시에 따라 모국을 떠나 만주에서 독립군을 양성하고자 하였다. 만주에서 독립운동을 전개한 김승학(金承學)이 작성한 『한국독립사』에 따르면, 이때 임면수는 경기도지역의 대표로 활동하였다고 한다.[32] 만주로 망명당시 임면수는 삼일학교를 나홍석(羅弘錫)에게 위탁하였다. 임면수는 극비리에 가족을 이끌고 1912년 2월[33] 봉천성 환인현 횡도촌으로 망명하여 그곳에서 독립운동을 시작하였다.[34]

추위가 아직 다 가시지 않은 늦겨울에 임면수는 부인 전현석(全賢錫, 1871년생)과 아이들 2남 2녀[35]와 함께 만주로 망명하였다. 수원에서 기차를 타고 신의주로, 신의

---

32) 김승학, 『한국독립사』 하권, 독립문화사, 1970, 247쪽.
33) 임면수 제적부에 명치 45년(1912년) 2월 支那 서간도로 전부 출가로 기록되어 있다.
34) 허영백, 『광복선열 고 필동김면수선생약사』, 1963년 2월 25일.
35) 임면수 망명 당시 제적부에는 2남 2녀였다. 林禹相(1892년생, 남), 學姒(1903년생), 交姒(1906년생), 德相(1907년생, 남) 등이 그들이다. 임면수, 전현석 등이 사망한 이후의 제적부에는 이름과 나이 등에 약간의 차이를 보이고 있다. 2남 3녀로서 장녀 林道相(1903년생), 차녀 林惠相(1906년생), 장남 林仁相(1909년생),

주에서 다시 기차를 타고 단동으로 또는 신의주에서 하차하여 몰래 안동으로 건너갔을 것이다. 1910년 겨울에 만주로 망명한 우당 이회영의 부인 이은숙(李恩淑)은 당시 상황을 자신의 회고기, 『민족운동가 아내의 수기-서간도 시종기』(정음사, 1979)에서[36] 다음과 같이 기록하고 있다.

(1910년) 8월 晦初間에 回還하여 여러 형제들이 일시에 합력하여 만주로 갈 준비를 하였다. 비밀리에 전답과 가옥, 부동산을 放賣하는데, 여러 집을 일시에 방매를 하느라 이 얼마나 極難하리오. 그때만 해도 여러 형제 집이 예전 대가의 범절로 남종여비(남자종과 여자노비-필자주)가 무수하고 君臣座席이 분명한 시대였다. 한 집안 부동산 가옥을 방매해도 소문이 자자하고 下屬의 입을 막을 수 없는데다 한편 조사는 심했다. (중략) 팔도에 있는 동지들께 연락하여 1차로 가는 분들을 차차로 보냈다. 신의주에 연락기관을 정하여 타인보기에는 주막으로 행인에게 밥도 팔고 술도 팔았다. 우리 동지는 서울에서 오전 8시에 떠나서 오후 9시에 신의주에 도착, 그 집에 몇시간 머물렀다가 압록강을 건넜다.
국경이라 경찰의 경비, 철통같이 엄숙하지만, 새벽 3시쯤은 안심하는 때다. 중국 노동자가 江氷에서 사람을 태워가는 썰매를 타면, 약 2시간만에 안동현에 도착한다. 그러면 이동녕 씨 매부 이성구 씨가 마중나와 처소로 간다. 안동현에는 우당장(우당 이회영-필자주)이 방을 여러군데, 여러동지들 유숙할 곳을 정하여 놓고 국경만 넘어가면 준비한 집으로 가 있게 하였다.

위에서 보는 바와 같이, 임면수도 수원에서 재산을 처분하고, 수원에서 기차를 타고 신의주로, 신의주에서 다시 압록강을 건너 안동현으로 이동하였을 것이다. 그때 압록강을 건너 나라를 떠나는 임면수 지사의 마음이 오직하였겠는가. 서울의 우당 이회영,[37] 안동의 석주 이상룡(李相龍),[38] 백하 김대락(金大洛)[39] 등 여러 동지들은 여러 일가친척들이 함께 이동을 하였지만, 필동 임면수는 부인 전현석과 더불어 홀연히

차남 林日相(1911년생), 3남 林文相(1914년생) 등이다.
36) 다음의 책도 이와 관련하여 참조된다. 구술 허은, 기록 변창애, 『아직도 내 귀엔 서간도 바람소기가』, 민족문제연구소, 2010.
37) 박환, 「이회영과 그의 민족운동」, 『만주한인민족운동사연구』, 일조각, 1991.
38) 안동독립기념관 편, 『국역 석주유고』, 2008.
39) 안동독립운동기념관 편, 『국역 백하일기』, 2011. 백하 김대락의 경우 1911년 1월 6일 서울을 출발하여 임면수와 마찬가지로 신의주, 안동, 항도천, 삼원포로 향하였던 것이다.

고향 산천 수원을 떠나 만주 대륙으로 향하였던 것이다.

압록강을 건너 안동현(安東縣)으로 이동한 임면수는 횡도천으로 향하였다. 이곳이 우당 이회영 등 신민회계열이 임시 거처로 정한 곳이었기 때문이 아닌가 한다. 이은숙의 기록을 다시 보기로 하자.

> 임시로 정한 횡도천으로 향하였다(중략). 안동현에서 횡도천은 500리가 넘는지라. 입춘이 지났어도 만주 추위는 조선 大小寒 추위 比 치도 못하는 추위이다. 노소없이 추위를 참고 새벽 4시만 되면, 각각 정한 車主는 길을 재촉해 떠난다. 채찍을 들고 「어허!」 소리 하면 여러 말들이 고개를 치켜들고 「으흥!」 소리를 하며 살같이 뛴다. (중략) 갈수록 첩첩산중에 천봉만학은 하늘에 닿을 것 같고, 기암괴석 봉봉의 칼날 같은 사이에 쌓이고 쌓인 白雪이 은세계를 이루었다. 험준한 준령이 아니면 강판 얼음이 바위같이 깔린 데를 마차가 어찌나 기차같이 빠른 지, 그중에 채찍을 치면 더욱 화살같이 간다.

이은숙의 기록을 통하여 당시 안동현에 도착한 임면수 부부가 환인현 횡도천으로 이동해 가는 모습을 상상해 볼 수 있다. 산천을 보며, 추위를 느끼며, 자신의 미래에 대하여 여러 것을 고민해 보았을 것이다. 또한 망설임도 계속되었을 것이다. 이은숙은 안동현에서 7~8일 만에 횡도천에 도착하였음을 다음과 같이 술회하고 있다.

> 7~8일 만에 횡도천에 도착하여 柴糧은 넉넉하나, 5간 房子에 60명 권속이 한데모여 나라 다 큰 잔칫집 같이 수런수런 愁亂하게 몇일을 지냈다.

횡도천은 멀리 고구려의 수도였던 졸본성이 바라보이는 곳이다. 졸본성의 웅장함을 바라보며 임면수는 옛 영광을 새롭게 부활시킬 것을 굳게 다짐하였을 것이다. 횡도천은 고구려의 옛 터였을 뿐만 아니라, 환인현성에서도 멀리 떨어지지 않아 교통이 편리한 곳이다. 다만 계곡은 깊지만, 넓지 않아 독립운동가들 다수가 정착하기에는 그리 좋은 곳은 아니라고 판단된다.

1999년에 횡도천을 답사한 필자는 『만주지역 항일독립운동 답사기』(국학자료원, 2001) 351쪽에 다음과 같이 서술하였다.

횡도천은 지도상에 나타나지 않아 환인현 현성에 들어와 물어물어 갈 수밖에 없었다.(중
략) 횡도천까지는 험한 높은 산길의 연속으로 환인현성에서 2km 정도 떨어져 있었다. 鳳鳴
山의 新嶺 고개를 거쳐 산으로 40분 정도 가니 첩첩 산중 속에 횡도촌이 나타났다. 산골짜
기 아래 있는 마을로 지금은 일부 한족마을 50호 정도만 남아있고, 모두 환인저수지(일면 훈
강저수지)에 잠겨 있었다. 이 저수지는 지금부터 30~40년 전에 생겼으며, 당시 전체 500~600
호 정도 중에 우리 동포 100호 정도가 살았다고 한다.

이곳 횡도천에는 독립운동가들이 다수 거주한 것으로 보인다. 강화도의 학자 이건
승(李建昇) 등도 있었다. 이건승은 1910년 12월 1일 압록강를 건너, 12월 7일부터 이
곳에 우거하였다.[40] 1911년 5월에 망명 온 박은식(朴殷植)도 1912년 3월까지 대종교
3대교주가 되는 윤세복(尹世復)의 집에 거처하였다.[41] 윤세복은 1911년 음력 2월 만
주로 망명하여, 동년 음력 5월에 환인현에 동창학교를 설립하여 민족의식 고취에 기
여하였다.[42] 그리고 경북 안동의 석주 이상룡도 도착하였다.[43]

2) 유하현 삼원포로의 이동과 정착

만주로 망명한 임면수 역시 우당 이회영 등 동지들과 함께 행동하였을 것으로 보
인다. 우당 이회영 등 신민회 동지들은 무관학교를 설립하고 군사를 양성하기 위하여
유하현으로 이동하였을 것으로 보인다. 우당 이회영은 1911년 1월 28일 유하현으로
향하였다. 이 부분에 대하여 이은숙은 다음과 같이 구술하고 있다.

유하현은 5, 6백리나 되는데, 2월 초순에 도착하였다. 鄒之家라는 데는 추가성이 여러 대
를 살아서 그곳 지명이 추지가라 하는 곳으로, 가서 3간방을 얻어 두 집 권속이 머물렀다.

---

40) 이은영, 「20세기 초 유교지식인의 망명과 한문학－서간도 망명을 중심으로」, 2012년 성균관대학교 한문
    학과 박사학위 청구논문, 18~19쪽.
41) 이은영, 위의 논문, 237쪽.
42) 조준희, 「단애 윤세복의 민족학교 설립 일고찰」, 『선도문화』 8, 2010, 99쪽.
43) 정병석, 「일제 강점기 경북 유림의 만주 망명일기에 보이는 현실인식과 대응－백하일기와 서사록을 중심
    으로」, 『민족문화논총』 58, 2014, 99쪽.

이곳은 첩첩산중에 농사는 강냉이와 좁쌀, 두태고, 쌀은 2, 3백리 나가 사오는데 제사에나 진미를 짓는다. 어찌 쌀이 귀한지 아이들이 저희들이 이름짓기를, 「좋다밥」이라고 하더라.[44]

한편 경북 안동의 석주 이상룡, 그의 처남 안동의 김대락 등도 앞을 다투어 그곳에 도착하였다. 김대락의 경우 1911년 4월 10일에 도착한 것으로 기록되고 있다.[45]

1911년 봄에 만주 유하현(柳河縣) 삼원보(三源堡) 추가가(鄒家街)에서 자치기관으로서 경학사를 만들고,[46] 독립군을 양성하기 위하여 1911년 6월에[47] 농가 2칸을 빌어서[48] 신흥강습소를 만들었다. 그런데 추가가는 지리적으로 교통이 편리하고 인마(人馬)의 왕래가 잦아 독립운동 기지로서는 적당하지 못하였다. 반면에 통화현 합니하는 동남쪽으로는 고뢰산(古磊山)이 30리 거리에 있고, 북쪽으로는 청하지(清河子)의 심산 유곡이 있으며 남서쪽으로 폐가동(鬧家洞)의 장산밀림(長山密木)이 펼쳐져 있는 준엄한 곳이었다. 그러므로 신흥강습소를 합니하로 이전하였다. 합니하로 이전한 신흥강습소는 교직원 및 학생들의 노력 봉사로 1913년 5월에 교사 낙성식을 갖고 학교 명칭을 '신흥중학'으로 개칭하였다.[49]

1913년 봄에 학교가 이전된 뒤 황림 초원에 수만 평의 연병장과 수십 간의 내무실 내부 공사는 전부 생도들 손으로 이루어졌다. 그리고 동년 5월에는 그동안 열망하던 교사 낙성식이 있었다. 이로부터 통화현 합니하는 우리 독립군 무관 양성의 대본영이 되고 구국 혁명의 책원지로서의 새 면모를 갖추게 되었다.[50] 신흥중학교는 1914년에 거듭되는 천재(天災)로 인하여 그 운영이 어렵게 되었다. 그러므로 둔전병제도를 통하여 학교의 재정을 충당하고자 하였다.

임면수는 만주지역의 상황이 열악해 지자, 동포들을 순방하면서 신흥무관학교 유

---

44) 이은숙, 『민족운동가 아내의 수기 – 서간도 시종기』, 정음사, 1979, 20쪽.
45) 정병석, 「일제 강점기 경북 유림의 만주 망명일기에 보이는 현실인식과 대응 – 백하일기와 서사록을 중심으로」, 『민족문화논총』 58, 2014, 96쪽.
46) 경학사를 1912년 여름에 해산하였다고 하고 있다(『신한민보』 1940년 6월 13일, 「이동녕사력(3)」).
47) 『신한민보』 1915년 12월 23일, 「신흥강습소 정형(1)」.
48) 위와 같음.
49) 박환, 「만주지역의 신흥무관학교」, 『만주한인민족운동사연구』, 일조각, 1991, 328~331쪽.
50) 허영백, 『광복선열 고 필동임면수선생약사』, 1963년 2월 25일.

지비를 염출하기 위해 영하40도 되는 한파 적설을 무릅쓰고 썩은 좁쌀 강냉이 풀나무 죽으로 연명하면서 군사훈련비를 조달하기에 심혈을 다하였다.

6. 부민단에서의 독립운동

1) 부민단은 어떠한 단체일까?

1910년대 서간도지역에서 조직된 재만 한인의 자치기구이자 독립운동단체인 부민단은 1912년 가을에 조직되었으며, 통화현을 중심으로 한 서간도일대에서 독립운동 기지를 건설하고 독립전쟁을 위한 준비를 전개하였다. 1911년 경학사가 해체된 후 재만 한인사회에서는 한인사회의 자치와 산업의 향상을 지도할 새로운 조직의 필요성을 절감하였다. 이에 1912년 가을, 독립운동가들은 경학사를 바탕으로 하여 부민단을 조직하였다. 부민단의 뜻은 '부여의 옛 영토에 부여의 후손들이 부흥결사(復興結社)를 세운다'는 것이었다.

본부는 통화현 합니하에 두었으며, 초대 총장은 의병장 허위(許蔿)의 형인 허혁(許赫)이 맡았으며, 곧 이어서 이상룡이 선임되었다. 부민단에는 서무·법무·검무(檢務)·학무·재무 등의 부서가 있었으며, 중앙과 지방의 조직이 마련되어 있었다.

부민단의 표면적인 사업은 재만 한인의 자치를 담당하고 재만 한인사회에서 발생하는 일체의 분쟁을 재결(裁決)하는 것과 재만 동포들을 대신하여 중국인 또는 중국 관청과의 분쟁사건을 맡아서 처리해주는 것, 재만 한인 학교의 설립과 운영을 맡아 민족교육을 실시하는 것 등이었다. 그리고 이러한 활동의 궁극적인 목표는 재만 한인의 토대 위에 독립운동기지를 건설하고, 독립전쟁을 위한 준비를 하는 것이었다. 한편 부민단에서는 신흥강습소를 통하여 독립군의 양성에도 힘을 기울였다. 그러나 신흥강습소의 이러한 활동은 그 지역 토민들의 오해의 대상이 되었다. 이에 부민단에서는 "나의 동포 잃었으니 이웃 동포 내 동포요", "나의 형제 잃었으니 이웃 형제 내 형제라"라고 하는 표어를 내걸고 토민들에게 양해를 구하였다. 그리고 의복, 모자, 신발 등을 토민들과 똑같이 입고 변장함으로써 상호 친교 운동을 적극 추진하였다. 그 결과 토민들의 배척은 진정될 수 있었다. 또한 부민단에서는 신흥강습소의 졸업생을 주축으로 하여 신흥학우단(新興學友團)을 조직하여 독립전쟁을 준비하였으며, 1914년 이후에는 백두산에 백서농장(白西農庄)이라는 독립운동 기지도 건설하여 항일투쟁에 만전을 기하였다.

그 후 부민단은 1919년 3·1운동이 전개될 때까지 재만 한인의 자치기구이자 독립운동단체로서 그 사명을 다하였다. 부민단은 1919년 4월 초순에 군정부(軍政府)가 성립된 것을 계기로 부민단의 모체 위에 한족회(韓族會)가 조직되자 발전적인 해체를 단행하였다.51)

2) 독립군의 연락소: 객주업 운영

만주지역에서 부민단원으로 활동할 때, 임면수에 대한 기록은 거의 임필동이란 이름으로 등장하고 있다. 『불령단관계잡건 재만주부』 1914년 12월 28일 「불령자처분」 자료의 별첨자료 「서간도재주 불령선인조사」 총 54명 중에 보면 임면수는 다음과 같이 기록되어 있다.

> 在住地 : 통화현
> 원적지 : 경기 수원
> 성　명 : 林弼東
> 연령추정: 50
> 비　고: 객주업을 하는 유력자52)

표에는 통화현, 유하현, 환인현, 해룡현 등지에 총 54명의 독립운동가가 거주하는 것으로 되어 있다.53) 이를 보면 다음과 같다.

---

51) 박환, 「부민단」, 『한국독립운동사사전』, 1996.
52) 국사편찬위원회, 『한국독립운동사자료』 39(중국동북지역 편 1), 2003, 481쪽.

통화현 합니하 : 이시영 6형제(李始榮, 이회영, 이석영, 이철영, 李時榮, 이호영), 여준, 윤
　　　　기섭, 김창환, 이규봉, 이동녕, 김동삼, 강모□, 장한순 3형제(장한순, 장유순, 장도
　　　　순), 김형식
통화현 청구자 : 권중엽
통화현 고랍자 : 권중철
통화현 대항도자 : 정승철
통화현 : 이계동, 조중세, 김필순, 이태준, 임필동, 김상준
통화현 추가자 : 방기전, 김칠순, 이윤옥, 김창무, 이시중, 왕삼덕, 안동식, 이상룡
통화현 쾌당모자 : 최시명

유하현 남산천 : 김대락, 주진수, 申□
유하현 : 임화동
유하현 이미 : 배인환, 배용택
유하현 삼원포 : 방일의, 유창근

해룡현 간포 : 이상희, 이봉희, 이준형, 이승휘, 이문희
환인현(회인현) 항도천 : 홍승국, 조택제, 김윤혁, 홍참판, 정참판, 윤창선

　독립운동가 총 54명 중 대부분이 신흥학교 관련 학자 및 교사들이다. 임면수처럼
객주업에 종사하는 인물은 모두 5명이다. 통화현의 이계동(李啓東, 충청도인, 50세,
객주업으로서 유지자), 이시중(李時中, 평안도인 36~37세, 객주업유지가), 최시명(崔
時明, 평안도인 42~43세, 객주로서 유지자), 회인현 항도천의 홍승국(洪承國, 42~43세,
충청도인) 등이다. 그중 임필동만을 "유력자"로 표현하고 있는 것이다.
　임면수의 부인 전현석 여사는 무시로 찾아드는 별동대 특파대 각양 인원의 식사를
하루에 5,6차례씩 밥을 지어야 했고, 각인각색의 보따리와 총기를 맡으며, 챙겨주어야
하는 혁명투사의 아내로써 그 고역이란 필설로 표현할 수 없었다. 그러므로 그녀는
독립의 어머니라고 불리웠을 정도였다.54) 임면수의 비문에는 다음과 같은 기록이 있다.

53) 국사편찬위원회, 『한국독립운동사자료』 39, 480~482쪽.
54) 『삼일학원65년사』, 82쪽.

그 당시 독립운동자로 선생댁에서 잠은 안 잔 이가 별로 없고, 그 부인 전현석 여사의 손수 지은 밥을 안먹은 이가 없었으니 실로 선생댁은 독립군 본영의 중계 연락소이며, 독립운동 객의 휴식처요, 무기보관소요, 회의실이며 참모실이며 기밀 산실이었으니

위의 기록은 임면수가 객주업을 운영할 당시의 모습을 생동감 있게 짐작해 볼 수 있는 표현이 아닌가 추정된다.

3) 부민단에서 결사대로 활동

임면수가 독립운동가로서 여관업에 종사하였음을 일본외무성문서 『불령단관계잡건 재만주부』 「1916년 8월 5일자 배일선인 비밀단체 상황취조의 건」을 통하여서도 짐작해 볼 수 있다.

부민단에서는 1916년 3월 16일 회의결과 독립운동가들의 근거지가 날로 위험해지고 있다고 판단하였다. 이에 200명으로 구성된 결사대(일명 山獵隊)를 편성해서 통화현에 일본영사관 분관 설치를 강력히 반대하고자 하였다.

이 계획의 일환으로 이미 7~8명은 통화현 시가에 잠입하였다. 일본 측 정보기록에서는 임면수를 그중 1명으로 파악하고 있다. 즉 "일찍이 통화현 동관대가(東關大街) 거주의 여관영업자, 경기도 수원부생 임필동(林必東)은 이러한 종류의 무리"라고 언급하고 있다.

『불령단관계잡건 재만주부』 1916년 9월 9일자 재안동영사가 일본외무대신에게 보낸 「재만조선인비밀결사취조의 건에 대한 회답」에도 임면수가 언급되고 있다. 본 자료에서는 "당지(통화현)의 배일자 중 유력자인 결사대원 임필동(林必東, 林弼東이라고 쓰기도 한다)"라고 표현하고 있어, 1916년 당시 임필동이 통화현 지역의 유력 항일운동가임을 짐작해 볼 수 있다.

7. 양성중학교(養成中學校) 교장으로 활동

1) 양성중학교

양성중학교는 통화현 합니하 남구사차(南溝四岔)에 설립한 기독교계 학교이다. 처음에는 대동(大東)중학교로 불리다가 신흥학교(新興學校)로 잠시 개칭한 뒤, 다시 1915년 4월에 양성중학교로 개명하였다.[55]

양성중학교는 수업료를 징수하지 않았고 공비(公費)는 각자 각출하는 방식으로 운영되었다. 학생의 연령은 주로 15세에서 18세였다. 교과목은 중등교과 산술·국어문전·고등소학 독본·신정 산술·최신 고등학 이과서·교육학·대한신지지·초등윤리학·신선박물학·중등산술·신선이화학·유년필독·보통경제학·윤리학교과서·대한국사·사범교육학·신편화학·중등용기법·중등생물 등이었다.

서북간도지역에서 전개된 교육구국운동은 독립전쟁론에 기초한 독립운동의 한 방향에서 이루어졌다. 그러므로 학교 운영자들은 독립전쟁을 수행하기 위한 독립군을 양성해야 될 중차대한 목적이 있었기 때문에 민족교육의 여러 과목 중에서도 특히 국사교육을 중시하였다. 서북간도 민족학교에서 사용한 역사교과서는 구한말에 편찬된 망국사·건국사·국난극복사 등의 교재를 이용하였다. 양성학교의 국사교과서로 사용한 『유년필독』은 1907년 현채에 의하여 발간된 아동용 역사교과서인데 그 내용은 인문·지리까지 포함하고 있으며, 국민의 권리·본분 등이 강조되었고, 일제에 의해 압수된 출판물 중 가장 많은 부수를 차지하였다.

서간도에 경학사를 설립한 이상룡을 비롯하여 박은식·신채호·김교헌 등이 서간도 지역에서 역사를 담당했던 사실을 고려해 볼 때 당시 각 학교의 역사교육은 애국계몽운동 계열의 영향을 받았던 것으로 보인다. 양성중학교의 교장은 임필동이었으

---

[55] 서중석 교수는 신흥무관학교가 일제에 노출되는 것을 피하기 위해 다른 이름을 사용했으며, 신흥무관학교에 대한 교육내용과 주요 정보를 은폐하는 과정 속에서 다른 이름으로 불리웠을 가능성을 조심스럽게 제기하고 있다(서중석, 『신흥무관학교와 망명자들』, 역사비평사, 2001, 114~115쪽). 이러한 견해를 참고한다면, 양성중학교는 신흥무관학교와 사실상 같은 학교였을 가능성이 크다.

며, 교수(校首) 이세영(李世英), 교사는 차정구(車貞九) · 김장오(金長五) · 사인식(史仁植) · 이문학(李文學) · 신기우(申基禹) · 윤진옥(尹振玉), 재무감독은 이동녕(李東寧)이었다.56)

2) 양성중학교 교장으로 활동하다

임면수는 1910년대 중반 만주 통화현 합니하에 설립된 민족학교인 양성중학교 교장으로 활동하였다. 일찍이 1909년 수원에서 삼일학교의 교장으로서 근대민족교육을 실천했던 경험이 큰 도움이 되었을 것으로 보인다. 양성중학교는 처음에는 대동중학교에서 출발하여 신흥학교로 교명을 개칭하였다가 다시 양성중학교로 개명하였다. 그가 교장으로 일했던 양성중학교에 대하여는 강덕상편, 『현대사자료』27 조선3, 160~161면 (1916년 12월 조사)에 잘 나타나 있다.

養成中學校
哈泥河 南溝 四岔
排日主意
1915년 4월 양성이라고 개칭
교장 임필동
校首 李世英
교사 車貞九 金長五 史仁植 李文學 申基禹 尹振玉, 재무감독 李東寧
기숙생 21, 통학생 41, 학생 연령 15세부터 28세까지

중등교과산술, 國語文典, 高等小學讀本, 新訂산술, 最新高等學理科書 교육학 大韓新地誌 초등윤리과, 新選박물학, 중등산술 新選理化學, 幼年必讀, 보통경제학, 윤리학교과서 대한국사, 사범교육학 新編화학 中等用器법 중등생리학
종래의 유지법을 일변해서 생도의 公費 등은 각자 지불하게 하고 단지 수업료는 없음
처음에 대동중학교라고 칭하다가 후에 신흥학교라고 고첫다가 다시 양성중학교라고 개칭

---

56) 김은경, 「양성중학교」, 『한국독립운동사사전』, 1996.

양성중학교는 합니하 남구 4차에 위치하고 있었다. 합니하의 경우 1910년대 전반기 신흥무관학교가 설립되어 민족교육의 산실로서 그 역할을 다하고 있던 항일운동의 요람이었다. 아울러 교수로 일하고 있는 이세영과 재무감독 이동녕 등은 신흥무관학교의 실질적인 중심인물들이었다. 이로 볼 때 양성중학교는 제2의 신흥무관학교라고 할 수 있을 것이다.

양성중학교에서는 학생들에게 국어문전, 대한신지지, 대한국사, 유년필독 등을 통하여 한글, 한국사, 한국지리 등을 가르쳐 민족의식 고취에 기여하고자 하였다.

한편 당시 임면수의 장남 임우상(林禹(宇)相)도 20여 세의 나이로 부친을 도와 신흥무관학교 운영을 위한 군자금 마련을 위하여 진력하였다고 전해지고 있다. 특히 그는 아버지 임면수를 대신하여 수원에 있는 김세환(金世煥) 등 수원지역 지사들의 군자금 모금에 진력하였고, 서간도로 돌아오던 중 영하 40~50도의 추위 속을 10여 일이나 도보로 이동하여 동상 등에 시달리다가 귀가 즉시 사망하였다고 한다.[57]

8. 3·1운동 이후 무장활동

통화현 지역에서는 3월 12일 금두화락(金斗伙洛)의 금두화교회에서 기독교인과 한인청년회가 주도하는 가운데 쾌당모자(快當帽子) 부근에서 한인 400여 명이 만세를 부르며 시위운동을 전개한 것으로 시작되었다. 금두화락 시위운동에서는 일본 밀정 노릇을 해왔던 계성주를 붙잡아 반역죄로 평결한 다음 3일 뒤 처단하였다. 한인청년회는 독립운동자금을 모금하는 등 본격적인 독립운동을 시작하였으며, 20일까지 운동이 지속되었다. 그러나 이 지역에서는 일제와 중국 관헌의 집중적인 경계와 단속이 심하였기 때문에 대규모 시위운동으로 발전하지는 못했다. 따라서 이 지역 시위운동 주도자들은 서간도 각지에 파견되어 3·1운동을 촉진하였다. 유하현 삼원보, 통화현 합니하 지역의 부민단원·기독교인·학생들은 압록강 방면 이주 한인촌, 국내 등 각

---

57) 허영백, 『광복선열 고 필동임면수선생약사』, 1963년 2월 25일.

지에 연락하여 태극기를 게양하고, 오인반(五人班) 등 독립운동의 하부조직을 만들게
하였으며, 각지에서 독립운동축하회와 독립운동비를 각출하는 등 서간도 독립운동을
새롭게 활성화시켰다.

4월 들어 통화현 쾌당모자, 금두화락 부락민들은 총기구입과 700벌의 피복을 제조
하고, 군사훈련을 하였으며, 우마를 징발하고, 군사비를 거출하였다. 금두화락의 오성
범(吳成範)은 170명의 무장대를 이끌고 4월 10일 압록강 연안의 헌병대를 습격하고자
집안현 동취보 흑소자구에 집결하였다.[58] 당시 임필동의 무장활동은 『한국민족운동
사료』3(국회도서관, 1979), 368~369쪽에 다음과 같이 잘 나타나 있다.

독립운동에 관한 건(1919년 4월 29일)
압록강방면 義州대장보고
2. 渭原분견소 관내 대안
1)
통화현 金斗伙洛 배일선인 吳成範 이하 170명의 일단이 (초기가 소지한 자 많음) 압록강
을 대안에 배치한 헌병을 습격하려고 4월 10일경 집안현 東聚堡 黑沙子溝(楡樹林子 북방 11
리)에 첩자를 보내어 헌병을 습격 강안의 동정을 엿보게 하고, 빈번히 습격방법을 획책중이
라고.
2)
통화현 快當帽子 거주 名簿 갑 尹德培
통화현 旺淸門 거주 임필동

이들은 동지 약 6백 명(무기 소자자 많음)과 더불어 4월 12일경 집안현 雲芝溝(通溝의 북
방 13리) 부근에 와서 시기를 보아 통구로 진입하여 조선인조합 총지부와 주재 일본순사 및
江對岸 헌병을 습격할 목적으로 준비 중이라고

라고 있는 바와 같이, 임필동은 1919년 4월 통화현에서 집안현으로 이동하여 집안현
의 일본순사, 친일조직인 조선인조합 총지부[59] 등뿐만 아니라 국경을 지키고 있는 헌

---

58) 국사편찬위원회, 「서간도지역의 3·1운동」, 『신편 한국사 47권, 일제의 무단통치와 31운동』, 2002.
59) 김주용, 「1910~20년대 남만주 친일조선인단체연구」, 『한국독립운동사연구』 24, 2005.

병들도 습격하고자 하는 적극성을 보이고 있다. 그중 특히 집안현 조선인지부는 태평구(太平溝)에 1916년부터 조직되어 1921년 당시에는 총 11개소가 설치되어 친일활동을 전개하고 있었다.[60]

임면수는 1920년 일본이 통화현에 일본영사관을 설치하자, 일본의 감시망을 피하기 위하여 그해 봄, 가족을 데리고 해룡현 북산성자(北山城子)로 이동하였다.[61] 한편, 1919년 3·1운동 이후 만주지역에도 수많은 무장독립운동단체들이 조직되었고, 활발한 국내진공작전을 전개하였다. 이에 일본군들은 1920년 9월 간도로 출병하여 만주지역에 있는 독립운동가들을 체포, 학살하는 만행을 자행하였다. 이때 임면수도 해룡현 북산성자에서 일본군 토벌대에 체포되어 중국에서 추방되었던 것이다. 즉, 임면수는 정일택(鄭日澤), 한용기(韓元基), 이용도(李用道)와 함께 1920년 6월 12일 밤 해룡현 북산성자 삼도가(三道街)에 재주하는 김강(金剛)의 집에서 김강의 부재중에 그 지역의 일본경찰관 및 그 부근에 거주하는 친일 조선인 등을 암살하고 남만철도연선에 거주하는 동지와 기맥을 통하여 아편의 밀수입을 통한 이익으로 상해임시정부에 송금하려는 혐의로 체포되어 조선으로 추방당하였던 것이다. 여기서 주목되는 것은 임면수가 1919년 3·1운동 이후에도 지속적으로 일본경찰 및 친일조선인을 처단하는 작업을 전개하고 있었다는 점이다. 아울러 군자금을 마련하기 위하여 아편의 밀수입을 추진하고 있던 점도 주목된다. 당시 아편의 경우 만주지역에서도 한인들이 다수 이를 거래하였으며, 러시아 연해주 우수리스크 등지에서도 한인들에 의하여 다량의 아편이 재배되고 거래되고 있던 상황이었다.[62]

특히 주목되는 점은 임면수가 군자금을 마련하여 상해임시정부에 송금하려는 혐의로 체포되었다는 점이다. 이는 임면수가 상해임시정부를 지지하는 인물이었음을 보

1925년 이후 일본 인동현 부영사였던 나혜석의 남편 김우영은 안동현에 본부를 두고, 재만주 어용친일단체로 알려진 조선인회의 조직과 활동을 지원하였다(전갑생, 「청구 김우영의 '정치적 활동'과 나혜석」, 『나혜석연구』 2, 나혜석 학회, 2013, 149쪽).

[60] 김주용, 위의 논문, 323쪽.

[61] 허영백, 『광복선열 고 필동임면수선생약사』, 1963년 2월 25일.

[62] 박강, 「러시아 이주 한인과 아편문제 – 우수리스크시 부근지역을 중심으로」, 『한국민족운동사연구』 53, 2007.

여주는 것이라고 볼 수 있다. 즉 기독교 사상을 가지고 있던 임면수는 공화제 정부를 내세우는 대한민국임시정부를 지지하는 인물로서 추정된다.

그렇다면 임면수는 당시 어느 단체의 소속이었을까. 임면수는 1910년대 지역적으로는 환인현, 유하현, 통화현 등 압록강 건너 지역인 서간도 지역에서 활동하였으며, 단체로는 경학사, 부민단, 신흥무관학교 등에서 활동하였다. 이러한 점을 고려해 본다면 임면수는 3·1운동 이후 서로군정서(西路軍政署)와 한족회(韓族會) 등에서 활동하였을 것으로 보는 것은 자연스러운 귀결이다. 그리고 이들 단체들은 공화주의를 추구하며 대한민국임시정부를 지지하던 단체들이었다. 특히 임면수와 함께 활동하다 체포된 정동수(鄭東洙)의 다음의 기록에서 보는 바와 같이, 서로군정서의 이면단체인 한족회에서 활동하였던 것이다.

　정동수는 13세 때부터 형과 함께 만주에 건너와 이곳저곳을 편력하다 1916년 앞에 적힌 거주지에 거주하였으나 1919년 4월부터 11월까지의 사이에 韓族會의 區長代理로 일하며 독립운동의 자금을 모집하고 또한 排日新聞 「신배달」을 취급하며 양민을 선전해 온 바 있으며 오늘날에는 區長의 代理, 신문의 취급 등은 하고 있지 않으나 암암리에 不逞鮮人과 기맥을 통하여 독립운동을 企圖 助勢하여 당지방의 공안을 방해할 우려가 있다고 판단됨에 따름.[63]

서로군정서는 3·1운동 이후 서간도지역에서 조직된 무장독립운동단체이다. 1919년 4월 초순 유하현 고산자에서 조직된 군정부가 대한민국임시정부에 참여함으로써 1919년 11월 개칭된 조직으로 군자금 모집·무장활동·선전활동 등을 활발히 전개하였다.

서로군정서는 독판제(督辦制)로 운영되었다. 즉 최고지휘부인 독판부 아래에 무장활동을 담당하는 사령부·참모부·참모처 등을 두었으며, 무장활동을 적극적으로 전개할 수 있도록 보조해 주는 정무청·내무사·법무사·재무사·학무사·군무사 등을 설치하였다.

서로군정서는 1919년 11월 성립된 이후 무장활동을 전개하는 데 있어서 상당히 어려움이 있었는데 그것은 군자금이 절대적으로 부족했기 때문이었다. 그러므로 서로

---

63)　국가보훈처, 『만주지역 재류금지관계잡건』, 2009, 120~122쪽.

군정서에서는 군자금의 모집을 위하여 부심하였으며, 우선 관할 지역의 한인자치기
구였던 한족회로부터 군자금을 얻고자 하였다. 그리하여 한족회에서는 관할 구역에
거주하는 한인들로부터 군자금을 갹출하고자 하였다. 각호(各戶)가 부담해야 하는 군
자금의 액수는 일원오각(一元五角)이었으며, 1만여 호가 그 대상에 포함되고 있었다.
그러나 이 지역의 한인들이 대부분 가난한 농민들이었기 때문에 한족회를 통한 군자
금모집 활동은 별다른 성과를 거두지 못했던 것으로 보인다. 바로 임면수는 이러한
단체인 서로군정서에서 군자금 모금 활동을 전개한 것으로 보인다.

일제에 의해 체포된 임면수는 철령(鐵嶺)으로 압송되어 가던 중, 한국인 경찰 유태
철(柳泰哲)의 도움으로 중국인 여관에서 번잡한 틈타 탈출에 성공하였다. 낮에 숨고
밤에 걷는 일정으로 14일만에 길림성 이통현(伊通縣) 고유수(孤楡樹) 한인 농촌 마을에
도착할 수 있었고, 그곳 박씨 집에 은둔하였다. 그 후 장춘을 거쳐 부여현에 도착하여
안승식(安昇植)의 도움으로 그의 집에서 겨울을 날 수 있었다. 그러나 1921년 2월경
길림시내에 잠입하여 활동 중 결국 밀정의 고발로 길림영사관에 체포되었다.[64]

임면수는 평양감옥에 압송되어 고문과 매로 전신이 마비된 후에야 비로소 고향으
로 돌아올 수 있었다.[65] 고향에 돌아온 임면수는 경제적으로 파산하여 병마에 시달리
면서도 생계조차 유지할 수 없었다. 그러한 가운데 임면수는 1922년 8월 수원소작인
상조회에 이사로 참여하는[66] 한편 1923년 3월에는 민립대학 설립발기인으로 활동하
기도 하였다.[67]

1923년 5월 임면수는 삼일학교 건축물인 아담스기념관을 건립하는 감독으로 임명
되었다.[68] 그가 실제 어느 정도 이 일에 헌신하였는지는 알 수 없다. 그러나 수원으

---

64) 허영백, 『광복선열 고 필동임면수선생약사』, 1963년 2월 25일.
65) 허영백, 『광복선열 고 필동임면수선생약사』, 1963년 2월 25일.
66) 『매일신보』 1922년 8월 21일, 「수원소작지회설립」. 주요 간부는 다음과 같다. 池河永(고문), 羅弘錫(회장),
    崔楠(부회장), 禹成鉉(이사), 金秉鎬(이사), 李圭淳(이사), 李哲培(이사), 高仁寬(이사), 林冕洙(이사), 洪思
    先(이사), 池公淑(평의원), 李世煥(평의원), 李相殷(평의원), 權寧億(평의원), 尹龍熙(평의원), 柳基德(고문),
    朴世陽(고문), 羅重錫(고문), 俞致尙(고문).
67) 『매일신보』 1923년 3월 24일, 「民大 발기인, 앞으로 닷새밖에」. 함께 활동한 인물은 다음과 같다. 정영진,
    이휘룡, 송기호, 이종철, 윤홍수, 진규환, 정순종, 이규재, 박기영, 임면수, 윤희룡, 김세환, 강성수, 김탁,
    주기진, 김하윤.
68) 아담스기념관 상량문 참조.

로 돌아온 임면수에게 수원의 종로교회 교인들과 삼일학교는 그의 성품과 신앙심을 믿고 그에게 경제적인 도움도 주기 위하여 감독을 맡긴 것은[69] 아닌가 짐작해 본다. 아담스기념관을 지으면서 임면수는 만주지역 신흥무관학교에서 학생들을 지도하던 그 당시를 그리며, 제2의 신흥무관학교로서, 민족학교로서 삼일학교를 건축하고자 심혈을 기울였을 것으로 보인다. 만주벌판에서 항일운동을 전개하던 그의 열기가 아담스기념관, 즉 삼일학교에 그대로 투영된 것이 아닌가 판단된다.

『조선일보』 1924년 8월 22일자 「水原幼稚園 設立」에는 다음과 같은 기사가 있다.

水原有志의 多年 企望하던 幼稚園은 各方面에 여러 가지 障碍로 實現치 못하던바 發起人 諸氏의 極力 周旋으로 去十八日 午後 三時에 水原 三一學校 講堂에셔 玄錫七氏를 臨時會長으로 定하고 發起總會를 開催한바 幼稚園 設立에 對한 將來 方針을 討議한 結果 實行委員 七名을 選擧하야 事業進行에 對한 實務를 委任케하고 同 午後 六時에 閉會하얏는데 實行委員 氏名은 如左하더라

林冕洙 車明奎 崔鎭協 車泰益 李完善 金顯相 嚴柱喆 (水原)

즉, 임면수는 삼일학교 강당에서 열린 수원유치원 발기총회에서 실행위원으로서 마지막 교육의 불꽃을 태웠던 것이다.

결국 임면수는 수원에서 1930년 11월 29일 56세의 나이로 순국하여 세류동 공동묘지에 안장되었다.[70] 1964년 임면수 탄생 90주년을 맞이하여 수원시 및 수원시민, 삼일학원 및 동창회 등의 후원으로 수원시 주최 고 필동 임면수 선생 추도식을 거행하여 기념비를 제작하고 세류동 공동묘지에서 삼일학교 내 동산에 이장하여 안장하였다. 그리고 1990년 정부에서 건국훈장 애족장 추서와 더불어 대전 국립현충원에 안장되었다.

---

69) 아담스기념관 방문. 看役員으로 표기되어 있다.
70) 『삼일학원65년사』, 83쪽.

9. 결어

임면수(1874~1930)는 1874년 6월 13일 수원군 수원면 매향리에서 임진엽과 송씨사이에 2남으로 출생하였다. 일찍이 향리에서 한문을 수학하였다. 그 후 한국이 근대화되자 근대적인 실용적인 학문에 관심을 갖고 수원 양잠학교에 입학, 1903년 졸업하였고, 일어공부를 위하여 화성학원에 진학, 1905년 4월 26일 졸업하였다. 그리고 1904년 말부터 이듬해 초까지 수원에서 멕시코 이민 모집 대리점을 운영하였다.

구한말 임연수는 수원지역의 대표적인 근대학교인 삼일학교의 설립에 기여하는 한편, 교감 및 교장을 역임하였다. 그리고 수원지역 국채보상운동을 주도하였으며, 기호흥학원 수원지부 평의원으로도 활동하였다.

구한말 상동청년학원에서 활동한 그는 1910년 일제에 의해 조선이 강점되자 독립운동기지 건설을 위하여 1911년 2월 만주 서간도 환인현 횡도천으로 망명하였다. 그리고 그곳에 개교한 양성중학교 교장으로서 독립군 양성에 기여하였다. 1910년대 중반에는 부민단의 결사대에 속하여 활동하였으며, 3·1운동 이후 일제의 간도출병으로 통화현에서 해룡현으로 근거지를 옮겨 항일투쟁을 전개하다가 일제에 의해 체포, 투옥되었다.

임연수는 구한말에는 수원지역을 중심으로 계몽운동을 전개하였고, 1910년대에는 만주에서 항일운동을 활발히 전개하였던 인물이었다. 수원출신으로서 수원에서 활동하다 만주로 망명하여 활동한 독립운동가로서 임연수의 민족운동은 각별한 의미를 갖는다. 그동안 그런 유형의 인물은 별로 발견되지 않고 있기 때문이다. 아울러 그는 일어학교 출신으로서 일본어에 능하였음에도 불구하고 국내외에서 활발한 독립운동을 전개하였다는 점에서 높이 평가된다.

제2장

구국민단 단장 박선태의 민족운동과 그 향배

1. 서언

박선태(朴善泰)는 1920년 수원지역에서 조직된 대표적인 비밀결사 구국민단의 단장으로서 항일운동을 활발히 전개한 인물로 널리 알려져 있다. 『조선일보』1920년 8월 20일자에서는 그의 활동에 대하여 다음과 같이 대서특필하고 있다.

구국민단장(救國民團長) 경성휘문고등보통학교 사년생(京城徽文高等普通學校四年生) 수원진명구락부 운동부장(水原進明俱樂部運動部長) 수원학생친목회상무간사(水原學生親睦會常務幹事) 박선태(朴善泰)(二0),(중략) 박선태는 작년 삼월만세가 일어난 이래로 동지를 규합하야 독립운동을 계속 실행코자 하야 동지자 이종상 기타의 동지자와 협의하고 상해(上海)에 잇난 김보윤(金甫潤)과 그 맥을 통하야 수원에서 비밀히 단체를 조직하야 본년 육월 이십日경에 차재인(女子)의 주선으로 임효정 이선경 최문선을 입회케 하고 그 후 야소교에서 관리하는 사립 삼일학교에 모여 널리 회원의 모집방법을 협의하고 오히려 상해와 연락을 비밀히 하기 위하야 이선경은 본월 구日경에 수원을 출발하얏는데 이상 여러 사람은 작년 구월경부터 본년 칠월까지 상해로부터 보내온 독립운동에 관한 독립신문(獨立新聞) 대한민보(大韓民報) 애국가(愛國歌) 경고문(警告文) 등을 이종상 박선태의 두사람이 주장하야

비밀히 배포하고 그 동지자 중에는 일기장(日記帳)대 한면〇 암호부(暗號簿) 등을 가졌엇음
으로 이것은 모다 압수되얏고 이 사건은 목하 수원경찰서에서 취조하는 중이라더라

라고 하여, 박선태를 구국민단 단장으로서 서울 휘문고등학교 4학년생이며, 수원진명
구락부 운동부장, 수원학생친목회 상무간사로 언급하고 있다. 아울러 박선태를 3·1
운동 이래로 동지를 규합하여 독립운동을 지속적으로 전개한 인물로 지목하는 한편,
『독립신문』, 『대한민보』, 애국가, 경고문 등을 비밀리 배포한 인물로 서술하고 있다.

이처럼 박선태는 3·1운동 이후 수원지역 항일독립운동을 주도적으로 전개한 인물
임에도 불구하고 지금까지 그의 인물과 민족운동에 대하여 집중적으로 연구하지 못
하였다. 다만 그의 활동 중 3·1운동, 혈복단, 구국민단 등이 밝혀져 있을 뿐이다.[1]
그의 민족운동의 전체적인 모습을 파악하기 위해서는 그의 가계와 집안, 진명구락부,
성공회, 수원신간회, 수원체육회, 수원기자동맹 그리고 그의 상업활동 등에 대하여도
밝힐 필요가 있다고 생각된다.

이에 본고에서는 박선태의 인물과 활동에 대하여 살펴보고자 하는 것이다. 우선 이
를 위하여 그의 집안과 휘문고등보통학교 재학, 수원에서의 진명구락부 및 학생친목
회 활동 등에 대하여 알아보고자 한다. 아울러 그의 민족운동 참여를 구국민단, 신간
회, 수원기자동맹, 수원체육회 등을 중심으로 밝혀보고자 한다. 결국 이러한 작업은
수원지역 민족운동의 사례를 통하여 식민지시대 독립운동의 한 모습을 밝히는 것이
라고 할 수 있겠다.

2. 가계와 인물

1) 집안

박선태(1901~1938)의 본관은 밀양이다. 수원군 수원면 남창리 117번지에서 1901년

---

1) 박환, 「1920년대 초 수원지방의 비밀결사운동 – 혈복단과 구국민단을 중심으로」, 『경기지역 3·1독립운
동사』, 선인, 2007.

11월 2일에 아버지 박영선(朴永善)과 어머니 경주 김씨 김대선(金大善) 사이의 3남 1녀 중 3남으로 태어났다.[2] 박선태에 대한 1920년 판결문을 보면,

> 경기도 수원군 수원면 산루리 111번지 재적
> 경기도 수원군 수원면 남창리(南昌里) 117번지 거주
> 학생 박선태(朴善泰) 21세

라고 하여, 박선태의 재적은 산루리 111번지임을 보여주고 있다. 그리고 박선태의 휘문고등보통학교 학적부에서도 박선태의 원적을 산루리라고 적고 있다. 산루리는 원래 이름은 '다락골'이다. 1914년 일제는 산루동과 교동 및 구천동을 합쳐 산루리라고 하였다. 산루리는 남문 아래로 팔달산을 남쪽으로 에둘러 자리 잡은 큰 마을 이름이 되었다. 지금의 교동, 중동, 구천동 일대를 아우르는 넓은 지역이었다. 화성안의 문안과 달리 문밖으로 불렸던 곳이다. 산루리는 남문으로 상징되는 전통 상권과 일본인들의 새로운 수원역, 그 사이에 위치해 있다. 성 밖의 일본식 건축물들과 번듯한 상점들이 새롭게 생겨나는 변화에도 산루리는 여전히 초가집들이 다닥다닥 붙어있는 마을로 식민지적 차별을 여실히 보여주고 있었던 곳이다. 더구나 수원역으로 대표되는 일본인 거주지와 팔달문의 남문으로 대표되는 조선인 상가를 이어주는 위치의 산루리는 지속적으로 새로운 근대적 문물이 유입되는 길목에 위치하며 남루한 현실을 동시에 보여주는 곳이었다. 따라서 수원역에서부터 일본인학교와 수원향교, 그리고 성공회 교회를 지나면 만나는 초가집들은 팔달문 앞의 번화한 상점을 만날 때까지 계속되었다. 이곳이 산루리이다. 그래서 산루리는 수원지역 사회운동의 중심지였다. 수원의 대표적인 독립운동가인 김노적, 이선경, 이현경 자매와 그들의 동생 이용성이 바로 이곳 출신인 것이다. 일제강점기 수원의 대표적인 사회조직인 수원청년동맹과 수원노동조합이 자리 잡은 곳도 이곳이었다.[3]

---

2) 박선태는 고문의 후유증으로 1938년 6월 6일에 사망하였다(아들 박춘만-1932년생 증언, 미국 LA 거주, 2015년 4월 7일 전화통화).
3) 한동민, 「문밖, 근대와 조우하다」, 『문밖마을』, 수원박물관, 2014, 101~106쪽.

박선태의 형은 박순태(朴順泰), 박건태(朴建泰)였고, 누나 아지(阿只)는 1894년생이다. 박선태의 집안은 대대로 수원의 유지로서 생활해 왔던 것으로 보인다. 그의 집안의 내력을 밝혀줄 자료는 거의 없다. 박선태가 1938년 38세의 나이로 사망하자 그의 집안은 몰락하여 충북 청주로 이주하게 된다. 그의 아들 박춘만(朴春滿, 1932년생)은 7세의 어린 나이였다.[4]

박선태의 장손 박장호(1965년생)에 따르면, 그의 집안에는 예전에 문과급제자가 받는 홍패가 있었다고 한다. 박선태의 아들 박춘만에 따르면 6 · 25전쟁 때 집안 장독에 족보와 집안 귀중품들을 묻고 떠났는데, 6 · 25전쟁 참전 후 돌아와 보니 모두 없어지고 말았다고 한다.

박선태 집안은 수원지역에서는 상당한 유지가 아니었나 짐작된다. 그의 부친 박영선은 1914년경 일찍 작고한다. 박선태는 박영선과 김씨 사이의 셋째아들이었다. 첫째형 박순태는 일찍 사망하여 그의 부인 조경만(曹景煥)만이 생존해 있었다.[5] 그래서 그의 부친 박영선이 사망한 후 둘째 아들인 박건태가 1914년 7월 27일 호주를 상속받았다.[6] 그러므로 휘문고등보통학교 다니던 박선태의 학적부에 보호자로 형인 박건태의 이름이 올라 있다.[7] 당시 형의 직업은 상업이었다.[8] 박선태의 부인이 당시 수원지역의 세도가였던 연안차씨 차덕홍(車德弘)의 딸, 차복순(車福順)인 점, 할머니 송태응(宋泰應)이 수원군 지역의 세도가인 여산송씨 송원녀(宋元汝)의 딸인 점, 어머니가 경주김씨 김원서의 딸인 김대선인 점 등을 통해 볼 때,[9] 즉 혼반으로 볼 때 박선태의 집안은 수원지역의 유지로서 보여진다.

---

[4] 박선태의 아들 박춘만의 증언(2015년 9월 25일 필자와의 면담, 수원박물관).
[5] 박선태 제적부.
[6] 박건태 제적부.
[7] 박선태 휘문고등보통학교 학적부.
[8] 박선태 학적부.
[9] 박선태, 박건태 제적부.

2) 수원공립보통학교 졸업과 휘문고등보통학교 입학

1901년생인 박선태는 휘문고등보통학교 학적부에 따르면, 수원공립보통학교를 졸업한 것으로 되어 있다. 이 학교는 수원지역에서 가장 오래된 학교로 1896년 2월 10일 수원군공립소학교로 설립되었다. 수업연한 4년의 보통과에 남학생 4학급으로 편성하였고, 1906년 수원공립보통학교로 교명을 변경하였다. 1911년 여학생을 모집하여 남녀공학으로 개편하고, 1921년 수업연한을 6년으로 연장하였다.[10]

수원공립보통학교를 졸업한 박선태는 서울 원서동에 있는 휘문고등보통학교에 진학하였다. 이 학교는 1906년 5월 1일 민영휘(閔泳徽)가 서울 종로구 원서동 관상감(觀象監) 터에 교사를 신축하여 휘문의숙(徽文義塾)으로 개교하였다. 고종으로부터 '휘문'이란 교명을 하사받았으며, 학생 수는 고등소학과 65명, 중학과 65명이었다. 본래 휘문의숙의 전신은 1904년 9월 민영휘가 구국사업의 일환으로 종로구 경운동에 있던 자택에 개설한 광성의숙(廣成義塾)으로, 학생 수가 증가하자 교사를 신축하여 이전하면서 학부(學部)의 정식 인가를 받아 휘문의숙으로 개교하게 된 것이다.

1910년에 제1회 졸업생 32명을 배출하였으며, 당시 교과목은 수신·한문·역사·지지(地誌)·물리·산술·작문·영어·도화·체조 등이었다. 개교와 함께 인쇄부인 휘문관(徽文館)을 두어 모든 교재를 자체 출판하였으며, 저작자는 모두 휘문의숙의 교사였다. 1908년부터 교복을 착용하였고, 1910년 3월 휘문의숙교우회가 발족되었다. 1918년 4월 휘문고등보통학교로 교명을 변경하였고, 1922년 4월 수업연한이 4년에서 5년으로 연장되었다.

학생운동에 있어서는 일제강점기에 3·1운동 당시 만세운동에 앞장서 3명이 옥고를 치룬 기록이 남아있다. 박선태 외 2명은 심원섭(沈元燮, 1901~미상)과 김정현(金貞顯, 1903~1964)이다. 심원섭은 함남 정평 출신으로 1919년 3월 1일 서울 파고다공원에서 만세운동에 참여하였다.[11] 김정현은 경북 안동 출신으로 의열단 김시현(金始顯)의

---

10) 신풍초등학교백년사편찬위원회, 『신풍백년사』, 1996.
11) 국가보훈처, 『독립유공자공훈록』, 심원섭.

동생이다. 3·1운동 참여 후 중국으로 망명하여 의열단과 신민부에서 활동하였다.[12]

　1921년 한글학회의 모체가 되는 조선어연구회에 임경재(任暻宰) 교장과 국어교사 이병기(李秉岐)·권덕규(權悳奎)가 참여하면서 학교 강당에서 조선어연구회가 창립되었다. 1928년 교장의 친일적 태도에 항거하고 조선어 시간의 연장을 요구하며 동맹휴학에 들어가 30여 명이 퇴교조치 되었으며, 1930년에는 광주학생사건이 발생하자 400여 명의 학생이 동조시위에 참가하여 수십 명이 경찰에 검거되었다.[13]

　박선태는 1918년 4월 1일에 휘문고등보통학교에 입학한 것으로 되어 있다. 당시 수원에서 서울에 공부하러 갈 정도이면 그의 재능이 뛰어 났음과 그의 집안의 재력을 짐작해 볼 수 있지 않을까 한다.

3) 수원 성공회와 진명구락부

　수원 남창리에 거주하며, 서울 휘문고등보통학교로 통학하던 박선태는 성공회와 일정한 관계를 갖고 있던 것으로 보인다.[14] 성공회의 사상이 그에게 상당한 영향력을 미친 것이 아닌가 짐작된다. 그가 성공회에서 신부가 중심이 된 진명구락부에 운동부장으로 참여하고 있는 것으로 보아 이를 짐작케 한다. 『동아일보』 1920년 7월 16일자 「진명구락부 창립」 기사를 보면 다음과 같다.

　　기왕 具世實 이하 유지제씨의 발기한 수원 남문밖 성공회내 진명구락부는 본월 11일에 창립총회를 개최한 바, 회원이 40여인에 달하아엿으며, 임원은 다음과 같이 피선되었다.
　　부장 金仁淳, 총무 趙鏞昊, 도서부장 金露積, 운동부장 朴泰善 등 제씨

라고 있고, 『동아일보』 1920년 7월 3일자에서는,

---

12) 『독립유공자공훈록』, 김정현.
13) 휘문100년사편찬위원회, 『휘문100년사』, 2006.
14) 수원지역 성공회에 대하여는 다음의 증언집이 참고된다. 「임원순 외 3인」, 『수원근현대사 증언자료집』Ⅱ, 수원시, 2002.

당지 남문외 성공회에서 수원진명구락부를 조직코져, 6월 28일 하오 7시에 발기인 총회까지 己過 하였는데, 그 목적은 德性을 함양하고, 體智를 개발케하며, 부원 상호간에 참목을 도모함에 在하는데, 발기인의 씨명은 다음과 같다고 하더라.

具世實(영국인), 金仁淳, 金顯弼, 許榕, 安永基, 李麟榮

라고 하여, 박선태는 운동부장으로 활동하고 있다. 또한 기사를 통해 볼 때, 박선태는 영국인인 구세실(쿠퍼) 신부[15]와 가까운 사이였을 것으로 보이며, 이를 통해 서양의 근대적인 문물과 사상도 받아들였을 것으로 보인다. 특히 구세실 신부는 1920년 1월 27일 수원 천안의 관할 사제로 임명받았다. 구 신부는 1908년 부재열 신부의 보조사제로 수원에 온 인물이었다. 특히 그는 스포츠에 재능이 있어서 축구부, 수영부 등 진명학교 안에 여러 종목의 운동부를 만들고, 직접 학생을 가르쳤다. 1909년 5월 하류천에서 개최한 운동회는 당시로는 수천 명이 모여드는 획기적인 사건이었다.[16] 전에 볼 수 없었던 근대적인 운동회에서 구 신부의 지도를 받은 학생들이 여러 종목에 걸쳐 경기를 하여 많은 구경거리를 제공한 것이다.[17] 이처럼 스포츠에 능한 구 신부와 박선태가 가까운 사이였음은 충분히 짐작이 간다. 그러하였으므로 박선태는 구 신부가 주도한 진명구락부의 운동부장이 될 수 있었을 것으로 보인다.

또한 진명구락부의 김노적은 3·1운동 당시 함께 한 동지일 뿐만 아니라 서울에서 배재고보를 졸업한 인물이기 때문에 박선태와는 가까웠을 것으로 보인다. 특히 김노적은 이후 구국민단, 신간회 수원지회, 임시정부 등에도 참여한 인물이었으므로[18] 박선태와 궤를 같이 하는 인물로 평가된다.

수원에 있는 진명구락부는 1920년대에도 활발한 활동을 전개하고 있었다. 특히 박선태와 함께 1920년에 진명구락부에서 부장으로 활동했던 김인순의 경우는[19] 1922년 10월 수원관할사제로 부임하여 1956년 은퇴할 때까지 일하였다.[20] 성공회가 수원에서

---

15) 구세실 신부의 사진은 위의 증언집, 366쪽에 있다.
16) 수원지역의 운동회에 대하여는 박환의 논문이 참조된다. 박환, 「수원지역 근대 운동회연구」, 『한국민족운동사연구』 81, 2014.
17) 『수원교회 100년사』, 대한성공회 수원교회, 2004, 32~33쪽.
18) 이제재, 「수원지방의 독립운동의 선구자 김노적선생」, 『기전문화』 10, 1992 참조.
19) 김인순 신부의 경우 30~40년 동안 근무했다고 전한다. 『수원근현대사 증언자료집』 Ⅱ, 376~377쪽.

활발하였음은 다음의 신문기사들을 통하여 살펴볼 수 있다. 『조선일보』 1927년 7월 29일 조간에,

水原 聖公會 近況

朝鮮聖公會 修院傳道區는 設立된지 二十有餘年에 敎運이 날로 發展한다는바 近日에 同傳道區인 水原敎會는 同敎會 信徒의 宿年 熱望인 聖幕을 設置하게되어 前後 設備를 마치고 去二十四日 午前七時에 聖體奉安式을 金仁淳 司祭 主體로 嚴肅히 擧行한바 參列한 信徒가 二百餘名이엇스며 또한 同傳道區인 平澤敎會는 元來 會堂이 ○落할뿐 外라 信徒의 增加함을 딸아 祈禱함에도 ○○이 ○多함으로 ○○○式으로 會堂을 改築中이든바 竣工되엇슴으로 去十九日 會堂祝○式을 閔在○司祭 主體로 盛大히 擧行하엿다는데 當日은 隣近 各 敎會의 敎役者를 爲始하야 無慮 百二十餘名의 信徒가 ○天을 不○하고 參列하엿다고 (水原)

라고 있고, 아울러 『조선일보』 1927년 10월 5일 석간 4면에,

水原進明女夜學
創立四年紀念

水原進明女子夜學校에서는 去一日 午後 八時에 同學院 講堂에서 創立四週年 紀念式을 禹聖氏 開會辭로 開하고 順序를 딸아 沿革 報告 感想談이 잇슨 後 茶菓會로 옴기여 同學院生徒들의 귀여운 唱歌 遊戱 等이 잇슨 後 同十時頃에 閉會하얏다는 바 同學院은 距今 五年前에 家庭婦女 文盲打破의 壯旨를 세운 後 其間 三百六十餘名의 無識한 家庭婦女에게 國文을 깨우처주고 普通學科를 敎授하여 왓다는 바 現在는 七十餘名의 生徒가 熱心으로 工夫하는 中이라고 (水原)

라고 있음을 통하여 성공회 상황을 파악할 수 있다.

4) 수원학생친목회 상무간사

박선태는 1920년 8월 체포당시 수원학생친목회 상무간사라고 되어 있다. 후대의 기

---

20) 『수원교회 100년사』, 33~40쪽.

록이긴 하지만, 1923년 5월 15일자를 통하여 수원학생 친목회의 성격에 대하여 짐작해 볼 수 있다. 『조선일보』 1923년 5월 15일에 보면,

水原 學生 親睦會

水原學生親睦會는 男學生으로만 組織되얏던바 今般女學生의 參加함을 따라 本月十三日 午後 二時에 水原鍾路禮拜堂에서 臨時總會를 開催하얏다더라

라고 하여, 수원학생친목회는 남학생들이 중심이 된 단체임을 알 수 있다. 즉 박선태는 남학생이 중심이 된 수원학생친목회의 상무간사로서 젊은이들 사이에서 중심적인 역할을 하고 있던 학생임을 짐작해 볼 수 있다.

또한 『조선일보』 1923년 5월 17일자 「수원학생 친목회」의 기사를 보면,

水原學生 親睦會

本報에 임의 報道한 바와 如히 去十三日 午後 二時에 當地 禮拜堂內에서 水原學生 親睦會 總會를 開催하야 各部 報告 規則 改正 及 幹事 改選이 有한 後 新入學生의 歡迎會가 有하얏섯는대 『바이리요링, 만도링단서』에 자미잇는 音樂裡에서 同 午後 六時에 閉會하얏는대 選擧된 幹事의 氏名은 如左하더라

崔桂男, 徐丙守, 洪仁順孃, 崔信愛孃, 洪思克, 李興元, 許學成, 金將星, 李鍾祥

라고 하여, 이 단체는 학생들의 친목단체인 것으로 보인다. 차후 홍사극, 김장성 등의 인물은 수원지역 사회단체의 중요한 인물로 활동하는 것 같다. 또한 수원학생친목회의 활동을 살펴볼 수 있는 기사로는 다음을 들 수 있다.

男女聯合 講演
水原에셔 學生들이
강연을 마친 뒤에는
림시총회를 열엇다

수원학생 친목회 주최(水原學生 親睦會 主催)로 지난 이십륙일 오후 여덜시부터 당디 종로 례배당안에서 남녀 학생이 대강연회를 개최하얏다는데 리종상(李鍾祥) 군의 개회사가 잇

슨 후 연사 최영준(崔永俊)군이 「오인(吾人)의 생활과 예술(藝術)」이라는 연뎨로 열변을 토하야 텽중에 환영을 밧고 그 후에 김형배(金瀅培) 양이 「우리들에 할일」이라는 연뎨로 열변을 토하야 만흔 갈채를 밧고 그 후에 최신애(崔信愛) 양이 「우리의 희망」이라는 연뎨로 만흔 렬변을 토한 후 서긔복(徐基福) 군이 「일본을 견학(見學) 하고」라는 문뎨로 렬변을 토하얏스며 김장성(金將星) 군이 안에 올나 「모든 번민과 초월」이라는 연뎨로 관중에게 조흔감상을 주엇는데 계속하야 학생친목회 회원이 전부 모힘을 따라 림시총회를 시작하고 간사를 개선하얏는데 피선된 씨명은 다음과 갓다더라

　　徐丙守 崔柱男 金將星 許學成 李興元 洪思克 崔 杉 尹鼎鐵 洪仁順孃[21]

위의 기사를 통해 볼 때도, 수원학생친목회는 수원지역 학생들의 서로 의견을 교환하고 활동하는 친목단체였음을 짐작해 볼 수 있다.

3. 3·1운동, 혈복단, 구국민단 참여

1) 3·1운동

수원지방에는 일제가 조선을 강점한 후 권업모범장을 설치하는 한편 동산(東山)농장, 국무(國武)농장들을 설치하여 한인 농민들을 수탈하고 있었으며, 거주하고 있는 일본인 수는 1천여 명이 달하였다.[22] 이러한 가운데 서울에서 3·1운동이 전개되자 수원지방에서도 3월 1일부터 시작하여 3월 20일 이후 만세운동이 본격적으로 일어나 4월 중순경까지 지속되었다.

박선태는 당시 김세환과 김노적 등과 함께 수원지역의 3·1운동을 주도하였다. [23] 김노적은 수원면 산루리(현재 수원시 中洞 근처) 74번지에서 출생하였다. 어려서 한

---

21) 『조선일보』 1923년 5월 29일, 석간 3면.
22) 이지원, 「경기도 지방의 3·1운동」, 『3·1민족해방운동연구』, 청년사, 1989, 311쪽.
23) 최홍규, 「수원지역 3·1운동의 역사적 배경」, 『3·1독립운동과 민족정기』, 3·1운동 77주년기념학술회의, 1996, 64쪽.

학을 공부한 그는 수원상업강습소를 마치고 그곳의 교원으로 근무하고 있었다. 그는 김세환의 영향을 받아 3·1운동 때 그의 활동을 도와 청년층과 서민층을 운동에 참여하도록 적극 유도하였다.[24] 당시 박선태 역시 김노적과 같은 수원면 산루리 출신으로 휘문고등보통학교를 다니다 수원상업강습소의 보조교사로 일하고 있었다. 수원지역에는 1909년 2월 2일에 수원상업강습소가 설립되었다. 이 학교는 1908년 4월 15일에 창립된 수원상인들의 결집체인 수원상업회의소의 양성관(梁聖寬) 등이 설립한 학교였다. 이 학교에서는 한문, 영어, 상업부기 등 상업과 신지식을 교육시켰다.[25] 여기서 박선태는 김세환, 김노적 등과 의기 상통하여 만세운동의 연락책임 및 전위대를 맡아 시위대 젊은이들과 함께 선두에서 만세운동에 참가하였다.

2) 수원 혈복단

3·1운동 이후에도 수원지방의 항일운동은 계속되었다. 그러나 이러한 운동의 형태는 만세운동 때처럼 공개적인 운동이 아니었다. 일제의 탄압이 강화되었으므로 지하화하고 비밀리에 이루어졌던 것이다. 한편 일제가 문화정치를 표방하였으므로 공개적이고 합법적인 운동도 전개되었다. 그러나 이러한 운동 역시 만세운동 당시와는 일정한 차이를 보이고 있었다. 즉 겉으로는 일제에 순종하는 듯하면서 운동을 전개하여 나갔던 것이다. 또한 운동의 형태도 만세운동에서 좀 더 다양한 형태로 변화 발전하였다. 노동운동, 농민운동, 청년운동 등이 그것이다.

3·1운동 이후 일제의 감시가 강화되자 수원지방에서는 혈복단(血復團)이라는 비밀결사가 조직되었다. 혈복단은 임시정부 특파원 김태원(金泰源)과 애국단의 안교일(安敎一), 김교선(金敎善), 신봉균(申鳳均), 신상균(申相均), 이정방(李鼎邦) 등이 1919년 11월경에 종로구 5정목 김교선의 집에서 결성한 비밀결사였다. 이 단체는 조선독립운

---

[24] 김노적은 김세환과 함께 일경에 체포되었으며, 심한고문으로 두개골이 파열되기도 하였다. 1922년 일제는 다시 그를 구속하였으나 다시는 청년들을 규합하지 않겠다는 조건으로 석방된 후 중국 남경으로 망명하였다(이제재, 「수원지방 독립운동의 선구자 김노적 선생」, 『수원의 옛 문화』, 1995).
[25] 수원상의사편찬위원회, 『水原商議史』, 수원상공회의소, 1986, 604쪽.

동 자금의 모집과 독립을 위한 민족의식 고취를 목적으로 하고 있었다.[26]

　혈복단이 수원에 지부를 두고 있었던 점은 우선 수원 혈복단에 참여한 윤익중(尹益重)이 서병철(徐丙轍)과 같은 애국단 및 혈복단의 인사와 교유를 갖고 있었다는 점을 통해서 짐작해 볼 수 있다.[27] 다음으로는 서울에서 임시정부의 문서 및 독립신문을 받아와 배포하였다는 기록을 통해서 추론해 볼 수 있다.[28]

　수원 혈복단을 결성하는 데 중심적인 역할을 한 것은 이득수(李得壽, 일명 李鍾祥)(1899~미상)였다. 그는 경성기독교청년학관 학생으로 수원에 거주하며 서울로 통학하고 있었다.[29] 박선태가 혈복단에 가입한 것은 이득수와의 만남에서 이루어졌다. 1919년 9월경 박선태는 수원에서 서울로 통학하고 있던 이득수를 만났다.[30] 당시 박선태는 상해로 망명하여 독립운동을 전개하고자 하였다. 그러나 이득수는 상해에 가지 말고 수원을 중심으로 동지를 규합하여 『독립신문』과 『대한민보』 등을 배포하는 것이 어떠한 가에 대하여 박선태와 의논하였다.[31] 『독립신문』은 1919년 8월 21일부터 대한민국임시정부의 기관지로서 간행되었으며, 오로지 민족의 독립을 위한 민족정신의 앙양과 독립달성을 표방하고 있던 신문이었다.[32] 그러므로 임시정부에서도 『독립신문』을 국내동포들에게 전달하고자 하였으며, 이것은 임시지방연통제와 임시지방교통사무국을 통하여 국내에 전달되었던 것이다.[33] 이에 박선태도 동조하여 이득수와 함께 독립운동을 전개하고자 생각하고 1919년 말 혈복단을 조직하였다.[34]

26) 『동아일보』 1921년 6월 26일자.
27) 독립운동사편찬위원회, 『독립운동사』 7, 1978, 359~361쪽.
28) 『매일신보』 1921년 4월 6일자.
29) 『동아일보』 1920년 8월 20일자.
30) 『동아일보』 1921년 4월 6일자.
31) 독립운동사편찬위원회, 『독립운동사자료집』 5, 1972, 377쪽.
32) 최준, 「대한민국 임시정부의 언론활동」, 『한국사론』 10, 국사편찬위원회, 1981, 166~168쪽.
33) 최준, 위의 논문, 178~182쪽.
34) 『매일신보』 1920년 11월 13일자에는 수원 혈복단이 1919년 9월경에 조직된 것으로 되어 있으나 서울 혈복단이 동년 11월에 조직된 것으로 보아 동년 연말쯤 조직되지 않았나 추측된다.

3) 구국민단

(1) 구국민단 단장

수원혈복단을 조직한 박선태는 수원지역에 거주하면서 서울로 통학하고 있는 학생들을 중심으로 새로운 조직을 결성하고자 하였다. 이 조직의 결성에는 이득수의 한문선생이었던 차관호 및 김보윤(金甫潤)이 후원하였던 것으로 생각된다. 왜냐하면 차관호는 1919년 8월 15일 임시정부 내무부 특파원으로 경성으로 특파된 적이 있으며,[35] 경성에서 차관호는 이득수에게 『독립신문』의 수원지역 배포를 위임하였을 것으로 추측되기 때문이다.

또한 중국 상해에 있던 김보윤도 수원지역의 비밀단체 조직에 일조를 하였다.[36] 특히 여기서 주목되는 것은 차관호와 김보윤이 모두 상해 임시정부의 대한적십자회에 관여하고 있다는 사실이다. 1919년 12월경 대한적십자회에서는 병원설립과 간호원의 양성을 위하여 적극적으로 국내에 연락을 취하여 회원을 모집하고 있었다. 이때 김보윤은 독립대의 대장으로서 안강근(安康根) 외 27명과 함께, 차관호는 십자대(十字隊)의 대장으로서 이관수(李寬洙) 외 30명과 함께 적십자회원 모집에 적극적이었던 것이다.[37] 그러므로 차관호와 김보윤은 박선태, 이득수 등에게 수원지역에 독립신문의 배포는 물론 적십자회원 모집을 위한 조직을 만들도록 하였을 것이다.

박선태와 이득수는 이러한 목적을 달성하기 위해서는 여학생들의 도움이 필요하다고 생각하였다. 그리하여 1920년 6월경 여학생들을 가입시키기 위하여 차인재에게 도움을 요청하였고, 그녀는 3명의 여학생을 소개하였다.[38] 이화여자고등보통학교 2년생인 임순남(일명 林孝貞)과 최문순, 경성여자고등보통학교 3년생인 이선경[39] 등이

---

35) 문일민, 『한국독립운동사』, 애국동지원호회, 1956, 204쪽.
36) 『동아일보』 1920년 8월 20일자.
37) 金正明, 『朝鮮獨立運動』 1권 分冊, 原書房, 1967, 238쪽.
38) 『동아일보』 1921년 4월 6일자.
39) 이선경은 제적부와 학적부, 그리고 그의 언니 이현경의 학적부에 따르면, 광주 이씨이며, 부친은 李鶴九로 대금업자였다(한동민, 「수원의 여성독립운동가 이선경-독립운동가 이선경과 사회주의 운동가 이현경」, 『수원을 빛낸 항일독립운동가』, 수원박물관, 2011).

그들이다. 이들은 모두 수원거주 서울통학생들로 항일운동의 요람인 수원교회[40]의 교사로서 활동하던 기독교인들이었다.[41] 그중 임순남은 수원 삼일학교 졸업생이었고, 최문순은 수원공립보통학교 졸업생이었다.[42] 이선경(1902~1921) 역시 1918년 수원공립보통학교를 졸업하였다.[43] 그녀는 동년 4월 30일 사립 숙명여학교에 입학하여, 1919년 9월 1일 경성여자공립보통학교 2학년으로 전학하였다.[44]

박선태와 이득수는 1920년 6월 7일 수원면 서호 부근에서 임순남, 최문순, 이선경 등을 만나 혈복단을 구국민단으로 개칭하고,[45] 1920년 6월 20일 구국민단을 조직하는 한편[46] 단장에 박선태, 부단장에 이득수, 서무부장에 임순남, 재무부장에 최문순, 구제부장에 이선경,[47] 교제부장에 차인재를[48] 각각 임명하였다.

한편 구국민단의 결성에는 박선태의 영향이 컸던 것이 아닌가 한다. 박선태는 3·1운동 당시 이 지역의 대표적인 민족운동가인 김세환·김노적과 함께 만세운동을 주도한 청년이었던 것이다. 그리고 이선경 역시 김노적·박선태와 같은 마을인 수원면 산루리출신인 것이다.[49] 뿐만 아니라 경성여자고등보통학교 2학년생이었던 이선경은 3·1운동 발발 당시 김세환 밑에서 각지의 연락 업무를 담당하였던 것이다. 그녀는 치마 속에 혹은 앞가슴에 비밀문서를 넣어 일제의 눈을 피해 대전, 충주, 안성 등지로 수십 차례에 걸쳐 비밀지령을 전달하였다. 그 결과 그녀는 3·1운동 당시 종로경찰서에 체포되어 15일 동안 구류를 당하기도 하였던 것이다.[50]

---

[40] 수원에서 가장 오래된 교회로 현재 명칭은 종로교회이다.

[41] 이선경의 경우 경성여자공립보통학교 학적부에 종교가 기독교라고 적혀있다.

[42] 『동아일보』 1920년 8월 20일자.

[43] 이선경 경성여자공립보통학교 학적부 참조

[44] 이선경 숙명여학교 학적부 및 경성여자공립보통학교 학적부 참조. 이선경은 1920년 8월 3학년 1학기를 마치고 퇴학한 것으로 보인다(한동민, 「수원의 여성독립운동가 이선경 – 독립운동가 이선경과 사회주의 운동가 이현경」, 2011).

[45] 『매일신보』 1920년 11월 13일자.

[46] 독립운동사편찬위원회, 『독립운동사자료집』 5, 378쪽.

[47] 『동아일보』 1921년 4월 6일자.

[48] 『동아일보』 1920년 8월 20일자.

[49] 경기여고 학적부에는 원적이 수원군 수원면 산루리 470번지로 되어 있다. 그러나 산루리 406번지에서 산루리 470번지로 이거한 것은 1916년 4월 5일의 일이다(한동민, 「수원의 여성독립운동가 이선경 – 독립운동가 이선경과 사회주의 운동가 이현경」, 2011, 주 5번).

한편 조직 선정을 마친 구국민단은 다음과 같은 2대 목표를 설정하였다.

1. 한일합방에 반대하여 조선을 일본제국 통치하에서 이탈케 하여 독립국가를 조직할 것.
2. 독립운동을 하다가 입감되어 있는 사람의 유족을 구조할 것.[51]

그리고 이 목표를 달성하기 위하여 구국민단 단원들은 1920년 7월경까지 1주일에 한 번씩 금요일에 수원 읍내 삼일학교에서 회합하여[52] 독립신문의 배포를 담당하기로 서약하고 또 기회를 보아 상해로 가서 임시정부의 간호부가 됨으로써 독립운동을 도울 것을 맹세하였다.[53] 특히 여학생 3명은 상해 임시정부 적십자회에 들어가 간호원이 되어 후일 미일전쟁이 발발하였을 때 그 힘을 다하고자 하였다.[54] 아울러 당시의 활동 내역을 최문순이 암호일기로 작성하였다.[55]

그러나 구국민단에서 가장 힘써한 일은 『독립신문』의 배포였다. 이득수는 독립신문을 배포하기 위하여 일단 서울 동대문 부인병원에서 신문을 입수하였으며, 그 비용은 박선태가 부담하였다. 그리고 박선태와 이득수는 1920년 6월경부터 수차례 독립신문과 창가집을 수원 민가에 배부하였다.[56]

한편 조직의 확대를 위하여 수원 지역에 거주하는 김석호(金錫浩), 김노적,[57] 윤구섭(尹龜燮) 등에 대하여 동지가 될 것을 권유하였다.[58] 또한 박선태는 청년운동을 통하여 세력을 확장하고자 하기도 하였다. 1920년 7월 11일 남문 밖 성공회에서 창립된 진명구락부(進明俱樂部)에서 운동부장으로 활동하였다.[59] 그때 그와 함께 활동한 인

50) 『조선일보』 1920년 8월 20일자.
51) 독립운동사편찬위원회, 『독립운동사자료집』 5, 378쪽.
52) 『동아일보』 1921년 4월 6일자.
53) 독립운동사편찬위원회, 『독립운동사자료집』 5, 378쪽.
54) 宋相燾, 『騎驢隨筆』, 국사편찬위원회, 1955, 288쪽.
55) 『동아일보』 1921년 4월 6일자.
56) 위와 같음.
57) 김노적은 1927년 10월 17일 신간회 수원지회 회장이 되었다(『조선일보』 1927년 10월 20일자).
58) 독립운동사편찬위원회, 『독립운동사자료집』 5, 378쪽.
59) 이선경 역시 성공회와 밀접한 관련이 있었던 것 같다. 그녀의 경성여자공립보통학교 학적부에 보증인이 世實수녀로 되어 있다. 또한 언니 이현경 역시 성공회에서 운영했던 수원의 사립 진명여학교 졸업생이었다(이현경 경성여자공립보통학교 학적부).

물은 도서부장으로 일한 김노적, 부장 김인(金仁) 등이었다. 진명구락부에서 활동한 박선태는 당시 수원군에 조직되어 활동하던 주요 청년단체들과도 유기적인 관계를 갖고 활동하였을 것으로 짐작된다. 당시 활동하고 있던 주요 청년단체로는 남양청년회, 수원청년구락부, 수원 엡윗청년회, 수원청년회, 천도교청년회 수원지부, 천주교청년회 등을 들 수 있다. 그리고 이들 단체들은 대체로 민족개량적, 계몽적, 또는 교육적 성격을 지니고 있었다. 당시 수원읍의 인구가 남자 인구가 5천여 명으로 추정되던 시기에 일반 학식 있는 청년은 몇백 명도 되지 못하였을 것이다. 그리고 그들 사이에는 일정한 유대관계가 형성되어 있지 않았을까 추정된다.

(2) 구국민단 공판

구국민단 활동을 전개하던 박선태는 이득수, 임순남, 이선경[60] 등과 함께 1920년 8월에 체포되어,[61] 1921년 4월 박선태는 이득수와 함께[62] 징역 2년을 언도받았다. 임순남,[63] 최문순, 이선경 등 여학생들은 징역 1년 집행유예 3년을 선고받았다.[64]

구국민단의 공판에 대하여는 다음과 같은 신문 보도들이 참조된다. 이 보도에서 박선태의 독립운동 사실에 대하여 다음과 같이 언급하고 있다.

> 水原郡 血復團 公判延期, 각 여학생등을 체결하여 독립신문을 배포하든 이득수사건
> (중략) 동년구월경 박선태도 일본정치를 만족키 생각지 안이함으로 지나 상해가정부에 가서 입신을 한 후 조선 독립하기를 진력하기로 하야 이득수와 갓치 혈복단(血復團)을 조직하야 정치변혁의 목적으로 인쇄물을 가지고 다니며 조선독립사상을 선전하고 동지자를 모집하야 조선독립운동을 진력하며 수원군에 잇난 조선사람에게 전기 인쇄물 독립신문과 밋 창가집을 배포하기 위하야 대정구년 유월 이십일경 차인재(車仁載)의 소개에 의하야 여학생

---

[60] 이선경이 체포된 시점은 1920년 8월 10일 전후로 추정된다. 동년 8월 31일 이선경은 경기여고를 퇴학당하였다. 한편 학교당국은 이선경과 가까이 지냈다는 이유만으로 김백순 등 8명에게 퇴학조치를 하였다고 한다(한동민, 「수원의 여성독립운동가 이선경 – 독립운동가 이선경과 사회주의 운동가 이현경」).

[61] 『동아일보』 1920년 8월 20일자.

[62] 이득수는 1922년 5월 12일 가출옥하였다(재소자 신분장지문원지).

[63] 임순남(임효정)은 그 후 친일활동을 하게 된다(정명희, 「신여성 임효정의 생애와 활동」, 『수원학연구』 8, 2011 참조).

[64] 『동아일보』 1921년 4월 13일자.

효정사(女學生孝貞事) 임순남(林順男) 최문순(崔文順) 이순경(李順卿)등과 갓치 조선독립운동하는 것을 크게 찬동하야 혈복단에 가입케하고 구국민단(救國民團)이라고 개층한후 동년 칠월초순경 대한민보(大韓民報)를 만들어서 조선독립사상에 관한 기사를 기재하야 인쇄한 후 동면내미인에게 반포한 사실이라더라[65]

그리고『동아일보』1921년 4월 6일자「구국민단의 공판, 작 5일 경성지방법원에서, 이득수 외 4명의 사실 심문」에서, 박선태의 신문시 발언내용을 다음과 같이 보도하고 있다.

수원군을 중심으로 남녀 학생이 연합하여 조직한 구국민단(일명 혈복단)의 공판은 예정과 같이 작 5일 오전 11시부터 경성지방법원 7호 법정에서 열리었다.(중략) 그 다음 박선태(朴善泰)를 심문하게 되었다. 자기는 휘문의숙 4학년 생도인데, 현재의 총독 정치를 불복하고 조선 독립을 희망한다는 말과 재작년 9월경에 이득수가 와서 상하이로 가지 말고 조선 내지에 있으면서 상하이에서 오는『대한민보』와『독립신문』을 배부하자 하므로 자기도 찬성하여 동지가 되었다는 말과 이득수가 동대문부인병원에서 전기 과격문서를 찾아오는 데 드는 비용은 자기가 담당할 일과 작년 6월경에 상해에서 온『대한민보』를 수원 민가에 배부한 일과 작년 6월경에 삼일학교 여교사 차인제의 주선으로 전기 구국민단이 조직되고 임원이 선정된 것은 이득수의 말과 같으나 자기가 실상 그 조직하는 곳에 가지는 못하였다는 말과 이리하여 이와 같이 배일 문서를 배포하면 자연 인심이 선동되어 독립사상이 굳어지면 독립이 될 수 있으리라는 원대한 목적을 세웠었다는 말로 심리를 마치고,

4. 수원청년회와 수원체육회 활동

징역 2년의 형기를 마치고, 석방된 후 박선태가 신문 기사에 처음으로 등장한 것은 수원청년회 참여에 대한 것이다. 수원청년회는 1920년대 수원지역에서 가장 활발한 활동을 전개한 청년단체였는데,[66] 박선태는 1925년 7월에 수원청년회의 경리부 위원

---

65)『조선일보』1921년 3월 3일, 석간 3면.
66) 이동근,「일제강점기 수원청년동맹의 활동과 인물」,『한국민족운동사연구』51, 2007, 194쪽.

으로 활동하는 것으로 나타나고 있다. 그가 함께 활동한 인물은 3·1운동에 참여했던 김세환 그리고 화성학원의 홍사훈 등 수원지역의 유지들이었다. 『조선일보』 1925년 7월 6일에,

水原 靑年 定期 總會

水原靑年會에서는 지난 三日 下午 二時부터 市內 華城學院內에서 創立 五週年 紀念을 祝賀함과 同時에 定期總會를 開하고 任員改選과 今後 會務進行方針에 對한 討議가 有한 後 同 五時에 散會되엿다는데 改選된 任員은 如左하다더라

委員長 洪思勛 常務委員 兼 文藝部委員 尹龍熙 風化部委員 李完善 運動部委員 金鍾濼 經理部委員 朴善泰 庶務部委員 李圭淳 審議部委員 金世煥 高龍成 朴奉得 李珏來(水原)

라고 있다. 그런데 수원지역에는 점차 사회주의 성향이 등장하면서 1926년에는 박선태 등과 성향이 다른 인물들이 중심인물로 등장하기 시작한다. 그리고 1927년 말부터 1928년 초반에 이르면 수원청년회와는 다른 수원청년동맹을 조직하고자 하는 움직임이 있게 된다. 그리고 수원청년회는 1929년 8월 25일 제1회 정기대회를 개최하고 집행위원장에 박승극(朴勝極)을 선출한다.[67]

이러한 움직임 속에, 1920년대 후반 수원청년회의 활동이 쇠퇴해 가자,[68] 1929년 8월 30일 수원청년회의 중심인물이었던 김세환을 위원장으로 수원체육회가 창립되게 된다. 『동아일보』에서는 1929년 9월 5일자로, 「수원체육협회 창립 시민대운동회」라는 제목하에,

종래 있던 체육협회는 해산, 9월내 개최하기로 결의

하등의 활동이 없다고 하여 일반에 한 말썽거리가 되어 오든 중, 이를 유감으로 여기던 수원 유지 몇몇 사람은 체육협회 간부와 상의한 결과, 무능력한 회를 해체하고, 다시 힘 있고 활동있는 산 단체를 만드는 것이, 좋겠다고 결론하여 얼머전에 체육회 간부가 모이어, 동

67) 조성운, 「1920년대 수원지역의 청년운동과 수원청년동맹」, 『일제하 수원지역의 민족운동』, 국학자료원, 2003, 261쪽.
68) 이동근, 「일제강점기 수원청년동맹의 활동과 인물」, 195쪽.

회를 해체하기로 가결하여, 즉시 해체를 하자, 그 자리에서 수원체육회를 조직키로 준비회를 열은 후, 각 방면으로 활동하던 바, 지난달 30일 오후 8시 반에 수원공회당에서 수원체육회 창립총회를 김세환 씨 사회로 개회하고 경과보고와 임시집행부 선거로, 역시 김세환 씨가 의장에 피선되어 일사천리로 규칙통과와 다음과 같은 임원선거가 있는 후에, 기타사항에 이르러, 9월안에 수원시민대운동회를 개최하기로 만창일치 가결하고 그에 대한 모든 실행방법은 이사회와 간사회에 일임하기로 한후 동야 11시 반에 산회하았다더라.

  피선된 임원

  회장 김세환, 부회장 박선태, 이사 洪思勛 씨와 9인

  간사 方九鉉 씨외 12인

라고 하고 있고,『조선일보』1929년 9월 7일에서도,

水原體育會

  創立大會

  去月 三十日 午後 八時半에 水原公會堂에서 水原體育會 創立總會를 金世煥氏 司會로 開催하고 各種協議와 任員選擧를 하얏다더라(水原)

  ◇ 任員

  會長 金世煥 副會長 朴善泰 理事 金炳浩 金世玩 車義舜 洪思勛 李完善 李昌鎔 申鉉益 洪思燦 梁奎鳳 洪思先 組織宣傳部常務幹事 方九鉉 幹事 金升煥 申柏均 庶務部常務幹事 金道生 幹事 李鍾陸 金顯模 朴点童, 競技部常務幹事 洪思克 蹴球部 金幸權 野球部 李容成 庭球部 車哲舜 水上競技部 李大鉉 陸上競技部 張保羅

라고 하여, 박선태가 부회장으로 선출되었음을 보여주고 있다.

  창립된 수원체육회에서는 동년 9월 28일 수원시민대운동회를 개최하고자 하였다. 그러나 수원체육회가 운동회의 장소로 수원청년회 운동장을 청년회의 양해 없이 사용하겠다고 광고함으로써, 문제가 불거졌다.[69] 이것은 수원청년동맹과 수원체육회의 노선 갈등의 일면을 보여주는 것이 아닌가 한다. 즉 박선태는 수원체육회에 김세환을 도와 부회장이 됨으로써 민족적 성향을 보여주고 있으며, 결국 젊은 사회주의 계열의

69) 조성운,「1920년대 수원지역의 청년운동과 수원청년동맹」, 258~259쪽.

청년동맹과 일정한 갈등관계를 갖게 되는 것이 아닌가 한다. 즉, 『조선일보』 1929년 10월 14일에,

水原靑年會運動場

使用 紛糾 後報

톄육회 정식 교섭으로 사용허락

市民運動會만은 許諾

　수원청년회(水原靑年會)와 수원톄육회(水原體育會) 사이에 운동장 사용관계로 문데가 착잡하게 되엇다 함은 긔보한 바 어니와 이래 암암리에 두 단톄에서는 만흔 혐의를 가지고 왓스며 일반사회에는 별별 말이 다 돌아단이게 되엇슬 뿐 아니라 수원톄육회 주최인 시민대운동회(市民大運動會)가 차차 갓가워 옴을 따라서 동사건의 전개가 매우 주목 중에 잇든 바 지난 십일에는 수원톄육회에서 수원청년회 운동장 사용을 정식으로 교섭함으로 청년회에서는 이 사건만은 일반시민(市民)에게 악감이나 주지 안흘가하여 회원의 동의를 들어더서 사용을 허락한 것으로 일단락을 지엇다더라(수원)

이 事件에 對한, 靑年會員 某氏談

　별항보도와 가티 운동장 사용문제로 말미암아 수원사회(水原社會)에서 주목을 하든바 수원청년회원 모씨는 이에 대하야 말하되 '단지 체육회에서 우리 회의 운동장을 빌어 시민운동회를 한다면 별문제가 잇겟습니가? 그러나 아시는 바와 가티 체육회는 우리 수원사회단체와 실질상 다른 것 뿐 아니라 본회에서 아모 허락도 업시 사용한다는 것을 자의 광고한 것은 잘못이요. 더구나 동회의 중요간부이고 전자청년회에도 묵어운 책임을 가지고 잇든 모씨는 우리들 단체의 운동장 소유권까지 박탈하려는 야심이 발로되엇슴으로 실상은 그것이 큰문제이지요. 그러나 금번 시민대운동회만은 일반시민이 어찌 생각할가하여 빌려준 것이고 내막에는 그러케 단순한 것이 아니라 매우 복잡한 문제가 잠재하여 잇습니다' 하더라

　體育會副會長 朴氏談, 수원체육회 부회장 박선태(朴善泰)씨는 말하되 '우리 체육회로서는 그런 일이 업서서 모르겟습니다 그러나 누구나 청년회운동장이라는 것은 잘 아는 바인데 부인한다고 될라고요? 하여간 체육회의 몃 개인 문제인지는 모르나 나는 이에 대하야는 몰으겟습니다' 하더라(수원)

라고 하여, 당시 상황을 상세히 보도하고 있다.

박선태는 그 후에도 지속적으로 수원체육회에 참여하고 있다. 『동아일보』 1935년 5월 4일자에,

수원체육회 대혁신 회관 신축을 결의

〈수원〉

수원체육회는 창립된지 7개성상이 되도록, 부잘한 잠재력을 가지고 오던 중, 지난 4월 중에 제7회 정기총회를 열고, 전인회장 홍사훈 씨가 사임하자 신임회장 梁奎龍 씨가 피임되어 일반임원까지 개선함과 동시에 동회관 건축과 수원시민 대운동회를 제1차사업으로 거행하리라 하며, 그 동키에 同會로서 미비한 여러 점과 임원으로부터 회칙까지 전부를 혁신하였다는데, 신임임원씨명과 신규사업은 좌와 같다고 한다.

회장 양규룡, 부회장 徐丙義, 이사 洪吉善, 車濬潭 鄭光鉉, 尹泰鉉, 박선태, 김병호, 文仲賢

간사 金學培, 金幸桂, 李大鉉 方九鉉 외 16인

결정된 사업 일부

1. 회관 건설 총 공사비 1100으로 7월말일까지 준공키로 함.
1. 시민 대운동회 6월 2일 화성학원 운동장에서 개최(상세한 것은 추후 발표)

라고 하여, 이사로 활동하고 있다.

한편 『중외일보』 1929년 6월 7일자 「中鮮 소년축구대회 성황, 학생친목회 우승」의 기사에 따르면, 박선태는 1929년 6월 2일 수원청년회 운동장에 개최된 제2회 중선 소년축구대회에서 개회사를 하는 등 중심적인 역할을 하고 있다. 이 대회에서 수원학생친목회는 서울 보성고보와 경기를 진행하였다.

5. 신간회 수원지회 집행위원장

수원의 경우 1927년 10월 17일 신간회 수원지회가 설립되었다.[70] 이들 가운데 신간회 조직과 관련하여 주목되는 인물은 박선태이다.[71] 그는 1930년 신간회 수원지회 집

---

[70] 『동아일보』 1927년 10월 20일자, 「신간수원지회 17일에 열려」.

[71] 조성운, 「일제하 수원지역의 신간회운동」, 『일제하 수원지역의 민족운동』, 국학자료원, 2003, 339쪽.

행위원장을 역임하기도 하였다.[72] 『중외일보』 1930년 4월 27일자에 따르면, 1930년 4월 25일에 열린 임시대회에서 집행위원장 박선태, 위원 김병호, 홍종각, 김기환, 민홍식, 장주문, 이수경, 우성규, 박상훈, 황응선, 이연숙, 변기재, 박봉득, 박해병, 박승극, 공석정, 이원식 등이다. 그리고 서기장은 민홍식, 재정부장 김병호, 조직부장 홍종각, 검사부장 우성규, 선전부장 공석정, 교육부장 박봉득, 연락부장 박승극, 검사위원장 이각래(상무집행위원은 전기 부장으로 함)라고 있다. 그리고 『중외일보』 1930년 9월 5일자에 따르면,

> 신간회 수원지회에서는 오랫동안 진영이 침체되었든바, 그동안의 회무를 정리하기 위하여 지난 31일에 제4회 집행위원회를 박승극시 사회하에 열고, 다음과 같이 의사를 진행하였다더라.
> 〈결의사항〉
> 집행위원장 박선태, 집행위원 閔洪植, 공석정, 李秀經, 제씨의 사임순과 회원 成奭鍾의 퇴회원을 수리함

라고 있고, 『동아일보』 1930년 9월 5일자에,

> (수원) 수원신간지회에서는 지난 31일 하오 8시 동회관에서 임시집행위원회를 개최하고 현 집행위원장 박선태 씨의 사임원과 기타 몇몇 간부의 사임원이 있어서 토의한 결과 박위원장의 사임만을 수리하기로 가결되어 새로 邊基在 씨가 신임집행위원장으로 피임되어 아래 같은 사항을 일사천리로 원만히 결정하였다더라.
> 1. 공석정, 박승극의 사임을 보류키로 함
> 1. 대회대표의원은 변기재, 박승극, 김병호 3씨로

라고 하여 박선태가 신간회 수원지회 집행위원장에서 물러나고 있음을 알 수 있다. 이어 변기재가 집행위원장을 맡게 되었다.[73] 박선태가 신간회 집행위원장을 맡았던 시기는 수원지회의 경우 민족주의 세력과 사회주의 세력의 균형 속에서 이루어진 것

---

72) 『동아일보』 1930년 9월 5일자, 「수원 신간위원회」.
73) 『동아일보』 1930년 9월 5일자.

이 아닌가 한다.

　수원지회 설립과 관련하여,『조선일보』1927년 10월 16일자에서는,

水原支會 準備

　水原支會 設置에 關하야 十月 九日 午後 二時에 城內 天道敎 宗理院에서 第一回 準備會를 開催하고 支會設置를 可決한 後 其間 本部의 承認을 交涉中이든 바 承認을 밧게 되어 去 十四日 午後 四時 前記 處所에서 第二回 準備會를 開催하고 設置大會에 關하여 左記事項을 決議하엿다는바 同 設置大會에 一般의 傍聽을 歡迎한다하며 同日 夜에 本部 特派 演士의 講演會도 開催한다더라

　一, 時日 = 十月 十七日 午後 一時
　一, 處所 = 城內 天道敎宗理院
　一, 大會進行方針은 準備委員에게 一任하기로 함(水原)

라고 보도하고 있다. 아울러 지회 설치에 대하여『조선일보』1927년 10월 20일자에서 초대 회장에 김노적이 선출되었고, 서무부 간사에 기독교인 김병호가 임명되고 있음을 보여주고 있다. 이것을 통하여 신간회 수원지회의 경우 창립초기에는 민족주의 계열이 주도적으로 참여했음을 짐작해 볼 수 있다.

　수원지회의 경우 당분간은 김노적 체제가 유지된 것 같다. 다음의『조선일보』1927년 11월 1일자 기사가 이를 증거하고 있다.

新幹會 各地消息

水原支會例會
　去 十月 三十一日 午後 四時半에 本會館에서 月例會를 開催한바 經過報告와 左記事項의 決議가 잇섯다고(水原)
　◇ 決議
　一, 會員募集의 件
　一, 水原靑年運動 促成의 件
　一, 烏山 故 金基宣君 追悼會에 金露積 禹聖奎 兩氏 派遣의 件
　一, 會館器具 設備의 件

그러나 얼마가지 않아 1927년 12월 김노적은 사임하고 위원장은 공석이 된다. 이는 사회주의 계열의 도전으로 인한 것이 아닌가 추정된다. 그리고 일정한 공백기간이 있은 후 신간회 수원지회의 경우 박승극, 공석정, 변기재 등 젊은 사회주의자들이 주도권을 장악해 가고 있는 것 같다. 다음의 기사들을 통해 짐작해 볼 수 있다.

水原支會 月例會

水原支會에서는 去 十一月 三十日 午後 四時에 本會館에서 第二回 月例會를 開催하고 支會長 金露積씨의 辭任願을 受理하고 經過報告를 마친 後 討議事項에 들어가 支會定期大會를 十二月 十日 午後 二時에 本會館에서 開催하기로 하고 附議事項을 左記와 如히 酌定하엿다더라(水原)

◇ 附議事項

一, 水原靑年運動促進에 關한 件

一, 會員에 關한 件

一, 任員改選에 關한 件

一, 本部大會代議員選定의 件

一, 其他(『조선일보』 1927년 12월 4일)

水原支會 定期大會

新幹會 水原支會에서는 去 十二月 十八日 午後 二時半에 本會館에서 傍聽討議禁止와 時間制限까지의 稀有한 警察의 干涉으로 金炳浩氏 開會辭를 비롯하야 會員點名 後 臨時執行部로 議長 朴泳植 書記 李與元 朴奉得 司察 禹聖會 四氏가 被選되어 會錄 朗讀 各部報告 任員改選 豫算案 通過를 마치고 代議員 選定 及 本部大會提出議案은 幹事會로 一任하기로 하고 制限한 午後 四時에 閉會한바 選定된 任員은 如左하다더라

◇任員

支會長 保留 總務幹事 金炳浩 庶務部總務 金炳浩 常務 李奉得 財務總務 李珏來 常務 朴泳植 調査研究總務 孔錫政 常務 崔信福 組織宣傳總務 洪鍾珏 常務 禹聖奎 幹事 李演歸 尹○欽 (水原)

(『조선일보』 1927년 12월 21일)

그 결과 1928년 2월 5일 『조선일보』 기사를 보면, 1928년 1월 30일 회의 결과 중,

파벌주의 배격이라는 문구가 등장하고 있다.

水原支會幹事會

지난 三十일 下午 四時 水原城內 北水里 新幹水原支會館에서 第四會 幹事會를 總務幹事 金炳浩氏의 司會로 開會한 後 各部 報告가 잇섯고 連하여 討議에 入하야 來 二月에 開催될 本部大會에 提出할 三個條의 建議案을 作成한 後 左記와 如히 諸案을 決議하고 同 五時半에 無事閉會되엇다더라(水原)

◇ 討議

一, 本支會會館 建築의 關한 件

二, 今年度 豫算案 改定의 關한 件

一, 會費整理의 關한 件

一, 創立紀念式의 關한 件

本部大會 建議案

一, 本部會館 新築에 關한 件

二, 行動的 表現綱領 制定에 關한 件

三, 派閥主義 排擊에 關한 件

(以上)

1928년 10월 신간회 수원지회 창립 1주년을 맞이하여 민족주의 계열의 김병호와 사회주의 계열의 공석정이 각각 강연을 하고자 하였으나 공석정의 경우는 중도에 중지당하는 비운을 겪게 된다. 아마도 일본 경찰 측에서 제지한 것이 아닌가 짐작된다.

新幹 水原支會 設立週年 紀念 講演會 開催

新幹會 水原支會에서는 지난 十六日은 同會設立 一週年紀念에 當함으로 一週紀念을 意味잇게 지내고자 紀念講演會를 同日 下午 八時 會館內에서 開催하고 財務幹事 廉錫柱氏의 司會로 左記와 如히 講演을 하다가 總務幹事 孔錫政氏의 講演은 中途에서 中止를 當하엿스며 一般의 傍聽까지 禁하엿다더라(水原)

◇演題 및 演士

一, 新幹水原支會 一週年 紀念에 對하야 金炳浩

一, 人類進化 法則의 歷史的 高察 孔錫政 (『조선일보』 1928년 10월 24일)

1928년 12월 김세환, 염석주 등이 지회장, 부회장 등에 선출됨으로써, 신간회 수원
지회의 경우 다시 민족주의 세력이 주도하게 되는 것 같다. 이는 다음의 신문 기사들
을 통해 짐작해 볼 수 있다.

新幹 水原支會 定期大會

지난 十六日 午後 二時에 新幹會水原支會에서는 第三回 定期大會를 當地 華城學院에서
열엇다는데 今番大會는 本部全國大會를 압헤 둔 關係上 모든 重要問題를 討議하기 爲하야
同幹事會에서는 먼저부터 當局에 交涉이 頻繁하엿섯스나 結局은 모든 것이 뜻대로 되지 못
하고 條件附로써 許諾을 엇게 되어 遺憾이나마 그대로 開會한 後 各部經過報告를 끗마치고
이어서 同支會 改訂規約과 班規約을 通過한 後 左記事項을 決議하고 任員을 改選한 後 同
日午後 七時半에 無事히 閉會하엿다더라(水原)

◇決議事項

一, 本部大會建議案 作成의 件

一, 代表會員 選定의 件

　　新任幹事會에 一任키로

一, 水原靑年運動促進에 關한 件

◇改選된 任員

▲支會長 金世煥 ▲副會長 廉錫柱 ▲總務幹事 李健相 金炳浩 孔錫政 洪鍾珏 ▲幹事 金鳳
喜 金相根 金道生 郭炳俊 金顯祚 朴勝極 (『조선일보』 1928년 12월 23일)

1929년 7월에는 집행위원장에 염석주가 선출되었다.

新幹 水原支會 臨時大會

新幹會 水原支會에서는 去 二十二日 下午 二時부터 同會館內에서 廉錫柱氏 司會로 臨時
大會를 開會하엿는데 定刻前부터 雲集한 會員으로써 空前의 大盛況裡에 開幕되어 臨時執行
部로 議長 朴奉得 副議長 洪貞憲 書記長 權舜曾 書記 黃銀錫氏가 被選되어 祝文朗讀, 各部
經過報告, 討議事項 等 討議가 잇은 後 萬歲三唱으로 閉會코자 하엿스나 臨席警官의 中止로
因하여 拍手로 閉會한 다음에 水原靑年同盟, 衡平社水原支部, 東亞, 中外, 本報 三支局聯合
招待를 바다 鍊武臺로 자리를 옴기어 眞味잇게 놀든 中 昨報와 如히 臨席警官으로부터 解
散식히는 同時 檢束까지 잇섯다더라(水原)

◇ 委員

▲執行委員長 廉錫柱 ▲執行委員 庶務部長 朴勝極 會計 李健相 組織部 嚴選鴻 調査部 金炳浩 敎育部 孔錫政 李寅○ 洪貞憲 朴海秉 金基桓 黃銀錫 ▲同候補 李允植 朴商昌 朴商勳 ▲檢査委員 羅天綱 洪鍾珏 李謹實 ▲同候補 李秀經 張桂文 (『조선일보』 1929년 7월 26일)

6. 수원기자동맹

수원기자단 조직은 일찍부터 이루어졌다. 1925년 8월 25일자 『조선일보』 기사를 보면,

水原記者團, 二十三日에 組織

在水原 各 新聞支局 記者들은 記者 相互間의 親睦을 圖하며 그 職務上 權威를 發揮함에 必要한 連絡을 取하기 爲하야 去 二十三日 下午 三時에 當地 公會堂에서 記者團을 組織하고 規則 通過와 任員 選擧를 하얏는대 被選된 任員은 左와 如하다더라

東亞日報 高仁寬 朝鮮新聞 酒井政之助 朝鮮日報 李珏來(水原)

라고 하여, 수원에 있는 일본기자와 한국기자들이 모두 모인 기자단을 조직하였던 것이다. 박선태는 1927년 1월 『동아일보』 수원지국 총무를 시작으로, 1932년 4월 25일 총무를 사임한 것으로 되어 있다. 1927년 당시에는 지국장 김병호, 총무 박선태, 기자 최신복(崔信福), 서병우(徐丙宇), 고문 김세환, 이경의(李敬儀) 등이었다.[74]

1920년대 후반 수원지역 사회주의 청년들은 수원노동조합, 수진농민조합, 조선프로예술동맹수원지부 등의 조직과 활동을 이어갔다. 또한 언론활동을 주도하기도 하였다. 박승극과 변기재는 『조선일보』 수원지국과 오산지국을, 공석정은 『중외일보』 기자를 역임하고 있었다. 박선태는 이들과 함께 일제의 탄압 속에서도 1930년 3월 26일 언론의 자유와 여론의 민중부합을 위한 수원기자동맹 창립대회를 개최했다.[75] 『조선

74) 『동아일보』 1927년 1월 12일자.
75) 이동근, 「일제강점기 수원청년동맹의 활동과 인물」, 213쪽.

일보』1930년 3월 29일에,

水原記者同盟, 지난 이십육일 창립

　수원군(水原) 내에 있는 중외 조선 동아(中外, 朝鮮, 東亞)일보 지국 기자를 망라한 수원 기자동맹(水原記者同盟)의 창립대회(創立大會)는 예정과 같이 지난 이십육일 정오부터 수원 공회당(水原公會堂)에서 개최한 바 준비위원 우성규 씨(禹聖奎)의 사회로 김병호(金炳浩) 씨의 개회사가 있은 후 맹원의 자격 심사와 경과보고를 마치고 임시 집행부로 의장 우성규 서기 리수경(李秀經) 양씨가 피선되어 축문 낭독에 들어가 십여통중 이통은 임석 경관에게 낭독금지를 당하고 순서에 따라서 다음과 같이 질의 한 후 만세삼창으로 무사 폐회하였다 더라

　◇ 綱領
　－. 우리는 言論의 權威 獲得을 圖함
　－. 우리는 言論의 民族附合을 圖함
　－. 우리는 行動의 一致團結을 圖함

　◇ 任員
　▲ 執行委員長 禹聖奎 ▲ 執行委員 閔洪植 朴勝極 尹宅榮 金炳浩
　▲ 檢査委員 朴善泰 孔錫政 ○基柱

　◇議案
　－. 支局 運營에 關한 件
　－. 支局 對 本社에 關한 件
　－. 記者 採用에 關한 件
　－. 記事統一에 關한 件
　－. 事務所 設置의 件－ 東亞日報 水原支局으로 臨時 使用함
　－. 自働車 파쓰에 關한 件
　－. 第一回 畿南記者大會 召集에 關한 件

　◇ 執行委員會
　－. 별항대회가 끝난 후 즉석에서 제일회 집행위원회를 열고 일임된 사항을 논의하고 부서를 분담하였다 더라

◇部署
▲庶務部 金炳浩 ▲財政部 尹宅榮 ▲ 調査部 閔洪植 朴勝極

◇決議
一. 自動車 파쓰에 關하여는 其 會社에 交涉 할 것
一. 第一回 畿南 記者大會는 四月 十九日,二十 兩日 間 水原에서 開催 할 것

라고 하고, 『동아일보』 1930년 3월 30일자 「수원기자동맹 원만히 창립」에,

〈수원〉
수원에서 언론기관에 종사하는 동지들이 오래전부터 기자단을 창립하고자 준비에 분망 중이던 바, 예정대로 지난 26일 상호 12시부터 수원기자동맹 창립대회를 수원공회당에서 禹聖奎 씨의 사회로 개회하고, 순서에 의하여 개회하고, 순서에 의해 회원 자격 심사가 끝난 후, 각 우의 단체로부터, 다수위 축문 낭독이 있던 중, 임석경관으로부터 무처로부터 온 두 통의 축문이 금지되었으며, 아래와 같은 통의가 잇었다.
위원 위원장 우성규(중외), 서무 김병호(동아), 재무 尹宅榮(조선), 조사부 박승극(조선), 閔洪植(중외), 검사위원: 孔錫政(중외), 박선태(동아), 변재기(조선)
토의: 1. 지국 경영의 건, 지국과 본사의 건, 기자채용의건, 기사통일의 건, 사무소 지정의 건(임시 동아지국으로 결정), 자동차 무임승차 교섭의 건, 畿南 기자 대회개최의 건

라고 있듯이, 수원지역에 있는 『조선일보』, 『동아일보』, 『중외일보』의 기자들이 중심이 되어 열린 대회였다. 이때 박선태는 검사위원에 임명되었다. 사무실은 『동아일보』 수원지국을 임시로 사용하기로 하였다. 박선태는 『조선일보』 1930년 4월 14일자에,

水原 記盟委員會
수원 기자 동맹에서는 지난 구일에 위원회를 열었다 더라
左 記
一. 近畿 記者大會 準備委員會 組織
庶務 - 孔錫政 閔洙植 黃○善
財政 - 尹宅榮 朴善泰 金炳浩

　　交涉 － 金炳浩 禹聖奎
　　議案 作成部 － 朴勝極 閔洪植 禹聖奎
　　二. 準備委員會
　　時日 － 四月十三日 午後 九時
　　場所 － 東亞日報 水原支局
　　三. 近畿 記者大會
　　時日 － 四月 十九日 午後 二時
　　同月 二十日 午前 十時
　　場所 － 水原 公會堂

라고 있듯이, 윤택영, 김병호 등과 함께 재무로 활동하고 있다.

　수원기자동맹은 중요한 의제로 제1회 경기남부기자대회를 소집하고자 하였다. 이 대회는 1930년 4월 19일, 20일 양일간 수원군에서 개최하기로 하였다. 이 대회의 근본 목적은 일제의 언론탄압에 대한 적극적인 대응의 성격을 띠는 것이었다. 그러나 이러한 노력은 경기도 경찰부의 탄압으로 갑자기 금지되었다.[76]

　『조선일보』1930년 4월 15일자에「近畿 記者大會 래 십구 이십 양일 간 水原에서 開催」에,

　　수원 기자동맹(水原記者同盟) 주최로 제일회 근긔기자대회(第一回 近畿 記者大會)를 소집한다 함은 누차 보도한 바어니와 동 기자동맹에서는 지난 구일 오후 팔시에 제이회 집행위원회를 열고 기자대회 소집 규정과 방침 등을 구체적으로 작정하였다는 바 근기지방에 거주하는 기자들의 다수 참석은 물론이요 일반의 많은 성원이 있기를 바란다더라
　　◇ 召集 規定
　　▲日時 － 四月 十九, 二十 兩日間
　　▲場所 － 水原 公會堂
　　▲範圍 － 京畿道 一員
　　▲參加資格 － 中外, 東亞, 朝鮮 各 支分局 記者
　　▲會費 － 每人 一圓식

---

76) 이동근, 위의 논문, 213~214쪽.

▲申請場所 - 水原城內 新豊里 本 同盟 事務所

▲申請期限 - 四月 十八日 午後 八時

◇ 準備 委員

▲庶務部 - 孔錫政, 黃○善, 姜俊, 閔洪植

▲財政部 - 尹宅榮, 金炳浩, 朴善泰

▲交涉部 - 金炳浩, 禹聖奎

▲議案作成部 - 朴勝極, 閔洪植. 禹聖奎

라고 있고, 『조선일보』 1930년 4월 20일 「水原 記者同盟 集會 禁止 경찰부 내명인 듯」 에,

수원(水原) 기자동맹은 지난 십구일에 돌연 금지를 당하엿다는데 이번에 금지된 내용을 들은 바에 의하면 경기도 경찰부의 내명 이라는바 동 간부들은 그 대책을 강구한다고 한다

라고 있음을 통해 알 수 있다.

7. 경제 활동

1920년대 중반 감옥에서 출옥한 후 박선태는 상해를 거쳐 북경으로 가 해평대학(海平大學)에 유학하여 동지들을 규합하는 한편 상해임시정부와도 연계하고자 하였다. 그러나 일이 뜻대로 진행되지 않자 귀국하여 활동을 모색하였다.[77] 귀국한 후 박선태는 앞서 살펴본 바와 같이, 수원청년회, 수원체육회, 신간회, 기자동맹 등 다양한 활동을 전개하였다. 그가 그런 활동을 전개하기 위해서는 일정한 경제력이 뒷받침 될 필요가 있었다.

박선태는 귀국 후 수원 종로에서 생계를 위하여 상업에 종사하였다. 『동아일보』 기사에 따르면 그는 상신(相信)상회라는 잡화상을 운영한 것으로 되어 있다. 『동아일보』

---

77) 박춘만 증언.

1927년 1월 16일자 기획연재 「정거장 근처부터 일인이 잠식(3)」에,

> 상업: 조손인경영의 상업단체는 別無하나, 수원곡물상회외에 9개소에 곡물도매상회가 있
> 으며, 海陸물산객주업으로 安永舜 외에 5개가 있으며, 포목도매로 車南舜 씨의 경영인 수원
> 상회가 있고, 비단 폭목상으로 李敬儀 씨외 수십점포가 있으며, 잡화상으로는 박선태 씨의
> 경영인 相信상회와 김병호 씨의 경영인 韓永상회를 필두로, 安順福, 金周文 씨 등의 점포가
> 있으며, 인쇄소로는 오직 3개소인 중, 2개소는 일본인 경영이며, 1924년 봄에 창립된 朴一龍
> 씨와 수삼인의 경영인 합자회사 중앙인쇄소가 있으니, 2만 원의 자본금으로 년 4만 원의 수
> 입이 된다고 하며, 교통기관으로는 중앙자동차상회가 10여 대의 자동차로 교통을 장악하고
> 있으며,

라고 하여 박선태가 잡화상으로서 상신상회를 운영하고 있음을 보여주고 있다. 아울
러 그는 동양인쇄라는 합자회사를 운영한 것으로 기록되어 있다. 이 회사에 대하여
보다 구체적으로 알아보면 다음과 같다.

> 東洋印刷(合資)
> 회사명 : 東洋印刷(合資)
> 업 종 : 인쇄업
> 설립일 : 1928.1.6
> 대표자 : 朴善泰
> 목 적 : 각종 인쇄, 각종 지류 장부 제조
> 자본금 : 5,000
> 본점주소 : 경기도 수원면 남수리
> 출판인쇄업[78]

즉 박선태는 1928년 1월 16일 자본금 5,000원의 합자 인쇄회사 대표로 일하고 있었
던 것이다. 즉, 감옥에서 나온 후 생계로 여러 가지 사업을 진행하면서 생계를 유지한
것으로 보인다. 후손에 따르면, 1930년대 상신상회와 인쇄소를 통하여 군자금 마련과

---

[78] 中村資良, 『朝鮮銀行會社組合要錄』(1929년판), 東亞經濟時報社.

유인물 배포혐의로 투옥되어 미결로 3년간 있다가 고문 후유증으로 사망하였다고 한다.[79]

한편 박상태는 수원실업협회 상의원(常議員)으로 활동한 것으로 되어 있다.[80] 이 협회는 『조선일보』 1921년 8월 30자에,

水原實業協會創立

地方商業의 中心地 되난 水原에 아즉 統一的 商工業者에 對한 機關이 업습으로 近來 消極的 弊風이 生할가하야 改善向上을 圖할 目的으로 水原實業協會를 設置하얏난대 去 二十五日 午後 七時에 水原學校組合事務所에서 各町 代表 五十餘名이 會合하야 左記와 如히 規約起草委員을 選定하얏다더라

金進重 安弘烈 外 四人

라고 있듯이, 김진중, 안홍열 등이 중심이 되어 수원의 상공업자의 통일적 단체를 조직하고자 한 것이다. 『조선일보』 1923년 8월 13일자 「수원실업협회 총회」를 보면,

水原市內에 居住하며 實業에 從事하는 人士로서 相互親睦을 圖謀하며 業務進興을 期望하야 實業協會를 組織하얏다함은 旣報한바어니와 本月二日 午後 一時부터 水原公會堂內에서 總會를 開催하엿는바 定刻前부터 雲集하는 會員은 爭先入場하야 滿場의 大盛況을 呈하엿스며 當日의 經過를 聞하건대 會費制定과 任員選擧를 行하엿던바 會費에 對하여는 每員 平均 五圓을 作定하고 收入比例로 或은 均一制로 議論이 紛紛하엿스나 結局은 每一人에 對하야 年金 五圓式 均一히 納付하게 되엿는바 此를 二期에 分하야 每年 月 日에 納付케 斷定되엿스며 任員은 會頭 一人 副會頭 二人 常議員 五人 評議員 二十人으로 定하야 投表選擧한 結果 會頭는 近藤虎之助氏며 副會頭는 韓相鳳氏와 香山弘氏가 當選되고 常議員과 評議員은 選擧할 時間의 餘裕가 업습으로 因하야 常議員 五人中 三人 及 評議員 二十人中 十一人은 朝鮮人으로 選定할 것과 常議員 二人의 評議員 九人은 日本人으로 選定할 것만을 議定하고 選擧權은 會頭 及 副會頭에게 一任하고 同七時가 盡하야 散會하엿던바 去五日 午前 九時부터 發起人 四人이 立會한 後 同堂에서 任員을 選定하엿는바 氏名은 如左하며 來十三日 午後부터 役員會를 開催한다더라

---

79) 박춘만 증언.
80) 조성운, 『일제하 수원지역의 민족운동』, 144쪽.

> 常議員 洪敬燮 權泰東 金世煥
> 湯淺伊平 靑木爲一
> 評議員 崔翼煥 車東麟 洪思悳
> 金顯東 李完善 朴慶根 車南舜
> 金宗權 安順福 朴勝郁
> 安弘烈
> 但日本人側의 評議員은 未定(水原)

라고 하여, 이 단체에는 회장은 일본인이며, 3·1운동에 주도적으로 참여했던 김세환 등도 상의원으로 참여하고 있다.

처음에는 상업상의 도움을 받기 위하여 일본인들과 함께 하였으나 별 도움이 되지 않자 한국인 상인들은 별도로 자구책을 마련하고자 하였다. 『조선일보』 1927년 6월 18일자, 「地方漫筆, 水原 商界相 自術策을 講究하자 水原支局 一記者」에,

> 水原實業協會라는 朝鮮日本人 混合團體가 有하나 朝鮮人으로써 團體에게 何等의 期待를 가질 수 업다 우리끼리의 團體를 組織하야 融合 地盤堅守擴張 ○○的 充實과 外的發展을 圖謀하며 個人의 小資本을 集合하야 多數의 生産販賣等의 機關을 經營하자는 것이다 個人 의 힘보다 團合體의 힘이 强大함은 勿論이어니와 이 事業機關의 餘澤으로 各個人의 事業의 進展을 促得할 수 잇스며 小資本의 出資로 大規模의 事業을 經營할수 잇스며 分以上의 利益 도 捕得할수 잇다 水原에 頗多한 失職者－徒食階級의 救濟策도 其中에서 나설 것이다

라고 하여, 독자적인 단체를 추구하고 있다.

한편 1929년 박선태는 수원하주(荷主) 운송조합의 감사로 홍사훈 등과 함께 활동하였다.

『조선일보』 1929년 1월 9일자 「水原荷主運送組合, 同運送組合에 不平하야 朝鮮人 荷主結束으로 創立」에,

> 水原의 運送業도 이미 一驛一店의 風潮를 딸아 合同運送組合이 出現되엇든바 伊來 同組 合이 職務에 怠慢하엿슴인지 一般荷主의 不平이 날로 沸勝하야 오든 터인데 지난 六日 下

午 七時에 城內 公會堂에서 오래동안 準備하야 오든 水原荷主運送組合 創立總會가 開催되어 五十餘名 組合員 出席裡에 洪思安氏 司會로 열리게 되자 簡單한 開會辭로 『이것도 眞正한 우리의 經濟戰임』을 말하고 이어서 臨時議長으로 洪思勛氏가 被選되어 定款을 通過하든 中 激烈한 甲論乙駁이 暫時間 繼續되게 되엇슴으로 場內空氣는 매우 緊張하엿스나 結局定款改定委員 七人을 選擧하야 問題되든 條目을 專任改定케 되엇슴으로 無事히 通過를 맛친 後 다시 無記名 投票로써 알에와 가튼 評議員과 監査를 選擧하고 이어서 平議員會를 열어 任員을 選定한 後 其他事項으로 任員의 報酬를 決議하엿스며 營業實行方針에 關한 一切은 評議會에 一任케하고 同十二時頃에 無事閉會하엿다더라(水原)

▲組合長 洪思安 ▲常務 林伯圭 △金周文 ▲洪思先 ▲評議員 洪思安 金周文 ▲朴敬根 ▲林伯圭 ▲洪思先 洪思憲 △姜慶雲 ▲崔聖運 ▲安永泰 ▲李元伯 ▲監査 洪思勛 ▲朴善泰 ▲李祥淑

라고 있는 것이다.

8. 수원의연회와 거화회 활동

한편 박선태는 1925년 을축년 대홍수 때 수원의연회 임원으로 활동하기도 하였다. 『조선일보』 1925년 8월 2일자 「水原에서 義捐會 發起」에,

今般 未曾有의 洪水로 因하야 飢○에 呻吟하는 同胞 救濟 事業에 一助를 다하기 爲하야 來 八月 二日 下午 三時부터 水原城內 華城學院內에서 水害 救濟 義捐 發起會를 開한다더라(水原)

라고 있고, 이어서 『조선일보』 1925년 8월 6일자 「慘禍의 同胞를 爲하야 水原義捐會, 任員을 選定」에,

旣報=八月 二日 下午 四時에 水原郡內 華城學院에서 水災同胞救濟義捐會를 組織하고 이미 事業에 着手하엿다는대 其選定된 任員의 氏名은 如左하다더라

會長 洪思勛 事業部幹事 嚴桂喆 朴泳植 劉富榮 李完善 高龍成 高仁寬 洪鍾煥 尹龍熙 經理部幹事 朴善泰 金炳浩 調査部幹事 李圭淳 金○○(水原)

라고 하여, 박선태가 삼일학교 교장인 김병호와 함께 경리부 간사로 활동하고 있음을 볼 수 있다.

한편 박선태는 『중외일보』 1929년 3월 14일자에 따르면, 수원에서 무대예술 거화회 (炬火會, 衆星劇支會로 변경)의 발전에도 참여하고 있으며, 1929년 3월 10일 오후 2시 고인관(高仁寬) 씨 집에서 개최된 임시총회에서 관리부 간사를 맡기도 하는 등 지역사회에서 중추적인 일들을 담당하고 있었다. 당시 함께 활동한 인물로는 서무부 고인관, 각본부 서병수(徐丙守), 연출부 이용성, 출연부 이흥준(李興俊), 장치부 곽병준(郭柄俊) 등을 들 수 있다.

9. 결어

박선태의 본관은 밀양이다. 수원군 수원면 남창리 117번지에서 1901년 11월 2일에 아버지 박영선과 어머니 경주김씨 김대선 사이의 3남 1녀 중 3남으로 태어났다. 1901년생인 박선태는 휘문고등보통학교 학적부에 따르면, 수원공립보통학교를 졸업한 것으로 되어 있다. 수원공립보통학교를 졸업한 박선태는 서울 원서동에 있는 휘문고등보통학교에 진학하였다. 박선태는 1918년 4월 1일에 휘문고등보통학교에 입학한 것으로 되어 있다. 당시 수원에서 서울에 공부하러 갈 정도이면 그의 재능이 뛰어 났음과 그의 집안의 재력을 짐작해 볼 수 있지 않을까 한다. 수원 남창리에 거주하며, 서울 휘문고등보통학교로 통학하던 박선태는 성공회와 일정한 관계를 갖고 있던 것으로 보인다.

3·1운동 당시 박선태는 김세환과 김노적 등과 함께 수원지역의 만세운동을 주도하였다. 또한 이후 혈복단에 참여하고, 구국민단의 단장으로서 수원지역의 비밀결사를 주도적으로 이끌었으나 일경에 체포되어 징역 2년을 언도받고 투옥되었다.

1920년대 중반 석방된 박선태는 중국으로 망명하여 학업에 힘쓰는 한편 독립운동에도 은밀히 지속적으로 관여하였다. 귀국 후에 생계를 위하여 인쇄 및 상업 등을 전개하는 가운데 그는 일제의 눈을 피하여 김세환, 김노적 등과 함께 민족주의세력의 중심축을 형성하면서 수원청년회, 수원체육회, 수원기자동맹 등의 활동을 전개하였다. 특히 그는 1930년 신간회의 중앙집행위원장을 맡으면서 수원지역 민족주의운동을 이끌어 나갔다.

결국 박선태는 수원지역의 대표적인 지성으로서 1910년부터 1920년대 전반기에는 학생 등 젊은이들을 대표하여 3·1운동과 학생 비밀결사를 주도하였고, 1920년대 중후반부터 1930년대에는 민족주의 세력의 중요한 한축으로서 수원청년동맹, 수원체육회, 수원기자동맹 그리고 수원지역의 신간회 중앙집행위원장으로 활동한 민족운동가였다고 평가할 수 있을 것 같다. 특히 그는 김세환, 김노적, 김병호과 함께 수원지역을 대표하는 우파세력으로서, 박승극, 공석정, 변기재 등과는 궤를 달리하였다.

제3장

하와이로 간 홍승하의 전도활동과 민족운동

1. 서언

홍승하(洪承河)는 하와이에 파견된 최초의 선교사로 알려져 있다. 아울러 그는 경기도 남양지역에 본격적으로 기독교를 전도하여 많은 신자들을 얻은 인물이다. 또한 그의 아들 홍형준(洪亨俊)도 목사로서 오산, 이천, 장호원 등지에서 목회를 한 인물이다. 홍형준의 부인 김에스더 역시 독실한 기독교인이었다. 즉 그의 집안은 구한말 및 일제시대에 기독교를 신앙하고 전도한 집안으로 주목된다고 하겠다. 그런데 홍승하의 장손 홍가륵(洪加勒)은 기독교를 신앙하다가 중국에서 조선혁명간부학교를 졸업하고 의열단원으로서 독립운동을 전개할 때 신앙을 포기하였다.[1] 이 점은 흥미롭다.

필자는 우선 홍승하의 전도활동을 살펴보고자 한다. 이를 위하여 홍승하의 기독교 입교와 더불어 그의 남양지역에서의 전도활동을 알아보고자 한다. 홍승하는 당시 남양군에 소속된 영흥도 출신이었다. 그와 그의 4촌 동생 홍승민이 이 지역에 기독교를

---

[1] 홍가륵에 대하여는 다음의 논문이 주목된다. 이상일, 「수원출신 항일청년투사 홍가륵」, 『수원문화사연구』 2, 수원문화원, 1998.

본격적으로 전도한 대표적 인물이므로 초기 남양지역의 기독교에 대하여 이해하는 데 큰 도움을 줄 수 있을 것으로 보인다. 이어서 홍승하의 선교사로서 하와이 파견과 하와이에서의 신민회 설립과 그 활동에 대하여도 살펴보고자 한다. 특히 본장에서는 홍승하의 하와이 파견 시기에 대하여도 밝혀볼 것이다. 그의 파견 시기에 대하여는 학계에서 일정한 논란이 있어왔다.[2] 특히 홍승하는 외국에 파견된 최초의 한인 선교사로 알려져 왔던 것이다. 아울러 학계에서 그동안 주목해 온 하와이에 설립된 신민회와[3] 그의 상호관계에 대하여도 알아볼 것이다. 그리고 귀국 후의 홍승하의 전도활동에 대하여도 알아보고자 한다. 또한 손자 홍가륵의 민족운동 참여에 대하여도 밝혀보고자 한다. 기존에 학계에서 그의 항일운동에 대하여 살펴본 바 있기 때문에 본 장에서는 기독교 관련 부분과 그의 말년에 대하여 집중적으로 검토할 예정이다. 결국 본고는 개화기 이후 일제시대를 거치면서 기독교 집안이 어떻게 변화해 가는지를 살피는 한 작업의 일환이라고 하겠다.

2. 홍승하의 출생과 기독교 입교

홍승하는 남양홍씨이다. 그의 집안은 남양에서 살다가 고조부 때 영흥도로 이주하였다고 전해진다.[4] 홍승하는 1863년 8월 23일 경기도 옹진군(당시 남양군) 영흥면[5]

---

[2] 기존의 설에 대하여 이만열 등이 이의를 제기하고 있다. 이만열은 그의 논문 「하와이 한인 이민과 한국교회」, 『한국기독교와 역사』, 2002, 43쪽에서 홍승하는 『신학월보』 1903년 10월호, 437~439쪽의 기록으로 보아 1903년 말경까지 한국에 있었던 것으로 보고 있다. 그리고 이에 근거하여 홍승하를 최초의 해외 선교사로 보는 문제에 대하여 재검토의 여지가 있다고 지적하고 있다. 한편 유동석, 『하와이의 한인과 교회-그리스도 연합감리교회 100년사』, 그리스도 연합감리교회, 2006, 40쪽에서는 홍승하가 1904년 2월 18일에 하와이에 도착한 것으로 파악하고 있다.

[3] 신민회에 대하여는 그동안 김원용, 최창희 등이 주목하여 왔다. 김원용, 『재미한인오십년사』, 1958 ; 최창희, 「하와이 한인사회의 항일민족운동(1903~1908)」, 『미주지역의 한인사회와 한인민족운동』, 한국민족운동사학회, 하와이대학 한국학센터, 2003.

[4] 남양홍씨중앙화수회 수석부위원장을 역임한 홍승채의 증언(2011년 11월 17일).

[5] 영흥도(靈興島). 홍승하가 출생한 영흥도는 섬으로 면적은 23.46㎢, 해안선길이는 42.2km이다. 인천항에서 남쪽으로 26km 해상에 위치한다. 최고봉은 중앙에 솟은 국사봉(國思峰:127.7m)이며, 동쪽에 대부도(大阜島), 북쪽에 무의도(舞衣島), 서쪽에 자월도(紫月島)가 있다. 원래 명칭은 연흥도(延興島)였으나 고려 말

내동[6])에서 아버지 홍윤선(洪允善)과 어머니 평택임씨 사이에서 외아들로 태어났다.[7]) 홍승하의 집안은 영흥도에서 어느 정도 재산이 있었던 듯하다. 그의 손자인 의열단원 홍가륵[8])의 다음의 신문 조서를 통하여[9]) 이를 짐작해 볼 수 있다.

> 문 : 가정과 생활 상황은 어떤가.
> 답   부친 亨俊(당 47세)이 호주이고, 모친 金愛西德[10])(당 48세), 누나 水晶(당 24세), 누이
>   玉晶(당 18세), 아우 性達(당 16세), 누이 石晶(당 13세), 아우 性萬(당 10세), 나와 8인
>   가족이다.
>   조부 시대는 상당한 자산이 있었다는데, 대대로 기독교에 열중하여 자선사업 등에 재
>   산을 탕진, 부친 대에 와서는 거의 무자산이었고, 나도 중학은 고학으로 마쳤다.(중략)
>
> 문 : 경력을 대강 진술하여라.
> 답 : 나는 대정 二년(1913년 - 필자주) 10월 19일 京城 水原郡 陰德面 南陽里에서 호주 洪
>   亨俊의 장남으로 태어났으나, 당시 조부 승하는 기독교 목사였고,(중략)

위의 기록을 통해 볼 때 홍승하는 어느 정도의 재산이 있었으나 목회 활동을 하면서 자선사업을 하여 가난하게 된 것 같다. 아울러 홍승하의 며느리 김에스더도 기독교 신자이며, 손자인 홍가륵의 경우 경기도 남양에서 출생하였음을 알 수 있다. 홍승하는 11세(1874)부터 19세(1882)까지 내동 사숙에서 한문을 공부하였다고 전한다.[11])

   익령군(翼嶺君) 기(奇)가 정국의 불안으로 자신의 목숨이 위태로워지자 온 식구를 이끌고 이곳으로 피신
   하면서 익령군의 영(靈)자를 따서 영흥도(靈興島)라고 칭하였다. 삼국시대에는 백제에 속하였고, 1018년
   (고려 현종 9) 수주(수원)에 속군되었으며, 뒤에 인주(인천)에 속하였다. 조선시대에는 남양부에 속하였고,
   1914년 3월 1일 경기도 부천군에 소속되었다. 해안은 대체로 굴곡을 이루고 있어 어장이 발달하였고, 간조
   때에는 넓은 개펄 위로 바지락·굴·소라·낙지 등의 해산물이 풍부하게 채취된다. 산이 낮고 농경지가
   많아 주민의 대부분이 농업에 종사한다, 섬 전체에 상수리나무가 군락을 이루고 있다. 네이버 백과사전
 6) 홍승하가 태어난 내동은 영흥도 선착장에서 4Km 떨어진 길이 1Km 폭 10m의 중앙천을 중심으로 오른쪽에
   깊숙이 들어 앉아 있는 마을이라 하여 내동(관청이 있는 마을) 이라 불리웠다고 한다. 즉 관청이 있는 영
   흥도의 중심마을임을 알 수 있다.
 7) 홍석창,『한국감리교회를 섬긴 사람들』, 에이멘, 1988, 26쪽.
 8) 호적부에 따르면 홍가륵의 이명은 洪勝繁이다.
 9) 국사편찬위원회,『韓民族獨立運動史資料集』31(義烈鬪爭 4), 1997,「경찰신문조서(國漢文) 문서제목 洪加
   勒 신문조서」.
10) 성경에 나오는 여성 에스더의 한문식 표기임.
11) 홍승하의 집안, 어린시절 및 그가 기독교를 접하게 된 계기 등에 대하여는 객관적인 자료들이 발견되지

홍승하가 언제부터 기독교를 신앙하게 되었는지는 정확히 알 수 없다. 『기독신보』 1918년 4월 24일자 「고 홍승하 목사의 약사」에,

　　씨는 1899년 10월에 서울 남감리교회에서 비로소 믿기를 작정한 후[12]

라고 있는 것으로 보아 1899년 10월에 남감리교회에서부터가 아닌가 추정된다.[13]

　전하는 바에 의하면, 홍승하는 영흥도에서 서울에 올라갔다가 일본인을 만나 따귀를 때리고 도망하다가 안전하게 피하기 위하여 당시 치외법권 지역인 정동에 있는 아펜젤러의 집 담을 뛰어 넘어 숨게 되었다고 한다. 그리고 이를 계기로 아펜젤러와 인연을 맺어 기독교와 접하게 되었다. 원래부터 그는 키가 크고 몸이 건장하고 씨름도 잘하며 성격이 불같아서 자녀나 친구를 대할 때, 따귀를 먼저 때리고 말하는 습관이 있어서 그를 가리켜 홍따귀 또는 홍몽둥이라고 불렀다. 그러나 선교사를 만나 기독교를 접한 이후부터는 성강(聖江) 홍승하라는 이름을 갖게 되었다고 한다.[14]

3. 경기도 남양에서의 전도활동과 사립 보흥학교 설립

1) 남양에서의 전도활동

　홍승하의 본격적인 전도활동은 그가 신학공부를 정식으로 하고 난 후 남양에서부터 시작된다. 홍승하는 한국최초의 기독교 지도자 양성소로 1899년에 설립된 감리교회의 신학회 안에 있는 권사와 지방전도사 양성반에서 1900년경 전도사 교육을 받았다.[15]

않고 있다. 수원지역 기독교 연구에 큰 기여를 한 수원 동탄 교회 원로 목사인 홍석창의 글이 있어 이를 주로 참조하였다. 홍석창, 『감리교회와 독립운동』, 에이맨, 1998, 317쪽.

12) 『기독신보』 1918년 4월 24일자, 「고 홍승하 목사의 약사」.

13) 서울의 '남감리교회'는 교회명칭이 아니라 남감리회 교파를 뜻한다. 서울의 남감리회 소속 교회라면 종교교회가 아닌가 한다. 하지만 수원지역은 북감리회 소속이므로, 한번 소속 선교회를 바꾼 것 같다. 윤치호와 남궁억이 남감리회 소속이다(광주대 한규무 교수 교시).

14) 홍석창, 『감리교회와 독립운동』, 317쪽.

홍승하에 대한 기록은 『신학월보』[16]에 처음으로 나타난다. 위의 기록을 보면, 홍승하는 1900년 12월 인천항 우각동 감리교회당에서 행해진 예수 탄신 경축예식의 소식을 상세히 전하고 있다.[17] 이를 통해 홍승하가 본격적으로 기독교일에 참여하고 있음을 추정해 볼 수 있을 듯하다.

홍승하는 1901년 2월에[18] 양성반 1년 과정을 수료한 후 그의 고향인 경기도 남양구역의 담임전도사로 파송되어 일하였다.[19] 홍승하가 전도사로 고향으로 떠나면서 그는 다음과 같은 연설을 하였다고 전해진다. 『신학월보』 1901년 7월호에 실린 홍승하의 연설문의 일단을 살펴볼 수 있다.

> 작년에 사경회가 달성회당에서 모인 후에 그 참례한 형제 중 남양 속장 홍승하 씨가 작별하는 연설을 만들어서 연설하라고 하였더니, 마침 그때 사경회는 작별회로 모이지 못하였으니 그 연설을 못하였으나, 그 연설의 문서를 본 즉, 말이 기회와 잘 합한 말이니, 좌에 기재하여 형제들이 그와 같이 문제와 관항을 자세히 하고 기회와 잘 합하여 연설하기를 바라노라.[20]

---

15) 유동석, 『하와이의 한인과 교회─그리스도 연합감리교회 100년사』, 40~43쪽. 이 점은 홍승하를 이해하는데 중요한 대목이다. 그러나 그의 기독교 및 근대적인 교육에 대한 내용은 상세하지 않아 앞으로의 자료 발굴을 기대한다.

16) 『신학월보』는 감리교 선교사 존스가 주도하여 창간한 한국 최초의 신학 잡지이다. 1900년 12월 창간 이후 1904년까지 월간으로 발행되고 2년간 중단되었다가 1907년 7월 복간되어 1910년 가을까지 격월간으로 발간되었다. 이 잡지는 신학 교회사 성서주석 설교학 등에 관한 논문과 논설, 신앙고백, 교회 관련 기사 등을 싣고 있다. 신학 전문 잡지이지만 순한글로 되어 있어 일찍부터 한국 신학의 형성에 공헌하였다. 또한 신학서적이 거의 없던 기독교 초창기에 신학교의 교재 역할을 함으로써 목회자 양성에도 크게 기여하였다.

17) 구세주 예수그리스도씨 탄신에 인천항 우각동 미이미 감리교회당에서 경축예식을 행할 때, 예배당 안과 밖에 찬란이 단장하였는데, 상오 9점에 종경을 울리매, 남녀교우 2백여 명이며, 서국 손님 4분과 청국영사 내외분이 오셧더라. 목사 조원시 씨는 누가복음 2장을 전도하고 만당제인이 기쁜 마음 한량없어 구세주 오신 영광을 하느님께 돌려 찬송하니 노래곡조 더욱 기쁘더라. 또 저녁 불노리에 색등이 백여 개 산천도 응하여 기뻐하는 듯, 관광인 합 300인데, 그중에서 회당에 들어가 함께 예배하는 인가 50여 인이요, 또 금광회사장께서 각색 실과와 과자 한짐을 선물하고 사랑하는 형제 김경선 씨와 그 부인 이리사벳 씨는 동화 18원을 선물 하였더라 홍승하

18) 『기독신보』 1918년 4월 24일자, 「고 홍승하 목사의 약사」에는 "1901년 2월에 남양군에 가서 전도하여 교회를 9처에 세우고, 교우는 272인에 달하였으며"라고 하여 1901년 2월에 홍승하가 남양군에 가서 전도하기 시작하였다고 기술하고 있다.

19) 유동석, 『하와이의 한인과 교회─그리스도 연합감리교회 100년사』, 40~43쪽.

20) 『신학월보』 1901년 7월호.

　　작별 논설

　　문제는 서로 떠나는 일이라.

　　우리가 몇 날 안에 장로사와 목사들에게 모여 보배로운 이치를 얻어 새롭게 다라 아는 것이 많은데, 지금 각기 저의 고향으로 돌아가 전도하겠사오니 작별하는데 말이 세 가지 있노라

　　일관은 감사하고 서로 떠나옴, 2관은 중한 부탁 서로 받고 떠나옴, 3관은 영혼 교통함을 언약하여 서로 떠나옴이다.

　　일관은 감사할 일이다. 우리 모든 형제자매가 처음에는 하나님을 모르고 죄악에 거하고 사망에 빠진 것을 하나님께서 노여워하심을 급히 아니하시고, 오히려 불쌍히 넉이(이하 생략)

라고 하여, 각자 고향으로 전도하러 떠나면서 감사, 영혼 교통함을 서로 약속하며 떠나는 마음을 전하고 있다. 그때 남양은 1898년 이래 가정집에서 신도들이 모이고 있었다. 거기서 어머니와 부인 김살로매(金橄羅米)와[21] 장남 형준 등 온 가족이 함께 기독교를 신앙하게 되었다.[22]

　　남양으로 전도하러 떠난 홍승하는 그곳에서 큰 성과를 거둔 것 같다. 『기독신보』 1918년 4월 24일자 「고 홍승하 목사의 약사」에

　　　　1901년 2월에 남양군에 가서 전도하여 교회를 9처에 세우고, 교우는 272인에 달하였으며 1903년에 하와이에 건너가서 교회를 10처에 세우고 신호에 와서 이민회사에 전도하다 그 후 1905년 3월에 다시 남양에 와서 전 할세 암자와 판데사당집을 남학교에 부치게하고[23]

라고 하여, 그가 교회를 9곳에 세우고, 교우 272인을 전도한 것으로 기록되어 있는 것이다.

　　홍승하의 남양 구역 전도 활동 상황은 여러 기록을 통하여 살펴볼 수 있다. 『신학월보』 1901년 9월호를 보면 다음과 같다.

---

21) 홍승하 호적등본.
22) 홍석창, 『한국감리교회를 섬긴 사람들』, 26~27쪽.
23) 『기독신보』 1918년 4월 24일자, 「고 홍승하 목사의 약사」.

남양교회 흥왕황함

우리 사랑하는 남양 속장 홍승하 씨가 성신 도와주심으로 남양 모든 마귀와 마귀에 일을 다익이고, 지혜로이 전도하여 교회 일을 힘써 보시는데, 일 년 동안에 남양 등지에, 일곱 교회를 일으키시니, 남양읍 양철이, 포막, 매화동, 용두, 영흥섬, 선감섬이라. 그 외에 여러섬과 여러 촌을 일일이 셀 수 없으나, 이 일곱 교회는 특별히 큰 교회될 여망이 있더라.[24]

라고 있듯이, 홍승하는 속장으로서 남양읍과 영흥도, 선감도 등 일곱 교회를 일으켰던 것이다. 그가 전도에 나서기 이전인 1900년 10월까지는 남양을 통틀어 남양읍과 포막동에 2개의 신앙공동체가 있었으나 1901년 홍승하가 남양선교에 전적으로 나선 후부터는 불과 1년 사이에 5군데 신앙공통체가 더 생겼던 것이다.[25] 아울러 홍승하의 사촌 동생으로 남양교회 속장인 홍승문 역시 기독교 전도에 매진하였던 것이다.[26]

홍승하 고향인 영흥도 전도활동은 『신학월보』 1901년 10월의 「성신임하심」에 더욱 자세히 보이고 있다.

(음력 7월분에 영흥섬에 전도 갔었더니) 그 후에 12세된 남자가 병이 있는데, 본읍 속장 홍승하 씨가 그 집에 가서 기도 찬미하는데, 도원 씨 부인 기씨는 방에 있다가 본즉, 공중으로 광채난 불빛이, 호박꽃모양 같이 방중에 나려 헤어지는 지라. 이상히 여겼더니, 일후에 병든 아이가 그 부모에게 말하기를, 내가 세상을 떠나는 것이, 박하고 섭섭하오나, 부모님께서 슬퍼마시고, 세수하시고 기도하라하매, 그 부모가 닭이 울도록 기도한 후에 보던 불꽃 모양이 이상한 것을 이야기함에, 그 아이 말이, 하나님께서 주일마다 복을 주실려고 성신이 나리심이라고 하고 잠자는 모양으로 별세하였으니, 이 아이는 천당에 있을 줄 믿사오며, 또한 그 부모가 열심히 하나님을 경배하며, 기쁜 마음으로 복음을 전파하오니 참 감사하오며, 영광을 하나님께로 돌리나이다. 전도인 복정채[27]

---

24) 『신학월보』 1901년 9월호.

25) 김진형, 『사강교회 50년사』, 사강교회, 1997, 50쪽.

26) 『신학월보』 1901년 9월호에 역시 다음과 같이 기록하고 있음을 통해서 짐작해 볼 수 있다. 남양교회 속장 홍승문씨는 홍승하씨의 종제인데, 일찍이 주를 믿어, 이 세상 영화와 욕심을 등지고, 다만 천국일을 힘써 구하는데, 노자를 자비하고, 여러 섬과 촌에 다니며, 예수를 힘써 간증하며, 천국이 가까이 옴을 반포하여 주 믿는 사람이 날로 흥왕한다 하니, 우리가 듣기에 심히 기쁘고, 또한 이 형제 두분에 대하여 치하할 일이로다. 이 소식을 듣는 형제와 자매들은 이 형제의 본을 떠서, 천국일을 힘쓸지어다.

27) 『신학월보』 1901년 10월의 「성신임하심」. 홍승하와 사촌 동생 홍승문의 고향인 영흥도 전도활동은 『신학월보』 1901년 10월의 「성신임하심」에 더욱 자세히 보이고 있다. 남양교우 홍승문씨가 음력 7월분에 영흥

1902년 홍승하의 활동은 『감리교선교회 연례보고서』를 통하여도 짐작해 볼 수 있다. 1902년 「서울 서지방」 〈남양〉에 따르면 다음과 같이 보고되고 있다.

남양

현재 여섯 개의 부분으로 구성되어 있는 이 구역은 권사자격 갱신에 추천받은 홍승하 형제가 대부분 만들어냈다. 3년간의 전도로 이곳에 계삭회가 편성되었고, 현재 12명의 입교인과 75명의 학습인이 있다. 그들은 아직 아무 재산도 없으며, 기근 때문에 큰 비탄에 잠겨 있다. 그러나 우리는 홍씨를 매우 전도유망한 사람으로 생각하면서 기꺼이 그를 권사자격갱신에 추천한다. 일년 동안 이 구역에서 45명의 성인들이 세례를 받았다. 그들은 자급을 위해 한국돈으로 110불을 거두었다.[28]

라고 하여, 홍승하가 3년간의 전도로 이곳에 계삭회를 편성하였음을 밝히고 있는 것이다. 계삭회란 선교 초기 한국감리교회 의회로서 1년에 4차례 모였다. 1902년 3월 6일 남양구역 최초의 계삭회가 남양교회에서 열렸던 것이다.[29]

1903년 홍승하의 활동은 『감리교선교회 연례보고서』를 통하여 짐작해 볼 수 있다. 1903년 「서울 서지방 〈남양〉에 따르면 다음과 같이 보고되고 있다.

남양

이 구역은 홍승하 형제의 유능한 지도로 매우 성공적인 한해를 보냈다. 이곳에는 8개의 담당지역이 있으며, 명부에는 131명의 입교인과 학습인이 올라 있다. 그러나 더 많은 사람들이 등록을 기다리고 있다. 교회는 대개 청년들로 구성되어 있는데, 우리는 그들 가운데서 주님을 위한 가치있는 일꾼들을 확보해야 한다.[30]

섬에 전도갔었더니, 그곳 하도원씨 집에 19세된 여인이 병드러 누은지 양삭에 음식을 전폐하여 피골이 상련하고 말을 못하여 죽을 지경이더니 승문씨의 전도를 듣고, 곡 그날로 사신과 신주를 소화하고 기도하였는데 3일후에 병인이 말하되, 내가 이제 집에 있을수 없으니, 뒤문으로 나가서 개구멍으로 나가 정한산에 가 있다가, 내곳으로 가겠다고 하고, 새 옷을 입고 나와서 부엌에 누우며, 나를 업고 나가자고 하거늘, 그 부친 도원씨가 업고 밖에 나갔다. 드러오매, 곡 밥을 찾으며 음성이 똑똑하여 짐짓 귀신이 하는 모양같으되, 그 부모 이상히 여겨 음식을 주매, 곧 충실하였으며,

28) 홍석창, 『1885~1930 재물포지방 교회사자료집』, 에이멘, 1995, 145쪽.
29) 『사강교회 50년사』, 54쪽.
30) 홍석창, 『1885~1930 제물포지방 교회사자료집』, 153쪽.

즉, 홍승하의 유능한 지도로 131명이 입교하였음을 보여주고 있다. 그리고『신학월보』1903년 2월「남양교회 진보함과 마귀를 승전함」에 홍승하의 활동에 대하여 다음과 같이 기록하고 있다.

권사 장원근

4년 전에는 남양 등지에 주의 참 이치를 아는 자 하나도 없더니 주강생 1천구백년에 주의 택한 종 홍승하씨가 비로소 주의 빛을 전파한지 지금 3년인데 교회가 일곱곳에 설치되고 믿는 형제가 날로 흥왕하는데 교회가 케블 목사와 함께 십월초 5일에 남양읍 내려가서 제2차 계삭회를 모였는데 각 교회 속장에 보단을 보니, 성도가 날로 흥왕한다 하였고, 또 재미있는 말이 많은 중, 하나님께서 권세를 주사 흉악한 사귀들인 남자 하나와 여인 하나를 고쳤는데, 남자의 이름은 홍소원이다. 나이 지금 30세인데, 7년전부터 사귀들려, 점점 미친마음이 더욱 발하여 밤낮 잠도자지 않고, 낫을 가지고, 그 바지와 안해를 해하려 하며, 음식은 밤에도 두세번씩 먹고, 낮에는 수업이 먹어가며 사람을 보면, 낫으로 해하려 하더니 권사 홍승하씨가 믿는 형제 두어분과 같이 가서 참신 하나님의 말씀을 그 귀에 들리매, 점점 머리를 숙이거늘 모든 집안을 모으고 기도하고 왔더니, 몇일 후에 다시가서 엇더함을 물으매, 홍소원씨 말이, 밤에 꿈을 꾸니 실신할때부터 항상 같이 있던 여인 셋이 울며하는 말이, 오늘은 홍소원이가 읍내 회당에 가겠으니, 우리는 피하여 가노라 하고, 도라보고 가더라 하며, 말하는 것이 분명하고, 행사가 성한 사람과 같으며, 그 후로 항상 회당에 와서, 기도도 하고, 찬미도 하니 이었지 주의 권능이 아니리요. 참 감사하오며, 또한 여인의 성은 리싼대과부라. 흉악한 사귀가 둘녀, 밤낮으로 야단하고 제몸을 제가 상하더니, 믿는 형제들이 불쌍히 여겨 잡아다 놓고, 한곳에 모여 찬미 기도할 때에 그녀인이 크게 소리지르고 무섭다하고, 도망하거늘, 즉시 붙잡아 앉히고 홍승하씨가 큰 소리로 지극히 높으신 하나님의 아들 예수의 이름으로 그 녀인의게서 나가라 하매, 삭귀가 악한 소리로 거역하여, 갈아내도 예수만하다. 하나님이 나를 보내셨다 하고, 자기 몸을 심히 처상하거늘, 홍승하 씨께서 다시 꾸짖어 갈아돼, 예수의 이름으로 사귀야 나가고, 여인아 거기 없데어라. 내가 하나님기도 하겠다 하니 여인이 순종하여 업대이고 기도할 동안에, 조용하더니 기도를 마치고 이러보매, 정신이 깨끗하여 손으로 스스로 따림대를 만지며,[31]

『신학월보』1903년 4월호에도 다음과 같은 기사가 있다.

---

31) 『신학월보』 1903년 2월, 「남양교회 진보함과 마귀를 승전함」.

남양교회 왕성함

남양교회 재미있는 것을 다 말할 수 없음으로 그 중에 요긴한 것만 뽑아 간약하게 기재하노라.

권사 홍승하씨의 보단을 거한 즉, 남양교회가 매우 흥왕하여 믿는 이가 날로 많아지고, 또 교회를 여러 곳에 새로 설시하였는데, 두곳은 신설이요, 또한 곳은 복설한 곳이라. 하나님께서 구원할 자를 날마다 성신으로 인도하사 교회에 들어와서 구원을 얻게 하시는데 병든 자는 낫음을 얻고, 사귀들여 미친자는 그 사귀가 소리를 지르고, 그 사람에게서 떠나가는 고로 모든 믿는 형제자매들이 이런 증조를 보고 더욱 열심히 전도하여 믿는 자들이 처자 권속을 데리고 교회에 들어 오는자가 많다고 하더라.

『신학월보』 1903년 10월에 또 전도사 홍승하는 남양에 대하여 다음과 같이 보고하고 있다.

「시험은 믿음을 나타냄」

남양 송동 김더현의 셋째 자부 김씨는 지금 19세인데, 연전에 영흥 친가에 가서 예수 도리를 듣고 깊이 믿어 성신이 충만하여 여인들을 만나는 대로 예수를 증거하더니, 시집에 돌아가니 그 집 사람들이 크게 악하여 성경찬미를 뺏아서 감춘지라. 김씨가 간구하대, 책을 주면 두었다가 친가로 보내겠으니 달라하니 마지못하여 주거늘, 의장안에 감춰두고 밤이면 몇절 보아외우더니 집사람이 알고 기름을 주지 않는지라. 자기 머릿기름을 머리에 바르지 않고 실심지에 한방울 시켜놓고 성경 몇절 보아 외우고 깨지면 기도하고 매달 달빛있는 날이면 집사람 잠든 때에 달빛에 나가 읽어 외은 것이 여섯장인데, 교회부인이 가시면 강을 바치더라. 또 그 남편에게 돈 몇푼씩 구청하여 예배전을 모으고저 하나 그 동서가 엇지 악한지 몇일 만큼 김씨의 의장을 뒤지는 고로 땅을 파고 모아서 동화 18전을 읍내 회당으로 전하며 하나님께 바쳐 달라 하였더라. 이 김씨는 방금 아파 륜같은 마귀와 가시덤불 같은 시험에 들었으니 여러 형님 자매는 이 김씨를 위하여 기도하여 주시옵소서. 아멘 전도사 홍승하[32]

위에서 살펴본 바와 같이 1901년 2월에 남양에 전도하러 간 홍승하는 1901년부터 1903년까지 큰 성과를 거두었다.[33] 이처럼 남양에 파견되어 활발한 전도활동을 하던

---

32) 『신학월보』 1903년 10월호.

홍승하는 1903년 가을 하와이로 전도활동을 떠나게 된다. 이는『감리교선교회 연회록』 1904년에 잘 나타나 있다. 즉,

　　남양-지난 가을 이 구역은 낙원 즉 하와이로 떠난 홍씨의 능력있는 지도력을 잃었고, 박
　세창 형제가 대신 사업을 맡게 되었다.

라고 하여 홍승하가 1903년 가을에 하와이로 떠났음을 밝히고 있다.[34] 물론 전도대상 은 하와이에 이주한 한인들이었다. 한편 어떠한 과정을 통하여 홍승하가 하와이로 떠 나게 되었는지는 정확히 알 수 없으나 그가 영흥도라는 섬 출신인 점과 아울러 그의 탁월한 전도능력이 그가 선교사로 뽑힐 수 있는 계기가 된 것이 아닌가 추정된다. 또 한 구체적으로 알 수는 없지만 하와이로 파견되기 전 그는 전도에 대한 보다 다양한 교육과 일정한 영어교육도 받았을 것으로 보인다.[35]

2) 남양에서의 보흥학교 설립과 활동

　『남양백년사』에 따르면,[36] "1908년에는 홍승하씨가 육성하던 남양보흥학교를 편입 하고"라고 되어 있다. 이를 통하여 구한말 남양지역의 대표적인 사립학교인 보흥학 교[37]와 홍승하의 상호관계의 일단을 살펴볼 수 있지 않을까 한다.
　『대한매일신보』1907년 11월 28일「南校落成」에 다음과 같은 기록이 있다.

　　남양군 사립보흥학교 부교장 이창회의 진술에 의하면, 본교는 1901년에 미국인 조원시의
　기부금 매달 6원으로 기금삼아 학교를 설립하여 학부의 인허가를 얻었다.[38]

---

33) 홍승하는 1902년 권사 2급이었으며, 1902년 5월과 1903년 5월 사이에 서한국지방회에서 전도사 직첩을 받
　　았다(『사강교회 95년사』, 63쪽).
34) 홍석창,『1885~1930 제물포교회사자료집』, 162~163쪽.
35) 독립기념관 김도형 박사의 교시에 따르면 당시 선교사로 파견되는 인물들은 통변(통역)을 담당하므로 영
　　어에 능통하였을 것이라고 한다. 구체적인 자료들이 발견되지 않아 앞으로 좀더 검토하고자 한다.
36) 남양초등학교 남양초등학교 동문회,『남양백년사(1898~1998)』, 1998, 121쪽.
37) 李悌宰,「남양군의 사회와 교육-인물을 중심으로」,『화성의 얼』3, 화성문화원, 1998.
38)『대한매일신보』1907년 11월 28일,「南校落成」.

라고 하여 1901년 미국인 목사 존스(G. H. Jones)의 기부로 학교가 만들어졌음을 밝히고 있다. 여기서 우리가 주목해야 할 점은 당시 이 지역에서 전도사로서 활동한 인물이 홍승하이며, 그와 밀접한 관련을 맺고 있던 인물이 바로 존스였다는 점이다. 이를 통해서 볼 때, 그가 전도사로 간 1901년 이후 사립 보흥학교의 육성은 바로 홍승하의 노력에 의하여 이루어졌다고 볼 수 있지 않을까 한다.

보흥학교, 즉 남양매일학교가 연회보고서에 처음 언급되기는 1906년부터이다. 이 학교에 대한 보고를 보면 다음과 같다.

> 1906년 우리는 크게 번영하는 매일학교 하나를 남양읍에 가지고 있습니다.[39]
> 1907년 남양의 학교는 현재의 건물에서 불편을 느낄만큼 성장하여 새로운 학교 건물을 마련하기 위해 모든 노력을 다하고 있습니다.[40]
> 1908년 큰 학교 건물이 남양리에 제공되었고 70명의 소년들이 2명의 기독교교사들의 지도를 받고 있고, 이들 모두가 그 구역 목사(필자 주-이창회 권사)의 감독을 받고 있습니다.[41]

이 학교의 부교장으로 학교를 지속적으로 발전시킨 이창회(李昌會)[42] 역시 기독교인이었다. 『대한매일신보』1906년 12월 2일자 잡보「勒奪校土」에 다음과 같이 기록되어 있다.

> 남래인의 전설을 들을 즉, 남양군 사는 이창회는 야소인이라. 본군에 설시학교(設施學校)하고, 본교 향교 교토(校土)를 늑탈하여 찬성한다 칭함에[43]

라고 하여 그가 기독교인임을 보여주고 있다. 아울러 그는 1904년 남양구역 권사 1년급 명단에 들어 있는 초기 남양구역 개척자였다고 할 수 있다. 1906년에는 남양군에

---

39) 홍석창 편저, 『1885~1930 제물포지방 교회사자료집』, 188쪽.
40) 위의 책, 201쪽.
41) 위의 책, 209쪽.
42) 이창회에 대하여는 다음의 논문이 참조된다. 조성운, 「일제하 수원지역 사립학교의 성장과 활동」, 『일제하 수원지역의 민족운동』, 국학자료원, 2003, 130쪽.
43) 『대한매일신보』1906년 12월 2일자, 잡보「勒奪校土」.

영어학교를 설립한 인물로[44] 1907년에는 권사로서 김우권 전조사와 함께 남양순회구역 사역자로 활동하였다. 또한 그는 1913년에는 남양구역장으로 부임하였으며, 1915년 집사목사, 1917년 장로목사 안수를 받았다.

1908년 『감리교선교회 연회록』에 다음과 같은 기록을 통하여 이창회의 활동 상황을 짐작해 볼 수 있다.

남양구역은 작년에 두 가지 일들로 고생했다. 한편으로는 물질적인 면에서 의병들과 그들을 추적하는 일본군의 잦은 습격 때문이었으며, 다른 한편으로는 영적인 면에서 자금이 부족하여 우리가 유능한 한국인지도자들을 구할 수 없었기 때문이었다. 16개 교회가 있는 이 큰 구역은 이창회 권사 한 사람의 감독을 받아오고 있다. 그러나 비록 그가 혼자서는 굉장한 힘을 갖고 있다하더라도 "누가 세 가지 일을 한꺼번에 할 수 있겠는가" 큰 학교 건물이 남양시에 제공되었고, 70명의 손녀들이 소년들이 두 명의 기독교 교사들의 지도를 받고 있고, 이들 모두가 그 구역의 목사의 감독을 받고 있다.[45]

특히 이창회는 홍승하가 1918년 사망한 이후 그의 아들 홍형준과 가까운 사이었던 것 같다. 『왜정인물사료』 1권 「李昌會」에

사회관계 1) 洪亨俊, 洪識杓

라고 있는 데서도 이를 살펴볼 수 있다. 특히 이창회는 『왜정인물사료』 1권의 다음 기록을 통하여도 그가 친기독교적 인물이며, 홍승하와 가까운 인물이었던 점을 추정할 수 있다.

생년월일 1872-07-17
출신지 京畿道 水原郡 陰德面 南陽里(원적)
학력 1920년 京城 天然洞 聖經學院[46]에 들어가 3개월간 수업

---

44) 『대한매일신보』 1906년 3월 1일자.
45) 홍석창, 『1885~1930 제물포지방 교회사자료집』, 209쪽.
46) 현재 서울 감리교신학대학 전신임.

경력 및 활동 南陽 普通學校長을 지낸 일이 있음

1911년 7월 장호원으로 이사하여 사립 기독교 制荷學校의 監理를 하는 한편 농업을 영위함

그 후 경성 인천 등지에서 약을 파는 행상을 하거나 혹은 토지 매매 중개를 함

1919년 3월 보안법 위반으로 禁錮 4개월에 처해짐

1923년 獸肉 판매, 하숙업 영업 등을 함

1923년 고려공산당 선전원 李大鼎과 공모하여 富川郡에서 공산당 선전비 모집을 하다 검거되어 처벌됨

1924년 경성지방법원에서 공산당 선전자금 모집 때문에 징역 3년에 처해짐 계통 소속단체 : 고려공산당

인물평 외모 키 5척 4촌

둥근 얼굴형에 빨간 피부. 얼굴에 하얀 천연두의 자국이 있음

배일사상을 가지고 있고, 또한 공산주의에 찬성하여 그 주의를 고취 선전할 우려가 있음[47]

즉, 이창회는 남양출신으로 보흥학교 교장을 역임하였으며 기독교적 인물이었던 것이다.

4. 하와이로의 전도 활동과 신민회 회장 홍승하

1) 하와이로의 전도활동과 신민회 참여

1902년 가을에 하와이 설탕회사에서 한국정부에 이민 노무자 고용을 제의해 왔다. 원래 하와이에는 중국인을 비롯하여 포르투갈인, 일본인 등이 일찍부터 사탕수수 경작에 종사하고 있었는데 그 수가 증가함에 따라 노임분쟁이라든지, 동맹파업 등이 빈번해지자 온순 근면하다는 한국인 노무자를 희망하게 된 것이다. 이리하여 한국정부는 하와이 설탕회사 측과 이민 용역 계약을 체결하고 이일을 담당할 기관인 수민원

47) 출처: 국사편찬위원회, 한국사데이터베이스 http://db.history.go.kr

(綏民院)을 설립하였다. 이민 모집사원을 동아개발회사가 맡고 데슐러(D.W.Deshler)라는 미국인이 실무자로 뛰었으나, 일의 진척이 여의치 않자 수민원에서는 존스 목사에게 이민 모집에 협조해줄 것을 요청하였던 것이다.[48] 이에 홍승하 전도사는 존스 목사에게 남양구역을 책임 맡은 이후 짧은 기간이지만 열심히 일한 부분이 인정되어 하와이 전도사로 선택되었던 것 같다.[49] 이에 홍승하는 14세인 그의 아들 형준을 데리고 1903년 가을 고국을 떠나 호놀룰루에 도착하였다.[50]

당시 하와이에서는 1903년 8월 1일부터 한인 기독교인들이 모이기 시작하여 동년 11월 3일에 정식으로 안수정과 유병길을 대표로 하여 감리교회 감리사 피어슨과 한인전도회 조직을 교섭하였다. 그 결과 같은 달 10일에 리버 스트리트에 집을 얻어 한인전도회를 조직하기에 이르렀다.[51] 바로 이러한 때를 전후하야 홍승하는 하와이에 도착하였다. 이에 1903년 11월 홍승하의 지도 아래 하와이 여러 섬의 우수한 청년들이 호놀룰루에 집합하였다. 임치정, 이교담, 임형주,[52] 윤병구, 그리고 박윤섭과 그의 부인 등이 호놀룰루로 모여 들었다. 이때 감리교 목사인 피어슨(George L.Pearson)의 지도 아래 한인 감리교회가 호놀룰루에 설립되었고 홍승하가 목회를 담당하게 된다.[53]

---

48) 기독교 대한감리회, 『인천 내리교회, 내리백년사』, 1985, 142~143쪽 ; 독립운동사편찬위원회, 『독립운동사』 4, 120~121쪽.

49) 이만열은 그의 논문 「하와이 한인 이민과 한국교회」, 『한국기독교와 역사』, 2002, 43쪽에서 홍승하는 『신학월보』 1903년 10월호, 437~439쪽의 기록으로 보아 1903년 말경까지 한국에 있었던 것으로 보고 있다. 그리고 이에 근거하여 홍승하를 최초의 해외 선교사로 보는 문제에 대하여 재검토의 여지가 있다고 지적하고 있다. 한편 유동석, 『하와이의 한인과 교회-그리스도 연합감리교회 100년사』, 40쪽에서는 홍승하가 1904년 2월 18일에 하와이에 도착한 것으로 파악하고 있다.

50) 오인철, 『하와이 한인이민과 독립운동-한인교회와 사진신부와 관련하여』, 전일실업출판국, 1999, 95쪽.

51) 홍석창, 『한국감리교회를 섬긴 사람들』, 28~29쪽.

52) 1904년 귀국해서 안식교인이 되고 임기반으로 개명한다.

53) 홍석창, 「홍승하」, 『감리교회와 독립운동』, 에이멘, 1998, 318쪽. 재미사학자 이덕희는 "호놀룰루 시내에는 안정수와 우병길이 피어슨 감리사와 의논하여 1903년 11월에 한인선교회를 조직했다. 그 후 얼마 안되어 1904년 2월 18일 홍승하 지방전도사가 호놀룰루에 도착하여 이 한인선교회를 맡아 이끌어 가다가 1905년 4월에 정규교회로 인정받았다. 명단에 20명의 교인이 있다. 홍승하 전도사는 제1대 목회자이다. 그리고 이 교회는 한국밖에 창설된 현존하는 제일 오래된 교회이다."라고 하고 있다(이덕희, 「하와이 한인 감리교회와 초기 교인들」, 『한국기독교와 역사』, 한국기독교역사학회, 2003, 288쪽). 즉 씨는 홍승하가 1904년 2월 18일 하와이에 도착하였다고 보고 있으며, 1905년 4월경 목회자로 일한 것으로 판단하고 있다. 그러나 홍승하의 도착 시기 및 그의 한국으로의 출발 시점 등을 고려하면 재검토의 여지가 있다.

　피어슨牧師의 指導下에 韓國地方傳道會가 호노룰루에 設立되고 洪承河가 地方傳道師로 任命되었다.[54]

　한편 홍승하는 피어슨과 협력하여 『포와 한인교보』(하와이의 한인 소식지)라는 최초의 하와이 한인신문을 발간했는데, 일요일마다 교회에서 판매되었다. 불교도들과 성공회 신도들 중의 일부는 대부분이 감리교도인 신민회 지도부에 반기를 들었다. 윤치호의 보고에 따르면, 이들 반감리교 파벌은 1904년 3월부터 1905년 5월까지 『新潮』라는 신문을 한달에 두 번 발간했다고 한다.[55]

2) 신민회 회장 홍승하

　1903년 11월 홍승하와 윤병구(尹炳球), 문홍석(文鴻錫), 박윤섭(朴允燮), 임치정(林蚩正), 임형주(林炯住), 김정국, 안정수(安正洙), 송헌주 등 주로 기독교 감리교 계통의 인사와 유학생들은 신민회를 조직하였다.[56] 그리고 홍승하는 신민회 회장으로 선출되었다.[57] 신민회 조직자 중의 한 사람인 현순은 신민회의 설립과 목적에 대하여 다음과 같이 언급하고 있다.

　1903年 11월에 布哇群島의 優秀한 靑年들이 모두 호노룰루에 洪承河 指導下에 集合했다. 韓國에서의 危險한 情勢를 討論한 後 우리는 新民會를 組織하고 洪承河는 會長으로 被選되었다.[58]

　현순의 언급에서 보는 바와 같이, 하와이 도착한 홍승하는 그의 탁월한 지도력으로

---

54) 현순, 『玄楯自史』, 64쪽 : Soon Hyun, *MY AUTOGRAPHY* (Yonsei University Press, 2003), 276쪽.
55) 정대화 역, 웨인 패더슨 저, 『하와이 한인 이민 1세』, 들녘, 2003, 93쪽.
56) 신민회의 조직시기에 대하여는 이견이 있다. 김원용은 『재미한인오십년사』, 85쪽에서 1903년 8월 7일을 주장하고 있으나 최창희 교수는 현순의 기록을 따라 1903년 11월경으로 파악하고 있다(최창희, 「하와이 한인사회의 항일민족운동(1903~1908)」, 66~67쪽). 필자의 생각으로는 홍승하가 1903년 가을에 하와이로 갔으므로 11월경에 조직되었다고 판단된다.
57) 『현순자전』, 연세대학교, 2003, 275~276쪽.
58) 현순, 『玄楯自史』, 64쪽 : Soon Hyun, *MY AUTOGRAPHY*, 276쪽.

기독교인들과 젊은 유학생들을 다수 모았을 것이고 이를 하나로 묶는 조직체를 만들 것을 구상하였을 것이다. 이 계획은 하와이에 살고 있던 당시 기독교 계통의 윤병구, 문홍석 등 여러 유력인사들이 갖고 있던 구상을 고국에서 홍승하 선교사가 도착하면 서 구체적으로 실현한 것이 아닌가 추정된다.

홍승하 등 신민회를 조직한 인사들은 기독교 전도를 바탕으로 처음에는 현순이 언 급하고 있는 것처럼 한인들의 교육과 경제적 이익을 통하여 지금보다 더 나은 새로운 공동체를 실현하고자 하였을 것이다. 그리고 이를 위해서 무엇보다도 한인들을 새로 운 국민으로 만들어 가는 작업이 중요함을 깨닫고 단체명을 "신민"이라고 하였을 것 으로 추정된다. 그리고 홍승하는 이러한 목적을 실현하기 위하여 더욱 박차를 가하였 다. 동년 12월 2일에 홍승하, 안정수, 윤병구 등은 가와이섬 갑파지방에도 신민회지회 를 설립하였다. 당시 이 지회의 회장은 한주동(韓柱東), 부회장 장영환(張永煥), 서기 정진상(鄭鎭相), 회원 양천태(梁天泰), 고석주(高錫柱), 조병옥(趙炳玉) 등이었다.[59]

신민회는 기독교를 중심으로 한 한인자치조직으로서의 성격을 바탕으로 정치적인 성향을 지니게 된 것이 아닌가 한다. 이 점은 당시 신민회 창립대회에 참여한 방사겸 이 쓴 그의 『평생일기』 1권의[60] 다음의 기록을 통하여도 알 수 있다. 방사겸은 1905년 12월 9일 조직된 대동교육회(大同敎育會)와 1907년 3월 2일 조직된 대동보국회(大同 輔國會)에서 활동한 인물이다.[61]

하와이 신민회에 참섭(참석)하여 본 관경

이 농장(길노이 농장－필자 주)에 몇 주일 있는 동안에 평양 사람 송원숙 씨의 부인과 김 진하 씨 두 분이 나에게 친절히 할 뿐 아니라 맛있는 음식도 종종 먹게 한 그것을 감사히 생각하고 아직까지 잊지 않고 기억하고 있다. 나는 불가불 매부를 찾아야 되겠는 고로 이곳 에 이같이 사랑하는 이 두 분을 작별하고 하와이섬 힐로항에 나와서 호놀룰루로 가는 배를 잡아탔다. 이 배에 일꾼들 전부가 하와이 토종 가나까인들인데 처음 보기에는 무서웠다. 나 는 수질을 몹시 하므로 배 웃장 한편 구석에 담요를 펴고 새로 사 신은 구두를 벗고 누워서

---

59) 독립운동사편찬위원회, 『독립운동사자료집』 8, 460 · 658쪽.
60) 『방사겸 평생일기』, 독립기념관 한국독립운동사연구소, 2006.
61) 독립운동사편찬위원회, 『독립운동사자료집』 8, 661쪽.

잠시 잠을 들었다. 깨어나니 벗어 놓은 새 구두가 없어졌다. 그러나 찾을 도리가 없어 잃고
말았다. 배는 벌써 호항(호놀룰루)에 도착하여 하륙하게 되는 때에 꼴을 볼 것 같으면 과연
웃을만하다.

　　나는 커다란 가죽 가방을 메고 맨발로 내려서 호항(호놀룰루) 한인의 신민회관을 찾아 갔
다. 나는 마침 신민회 개회하는 때에 들어서게 되어 회식에 같이 참례하여 회무 결정을 구
경하고 있었다. 신민회 회장은 홍승하 씨요 회에서 지금 일어난 변론의 문제는 역적도모라
는 문제로 정론을 하는 것인데 역적도모라는 그 이유는 어디서 생기었는가 한다면 신민회
회장 홍승하 씨가 말하기를 우리가 장차 독립하게 되면 누구는 대통령이 되고 누구누구는
총리 외무 군부 통상 공부 사업대신이 된다고 하였다. 이것이 역적도모라는 명사를 지어 가
지고 홍승하 씨를 공격하는 기회였다. 이 문제로 홍승하 씨를 공격하는데 고수자는 이교담
씨였다. 이교담 씨는 미주 공립협회 사람이었다. 나는 일찍이 사회에서 연단(단련)도 없고
교회에도 다녀보지 못하다가 졸지에 이런 사회에 참례한 것이 스스로 장쾌한 생각을 가지
고 이 사람들의 변론하는 것을 취미있게 들었다.

　　나는 어렸을 때부터 큰 상업에서 여러 가지 계급의 사람을 많이 상종하여서 사람들의 시
비와 변론하는 것을 누가 옳고 누가 그른지 이것은 판단할 수 있었으므로 그때 홍승하를 역
적도모를 하였다고 공격하는 이 사람들을 신민회 반대자로 나는 스스로 인증하게 되었다.

　　위에서 주목되는 것은, "신민회 회장 홍승하 씨가 말하기를 우리가 장차 독립하게
되면 누구는 대통령이 되고 누구누구는 총리 외무 군부 통상 공부 사업대신이 된다고
하였다."라고 한 부분이다. 홍승하는 정부를 개혁하려는 의지로 서재필을 수상으로,
윤치호를 외무장관으로 하는 하나의 정부를 구상했는데, 이것은 현 정부를 타도하고
임시정부를 획책한다는 인상을 주었다.[62] 신민을 바탕으로 소박하나마 새로운 나라
를 꿈꾼 홍승하에 대하여 "역적도모"란 딱지가 붙여졌고 이에 대한 논의가 활발히 전
개되었던 것 같다. 한편 윤치호는 이러한 명단을 만든 홍승하를 보고 바보라고 비웃
고, 반대파인 김규섭은 홍승하의 이러한 행동을 이용하여 홍승하와 그의 동지들을 역
적이라고 몰아세웠다. 또한 반대파들은 이 기회를 이용하여 충의회(忠義會)를 조직하
였다.[63]

---

62) 정대화 역, 웨인 패더슨 저, 『하와이 한인 이민 1세』, 95쪽.
63) 위와 같음.

홍승하의 정치적인 주장은 기독교인으로서 근대적인 사고를 가진 사람으로서 자연스러운 것일 수 있다. 그러나 홍승하 개인의 의견이라는 측면보다는 당시 신민회에 주도적으로 참여한 감리교계통의 하와이 현재 한인 지도자들의 구상이 더욱 반영된 형태가 아닌가 판단된다. 『국민보』 1949년 11월 30일자 「국민회의 사명」 중 신민회 관련 부분은 신민회의 성격을 잘 보여주고 있다.

> 하와이에 그같이 피난을 온 사람들의 첫 조직은 신한회(新韓會) 혹 신민회(新民會)니, 그 회의 목적은 일변으로 부패한 우리 정부를 개혁하고 포악한 왜적의 세력을 항거하려 함이었다. 그 회는 민주제로 된 해외조직의 처음인데, 회장 이외에 총무 내무 외무 재무 군무 등 임원을 둔 것이 정부의 부과를 둔 것과 같고, 그 회를 조직하던 지사들은 스스로 그 회를 가르쳐 무형정부라고 하였던 것이다.

라고 하고 있다. 위의 기사는 1949년도에 작성된 것으로 재미한인들이 신민회를 압축적으로 설명하고 있는 것으로 보여진다. 신민회는 하와이 이민사회에서 처음으로 조직된 한인단체 나아가 정부적인 체제를 갖춘 "무형정부"라고 표현하고 있다. 아울러 설립목적은 부패한 조선 정부를 개혁하고 포악한 일제에 항거하고자 하는 것이라고 하여 정치적인 단체의 성격을 지닌 것으로 서술하고 있다. 이러한 신민회의 설립 목적은 좀더 정치적인 조직으로 과장되어 조선 정부에도 알려져 경계의 대상이 되었다. 위의 신문에 이어서 서술된 다음의 기사는 이를 방증해 주고 있다.

> 그 말이 유전되고 오전되기도 하고 혹은 고의로 곡해와 무소로 소식을 보내어, 광무(光武)의 조정은 크게 경동되었으니, 그 이유로 윤치호(尹致昊) 박희병 등을 특사로 보내어 하와이와 멕시코의 이민사회들을 조사하였으니, 멕시코 조사에는 특별히 드러난 것이 없었으나 하와이 조사는 「역적도모」가 있다는 것으로 시작된 것이다. 죄가 있고 따라서 겁이 많은 광무의 정부(대한제국)는 왜통감과 협의하여 한인의 일반 외국이민을 막은 것이다.

즉, 조선정부에서는 이러한 소문에 경각심을 갖고 특사를 파견하여 하와이 사회를 조사하였다.[64] 아울러 이민사회의 동향을 감시하는 한편 외국으로의 한인이민을 막는 데까지 이르렀던 것이다.

결국 이 사건을 계기로 홍승하는 귀국하게 된다. 『국민보』 1949년 11월 30일자 「국민회의 사명」에 잘 나타나 있다. 즉,

> 하와이에서 그렇게 시작된 사회조직이 그 조직자들의 떠나는 것을 따라서 잠시 침식되고 말았다. 그 조직의 창시자들은 누구이냐. 홍승하 안정수 윤병구 임치정 이교담 등인데, 그들은 내지에서 일찍이 독립협회(獨立協會) 그 후에 보안회(輔安會) 등 내지사회에서 직접 간접의 경력으로 신공기 흡수의 초등훈련을 받은 이들이다. 그들이 하와이에 첫 조직을 시작하였으나, 홍승하는 신병으로 귀국하고 그 나머지는 대륙으로 옮기게 되는 때에 자연히 그 조직은 침체되었으나, 그 정신은 하와이에서 계속되고 미국과 멕시코에 전파되고 내지와 원동에까지 여단의 연락이 있게 되었다. 그 정신으로 된 단체들이 지방적으로 조직된 것이 초정(礎定)이요, 그것을 통일한 것이 그 다음이다. 그 동시 국세가 점점 기울어져서 5조약 7조약 합병조약의 치욕을 당하는 고로, 해외의 민족적 단합이 더욱 속성된 것이다.

라고 하고 있다. 여기에서 신민회 주요 구성원은 국내에서 독립협회, 보안회 등에 참여하여 조선의 국권회복을 강력히 주장하던 인사들인 것으로 묘사되고 있다. 그러나 이 부분에 대하여는 보다 신중한 검토가 있어야 할 것 같다. 왜냐하면 회장인 홍승하의 경우 경기도 남양지역을 중심으로 전도활동을 열심히 전개한 대표적인 전도사였기 때문이다.

한편 신민회는 일부에서는 감리교인만의 조직이 아닌가하여 주변의 반대에 부닥치기도 하였다.[65] 신민회는 구성원들의 정치의식 부족과 종교적 분파 등으로 인하여 1904년 4월 20일 해체되고 말았다.[66] 그러나 이 하와이 신민회의 활동과 역사는 1907년 국내로 들어와 신민회 성립에 참여하는 임치정에 의해 국내 신민회 조직의 밑거름이 되지 않았나 판단된다.[67] 다만 하와이 신민회와 1907(1908)년 국내에서 조직된 신민

---

[64] 이 부분이 좀 혼란스럽다. 윤치호가 멕시코교민 학대사건을 조사하기 위해 가던 중 하와이에 들른 것은 1905년 9월이며, 멕시코에는 가지 않은 것으로 되어 있다(『윤치호일기』 6, 국사편찬위원회, 1976, 145~172쪽 ; 김원용, 『재미한인50년사』, 86~89쪽).

[65] 홍석창, 『한국감리교회를 섬긴 사람들』, 28~29쪽.

[66] 최창희, 「하와이 한인사회의 항일민족운동(1903~1908)」, 66~67쪽.

[67] 국내로 귀국하는 홍승하의 경우 기독교활동 외에 정치적인 활동은 전혀 파악되지 않고 있다. 앞으로의 연

회와의 직접적인 상호관계에 대하여는 보다 신중한 접근이 요망된다.

3) 귀국 후 국내에서의 목회 활동

홍승하는 1904년 2월 18일[68] 도릭(Doric)호를 타고[69] 일본 고베를 거쳐,[70] 1905년 3월경 귀국하였다.[71] 『기독신보』 1918년 4월 24일자 「고 홍승하 목사의 약사」에

　　1901년 2월에 남양군에 가서 전도하여 교회를 9처에 세우고, 교우는 272인에 달하였으며 1903년에 하와이에 건너가서 교회를 10처에 세우고 신호에 와서 이민회사에 전도하다 그 후 1905년 3월에 다시 남양에 와서

라고 있음을 통하여 살펴볼 수 있다.

홍승하의 귀국 후 국내에서의 활동은 『기독신보』 1918년 4월 24일자 「고 홍승하 목사의 약사」에 구체적으로 나타나 있다. 이를 보면 다음과 같다.

　　1905년 3월에 다시 남양에 와서 전 할세 암자와 판데사당집을 남학교에 부치게 하고 6월에 강화도로 파송되어 1년간 전도하다가 익년 6월에 인천 교회에서 1907년에 연회에 입회하고 충청북도의 36교회를 치리하다가 그 구역은 장로회구역으로 바꾸게 됨으로 1909년 11월에 공주교회로 파송되어 전도하였고, 1911년에 신학졸업하고 12년에 장로성품을 받았더라. 동년 연회에서 수원지방으로 파송하여 60교회를 치리하다가 14년 여름에 순행하던 중, 병을 얻어 수년 한양 치료하던 중, 16년 3월 2일에 그 처상을 당하였으며, 씨는 본년 2월 11일 하오 십시반에 엄연히 이 세상을 열결하였으니 오호 애재라 씨의 서거함이여. 하느님의 성역에 종사하여 지대한 공헌을 하였으니 교회를 세운 것이 20여처요, 인생 구원한 것이 924인에 달하였더라. 그 가족은 80노모가 생존하였으며, 3자 3녀와 손자 2, 손녀 2인이 있으니, 모

구 검토가 요망된다.

[68] 김택용, 『재미한인75년사』에는 1907년에 귀국하였다고 하고 있다. 홍승하 독립유공자평생이력서에도 1907년에 귀국하였다고 하고 있다. Early Membership of Korean Methodist Churches in Hawaii 참조.

[69] Early Membership of Korean Methodist Churches in Hawaii 참조.

[70] 『기독신보』 1918년 4월 24일, 「고 홍승하 목사의 약사」.

[71] 『국민보』 1949년 11월 30일자 ; 『기독신보』 1918년 4월 24일, 「고 홍승하 목사의 약사」.

두 13식구더라. 우리는 그 가족을 위하여 하느님의 위로와 은혜가 풍족하시기를 삼가 비노라

라고 하고 있다.

홍승하의 귀국 후의 보다 구체적인 활동에 대하여는 1905년 『감리교선교회 연회록』 「서울 서지방」 〈남양〉에서 다음과 같이 기록하고 있다.

「남양」

이 구역은 숫적으로 크게 괄목할 만한 성장은 이루지 못했지만, 사업의 다른 방면에서 고무적인 발전이 있었다. 2년 동안 하와이에 있던 홍승하 형제가 다시 그의 옛 일로 돌아왔고, 그가 다시 우리 가운데 있다는 사실이 우리에게 새로운 활기와 영감을 주었다. 그가 하와이로 떠날 때 많은 사람들이 동요하였으며 그 일로 인해 전 구역에 걸쳐 많은 실망감이 있었다. 그러나 그의 귀향이 이 실망의 구름을 몰아내었다. 나는 그의 유능한 지도력하에 그 사업이 활기를 띠며 앞으로 나아갈 것을 확신한다. 홍씨는 청년들을 매우 잘 다루어서, 그들에게 주목할 만한 영향력을 끼쳤다. 그가 남양으로 돌아온 이후에 에쁜 새 교회가 건립되었으며, 현재 봉헌식을 기다리고 있다.[72]

홍승하는 하와이를 출발하여 일본 고베에 있다가 귀국하여 1905년 3월 다시 남양으로 가서 전도활동을 전개하였다. 이때 그는 동년 6월 강화도로 파송되어 1년간 전도하였다.[73] 1906년 3월 제물포의 케이블 목사는 「본처 전도인 그룹」이란 제목하에, 홍승하에 대하여 다음과 같이 평가하고 있다.

홍승하는 2년 전 하와이로 가서 거기서 동포들에게 성공적으로 전도했다. 그는 병이 나서 한국으로 돌아와야 했는데, 한국에 도착하자 병이 매우 호전되어 여기서 다시 일을 시작하게 되었다. 그는 강한 개성을 가진 사람이며, 능력있는 지도자이다. 그는 스스로 믿는 것을 설교하며, 죄의 고발에 두려움이 없고, 사람들이 죄에서 떠나 구주 예수를 믿게 하기 위해 끊임없이 노력한다. 그는 금주 금연운동의 가장 강력한 옹호자였으며, 담배를 술과 같은 범주로 취급하였다. 현재 홍씨는 강화도의 여러 구역들 중 하나를 맡고 있다. 여덟 교회와 500명 이상의 영혼들이 그의 관할하에 있다. 지난 몇일간 홍씨는 고통과 슬픔의 깊은 바다

---

72) 홍석창, 『1885~1930 제물포지방 교회사자료집』, 170~171쪽.
73) 『기독신보』 1918년 4월 24일자, 「고홍승하목사의 약사」.

를 지나왔는데, 오히려 그것을 통해서 그는 하늘에 계신 아버지에 대한 꺾이지 않는 믿음과 신뢰를 보여 주었다.[74]

즉, 홍승하를 "그는 강한 개성을 가진 사람이며, 능력있는 지도자이다. 그는 스스로 믿는 것을 설교하며, 죄의 고발에 두려움이 없고, 사람들이 죄에서 떠나 구주 예수를 믿게 하기 위해 끊임없이 노력한다. 그는 금주 금연운동의 가장 강력한 옹호자였으며, 담배를 술과 같은 범주로 취급하였다"라고 하여 독실한 기독교인이요, 지도자로 높이 평가하고 있다.

홍승하는 1906년 6월 29일에는 연회에서 인천항교회(현 내리교회)와 영화학교장으로 파송을 받았다. 한편 동년 그는 전도사로서 인천항 감리에게 인천항 감옥에 투옥되어 있는 죄수들에게 전도활동을 할 수 있도록 허가해 줄 것을 요청하기도 하였다.[75] 1907년에는 남양구역으로 가 지역의 전도활동을 도왔다.[76] 아울러 동년 집사안수목사를 받고, 공주지방으로 파송되어 충청북도의 감리교 선교를 개척하였다. 1912년 장로목사가 된 후 홍승하는 수원 종로교회의 담임 목사로 파송되었다. 그 후 1914년까지 수원교회 담임 목사로서 새로이 교회를 건축하는 한편, 중구역 구역장으로서 수원교회와 인근 교회를 맡았다.[77]

1915년에는 병중에 광주, 이천, 여주 등지를 다니면서 설교사 양성을 위한 강좌를 하였으며, 1916년에는 수원 북, 시흥 남, 부천동 지역을 순방하였다. 1918년 2월 11일 지병인 폐결핵과 그리고 치질, 각기병 등의 합병증으로 수원에서 사망하였다. 그는 수원 버드네(현 세류동) 공동묘지에 안장되었다.[78]

---

[74] 홍석창, 『제물포지방 교회사자료집』, 257~258쪽.
[75] 『황성신문』 1906년 9월 12일, 「전도죄수」.
[76] 홍석창, 『제물포지방 교회사자료집』, 210쪽.
[77] 안희선, 『수원종로교회사(1899~1950)』, 수원종로교회, 2000, 200~204쪽.
[78] 홍석창, 『한국감리교회를 섬긴 사람들』, 29~30쪽.

5. 홍승하의 가족관계와 손자 홍가륵의 항일운동

홍승하의 손자 홍가륵(1913~?)은 1933년 9월 중국 남경에서 의열단 가입과 동시에 조선혁명간부학교에 입학한 후 1935년 4월 동교를 졸업한 후 동지 규합을 위해 국내로 잠입하였다가 동년 5월 중순 체포되어 징역 3년을 받았다.

홍승하의 손자 홍가륵의 신문 조서를[79] 통해 그의 집안과 생활상태를 살펴보기로 하자.

> 문: 가정과 생활 상황은 어떤가.
> 답: 부친 亨俊(당 47세)이 호주이고, 모친 金愛西德(당 48세), 누나 水晶(당 24세), 누이 玉晶(당 18세), 아우 性達(당 16세), 누이 石晶(당 13세), 아우 性萬(당 10세), 나와 八인 가족이다.
> 조부 시대는 상당한 자산이 있었다는데, 대대로 기독교에 열중하여 자선사업 등에 재산을 탕진, 부친 대에 와서는 거의 무자산이었고, 나도 중학은 고학으로 마쳤다.
> 현재 부친 亨俊은 예수교조선감리파의 목사이며, 그 교파의 온천리예배당에 근무하고 월급은 30원이며, 모친 金愛西德도 그 예배당의 전도부인에 봉직하고 월액 10원 정도의 보수를 받는다. 누나 水晶은 利川읍에 있는 그 교파 利川교회당 부속 유치원에서 보모로 근무, 별거하고 있는데 나와 아우 性達은 무위도식하고 있다. 누이 玉晶은 현재 京城의 梨花여자고등보통학교에 또 누이 石晶, 아우 性石은 溫泉공립보통학교에 통학하고 있다.
> 부친의 급료는 신자들의 출연에서 나오기 때문에 소정 금액도 못받을 때가 흔하며, 누나도 전에 월 35원 봉급이었으나, 그 급료도 전도비에서 지출되는 까닭으로 근년 미국의 전도비가 삭감됨에 따라 월급도 감액된 듯, 근래는 그전처럼 누나의 보조 송금이 없으므로 梨花여고보에 다니는 누이 등은 고학하고 있는 정도라서 생활은 어렵다.

위에서 보는 바와 같이 조부 홍승하에 이어, 부친 역시 목회를 하고 있으며, 어머니는 전도 부인으로 누나는 이천 교회 유치원 보모로서 가족모두가 기독교 전도 활동에

---

[79] 『한민족독립운동사자료집』 31(義烈鬪爭 4), 「洪加勒 신문조서」.

종사하고 있음을 알 수 있다. 이어서 신문조서에서 홍가륵은 다음과 같이 대답하고 있다.

> 문: 경력을 대강 진술하여라.
> 답: 나는 대정 二년(1913년－필자주) 10월 19일 京城 水原郡 陰德面 南陽里에서 호주 洪亨俊의 장남으로 태어났으나, 당시 조부 承河는 기독교 목사였고, 부친은 농사에 종사하던 바, 내가 어릴 적에 조부는 별세하여 부친이 대신하여 목사가 되었고, 나는 9세에 부친이 기독교조선감리파의 烏山예배당으로 전임하게 되어 일가족은 水原郡 城湖面 烏山里 소재, 烏山예배당으로 이사했다. 나는 소화 二년 三월, 烏山공립보통학교를 졸업하고 그 해 四월부터 京城 培材고등보통학교에 통학하고 있던 바, 중학 二·三학년경 부친은 또 利川郡 長湖院예배당에 전임됨으로써 집을 옮겨 갔는데, 당시 나는 운동을 하다 척추를 좀 다쳐 앓게 되었다. 목사 집에서 별로 할 일도 없으므로 집에서 정양 겸 쉬고 있었다. 그러던 중 京城府 天然洞에 살던 전임 목사로 내 조부의 친구 鄭在寬의 소개로 소화 七년 八월 하순인지 9월 초순경 당시 미국 하와이에서 귀국한지 얼마 안되는 京城府 橋北洞(번지미상) 거주 金基淳 댁에 그의 외동딸 恩惠의 가정교사가 되어 입주 근무하던 중, 그 해 11월 초순경 金基淳이 黃海道安岳郡(이하 미상)에 토지를 구해서 이사하게 됨으로써 실직한 나는 귀가하지 않고, 그냥 혼자 만주 奉天으로 갔다.

라고 하여, 홍가륵의 부친인 홍형준은 오산 및 이천 장호원 교회의 목사로 일하였음을 알 수 있다. 이처럼 조부와 부친이 모두 목사인 집안에서 태어난 홍가륵은 오산공립보통학교를 거쳐 1932년 3월에 기독교학교인 경성의 배재고등보통학교를 졸업하였음을 알 수 있다.

기독교 집안 출신인 홍가륵의 민족의식의 형성 또한 기독교로부터 형성된 것으로 보인다. 이는 홍가륵의 다음과 같은 신문조서에서 짐작해 볼 수 있다.

> 문: 어째서 조선독립운동을 할 마음이 생겼는가.
> 답: 그것은 일시 작심이 아니라, 오랫동안에 걸쳐 조선을 독립시켜야 하겠다는 당위성이 내 자신의 심정으로 온양되었으므로 그 경위를 진술하겠다.

> 전술한 바도 있지만, 우리집은 조부 시대부터 기독교에 열중 귀의한 관계로 나도 유
> 년 시절부터 성서를 배웠다. 유년 시절은 그저 가르침을 맹목적으로 익히고 있다가,
> 철들 무렵이 되고서는 자신이 사회적으로는 불우한 처지임을 알았고, 이어서 일본인
> 이나 외국인들이 윤택한 생활을 하는데, 반대로 조선민족대중 모두가 경제적으로나
> 사회적으로 지극히 불우한 처지에 있음을 깨달았다. 이 부자연한 사리를 깊이 궁리해
> 본 결과 조선민족이 그러한 불리한 지위에 있는 것은 나라를 빼앗긴 탓임을 깨닫게
> 되었다.
> 그런 생각이 내 마음 한 구석에 싹터오고부터는 성서를 공부해도 그 때까지는 그저
> 정신적 하늘나라를 설교하는 것으로 교리 그대로 순종하며 해석했으나, 그 뒤로는 현
> 실사회에 비추어서 성서의 말씀을 생각하게 되었다. 그 결과 「馬太」「馬可」「누가」
> 「요한」의 四복음 중 아마 「마태」의 어느 절이라고 생각하는데, 그중에 있는 「먼저 그
> 나라와 의를 구하여라」하는 구절에서 교의의 실제는 그 나라 즉 「천국」의 뜻, 즉 「대
> 의명분」을 구하여라. 「그러면 사람 세상의 만사는 해결되리라」라고 한 것이다. 나는
> 이 구절에 대하여, 이것은 조선의 현상에 비추어 조선민족은 지상천국을 먼저 건설함
> 에 있어서 빼앗긴 조선국을 탈환 독립케 해야 한다고 해석했다.
> 이것이 나의 조선에 대한 독립운동의 정신적 조짐이었고, 그것은 내가 培材고등보통
> 학교 二·三학년생 때의 일이었다.

라고 있듯이, 배재고등보통학교 2·3학년 시절에 성경공부를 조선의 현실사회에 비추
어서 하고 있는 점이 주목된다. 즉 그는 「마태」의 "먼저 그 나라와 의를 구하여라" 하
는 구절에 대하여, 이것은 조선의 현상에 비추어 조선민족은 지상천국을 먼저 건설함
에 있어서 빼앗긴 조선국을 탈환 독립케 해야 한다고 해석하면서 성경을 통하여 민족
의식을 형성하게 되었다.

그 후 그는 1933년 9월 6일 간부학교에 입학하기 위하여 만주 봉천을 출발, 상해,
남경을 거쳐 9월 16일 강소성(江蘇省) 강녕현(江寧縣) 강녕진(江寧鎭)에 있는 조선혁
명간부학교에 도착 즉시, 의열단 단장 김원봉을 면담하고 의열단에 가입한 다음 간부
학교 2기생으로 입학하였다.[80] 이곳에서 그는 6개월에 걸쳐 정치과목으로 철학, 유물
사관, 변증법, 경제학, 중국혁명사, 삼민주의, 사회과학, 의열단사, 조선정세, 공산당

---

80) 이상일, 「수원출신 항일청년투사 홍가륵」, 142쪽.

제4장

멕시코에서 독립운동의 선봉에 서다

잊혀진 혁명가 김정식

　김정식(金正植, 1888~미상)은 수원군 삼동(三洞) 자라목(현재 화성시 매송면 매곡) 출생이다. 이명은 김무봉(金戊逢)이다. 그는 1905년경 멕시코로 이민 간 인물로서, 멕시코 유카탄 반도 메리나에서 대한인국민회 메리다 지방회 회장으로서 독립운동을 전개한 혁명가이다. 미주에서 간행된『신한민보』1941년 12월 11일자에서「유카탄 한인사회의 4각적 인물－김정식씨」라는 제목하에 그에 대하여 다음과 같이 언급할 정도로 그는 멕시코에서 유명한 인물이었다.

　김정식씨는 20여세로 비롯하여 60당년이 되도록 한인사회에 몸을 바쳤다. 김정식씨는 성품이 온유, 겸손하며 근실, 충직하다. 그의 식솔은 20명의 큰 가정이지만, 부모 잃은 고아를 양육하여 성혼까지 시켜준 자선적 특성을 가졌다. 김정식씨가 연속 재선하여 지방회의 중대한 임무를 띠게 된 것은 물론 그의 인격도 상당하거니와 묵국(멕시코－필자주) 우리사회의 선각자들은 모두 70당년, 80당년 노옹들인 고로 청년들에게 우리 국민회의 모든 사무를 맡기고 노인들은 뒤에서 고문이라 하여 주라고 생각하였으나, 청년들은 영업상에 분주한 것은 고사하고, 국민회의 회장이라는 중임을 맡아 가지고 실수하여 공중의 심리를 저상케 하면, 어떻게 하나 하는 염려가 있어 모두 사양하게 되는 고로, 김정식 씨가 회장이라는 무거운 짐을 지고, 유카탄 한인의 복리를 도모하게 되었다. 그러나 김씨는 유카탄 수부인 메리나

시내에 거류하 지 않고, 메리다에서 상거 수백리되는 농촌에서 영업을 하나 교통이 불편과 자신 생애를 불구하고 통상회, 특별회, 여자애국단회에 출석하여 인도를 한다고 김씨를 칭찬하지 않는 이가 없다.

또한 김정식은 대한민국임시정부 광복군을 후원하기 위하여 많은 노력을 경주하였다. 『신한민보』 1942년 10월 22일자에서는 「김정식씨의 애국성충」이라는 제목하에,

메리다지방회에서 9월 17일 광복군 성립 제2주년을 기념하는 석상에 김정식씨는 광복군 후원을 위하여 1백원이라는 큰 숫자를 드렸고, 이로 말미암아 당일 광복군 후원금 220여원을 모집하게 되었음으로 당지 동포는 씨의 애국성충을 찬하한다더라.

라고 하여, 그에게 존경심을 표하고 있을 정도로 김정식은 애국자로서 높이 평가 받고 있다. 그럼에도 불구하고 지금까지 김정식은 우리에게 전혀 알려지지 않은 인물이었다.

김정식의 인적사항은 그가 도산 안창호가 조직한 흥사단에 제출한 이력서를 통하여 살펴볼 수 있다.

출생시 : 1888년 3월 18일
출생지 : 경기도 수원군 삼동 자라목
거주지 : 1888~1898년 출생지
　　　　1899년~1901년 서울
　　　　1902년~1904년 출생지
　　　　1905년~1918년 멕시코 유카탄 메리다
직업 : 1899년~1904년 농업, 1905년~1918년 어저귀 따는 것
학예 : 국문 대략 통함
종교 : 기독교
단체 : 국민회
기능 : 근검
취미 : 실업
개명 : 무봉
가족 : 부-성오(聖五, 작고), 모-김씨(62세), 형-정규(正圭, 34세), 동생-갑봉(甲逢, 25세), 처-강씨(21세), 딸-한양(漢陽, 2세)

현주소 : 멕시코 유카탄 메리다

위에서 살펴보는 바와 같이, 김정식은 수원군 출생으로 1905년 멕시코로 이주한 인물이다. 그는 이 시기에 수원지역에 설치된 멕시코 이민 대리점의 소개로 이민 간 것으로 추정된다. 당시 수원에서는 이 지역의 대표적인 유지이며, 계몽운동가인 임면수가 대리점을 운영하고 있었다. 수원에서 모집된 인원은 전체 1,033명 중 6명으로 극히 일부에 불과하였다.

멕시코로 이주한 김정식은 그곳 농장에서 도착 직후부터 어저귀 따는 일에 종사하였다. 멕시코로 이민을 간 조선인들은 혹독한 노동에 시달리며 노예나 다름없는 생활을 해야 했다. 김정식 또한 예외는 아니었을 것이다. 그러나 그러한 역경 속에서도 그는 조국을 잊지 않았다. 즉, 김정식은 단순이 생업에만 종사하지 않고 미주지역에 조직된 대한인국민회에서 교민들의 자치활동과 독립운동에 매진하였던 것이다.

김정식은 1911년 대한인국민회 신한동지방회, 192년 메리다지방회 회원으로 활동하였고, 이후 메리다지방회에서 1919년 법무, 1922년 회장, 1924년 서기 겸 재무, 법무원, 1925년 재무, 1927년 부회장, 1930년 · 1934년 · 1943년 총무, 1936년 · 1938년 감찰원, 1940년 · 1941년 · 1944년에는 집행위원장으로 활동하였다. 뿐만 아니라 그는 1909년부터 1945년까지 지속적으로 독립운동을 위해 군자금을 지원하였다. 특히 그는 1923년, 1934년, 1936년에는 본국에 수재가 나자 10달러, 10달러, 4달러를 각각 수제구제금을 후원하였다. 고국 고향인 수원을 생각한 그의 마음이 그대로 전달되는 느낌이다. 아울러 그는 1931년 10월 1일 이순신 장군 유적 보존금으로 1달러를 희사하기도 하였다.

또한 김정식은 애국적인 연설을 통하여 동포들에게 민족의식을 고취시키고자 하였다. 1918년 12월 1일에는 「우리 장래의 발전」이라는 제목으로, 1920년 3월 1일에는 독립선언 2주년을 맞이하여 경축 연설을 행하였다. 1925년 2월 1일에는 국민회 창립 제16주년을 맞이하여 그리고 1928년 3월 3 · 1절 경축모임에서도 동포 80여 명이 참석한 가운데 경축 연설을 행하였던 것이다. 그리고 1937년 5월 1일에는 김정식은 메리다에서 순국선현 추도식을 지도하기도 하였다.

제5장

조선민족대동단 황창오의 항일운동과 군자금모금 활동

1. 집안과 민족의식의 형성

황창오(黃昌五)는 1896년 4월 6일 황해도 해주군 동운면(東雲面) 삼정리(三井里) 1117번지에서 출생하였다. 족보명은 황인길(黃仁吉)이다.[1] 그가 태어난 동운면은 황해도 벽성군의 동북단에 위치한 곳으로, 면적 110.05㎢, 인구 8,499명(1942년 현재)이며, 대방면 소재지는 덕달리이다. 본래 이 면은 동대방(東大坊)과 운곡방(雲谷坊) 지역이었으나 1914년 행정구역 개편 때 두 지역을 병합하여 동운면으로 개칭한 후 해주군에 속하게 되었다가, 1938년 해주읍이 해주시로 승격되면서, 나머지 지역은 신설되는 벽성군으로 편성됨에 따라 벽성군의 관내로 되었다.

면의 동북부에는 멸악산맥이 뻗어 있고, 북쪽에 운달산(雲達山, 600m)이 솟아 있어 북부는 산간지대로 되어 있으나, 이 산지에서 발원하는 어사천이 면의 중앙을 남류하면서 동남부에 비교적 넓은 평야 지대를 형성하였다. 하천을 이용한 황해·연해 저수지는 일대 연백평야의 관개용수로 이용되고 있다. 주요 농산물은 쌀·보리·조·콩·

---

[1] 『장수황씨 열성공파세보 권지2』.

과일 등이다. 광공업으로는 덕달광산과 병암광산(屛巖鑛山)에서 금·은이 채굴되며, 공수리에 주물 공장이 있다. 도로는 해주~연안 간의 3등도로가 면의 중앙을 동서로 가로지른다. 유적으로는 영정리에 1387년 이색이 건조한 반귀정(半歸亭)이 있다. 교육기관으로는 초등학교 1개교와 그밖에 간이학교 1개교가 있다. 그리고 덕달·운양·사동·반정·주산·두동·공수·삼정 등 8개 리가 있다.[2]

황창오는 부친 황윤조(黃允祚, 족보 鳳淵)와 어머니 신영신(申永信)의 장남으로[3] 출생하였다. 그가 출생할 당시 황창오의 집안은 고향에서 농사를 짓는 자작 및 소작 농이었다. 황창오의 장남 황승일(黃勝一, 1919년생, 黃根夏)은 해주의 지주 최형연의 소작농이었다고 회고한다. 1927년 당시 일본 측이 작성한 황창오 가출옥 문서 「身上票」에 따르면,

> 본인은 재산이 없지만 실부의 재산은 가옥 1동과 밭(실가격 600원)이 있고, 아버지는 자작 및 소작농으로 일하고 있으며, 보통생활을 하고 있다.

라고 기록되어 있다.

황창오의 부모님은 어려운 가정환경 속에서도 자식에 대한 열정이 대단하였던 것 같다. 9세 시 한문사숙에 보내어 그에게 한문공부를 시키셨던 것이다.[4] 대대로 농업에 종사하던 황창오의 집안에 변화가 생긴 것은 고향에 기독교가 전래되면서부터였던 것 같다.

황해도 선교는 감리교 서지방회와 북지방회가 관활하였다. 서지방회는 연안과 해주를 중심으로, 그리고 북지방회는 신계를 중심으로 선교활동을 전개하였다. 해주지역은 선교초기부터 장로교와 감리교가 모두 중요한 곳으로 생각하였던 곳이지만, 해주지역은 1909년 선교구역 분할 시 미감리회 관할구역으로 넘겨졌다. 1909년 선교구

---

2) 『민족문화대백과사전』 황해도 벽성군 동운면 항목.
3) 황창오 가출옥서류 신상표에 따르면, 황창오의 형은 어려서 사망하였다. 황창오의 부인은 李景彌이며, 장인은 李太奎이다. 농업에 종사하고 있다.
4) 가출옥문서.

역 분할까지만 해도 황해도 지역의 교회는 평양지방회의 관할하에 있었다. 그러다가 1911년에 이르러 해주구역회가 해주지방회로 승격되면서 황해도 남부 지방을 담당하였다. 미감리회는 해주를 중심으로 의료선교에 상당한 노력을 기울였다. 대표적인 병원으로는 1910년 설립된 해주구세병원이 있었다.[5]

삼정리 율곡(밤나무골)에 살던 황창오의 부친 황윤조는 기독교 감리교 선교사들이 전도에 의해 기독교를 신앙하게 된 후 고향에 율곡교회를 신축하는데 주도적인 역할을 할 정도로 기독교를 독실이 신앙하였다. 부친의 기독교 신앙은 아들 황창오를 해주에 있는 기독교 학교인 의창(懿昌)학교[6]에 입학하도록 하였다.[7]

의창학교는 1904년 황해도 해주시 남욱동에 설립된 감리교계 초등학교이다. 미 감리회 선교사 노블(W.A.Nobel, 魯普乙) 외 6명의 설립자가 발기하여 설립하였으며, 1907년 구한국정부 학부대신의 정식인가를 받았고, 1917년에는 보통학교로 지정되었다. 학제는 보통과 4년, 고등과 3년으로 편제되었다.[8]

삼정리에서 50리 정도 떨어진 이 학교에 황창오는 입학하여 기숙사 생활을 하며 보통학교 수준의 교육과 근대적인 기독교 교육을 받았다. 황창오는 이 학교를 14세부터 18세까지 다녀[9] 고등과를 1912년 3월 졸업하였다.[10] 특히 1910년 8월 재학시절 일제에 의해 조선이 강점되자 그는 이에 크게 분개하여 기회만 있으면 독립운동을 전개하고자 굳게 결심하게 된다.[11] 아울러 그의 신앙심도 학교 재학 시 더욱 깊어 졌으며 민족의식도 학교교육과 교우관계를 통하여 더욱 형성되었다.[12] 졸업 후 총기가 있었던 황창오는 삼정리에서 지주 최형연의 마름으로 일하면서 학교친구들 및 지역 인사들과 유기적인 연대관계를 맺고 있었다.[13]

---

[5] 이만열, 『북한교회사』, 한국기독교역사연구소, 1996, 147~148쪽.
[6] 3·1운동에 주요한 역할을 한 박희도(1889년생)도 의창학교를 졸업하였다.
[7] 『동아일보』 1938년 5월 8일자.
[8] 『기독교대백과사전』, 「의창학교」.
[9] 가출옥문서.
[10] 황창오비문(화성시 태안읍 배양리 소재).
[11] 『조선일보』 1921년 7월 3일자.
[12] 가출옥문서 중 「범죄의 원인」.
[13] 황승일(황창오의 장남, 1919년생)과의 면담에서 청취.

2. 고향 동운면 삼정리에서의 3·1운동 참여

1919년 3월 1일 서울에서 만세운동이 전개되었다. 그리고 이 만세운동은 황해도 지역으로까지 파급되었다. 해주에서는 3·1운동 전인 2월 20일 이미 서울에서 박희도(朴熙道)·최성모(崔聖模) 등이 보낸 김명신(金明信)에 의해 독립선언서 300장과 최성모의 서신이 해주읍 남본정(南本町)의 기독교회 목사 오현경(吳玄卿)에게 전달되었다. 오현경은 그날 밤으로 황학소(黃鶴巢)·임용하(林容夏)·이동혁(李東赫)·최명현(崔明鉉)·김창현(金昌鉉) 등과 만나 독립만세운동에 대해 협의하여, 거사 계획을 세우는 한편 각 교인들에게 비밀리에 연락하였다.

3월 1일 오후 2시경 남본정 교회에서는 기독교인 180여 명이 모인 가운데, 오현경 목사 주재로 독립선언식을 거행하였다. 그 뒤 3월 9일 봉영화(奉永華)를 비롯한 기독교인들은 읍내 남욱정(南旭町) 장터에서 다시 만세운동을 크게 일으키기로 계획하였으나, 사전에 누설되어 예정대로 진행되지 못하였다.

그러나 10일 옹진군의 천도교인 수백 명이 '조선독립만세'라고 쓴 큰 기를 들고 해주읍내로 대거 진입하여 만세시위를 전개하였다. 이에 전날 만세운동을 일으키지 못했던 기독교인과 이성룡(李成龍)을 비롯한 읍내 주민들은 기다렸다는 듯이 이에 합세하게 되면서, 만세시위대열은 해주읍의 큰 거리를 뒤덮었다. 그러나 출동한 일본 기마헌병에 의해 70여 명이 붙잡히고 시위군중은 해산되었다. 한편, 읍내의 기생 일동도 4월 1일 손가락을 깨물어 흐르는 피로 그린 태극기를 들고 나와 독립만세시위행진을 벌였다. 그런데 여성들의 궐기는 민중에게 다시 용기를 북돋아주어 사방에서 많은 사람이 호응하여 인원은 3,000명이 넘었다.

그밖에 3월 9일 최부은(崔溥殷)의 주동으로 석동면에서 만세운동이 있었고, 10일에는 서변면, 12일에는 추화면 청단(靑丹) 장터에서 600여 명의 군중이 모여 만세시위를 전개하였다. 17일에는 청룡면 영양리에서 이기봉(李起峰) 등의 주동으로 200여 명의 군중이 만세시위를 전개하였다. 4월 3일에는 가좌면 취야리 장터와 서변면 문정리, 4월 6일 장곡면 죽천리, 7일 동운면 삼정리, 8일 운산면 백정리 등지에서 각각 독립만

세 운동이 전개되었다.[14]

특히 7일 저녁에는 다시 황창오 등 70여 명의 주민들이 동운면 삼정리 주재소 부근 산중에서 대한독립만세를 부르며 기세를 올렸다. 황창오의 장남 황승일은 부친으로부터 "동고개에서 10리 떨어져 있는 원벌 주재소를 향해 만세를 불렀다"는 증언을 수차 들었다고 알려주었다. 그리고 부친으로부터 황학소란 이름을 자주 들었다고 언급하였다.[15] 황학소는 해주 지역의 3·1운동과 밀접한 관련이 있는 것으로 판단된다.

3·1운동 당시 황해도지역 감리교는 중요한 역할을 담당하였다. 3·1운동 당시 서명자 가운데 기독교 측 16명 가운데 10명이 감리교 측 인사들이었다. 감리교 측 서명자 가운데 황해도 교회와 관련있는 인사로는 서울출신으로 해주 남본정 교회 목사 최성모, 해주출신으로 서울 기독교청년회 간사일을 본 박희도, 해주출신으로 서울 종로 교회 목사 오화영 등이 있었다.[16] 당시 감리교 신자였던 황창오의 만세운동은 감리교 교단과 밀접한 관련이 있었던 것이 아닌가 추정된다.

3. 대동단 참여와 황해도지역에서의 군자금 모금 활동

3·1운동 이후 황창오는 일제의 검거망을 피해 새로운 독립운동을 전개하고자 상해로 망명한 것으로 보인다. 장손인 황무길 목사(1942년생)는 할아버지께서 생전에 "불조계에서 활동했다"는 말을 여러 번 들었다고 증언하였다.[17]

상해로 망명한 황창오는 1920년 초 상해에서 대동단 총재 김가진(金嘉鎭)을 만나 대동단에 가입하여 항일투쟁을 전개하였다.[18] 당시 대동단은 3·1운동 이후 한민족의 민족역량을 결집하여 민족적 대동단결과 실력양성을 표방하고 민족운동의 구심적

---

14) 『독립운동사』 2(독립운동사편찬위원회, 1971), 『독립운동사자료집』 5(독립운동사편찬위원회, 1972) 황해도지역 3·1운동 부분 참조.
15) 황창오의 아들 황승일과의 면담(2006년 6월 24일).
16) 이만열, 『북한교회사』, 148~149쪽.
17) 황창오의 손자 황무길과의 면담(2006년 6월 24일).
18) 국가보훈처 홈페이지, 독립유공자공훈록, 황창오.

역할을 담당할 것을 목적으로 전협(全協), 최익환(崔益煥) 등이 주도한 비밀결사였다. 동단은 황족, 유림, 종교, 상공, 노동, 청년, 군인, 부인, 보부상 등 전 사회 각 계층의 인사들을 규합하려던 조직으로서, 주로 각종 인쇄물의 인쇄, 배포 등을 통한 독립사상의 고취와 동단의 선전 및 군자금 모집 활동을 전개하였다. 또한 대동단은 의친왕을 상해로 망명시켜 망명정부를 세우고 제2의 만세운동을 추진하고자 하였다.[19] 이에 황창오는 대동단의 명령을 받고 군자금을 모금할 목적으로 국내로 귀국하였다.

국내로 돌아온 황창오의 활동은 1920~1921년 황해도 해주군 및 연백군일대에서의 군자금 모금활동으로 대표된다고 할 수 있겠다. 그의 활동은 지역을 기반에 두고 있으며 아울러 그의 동지들과의 구체적인 연관관계는 파악할 수 없으나 감리교 및 의창학교 등 그의 신앙 및 출신학교와 밀접한 관련을 갖고 있는 것으로 판단된다. 그의 군자금 모금 활동을 살펴보면 다음과 같다.

귀국한 후 황창오는 친구인 양인환(梁仁煥), 남적희(南積熙) 등을 찾아가 자신의 뜻을 밝히고 함께 독립운동을 추진할 것을 논의하였다. 그리하여 1920년 5월 25일경 해주군 이화면(秋花面) 서덕리(瑞德里) 안인댁(安仁宅)의 집을 찾아가 군자금 모금을 추진하였다. 그는 우리들은 상해임시정부의 특파원이니 군자금을 낼 것을 요청하고 만일 불응하면 사형에 처하겠다고 하였다. 이에 현금 560원을 징수하여 그중 180원을 상해임시정부로 송부하였다. 그리고 그는 상해에서 대동단 총재 김가진으로부터 대동단의 가입 증서와 군자금모집 특파원이라는 임명장을 받은 후 더욱 군자금 모금에 매진하였다.[20]

추화면은 군의 동남단에 위치한 면이고, 면적은 80.77㎢, 인구는 1만 631명(1942년 현재)이며, 면 소재지는 약현리이다. 본래 추이방(秋伊坊)과 화양방(花陽坊) 지역으로 1914년 행정구역 개편 때 각각 면으로 되어 해주군에 속하였으나 1938년 해주읍이 해주시로 승격되고 나머지 지역이 벽성군으로 편성되면서 두 면을 합하여 추화면이라고 개칭하여 이 군에 속하게 되었다. 이 면은 넓은 평야 지대로, 남쪽에 마룡산(馬龍

19) 장석흥, 「조선민족대동단연구」, 『한국독립운동사연구』 3, 독립기념관, 1989, 258~260쪽.
20) 황창오 판결문(국가기록원 소장).

山)이 있으며 높은 산은 없다. 동부에는 삼탄천이, 서부에는 어사천이 남류하여 연해 저수지의 수원이 되므로 하천 유역에 비옥한 청단평야(靑丹平野)가 형성되었다.

주산업은 농업이며, 주요 농산물은 쌀과 그밖에 보리 · 조 · 콩 · 감자 · 면화의 생산도 적지 않다. 특산물로는 니탄(泥炭)이 면 전역에서 채굴되며, 옹기와 주물을 생산한다. 서해에 연한 남쪽 해안은 갯벌이며, 해안선이 멀고 얕아 어업이나 해운에 이용하기에 부적당하다. 해주 – 토성을 잇는 국도와 철도가 면의 중앙을 동서로 가로지르며, 청단에 역이 설치되어 있어 교통이 편리하여 상업의 주요 지대가 된다. 교육기관으로는 초등학교 1개교와 그밖에 간이학교 1개교가 있다. 약현 · 오천 · 향산 · 만송 등 10개 리가 있다.[21]

대동단에 가입한 후 황창오는 더욱 활발하게 군자금 모금 활동을 전개하였다. 1920년 8월 10일경에는 단독으로 연백군 석산면(石山面) 묵화리(墨花里) 설상호(薛相浩) 집에 찾아가 군자금 모금을 추진하였다.[22] 석산면은 군의 중앙부에 위치한 면이고, 면적은 35.11㎢(1937년 현재), 인구는 5,954명(1944년 현재)이며, 면 소재지는 용동리이다. 1914년 행정구역 개편 때 배천군의 석산면을 그대로 받아들여 오늘에 이른다.

서북단에 용각산, 북쪽에 해월산이 있으며, 대체로 구릉성 평야를 이루고 있다. 이들 산에서 발원한 크고 작은 하천이 구릉성 평야 사이를 서남류하며 나진포천의 상류를 이룬다.

주요 농산물은 쌀 · 콩 · 밀 · 조 등이며, 특히 쌀은 품질이 좋기로 유명하다. 부업으로 양잠 · 양돈 · 양계 등이 활발하며, 광산물로 토탄이 채굴된다. 면내에 철도는 없으나 토해선의 연안역과 홍현역이 가까이 설치되어 교통은 편리하다. 유적으로 용각산에 활인봉이 있으며, 산록에 운암사지가 있다. 용동리 · 월암리 · 문창리에서는 수십 기의 고인돌과 토광묘가 발견되었다. 교육기관으로는 국민학교 1개교가 있다. 룡동 · 월암 · 문창 · 묵화 · 구산 · 수복 등 6개 리가 있다.[23]

---

21) 『민족문화대백과사전』 벽성군 추화면 조.
22) 황창오 판결문.
23) 『민족문화대백과사전』 벽성군 석산면 조.

1920년 11월 중에는 문성갑(文聖甲)과 함께 괘궁면(掛弓面) 갈암리(葛巖里)에 거주하는 부호 이문하(李文夏) 집을 찾아가 하룻밤 숙박하고 그 다음날 이문하에게 군자금 5천 원을 낼 것을 요청하였다.[24] 괘궁면은 서북부에 위치한 면이다. 면적은 58.97㎢(1937년 현재)이고, 인구는 8,149명(1944년 현재)이며, 면 소재지는 우번리이다. 1914년 행정구역 개편 때 연안군의 궁하면과 방하면을 합하고 용도면과 해주군 화양면의 일부를 편입하여 괘궁면이라 하였다. 동북쪽의 약산(273m)과 해룡면과의 경계를 이루는 임해산(155m)을 제외하면 일반적으로 낮은 평지이며, 대체로 동고서저의 지형을 이룬다. 벽성군과 경계를 이루는 강으로 화양천이 구암저수지를 거쳐 연해수리조합 제1저수지를 지나 서해로 유입되며, 이 군의 젖줄 구실을 한다.

또한, 금산면·봉북면계의 선운봉을 발원지로 한 양지천이 약산에서 발원한 구탄과 함께 한정리 하누멀에서 합류하여 구암저수지로 흘러간다. 하천 유역의 평야는 토지가 비옥하여 이곳에서 산출되는 쌀은 품질이 좋기로 유명하다. 주요 농산물은 쌀·보리·조·밀·기장·메밀·콩·팥 등이며, 특산물로 누에고치·명주·담수어와 산나물이 채취된다. 서울에 가려면 용도면의 천태역이나 벽성군의 청단역을 이용해야 하며, 연안~탁영대 간의 도로가 고포리와 관동리를 지난다. 이 밖에도 우번리-해룡면-봉서면-연안읍에 이르는 도로가 있다. 명승지로 구암저수지와 해월산 냉정이 있다. 교육기관으로는 국민학교 1개교가 있다. 우동·도성·갈암·생김·화천·구암 등 11개 리가 있다.[25]

또한 1921년 1월 중순에는 신현필(申鉉弼)을 찾아가 대동단에 가입하도록 하고 그와 함께 1월 20일경 연백군 용도면 청계리 이덕홍(李德弘)을 찾아가 군자금을 요청하였다.[26] 용도면은 군의 서부에 위치한 면으로 면적은 55.76㎢(1937년 현재)이고, 인구는 1만 3,857명(1944년 현재)이며, 면 소재지는 천태리이다. 1914년 행정구역 개편 때 연안군의 룡천면·도륭면을 합하여 용도면이라 하였다.

---

[24] 황창오 판결문.
[25] 『민족문화대백과사전』 괘궁면 조.
[26] 황창오 판결문.

산지는 거의 없고 기름진 평야가 대부분을 차지한다. 서쪽에 연백군과 벽성군의 경계가 되는 화양천이 흐르고, 중앙에 천태천이 흐르며, 남쪽은 황해에 접하고 있다. 주요 농산물은 쌀·보리·밀·조·콩·피·감자 등이며, 수산물은 조기·새우·굴·장어·조개류 등이다. 철도는 토해선이 동서로 횡단하며 천태·심계역이 있다. 국도가 토해선에 병행하며, 삽다리를 중심으로 괘궁·목단·해룡, 그리고 벽성군 청룡면에 이르는 도로가 있다. 원모루와 거내포는 고려 이후 조선 말까지 어항과 조운의 두 기능을 갖고 있었으나, 육로가 발달되면서 어촌으로 변모하였다. 유적으로 현암리 원모루 뒤에 있는 소래산 봉수대지와 옥야리에 99칸 고가가 있다. 교육기관으로는 국민학교 1개교가 있다. 천태·청계·운중·안정·송학·옥야·대평 등 11개 리(里)가 있다.27)

또한 1921년 1월 12일경 동군 용도면 대평리 장치언(張致彦) 집에 가서 동인에 대하여 본인은 상해임시정부로부터 군자금 모집을 위해서 왔는데 500원을 제공하지 않으면 죽이겠다고 하고 현금 90원을 모금하였다.28) 이처럼 황창오는 1920~21년 동안 해주군, 연백군 등지를 중심으로 활발한 군자금 모금 활동을 전개하여 상해 임시정부에 자금을 송부하여 독립운동을 활발히 전개할 수 있도록 하였다.

4. 투옥

황해도지역을 중심으로 군자금 모집활동을 활발히 전개하던 황창오는 밀고에 의하여 촉각을 곤두세우고 있던 해주경찰에 체포되었다. 그는 체포과정에서 일경과 총격전을 전개하였으며 그 와중에 다리에 크게 총상을 입게 되었다. 손자인 황무길 목사는 할아버지께서 비 오는 날이면 총상 입은 곳이 아프다고 종종 말씀하셨다고 회고하였다.29)

---

27) 『민족문화대백과사전』 용도면 조.
28) 황창오 판결문.
29) 황무길과의 면담.

황창오는 1921년 해주지방법원에서 징역 15년형을 언도받았다.[30] 그러나 그는 이에 불복·평양복심법원에 공소하였으나, 동년 7월 11일 징역 12년형이 확정되어 해주형무소에서 옥고를 치렀다.[31]

해주형무소에 복역 중인 남편을 만나기 위해 황창오의 부인 이경필은 어린 아들 황승일을 데리고 면회를 가곤하였다. 면회를 갈 당시의 눈물겨운 상황들을 회고하며 아들 황승일은 필자 앞에서 하염없이 눈물지었다.

해주형무소에서 1927년 11월에 가출옥한 황창오는 고향에서 농사를 지으며 지냈다. 일제의 감시가 심하여 어떠한 행동도 할 수 없었던 것이다. 당시 상황을 묻는 필자에게 황승일은 "누구도 우리를 개돼지 이상 생각하지 않았다. 이 멸시와 천대는 이루 말할 수 없었다"며 눈물을 글썽였다.

1950년 6·25 발생 이후 1·4후퇴 때 용매도, 연평도, 전남 여수를 거쳐 황해도 연백인들이 피난촌이었던 배양동에 정착한 황창오는 이곳을 제2의 고향으로 여기며 과수원을 경영하며 말년을 보냈다.[32]

아울러 그는 1970년 기독교 대한감리회 배양교회 권사로 일하다가, 1982년 4월 21일 86세의 일기로 서거하였다. 슬하에 5남 3녀와 24손 6명의 증손을 두었다. 현재 화성시 배양동 그의 묘 터에는 비석만이 홀로 남아 황창오지사의 애국정신을 보여주고 있다. 그는 유훈으로서 경천애인, 성실애국, 형제우애를 남기었다.[33]

---

30) 『조선일보』 1921년 7월 3일자.
31) 가출옥 문서.
32) 황승일과의 면담.
33) 황창오 비문(경기도 화성시 태안읍 배양동 소재).

【부록 1】 황창오의 항일투쟁 면담기

면담자 : 박환(수원대 사학과 교수)

구술자 : 황승일(황창오의 장남)

　　　　 황무길(황창오의 장손)

면담장소 : 수원대학교 동고학연구소

면담일시 : 2006년 6월 14일

면담자: 오늘은 2006년 6월 14일입니다. 오늘은 황해도 해주지역의 대표적인 독립운동가
　　　　인 황창오 선생님의 장남이신 황승일 장로님과 손자이신 황무길 목사님을 모시고,
　　　　황창오 선생님의 항일운동에 대하여 듣도록 하겠습니다.
　　　　먼저 황승일 선생님은 몇 년도생이십니까?

구술자: 1919생입니다. 그리고 우리 아들 황무길은 족보상은 1940년생이지만, 사실은
　　　　1941년생입니다. 이북에서 내려와서 가호족을 만들다보니 그렇습니다.

면담자: 선생님이 큰 아들이세요?

구술자: 예.

면담자: 부친께서는 1896년 4월 6일생이지요? 족보에 나오는 대로, 비문에도 그렇게 나옵
　　　　니다. 그런데 보훈처에서 발행한 『독립유공자공훈록』에는 1886년 4월 5일생으로
　　　　되어 있습니다. 어느 것이 맞습니까?

구술자: 그래요? 1896년 4월 6일생입니다.

면담자: 출생지는 어디시지요?

구술자: 출생지는 황해도 벽성군 동운면 삼정리 율몰동 밤나무꼴입니다. 1117번지에
　　　　서 출생하였습니다.

면담자: 벽성군은 당시는 해주군이지요?

구술자: 예 맞습니다. 그 뒤 행정구역이 개편되었지요.

면담자: 밤나무꼴에서, 삼정리에서 부친이신 황윤두 씨는 농사를 지었나요?

구술자: 예, 소작입니다. 해주에 있는 최형연이라는 분의 소작농이었지요.

면담자: 1912년에 부친께서 의창학교 고등과를 졸업하신 것으로 되어 있는데요.

구술자: 예. 해주시에 있는 의창학교 다녔지요. 할아버지가 기독교 대한감리교회를 받아들여서, 즉 봉연 할아버지가 율목교회를 동네 분들과 함께 지으셨어요. 아버지도 그때 교회에 다니시다가 배워야 하겠다는 생각으로 해주 의창학교 기독교학교에 다녔습니다.

면담자: 선교사 홀이 해주에 만든 학교지요?

구술자: 예.

면담자: 의창학교는 비문에는 옳을 義자를 쓰셨던데 懿자가 맞지요?

구술자: 아 그래요. 예 그렇습니다. 그때 할아버지부터 우리는 개신교이지요. 아버지도 그렇고 오늘날까지 5대가 기독교입니다.

면담자: 그런 인연으로 의창학교를 다니셨군요. 아버님이 의창학교 다니실 때, 율목에서 걸어 다니셨습니까. 아니면 기숙사생활을?

구술자: 율목에서 당시 50리 거리예요. 멀어요. 기숙사에서 생활하셨습니다.

면담자: 태안읍 배양동에 있는 황창오 선생님 비문을 보면, 1912년 3월에 학교를 졸업하신 것으로 되어 있던데요.

구술자: 예 그래요.

면담자: 학교 졸업 후 부친은 무슨 일을 하셨나요?

구술자: 시골에 오셔서 농사 지으셨지요. 동네어른들 이야기가 아버지가 배웠으니까 만세운동 시 이래서는 안 되겠다고 하여, 나라를 찾아야겠다고 하여 지역의 사람들을 동원해서 만세운동을 하셨어요. 당시 원벌에 주재소가 있었어요. 돌고개 꼭대기에서 10리 떨어져 있는 원벌 주재소를 향해 만세를 불렀지요. 그 당시 주동 역할을 하셨지요.

면담자: 보훈처에서 간행한 독립운동사에는 산정리에서 김창오가 중심이 되어 70여 명이 만세를 불렀다는 기록이 있는데. 김창오가 아마도 황창오인 모양이지요?

구술자: 글쎄요. 정황으로는 그런데요. 그때 경찰들이 얼마나 악랄한지 사람들을 칼로 내려치고 하였어요. 위엄을 보이느라구요. 그 잔인성은 이루말로 표현할 수 없을 정도였다고 해요.

면담자: 1919년 4월 7일에 부친이 만세운동을 하신 것 같네요. 기록에 나오는 것처럼. 당시 삼정리는 인구가 어느 정도였지요?

구술자: 상당히 넓었어요. 만세운동 시는 삼정리뿐만 아니라 그 근처 은정리 등 여러 마을에서 모였어요.

면담자: 만세운동 후 부친의 행로는 어떠하셨나요?

구술자: 양인환이란 친구를 만났데요. 부친께서는 그분이 해주형무소에서 옥사했다고 하더군요. 부친이 돈이 필요했던 모양이예요. 도망하시려니까요. 그래서 지주에게서 돈을 빌렸데요. 그리고 만주 봉천으로 가셨데요. 그 다음에 상해로 가셨지요. 그리고 거기서 김가진 장군의 부하가 되셨지요. 대동단에서 말이지요.

면담자: 그 말씀은 어디서 들으셨지요?

구술자: 부친께서 항상 말씀하셨어요.

면담자: 지주라면은 누구를 말하시는 것이지요?

구술자: 아까 말씀드린 최형연이요. 부친이 최형연의 마름이었데요(황승일의 아들 황무길의 증언).

면담자: 부친의 3·1운동에 기독교의 영향이 컷겠네요.

구술자: 예. 율목교회에 오시는 분이 그 주변에서 많았어요. 그분들이 거의 만세운동에 참여했지요.

면담자: 그렇군요.

구술자: 부친께서 또 황학수에 대하여 말씀하시드라구요.

면담자: 황학수가 아니라 황해도에서 3·1운동에 참여한 기독교인 황학소이겠지요?

구술자: 그런가요. 부친께서 항상 "황학수 황학수" 해서 우리는 그런가 했지요.

면담자: 황학수는 만주와 중국본토에서 주로 활동하신 분인데 시기적으로 보아도, 나이로 보아도, 황창오 선생님하고는 좀 다른 것 같습니다.

구술자: 예. 그래요.

면담자: 김가진 선생님 관계는 부친께 들으셨어요?

구술자: 예.

면담자: 1927년 가출옥하신 후의 활동에 대하여 좀 말씀해주세요

구술자: 8년 6개월 감옥에 계신 후 나오셨어요.

면담자: 그 후에는 무엇하셨어요?

구술자: 농촌에 계셨어요.

면담자: 해방이 될 때까지 무엇하셨어요?

구술자: 별로 한 일 없어요.

면담자: 해방 후에는?

구술자: 해방 후 연백군 청룡면으로 나오셨어요. 처음에는 벽성군이었지요.

면담자: 무슨 인연으로?

구술자: 제가 청룡면에 있었지요. 제가 일본에서 가시하라에서 2년 동안 학교에 다녔어요. 그 후 해주에서 양복점 견습생으로 들어갔지요.

면담자: 언제 화성 배양으로 오셨어요?

구술자: 황해도 청룡면 용매도로 피난왔다가 연평도로 가서 미국함대타고 전라도 여수로 피난와서 그때는 1·4후퇴 때이지요. 황창오 할아버지는 피난민정책으로 연백마을이 있어 이곳에 정착했지요.

면담자: 배양리에서 1982년에 돌아가시기 전까지 무엇을 하셨나요?

구술자: 배양교회 권사를 하셨지요. 할머니도요.

면담자: 기타 하실 말씀은?

구술자: 선교사 영국선교사 팔로 부인의 도움을 많이 받았어요. 저희 집에 계셨어요. 아버님이 감옥에 가셨었을 때에요. 팔로부인이 우리 할머니 이경필을 딸처럼 예뻐하셨어요.

면담자: 또 하실 말씀은?

구술자: 그때는요. 우리 식구가 사람 취급을 못받았어요. 면사무소 직원들 한국사람들 조차도 우리를 개돼지 취급했구요. 아버지를 15리 떨어진 주재소에 삑하면 잡아갔구요. 그래서 우리는 아무 일도 할 수 없었어요.

면담자: 오늘 소중한 말씀 감사합니다. 저희도 앞으로 좀 더 조사 연구를 하도록 하겠습니다.

구술자: 예 고맙습니다.

【부록 2】 황창오 가출옥문서 및 판결문

海形祕 제135호

昭和 2年(1927년) 12月 14日

해주형무소장

조선총독 殿

가출옥 집행처리의 건 보고

지문번호 : 좌 26766 우 15869, 징역: 7년 3월 13일 黃昌五(당 34세)

허가서 일자 : 昭和 2年(1927년) 12月 13日

허가서 도착 연 월 일 시 : 昭和 2年(1927년) 12月 14日 오후 3시 40분

상기와 같이 보고함.

海刑祕 제135호

昭和 2年(1927년) 12月 8日 해주형무소

조선총독 殿

가출옥의 건 상세 보고

하기의 자는 獄則을 준수하고 개전의 정이 있어 이후 재범하지 않을 자로 사료되므로 가출옥을 허가해 주길 바라며 관계서류를 함께 첨부, 다음과 같이 상세 보고함.

본적, 입감 전 주소, 신분, 성명, 생년월일 : 黃海道 海州郡 東雲面 參井里 1117
                          평민, 농사 황창오
                          개국 503년(1894년) 4월 6일(당 34세)

죄명, 전과 및 입감 수 : 大正 8年(1919년) 제령 7호 위반, 강도미수, 강도공갈미수, 초범 1회

刑名 刑期 : 懲役 7年 3月 13日(大正 13年 칙령 제10호에 의거, 징역 12년을 징역 9년으로 변경, 昭和 2年 칙령 제12호에 의해 징역 9년을 변경)

刑期 起算日 : 大正 10年(1921년) 7月 11日 상고권 포기

刑期 終了日 : 昭和 3年(1928년) 10月 23日

刑期 3분의 1 相當日 : 大正 12年(1923년) 12月 15日

집행 종료 기간 : 6年 4月餘

殘刑其間 : 10月餘

범죄의 원인 : 야소교 일파가 경영하는 사립학교 재학 시부터 이 종교를 믿었으며 점차 그 신앙심이 깊어져 신도로서 참여, 그동안 배양된 나쁜 사조를 받아들여 동년

배와 서로 모의, 경솔하게 결국 범죄를 감행하기에 이르렀음.

입감 후 품행 : 입소 후 점차 범행을 깊이 반성 후회하여 獄則을 준수하고 작업에 성실, 품행을 삼가하는 등 개전의 정이 크므로 昭和 2年(1927년) 1월 12日 傷表 1개를 수여하였으며 이후에도 품행이 선량함.

출옥 후 보호자의 주소, 성명, 직업, 소행, 생활 상태 및 보호자와 본인과의 관계 :
黃海道 海州郡 東雲面 參井里 1117
농민 실부 黃允祚(당 64세)
보호자는 가족 4인과 생활하며 자작 및 소작농으로서 근면하고 생활의 안정을 유지, 모범 인물로서 里民의 신망이 두터움.

출옥 후 생계 : 보호자와 동거하며 농업에 협력 종사함으로써 생계를 영위, 장차 본 수형자가 가계를 이어갈 목적이라고 함.

피해자 및 일반의 감정 : 범죄 시 마침 소요사건의 와중이었고 그 후 상당한 세월이 흘러 금일에 이르러서는 거의 잊어버려 특별히 나쁜 감정은 없음.

범죄관계 : 申鉉弼(징역 1년 6월) 大正 11년(1922년) 5월 23일 경성형무소에서 가출옥 허가 출감.
文聖甲
南積熙 범죄 후 도주 불명

비고 :
一. 판결 초본과 연령의 차이는 호적 등본에 따름.
一. 大正 10년(1921년) 9월 11일 구금 상태로 평양형무소에서 해주형무소로 이감되었음.

제886호

집행지휘서

형명 형기 : 징역 12년

피고 씨명 : 황 창 오

재판 확정연월일 : 大正 10년(1921년) 7월 11일

형기기산일 : 大正 10년(1921년) 7월 11일

비고 : 제1심 大正 10년(1921년) 4월 28일 해주지방법원

　　　동년 7월 7일 當院 취소

　　　동년 7월 1일 상고권 포기

상기자는 별지 판결 초본대로 재판이 확정되었기 때문에 즉시 집행을 가함.

大正 10년(1921년) 7월 12일

평양복심법원검사국

조선총독부검사 韓 溶

평양감옥

조선총독부 典獄 中橋正吉 殿

大正 10년(1921년) 刑控 제460호

판 결

黃海道 海州郡 東雲面 參井里 栗洞
농사 황창오(당 35세)

同道 延白郡 鳳北面 韶成里
농사 신현필(당 36세)

上記의 大正 8년(1919년) 제령 제7호 위반 및 강도 피고 사건부 大正 10년(1920년) 4월 28일 해주지방법원에서 언도한 유죄 판결에 대한 피고의 공소 주장에 의해 당원 조선총독부 검사 한용의 입회하에 재심리를 마치고 다음과 같이 판결함.

주문

원판결을 취소함
피고 황창오를 징역 12년, 피고 신현필을 징역 1년 6월에 처함.

이유

제1, 피고 황창오는 조선 독립을 희망하여 독립자금을 모집, 중국 상해에 있는 조선독립 假政府에 보내기 위해 동지 梁仁漢, 南積熙 등과 함께 大正 9년(1920년) 5월 25일경 黃海道 海州郡 楸花面 瑞德里 安仁宅의 집에 이르러 동인에 대하여 자신들은 上海 가정부에서 특파한 군자금 모집원이므로 군자금을 제공해야 하며 만일 응하지 않으면 가정부는 당신을 사형에 처할 것이라고 하면서 소지하고 있던 玩具 拳銃을 발사하며 동인에게 위협을 가하고 현금 5백4십 원을 강탈하였다. 피고는 그곳을 나와 上海로 달아난 후 상기 금액 중 180원을 상해 가정부내 대동단 총재 金嘉鎭에게 전달하고 동단에 가입, 동인에게서 군자금 모집 특파원 신임장을 받아 이를 휴대하고 다시 조선으로 돌아옴.

제2, 피고 황창오는 상기 신임장을 기초로 다시 군자금을 모집하기 위해 大正 10년 (1921년) 1월 중 피고 신현필 집을 방문하여 동 피고에게 상기 취지를 말하고 독립자금을 함께 모집할 것을 모의하였다. 피고 신현필은 그 취지에 찬동하고 상기 자금 모집을 함께 할 것을 서약하고 동월 20일경 함께 同道 延白郡 龍道面 淸溪里 李德弘을 찾아갔으나 동인 부재로 그의 장남 李景得에게 부친이 돌아오면 군자금 오백 원을 마련해 두라고 말한 후 떠났다. 동월 24일경 피고 황창오 단독으로 동리 趙乃洪 집에서 이덕홍과 만났으나 도주하려하자 동인을 사로잡아 자신은 上海 가정부 특파원으로서 군자금을 모집하고 있기 때문에 군자금을 제공해야 하며 만일 응하지 않으면 죽임을 당할 것이라고 협박하였다. 동인이 그 자리에서 도주하였기 때문에 군자금을 강제로 빼앗을 수 없었음.

제3, 피고 황창오는 동지 文聖甲과 함께 大正 9년(1920년) 11월 중 同郡 掛弓面 葛岩里 李文夏집에서 숙박을 하고 그 다음날 동인에게 자신등은 상해 가정부의 특파원으로서 군자금 모집을 위해 왔으며 금 5천 원을 제공해야 하며 이에 응하지 않으면 죽임을 당할 것이라고 협박하고 즉시 동인에게서 금 이십 원을 강탈하였다. 이어 동년 12월 23일 피고 단독으로 다시 이문하를 찾아가 동인에게 군자금 오십 원의 제공을 강요하고 응하지 않으면 죽임을 당할 것이라고 하면서 품속에서 흉기를 꺼낼 듯이 하며 협박하였으나 이문하의 거절로 상기 군자금을 강제로 빼앗을 수 없었음.

제4, 피고 황창오는 大正 10년(1921년) 1월 1, 2일경 同郡 龍道面 大坪里 張致彦을 찾아가 동인에게 자신은 上海 가정부에서 군자금 모집을 위해 왔으므로 금 오백 원을 제공해야 하고 만약 응하지 않으면 죽임을 당할 것이라고 협박하고 즉시 동인에게서 현금 구십 원을 강탈하였음.

제5, 大正 9년(1920년) 8월 10일경 피고 황창오는 同郡 石山面 墨花里 薛相浩 집에 도착하여 그의 장남 薛泰東에게 자신은 上海 가정부에서 군자금 모집을 위해 파견된 신임원이며 당신은 금 오백 원을 내야 한다고 말하고 응하지 않으면 죽임을 당할 것이라고 암시하고 동인을 공갈하였으나 동인의 거절로 상기 목적을 이루지 못하였음.

증거설명은 생략함.

법률에 의거하여 判示한 피고 신현필의 행위 및 피고 황창오의 행위인 안녕질서를 방해한 점은 大正 8년(1919) 제령 제7호 제1조 제1항에 해당하고 피고 신현필에 대해서는 징역형을 선택, 동 피고를 징역 1년 6월에 처한다. 피고 황창오의 강도에 대해서는 형법 제226조 제1항, 강도미수는 동법 제243조 제236조 제1항에, 공갈미수는 동법 제250조 제249조 제1항에, 각 조에 해당하는 안녕질서방해, 강도, 강도미수, 공갈미수는 하나의 행위로서 여러 종류의 죄명에 저촉한 경우이므로 동법 제54조 제1항, 제10조에 따르고 원고 안인택에 대한 강도죄는 형벌에 따라 피고를 징역 12년에 처할 것을 판결함.

그런데 원판결에서 피고 신현필에 대해 강도미수의 사실을 인정 법률에 의거하고 피고 황창오에 대해서는 판시 제5의 사실을 강도미수 죄로 물어 헤아린 것은 잘못 처리한 것이다. 피고 양명에 대한 과형은 지나치게 무거워 각 피고의 공소는 이유 있는 것이므로 형사소송법 제261조 제2항에 따라 주문과 같이 판결함.

대정 10년(1921년) 7월 7일
평양복심법원 형사부
재판장 조선총독부 판사 五味逸平
　　　　조선총독부 판사 長谷部光
　　　　조선총독부 판사 富渡榮治

조선총독부 재판소 서기 渡辺國次

상기 원본에 의해 초본을 작성한 것임
昭和 2년(1927년) 11월 28일
평양복심법원
조선총독부 재판소 서기 岡燮男

身上票

昭和 2년(1927) 12월 조사
성명 황창오

1. 출생 및 경력
적출자
어렸을 때부터 부모의 손에서 성장하여 9세경부터 한문 사숙을 다니고 14세부터 18
세까지 海州懿昌學校(보통학교 정도)에서 수학한 이래 부모의 곁에서 농업에 종사함

2. 성격, 품행
성격은 담백 솔직, 품행 보통임

3. 음주의 양 및 주벽의 유무
음주함

4. 종교 및 소속사원, 교육의 정도
기독교, 보통

5. 재산 유무 및 생활상태

본인의 재산은 아니지만 실부의 재산으로서 가옥 1동 및 畑 등(가격 약 6백 원)을 소유하고 있으며 부친은 자작 및 소작농에 종사하고 보통의 생활을 함

6. 호주 본인 가정의 상황 및 중요한 친척 연고자

호주 황윤조(당 68세) 생존, 모 申永信(당 64세) 생존

처　　李景弼(당 31세) 생존

장남 昌年(당 9세) 생존

가족 4인과 살며 농업에 종사, 근면하여 보통의 생계를 유지함

본 수형자의 실형은 어렸을 때 사망(씨명불상)

실제 黃昌年(당 26세)는 처와 함께 같은 동리에 분가 독립 생계를 꾸림

처 실부 李太奎(당 62세)는 같은 동리에 거주하며 농사에 종사함

7. 본인 또는 본인의 가족, 친척, 옛 친구 및 이웃과의 교제상황

교제 보통임

8. 출옥후의 거주지 및 인수인

인수인에 대해서는 성명 외에 본인과의 관계된 주소, 직업 생활의 상황, 품행 등

黃海道 海州郡 東雲面 蓼井里 1117

농민 실부 황윤조(당 64세)

보호자는 자작 및 소작에 부지런히 힘써 생활 안정을 유지하고 모범적인 인물로서 주민의 신망이 두터움

9. 전과

없음

10. 기타 참고 사항

없음

		성명 : 황창오
行狀, 審定期間	大正 15년 1월 11일에서 大正 15년 7월 10일(定)	大正 15년 7월 11일에서 昭和 2년 1월 10일(定)
獄則 및 기율에 관한 사항	본 기간 동안 특별히 違令 犯行없이 獄則 紀律을 준수하고 언어 동작을 삼가하였으며 타 죄수와 화합하여 태도 양호함	옥칙을 준수하고 명령을 잊지 않고 생각이 깊으며 생각과 행동이 같고, 타죄수와의 화합도 양호함
친족 및 친구에 관한 사항	접견 2, 발신3, 수신 2 사려 깊음	접견2, 발신3, 수신2 사려 깊음
교화 및 교육에 관한 사항	느끼고 반성하고 있음, 보통교육을 받고 자습할 생각이 있음	좌동
작업에 관한 사항	작업은 천 감기로서 매우 성실함	좌동
위생에 관한 사항	주의 보통	좌동
품행에서 특별한 주의를 야기하는 사항	없음	없음
상벌	없음	없음
査定	품행 양호하며 개전의 정이 있음 大正 15년 7월 12일	품행 선량, 개전의 정 현저, 상표 1개 부여 결정, 昭和 2년 1월 12일

		성명 : 황창오
行狀, 審定期間	昭和 2년 1월 11일에서 昭和 2년 7월 10일 (定)	
獄則 및 紀律에 관한 사항	규율, 명령을 준수하고 언어동작을 삼가하며 타죄수와의 화합 양호함	
친족 및 친구에 관한 사항	접견2, 발신7, 수신4 사려 깊음	
교화 및 교육에 관한 사항	느끼고 반성하는 모습이 뚜렷함 보통교육을 받아 자습할 생각이 있음	
작업에 관한 사항	작업은 소제부 및 이발부에 소속되어 매우 성실함 昭和 2년 12월말 작업 상여금 정산액 77원 50전	
위생에 관한 사항	주의 깊음	좌동
품행에 현저한 주의를 야기하는 사항	없음	없음
상벌	상표 1개 있음	없음
査定	품행 선량, 개전의 정 현저 昭和 2년 7월 11일	

제6장

화사 이관구의 생애와 민족운동

1. 서언

화사(華史) 이관구(李觀求)는 구한말부터 해방이 될 때까지 항일독립운동을 위해 국내외에서 투쟁한 대표적인 독립운동가이다. 특히 그는 독립운동의 암흑기였던 1910년대에 국내외의 가장 대표적인 비밀결사조직이었던 대한광복회를 조직하는데 중추적인 역할을 하였으며, 조선총독을 암살하고자 하는 등 의열투쟁의 선봉에 섰던 실천적 지식인이었다.

또한 이관구는 자신의 출신 지역인 황해도뿐만 아니라 평안도, 경상도 등 국내각지는 물론 만주, 중국관내, 러시아, 유럽 등을 두루 역방하며 동지의 규합에 정진하였을 뿐만 아니라 효과적인 독립운동방법을 추구하기 위하여 계속적인 노력을 경주하였던 항일운동가였다. 특히 그는 류인석, 양기탁, 안창호 등 신구의 흐름에 구애되지 않고 오직 조선의 독립이라는 대의 아래 동지를 규합, 항일투쟁만을 위하여 전 생애를 바친 인물이었다.

이관구는 항일운동 기간 동안 자신의 전 재산을 독립운동에 헌납하였으며, 또한 자신의 인맥을 이용하여, 독립운동의 조직을 완성하는 데 크게 공헌하였다. 대한광복회의 함경도, 평안도, 황해도 지부의 조직은 이관구에 힘입은 바 크다.

이관구는 또한 1920년대 출옥한 이후 국내에 거주하면서도 끝내 변절하지 않고 민족적 양심을 지키며 민족교육과 학문의 정진을 위해 노력한 양심적 지성인이었다. 1930~40년대에 국내에 거주하였던 수많은 인사들의 친일행각은 이관구의 삶을 더욱 돋보이게 한다.

해방 후 이관구는 민족국가건설 및 참다운 민족정기를 올바로 구현하기 위하여 신민당을 결성하여 부위원장으로 활동하는 한편, 대한광복의용군 총사령으로서 군사활동도 전개하였다. 또한 사학연구회를 결성하여 역사서술에 정진하였다.

이관구는 이처럼 식민지시대를 대표할 만한 항일독립운동가임에도 불구하고 학계에서는 그에 대하여 크게 주목하고 있지 못한 형편이다.[1] 다만 그의 학문세계[2]와 주요 저작인 『의용실기』[3]와 『신대학』[4] 등에 대한 검토가 있을 뿐이다. 이에 필자는 이관구의 항일운동의 전체상을 살펴보고자 하는 것이다. 특히 그는 독립운동의 암흑기라고 할 수 있는 1910년대에 활발히 항일운동을 전개한 인물이므로 그에 대한 검토는 더욱 의미 있는 작업이라고 할 수 있다.

2. 민족의식의 형성

이관구의 자는 명숙(明淑), 호는 화사, 별명은 해량(海量), 종석(鍾錫), 자선(子鮮), 충장(忠將), 정충장군(精忠將軍)이라고도 했다.[5] 그의 본관은 한산(韓山)이며 고향은

---

[1] 화서선생 기념사업회에서 이관구의 대표적인 저작인 언행록을 중심으로 자료집을 간행하였다. 화사선생 기념사업회, 『언행록─화사 이관구 선생자료집(1)』, 2003 ; 박영석, 『화사 이관구의 생애와 민족독립운동』, 선인, 2010.
[2] 이충구, 「화사 이관구의 생애와 학문」, 『화사 이관구선생 서거 50주년기념 학술강연회』, 독립기념관, 2003.
[3] 박환, 「대한광복회에 관한 새로운 사료: 『의용실기』」, 『한국학보』 44, 1986 ; 박중훈, 「의용실기」(자료소개), 『국학연구』 6, 국학연구소, 2001.
[4] 정욱재, 「화사 이관구의 『신대학』연구」, 『한국사학사학보』 10, 2004.
[5] 이충구, 「화사 이관구의 생애와 학문」, 3쪽.

황해도 송화군(松和郡) 하리면(下里面) 안농리(安農里)였다.[6] 그는 전통적인 유학자 집안에서 1885년 4월 29일(음력)에서 태어나 1953년 4월 21일(양력)에 60세의 일생을 마쳤다.[7] 조부인 영식(英植)은 고려말 이색의 18대손으로, 자는 자화(子華), 호는 가운(稼雲)이다. 고종 27년(1890)에 사마시에 합격, 벼슬이 참의에 이르는 등 학문으로 명망이 있었다. 부친인 윤규(允珪)는 자는 중집(中執)이고, 참봉을 지냈으며, 유학과 효행으로 널리 알려진 인물이었다. 모친은 광산김씨이다.[8]

이관구는 어렸을 때 조부와 부친의 지도로 한학을 익힐 수 있었고, 시와 문장에도 능할 수 있었다. 그가 지은 시의 일부가 오늘날 남아 있는데 그것으로서 그의 시재(詩才)의 일단을 엿볼 수 있다.

이관구는 어려서 강은식(姜銀植)에게서 한학을 배웠다. 그의 『언행록』에서는

　　자선(필자주－이관구)이 강은식에게서 글을 배웠다. 정월 보름날부터 『통감』을 읽기 시작해서 6월 그믐날까지 전질 15권을 다 읽었다. 은식이 찬탄하여 말했다. "내가 학동들 수백 명에게 글을 가르쳤는데 자선 같은 아이는 보지 못했다.[9]

라고 하여 이관구가 어렸을 때 『통감』을 강은식으로부터 배웠음을 언급하고 있다.

이관구에게 있어 1900년(16세)은 사상형성에 중요한 시기였다. 왜냐하면 갑신정변, 갑오개혁, 을미사변 등과 관련하여 일본제국주의의 침략이 강행되자 한말의 거유인 류인석은 1896년 11월 문인 이춘영(李春永), 안승우(安承禹) 등과 함께 의병활동을 하다가 요동으로 일시 망명하였다. 그 후 귀국한 그는 황해도 평산, 평안도 태천, 개천, 용천 등지에서 강학하여 문인 사우들에게 깊은 사상적 영향을 끼쳤다.[10] 이때 이관구도 류인석의 강학에 참여하였던 것 같다. 이들의 만남은 이관구의 『언행록』에 다음과 같이 기록되어 있다.

6) 국사편찬위원회, 『한국독립운동사』 2, 1968, 480쪽.
7) 이충구, 「화사 이관구의 생애와 학문」, 3쪽.
8) 『언행록』, 『의용실기』 「자서전」.
9) 『언행록』 「강은식에게, 수학함」.
10) 『의암집』 연보.

자선이 柳毅庵을 스승으로 모시고 글을 배웠다. 의암이 말하였다. "자네의 조부께서는 덕행이 돈후하시고, 학문이 고상하시다. 내가 西州(평안도 – 필자)로 온 후로 제일 두려워했던 이가 稼雲이시다. 옛 성인도 자식을 바꾸어 교수하고 훈도했었다고 하였다. 그렇지만 집에 賢師이신 父祖가 계시거늘 부조에게서 배운다면 힘은 절반을 들여도 성과는 배로 얻을 것이네"라고 하였다. 자선은 제자로 삼아달라고 간청하였다. 의암이 허락하였다. 자선은 그로 하여 고향으로 돌아갔다. 더욱 힘써 공부한 후에 의암을 만났다. 의암은 자선에게 治平에 대한 시를 짓게 하였다. 자선은 분부대로 지어 바쳤다. 의암이 보고나서 칭찬하면서 "너의 공부는 여기에서 다 안 것이네.[11]

라고 하였다.

이처럼 그의 언행록에 의하면 그는 고향을 떠나 류인석의 제자되기를 청하였으며, 훈도를 받고자 하였던 것이다. 이관구가 스승 류인석으로부터 받은 영향은 큰 것이었다. 류인석은 한말의 거유며 대표적인 의병장이다. 그는 위정척사사상의 대표적인 유학자인 화서 이항로의 문인이 된다. 1866년 병인양요로 나라가 어지러울 때 그는 화서를 따라 상경하여 그 혼란상을 목격한다. 이때 그의 나이 25세였다. 2년 뒤 화서가 서거하자 유중교(柳重教), 김평묵(金平默) 등과 화서의 유지를 이어받아 위정척사를 부르짖고 1876년 강화도조약을 반대, 홍재구(洪在龜) 등과 함께 척화왜항소(斥和倭抗疏)를 올린다. 그러나 개국 후 일제의 침략정책이 노골화되자 1896년에 무력으로 일제에 대항하고자 그는 의병전쟁을 일으킨다.[12] 이렇게 볼 때 이관구도 류인석의 위정척사사상의 영향을 받았을 것이다.

그러나 이관구의 생각은 단지 위정척사사상에만 머문 것 같지는 않다. 그가 작성한 『의용실기』「자서전」을 보면,

余가 과거사를 自記하랴니 親父가 其子를 仲媒하는 것과 相似하야 祥記할 수 없다. 그러나 不得己 若干 語를 하고자 한다. 여는 일즉이 유가문에서 학업을 修하고 청운에 뜻를 두고 경성에 와서 유하며 당시의 지사 박은식, 양기탁, 신채호, 장지연 제선배와 동시에 언

---

11) 『언행록』「유인석의 제자 허락」.
12) 『의암집』 연보.

론계에 遊하다가 신학식이 부족함을 자각하고 安昌浩선생을 종하야 평양에 往하야 대성학
교를 出身하고 평양 숭실대학에 입학하야 2년급에서 수학하다가 한일합방시를 당하야[13]

라고 하여, 계몽운동가인 박은식, 양기탁, 신채호, 장지연 등과 『황성신문』, 『대한매
일신보』 등 언론계에서 활약하였으며, 또한 신지식을 공부하기 위해 대성학교에 다
니면서 안창호의 훈도를 입었다.

즉 구한말부터 평양 대성학교 재학 중 당시 교장인 윤치호와 교사 안창호로부터
민족의식에 관한 연설을 듣고 민족의식을 고취하였다.[14] 특히 재학시절 이관구는 안
창호와 가깝게 지냈으며, 일제의 침략에 대항하는 방법에 대해 그에게 자문을 구하기
도 하였다. 『언행록』에

　도산 선생이 말하였다.
　국가가 흥성하려면 꼭 상서로운 징조가 나타나며, 국가가 멸망하려면 반드시 妖孼이 작
간합니다. 지금 조정에는 이완용, 송병준, 같은 간악한 무리들이 권력을 농락하고, 일본과
通謀하고 있습니다. 梟傑 이등박문이 그 시기를 타서 간신들의 마음을 샀습니다. 친러파는
점점 세력을 잃고 대세는 일본으로 기울 것입니다. 애국자들 가운데 어떤 이는 해외에 망명
하여 큰 나라에 호소하였으며, 어떤 이는 국내에 잠복해 있으면서, 독립운동을 감행하였습
니다. 장차 천하의 대세는 독일이 호랑이의 심보를 품고, 이웃나라들을 침략하고자 하는데,
그 재앙은 필시 세계대전을 초래할 것입니다. 연합국가들은 초기에는 패배를 거듭할 것이
나, 결국에는 꼭 승리할 것입니다. 더 나아가 국토를 회복하는 날이 와서 잇따라 약소민족
보호문제가 제기 될 것입니다. 이때를 맞이하여 우리 민족은 그 바람을 타고 다투어 독립만
세를 외쳤으며, 곧 임시정부를 외방에 세웠습니다. 그로나 일본세력이 바야흐로 강성하는
바람에 우리들의 정부는 유명무실해 졌습니다.[15]

라고 있는 것이다. 또한 『의용실기』 「甘益龍」조에

　支那 奉天에서 李華史와 相逢하야 肝膽를 相照하고 獨立의 計劃과 意思를 相換하고 秘密

---

13) 『의용실기』 「자서전」.
14) 국사편찬위원회, 『한국독립운동사』 2, 482쪽.
15) 『언행록』 「박여옥과 안찬호와의 국권회복론 문답」.

裡에 地下運動를 하엿왓다. 李華史가 江西 大寶山 島山 修養院에[16) 가서 安昌浩先生의 命
를 맡아 가지고 自我革新運動를 宣傳하며 또 豊川의 席島 全部를 買入하여 가지고 牧畜業
를 模範的으로 實行하며 또 實業學校와 技術學校를 많이 設立 實業者와 技術者를 많이 養
成하야 將來 有用의 時期를 待備하랴고 할 적에 華史와 同히 實業을 務圖하기로 相約하고
地下運動를 하든 적도 있었다.

라고 있는 데서는 이관구가 안창호의 명령에 따라 독립운동을 추구하고 있음도 보여
주고 있다. 아울러 『의용실기』 「李長珪」조에서는, 이관구가 당숙인 이장규와 함께 안
창호와 윤치호를 만나러 다닌 적이 있음도 보여주고 있다.

華史와 同히 安島山先生을 뵈우러 갓든 일도 잇엇고 朴泳孝氏를 뵈우러 갓든 일도 잇엇
고 尹致昊氏를 뵈우러 갓든 일도 잇엇고 더욱 族祖되는 月南先生를 차자 뵈옵고 많은 付託
과 敎訓를 바다서 그 行動이 前日과 달나진 것이 高紫가 孔子를 본 後에 行動이 달나저서
是不履○하고 行不由經하는 것처럼 되어서 觀者가 다 異常히 여겨시며 敬仰하리만치 되고
華史와 唇齒輔車가 되어 將來에 有望한 事業를 많이 하리라고 世人이 愼重히 밋엇고 長珪
自身도 將次 큰 事業를 하여 보갯다고 굿은 決心를 하여 가지고 變치 아니하엿다.

또한 이관구는 그의 조부로부터 독립의식을 고취받았다. 『언행록』에

자선이 평양대성학교에서 공부할 때였다. 그의 조부이신 가운께서 그에게 훈시하시었다.
"사람의 독립정신은 立志에 있다. 뜻을 세우지 못하면 소위 학문이란 것은 도리어 사람을
상하게 하는 害物의 기구로 될 것인 즉, 취할만한 것은 없느니라"고 하고 있는 것이다.[17)

라고 하고 있는 것이다.

아울러 유응두(柳應斗)의 영향 또한 컸던 것으로 보인다. 이관구가 유응두를 배알
하여 도에 대하여 들을 것이 보인다.[18) 이관구의 부친 이윤구는 유응두의 문인이었
다. 또한 유응두는 복벽주의 독립운동단체인 대한독립의군부의 황해도 대표로 추대

---

16) 松筈山莊을 말하는 것 같다.
17) 『언행록』 「조부 가운선생의 훈계」.
18) 『언행록』 「유응두에게 도에 대하여 물음」.

된 적인 있을 정도로 명성이 있는 독립운동가였다.[19]

3. 일본의 조선 강점과 항일독립운동

1910년 일제에 의하여 조선이 강점되자 이관구는 크게 분개하고 독립운동을 전개할 것을 다짐하였다 그리고 평양 숭실대학에 입학하였다.[20] 그러나 이관구는 4~5개월 후 숭실대학을 자퇴하고,[21] 중국으로 망명하여 남경의 상강실업학교(上江實業學校)를 거쳐 북경의 회문대학(匯文大學), 명륜대학(明倫大學) 등에서 신학문에 정진하였다. 그가 이처럼 신학문에 정진한 것은 국가의 독립을 얻고자 하는데 있었다.[22]

이때 이관구는 무력을 통한 국권회복을 생각하기도 하였다. 1911년 음력 3월 서간도의 이시영(李始榮) 등과 함께 동 지역에 무관학교를 설립하고자 기획하였으나 자금 2만 원이 필요하여 일시 중지하였다.[23] 절강성 항주부 군관속성과를 졸업한 후에는 직접 중국의 2차 혁명전쟁(1913년)에 참가하여 실전을 익힌다. 또한 신해혁명 당시엔 이 혁명전쟁에 직접 참가한다. 그 후 그는 동지를 규합하기 위해 남경, 상해, 홍콩, 만주, 그리고 노령 지역을 두루 돌아다녔다.[24] 『의용실기』「李茂」조에,

이무의 호는 기천(杞泉)이니 일즉 혁명투사의 일인으로 이화사와 동히 노서아지방을 편력하며 막사과(Moscow)에서 김규식(金奎植)을 상봉하야 장래에 할 일을 대략 상의하엿고 그 후에 만주에 귀래하야 유지와 동히 조선독립운동을 많이 하며 잇다가 이화사가 구주열국으로 유력하고 도라오는 길에 이화사와 다시 만나 아무쪼록 조선에 귀하야 독립운동를 하기로 상약이 잇엇다. 기에 화사와 기천은 서로 헤어저서 여러 해 동안 피차에 소식를 몰낫다.[25]

19) 이충구, 「화사 이관구의 생애와 학문」, 11쪽.
20) 국사편찬위원회, 『한국독립운동사』 2, 482쪽.
21) 국사편찬위원회, 『한국독립운동사』 2, 482쪽.
22) 『의용실기』「자서전」.
23) 국사편찬위원회, 『한국독립운동사』 2, 484쪽.
24) 『의용실기』「자서전」.

라고 하고 있어 이관구가 이무와 함께 러시아와 만주지역을 동행하였음을 알 수 있다.

이관구는 중국의 북경, 남경, 상해 등지를 역방한 다음 미국 샌프란시스코에 있는 안창호를 만나기 위해 미국으로 향하였다. 그러나 도중에 병을 얻어 하와이에 상륙하여 그곳에서 동지 김성삼(金成三), 윤영국(尹永國), 오현주(吳顯周), 길진영(吉震永) 등과 함께 회합하여 독립운동 방법에 대하여 논의하였다.[26]

1913년 귀국하여 이관구는 황해도 해주군 이율면(彌栗面) 이종규(李宗奎) 방에서 체제하며, 동년 음력 12월부터 1914년 음력 5월까지 동지방 청년 이학희(李鶴熹) 외 6명을 권유하여 하와이로 밀항시키고자 하였다. 그러나 자금이 여의치 않아 실행에 이르지 못하였다.[27]

이관구는 1914년 해주에서 도내의 유림인 이학희, 오순구(吳淳九), 박순흥(朴淳興), 박행일(朴行一), 박태원(朴泰遠), 이종규(李宗珪), 이명식(李明植), 김우상(金遇常) 등과 항일투쟁을 계획하고 또 평안도의 윤헌(尹憲), 노승룡(盧承龍) 등 유림과 서북간도의 중진인사들과도 연락하여 거의를 도모한다. 격문을 조선총독에게 보내고 동포에게 포고문을 배포하여 일제를 당황하게도 하였지만, 이 계획은 실패하고 그는 1914년 음력 11월경 중국으로 망명하고 말았다.

중국에 간 이관구는 각지에 있는 동지들을 방문하여 동지의 결합을 도모하였다. 이때 이관구는 '사람들은 입으로만 국권회복을 말하고 있다. 자금과 곡식의 준비가 결핍하여 실력이 없다'고 판단하였다. 그리하여 독립을 달성하기 위해서는 금곡(金穀)을 저축하며 인물을 양성하고 미리 또 빈민을 구제하여서 인심을 수습하며, 사상의 통일을 도모해야 한다고 주장하였다. 그리고 이 문제와 관련하여 중국에 거주하는 독립운동가들과 논의하고 조선 국내에서 장정과 자금을 모집하고자 하였다.[28]

---

25) 『의용실기』 「李茂」조.
26) 국사편찬위원회, 『한국독립운동사』 2, 482쪽.
27) 국사편찬위원회, 『한국독립운동사』 2, 482쪽.
28) 국사편찬위원회, 『한국독립운동사』 3, 1965, 483쪽.

4. 박상진과의 만남과 대한광복회 조직

해주를 중심으로 한 독립운동 계획이 실패하자 이관구는 직접적인 무장투쟁과 아울러 그 준비도 동시에 행하여야 한다고 느낀 것 같다. 그는 그 준비로 국내에서 자금과 장정을 모집하여 국권회복을 기하여야 한다고 생각하였다. 이때 그는 박상진(朴尙鎭)을 만난다. 박상진은 직접 신해혁명을 체험한 인물로 암살, 비밀, 폭동, 명령 등의 방략으로서 조선의 국권회복을 생각하고 있던 독립운동가였다.[29] 이들의 만남은 이관구가 당시 부민단 단장인 허혁(許爀)과[30] 가까운 사이였기 때문에 자연스럽게 이루어졌을 것이다. 허혁은 박상진의 스승인 허위의 친형으로서 박상진과 상당히 가까웠기 때문이다. 이관구가 기록한 허혁에 대하여 알아보기로 하자.

許爀은 경상도 善山人이니 호는 性山이다. 三南서 의병장으로 유명한 方山 허위의 伯氏이니 기제 방산이 왜적에게 패사한 후로 화분한 심을 억제치 못하야 역시 의병을 거하랴 다가 사을 과치 못하고 가족 이식구을 다리고 중국으로 망명하는 길에 이화사을 차자서 그 가족은 서간도에 거하게 하고 경상도에서 중국에 이거한 유지신사와 상결하야 백방으로 조선광복운동을 함으로 시인이 黃忠이라고 칭하얏다. 성산은 역시 일생을 조선독립에 헌하얏으니 가히 허방산의 백형될만하다. 한문을 잘하고 의약방술이 능한 한학자이고 충의을 존중히 여기는 거유이니라.[31]

국권회복방법에 의견을 같이한 이들은 자신들의 계획을 실천할 단체를 조직하고자 하였다. 이러한 생각은 1915년 일제의 대중국 21개조 제시에 따라 중국국민들 사이에 대일전의 기운이 고조되고, 한국독립운동단체들이 이에 가담하고자 하자 더욱 실체화되었다. 『의용실기』 「박상진」조에

박상진은 경상도 경주인이다. 경주읍 최준의 자형으로 其 부권으로 일도을 동할만한 부

29) 박영석, 「대한광복회연구─박상진 제문을 중심으로」, 『재만한인독립운동사연구』, 일조각, 1993, 141~144쪽.
30) 박영석, 「중국 동북지구(만주)에서의 민족독립운동」, 『재만한인독립운동사연구』, 43~47쪽.
31) 『의용실기』 허혁 조.

호가 자제의 일인이다. 일즉 건국의 지를 포하고 노령과 중국지방을 유력하며 웅준을 다교
할 시에 이화사을 상봉하야 문경의 교을 결하고 귀국하야 광복단 조직할 의론을 숙응하고
고향인 경주에 귀하야 수백의 의병장을 회하야 광복단을 조직하고 무기는 외지에 재한 화
사을 통하야 매래하야 가지고 일본인의 세납금도 탈취하야 독립운동비로 소용하고 친일악
도배을 숙청하기에 착수하였으나 너머 시급히 실행하다가 미기에 발각되야 왜경에게 체포
되야 왜법정의 판결노 사형급 역형을 바든 자가 다하야 삼남의 근래 제일철열한 무력독립
단이라 한다. 해방 후에 광복회와 광복단이 개기후자이라고 한다.[32]

라고 하여 이관구가 박상진과 함께 상의하여 대한광복회를 조직하였음을 알 수 있다.
이러한 구상을 갖고 박상진과 함께 대한광복회를 조직하기 위하여 귀국한 이관구는
우선 박상진의 고향인 경주에 가서 활동하였을 것이다. 그러나 그의 구체적인 대한광
복회 조직 시의 역할과 활동 모습 등은 지금 현재 남아 있는 기록에서는 찾아볼 수
없다. 다만 『의용실기』「유준희조」에

　　柳準熙의 호는 平泉이니 평북 영변인이라 素積於學博乎文한 지사의 신분으로 일즉 경성
에 교거하며 금융조합리사를 역임하고 금융련합회 이사장까지 역임하엿음으로 계산이 숙달
하고 사리에 명확하엿고 경성에서 금융계의 유지를 많이 교유함으로 실로 금융계에서는 유
력하게 지내엿다. 이화사가 박상진 등과 공히 광복단를 조직하기 위하야 경주행를 작할 때
에 평천이 화사를 경성서 상봉하야 의기를 상부하고 간담을 상조하야 기탄없이 조선독립사
를 상론하고 장차 독립운동를 같이 하기로 상서하고 ○간에 연락이 불절하엿더니 화사가
변를 당한 후로 평천이 논사처가 없엇서 매우 적막하게 지냇다.[33]

라고 하여 이관구가 대한광복회를 조직하기 위하여 경주에 갔었다는 사실을 알려주
고 있다. 또한 이관구의 「자서전」에

　　왜인들은 나를 역사이요 둔술법과 수단이 있는 줄 알기 때문에 피의 말이 이화사는 조화
가 무궁한 사람이라 하며 반듯이 내가 여하한 처에 왕하야 독유할 시도 왜경이 칠팔인식 초
야에는 담총하고 조사하러 온다. 왜경의 행장을 보면 여하한 적군과 전쟁하러가는 ○○과

---

32) 『의용실기』「박상진」조.
33) 『의용실기』「유준희」조.

같으고 왜인뿐만 아니라 황해도 해주등 타의 인과 경상도 경주 등의 인 등은 지금까지은 나를 큰 장사라 하고 구전하야 온다. 그는 아가 육칠차 거의하다가 발각되얏다 할지라도 왜경에게 일차도 포나되지 아니한 소이이다.[34]

라고 하여 이관구가 경주지방에 큰 장사라고 구전되고 있다는 점을 통해서 볼 때 그가 경주지역을 중심으로 활동하였음을 짐작할 수 있다.

이처럼 박상진과 함께 경주로 와 대한광복회의 조직을 위하여 활동한 이관구는 광복회에서 더 이상 활동할 수 없었다. 1916년 대한광복회에서 추진한 칠곡 부호 장승원(張承遠)의 암살시도, 대구 부호 서우순(徐祐淳)에 대한 군자금 모금 등이 모두 실패하고 말았다.[35] 이에 박상진이 그 여파로 만주에서 무기를 구입하고 돌아오는 길에 서울에서 총포화약류단속령 위반으로 체포되어 대한광복회는 큰 타격을 받게 되었기 때문이다.[36] 대한광복회의 조직 및 활동에 있어서 중요한 역할을 한 우재룡(禹在龍)은 자서전 『白山旅話』에서,

나는 국내외를 종유하야 白紙秘書룰 通輪하야 내외상통하고 지하운동이 발발하든 차제 의외에 대구사건의 협의로 국내국외에 운동을 일년 정지하다가 상진이 출옥함을 따라서 내외에 운동을 다시 계속하야[37]

라고 하여 1년 동안 광복회의 활동이 중지되었다고 한다. 이처럼 대한광복회는 큰 타격을 받았던 것이다. 그 결과 김좌진은 만주로 망명하는 등 많은 인사가 국외로 탈출하는 일이 발생하였다.[38]

---

34) 『의용실기』 「자서전」.
35) 박영석, 「대한광복회연구－박상진 제문을 중심으로」, 156~158쪽.
36) 위의 논문, 161쪽.
37) 禹在龍, 『백산여화(白山旅話)』, 발행연도 미상
38) 박환, 「김좌진의 투쟁노선과 정치이념」, 『대륙으로 간 혁명가들』, 국학자료원, 2003, 136쪽.

5. 대한독립군단의 조직과 활동

1) 조직

이관구는 황해도 지역에 제2의 대한광복회를 조직하고자 하였다. 이와 같은 그의 생각은 1914년 그가 해주지역을 중심으로 50여 명의 동지들과 함께 일차적으로 독립운동을 전개했었기 때문에[39] 더욱 실제화 될 수 있었을 것으로 보인다. 그리하여 이관구는 1916년 대한독립군단을 황해도에서 조직하였다. 이관구가 그의 「자서전」에서,

그 후로 여도 더욱 불평심를 회하고 남경으로 상해로 홍콩(香港)으로 서북간도로 노령으로 도라 다니며 백방으로 거사할 동지를 구하야 얼마만치 많은 동지를 구하고 지하공작을 많이 하여 오는 동안에 비상한 고통를 당하야은 것은 하기한 동지덜의 사적에서도 차자 볼 수 잇갯기로 여로서는 일일히 기재치 아니하고 또 기재할 생각도 없다. 그러나 대략 거의한 것을 거하면 평양서 시하야 해주서 발각된 것이 제일차요, 서간도서 기사하다가 발각된 것이 제이차요, 경상도 박상진 등과 광복회를 조직한 것이 제삼차요, 황해도서 독립군단를 조직한 것이 제사차요, 안동현서 왜정부의 요인를 암살하랴고 암살대를 조직한 것이 제오차요, 오동진 나석주 등의 동창생덜로부터 무명의 혁명가되기를 상약한 것이 제육차이요, 황해도서 유지청년을 권하야 가지고 다시 의기을 거하다가 미시에 발각된 것이 제칠차이다. 이와 가치 누기누패하엿음으로 그동안에 왜인의 총검를 마자 죽은 동지도 다하고 옥중에서 고생하다가 혹은 사하고 혹은 만기로 출옥한 자도 유하다. 여도 일즉 감옥에서 2년 시간를 허줴하고 출옥하엿다. 출옥 후에는 왜경이 미행함으로 조선에 유하기 시른 생각이 나서 미국에 유학갈 소지을 포하고 미국 모대학에 입학시험를 처서 기 시험에 입격하야 입학허가서가 나온 후에 공학교에 往하고자 왜총독부 외사과에 미주여행ㅇ신청를 하얏으나 필경은 왜정에서 고등비밀 삼조에 의하야 각하한다 하얏기로 여는 더욱 불평하야 각처로 만유하며 방랑생활을 하엿으나 왜경의 주목이 너머 심하야 엇더한 처에 왕하면 ㅇ경찰서로서 퇴거명령까지 한 일도 한 두 번이 아니다.[40]

---

39) 『의용실기』「자서전」, 「성낙규」.
40) 『의용실기』「자서전」.

라고 하여 그가 황해도에서 대한광복회와 별도로 대한독립군단을 조직하였음을 알 수 있다. 그러나 대한독립군단은 일면 대한광복회의 황해도, 평안도를 총괄하는 역할을 하였던 것으로 보인다. 이관구의 경우 대한광복회 황해도 지부장으로 알려져 있는 것이다.[41]

2) 활동

이관구는 10년을 국권회복운동의 준비기간으로 정하고 군자금 모집, 독립운동가의 양성, 민족의식의 고취, 빈민구제 등 독립전쟁 준비와 아울러 직접적인 무력투쟁을 당면 목적으로 삼고 있었다.

먼저 이관구의 군자금 모집을 살펴보면 3부분으로 나누어 볼 수 있다. 회원의 군자금 헌납, 자산가의 의연, 곡물무역상 경영을 통한 이윤추구 등이 그것이다. 먼저 회원들의 군자금헌납에 대하여 알아보면, 주로 황해도에서는 오찬근(吳讚根), 이화숙(李和淑), 이기현(李起鉉) 평안도에서는 박문일(朴文一)의 문인인 양봉제(梁鳳濟)에 의하여 이루어졌다. 당시 황해도지역에서 부자였던 오찬근은 전후 3회에 걸쳐 150원을 제공하였으며,[42] 옹진의 부호였던 이화숙은 해주 서촌(西村) 거부 6~7인과 함께 대한독립군단의 재정을 적극 지원하였다.[43] 한편 치부에 재략이 있던 평안도 박천의 양봉제는 평안남북도의 부호들과 함께 군자금 마련에 노력하였으며, 항상 이관구에게

> 더욱 평남북의 부호가을 다수히 교결하였음으로 이화사에게 상언하기를 재정은 내가 당하여 볼터이니 ○사은 충렬의 사을 다수히 연락하았다가 기회를 보와서 전국이 일시에 거의하게 하라고 하고[44]

라고 하여, 군자금을 제공하였다.

---

[41] 『광복회부활취지급 연혁』, 팜플렛, 1945.
[42] 『의용실기』 「오찬근」조.
[43] 『의용실기』 「이화숙」조.
[44] 『의용실기』 「양봉제」조.

또한 일본 측 기록에 따르면 그는 황해도지역을 중심으로 각지의 자산가의 의연금을 얻고자 하였다. 그래서 회원들은 권총 및 기타 흉기로서 자산가를 협박, 군자금을 강징하기도 하였으며, 1916년 음력 11월 황해도 해주군 장곡면(壯谷面) 거주 최봉식(崔鳳植)의 경우는 의연은 커녕 반항을 하므로 권총을 발사하여 상해를 입히기도 하였다.

이관구는 군자금 마련을 위하여 1916년 음력 9월에는 안동현에서 문응극(文應極), 강응오(姜應五) 등과 협의하여 금 5천 원(2천 원은 본인의 투자)을 투자하여 삼달양행(三達洋行)이란 미곡무역상을 경영하였다. 또한 1916년 음력 7월부터 10월경까지 무순(撫順)에서 곡물상경영준비를 위하여 체재 중 약 3개월 간 동지방 고학생 조송헌(曹松軒) 외 십수 명을 소집하여 강습회를 개최하고 윤래경(尹來卿)을 통하여 독립의식을 고취시켰다. 그리고 1917년 음력 정월에는 장춘(長春) 거주 채수일(蔡洙一), 명품흠(明文洽)과 협의하여 자금 3천 원(2천 원은 본인출자)을 투자하여 상원양행(尙元洋行)이란 곡물무역상을 설치하는 한편 일면 상해거주 독립운동가 한진교(韓鎭敎, 韓晋敎)와 상업 및 독립운동에 대하여 연락을 도모하였다.[45] 아울러 그는 조선 각지의 부자들을 모아 부흥회(興富會)를 결성 조직하여 남북만주에 상업기관, 학교, 회사, 병원들을 설립하고자 하기도 하였다.[46]

또한 독립전쟁 준비를 위하여 두 번째로 대한독립군단은 중국, 러시아령 등지에 학교를 건설, 민족의식을 고취하여 독립운동가를 양성하고자 하였다. 처음에는 황해도지역의 뜻있는 청년들을 만주 등지로 권유하여 가지고 와서 민족의식을 고취시켜, 독립전쟁에 참여시키고자 하였다. 그러나 점차 중국, 노령 등 현지의 동포들을 중심으로 전개하고자 하였다. 따라서 1916년 음력 10월경에는 만주 무순지방의 고학생 조송헌 외 10여 명을 소집하여 강습회를 개최하였다. 1917년 음력 3월경에는 간도, 통화(通化), 관전(寬甸), 탕해(湯海), 요원(遼遠)과 노령 지방에 거주하는 약 30명의 독립운동가들과 학교건립문제에 대하여 교섭하기도 하였다.[47]

---

45) 국사편찬위원회, 『한국독립운동사』 2, 483~484쪽.
46) 이관구 고등법원 판결문(1919년 1월 23일).

세 번째로 이관구는 빈민을 구제하여 인심을 수습하여 사상의 통일을 기하고자 하였다. 이러한 생각은 신교육을 받은 그에 의하여 가능하였다. 그는 1917년 음력 3월경 손우청(孫宇廳)과 논의하고 간도에서 동인이 경영하는 광제병원(廣濟病院) 확장비로서 금 4천 원을 투자하였다. 그는 1917년 음력 9월경 중국 청도(淸島)에 병원을 설립하고자 하였다.[48] 그러나 해외에서 중국인의 소작농으로 비참한 생활을 하고 있는 동포들을 위하여 병원을 설립하고자 한 예는 일찍이 찾아볼 수 없었던 특징적인 것이라 할 수 있다. 그리고 이러한 활동이 인심의 수습과 사상의 통일, 즉 항일민족의식의 형성방법으로 제시되었다는 사실 또한 주목할 만하다고 하겠다. 기존의 항일민족의식의 형성방법이 교육을 통한 단순한 민족의식의 고취에 의한 것이기 때문이다.

한편 이관구는 직접적인 무장투쟁 또한 전개하고자 하였다. 그는 항주 군관속성과를 졸업하는 한편 직접 중국의 제2차 혁명전쟁(1913)에 참가하였으므로 무략에 밝았기 때문일 것이다. 특히 그는 암살, 폭동, 비밀, 결사 등을 주장하는 박상진과 가까운 인물이었다. 특히 대한독립군단 구성원 가운데에는 의병전쟁에 참가했던 이근영(李根永), 이문성(李文成), 박원동(朴元東), 양택선, 조선환(曹善煥), 박동흠(朴東欽) 등 화서계열의 무장투쟁론자들이 다수 가담하고 있었던 것이다.[49]

이관구의 무력의 가장 대표적인 것은 1916년에 조선총독을 암살하고자 한 데서 찾아볼 수 있다. 이 거사는 동향 출신인 안중근의 예를 모방하여 조선총독을 세 번 암살한다면 열국의 도움을 얻어 국권을 회복할 수 있다는 이관구의 기본적인 생각에서 출발하였다. 그리고 이 계획을 1차로는 안동현, 2차로는 장춘에서 실시하려고 하였다.[50] 『의용실기』 「성낙규」조에

成樂奎는 황해도 해주인이니 유시부터 영웅의 기개가 있어서 가인의 생산작업을 일삼지 아니하고 사해의 영준을 교결하며 대지을 회하고 언어가 소하고 한문과 서법이 능하고 언

47) 국사편찬위원회, 『한국독립운동사』 2, 484쪽.
48) 국사편찬위원회, 『한국독립운동사』 2, 484쪽.
49) 박환, 「대한광복회에 관한 새로운 사료 : 『의용실기』」, 『만주한인민족운동사연구』, 1991, 일조각, 377~378쪽.
50) 국사편찬위원회, 『한국독립운동사』 2, 483쪽.

변이 능하야 인을 감동식이는 역이 다하다. 매일신문사에서 기자생활을 얼마한 턱으로 신채
호씨와 친하야 안동현에서 왜총독암살을 밀의하고 무기를 휴대하야 가지고 나와서 조선환
박원동에게 무기를 주어서 경성에 내유하며 기회를 엿보게 하였다. 이화사가 제일차로 해서
에서 기의할 시에 이학희 오순구 박순흥 박행일 박태원 이종규 이명직 김우상 등과 동히 참
여하얏다가 사가 발각되여 해주경찰서에서 이개월을 고생하다가 이화사가 외국으로 망명하
기 때문에 별대갈는 당하지 아니하였으나 기후에도 이화사와 연락이 있어서 늘 국내에서
혁명운동을 하고 있었다.

라 하여, 3차는 경성(京城)에서 일을 이루려고 하였다는 것이며, 성낙규, 조선환, 박원
동이 행동의 실행담당자가 되었다는 것이다. 이들 3인이 총독암살의 담당자가 된 것
은 1차적으로 이들 모두 안중근의 고향인 황해도 지역 출신으로서 그에 대한 남다른
흠모의 정을 갖고 있으리라 여겨졌기 때문이라고 생각된다. 그중 특히 박원동, 조선
환 등은 한말에 의병에 참여했던 인물이었을 뿐만 아니라,[51] 박원동은 한일합방 때에
는 7적(賊)을 사살하려고 권총을 가지고 경성에 오기도 하였다. 또한 안중근과도 대
단히 가까웠던 인물이었다.[52] 조선환 역시 안중근 의사와 정의가 두터웠던 것이다.[53]
그리하여 이들 3인에게 거사를 맡겼으나 1917년까지 일을 성공시키지 못하여 총독암
살계획은 실패로 돌아가고 말았다.[54]

이관구는 한말의 의병장 출신 이문성(李文成)과 함께 활동하였다. 『의용실기』
「이문성」조에

이화사가 황해도서 거의할 시에 이근영과 동히 화사의 독립군단에 참입하야 평남북도과
서간도로 다니며 전선에서 악전분투하였고 왜경주재소을 습격한 것도 일이차가 아니다. 문
성의 성격은 무인이면서도 문인의 풍이 있다. 항상 동료의 불평을 융화시키는 감화력이 유
하엿다. 역시 이화사의 거의사건으로 피포되야 오년의 징역을 받았고 평양감옥에서 이근영
과 동히 신의주감옥에 전옥되였다가 이근영 신의주감옥 돌파 시에 병력하야 신의주감옥 죄

51) 『의용실기』「조선환」, 「박원동」.
52) 『의용실기』「박원동」.
53) 『의용실기』「조선환」.
54) 이관구 등 고등법원 판결문(1919년 1월 23일).

수을 다 방출하고 자기도 도거하다가 일본수비대가 추격 시에 도라서서 간수에게서 탈취한 총으로 일병에게 방총하니 일병이 의외의 총환을 당하야 한삼십분간 지체하게 된 그 간에 도주하는 죄수 등은 국경을 월하야 생명을 완보한 자가 다함으로 기 죄수덜이 이문성의 공을 찬하는 자 다하니라. 기후에 문성은 서간도로 입거하야 왜적과 누전하며 동포를 위하야 풍찬노숙하며 조맹선과 공히 국가에 몰 희생하였다. 문성이 사시에 유한하여 왈□□아가 사하는 것은 한이 없으나 독립되는 것을 못 보고 죽으니 황천에 귀하야서라도 독립을 위하야 일하겠다.[55]

라고 있는 것이다.

황해도지역의 대한독립군단은 다른 지역 및 다른 인물들과도 연계를 갖고 있었다. 우선 이전에 이관구가 활동하고 있던 대한광복회와의 관련을 생각할 수 있다. 대한독립군단의 평안도지역 중심인물인 조현균(趙賢均)에[56] 대하여 언급한 『의용실기』 「조현균」조에

선시에 경상도 광복단과도 긴밀한 연락이 있었고 이진룡 조맹선과도 긴밀한 연락이 있었지만은 물심을 다경한 처는 이화사의 제2차거의시이니 일생을 국가에 헌한 애국자의 일인이니라.

라고 하고 있다.[57]

또한 당시 북간도 장백(長白), 무송현(撫松縣)에서 포수단을 조직하여 조맹선(趙孟善)과 함께 활동하고 있던 이진룡(李鎭龍)과도 긴밀한 관계를 갖고 있었다.[58] 특히 대한독립군단의 이근영, 이문성, 양택선 등은 이진룡과 함께 구한말에 의병을 함께 한 인물들이었다.[59]

이관구는 성낙규를 통하여 함경도인사들과 연결하여 활동하였다. 『의용실기』 「성

---

55) 『의용실기』 「이문성」조.
56) 조준희, 「대한광복회 평안도지부장 경재 조현균」, 『구한말의 민족운동』, 한국민족운동사학회, 2003.
57) 『의용실기』 「조현균」조.
58) 『의용실기』 「자서전」.
59) 『의용실기』 「이근영」, 「이문성」, 「양택선」조.

낙규」조에

　　이화사가 재차 거의하는 때에 불수월에 경상도의 협사급 의사와(김좌진이 그 대표) 함경
도 평안도 의사 등과 다 연락이 된 것은 개 성낙규의 활동력이 다한 소이이다. 화사의 독립
군단사건으로 왜경에게 피포되야 왜법정에서 칠년역을 받았다. 그 시에 왜판사가 문하기를
□□너의 직업은 무었이냐?□□한 칙 성낙규의 소답이□□본업은 조선독립이고 부업은 항
일이다.□□하얏다. 왜판사가 우 문하기를□□너가 국어를 잘 안다하니 통역할 걸 없이 직
접으로 국어로 답하라.□□한 칙 성낙규는□□나는 조선어가 칙 국어이고 너희들의 말은 왜
말로 안다.□□고 대답하얏다.[60]

라고 있는 것이다.

　　이 외에 대한독립군단은 안동현에 삼달양행, 장춘에 상원양행 등의 곡물무역상을
두고, 중국의 제 독립운동단체와 유기적인 연락관계를 맺고 활동을 전개하여 나갔던
것이다.

　　한편 1917년 음력 5월경 황해도 해주군 화양면(花陽面) 쌍호리(雙湖里) 주막에서
이관구는 변동환(邊東煥), 조인혁(曹寅爀) 등과 모여서 이들을 가입하게 하고, 변동환
을 황해도 총무로 하여 본 운동을 전담하게 하였다.[61] 이어 1917년 음력 9월경 경성
체제 중 이태의(李泰儀)의 권고에 따라 최익현(崔益鉉), 송근수(宋近洙, 淵濟), 류인석
의 3인을 합사(合祀), 전도(全道)의 양반 유생의 뜻에 합하여 동지가 되기 용이하다
하여 삼현사(三賢廟)를 건설하고자 기획하였다. 동년 음력 11월경 이석희(李錫熹)를
시켜 '광복회', '신한국보(新韓國寶)', '재무총장' 등의 인장을 조각케 하고 또 국권회복
취지서를 제작하기도 하였다.[62]

　　1910년대의 이관구의 항일운동은 결국 1918년 6월 18일 황해도 미율면 석정리(石井
里)에 거주하는 조하동(趙夏東)이 해주경찰서장에게 투서를 함으로써 발각되었다. 이
에 동년 8월 18일 이관구, 성낙규, 조선환, 이태의, 오찬근 등 24명이 체포됨으로써 막

---

60) 『의용실기』 「성낙규」조.
61) 국사편찬위원회, 『한국독립운동사』 2, 484쪽.
62) 국사편찬위원회, 『한국독립운동사』 2, 485쪽.

을 고하였다.[63)]

6. 결어: 화사 이관구의 역사적 위상

첫째, 화사 이관구는 일제의 무단통치가 극에 달하였던 1910년대에 국내를 중심으로 독립운동을 전개했다는데 일차적인 의의가 있다. 주지하는 바와 같이 1910년대에는 비밀결사 등 아주 극소수의 단체들만이 독립운동을 전개하였던 아주 어려운 시기였다. 그럼에도 불구하고 이관구는 항일운동을 전개하였던 것이다. 대부분의 항일세력이 숨을 죽이고 있던 그 시절, 바로 이관구는 그 시절에 독립운동에 적극 나선 그러한 항일운동가였다.

둘째, 이관구는 국내에 머물지 않고 만주, 중국본토, 러시아, 유럽 등 국내외 각지를 돌아다니며 독립운동방략을 구상하고 투쟁을 준비한 인물이었다. 독립운동사를 연구하는 학자들도 이관구처럼 해외 각지를 두루 역방하며 독립운동을 준비한 인물을 보기가 매우 드문 편이다. 즉, 이관구는 해외각지를 두루 다니며, 각지의 운동 세력 및 주요 인사들과의 만남을 통하여 동아시아 전체 속에서 한국의 독립을 인식하고 각지의 세력과 연대하여 항일투쟁을 전개하고자 한 인물이었다. 또한 신민회 등의 독립운동기지건설과도 밀접한 관련을 갖고 있던 인물이었을 것으로 보인다.

셋째, 이관구는 신민회의 이념에 가장 충실하였던 인사였던 것 같다. 그는 구한말 평양 대성학교를 졸업하였고, 신민회의 대표적인 인사인 양기탁 등과 매우 밀접한 관련을 맺고 있다. 또한 신채호, 안창호 등 신민회 계통의 인사들과 깊은 연계를 가지며 활동하였던 것이다. 그런 그였으므로 신민에 깊은 관심을 기울였고 중국의 북경에 체류하고 있었을 때에도 신민설을 주장한 양계초와 교류를 가지며 자신의 신민설을 체계화해 나갔던 것이다. 또한 그의 그러한 입장은 해방 이후에도 신민당을 조직하는 등 계속되었던 것이다.[64)]

---

63) 국사편찬위원회, 『한국독립운동사』 2, 480쪽.

넷째, 이관구는 단지 신교육을 지향하는 인사들과만 유대관계를 가졌던 것은 아니었다. 그의 무장투쟁적 노선과 유교적 소양은 당대 가장 대표적인 의병장이었던 류인석 등과도 깊은 연계를 맺고 있었다. 뿐만 아니라 그는 황해도, 평안도 등지에서 독립운동을 전개하는 가운데에도 유림들과의 계속적인 유대를 갖고 투쟁하였던 것이다.

다섯째, 이관구는 1910년대에는 무장투쟁적 성향을 보이고 있다, 항주에서의 무관학교 입학, 조선총독의 암살 계획 등 다수한 그의 행동속에서 그러한 모습이 보여지고 있다. 이러한 그의 노선은 1910년대 중반 대한광복회를 조직하여 박상진 등과 함께 활동하는 기초가 되었다. 그러나 그가 1920년대 출옥한 이후 국내에 머문 이관구는 민족교육과 역사서술 등을 통하여 동포들에게 민족의식을 고취시키고 올바른 역사서술을 지향하였던 것이다. 따라서 해방 후 이관구는 사학연구회를 결성하여 새로운 국가의 정신적 기초를 마련하고자 하였다.[65]

여섯째, 이관구는 빈민을 구제하여 인심을 수습하여 사상의 통일을 기하고자 하였다. 이러한 생각은 신교육을 받은 그에 의하여 가능하였다. 그는 1917년 음력 3월경 손우청과 논의하고 간도에서 동인이 경영하는 광제병원 확장비로서 금 4천 원을 투자하였다. 그는 1917년 음력 9월경 중국 청도에 병원을 설립하고자 하였다. 그러나 해외에서 중국인의 소작농으로 비참한 생활을 하고 있는 동포들을 위하여 병원을 설립하고자 한 예는 일찍이 찾아볼 수 없었던 특징적인 것이라 할 수 있다. 그리고 이러한 활동이 인심의 수습과 사상의 통일, 즉 항일민족의식의 형성방법으로 제시되었다는 사실 또한 주목할 만하다고 하겠다. 기존의 항일민족의식의 형성방법이 교육을 통한 단순한 민족의식의 고취에 의한 것이기 때문이다.

일곱째, 이관구의 대표적인 활동으로는 박상진 등과 함께 조직한 대한광복회의 조직과 활동을 들 수 있을 것이다. 대한광복회는 1910년대 국내외에 걸쳐 가장 대표적인 비밀결사로서 그 역할을 다한 단체이다. 이 단체의 조직에 이관구가 주도적인 역할을 하였으며, 특별히는 황해도 지부장을 맡아 활동하였다. 그러나 실제 그는 황해

도, 평안도 등 이북 지역 대한광복회의 결성에 산파역할을 하였으며, 그로 인해 이북 지역의 조직이 이루어졌다고 해도 과언이 아닐 것이다. 이관구의 대한광복회 활동은 그의 독립운동 중 가장 대표적인 것으로 이해할 수 있을 것이다.

여덟째, 이관구는 당대 대표적인 독립운동가인 신채호, 박은식, 이시영, 양기탁, 안창호, 박상진 등 여러 항일투사들과 함께 항일투쟁을 전개한 1910년대의 대표적인 항일운동가로서 높이 평가되는 인물이라고 할 수 있다.

아홉째, 이관구는 1920년대 이후 국내에 머물러 있으면서도 안창호 등과 연락하는 등 끊임없이 독립운동을 위해 노력하였으며, 학생들에게 민족의식을 고취시키고자 하였다. 즉 그는 구한말 이후 일제시기를 거쳐 가며 한 번의 변절과 꺾임이 없이 당당히 어려운 시절을 선구자로서 살다간 항일투사인 점에서 주목되는 인물이다. 또한 그는 운동가이면서도 지속적으로 학문에 정진하여 수많은 업적을 남긴 당대의 선비인 것이다. 그가 해방 이후 사학연구회를 결성하여 역사를 올바로 세우고자 한 것은 새로운 국가에 있어서 민족적 정신문화의 중요성을 절실히 깨달은 화사의 탁견이라고 할 수 있다. 또한 군대의 중요성을 인식하고 대한국광복의용군이라는 군사조직을 결성한 것은[66] 무장투쟁에 바탕을 둔 그의 투쟁노선 및 새로운 국가에서의 군대의 중요성을 인식한 때문이라 할 것이다.

결국 이관구는 구한말과 식민지시대, 해방 후 등 격동의 세월 속에서 한국의 자존과 독립과 새로운 국가를 건설하기 위하여 노력한 독립운동가이자, 학자이자, 신국가 건설론자였다고 할 수 있겠다.

---

[66] 이관구는 정충장군으로, 대한국광복의용군 총사령으로 추대되었다. 아울러 全鮮義勇軍聯合軍의 최고지휘장으로 추대되었다(『광복의용기』).

제1장

낙서운동

1940년대 수원 출신 학생 독립운동가 김용창

1. 서언

수원군 향남면의 경우 1919년 4월 제암리 학살사건으로 널리 알려져 있다. 당시 일제에 의하여 수많은 마을이 불타고 많은 사람들이 희생된 것은 누구나 잘 아는 사실이다. 그 후 일제의 탄압과 감시가 심하여서인지 향남면지역에서는 별반 항일운동이 전개된 것 같지 않다.

그런데 1940년대 전반기 이곳 향남면 출신의 19살의 어린 학생이 서울에서 고학하면서 항일운동을 가열차게 전개하다 1945년 4월 3일 대전형무소 옥중에서[1] 해방을 몇 달 앞두고 순국한 애틋한 일이 있었다. 그의 부친 또한 동년 4월 13일 향리에서[2] 아들의 순국소식을 듣고 운명하였다. 그의 항일운동은 동면에서 1919년에 있었던 제암리 학살사건의 영향이 있었을 것이다.[3] 이 인물의 고향 상두리 선영 앞에는 그의

---

1) 김용창 독립유공자평생이력서.
2) 김용창의 부친 김언수의 비문(향남면 상두1리 김요창 흉상 옆에 소재).
3) 『애국지사 고 김용창 추모흉상제막식』 책자 중 친족인사 대표 친족대표 김덕중, 1996년 6월 11일.

흉상이 서 있다.

국가보훈처에서 작성한 독립유공자 공훈록에서는 그의 항일운동을 다음과 같이 소개하고 있다.

김용창(金容昶) 1926. 8. 3~1945. 4. 3

경기도 수원(水原) 사람이다.

1941년 10월, 서울로 상경하여 경성제국대학(京城帝國大學) 법문학부(法文學部) 사환, 체신국 경성보험관리소(京城保險管理所) 직원으로 근무하는 한편, 야간에는 덕수공립상업학교(德壽公立商業學校)에 재학하고 있었다.

그러던 중 1943년 6월경부터 동 근무지의 대우가 한국인과 일본인 사이에 차별이 있음을 알고, 이때부터 한국역사에 관한 서적을 탐독하여 민족의식을 고양하였다.

그 후 1944년 4월 중순경 같은 학교 동료인 김익설(金益卨)에게 소기(小磯) 조선총독의 민족차별정책을 비난하였으며, 5월에는 보험관리소 사무실에서 동료들을 대상으로 "미국·러시아·상해 방면에서 조선인이 활발하게 독립운동을 전개하고 있다. 조선이 독립하면 나는 일본인을 쫓아 버릴 작정이다. 이번 전쟁에 일본이 패한다 하더라도 조선에는 아무런 관계가 없고 오히려 못 이기는 편이 행복하다고 생각한다"고 말하는 등 민족정신 고취에 노력하였다.

또한 동년 5월 초순 보험관리소 대변소의 판자 벽에 연필로 "반도 2천 6백만 동포여. 자일어서라! 조선 독립의 때가 왔다. 지금 와서 지원병이니 징병이니 하고 있다. 아아! 가련하도다"라고 써 붙이는 등 민족정신 고취에 진력하다가 소위 치안 방해 혐의로 일경에 피체되었다.

1944년 12월 14일 경성지방법원에서 소위 보안법 위반으로 징역 1년 6월을 받고 옥고를 치르던 중 1945년 4월 3일 옥중 순국하였다.

정부에서는 고인의 공훈을 기리어 1995년에 건국훈장 애국장을 추서하였다.

김용창은 1945년 4월 해방을 4개월여 남기고 옥중에서 순국하였다. 그러나 그의 생애는 지금까지 학계의 주목을 받지 못하였다. 자료적 제한이 큰 문제 가운데 하나가 아닌가 한다.

필자는 이번에 김용창의 재판기록, 신분장지문원지, 1937년도 향남공립보통학교 앨

범, 김용창 학적부, 동생인 김용무과의 면담 등을 통하여 그의 생애의 일단을 밝혀보
고자 한다. 아울러 그의 재판기록과 면담록은 앞으로의 그의 연구 활성화를 위해 별
첨한다.

2. 김용창의 성장과 향남공립보통학교 시절

1) 김용창의 출생과 가정

김용창은 1926년 8월 3일[4] 수원군 향남면(鄕南面) 상두리(上斗里) 222번지에서 출
생하였다.[5] 그가 출생한 상두리는 『화성지』(1831년 간행)의 남면 마을 편에 상두리가
표기된 것으로 보아 원래 수원부의 남면에 해당되었던 것으로 추정된다, 1914년 일제
의 행정개편 때에 향남면 상두리가 되었다. 마을 뒷산의 모습이 흡사 용의 머리처럼
생겼고, 마을이 그 용의 머리위에 위치한 마을이라 하여 원래는 용두리(龍頭里)라 해
야 하나 머리 두(頭) 대신에 말 두(斗) 자를 써서 두리(斗里)라 불렀다고 한다.[6]

김용창은 광산김씨 판교공파 16대손인 아버지 김언수(金彦洙)와[7] 순천박씨인 어머
니 박종례(朴鍾禮)의 3남 2녀 중 장남으로 출생하였다.[8] 김용창은 1940년 8월 15일 이
름을 김무등(金武登)으로 개명하였다.[9] 창씨명은 금산무등(金山武登)이다.[10] 그의 집
안에 대하여 김용창의 동생 김용무(1940년 9월 10일생)는 2005년 12월 31일 필자와의
면담에서 다음과 같이 언급하고 있다.

---

[4] 향남초등학교 소장 김용창 아동학적부에는 1926년 11월 21일 생으로 되어 있다.
[5] 김용창 신분장 지문원지.
[6] 화성시사편찬위원회, 『화성시사 2』, 2005, 844쪽.
[7] 김언수 비석.
[8] 김용창 제적부(경기도 화성시 향남면사무소 소장).
[9] 김용창 제적부.
[10] 김용창 신분장 지문원지.

필　자 : 원래 광산 김씨시구요?

김용무 : 예 본이 광산이니까.

필　자 : 무슨 파세요?

김용무 : 우리 판교공파예요.

필　자 : 판교공파? 판교공파시구요. 그럼 원래 대대로 상두리쪽에 지방에서 사셨나요?

김용무 : 그렇죠. 여기가 지금 우리가 융자 항렬로다가 17대가 여기서 살고 있으니까, 우리 17대 선조가 흉상 바로 위에, 바로 그 흉상위에 산이 있어가지고 17대 할아버지는 거기 모시고 있어요.

필　자 : 거기가 지금 선산이시군요?

김용무 : 예.

라고 하여 조선중엽부터 상두리에 세거하고 있음을 밝히고 있다.[11]

　김용창은 상두리에서 경제적으로 넉넉하지 못한 농민집안출신이었던 것 같다. 김용창의 동생 김용무와의 면담에서 이를 짐작해 볼 수 있다.

필　자: 그러면은 그 원래 17대손 어르신부터 여기 쭉 상두리 사셨는데 집안은 어떻게 먹고 살만 하셨어요? 어떠셨어요? 상두리 여기 와보니까 논은 별로 없어 보이는데.

김용무: 예. 여기 그전에는 우리 아버님이 4형제의.

필　자 : 아버님 존함이 아까 언자?

김용무 : 언자 수자요.

필　자 : 언자 수자.

김용무 : 예. 4형제의 막내로 태어나가지고.

필　자 : 아버님께서.

---

11) 흉상 제막시 친족대표 김덕중의 글 참조.

김용무 : 예. 막내로 태어나가지고 아마 상당히 못살았나 봐요.

2) 김용창의 향남공립보통학교 재학과 졸업

향리에서 김용창은 어려운 경제생활 속에서 2년 동안 강습소에서 공부하였다. 그후 1933년 8월 21일 향남공립보통학교에 진학하였다.[12] 학교는 수원군 향남면 백토리 551번지에 위치하고 있었다. 이 학교는 1925년 5월 15일 향남공립보통학교로 설립인가를 받았으며, 1935년 5월 1일에는 부설 발안간이학교가 개교하였다. 1938년 4월 1일 향남공립심상소학교로 교명을 변경하였으며, 1941년 4월 1일 향남공립국민학교로 교명을 변경하였다. 김용창이 재학하던 시절의 교장은 일본인으로 이등시삼랑(伊藤矢三郎)(1934.3~1938.3)이었다.[13] 교장은 1901년생으로 일본 서북부 지역의 니가다현(新潟縣)에서 태어났다. 그리고 그곳에서 1920년 3월 니가다 현립중학교를 졸업하고, 1921년에는 조선 경성고등보통학교 부설 임시교원양성소를 졸업하였다. 동년 4월 조선 보병 제78연대 10중대에 현역병으로 입대하여 1922년 3월 육군 보병 군조(軍曹)로 제대하였다. 그 후 경기도 장연공립심상소학교 훈도를 비롯하여 고양공립보통학교, 안성공립농업실업학교 훈도 등을 거쳤다. 뿐만 아니라 수원에 있는 조선총독부 권업모범장에서 견습생으로 일하기도 하였다. 1934년 3월 향남공립보통학교 교장에 임명되었다.[14]

그리고 교사 즉 훈도는 1936년 당시 조재설(趙載卨), 박기종(朴基鍾), 김규황(金奎晃), 김재준(金載濬), 조경남(趙慶男) 등이었고,[15] 1937년에는 촉탁으로 김점녀(金點如, 金点汝) 등이 있었다.[16]

조재설은 1899년 10월 경기도 수원군 비봉면 출생이다. 1921년 경성고등보통학교

---

12) 김용창 아동학적부.
13) 경기도 화성교육청, 『화성교육사 ─ 오산 화성교육 50년 ─』, 2006, 532~533쪽.
14) 향남초등학교 교원이력서.
15) 조선총독부 및 소속관서직원록(1936).
16) 조선총독부 및 소속관서직원록(1937).

를 졸업하고, 1922년에는 경성제1고등보통학교 부설 사범과를 졸업하였다. 그리고 1926년 향남학교가 개교하면서 부임하여 1937년 김용창이 졸업할 당시까지 근무한 원로 교사였다.

박기종은 1909년 경기도 고양군 한지면 신촌리 출생이다. 그는 1928년 3월 경기도 공립사범학교 특별과 제3학년을 졸업하고, 남한산, 오천(午川) 공립보통학교 훈도를 역임하였다. 1936년 3월부터 향남고일보통학교 훈도로 근무하였다.

김규황은 1911년 7월 2일 경기도 수원군 의왕면 왕곡리 출생이다. 1925년 3월 군포 공립보통학교 5학년을 수료하고, 1927년 경성 제1공립고등보통학교 2년을 수료하였다. 1930년 경기도 공립사범학교 특과 3년을 졸업하고, 동년 5월 조선공립보통학교 훈도에 임명되었다. 1933년 3월 31일부터 향남공립보통학교에 훈도로 근무하다가 1936년 11월 고천(古川)공립보통학교로 전근하였다.

조경남은 1913년 경기도 진위군 청북면 청성리 출생이다. 1936년 3월 대구사범학교 심상과를 졸업하고, 동년 4월 경기도 공립보통학교 훈도로 임명되었다. 아울러 동년 동월 4월 1일 향남공립보통학교 훈도로 명받았다.

김점녀는 1911년 경남 마산 출생이다. 1927년 3월 경남 마산 공립여학교를 졸업하고, 1928년 3월에 경기사범학교 여자연습과를 졸업하였다. 그 후 1928년 3월 삼랑진 보통학교 훈도, 1930년 3월 통영보통학교 훈도를 거쳐 1936년 12월 2일 향남보통학교 촉탁으로 임명되었다.[17]

향남학교가 설립될 당시인 1920년대 화성지역에는 1928년 1면 1교제의 방침이 발표되어 보통학교가 급증하고 있었다.[18] 그리하여 남양공립보통학교, 송산공립보통학교, 태장공립보통학교, 팔탄공립보통학교, 반월공립보통학교, 안룡공립보통학교, 장안공립보통학교, 동탄공립보통학교 등이 개교해 있었다.[19]

재학당시 김용창은 학교 성적이 우수하였으며, 보호자는 농업에 종사하는 숙부 김

---

17) 향남초등학교 교원이력서.
18) 이기훈, 「1902~30년대 보통학교와 지역사회」, 『한국민족운동사연구』 54, 2008, 131~132쪽.
19) 경기도 화성교육청, 『화성교육사-오산 화성교육 50년-』, 394쪽.

연수(金連洙)였다.[20] 김용창은 재학시절 수신, 국어, 조선어, 산술, 이과, 직업, 도화(圖畵), 창가, 체조 등을 공부하였다. 그는 재학 중 결석이 거의 없었다. 3학년 시 3일만 결석하였다. 또한 성적도 고학년 시 우수하였다. 그는 졸업당시 신장이 134.5m였으며, 체중은 28.1kg이었다.[21]

김용창은 향남공립보통학교를 1937년 3월 25일 졸업하였다.[22] 당시 졸업생은 총 67명이었으며 그중 여학생은 7명이었다. 김용창과 함께 졸업한 동창생 명단을 보면 다음과 같다.

강진순 강형순 권혁열 김계순 김병덕 김선경 김영윤 김완규 김용기 김용숙 김용창 김의수 김일기 김재국 김진성 김천중 김학수 박재의 박정의 박철의 서정인 성낙균 성낙봉 성낙승 성삼용 송기오 송순화 신천호 안병극 안상군 안상석 안상완 오만선 오성영 오창환 유세식 유윤환 이길우 이문호 이상기 이상덕 이상민 이상철 이상홍 이영남 이윤형 이제호 이주호 이창우 이한탁 임병원 정정희 진석범 최병상 최부길 최석원 최용균 최장균 최호숭 하상호 한우택 한찬식 허진 홍종경[23] 伊藤直哉[24]

김용창은 1937년 3월 25일 향남공입보통학교를 우등으로 졸업하였으나 가세가 빈한하여 서울로 고학의 길을 떠났으며, 독립운동 당시의 주소는 동대문구 창신동 615-12번지였다. 그의 학교생활과 상경에 대하여 동생 김용무는 다음과 같이 말하고 있다.

필 자 : 어려우셨군요?
김용무 : 예. 어려웠다고 해가지고 남이 품을 팔고 이래가지고 살았는데 우리 용자 창자
        형님이 국민학교서부터 공부를 워낙 잘했데요.

필 자 : 여기서 국민학교를 어디로 다니셨나요?

---

[20] 김용창 아동학적부.
[21] 김용창 아동학적부.
[22] 김용창 아동학적부.
[23] 향남공립보통학교 졸업생 명부 참조.
[24] 향남공립보통학교 훈도 伊藤矢三郎의 아들이다(향남공립보통학교 학적부 참조).

김용무 : 여기 향남, 그땐 향남 보통학교라고 했죠. 향남 보통학교 그러니까 향남 초등학교지.

필　자 : 지금의 향남초등학교?
김용무 : 예. 지금 향남 초등학교지, 그래가지고서는.

필　자 : 거기 다니셨고?
김용무 : 예. 거기서 국민학교를 나와 가지고서는.

필　자 : 저기, 그 향남초등학교가 어딨나요?
김용무 : 여기 백토리.

필　자 : 백토리 거기에 향남초등학교가?
김용무 : 예. 거기있어 가지고선, 거기서 저기 해가지고선, 국민학교 때부터 먼저 집에서 뒷받침을 못해주니까, 남이 징용가는 거를 돈을 받아가지고, 그 저 돈을 받아지고서는 그 돈으로다가 징용을 가기 위해서 그 뒤로는 서울로다가 갔다나봐요.

필　자 : 징용 때문에 돈을 받아서, 남의 돈을 받아서 대신갈라고?
김용무 : 예. 대신갈라고. 돈을 받아가지고 서울가 가지고서는 징용을 안가고 덕수, 지금 도 덕수고등학교지? 덕수고등학교 거기 저 저기로 들어갔다나 봐요. 청소부로 들어갔다나 봐요.

즉, 김용창은 학문의 길을 위하여 남대신 징용을 가는 조건으로 돈을 받아 서울로 몰래 도망하였던 것이다.

3. 김용창의 상경과 고학 그리고 항일투쟁

1) 민족의식의 형성

1930년대 후반 전시파시즘기로 들어오면서 학생들은 학교 내외에서, 학생 이외의

청년층 역시 일제의 어용적인 관제청년단체를 통해 통제를 받으면서 생활하는 것이
일상화되었다. 이러한 상황 속에서 조선청년이 즉각적으로 불만을 표출할 때 가장 많
이 제기되는 점은 바로 자신의 존재조건과 직접 관련된 것이었다. 즉, 학교교육의 여
건이나 방식, 내용에 대한 불만과 졸업 이후의 진로, 즉 취업문제 등과 관련되었다.
왜냐하면 교육현장에서는 오로지 부족한 노동력을 보충하는 작업과 황국신민의 양성
에만 치중하였고, 또 막상 일본에 유학하여 대학까지 마치더라도 실질적으로 민족간
차별정책이 존재하는 가운데 제대로 취업을 하기가 곤란하였기 때문이다. 이러한 현
실적 존재조건에서부터 청년 학생의 불만은 점차 높아져 갔고, 이들은 점차 일제의
내선일체론이 매우 허구적이고 비현실적임을 깨달았다.

　따라서 당시 조선사회 내에서 불만의 목소리를 지속적으로 표출했던 계층은 중등
학교 이상의 학생층이었다. 이러한 불만의식에서 한걸음 나아가 식민지 구조하에서
는 차별과 모순은 극복하기 어려우니 극복을 위해서는 조선을 독립국으로 만드는 길
밖에 없다고 생각하면서 점처 민족운동을 모색하는 과정으로 발전했다. 학생층의 민
족운동이 일제 말 전시파시즘 아래 국내의 조선민중이 수행했던 민족해방운동 가운
데 가장 중요한 부분을 이루었다. 요컨대 학생들이 가장 불만으로 느꼈던 것도, 또 그
들이 민족적 감정과 의식을 갖게 되는 것도, 일차적 원인은 바로 그들이 직면한 현실,
즉 사회도처에서 발견되는 철저한 차별제도에 있었다. 그리고 이러한 차별제도를 타
파하기 위해서는 식민지조선의 독립과 해방, 그리고 새로운 국가의 건설 밖에 없다는
인식을 하였다.[25]

　이러한 시점인 1941년 10월 김용창은 서울에 상경하여 덕수공립상업학교 야간반[26]
에 진학하였다.[27] 경성 부립 덕수상업학교는 1939년 6월 1일 개교 예정으로 인가되었
다. 덕수상업학교는 가정이 빈곤하여 진학하지 못하는 생도를 위해 경성부 학무과에
서 계획한 것이다.[28] 재학 중이었던 그는 경제적으로 어려워 학비 등과 생활비를 마

25) 변은진, 「일제 전시파시즘기(1937~45) 조선민중의 현실인식과 저항」, 고려대학교 사학과 박사학위논문, 1998, 60~68쪽.
26) 김용창공적비(향남면 상두 1리 소재).
27) 1944년 12월 14일 경성지방법원 김용창 판결문.

련하기 위하여 경성제국대학(京城帝國大學) 법문학부(法文學部) 사환, 체신국 경성보험관리소(京城保險管理所) 직원으로 근무하였다.[29]

그가 재학하기 이전인 1942년 2월 15일 경성 덕수상업학교 학생 임종목(林鍾穆, 20) 외 급우 8명이 학우 동지 공제회를 조직하여 총독 정치를 배격하고 반일 작문(反日作文)을 작성하여 윤독(輪讀)하면서 민족 정신을 함양하였다고 용산서에 체포되어 취조를 받기도 하였다.[30] 이러한 상황은 김용창의 민족의식 형성에 일정한 기여를 하였을 것으로 보인다.

또한 젊은 혈기에 차 있있던 김용창에게 그의 직장 생활은 마땅치 않았던 것 같다. 1943년 6월경부터 김용창은 그의 직장 생활에 더욱 불만을 갖게 되었다. 다름이 아니라 근무자의 대우에 있어서 조선인 일본인 간에 차별이 심하였던 것이다.[31]

이러한 와중에 김용창은 한국역사책들을 접하게 된다. 이는 그의 인식에 큰 변화를 가져왔다.[32] 당시 그가 어떤 한국사책을 읽었는지에 대하여는 구체적으로 알 수 없다. 다만 당시 유행한 역사책들을 통하여 이를 짐작해 볼 수 있다.

당시 최남선의 『조선역사』 등 과거 조선의 역사와 인물에 관한 것이 유행하였다. 암울한 식민지 상황에서 민중들은 과거의 고대사나 고려 조선의 역사를 돌아보면서, 조선도 독립국이었고, 찬란한 문명국이었던 시절이 있었는데 일본에 강점됨으로써 비참한 시절로 들어섰음을 알게 되었고, 거기에서 힘을 얻으면서 조선을 독립시켜 화려한 문화를 건설하겠다는 희망을 품게 되었다. 또한 과거 위인의 활동에서 많은 감명을 받는데, 이순신 등의 전쟁 영웅이나 이율곡·이퇴계 등 학자들의 행적, 고려 말 정몽주의 일편단심 등을 보면서 많은 힘을 얻게 되었다. 식민지화된 이후에는 안중근이나 윤봉길 등의 영웅적 행동을 보면서 현재에는 그러한 영웅들이 없어서 조선이 독립을 하지 못하고 있다고 생각했으며, 청년인 자신들이 그들과 같은 선구자가

---

28) 『東亞日報』 1939년 5월 19일 ; 『朝鮮總督府官報』 1939년 6월 22일.
29) 1944년 12월 14일 경성지방법원 김용창 판결문.
30) 독립운동사편찬위원회, 『독립운동사』 8권, 1977, 519쪽.
31) 판결문.
32) 판결문.

되어야 한다고 생각하였다. 이렇게 영웅을 추구하는 과정에서 국외에서 무정투쟁을
전개하던 김일성 등의 활동에 관심을 돌리게 되었고, 그와 함께 활동하고자 만주로
가려는 경우도 종종 발견된다.[33]

김용창은 이러한 분위기 속에서 조선 역사에 관한 서적을 탐독하게 되자 그는 조
선에 대한 강한 자부심과 자긍심을 갖게 되었다. 그리고 그의 민족의식은 더욱 고양
되었다. 그 결과 김용창은 조선인은 조선인에 의하여 지배되지 않는 한 행복한 생활
은 기대할 수 없다고 인식하게 되었다. 그리고 조선의 독립만이 살길임을 인지하고
마음속으로 조선독립의 시기가 도래할 것을 희망하였다.[34]

2) 항일투쟁과 체포, 순국

김용창은 조선의 독립을 실현하기 위하여 구체적인 활동을 추진하기 시작하였다.
그는 우선 동료들에게 민족의식을 고취시키기 위하여 노력하였다. 그의 활동을 살펴
보면 다음과 같다.

우선 김용창은 1944년 4월 중순경 그가 하숙하고 있던 경성부 동대문구 창신정(昌
信町) 651번지의 12호 주택 내에서, 같은 학교 학우 금촌익설(金村益卨)에게 "소고이
소(小磯國昭) 총독은 조선과 일본은 동조동근이라고 줄곧 외치고 있으나, 실제로는
조·일 차별이 있다. 뭐가 동조동근인가"고 말하면서 민족의식을 고취시키는데 기여
하였다. 즉 김용창은 일본의 식민지사관을 비판하고 아울러 내선일체 동조동근론에
대한 강한 적개심을 보여주고 있다.[35]

이러한 동조동근론은 1936년 8월 제7대 조선총독으로 부임한 미나미 총독(南次郎)
이 이전시기 우가키(宇垣一成) 총독의 내선융화론을 발전시켜 식민지통치의 기본방
침으로 구현하고자 한 것에 기초한 것이다.[36]

---

33) 변은진, 「일제 전시파시즘기(1937~45) 조선민중의 현실인식과 저항」, 110쪽.
34) 판결문.
35) 판결문.
36) 최유리, 『일제말기 식민지지배정책연구』, 국학자료원, 1997, 27~34쪽.

둘째, 김용창은 1944년 4월 하순(일자 미상)에 경성부 중구 장곡천정(長谷川町) 도로에서 같은 학교 학우 송본무(松本茂)를 만났다 그는 친구에게 "관리소에서는 조선인과 일본인이 싸움을 하고 일본인 계장은 조선인이 담배 피운다고 꾸짖으나 일본인이 담배 피워도 꾸짖지 않는다. 또 계장은 조금도 조선인을 보살펴주지 않는다. 나는 계장과 죽고 살기로 싸움을 해 보고 싶다. 그러나 지금 어찌할 도리가 없다. 우리들이 지금 아무리 민족운동에 노력해도 위대한 인물이 나와서 지도하여 주지 않고는 성취할 수는 없다. 멀지 않아서 어떻게든 되겠지"라고 말하였다. 즉, 김용창은 직장에서의 일본인의 조선인에 대한 차별에 강한 적대감을 갖고 있었던 것이다.[37]

셋째, 김용창은 1944년 5월 중순(날짜 미상)에 경성부 중구 장곡천동 도로에서 금촌(金村)·송본(松本) 두 친구를 만났다. 그리고 그들에게, "보험관리소에서는 항상 일본인과 조선인이 싸움을 하고 있는데, 조선인 쪽이 이기기도 하고 또 조선인 쪽에서 싸움을 걸려고 하는 것을 보더라도 역시 조선인에게는 기백이 있어서 독립할 생각을 잊어버리지 않고 있다고 생각한다"라고 말하였다. 즉 김용창은 조선인에게는 기백이 있어 독립할 생각을 갖고 있으니 함께 독립운동을 할 것을 요청하였던 것이다.[38]

넷째, 김용창은 1944년 5월 중순(날짜 미상), 체신국 경성보험관리소 징수과 사무실에서 동료 정목청(正木淸)과 대화를 하였다. 그의 대화 속에서도 김용창이 얼마나 강한 민족의식을 갖고 있었는지를 짐작해 볼 수 있다.

대담 중 그가 그의 아버지는 조선인이지만 어머니는 일본인이므로, 어머니 적에 입적하고 싶은 의향을 가지고 있다는 것을 알게 되자 그에 대하여, "자네는 부친이 조선인이므로 조선인이다. 지난달 조선에서는 독립을 도모하고자 만세사건 등 봉기가 있었으나, 무기가 없어서 결국 실패로 끝났다. 현재는 지원병제와 징병제가 실시되어 조선인은 다수가 병정이 되므로 조선은 반드시 독립한다. 조선의 역사를 보더라도 조선인은 일본인보다 우수하고 실제로 미국·러시아·상해 방면에서는 조선인이 활발하게 조선독립운동을 하고 있단다. 조선이 독립하면 나는 일본인을 쫓아 버릴 작정이다. 이번 전쟁에 일본이 패한다 하더라도,

---

37) 판결문.
38) 판결문.

조선에는 아무런 관계도 없고 오히려 못이기는 편이 행복하지 않겠느냐고 생각한다."[39]

즉 김용창은 해외에서 한인들이 독립운동을 하고 있음을 인식하고 있었다. 그는 조선의 독립을 갈망하면서 일본의 패전을 희망하고 있었다. 그리고 1941년 태평양 전쟁 발발 이후 일제가 패망할 것이라는 인식이 점차 확대되고 있었다.[40]

다섯째, 김용창은 1944년 5월 초순(날짜 미상), 체신국 경성보험관리소 1층에 있는 화장실 판자벽에, 가지고 있던 연필로 '반도 2천 6백만 동포여, 자 일어서라! 조선독립의 때는 왔다. 지금 와서 지원병이니 징병이니 하고 있다. 아아! 가련하도다'라고 썼다. 그는 지원병 징병제도 등에 반대하면서, 독립운동을 위해 떨쳐 일어날 것을 주창하였다.[41] 이러한 사례의 김용창의 경우가 현재로서는 유일한 것이라고 판단된다.

당시 청년들은 일제의 허구적인 내선일체론에 입각한 지원병 징병 학병정책에 대해 '일면 거부, 일면 참여' 전술로 대응하는 경우가 많았다. 지원병 징병에 대하여 기본적으로 거부투쟁을 전개하면서도 한편으로는 교련교육을 받거나 지원병 징병 학병에 강제되어 가더라도 이 군사훈련을 오히려 조선을 독립시키는 데에 활용해야 한다고 보았다.[42]

한편 전시 파시즘기 조선 민중의 저항형태 중 가장 일반화 된 것은 이른바 '불온언동'으로 불리운 유언비어 유포나 낙서 등이었다.[43] 이 중 '불온'한 낙서의 경우 태평양전쟁이 발발하기 직전인 1941년에 들어서면서 격증하였다. 1939년 1~6월 사이에 12건, 1939년 7~12월 16건, 1940년 1~6월 27건으로 총 55건이 적발된데 불과하였다. 그러나 1941년에 들어서면서 총 239건(10월까지)이 적발 검거되었다. 낙서를 하는 장소는 공중변소나 열차, 공원 등 공공시설의 변소가 가장 많았다. 낙서의 내용은 대체로 천황이나 총독, 친일파 등에 대한 개인적인 반감, 조선독립에 대한 바람을 직설적으로 표

---

39) 판결문.
40) 변은진, 「일제 전시파시즘기(1937~45) 조선민중의 현실인식과 저항」, 145~153쪽.
41) 판결문.
42) 변은진, 「일제 전시파시즘기(1937~45) 조선민중의 현실인식과 저항」, 197~203쪽.
43) 정병준, 『광복직전 독립운동세력의 동향』, 한국독립운동사편찬위원회 독립기념관 한국독립운동사연구소, 2009, 196~200쪽.

출하는 경우가 많았다.[44] 1941년 4월 28일 수원지역의 유지이며 나혜석의 오빠인 나홍석(羅弘錫)의[45] 아들인 다다나석균(多多羅奭均, 무직, 21세)은[46] 수원의 장안문 2층 벽과 고지소좌(古志小佐)의[47] 석비(石碑)에 검은색 크레용으로 "주살(呪殺) 남차랑, 황국신민이란 무엇인가? 죽음으로 남차랑을 타살하자. 우리는 대한국민이다. 대한만세, 타도일본, 대한만세, 우리 대한국민은 일치단결하여 대한독립을 이루자"라고 썼다.[48]

이처럼 김용창은 민족정신 고취에 진력하다가 경성고등검찰사찰형사에게 소위 치안 방해 혐의로 피체되었다. 결국 1944년 12월 14일 경성지방법원에서 소위 보안법 위반 및 일본천황모독죄로 징역 1년 6월을 받고 옥고를 치르던 중 1945년 4월 3일 대전형무소에서 옥중 순국하였다.[49]

4. 결어

김용창은 전시파시즘기인 1940년대 전반기 일제에 저항하다 순국한 학생독립운동가이다. 그의 생애는 비록 19세의 어린 나이였지만 그의 항일운동은 여러 가지 측면에서 큰 의미를 갖는 것이라고 할 수 있다.

첫째, 김용창은 제암리 학살사건이 있었던 수원군 향남면 출신인 점이 일차적으로 주목된다. 1919년 4월 제암리 고주리 등의 학살사건이 있은 후 향남면에 대한 일제의

---

44) 변은진, 「일제 전시파시즘기(1937~45) 조선민중의 현실인식과 저항」, 168쪽.
45) 이동근, 「일제강점기 수원청년동맹의 활동과 인물」, 『한국민족운동사연구』 51, 2007, 193쪽.
46) 나석균은 수원읍 본정 2정목 102호에 사는 나홍균의 아들이다(한동민, 「일제강점기 수원 팔달산의 훼손과 활용」, 『수원학연구』 3, 수원학연구소, 2006, 219~220쪽 ; 京高特秘 제1098호. 「古跡 長安門內 및 石碑의 不穏落書 發見에 관한 건」, 『사상에 관한 정보(14)』, 1941.8.18.
47) 고지소좌는 1894년 7월 27일 오전 5시 수원성내에서 청나라군과 운명을 건 중요한 전투가 있는 급박한 상황에서 제때 출발하지 못한 책임을 지고 자결한 인물이다(한동민, 「일제강점기 수원팔달산의 훼손과 활용」, 『수원학연구』 3, 2006, 215~216쪽).
48) 「제79회 제국의회 설명자료」 1941.12, 京高特秘 제1121호. 「古志少佐義死碑의 不穏落書에 관한 건」, 『사상에 관한 정보(14)』, 1941.5.5.
49) 『독립유공자공훈록』 김용창.

감시와 탄압이 심하였으므로 이들 지역 출신들의 항일운동은 거의 찾아볼 수 없었다. 이런 점에서 볼 때 김용창의 항일운동은 지역사 차원에서 의미를 갖는다고 보여진다.

둘째, 김용창은 향남 공립보통학교를 1937년 3월 7회로 졸업하였다. 그는 이 학교를 졸업한 항일운동가로서 역사적 의미를 갖는다. 현재까지 이 학교 출신 독립운동가로 알려진 사람이 없기 때문이다. 향남학교의 경우 현재 일제시대 학적부, 교원 인사기록부 및 이력서, 1938년도 3월 8회 졸업 앨범 등 다양한 자료들이 보관되어 있어 그의 초등학교 시절을 재현하는데 도움을 줄 수 있을 것이다.

셋째, 김용창은 낙서 등의 방법으로 일제에 저항한 인물로 주목된다. 이 방법은 유언비어 유포, 삐라 등과 더불어 1940년대 전반기 일제에 저항한 대표적인 저항수단의 하나였다. 이러한 저항투쟁을 한 인물에 대한 구체적인 사례연구에 대하여 현재까지 학계에서는 주목하지 못하였다. 김용창의 연구를 통하여 이에 대한 심도 있는 연구가 이루어지는 초석을 이루었다고 생각된다.

넷째, 김용창은 19세(1926~1945)의 어린 학생으로서 일제에 저항하다 옥중 순국한 인물이다. 유관순(1902~1920)과 시대는 달랐지만 비슷한 나이의 어린 학생이었다. 이런 점에서 그의 항일투쟁은 주목받아야 한다고 생각한다.

특히 김용창은 1940년대 일제의 철저한 군국주의 통치 시기인 전시파시즘시기에 민족의식을 고취하고 동포들에게 의식을 고취시키고자 노력한 점이 더욱 돋보인다. 이 시기는 민족지도자들도 친일의 길을 걸었던, 가장 어렵고 고통스러운 시기였던 것이다.

【별첨 1】김용창 등 경성지방법원 판결문(1944.12.14)

소화 19년(1944년–필자주) 형공 제3111호

본적 : 경기도 수원군 향남면(鄕南面) 상두리(上斗里) 221번지

주거 : 경성부 동대문구 창신정(昌信町) 651번지의 12

덕수공립상업학교2년생

김용창(金容昶) 개명 금산무등(金山武登) 당 19세(대정 15년(1926년–필자주) 8월 3일생)

위에 대한 보안법 위반 피고사건에 관하여, 조선총독부 검사 등목용랑(藤木龍郎) 관여로 심리를 마치고 다음과 같이 판결한다.

주문

피고인을 징역 1년 6월에 처한다.

범죄사실

피고인은 소화 16년(1941년–필자주) 10월 경성부에 와서 경성제국대학 법문학부 사환, 체신국 경성보험관리소 고원으로 근무하는 한편, 야간은 경성덕수공립상업학교에 다녀 현재 동교 제2학년에 재학 중인 자인 바, 위 관리소에 근무하고 있던 소화 18년(1943년–필자주) 6월경부터 동 소 근무자의 대우에 있어서 조선인 일본인 간에 차별이 있음에 불만을 품게 되고, 또 조선 역사에 관한 서적을 탐독하게 되자 점차 품고 있던 바, 민족의식이 앙양되어 마침내는 조·일 차별 대우를 곡해하여 조선인은 조선인에 의하여 지배되지 않는 한 행복한 생활은 기대할 수 없다고 간주하고, 몰래 마음속으로 조선독립의 시기가 도래할 것을 희망하고 있었으며, 그 언동이 불온한 적이 자주 있었는데 그중에서도,

제1, (1) 소화 19년(1944년–필자주) 4월 중순경 그가 하숙하고 있던 경성부 동대문

구 창신정(昌信町) 651번지의 12호 주택 내에서, 학우 금촌익설(金村益卨)에 대하여 "소고이소(小磯) 총독은 조선과 일본은 동조동근이라고 줄곧 외치고 있으나, 실제로 는 조·일 차별이 있다. 뭐가 동조동근인가"고 말하고,

(2) 동년 4월 하순(일자 미상)에 경성부 중구 장곡천정(長谷川町) 도로에서 학우 송 본무(松本茂)에게 "관리소에서는 조선인과 일본인이 싸움을 하고 일본인 계장은 조선 인이 담배 피운다고 꾸짖으나 일본인이 담배 피워도 꾸짖지 않는다. 또 계장은 조금 도 조선인을 보살펴주지 않는다. 나는 계장과 죽고 살기로 싸움을 해 보고 싶다. 그러 나 지금 어찌할 도리가 없다. 우리들이 지금 아무리 민족운동에 노력해도 위대한 인 물이 나와서 지도하여 주지 않고는 성취할 수는 없다. 멀지 않아서 어떻게든 되겠지" 라고 말하고,

(3) 동년 5월 중순(날짜 미상)에 위 도로 위에서 전기 금촌(金村)·송본(松本) 양인 에게, "보험관리소에서는 항상 일본인과 조선인이 싸움을 하고 있는데, 조선인 쪽이 이기기도 하고 또 조선인 쪽에서 싸움을 걸려고 하는 것을 보더라도 역시 조선인에게 는 기백이 있어서 독립할 생각을 잊어버리지 않고 있다고 생각한다"라고 말하고,

(4) 동년 5월 중순(날짜 미상), 전기 관리소 징수과 사무실에서 동료 정목청(正木淸) 과 대담 중 그가 그의 아버지는 조선인이지만 어머니는 일본인이므로, 어머니 적에 입적하고 싶은 의향을 가지고 있다는 것을 알게 되자 그에 대하여, "자네는 부친이 조 선인이므로 조선인이다. 지난달 조선에서는 독립을 도모하고자 만세사건 등 봉기가 있었으나, 무기가 없어서 결국 실패로 끝났다. 현재는 지원병제와 징병제가 실시되어 조선인은 다수가 병정이 되므로 조선은 반드시 독립한다. 조선의 역사를 보더라도 조 선인은 일본인보다 우수하고 실제로 미국·러시아·상해 방면에서는 조선인이 활발 하게 조선독립운동을 하고 있단다. 조선이 독립하면 나는 일본인을 쫓아 버릴 작정이 다. 이번 전쟁에 일본이 패한다 하더라도, 조선에는 아무런 관계도 없고 오히려 못이 기는 편이 행복하지 않겠느냐고 생각한다"라고 말하며 정치에 관하여 불온한 언동을 하여 이로 말미암아 치안을 방해하였으며,

제2, 소화 19년 5월 초순(날짜 미상), 전기 관리소 1층에 있는 대변소 판자벽에 가지

고 있던 연필로 '반도 2천 6백만 동포여, 자 일어서라! 조선독립의 때는 왔다. 지금 와서 지원병이니 징병이니 하고 있다. 아아! 가련하도다'라고 써 붙혀서 다수인의 눈에 띄게 함으로써 정치에 관하여 불온한 언동을 하므로 말미암아 치안을 방해한 자로서 판시한 동종 행위는 그 범위가 계속된 것이다.

적용법조 보안법제7조 형법 제55조
소화 19년 12월 14일
경성지방법원
조선총독부 판사 구천청(龜川淸)

【별첨 2】 김용창의 동생 김용무와의 면담록

1. 면담인 및 면담 장소: 김용창(향남면 상두리 222번지) 동생 김용무(1940년생)
2. 면담일시: 2005년 12월 31일

필　자: 항일독립운동을 전개했던 김 용자 창자 김용창 지사님의 다섯째 동생이신 김자 용
자 무자 1940년생 이십니다. 동생분을 모시고 김용창 지사님에 관해서 인터뷰를
하도록 하겠습니다. 이곳은 현재 주소지가 화성시 향남면 상두리 222번지입니다.
지금 현재 김용무 선생님이 살고계시고 바로 이곳은 과거에 김자 용자 창자 지사님
께서 출생하신 그러한 곳이 되겠습니다.
선생님 지금 1940년생 맞으시죠?

김용무: 예.

필　자: 예. 그러면은 김용창 선생님한테 다섯째 동생이시구요 그죠?

김용무: 그렇죠. 딸까지 따져서 다섯째고 족보상에는 사방에 다 돌아가시고 바로 둘
째가 되는 거예요.

필　자: 선생님께서요?

김용무: 예. 다 돌아가시고.

필　자: 다 돌아가시고?

김용무: 예. 내가 바로 위 손위에서 둘째가 되죠.

필　자: 뭐 그러면 지금 결국은 셋째 되시던 분이 김자 용자 권자?

김용무: 예.

필　자: 그분이 서울 거주하시고?

김용무: 예. 서울 거주하죠.

필　자: 그럼 원래 그 광산김씨 시구요?

김용무: 예. 본이 광산이니까.

필　자: 무슨 파세요?

김용무: 우리 판교공파예요.

필　자: 판교공파? 판교공파시구요 그럼 원래 대대로 상두리쪽에 지방에서 사셨나요?

김용무: 그렇죠. 여기가 지금 우리가 용자 항렬로다가 17대가 여기서 살고 있으니까 우리 17대 선조가 흉상 바로 위에, 바로 그 흉상 위에 산 있어가지고 17대 할아버지는 거기 모시고 있어요.

필　자: 거기 모셔져 있는 거군요.

김용무: 예.

필　자: 거기가 지금 선산이시군요?

김용무: 예.

필　자: 형님 되시는 김 용자 창자 분은 1926년 8월 3일생으로 되어있는데 맞습니까?

김용무: 예.

필　자: 그러면 지금 재적부라든가 이런 것은 향남면사무소에서?

김용무: 면사무소에 들어가 있죠.

필　자: 제적부요?

김용무: 예. 거기 들어가 있죠.

필　자: 그리고 돌아가신 것은 어떻게 45년 4월 3일 날 돌아가신 거?

김용무: 예.

필　자: 그렇습니까?

김용무: 예.

필　자: 돌아가신 것은 나중에 대전형무소에서 돌아가셨구요?

김용무: 예. 거기서 저기하셨다고.. 그것도 이제 그냥 부모님들은 저녁에 들은 거지 내가 어려서 그런 거니까. 부모님이 잠자리에 들어 가셨을 때 그렇게 얘기가 흘러나왔던 거죠.

필　자: 그 지금 용자 창자 어른은 묘소가 어딨습니까?

김용무: 그 묘소가 여기 있다가.

필　자: 어디요?

김용무: 이 상두리에.

필　자: 상두리에?

김용무: 예. 상두리에 있었는데 야산개발을 하는 바람에 야산에 있던 것을 화장했어요, 내가.

필　자: 아. 화장하셔서?

김용무: 예.

필　자: 그 어디에 국립묘지에 모셨습니까?

김용무: 아뇨. 화장해서 뿌렸거든요 그때는 이런 저기가 없었으니까. 그 당시에는 독립운동 지사로 포상이 안됐기 때문에 그걸 모르고 그냥 화장을 했죠.

필　자: 야산 개발하니까?

김용무: 예. 그래서 그 보훈처에서. 지사로 되서. 그걸 물어보더라구요. 그래가지고선 그걸 저기다가. 공원묘지로다가 할래느냐고 근데 뭐 그걸 어떻게 해요? 내가 미리 해놨으니. 예 그래서 못했어요 그거는.

필　자: 그러면은 그 원래 17대손 어르신부터 여기 쭉 상두리 사셨는데 집안은 어떻게 먹고 살만 하셨어요? 어떠셨어요? 상두리에서 상두리 여기 와보니까 논은 별로 없어 보이는데?

김용무: 예. 여기 그전에는 우리 아버님이 4형제의...

필　자: 아버님 존함이?

김용무: 언자 순자요.

필　자: 언자 순자?

김용무: 예. 4형제의 막내로 태어나가지고.

필　자: 아버님께서?

김용무: 예. 막내로 태어나가지고 아마 상당히 못 살았나봐요.

필　자: 어려우셨군요?

김용무: 예. 어려웠다고 해가지고 남의 품을 팔고 이래가지고 살았는데, 우리 용자 창
　　　　자 형님이 국민학교서부터 공부를 워낙 잘했데요.

필　자: 여기서 국민학교를 어디로 다니셨나요?

김용무: 여기 향남 그땐 향남 보통학교라고 했죠. 향남 보통학교 그러니까 향남 초등
　　　　학교지.

필　자: 지금의 향남초등학교?

김용무: 예. 지금 향남 초등학교지 그래가지고서는.

필　자: 거기 다니셨고?

김용무: 예. 거기서 국민학교를 나와 가지고서는.

필　자: 저기 그 향남초등학교가 어딨나요?

김용무: 여기 백토리.

필　자: 백토리 거기에 향남초등학교가?

김용무: 예. 거기 있어 가지고선 거기서 저기 해가지고선 국민학교 때부터 먼저 집에
　　　　서 뒷받침을 못해주니까, 남이 징용가는 거를 돈을 받아가지고 그 돈으로다
　　　　가 서울로다가 갔다나 봐요.

필　자: 징용 때문에 돈을 받아서 남의 돈을 받아서 대신갈라고?

김용무: 예. 대신갈라고 돈을 받아가지고 서울 가서는 징용을 안가고 덕수, 지금도 덕
　　　　수고등학교지? 덕수고등학교 거기 저 저기로 들어갔다나봐요.

필　자: 아 여기 덕수 국립보통, 국립 상업학교?

김용무: 체신청에 들어갔다고 하는데. 체신청에.

필　자: 예 맞습니다.

김용무: 아뇨. 거기 댕기면서 일을 하면서 독학을 한거죠 공부를.. 공부를 해가면서
　　　　거기서 야간 덕수.. 야간을 다니면서 체신청을 다녔데요 우체국인가 뭐 댕기
　　　　면서 공부를 하면서 그러니까 거기서 공부를 하다가 8 · 15해방되기 직전에
　　　　지? 그해 인제 혼자 독학을 하면서 반기를 들었나봐요. 그 왜정 아마 그 상당
　　　　히 왜정 때 그 왜정 학생들이 한국학생들에게 괄세가 무지하게 많았던 모양
　　　　이예요. 그 당시 그래가지고 그 괄세 받기 저기하고 그러니까 거기서 화장실
　　　　이런 벽에다가 벽보를 붙이구 선, 뭐 왜놈들 저기한다 어쩐다 이래서 그 해가
　　　　지고 책을.. 그 독립운동의 책을 혼자서, 혼자서 많이 봤데나봐요. 그래서 들
　　　　켜가지고선 끌려갔다 뭐, 그런 얘기가 있더라고.

필　자: 저희가 기록에는.. 재판기록에는 인제 41년 10월에 서울에 와가지고 경성제국대학
　　　　법문학부에 사환으로 일을 했고 그리고 이제 체신국에 경성보험관리소에 용원으로
　　　　고용이 되고 일하면서 야간에 이제 국립상업학교에 다니고.

김용무: 예. 그랬다 그러더라구요. (이하 생략)

제2장
한글사랑
수원고등농림학생 비밀결사 한글연구회의 조직과 활동

1. 서언

1920년대 후반부터 활발하게 진행되어 오던 비합법 독서회 등의 전통을 계승한 비밀결사조직은 전반적인 운동의 침체기인 1930년대 중후반 이후에도 꾸준히 전개되었다. 이들 조직에는 대체로 20대 정도의 청년 학생들이 많이 참가하였다. 이러한 소규모 비밀결사운동은 전시체제기 국내 독립운동의 대표적인 양상이었다.

1937년 중일전쟁 발발 이후인 1939년, 수원고등농림학교에서도 한글연구회[1]라는 비밀결사가 조직되어 활발한 활동을 전개하였다. 1942년 12월 1일 수원경찰서에서 작성한 보고서에 따르면,

제2, 피의자 松島健(정주영 – 필자주)·宇川甫(민병준 – 필자주)는 함께 조선을 일본제국의 기반에서 이탈시켜 독립시키겠다는 것을 목적으로 하여 소화 14년(1939년 – 필자주) 10월 초순 날짜 미상의 오후 8경 수원고등농림학교 제4寮 6호실에서 비밀결사 諺文硏究會의 조

---

[1] 일본 측 기록에는 언문연구회(諺文硏究會)라고 언급하고 있으나, 해방 후 조직에 참여한 인물들은 한글연구회라고 하고 있어 본고에서는 참여 주체의 언급에 따라 '한글연구회'로 표기하기로 한다.

직을 모의하여 동월 5일 오후 8시경 제5寮 6호실 東寮會 석상에서 그것을 발표하였고, 동월 11일 오후 7시경 제4寮 6호실에서 같은 목표로 신청한 피의자 朴道秉·靑山秀章(김상태 – 필자주)과 함께 조선을 독립시키겠다는 목적으로 한글연구회라는 결사를 조직하여 그 강령(社則)으로,

　一. 서로 조선인이라는 의식을 잊지 말 것.
　一. 서로 비밀을 지킬 것.
　一. 서로 조선어를 사용할 것.
　一. 서로 시간을 엄수하고 연구는 두 시간을 한도로 할 것.
　一. 서로 諺文綴字法統一案과 中等朝鮮語文法을 교재로 하여 연구할 것.

을 구두 약속한 후 서로 결사의 목적 운행을 위하여 조직 후, 소화 14년(1939년 – 필자주) 12월 중순 일자 불상까지 매주 수요일에 제4寮 6호실 또는 제5寮 3호실에서 비밀리에 회합하여 의식 앙양에 노력하며 계속 결사의 목적을 운행하기 위해

라고 있듯이, 정주영(鄭周泳), 민병준(閔丙駿), 박도병(朴道秉), 김상태(金象泰) 등 수원고등농림학교 학생들이 1939년 10월 11일 오후 7시경 조선인 학생 기숙사인 제4료 6호실에서 조선독립을 목적으로 한글연구회라는 비밀결사를 조직하였던 것이다.

한글연구회는 1920, 30년대 수원고등농림학교에서 조직된 건아단, 조선개척사 등의[2] 전통을 계승한 조직으로서, 1938년 3차 조선교육령 개정에서 일제의 조선어말살 정책의 일환으로 조선어 교육이 이루어질 수 없게 되자[3] 이에 대한 반발로 조직되었다. 특히 한글연구회의 중심인물인 정주영(창씨명 松島健, 산업기수), 박도병(과수재배업), 임봉호(林鳳鎬, 산업기수), 김상태(靑山秀章, 농업), 민병준(宇川甫, 식산은행 부산지점 행원) 등은 재학 중뿐만 아니라, 1940년(1941년) 학교를 졸업한 이후에도 각 지역에서 조선어교육과 민족의식 고취에 깊은 관심을 기울였다. 그러다 결국 1942년 일제에 의해 검거되었던 것이다. 그럼에도 불구하고 지금까지 학계에서는 이 단체에

---

[2] 박환, 「1920년대 수원고등농림학교 학생비밀결사 – 건아단과 조선개척사를 중심으로」, 『경기지역 3.1독립운동사』, 선인, 2007.
[3] 김성준, 『일제강점기 조선어 교육과 조선어 말살정책 연구』, 경인문화사, 2010.

대하여 거의 주목하지 못하였다.[4] 이에 필자는 한글연구회의 조직배경, 조직과 활동 등에 대하여 검토해 보고자 하는 것이다. 특히 한글연구회의 경우 전시체제기의 비밀 결사인 만큼 신문조서 외에 다른 기록에는 그 존재 자체가 알려지지 않았던 것으로, 이번에 최초로 본격적인 연구가 이루어진다는 측면에서 큰 연구사적으로 큰 의미가 있다고 판단된다.

본고를 작성하는데 있어서는 국사편찬위원회에서 간행한 『한민족독립운동사자료 집 69: 전시기 반일언동사건 4』(2007)이 큰 도움이 되었다. 이 자료에는 지금까지 알려지지 않았던 수원고등농림학교 한글연구회 중심인물들의 신문조서와 지방법원 및 고등법원 등의 공판조서 등 기타자료들이 실려 있기 때문이다. 아울러 생존 당시 운동의 주도세력인 박도영, 임봉호 등이 해방 후 작성한 기록들도 국가보훈처에 남아 있어 내용을 주체적 입장에서 바라보는데 도움이 되었다.

2. 전시체제기 수원고등농림학교 조선인학생들의 학교생활

수원고등농림학교에서 한글연구회라는 비밀결사가 조직된 시대적 배경으로는 1938년 조선교육령 개정에 따른 조선어 사용 금지를 들 수 있다. 조선어의 사용 금지는 바로 조선의 민족정신을 말살하려는 것이었기 때문에 학생들은 조선어를 보존·유지하기 위하여 한글연구회를 조직하였던 것이다. 학생들이 이러한 민족적 비밀결사를 만들 게 된 데에는 일본학생들의 조선인 학생에 대한 학대와 수원고등농림학교 학생들이 갖고 있던 민족정신인 동료(東寮)정신이 큰 역할을 하였다고 볼 수 있다.

1937년 중일전쟁 발발 이후 조선인이 일제에 저항하게 된 경로나 동기는 대체로 일상 속에서 잠재된 불만이 직접적인 계기가 되었다. 당시 이러한 불만을 가장 지속적으로 표출했던 계층은 청년 학생층이었고, 따라서 소규모 비밀결사운동의 주체는 대

---

4) 다만 최근 장용경이 이에 대하여 다음 글에서 간단히 언급하고 있는 정도이다. 장용경, 「'사건'을 통해 본 일제하 수원고등농림학교 학생들의 의식세계」, 『수원시사』 8, 수원시사편찬위원회, 2014.

부분 이들이었다.5)

한글연구회가 조직된 시기인 1939년에는 일제의 황국신민화정책이 본격적으로 추진됨과 아울러 조선어사용이 전면 금지되던 시기였다. 즉, 관공사와 학교는 물론 가정에서도 일본어를 항상 사용하도록 강제했던 것이다. 즉 일제는 1938년 3차 조선교육령 개정에서 학내 조선어사용을 전면 금지하고 조선어교과를 선택과목으로 바꾸어 사실상 폐지시켰다. 학내에서 조선어를 사용하면 체벌이나 정학 등의 징계를 받았고, 일반인도 조선어 사용 시 불온분자로 낙인찍혀 경찰에 검거당하기까지 했던 것이다. 나아가 1939년에는 조선어로 발행되던 신문이나 잡지가 폐간되고, 1940년에는 창씨개명이 강제로 실시되었다. 아울러 1942년에는 조선어학회 관련자들을 대대적으로 검거하였다.

본 장에서는 수원고등농림학교에서의 조선인학생들의 생활을 시대적 배경의 토대 위에서 일본학생들의 조선인 학생에 대한 학대와 민족정신인 동료정신으로 나누어 살펴보고자 한다. 바로 이들 양자의 구도 속에서 학교에서 조선어 교육이 사라지자 우리의 조선문화를 지키기 위하여 한글연구회가 결성되었던 것이다.

1) 일본인 학생들의 조선인 학생들에 대한 학대

수원고등농림학교 학생들이 한글연구회라는 비밀결사를 조직한데는 학교 내에서 조선인에 대한 일정한 차별이 있었기 때문이었다. 한글연구회를 조직하는데 중심적인 역할을 한 정주영은 이에 대하여 1942년 11월 21일에 있었던 정주영신문조서(제6회)에서 다음과 같이 언급하고 있다.

문: 그러면 그대는 內鮮人의 차별적 냉대와 학교 안에서의 일본인 학생에게 경멸과 학대를
　　받아 조선독립을 희망하게 되었는가.
답: 그렇다. 水原고농 재학 중 동교 학생의 4분의 3을 점하는 일본인 학생은 우리 조선인

---

5) 변은진, 「일제말 비밀결사운동의 전개와 성격 1937~1945」, 『한국민족운동사연구』 28, 한국민족운동사학회, 2001, 279~280쪽.

학생을 멸시하고 있었다. 무엇인가 조그만 결점이라도 있으면 곧 집단적으로 우리 조선인 학생을 구타했다. 일례로는 내가 3학년 때 2년 후배인 鄭敬燮이라는 農科 1학년생이 일본인 학생과 실습을 할 때 사소한 일로 논쟁을 시작하여 당시에는 그대로 헤어져 기숙사로 돌아왔으나, 鄭敬燮이 식당에서 돌아올 때 학교 안에서 일본인 학생이 건방지다면서 여럿이 마구 때렸다고 들었다.

또 경멸받은 일은 여러 번 있었다. 무엇인가 조선인 학생에게서 의견이 나오면 조선인 학생이 알겠느냐고 그 의견을 인정해 주지 않았다. 그 밖에 일본인 학생에게 학대받는 것을 많이 봐서 자연히 조선민족 의식이 농후해졌다. 또 학교를 졸업하고 관리로 봉직해도 일본인에게는 加俸이나 宿舍料 지급 제도가 있는데, 조선인에게는 그런 제도가 없는 것은 이 역시 내선인을 차별한 대우라고 불만으로 생각한다. 조선이 독립해 제국의 지배를 받지 않게 되면 그런 불평도 해소될 것으로 생각해서 조선독립을 바라게 되었다.

정주영은 학교 내에서 일본인 학생들의 차별과 졸업 이후의 차별에 대하여 구체적인 사례를 들어 언급하고 있다. 이러한 일들이 결국 조선인 학생들을 조선인이라는 강한 민족정신을 바탕으로 모이게 만들었던 것이다.

아울러 한글연구회 조직에 중심적인 역할을 한 민병준도 일본학생들의 학대 사례를 다음과 같이 언급하고 있다. 1942년 9월 11일 제4회 신문조서를 보면 다음과 같다.

문: 어떻게 학대받았는가.
답: 내가 기억하고 있는 범위로는,

1. 소화 12년(1937년-필자주) 8월 상순 오전 5시경 水原驛을 통과하는 출정군인 환송연에 農科 1학년만 전부 가기로 약속하였지만, 나는 水原驛 출정군인 환송연에 가지 않았다. 그 일로 일본인 학생 本宮要 외 三·四명으로부터 학교 현관 앞에 호출되어 어떠한 이유가 있다 해도 출정군인 전송에 가지 않은 것은 나쁘다면서 견책당하고 나는 本宮要로부터 뺨을 한 대 맞았다.
2. 다음은 소화13년(1938년-필자주) 8월경 1년 후배인 농과 1학년 金宗活이 西鮮지방 수학여행 중 여관에서 일본인 학생으로부터 구타당했다는 것을 들었다.
3. 소화 14년(1938년-필자주) 8월 1일경 농학과 3학년만 東京방면으로 수학여행을 갔는데 그때 동배의 朴道秉·金松煥 외 2명이 여관방에서 일본인 학생 本宮要·西田

吉助·毛利重彌·鮫島敏郎 외 4·5명으로부터 구타당한 것을 들었는데 그때 구타당한 이유를 들으니 朴道秉 등이 明治神宮에 참배가지 않았고, 또 明治천황 성덕기념 繪館 견학에도 가지 않았기 때문이었다.

4. 소화 14년(1938년) 11월 상순 오후 1시경 농학과 1학년 교실에서 조선인 학생 鄭敬燮 외 수명이 조선어를 사용하였기 때문에 휴게시간에 학교 안에서 일본인 학생 수명과 조선인 학생 수명이 난투를 벌인 적이 있었는데 그날 오후 4시경 일본인 학생 鈴木某가 조선인 학생 鄭敬燮을 호출하여 조선어 사용일로 복도에서 두 사람이 맞잡고 싸웠는데 그때 일본인 학생 鈴木이 졌기 때문에 鈴木은 다른 일본인 학생 8·9명과 함께 鄭敬燮이 식당에서 나오는 것을 구타한 것을 들었다. 항상 조선인 학생은 일본인 학생에게 학대받고 있다.

김상태(金象泰) 역시 1942년 11월 26일 제5회 신문조서에서 일본인들의 학대에 대하여 언급하고 있다.

한글연구회에서 활동한 중심적인 인물인 정주영, 민병준 그리고 김상태 역시 수원고등농림학교 내에서 일본인 학생들의 조선인 학생에 대한 차별과 학대는 일본인에 대한 적대감 고양과 민족의식의 고취에 큰 계기가 되었던 것으로 보인다. 특히 1939년 8월 일본 동경 수학여행 시 한글연구회 회원으로 중심적인 역할을 한 박도병의 경우 명치신궁(明治神宮)에 참배가지 않은 이유로 구타당한 일들은 젊은 학생들에게 큰 자극제가 되었을 것으로 보인다.

2) 조선인 기숙사 동료와 동료정신

기숙사 상황은 당시를 대표할 수 있을 것으로 보이는 민병준에 대한 1차 신문조서(1942년 8월 27일)를 통하여 살펴볼 것이다. 왜냐하면, 민병준은 1937년 4월에 입학하여 1940년에 졸업하였는데, 한글연구회에 참여한 대다수 동지들이 모두 그와 같은 18회 졸업생이기 때문이다.[6]

---

[6] 다만 김상태만이 19회로서, 1941년 졸업생이다.

문: 당시 기숙사의 모양은.

답: 학교 본관 서쪽에 기숙사가 당시 7寮까지 있었다. 우리 조선인 학생만을 수용하고 있던 제四寮와 제五寮는 학교 기숙사 西南部에 위치한 2층 건축으로 아래층이 제4寮, 2층을 제5寮라고 불렀고 그 북측이 제3寮였다고 생각된다. 제4·5寮의 북측이 제7寮이고 그 북측에 제1·2寮가 있다. 그런데 내가 2학년 때 제4·5寮와 제7寮의 중간 남측에 제8寮 한 동이 증축되었다.

문: 제4寮와 제5寮를 東寮라고 부르고 있었는가.

답: 그렇다.

문: 그러면 조선인과 일본인은 따로 기숙사에 수용되어 있었는가.

답: 그렇다. 제1·2·3寮, 제6·7寮는 일본인 학생, 제4·5寮가 조선인 학생이었다. 또 제8寮가 신축되어서 일본인 학생이 들어갔다.

위에서 보는 바와 같이, 수원고등농림학교에 입학한 학생들은 일본인은 서료에, 조선인은 동료에 각각 입실하여 기숙생활을 하게 된다. 그리고 각료에는 료장이 있어 중심적인 역할을 하게 되는데 조선인들은 단결하여 함께 뭉치게 된다. 그들은 축구를 통하여 울분을 토하며 조선인임을 인지하고 함께 동료정신을 키워나갔다. 민병준에 대한 1차 신문조서(1942년 8월 27일)를 통하여 동료정신에 대하여 알아보자.

문: 그대는 東寮에 들어가고 나서 선배 상급생에게서 어떤 말을 들었는가, 바꾸어 말하면 東寮정신에 대하여 어떤 교양을 받았는가.

답: 선배 상급생에게서 東寮會 석상에서

1. 우리들은 조선인이므로 항상 조선인이라는 것을 잊지 말고 일치단결하여 일본인 학생에게 대항할 것.

2. 조선인 학생은 기숙사생이거나 통학생이거나를 불문하고 東寮라고 부르며, 조선인 학생 전부는 축구부원이 되게 되므로 東寮의 생각도 축구부의 생각도 같기 때문에 축구부에서도 일치단결하여 일본인 학생에게 대항하지 않으며 안 된다는 것.

3. 東寮정신은 전통적으로 계승하는 조선인의 단결 정신인 것.

등을 강조해서 교양을 받았다.

다음에는 정주영의 1차신문조서(1942년 8월 26일)를 통하여 정주영이 인식하고 있는 동료정신에 대하여 알아보자.

> 문: 그대는 水原고농 입학 이래 상급생으로부터 어떤 것을 배웠는가.
> 답: 東寮에 들어가고 나서 또는 副寮長에게서 일본인 학생에게 뒤지지 않도록 공부하고, 운동 경기에서도 일본인 학생에게 지지 않도록 기술을 연구하라는 말을 들었다. 그 외에 東寮정신을 앙양하라고 말해주었다.

> 문: 東寮정신이란.
> 답: 선배 학생에게서 東寮정신이 무엇인지는 직접 듣지는 못했지만 내 생각으로는 조선인이라는 것을 잊지 않고 조선인이 일치단결해서 기숙사 생활을 원만하게 해 나가자고 하는 이른바 조선 민족정신 앙양을 도모하는 것이라고 이해하고 있었다.

즉, 동료정신은 조선인으로서 항상 조선인이라는 것을 잊지 말고, 일치단결하여 일본인 학생에게 대항하는, 조선인의 단결정신을 의미하는 것이었다. 그리고 이 정신은 수원고등농림학교 학생들은 선배들로부터 지속적으로 교양을 받았던 것이다.

민병준은 3학년 당시 제5료 료장으로서 활동하였다. 아울러 제4료 료장에는 정주영이 일하고 있었다. 그러므로 바로 이들 료장을 중심으로 동료정신, 조선인의 민족정신이 강조되었다. 정주영이 학생들을 대상으로 행한 "장래를 위하여"라는 제목의 강연도 동료정신 고취를 위한 한 방편이었고, 한글연구회 역시 그 일환으로 이루어진 것이라고 볼 수 있다.

그러나 조선인 학생들끼리의 기숙은 1940년 점차 일제의 내선일체 정책에 따라 일본학생들과의 혼숙으로 통합되어 갔다. 이에 대하여 조선인 학생들은 반대 입장을 분명히 하였다. 당시 상황에 대하여 민병준의 신문조서(1942년 9월 9일)에 잘 나타나 있다. 여기에 따르면, 학생들은 2회에 걸쳐 강력히 학교당국과 지도교수에게 한일학생 간의 혼숙에 대하여 반대하였다. 일본 측은 내선융화의 취지에서 이를 실현하고자 하였으나 조선인 학생들은 혼숙을 통해 동료정신을 잃을 수도 있다는 걱정과 일본인 학생들로부터의 학대에 대한 두려움이 상당한 비중을 차지했기 때문이다.

3. 한글연구회의 조직

1938년 조선교육령개정(칙령 제103호, 1938년 3월 3일)에 뒤이어 제정된 중학교 규정(총령 제25호, 1938년 3월 15일)에서 조선어는 수의(隨意)과목, 즉 선택과목으로 전락하였다. 학교들에서는 한국어 교사를 퇴직시켰으며, 1939년경부터는 한국어를 사용하는 학생들에게 벌을 주기도 하였다. 이런 상황에서 학교당국이 펼친 일본어상용운동은 일상생활에까지 일본어를 강요하여 조선어영역을 교란하고 축소시켰다. 이에 일반 학생들은 이중 언어생활로 인하여 심한 피로감을 느끼고 있었다.[7] 이러한 상황 속에서 뜻있는 학생들은 한글에 깊은 애착을 갖고 이를 연구하고 보존하고자 하였던 것이다.

한글연구회 조직은 처음에 5료 료장인 민병준에 의하여 제기되었다. 1942년 8월 29일 민병준의 제2회 신문조서는 이러한 내용을 보여주고 있다.

문: 언문연구회는 누구의 발의에 의하여 조직하게 되었는가, 또 그 조직을 완성하였는가.
답: 松島와 내가 상의하여 東寮會 때 그 조직을 발표하였다. 그래서 조직한 것은 사실이다.

문: 어디서 언제 松島와 상의했는가.
답: 東寮會를 개최하기 4·5일 전이었으니 소화 14년(1939년) 10월 1일경으로 생각되나 날짜는 확실하게 생각나지는 않는다. 시간은 생각나지 않지만 저녁때였다. 장소는 제4寮 6호실 松島의 방이었다.

문: 언문연구회 조직에 대하여 松島와 상의한 상황은.
답: 기숙사 행사로 매년 무엇인가 하게 되어 있었으므로 나는 松島와 함께 무엇을 하면 좋을지 상의하러 갔더니 松島는 漢語라는 잡지를 보여 주었다. 언문연구회 조직을 내가 발언하고 松島의 찬성을 얻어 寮會를 열어 널리 회원을 모집해 언문연구회를 조직하기로 상의를 끝냈다.

---

[7] 정병욱, 「경성 유학생 강상규 독립을 열망하다(하)」, 『역사비평』 84, 2008년 가을, 역사문제연구소, 274~277쪽.

문: 당시의 사실을 자세히 말하라.
답: 먼저 松島健이 東寮生에게 "조선 언문은 李朝 중엽부터 약 300년간 조선 유일의 문화
로 계속해 왔는데 근대에 이르러 그 문화가 쇠퇴하고 있다. 또 학교당국에서 언문연
구 및 조선어 사용을 엄금하였는데 우리 조선인으로서는 언문 폐지, 조선어 사용금지
는 조선 유일 문화의 멸망을 의미하는 것이고 슬퍼해야 할 일이므로 우리 東寮生은
이 문화를 부흥시키기 위하여 언문을 연구해야 하기 때문에 희망자는 寮長에게 신청
하라"는 의미로 말하여 발표하였다.

그러나 민병준의 한글연구회 조직의 필요성 제기보다는 정주영의 강연이 한글연구
회 조직의 보다 중요한 계기가 되었다. 정주영의 "장래를 위하여"라는 강연 내용 중
중요 부분을 보면 다음과 같다.[8] 즉, 정주영은

東寮와 축구부는 별개의 것이 아니다. 동료는 곧 축구부, 축구부는 곧 동료이다. 60명이
라는 다수의 사람이 공공연하게 회합할 수 있는 것도 축구부라는 명목에 의해 가능한 것이
다. 동료의 정신에 대하여 선배는 아무것도 설명해 주지 않았으나, 나는 우리들이 건전한
정신과 사상을 가지고 조선민중의 행복을 위하여 노력하는 희생적 정신이라고 생각한다.
현재의 유태인을 보라. 세계적 부호, 학자, 예술가가 다수 있어도 국가가 없기 때문에, 독
일에서 쫓겨나고 이탈리아에서 쫓겨나 세계 각국에서 방황하고 있다. 그 원인이 무엇인가
하면 그것은 너무나도 개인주의적이고, 향락주의적이기 때문이다. 그러면 민족성을 부정할
수 있느냐 하면 그렇지 않다. 그 실례는 아일랜드와 영국의 관계를 보면 명료하다. 동료정
신을 살리는 방법은 곧 조선을 살리는 방법이다. 찬란한 문화를 자랑하던 옛날의 조선을 재
현하기 위해서는 동료정신을 살려야 한다.
단체생활을 하는데 있어서 가장 필요한 것은 단결력이다. 독일 민족의 단결력은 우리들
이 모범으로 삼아야 할 것이다. 단결하려면 서로 어느 정도 양보가 필요하다.

라고 하여, 우리의 민족정신인 동료정신을 살리는 방법은 곧 조선을 살리는 방법이라
고 주장하고 있다. 그리고 조선을 살리는 방법의 하나로 조선어의 연구 보급을 주장
하였던 것이다.

---

[8] 경성지방법원 공판조서.

한글연구회에 참여한 박도병은 그의 신문조서(1회, 1942년 9월 2일자)에서 참여 이유에 대하여 다음과 같이 언급하고 있다.

문: 어찌하여 조선어가 폐지되었는데도 언문연구회에 가입하였는가.
답: 조선어는 오랫동안 조선문화였고 그것을 폐지한다는 것은 조선문화가 없어진다는 것으로 슬픈 일이기 때문이다. 그러므로 영구히 조선어를 보존하고 언문을 연구하면서 조선 민족의식을 앙양하기 위해서였다.

즉, 박도병도 조선어를 보존 연구하면서 조선민족의식을 앙양하고자 하였던 것이다. 특히 박도병은 일제의 조선어 교육 철폐에 대하여 깊은 반감을 갖고 있었다. 아울러 한글날 및 단군에 대하여도 깊은 인식을 갖고 있었기 때문에 이 단체에 참여하였던 것이다. 박도병의 신문조서(4회, 1942년 9월 16일자)를 보면 다음과 같다. 특히 그는 일기를 써 구체적인 내용들을 보여주고 있어 좀 길지만 이를 인용하면 다음과 같다.

문: 10월 11일의 일기에는 무엇을 썼는가.
답: 요새 신문 보도에 의하면, 조선에 共學제도 문제가 크게 일어나는 모양인데 공학제가 완전하게 실시되면 조선어 과목은 물론 폐지될 것이므로 조선의 인사들은 이것을 반대하는 것이 정당하며 나도 어디까지나 이에 반대하려고 생각한 것을 썼다.

문: 그때부터 조선어 폐지에 관하여 반대 의사가 있었는가.
답: 그렇다.

문: 왜 반대 의사가 있었는가.
답: 조선어는 옛날부터 전해오는 조선 유일의 문화인데 이것이 폐지되면 조선은 실질적으로 멸망하는 것이 되며 이는 조선 사람으로서 슬퍼해야 할 일이다. 조선어의 폐지에는 어디까지나 반대할 의사이다.

문: 10월 28일 일기는.
답: 그날 일기는 한글기념일이므로 그에 관한 것을 썼다.

문: 한글기념일이란.

답: 한글이란 조선 언문으로 마침 10월 28일이 언문을 조선에 반포한 기념일이었기 때문에 그에 관한 것을 썼다.

문: 그날 일기를 어떻게 썼는지 말하여 보라.

답: 오늘은 한글기념일이다. 오늘부터 492년 전, 즉 檀紀 3776년에 世宗大王께서 우리 국문(한글)을 만들어 그 후 檀紀 3779년 丙寅 9월 28일 나라에 반포하였다. 음력은 불편하므로 양력 10월 28일로 정하여 우리들은 이날을 기념일로 하였다. 世宗大王께서 고심하여 만든 글을 우리들은 후세까지 잘 전하고 보존해 오지 못한 것은 매우 부끄러워해야 한다고 쓴 것이다.

문: 檀君이란.

답: 조선의 始祖 임금이다.

문: 언문의 전래를 숫자적으로 잘 기재하고 있는데 누구에게 배웠는가.

답: 아니, 조선어중등학교 교과서에 있었다.

문: 世宗大王이 고심하여 만든 글을 우리들이 후세까지 잘 전하고 보존해 오지 못한 것은 매우 부끄러워해야 한다란 무슨 의미인가.

답: 우리들이 大王께서 직접 고심하여 만든 언문을 잊었다는 것은 부끄럽다는 뜻으로 쓴 것이다.

문: 12월 29일, 12월 30일 일기에는 언문철자법을 연구하고 있었던 것처럼 기재하고 있는 것으로 인정되는데 어떤가.

답: 연구한 것은 사실이다.

문: 12월 31일의 다음 항에 뭐라고 썼는가.

답: 신문지상에서도 잡지에서도 언문통일안에 관하여 반박하고 있었다. 그것은 朝鮮語學會와 朝鮮語研究會 두 개의 기관이 논쟁하고 있었다. 어느 편이든 감정적으로 지상에서 반박하는 것은 우리 조선민족의 수치이며 유감 되는 바라는 것을 썼다.

문: 어째서 조선민족의 수치인가.

답: 언론기관이 학리적으로 논쟁하는 것은 어찌됐든 감정적으로 내달려 상쟁하는 것은 민족의 수치이다.

문: 그대의 2개년간의 일기장을 보니 중학시절부터 민족사상이 농후하며 조선어의 폐지를 극단적으로 비관하고 있는 것처럼 인정되는데 어떤가.

답: 그렇다. 당시 나는 조선인인 이상 조선민족의식이 농후했다는 것은 인정한다. 또한 李朝시대부터 사용한 조선 유일의 문화인 조선 언문이 잠시 쇠퇴해 가는 것을 한층 더 슬프게 생각하고 있었던 것은 사실 틀림없다.

한편 김상태는 자신의 참여이유에 대하여 신문조서 1차(1942년 10월 15일)에서 다음과 같이 언급하고 있다.

문: 어떤 동기로 조선을 독립시킬 목적으로 언문연구회를 조직하기에 이르렀는가.

답: 나는 중학교 시절에는 그런 생각이 없었으나 水原고농에 입학하여 1학년 때 상급생인 寮長이나 축구부 간부들에게 민족의식을 주입받아서 점점 조선인다운 의식, 곧 조선민족의식이 농후해졌다.

2학년에 진급하여 그해 四月 중순경 東寮會 자리에서 당시 제4寮長 鄭周泳에게 민족의식을 앙양하고 조선독립을 학수고대하는 듯한 강연을 들어서, 조선의 옛 문화를 살려서 조선을 독립시켜야만 한다고 그렇게 생각하게 되었다. 그러고 나서 소화 14년(1939년 ─ 필자주) 10월 상순 鄭周泳이 東寮會 석상에서 언문연구회 조직에 대하여 발표한 취지에 공명하고 함께 언문연구회를 조직했다.

김상태 역시 정주영의 강의를 듣고 조선의 옛 문화를 살려 조선을 독립시켜야 한다고 인식하였던 것이다.

수원고등농림학교 정주영, 민병준, 박도병, 엄봉호 등 한글연구회를 조직한 학생들의 경우, 1938년 2학년 당시 수원고등농림학교에서도 조선어 사용이 금지되었던 것이다.[9] 이에 그들은 1939년 10월 초순 오후 8시경 수원고등농림학교 제4료 6호실에서

---

9) 경성지방법원 공판조서.

비밀결사인 한글연구회를 조직할 것을 계획하였다. 그리고 동년 10월 5일 오후 8시경 제5료 6호실 동료회 석상에서 약 50명의 학생이 참여한 가운데[10] 이를 발표하고 동월 11일 오후 7시경 제4료 6호실에서 정주영, 민병준, 박도병, 김상태, 엄봉호 등은 한글연구회라는 비밀결사를 조직하였다.

한글연구회가 조직되자, 회원들은 다음 사항을 협의 결정하였다.

1. 서로 조선인이라는 의식을 잊지 말 것.
1. 서로 비밀을 지킬 것.
1 서로 조선어를 사용할 것.
1. 서로 시간을 엄수하고 연구는 두 시간을 한도로 할 것.
1. 서로 諺文綴字法統一案과 中等朝鮮語文法을 교재로 하여 연구할 것.[11]

이에 대하여 민병준은 1942년 11월 26일자 신문조서에서 다음과 같이 언급하고 있다.

문: 언문연구회를 조직할 때 어떤 약속이 있었는가.
답: 서로 조선인다운 의식을 잊지 말 것. 서로 시간을 엄수하며, 연구는 2시간을 한도로 할 것. 교재는 언문철자법통일안 및 중등조선어문법에 의할 것. 서로 조선어를 사용할 것을 구두로 약속했었다.

일제는 1942년 9월 7일에 있었던 정주영에 대한 신문(4)에서 정주영과 민병준의 관계 및 한글연구회 조직에 대하여 보다 구체적으로 신문하고 있다. 이를 보면 다음과 같다.

답: 교재 선택 방법과 언문연구 방법을 협의했다. 구체적으로 말하면 교재로써 「조선언문철자법통일안」과 崔鉉培 著 「朝鮮語中等文法」을 선택하였고, 연구방법으로는 이상 2책의 교재를 읽고 이해되지 않는 점은 서로 연구하며 번갈아 가며 문장을 미리 틀린

---

[10] 경성지방법원 공판조서.
[11] 1942년 12월 1일자 보고서.

글자로 써서 이것을 바른 글자로 써넣어 정정하고 연구하기로 약속하였다.

문: 누구누구가 조직했는가.
답: 나와 閔丙駿·朴道秉·金潤夏·金衆泰·金重冕·鄭昌順·宋章憲 8명이 조직했다.

문: 조직 후 가입자는 없는가.
답: 李演은 소화 14년(1939년－필자주) 11월 중순 일자 불상에 우리들이 조직한 언문연구
   회에 가입했다.

일제는 신문과정을 통하여 당시 한글연구회에 참여한 인물이 정주영·민병준·박
도병·김윤하(金潤夏)·김중태(金衆泰)·김중면(金重冕)·정창순(鄭昌順)·송장헌
(宋章憲) 8명임을 그리고 1개월 후에 이연(李演)이 참여했음을 밝혀내고 있다. 아울
러 「조선언문철자법통일안」과 한글학자 최현배가 지은 『조선어중등문법』을 공부하
고자 하였음도 알아내고 있다.12)

한글연구회는 1939년 10월 11일 조직된 이후 동년 12월 중순까지 활동을 계속하였
다. 연구는 1주일에 1회, 수요일 밤에 2시간 동안 진행되었다. 연구회는 처음에는 수
원고농 제4료 6호실 정주영방에서 하다가, 3회에서 5회 사이부터는 제5료 3호실 박도
병 방에서 진행하였다.13)

정주영, 민병준, 박도병, 엄봉호, 김상태 등은 일제에 의하여 조선어가 폐지되자 조
선어의 부활을 통하여 민족혼을 유지 발전시키고자 하였다. 이를 위하여 그들은 서로
조선어를 사용하고자 하였으며, 언문철자법통일안과 중등조선어문법을 교재로 하여
연구를 진행하고자 하였던 것이다. 특히 이 연구회는 일제 말기에 학생들에 의하여
자발적으로 조직된 한글연구회라는 측면에서 높이 평가된다.

---

12) 언문철자법(諺文綴字法)은 1930년 2월 조선총독부 학무국에서 제정·공포한 한글맞춤법이다. 일제는 한국
   을 강점한 후 1912년 4월 '보통학교용 언문철자법'을 발표하여 보통학교의 교과서로 쓰도록 하였다. 그 후
   철자법에 대한 개정 논의가 일어나자 일본은 1921년 3월 '보통학교용 언문철자법대요'를 발표하였는데,
   1930년 2월 '언문철자법'이라는 이름으로 개정하였다. 이 맞춤법은 1930년부터 교과서에 사용되었다. 한글
   맞춤법통일안은 1933년 조선어학회가 제정·공표한 국어정서법 통일안이다.
13) 1942년 11월 26일 민병준의 신문조서.

4. 한글연구회의 주요 구성원 분석

1937년 4월 수원고등농림학교 입학 당시에 농학과, 임학과, 수의축산학과 등 3과가 있었다. 정원은 약 250명 정도였고, 그중 조선인은 1/4인 60명 내외였다.[14] 수원고등 농림학교 비밀결사의 중심인물은 정주영, 민병준, 박도병, 김상태, 임봉호 등이었다. 그중 정주영과 임봉호·김상태는 수의축산학과이며, 박도병과 민병준은 농학과였다.

수원고등농림학교 한글연구회에 참여했던 학생들의 체포 후 1942년 12월 1일 당시 인적상황을 보면 다음과 같다.

鄭周泳 개명 松島健, 당 29세
본적 平北寧 邊郡 延山面 花川洞 52번지
주거 同道江界郡江界邑南山町 585번지
무직(前 産業技手)

閔丙駿 개명 宇川甫, 당 24세
본적 慶南 晋州府 玉峰町 471번지의 12
주거 同道 釜山府 東大新町 3丁目196
무직(前 殖産銀行 釜山支店 행원)

朴道秉, 당 26세
본적 元山府 堂上里 6번지
주거 위와 같음
果樹재배업

金象泰 개명 靑山秀章, 당 24세
본적 京城府 東崇町 2번지의 22
주거 始興郡 安養面 安養里 7-2

---

14) 박도병 작성 공적서.

林鳳鎬, 당 25세

본적 全羅北道 淳昌郡 仁溪面 甲洞里 484

주거 同道 鎭安郡 鎭安面 郡上里 918

무직(前 地方産業技手)[15]

수원고등농림학교 한글연구회에서 활동한 주요 인물들의 구체적인 경력 사항과 민족의식의 형성과정을 살펴보면 다음과 같다.

우선 정주영의 경제상황을 보면, 그는 평북 영변군 연산면 화천동(花川洞) 52번지에서 중농(中農) 가정에서 출생하였다. 1942년 8월 26일에 있었던 정주영의 1차 신문조서를 보면 가족 상황 및 생활 정도가 잘 나타나 있다.

문: 가족 관계는.

답: 부친 養珉(당 51세)이 호주이고, 모친(당 52세)과 내가 장남이며, 처 可蘭(당 32세), 장녀 子(당 5세), 장남 寬治(당 3세), 아우 巖(당 14세) 등 7인이 살고 있다. 부친은 약 2町步 정도의 논을 자작하고 있고, 아우는 국민학교 6학년생으로 자택에서 통학하고 있다.

문: 자산 수입 관계는.

답: 나의 명의로는 없지만 부친 명의로 약 2만 원의 부동산이 있다. 나는 원래 江界郡의 業技手로 근무하여 본봉 5원을 받고 있었으나, 금년 8월 14일 사표를 제출하고 그만두었으므로 지금 나에게는 일정한 수입은 없다. 부친은 연수 1,2,3원 정도의 수입이 있어 지금 당장 생활에 곤란한 것은 없다.

다음으로 정주영의 학력을 살펴보면, 그는 고향의 공립국민학교를 거쳐 1930년 4월 영변 숭덕(崇德)중학교(기독교계)에 입학하여 1934년 3월 동교 3학년을 수료하였다. 그리고 동년 4월 경성 배재(培材)중학교 4학년에 입학해 1936년 3월 졸업하였다. 1937년 5월 수원고등농림학교 수의축산과에 입학하여, 1940년 3월 졸업하였다. 졸업 후의 상황을 보면, 1940년 4월 16일자로 평안북도 지방업기수(地方業技手)로 임명돼 평안북

---

15) 보고서.

도 업부(業部) 농무과(農務課)에 근무하였는데, 1941년에는 6월 3일 평안북도 산업기
수로 승진하고, 강계군(江界郡) 근무를 명받았지만 가사 형편 때문에 1942년 8월 25일
의원면관(依願免官)하였다.

정주영은 수원고등농림학교 재학 중 항상 상급생으로부터 동교 일본인 학생에 대
항해야 한다는 교양을 받아 민족의식을 갖게 되었다. 특히 그는 3학년에 진급해 제4
료장에 피선되어 중심적인 역할을 담당하였다. 정주영은 재학 중 동교 조선인 학생이
일본인 학생에게 경멸당하고 학대받는 것을 목도하고, 혹은 조선인 학생의 취직난을
견문하고 이 같은 내선인 차별 사실은 조선민족을 모욕하는 것이라고 판단하여 더욱
강한 민족의식을 형성하게 되었다.[16] 한편 그는 재학 당시 축구부와 승마부에 가입하
여 활동하였다.[17]

민병준은 경상남도 진주부 수정정(水晶町) 356번지에서 출생하였다. 집안의 경제
적 상황은 넉넉한 편인 것으로 추정된다. 그의 가족환경에 대하여 1942년 8월 27일에
있었던 제1차 신문조서에서 민병준은 다음과 같이 답하고 있다.

> 문: 가정 및 생활 상태는
> 답: 부친 富藏(당 63세)이 호주이며, 모친 明江(당 59세)과, 형 公也(당 30세), 형수와 여동
> 생 芳江(당 18세), 조카 仁子(당 1세)와 나 모두 7인 가족이고, 부친과 형 부부와 조카
> 는 利川郡 長湖院驛 사택에 있다. 나는 모친과 함께 釜山에, 여동생은 京城 淑明고등
> 여학교 4학년생으로 기숙사에 있다. 형은 지금 長湖院驛 助役을 하고 있으나 월수 5
> 원 정도로 생활은 풍부한 편은 아니다.

민병준의 학력을 살펴보면, 그는 향리에서 공립보통학교를 거쳐 진주공립농업학교
에 입학하고, 1937년 3월 졸업하였다. 그 후, 동년 4월 수원고등농림학교 농학과에 입
학하여 1940년 3월 졸업하였다. 졸업하자마자 그는 4월 1일자로 조선식산은행 행원으
로 취직하였다. 그리고 동월 2일부로 부산지점 근무를 명받고 근무하다가 1942년 7월

---

16) 보고서.
17) 정주영 신문조서.

9일부로 면직 처분을 받았다. 그가 어떤 이유로 면직 처분을 받았는지는 구체적으로 알 수 없다. 그는 조선식산은행 부산지점에서 부동산 가격 감정일을 하였으며, 본봉은 60원, 수당 등을 포함하여 월 110원을 받았다.[18]

민병준은 수원고등농림학교 재학 중 상급생으로부터 항상 민족적 의식을 형성하게 되었다. 그 역시 3학년에 진급해 제5료장에 피선되어 학생들의 중심적인 역할을 하였다. 재학 중 그는 일본인 학생은 조선인 학생을 경멸할 뿐만 아니라 집단적으로 조선인 학생에게 폭행을 가하는 것을 목도하고, 조선민족을 모욕하는 것이라 판단하였다. 또한 조선인 선배들이 취직을 해도 물질적으로 일본인과 차별이 있는 것은 내선인 차별적 냉대라고 인식하였다.[19]

민병준은 불교 등 종교 서적뿐만 아니라 한글 소설 등 다양한 책들을 섭렵하였다. 특히 민병준은 삼정창사(三井昌史)가 지은『불교사상철학대계』를 읽었다. 그리고 치안유지법으로 금지되어 있는 춘원 이광수의『인생의 향기』, 이태준의『복덕방』, 춘추사 발행의『대사상백과사전』등을 통하여 민족의식을 고취하였다.[20] 당시 학생들의 민족의식 고취에 큰 영향을 끼친 책은 이광수의『흙』과[21]『무정』이며, 그밖에 심훈의『상록수』, 박계주의『순애보』등을 들 수 있다. 한글 소설 등은 이른바 한국어가 민족적 정체성을 유지하는 데에 매우 중요하다는 인식을 심어주면서 일제의 조선어 말살 정책에 대한 반감을 갖도록 만들었고, 또 문학이라는 장르가 민중의 의식화와 계몽에서 갖는 역할을 중시하면서 자신도 문학도가 되어 소설 등을 창작하여 민중을 지도하겠다는 생각을 갖도록 만들었다.[22]

박도병은 원산부 당상리(堂上里) 6번지의 중농 가정에서 출생하였다. 1942년 9월 2일 그의 1차 신문조서에 따르면 다음과 같이 언급되고 있다.

---

[18] 경성지방법원 공판조서.

[19] 보고서.

[20] 1942년 9월 9일 신문조서 민병준.

[21] 『흙』의 경우, 필독서에 가까웠으며, 대부분 이 책을 읽고, 조선농민의 비참한 상황을 알았다고 한다. 그리고 흙에 나오는 지식인 청년처럼 자신들도 조선의 청년으로서 앞장서서 "무지한" 농민을 계몽하여 조선인이라는 자각을 심어주어야 한다고 생각했다(변은진,「일제 전시 파시즘기(1937~1945) 조선민중의 현실인식과 저항」, 고려대학교 박사학위논문, 1998, 108쪽).

[22] 변은진,『파시즘적 근대체험과 조선민중의 현실인식』, 선인, 2013, 407~408쪽.

문: 자산 및 수입은.

답: 조부 명의 부동산 약 2만 원 정도 있다. 나의 명의로 된 자산은 없다. 나는 부친이 경영하는 과수원 일을 돕고 있으므로 나로서는 수입이 없다. 부친은 과수원 경영과 자작농으로 월수입 200원 정도가 있다.

문: 가정 및 생활 상태는.

답: 조부 弘錫(당 67세)이 호주이고, 증조모 韓義謙(당 94세), 부친 承任(당 45세), 모친 安鍾愛(당 48세)와 나의 처 吳泳德(당 22세), 누이 東烈(당 22세), 누이 順德(당 20세), 아우 恒秉(당 18세), 누이 曾女(당 16세), 아우 瀋秉(당 12세), 누이 曾悅(당 10세), 누이 曾三(당 8세), 누이 曾五(당 6세), 고용인 廉致祿(당 40세) 15인 가족이다. 부친은 거주지에서 논 2정보 정도를 자작하고 또 2정보 정도의 과수원을 재배하고 있어서 현재 생활에 곤란한 것은 없다. 누이는 전부 본가에 있으면서 가사를 보조하고 있고 아우 恒秉은 京城 東仁중등학원 1학년생이고 京城 부내에서 하숙 생활을 하고 있다.

박도병은 향리의 사립 광성(光成)학교를 거쳐 독일인이 경영하는 원산 해성(海星)학교에서 공부하였다. 1932년 9월 평북 정주군 사립 오산(五山)고등보통학교에 입학하여 1937년 3월 졸업하였다.[23] 동년 4월 수원고등농림학교 농학과에 입학해 1940년 3월 졸업하고 자택에서 부친의 과수재배업을 돕고 있었다.[24]

박도병은 오산고등보통학교 재학 중 학교에서 애교회에 가입하여 민족의식을 형성하였다.[25] 그의 민족의식 형성에 대하여 박도병은 다음과 같이 증언하고 있다.

1932년 4월 평북 정주 오산고등보통학교에 입학하여 설립자인 남강 이승훈 선생의 애국애족의 사상에 크게 감화되었고, 咸錫憲 선생에게서 조선 역사와 성서입장에서 본 조선역사의 특별강연을 듣고 더욱 항일사상이 굳어졌고, 독립단원으로 만주에서 활동하시고 한글학회 회원이며, 한글맞춤법 통일안 제정요원 18명 중의 한 분인 李鐸 선생님에게서 조선어와 한글맞춤법의 강의를 듣고 크게 감화된 바 있어, 오산고보 재학 당시에는 오산고보 제26회 졸업생인 동기 20여 명이 愛校會라는 결사를 조직하고 함석헌 선생과 李根七 선생을 지

---

23) 보고서.

24) 보고서.

25) 박도병이 직접 작성한 독립유공자 포상 신청서(1982년 1월).

도선생으로 모시고 가끔 비밀회합을 가지고 애교 애국 애족 사상의 함양과 실천에 힘썼었다.[26]

그런 그였으므로 민족의식에 대한 구체적인 청사진도 갖고 있었다. 박도병은 그의 8회(1942년 11월 27일) 신문조서에서 민족의식의 형성에 이른 과정을 다음과 같이 언급하고 있다.

> 문: 조선의 독립을 기도하기에 이른 동기는.
> 답: 나는 사립 오산중학교를 졸업하고, 수원고농에 입학했다. 사립 오산중학교는 기독교계 사립학교로서 뒤에 재단법인이 되었다. 중학교 재학 중 학교 선생에게서 민족적인 교양을 받고 자연히 민족의식이 농후하게 되었다. 그것은 내 일기에 기재되어 있는 것을 보면 안다. 그 뒤 수원고농에 입학하고 조선인 상급생에게서 민족의식을 주입받은 것과 학교 안의 공기가 일본인에게 대항하고 있는 것이 큰 원인이 되었다. 소화 14년(1939년 – 필자주) 4월 3학년으로 진급하고 寮長 鄭周泳에게서 소화 14년 4월 중순 東寮會 석상에서 민족의식을 앙양하고 조선의 문화를 부활해 조선을 독립시켜야만 한다는 듯한 강연을 듣고, 깊이 그것에 공명하여 조선의 독립을 기도하기에 이른 것이다.

오산공립통학교 5학년 학생시절을 박도병은 1942년 9월 16일자 제4차 신문조서에서 다음과 같이 진술하고 있다.

> 문: 이것도 그대가 쓴 것인가. 이때 압수된 중 제三三호를 제시하다.
> 답: 그렇다. 내가 쓴 것이 틀림없다.
>
> 문: 언제 어디서 썼는가.
> 답: 소화 11년(1936년 – 필자주) 10월 일자 불상 당시 나의 하숙집에서 썼다.
>
> 문: 무엇을 섰는가.
> 답: 「무엇을 해야 하는가」라는 제목으로 당시 내가 생각하고 있던 것을 썼는데 내가 해야

---

[26] 박도병이 직접 작성한 자신의 공적서.

할 것을 써서 표현하였다.

문: 그 글 중에 나의 조선은 노예가 되고 있다. 마음까지도 노예가 되어 버렸다. 이런 때에 있는 만큼 우리들은 위풍당당하게 한마음이 되어 우리들은 무엇을 해야 하는가를 생각하지 않으면 안 된다고 쓴 의미는.
답: 현재 조선의 상황에 대한 조선민족의식이 농후한 나의 견해이다.

문: 그 뒷부분에는 무엇을 쓴 것인가.
답: 우리 동포에게는 기아와 문맹이 자리 잡고 있으므로 우리들은 당연히 이 동포에게 식량과 서적을 주어 이들을 구제해야 한다는 뜻으로 썼다.

문: 그대는 이에 대하여 어떤 생각에서 해야 한다고 생각하고 있었는가.
답: 이 문장에 씌어 있는 대로 현재 비참한 조선을 살리려면 자기에게 부여된 임무를 성실히 하고 그래서 문맹자에게는 책을 주어 이들을 계몽하는 것부터 옛날의 조선을 살리기 위하여 자기가 담당하고 있는 일을 충실히 해야 하며 문맹자를 계몽하지 않으면 안 된다고 썼다.

문: 뒷부분에.
   1. 계몽운동
   1. 농촌생활
   1. 정의를 위하여 그리고 얻기 위하여 부단히 투쟁할 것.
   1. 沙蜂花 밭을 만들기 위하여.
   1. 무궁한 역사를 빛내기 위해.
   1. 일정한 목표를 향하여.
   1. 언제나 누구라도 마음과 뜻을 하나로 하여 그 방면으로 향하여.
   라고 朱書한 것을 상세하게 말하여 보라.
답: 내가 쓴 「무엇을 해야 하는가」를 요약하여 조항으로 쓴 것이다. 즉,
   1. 계몽운동은 문맹을 없애기 위해 계몽운동을 하는 것.
   1. 농촌생활은 내가 농촌에서 부여받은 임무를 성실히 하는 것이 쇠퇴한 조선을 구제하는 것이 된다.
   1. 정의를 위하여 부단한 투쟁을 계속하지 않으면 안 됨.

1. 沙蜂花 밭을 만들기 위함이란, 아름다운 사회를 건설하는 것이고
1. 무궁한 역사를 빛내기 위해서란, 조선의 역사를 빛내기 위해서이고
1. 일정한 목표를 향하여란, 일정한 목표란 지금까지 진술한 목표로 향하여 매진한다는 것이다.
1. 언제나 누구라도 마음과 뜻을 하나로 하여 그 방면으로 향하여란, 조선민족이 마음을 한데 모아 일치단결해 일정한 목표로 향한다는 것이다.

문: 이 글에서 보면 그 당시부터 조선을 독립시키려고 기도하고 있었던 것처럼 인정되는데 어떤가.
답: 그렇다. 조선민족의식이 두터웠기 때문에 조선만의 국가건설을 희망하고 있었다.

특히 그는 오산학교 시절 등 계속적으로 학교에 제출하는 학생일기 외에 개인일기를[27] 써 그의 사상을 더욱 심화시켜 나갔다. 아울러 이상은(李相殷) 선생의 강연을 듣고 조선문화에 대한 인식을 새롭게 하였다.[28] 이를 보다 구체적으로 살펴보면 다음과 같다.

문: 5월 20일 일기는 무엇을 썼는가.
답: 조회 시간과 첫째 시간의 시간을 이용하여 李殷相이라는 作者가 학교에서 강연한 그 요지를 쓴 것이다.

문: 강연의 요지는.
답: 진정한 조선문화라는 제목의 강연이었는데 고구려시대에는 불교를 융화시켰고 고려시대에는 불교를 맹신했기 때문에 멸망했고 李朝시대에는 儒敎에 의하여 큰 해를 입었다. 그러나 불교도, 유교도 결코 나쁜 것은 아니지만 조선민족의 특이성인 광명을 잃고 불교와 유교를 나쁘게 이용하였기 때문에, 즉 맹신했기 때문이다. 그 때문에 오늘과 같이 참담하게 조선문화는 쇠퇴한 것이다. 그러나 우리들은 王朝는 없어졌어도 우리들 조선이라는 토지와 조선민족은 언제라도 끊어지지 않는다는 것을 강연하였으므로 이것을 일기에 기재하였다.

---

27) 정병욱, 「경성 유학생 강상규 독립을 열망하다(상)」, 『역사비평』 83, 2008, 237~238쪽. 여기에서는 학적부와 학생일기, 그리고 개인일기에 다루고 있어 참조된다.
28) 박도병 2회 신문조서(1942년 9월 14일자).

문: 일기 끝 부분에 우리들의 왕조는 없어져도 우리들의 토대와 인물은 언제라도 끊어진
   적 없고 이 솟구치는 피의 샘이 있다는 것은 무슨 뜻인가.
답: 조선문화는 광명만 잃지 않는다면 조선문화는 끊어지는 일은 없다는 의미이다.

문: 李殷相의 강연 요지를 일기에 기재한 이유는.
답: 조선문화에 관한 강연을 듣고 강한 인상이 남았기 때문에 이것을 잊지 않고자 일기에
   기재한 것이다.

그 후 박도병은 민족의식이 강한 상태에서 수원고등농림학교에 입학하였다. 그런
그였으므로 축구부에 가입해 상급 조선인 학생에게서 민족의식을 고양받고 더욱더
민족의식이 농후해졌던 인물이었다.[29]

수원고등농림학교 시절 그는 이광수의 『흙』, 톨스토이의 『인생독본』, 『삼천리』 잡
지 등을 읽으면서 시사문제와 더불어 민족의식을 키워나갔다. 아울러 그는 세계대사
상전집의 인구론, 국가감정론, 민주주의와 교육 등을 읽었다.[30]

한편 박도병은 적극적으로 독립운동단체를 조직할 의향을 갖고 나름대로의 준비작
업을 진행하고 있었다. 1942년 9월 3일 박도병의 제5회 신문조서는 수원고등농림학교
입학 후의 그의 동향을 이해하는데 큰 도움을 준다.

문: 이것을 본 기억이 있는가.
이때 압수된 증 제37호를 제시하다.
답: 지금 제시한 것은 내가 쓴 것이다.

문: 언제 어디서 썼는가.
답: 소화 12년(1937년-필자주) 1월 일자 불상 오후 5시경 水原고등농림학교 도서관에서
   노트에 쓴 것이다.

문: 무엇을 썼는가.

---

29) 보고서.
30) 경성지방법원 공판조서.

답: 그것은 李光洙 著『조선의 현재와 장래』라는 서적에서 발췌하여 기재한 것으로 단체
　　가 위력이 있는 이유라든가, 단체의 실패원인을 쓴 것이다. 『조선의 현재와 장래』라
　　는 서적 중 民族改造論이라는 논문 속에 씌어 있는 것을 발췌한 것이다.

문: 무슨 목적으로 발췌했는가.
답: 단체조직에 필요할 때 이용하기 위하여 발췌한 것이다.

문: 단체를 조직한 일이 있는가.
답: 조직한 적은 없다.

문: 사상운동을 하기 위하여 단체를 조직하려 할 때 이것을 이용하려고 발췌한 것은 아닌가.
답: 그렇다.

문: 사상운동은 어떤 운동을 할 생각이었는가.
답: 민족해방운동을 할 생각으로 그것을 연구하고 있었다.

문:『조선의 현재와 장래』라는 간행물은 치안방해에 의하여 발매 금지 및 압수 처분에 회
　　부된 것을 알고 있었는가.
답: 아니, 학교 도서관에 있었기 때문에 나는 그것이 발매 금지, 압수 처분된 간행물인지
　　어떤지 몰랐다.

문: 민족해방운동이란 어떤 운동인가.
답: 조선민족의 해방운동이며 즉, 조선을 독립시키려는 운동이다.

문: 언제부터 그 운동을 하려고 생각하고 있었는가.
답: 五山중학교 재학 중부터 점차 조선민족의식이 농후해지고 水原고등농림학교에 입학
　　하여 학교 도서관에서 『조선의 현재와 장래』라는 간행물을 읽고 민족개조론에 감격
　　하여 단체를 조직하거나 또는 가입할 때 참고하기 위하여 발췌한 것이므로 소화 12년
　　(1937년－필자주) 1월 중순 일자 불상경부터이다.

아울러 그는 오산학교 은사였던 함석헌이 쓴 『성서조선』에도 깊은 관심을 갖고 있

었다. 다음 1942년 9월 3일자 신문조서를 보기로 하자.

> 문: 이 물품을 본 기억이 있는가. 이때 압수된 중 제38호를 제시하다.
> 답: 있다. 내가 쓴 것이다.

> 문: 언제 어디서 썼는가.
> 답: 소화 13년(1938년 – 필자주) 5월 중순 일자 불상부터 6월 25일까지 水原고등농림학교
> 기숙사인 제4寮 1호실에서 내가 썼다.

> 문: 그대의 작문인가.
> 답: 아니, 『聖書朝鮮』이라는 월간잡지를 내 1년 후배인 金重에게 빌려서 베껴 쓴 것이다.

> 문: 『聖書朝鮮』의 著作者는.
> 답: 『聖書朝鮮』은 월간잡지로서 그 잡지에서 咸錫憲이라는 사람이 저술한 「聖書 입장에
> 서 본 조선역사」를 베껴 쓴 것이다.

> 문: 무슨 목적으로 베껴 썼는가.
> 답: 저자 咸錫憲은 나의 五山중학교 시대의 은사이므로 베껴 쓴 것이고, 聖書의 입장에서
> 본 조선역사가 씌어 있어서 나는 그 글에 담긴 뜻에 감동하여 학교에서 베껴 썼다.

> 문: 『聖書朝鮮』은 민족의식을 앙양하여 치안을 방해하기 때문에 발매 금지되어 있는 것
> 을 알고 있었는가.
> 답: 나는 그런 것은 모른다.

즉, 박도병은 위에서 살펴본 바와 같이 오산학교시절부터 민족의식이 강했던 학생
이었고, 수원고등농림학교에 들어오면서 그의 민족의식은 더욱 강화되었다고 볼 수
있을 것 같다.

김상태(靑山秀章)는 1919년 1월 5일 경성부 장교정(長橋町) 8번지 넉넉한 집안에서
출생하였다. 1942년 10월 15일 김상태 1회 신문조서에서 그의 가정환경을 짐작해 볼
수 있다.

문: 자산 및 수입 상황은.

답: 내 명의로 토지 가옥 등 부동산 약 1만 5천 원이 있다. 소화 16년(1941년 – 필자주) 4월 부터 과수재배업을 시작했을 뿐이므로 아직 수입은 없다. 현재 3천 원쯤 투자하여 포 도 3천 그루, 배나무 3백 그루를 심었다.

문: 가정 상황은 어떠한가.

답: 부친 靑山嘉明(당 62세)이 호주이며 모친 純子(당 61세)와 나 3인 가족이다. 형 芳雄 (당 30세)는 출생 후 곧 본가인 始興郡東面安養里108 백부 金鎭成(사망)의 양자가 되 어 일가를 구성하고 있다.

문: 그대도 결혼했는가.

답: 아직 미혼인데, 京城府 紅把町 2번지 李東奎의 장녀 李炳惠(당 20세)와 약혼하고 금년 10월 2일에 결혼하게 되었으나 형편상 연기하고 있다.

문: 생활 상태는.

답: 부친은 원래 商業銀行에 근무하다가 소화16년(1941년 – 필자주) 1월 사직했는데, 당시 상무취체역을 했다. 현재 뇌일혈에 걸려 우측 반신불수가 되었다. 형은 始興郡 東面 安養里에서 마찬가지로 과수재배업을 경영하는데 가족이 7인이므로 생활상 여유가 없다. 내가 투자한 과수재배로 내후년부터는 다소 수입이 있을 것으로 생각하고 있지 만 현재는 수입이 없으므로 생활이 어려운 형편이다.

특히 여기서 주목되는 것은 김상태의 형인 김광태가 수원고농2차 사건의 중심인물 가운데 한 사람이라는 것이다. 1942년 10월 20일 수원경찰서에서 있었던 김상태 신문 조서(3차)에 다음의 기록이 있다.

문: 그대의 형의 일이란 무엇인가.

답: 나의 형 金光泰, 개명 靑山芳雄(당 30세)은 소화 9년(1934년 – 필자주) 3월 水原고농 농 학과를 졸업했는데, 소화 10년(1935년 – 필자주) 7월경 형이 수원고농 재학 중에 독서 회라는 비밀결사에 관계하고 있던 것이 경북 金泉경찰서에서 발각되어 결국 검거되 었다. 형은 그 사건으로 치안유지법 및 출판법 위반의 혐의를 받아 大邱복심법원에서 징역 3년을 선고받았다. 내가 수원고농에 응시하여 불행히 실패한 것은 형 靑山芳雄

의 일이 원인이 된 것이 아닌가 하고, 그렇게 편지에 씌어 있었다.

김상태는 1926년 4월 경성사범학교 부속 보통학교에 입학하여 1937년 3월 졸업하였다. 다음 1928년 4월 수원고등농림학교 수의축산과에 입학하였고, 1941년 3월 졸업해 자택에서 과수재배업에 종사하였다. 김상태는 수원고등농림학교 재학 중 조선인 선배들로부터 "일본인 학생에게 대항하기 위하여 개인주의를 배격하고 일치단결하라", "축구부에 가입하여 조선인 학생의 단결을 굳게 하고 일본인 학생에 대항하라", "조선인 학생 간의 인사는 조선어로 하라" 등 민족적 의식을 주입받았다. 아울러 1939년 4월 료회(寮會) 석상에서 정주영에게 "장래를 위하여"라는 제목의 강연을 듣고 통렬히 그에 공명하여 조선을 일본제국주의 기반에서 이탈시켜 독립시키겠다고 결심하기에 이르렀다.[31] 그는 재학 중 이광수의 『인생의 향기』를 읽고 민족의식을 고취하였다.[32] 아울러 그는 세계대사상전집에 실려 있는 찰스 다윈의 『종의 기원』 등을 탐독하였다.[33]

김상태의 민족의식은 그의 2차 신문조서(1943년 1월 19일)에 보이는 김상태가 박도병에게 보낸 편지 속에 잘 나타나 있다. 특히 당시 김상태의 한국사 인식도 살펴볼 수 있어 흥미롭다.

> 문: 이 편지를 본 기억이 있는가. 이때 압수된 편지(증 제5호)를 보이다.
> 답: 지금 제시한 편지는 소화 16년(1941년 – 필자주) 2월 13일자로 水原고농 안에서 내가 朴道秉에게 보낸 편지이다.
>
> 문: 지난 194년은 우리들로서 평생 풀 수 없는 원한을 품게 되었다고 했는데 어떤 뜻인가.
> 답: 194년은 서력 연호로 소화 15년(1940년 – 필자주)에 해당한다. 소화 15년 1년간은 우리들 조선인으로서는 평생 잊을 수 없는 원한의 해였다는 의미로 이하 그해의 일을 회상하고 기재한 것이다.

---

31) 보고서.
32) 김상태 1회 신문조서(1942년 10월 15일).
33) 김상태 3회 신문조서, 경성지방법원 공판조서.

문: 어떤 것을 회상했는가.

답: 편지에도 쓰인 대로 창씨제도, 신문사의 해산, 일어보급운동, 라디오 제2방송의 고유
   명사는 전부 일어를 사용하고, 학교의 조선어 폐지 등 우리 조선문화의 쇠퇴를 회상
   한 것이다.

문: 내용 중, 우리들의 전통을 상징하는 세 글자의 성명도 없어지고, 더구나 그 말도 없어
   지게 되면 우리들의 존재는 금후 역사에서 완전히 소멸되는 것이 아닌가 하고 적은
   의미는.

답: 조선민족을 나타내는 조선인의 성명이 창씨제도에 의하여 세 글자의 성명이 없어지
   고, 조선어의 폐지에 의해 말이 없어지면 조선민족은 금후 완전히 멸망해 버린다는
   의미이다.

문: 다음에, 과거의 찬란한 문화와 강성한 국력을 자랑하던 勃海와 거란 등은 오늘에 이
   르러 겨우 박물관에 진열된 수개의 유물에 의하여 그 전설적 존재를 나타내고 있을
   뿐. 그 민족도 그 땅은 다 어디로 갔는가. 우리 조선이 장래 동일한 운명이 되지 않는
   다고 누가 보증할 수 있겠는가. 일본에서 와서 다투어 배워 간, 百濟와 高句麗의 정묘
   한 기예와 아름다운 문화는 다 어디로 가버렸는가라고 기재한 의미를 설명하라.

답: 발해와 거란은 옛날 모두 만주에 있던 독립한 나라였으나, 지금은 멸망하여 겨우 박
   물관에 그 유물이 남아 있다. 그 발해나 거란처럼 독립된 그 민족과 땅은 이미 망하여
   어디로 갔는가. 우리 조선도 장래 발해나 거란과 같이 조선민족은 멸망해 버린다. 곧
   일본 때문에 조선이 멸망한다는 것이다.

임봉호는 1918년 10월 13일 전라북도 순창군(淳昌郡) 인계면(仁溪面) 감동리(甲洞
里) 484에서 출생하였다. 그의 부친 임기주(林璣周)는 그 지역의 면장으로 약 3만 원
정도의 동산 부동산을 소유한 중류생활 가장이었다.[34] 그의 집안에 대하여 1942년
8월 3일 제1차 신문조서에서 다음과 같이 언급하고 있다.

문: 자산 및 수입은.

답: 나의 명의로 다소 있는 것 같으나 부친이 모두 관리하고 있으므로 자세한 것은 모른

---

[34] 임봉호 가출옥 문서.

다. 자산은 父子 명의로 동, 부동산 합하여 약 4·5만 원은 있다고 생각한다. 나는 전북 지방 技手로서 鎭安郡 근무를 명받아 근무 중에는 월봉 5,5원에 수당, 여비 등을 합하여 8원 정도의 월수입이 있었으나 금년 5월 사직하였으므로 현재 일정한 수입은 없다.

문: 가정 및 생활 상태는.

답: 부친 璣周(당 47세)가 호주이고 모친 賢性(당 49세), 나와 처 成愛, 누이 貴久子(당 18세), 아우 康鎬(당 16세), 누이 丁子(당 12세), 아우 大鎬(당 1세), 나의 장녀 浪子(당 2세) 등 9인 가족이며 부친은 본적지에서 仁溪面長을 하고 있다. 누이 貴久子는 全北 고등여학교 3학년이며 기숙사에 있다. 아우 康鎬는 지금 全北全州 공립 北中학교 1학년생이고 全州府老松町172의 二 숙부 林甲得 댁에 하숙하며 통학하고 있다. 부친이 면장을 하고 있고 부동산에서 나오는 수입이 있으므로 지금 생활에 곤란은 없다.

그는 고향에서 공립보통학교를 거쳐 1932년 4월 전주(全州)공립고등보통학교에 입학하고, 1937년 3월 졸업하였다.[35] 그는 학교 재학 시 일어사용을 거부하다 처벌을 당한 적도 있었다.[36] 임봉호는 이 사건에 대하여 다음과 같이 증언하고 있다.

1932~1937년 전주고보 재학시 소위 國語常用이란 표어 밑에서 일어사용을 강요당하였으나 일본인 교사들 앞에서만 사용하고 다른 곳에서는 우리말만 사용한 것을 밀고한 학생이 있어 수차 훈계와 처벌을 받았다. 사상 불온 학생으로 인정되어 3학년 4학년의 操行이 丙점을 받았다.

그리고 1937년 5월 수원고등농림학교 수의축산과에 입학하였다. 1940년 3월 졸업한 후 동년 6월 21일 전라북도 지방업기수(地方業技手)에 임명되어 진안군에 근무하였다. 1942년 5월 13일 전북 업부(業部) 농무과(農務課) 근무하였으며, 같은 날 의원면관되었다. 임봉호는 수원고등농림학교에 입학해 교우회 축구부에 가입하여 민족의식을 형성하였으며, 특히 그는 3학년에 진급하자 축구부 주장으로 피선되었고 1939년 4월 료회(寮會) 석상에서 정주영에게 "장래를 위하여"라는 제목의 강연을 듣고 깊은

---

35) 보고서.
36) 독립유공자포상 신청서(임봉호 작성, 1982년 2월).

감동을 받고 독립운동을 할 것을 결심하였다.[37]

위에서 살펴볼 수 있는 바와 같이 축구부 주장인 임봉호, 김상태 등은 모두 1939년 4월 료회석상에서 정주영에게 "장래를 위하여"라는 제목의 강연을 듣고 깊은 감동을 받고 독립운동을 할 것을 결심하였다. 이를 통하여 볼 때, 정주영이 끼친 영향이 큰 것이 아닌가 판단된다. 일본 측도 보고서에서 정주영에 대하여 다음과 같이 보고하고 있다(1942년 12월 1일자).

> 제1. 피의자 松島健(정주영－필자주)은 조선을 제국의 기반에서 이탈시켜 독립시키겠다는 것을 목적으로 하여 소화 14년(1939년－필자주) 4월 중순 날짜 미상의 오후 7시경 水原郡 水原邑 西屯町 소재 水原고등농림학교 제5寮 6호실에서 개최한 寮會 석상에서 3학년 宇川甫 이하 약 55·56명의 조선인 학생에게 "장래를 위하여"라는 제목의 원고(증거 제1호)에 따라 조선어로 동료정신의 의의를 말하여 동료정신을 살리는 것은 우리 조선을 살리는 것이라 말하였고 우리들의 과거를 살리기 위하여 동료정신을 살리지 않을 수 없다고 말하여 그 목적 사항의 실행에 관하여 선동하였고[38]

즉, 정주영은 수원고등농림학교 제5료 6호실에서 개최한 료회 석상에서 3학년 민병준 이하 약 55·56명의 조선인 학생에게 "장래를 위하여"라는 강연에서 조선어로 동료 정신의 의의를 말하여 동료정신을 살리는 것은 우리 조선을 살리는 것이라고 주장하였던 것이다.

지금까지 살펴본 바와 같이 한글연구회에 참여한 구성원들의 출신지역을 보면 전국에 걸쳐 있다. 정주영은 평북, 임봉호는 전북, 박도병은 함남, 민병준은 경남, 김상태는 경기지역 출신이다. 그리고 불기소된 인물 중 송재형(宋在衡)·임병현(林炳賢)은 충북, 남정근(南定謹)은 전남출신이다.

정주영 등 이들은 수원고등농림학교에 입학하기 전 각각 고등보통학교와 농림학교 출신들이었다. 정주영은 배재고보, 임봉호는 전주고보, 박도병은 오산고보, 민병준은 진주농업, 김상태는 경성제일고보를 각각 졸업하였다. 아울러 송재형과 임병현은 청

---

37) 보고서.
38) 보고서.

주고보, 남정근은 이리농림을 각각 졸업하였다.

　　재학시 정주영은 4료 료장을, 민병준은 5료 료장을 지내는 등 중심적인 역할을 하였다. 정주영, 임봉호, 박도병 등은 모두 축구선수였으며, 임봉호는 축구부 주장으로 활동하였다. 특히 1940년부터는 료장도 없어지고 또 내선인 학생이 혼숙하게 되었으므로 기숙사 안에서 민족주의에 관한 의식 교양이 불가능해지므로 오로지 축구부 간부 하재국(河載國)·김상태·김광륜(金光崙)·김윤하(金潤夏) 등과 협력해 축구부를 통하여 조선인 학생에게 민족의식의 주입에 노력하고 있던 시기였다. 그러므로 축구부는 민족운동의 산실이었다고 할 수 있다.

5. 한글연구회의 활동

　　1939년 10월 11일 한글연구회를 조직한 정주영, 민병준 등은 동년 12월 중순까지 매주 수요일에 제4료 6호실 또는 제5료 3호실에서 비밀리에 회합하여 민족의식 고취 및 한글 연구 및 보급을 위해 노력하였다. 특히 동년 9월에는 새한글 철자법을 습득한 후에 경성불교전문학생인 이학규(李鶴圭)의 협력과 주선으로 학교인근 빈민부락인 서둔정에 야학을 운영하여 정주영, 박도병, 임봉호, 민병준 등이 우리글과 역사를 가르쳤다.[39] 아울러 1940년(1941년) 학교를 졸업한 이후에도 향리 및 자신의 직장 있는 곳에서 한글 전파에 매진하였다. 이를 구체적으로 개인별로 보면 살펴보면 다음과 같다.

　　졸업 후 박도병은 1940년 12월 중순부터 1941년 1월 하순까지 원산부 당상리 6번지 자기집에서 동리 거주 박렴병(朴廉秉) 이하 14명의 청소년에게 "언문은 이조 이래 전해오는 조선의 유일한 문화인데 근래 학교에서 조선어 과목 폐지 등에 의해 점차 쇠폐하고 있음은 조선민족의 멸망을 의미하는 것이므로 우리들은 언제까지라도 조국의 문화인 언문을 보존하지 않으면 안 된다"고 말하며, 한글을 연구하게 하였을 뿐만 아

---

[39] 박도병 공적서.

니라 동지 획득에도 노력하였다.

특히 박도병은 17~18세의 마을 청소년들에게 1주일에 1~2회 오후 7시부터 9시까지 한글을 가르쳤다.[40] 또한 그는 1941년 12월 상순부터 1942년 2월 상순까지 원산부 당중리(堂中里) 22번지 김해진호(金海珍湖)의 집에서 동리 거주 김전경률(金田庚律) 외 4·5명의 당우체육회원(堂隅體育會員)들에게[41] 수차에 걸쳐 "수원고등농림학교 축구부는 조선인 학생만으로 조직하고 일체 단결하여 일본인 학생에게 대항하고 민족의식의 앙양에 노력하고 있다"고 말하며 동지 획득에 노력하였다. 아울러 또 동리에 야학회를 개최해 민족의식을 고취시키고자 하였다.[42]

한편 박도병은 1940년 3월 고향에서 당우 체육회를 조직하여 애국애족 사상을 고취시키기도 하였다.[43] 회장은 박성윤원(朴城潤遠), 총무 김해진호, 회계 박도병, 축구부장 평송종률(平松鍾律) 등이었다.[44]

박도병의 활동은 제7회 신문조서(1942년 11월 2일)에서 구체적으로 보이고 있다. 이를 보면 다음과 같다.

> 朴麗秉은 금년 18세이고, 朴承仁의 장남으로서 나의 從弟이다. 주소는 元山府堂下里이다.
> 朴士秉은 금년 19세 정도이며 堂上里 朴生吉의 3남으로 생각된다.
> 朴恒秉은 나의 동생으로 당년 18세이다. 康鴻烈은 나의 동생으로 당년 18세이다.
> 宋 寶은 19세이고 堂下里 사람이며 父의 이름은 모른다.
> 康鴻穆은 19세 정도로 堂下里 康宅鎭의 장남이다.
> 趙熙環은 당 18세 정도이고 堂上里 거주하며 父兄의 이름은 모른다.
> 崔碩鉉은 당 20세 정도이고 堂上里의 崔命善의 2남이다.
> 劉敏湜은 당 19세 정도이고 堂下里 劉鴻章의 장남이다.
> 朴承均은 나의 5촌 숙부로 당 22세이며 堂中里에 거주하고 본인이 호주이다.
> 康宇鎭은 당 22세로 堂上里 사람이고 본인이 호주이다.

---

[40] 박도병 제7회 신문조서(1942년 11월 2일).
[41] 학생 명단은 金庚律, 宋秉杰, 金庚洽, 黃鍾律, 朴厚秉 등이다.
[42] 보고서, 박도병 신문조서(2회, 1942년 9월 4일), 박도병 신문조서(6회).
[43] 독립유공자 포상 신청서(박도병, 1982년 2월).
[44] 증인 金海珍湖 신문조서.

朴昌秉은 당 25세로 나의 먼 친척에 해당하며 堂上里 朴承基의 장남이다.

朴容萬은 당 18세 정도, 堂中里 朴容來의 동생이다.

朴濬秉은 나의 동생으로 당 12세이며 지금 赤田공립국민학교 5학년이다.

임봉호는 1941년 3월 2일 오후 7시경 전라북도 진안군 진안면(鎭安面) 군상리(郡上里) 918번지 자택에서 동리 거주 연안휘일(延安輝一)에게, "내가 수원고등농림학교 재학 당시 동교 축구부는 조선인 학생만으로 조직해 단결을 굳게 하고 일본인 학생에 대항하여 민족의식 앙양에 노력하였는데 우리 조선인은 항상 조선인이라는 의식을 잊어서는 안 된다"고 말하였다.

임봉호 1942년 9월 1일 2회 신문조서에 보낸 연안휘일에 대하여 상세히 기록하고 있다.

문: 그대는 李星鎔 개명 延安輝一을 알고 있는가.
답: 알고 있다.

문: 어떻게 알게 되었는가.
답: 李星鎔 개명 延安은 내가 全州공립고등보통학교 시절의 一년 후배이며 당시는 아는 사이였지만 내가 鎭安郡에 부임하였더니 郡視學인 延安선생이 延安輝一의 부친이라는 것을 알았다. 당시 延安輝一은 東京市 拓植대학 전문부 商科에 재학하고 있다가 하계휴가를 얻어 鎭安郡 부친의 허락으로 귀성한 것이 소화 15년(1940년 – 필자주) 7월이었다. 나의 중학교 후배이고 그의 부친은 나와 같은 鎭安郡廳에 근무하고 있는 관계로 친교를 거듭하게 되었다.

1941년 8월 2일 오전 11시경 자택에서 역시 연안휘일에게 "일본인 관공리에게는 가봉(加俸)과 숙사료(宿舍料)를 지급하고 있음에도 조선인에게는 지급되지 않기 때문에 생활비 곤궁한 자가 많다. 우리 조선인은 조선인이라는 의식을 잊어서는 안된다"고 말하여 민족의식을 고취시키고자 노력하였다. 또한 그는 동년 8월 하순 오후 5시경 진안군 진안면 군하리(郡下里) 소재 우화정(羽化亭)에서 연안휘일에게 "우리 조선인은 어디에서도 일본인과 동등한 대우를 받을 가망은 없기 때문에 조선인이라는 의식

을 잊어서는 안 된다"고 말하였다.[45]

한편 1942년 4월 초순 오후 7시경 전라북도 진안군 진안면 군상리 886번지 신석춘(辛錫椿)의 집에서 동인의 형 신석창(辛錫昌)이 임봉호 및 연안휘일에게 "소화 5·6(1930~1931 – 필자주)년경 대만에서 아리무사사건(阿里霧社事件)이 발생하였을 때에는 대만인 순사와 교원이 부락인을 선동하여 차례차례 부근의 관공서를 습격한 사건이었지만 일본정부는 군대를 파견하여 진정시키려 하였음에도 지리적으로 많이 불편하였기 때문에 비행기로 폭격하여 마침내 진정시켰다. 대만인조차 그런 용기가 있는데 조선인에게 그런 용기와 단결이 없을 리 없다. 대동아전쟁에서 일본은 인도와 호주까지 손을 뻗치고 있는데 북방에는 소련이 있다. 언제 일본과 소련 간에 개전을 볼런지도 모른다. 일본이 주장하는 대동아공영권 확립은 도저히 불가능하며 최후에 일본은 패전할 것이다. 우리들은 그 시기에 조선독립을 위하여 일어서지 않으면 안 된다"고 말하자, 임봉호는 역시 깊게 공감하였다.[46]

한편 1940년 정주영 등 동지들이 졸업하자, 김상태는 1940년 6월 초순 경성부 관훈정(寬勳町) 모 서점에서 『조선문법 및 어학사(語學史)』외 한 점을 구입하여 계속 자택에서 언문 연구에 몰두하였다. 그는 조선을 독립시키는 것은 먼저 조선문화를 부흥시키는 데 있다고 인식하였다. 그러므로 그는 언문을 타인에게 가르쳐 그것을 후세에 전하지 않으면 안 된다고 판단하였다.[47]

6. 체포 투옥

수원고등농림학교 학생들은 1939년도에도 독서회 활동을 통한 항일운동을 지속적으로 전개하였다. 일제의 황국식민화정책에 따라 학교교육에서 한글 교육이 중단되

45) 보고서.
46) 보고서.
47) 보고서.

자 학생들은 비밀리에 우리말과 글을 갈고 닦아 우리 역사와 전통을 계승발전시킬 것을 결의하고 한글연구회를 조직하고 활동을 전개하였던 것이다. 그러던 중 비밀 조직에서 활동하다 졸업한 김중면(金重冕)이 함남 갑산 농업학교에서 교사로 재직하면서 재학 시와 같은 독서회를 조직하여 학생들에게 한글과 항일독립정신을 고취시키다 일본 경찰에 검거되면서 발각되었다. 이것을 계기로 재학 시 중심인물이었던 임봉호, 박도병 등 다수의 동지들이 체포 검거되어 징역 1년 6월을 선고받았고, 김중면은 2년을 선고받았다. 먼저 체포된 김중면의 일제의 사실조서를 통하여 상황을 살펴보면 다음과 같다.

사실 조사에 관한 건

작성일 소화 17년(1942년－필자주) 10월 28일
발송자 함흥경찰서 도경부 鶴川泰雄

수신자 함흥경찰서장 귀하
본적 咸南 文川郡 明龜面 塘北里 213번지
주소 同道 甲山郡 甲山面 南部里
전 甲山公立農林學校 교사 金重冕 당 25세

위 사람에 대한 별지 경기도 수원경찰서장의 조회에 대한 사실 조사의 건은 다음과 같이 복명함.

記

소화 6년(1931년－필자주) 4월 함흥공립고등보통학교에 입학했으나 신병으로 약 한 달만에 퇴학하고, 동 8년(1933년) 4월 京城 사립 養正고등보통학교에 입학하여 동 13년(1938년－필자주) 3월 졸업하고, 그해 4월 수원고등농림학교에 입학해 소화 16(1941년－필자주)년 4월 졸업과 동시에 甲山공립농림학교 교사로 봉직하다가, 그해 九月 징계 면직되었음.

전기 京城 사립 養正고보 1학년부터 졸업하기까지 5년간에 걸쳐 담임교사 金教臣에게서 민족주의에 관한 교양을 받고 심한 민족주의를 포지하기에 이르렀음.

소화 13년(1938년－필자주) 4월 水原고농에 입학하자 당시 동교 조선인 학생기숙사 東寮 寮長 申斗泳 및 축구부 간부 黃秉鶴・閔用基・崔主鎬 등에게서 東寮의 전통적 정신인 민족주의에 기초해 조선인 학생은 전부 축구부원이 되고, 그 축구부를 통하여 민족적 단결을 혁고히 해 일본인에게 대항해야 한다는 지시를 받았음.

2학년에 진급하자 새로 東寮 寮長이 된 閔丙駿, 곧 禹川甫 및 축구부 간부 鄭周泳 · 閔寬植 · 林炳賢 등으로부터 계속 민족주의에 관한 지도를 받고 있었는데, 동 14년(1939년 – 필자주) 10월경 東寮長 禹川甫 등 10명이 모여 조선어의 퇴폐는 결국 조선민족이 멸망하는 결과가 되므로 어디까지나 조선어를 존속시키지 않으면 안 된다며 조선어 연구 그룹을 조직하고 민족주의 연구를 하고 있었음.

3학년에 진급하자 寮長도 없어지고 또 內鮮人 학생이 혼숙하게 되었으므로 기숙사 안에서 민족주의에 관한 의식 교양이 불가능해지므로 오로지 축구부 간부 河載國 · 金象泰 · 金光崙 · 金潤夏 등과 협력해 축구부를 통하여 조선인 학생에게 민족의식의 주입에 노력하고 있던 중 소화 16년(1941년 – 필자주) 3월 졸업하고 동월 31일에 甲山공립농림학교 교사로 봉직하기에 이르렀는데, 전부터 자기가 희망해 온 조선독립의 목적을 달성하기 위해서는 순진하고 감수성이 풍부한 재학생에게 교단을 이용하여 민족주의의 선전 주입에 노력하는 것이 가장 효과적이라고 결의하여 소화 16년(1941년 – 필자주) 4월 5일부터 그해 9월 7일까지 사이에 학교 교실에서 수업시간 혹은 실습시간에 학교 뒷산 등 모든 기회를 이용해 동교 3학년생 48명에게

1. 유태민족은 나라는 망했지만, 민족은 결코 망하지 않았다. 민족적 단결이 매우 강하고, 특히 경제적으로도 세계적인 실권을 장악하고 있다.
2. 군들은 항상 중국인을 "짱꼴라, 짱꼴라"라고 경멸하고 있지만, 결코 경멸해서는 안 된다. 우리 조선인들은 망국의 백성이지만 중국인은 훌륭한 독립국가의 국민이다.
3. 군들은 近衛가 위인이라고 한다는가. 히틀러, 또 무솔리니 등이 위인이라고 하지만 그 사람들보다는 蔣介石이 제일 위인이다.
4. 조선이 멸망한 이유는 옛 조선의 정치가가 파벌투쟁을 꾀했기 때문이다.
5. 金日成은 소수의 병사로 용감하게 普天堡를 습격하여 地下足袋, 木綿 등을 빼앗아 만주로 철수한 일이 있다. 또 金日成을 유인한 것은 여자 스파이였다.
6. 창씨할 필요가 없으므로 자기는 창씨하지 않았다.
7. 지원병이 되라고 강제하고 있는데, 필요없다.
8. 조선의 역사를 연구하지 않으면 안 된다.
9. 內鮮人 차별에 대하여.
10. 전쟁 반대 및 군비 반대에 대하여.

등 모든 사실과 현상을 포착하여 민족의식의 교양 선전에 힘쓴 자임.

1. 처분결과

소화 17년(1942년 – 필자주) 6월 咸興지방법원에서 치안유지법 위반으로 징역 2년에 처해졌음.[48]

위의 기록에서 보는 바와 같이 김중면은 양정고등보통학교 시절 김교신의 가르침으로부터 민족의식을 형성하게 되었다. 그 뒤 수원고등농림학교에 입학한 후 조선인 기숙사인 동료 기숙사의 반장과 축구부를 통하여 그의 의식을 보다 공고히 할 수 있는 기회를 마련하였다. 특히 2학년시절인 1939년 10월경에는 동료장(東寮長) 민병준 등 10명이 모여 조선어의 쇠퇴는 결국 조선민족이 멸망하는 결과가 되므로 어디까지나 조선어를 존속시키지 않으면 안 된다며 조선어 연구 그룹을 조직하고 민족주의 연구를 진행하자 이에 동참하였다. 1941년 3월 학교를 졸업한 후 함남 갑산농림학교 교사로 취임한 후 학생들에게 민족의식 고취에 노력하고 있었다. 즉 그는 제2의 수원고등농림학교 비밀결사를 함남 갑산공립농림학교에서 재현하고자 하였던 것이다. 특히 그는 일제의 지원병제도와 창씨개명에 동참하지 말 것과 전쟁반대 군비반대를 주창하였다. 또한 조선역사의 연구 필요성을 강조하였던 것이다.

한편 박도병, 임봉호, 정주영, 민병준, 김상태 등은 1941년 9월 수원고등농림학교 재학 시의 한글연구회 사건으로 수원경찰서에 피체되었다. 1943년 3월 3일 경성지방법원 공판에서 치안유지법 위반으로 정주영은 징역 2년, 박도병·임봉호·민병준·김상태 등은 1년 6개월을 언도받았다. 박도병은 1942년 12월 7일 옥중에서 모친상을 당하는 비운을 겪었고, 1944년 9월 4일 만기 출옥하였다.[49] 임봉호는 1944년 6월 가출옥하였다.[50]

---

48) 국사편찬위원회, 『한민족독립운동사자료집』 69, 2009, 「사건 조사에 관한 건」.
49) 박도병(독립유공자포상 신청서, 1982년 2월).
50) 임봉호 가출옥 문서(『한국독립운동사』 5, 국사편찬위원회, 1983, 579~582쪽).

7. 결어

수원고등농림학교에서 한글연구회라는 비밀결사가 조직된 시대적 배경으로는 1938년 조선교육령 개정에 따른 조선어 사용 금지를 들 수 있다. 조선어의 사용 금지는 바로 조선의 민족정신을 말살하려는 것이었기 때문에 학생들은 조선어를 보존·유지하기 위하여 한글연구회를 조직하였던 것이다. 학생들이 이러한 민족적 비밀결사를 만들게 된 데에는 일본학생들의 조선인 학생에 대한 학대와 수원고등농림학교 학생들이 갖고 있던 민족정신인 동료정신이 큰 역할을 하였다고 볼 수 있다.

1937년 중일전쟁 발발 이후인 1939년 10월 11일 오후 7시경 수원고등농림학교 조선인 학생 기숙사인 제4료 6호실에서 조선독립을 목적으로 한글연구회라는 비밀결사를 조직하였다. 한글연구회는 1920, 30년대 수원고등농림학교에서 조직된 건아단, 조선개척사 등의 전통을 계승한 조직으로서, 1938년 일제의 조선어말살정책의 일환으로 한국어 교육이 이루어질 수 없게 되자 이에 대한 반발로 조직되었다.

한글연구회의 중심인물은 정주영, 박도병, 임봉호, 김상태, 민병준 등이었다. 그중 정주영과 임봉호, 김상태는 수의축산학과이며, 박도병과 민병준은 농학과이다. 정주영, 임봉호, 박도병, 민병준 등은 1940년 졸업생들로 모두 18회 졸업생이며, 김상태는 19회 졸업생이다. 그밖에 한글연구회에 참여한 인물로 김윤하, 김중태, 김중면, 정창순, 송장헌, 이연 등을 들 수 있다. 이들은 「조선언문철자법통일안」과 한글학자 최현배가 지은 『조선어중등문법』을 공부하고자 하였다. 한글연구회 회원들은 1940년 학교를 졸업한 이후에도 각 지역에서 조선어 교육과 민족의식 고취에 깊은 관심을 기울였다. 그러나 이들의 노력은 결국 1942년 일제에 의해 검거되어 그들은 활동을 접을 수밖에 없었다.

결국 한글연구회는 1937년 중일전쟁 발발 이후 조선어를 말살하려는 일제의 정책에 저항하여 민족어를 지키고자 하는 청년들의 비밀결사로 일제에 대한 강력한 저항의지의 표상이라고 하겠다.

제3장

젊은이의 꿈과 좌절

대구 태극단원 김상길의 육성증언

1. 김상길(金相吉) 지사의 항일역정

　　김상길 지사는 1926년 대구부 남산정 241번지에서 5남 1녀의 4남으로 출생하였다. 부친 김성연은 부산상고 출신으로 곡물주식회사 전무로 있었으며 대구 앞산 앞, 경북 칠곡 등지에 전답을 다수 소유하고 있는 지주이며 자산가였다.

　　김상길은 대구덕산보통학교에 입학하여 재학 중 5학년 때 대구 남산동에 새로이 남산학교가 지어지자 이에 전학하여 졸업하였다. 태극단의 주역인 이상호와는 대구 덕산학교를 같이 다녔으며, 서상교와는 대구덕산학교, 남산학교를 같이 다닌 동기생이다. 그러나 당시 서상교가 2살 연상이었다.

　　1939년 3월 대구 남산심상소학교를 졸업한 후, 동년 4월 대구의 명문 대구상업학교에 입학하였다. 상업학교 입학은 부친의 권유에 의해서였다. 대구상업학교 입학 후 학교 가는 길인 반월당 거주 이상호와 친하게 지내게 되었으며, 특히 이상호와 함께 태극단을 조직하여 활동하게 되었다. 김상길도 당시 집안에 있는 한일합방에 관한 책을 읽고 민족의식을 갖고 있던 터였다. 또한 『나폴레옹전』 등은 그의 활동에 일정한 영향을 끼쳤다.

이상호, 서상교 등과 함께 태극단 조직을 구상 전개하고, 특히 이상호가 품행 등의 문제로 유급이 되자 1943년 김상길, 서상교 등이 중심이 되어 태극단의 조직 확대에 심혈을 기울였으며 1943년 5월에는 대구 소재 앞산에서 태극단의 결단식을 갖고자 추진하였다. 아울러 하급생들을 중심으로 건아대를 조직하여 차후에 대비하고자 하였다.

특히 김상길은 태극단에서 관방 및 군사부를 담당하여 실제적인 역할을 하였다. 그리고 그는 일본 육군 사관학교에 입학하여 군사에 대한 전문지식을 갖춘 후 만주로 망명하여 김일성부대와 연계하고자 하였다.

1943년 5월 25일 체포된 후 대구경찰서에 투옥되어 고다마라는 일본 고등계 형사에게 수차례 고문을 받고, 대구구치소에 이감된 후 재판을 받아 단기 5년 장기 7년을 받았다. 그 후 서상교 등과 함께 인천 소성청년훈련소로 가 수형생활을 하였다. 수형생활 중 목공, 영선부 등에서 일하는 한편 정신대에 소속되어 군사훈련을 받기도 하였다. 그리고 감옥에서 동상이 걸려 고생하였고, 의무실에 입원하기도 하였다. 1945년 해방 직후 출옥하여 고향으로 돌아온 후 서울 상대에 진학하기 위하여 공부를 계속하였으나 해방 직후의 혼란으로 꿈을 이루지 못하였다. 1946년 부산에 갔다가 해군병학교 생도 모집 공고를 보고 이에 응시하여 합격, 해군 장교의 길에 들어섰다. 그 후 6·25 참전을 통하여 큰 공을 세웠다.

2. 김상길 지사 구술 녹취문

1. 〈1차면담〉 일시: 2001.4.3, 오후 2:00~3:00
    장소: 자택(분당)

2. 〈2차면담〉 일시: 2001.4.4, 오후 2:00~5:40
    장소: 자택(분당)

3. 〈3차면담〉 일시: 2001.4.6, 오후 5:00~6:30
        장소: 자택(분당)
4. 〈4차면담〉 일시: 2001.4.10, 오후 2:00~3:00
        장소: 자택(분당)

1) 1차면담

■ 테입 1-A

○ 일   시: 2001.4.3, 오후 2:00~2:30
○ 장   소: 자택(분당)
○ 주요내용: 개인이력, 집안내력, 집안의 경제력, 가족관계,
           대구남산심상소학교생활, 고향에 관한 이야기

면담자: 4월 3일 오늘 태극단에서 주도적인 역할을 하신 김상길(金相吉) 선생님을 모시고 김상길 선생님의 어린 시절, 학창생활, 태극단에서의 활동, 해방 후의 선생님의 여러 가지 활동에 대하여 전반적으로 듣는 기회를 갖도록 하겠습니다. 지금 저는 오늘 선생님의 분당 자택에서 선생님과 인터뷰를 하게 되었습니다. 선생님 제가 먼저 선생님에 대한 기본적인 것부터, 경찰 심문조서 같지만 여쭈어 보겠습니다.(웃음)
구술자: 예. 그러시지요.(웃음)

면담자: 선생님 성명이 어떻게 되십니까?
구술자: 김상길이라고 합니다.

면담자: 한자로는 서로 상(相), 길할 길(吉)자 쓰시구요.
구술자: 예, 그렇습니다.

면담자: 왜정시대 그 당시 시대적인 분위기가 그러니까 창씨를 하셨지요?

구술자: 금산(金山), 일본말로 가네야마라고 했지요.

면담자: 그 다음에 창사(昌嗣)라고 이을 사자 그 당시에는 다~?

구술자: 일본말로 마사쭈구라고 모두 다 창씨개명을 하지 않는다고 야단치고 해서 거의 대부분 창씨개명을 했지요. 그래서 했지요.

면담자: 대구상고 재학시절에는 가네야마라는 이름으로 불리워 지셨겠네요. 강제적으로 다 시대적 상황이니까.

구술자: 예. 창씨개명 했습니다.

면담자: 생년월일은 어떻게 되십니까?

구술자: 1926년 12월 29일입니다.

면담자: 예. 추울 때 태어나셨군요.

구술자: 예. 추울 때지요.

면담자: 선생님 태어나신 곳은 어디입니까?

구술자: 대구부(大邱府) 남산동(南山洞) 241번지입니다.

면담자: 241번지, 남산동이면 예전에는 대구부 남산정(南山町)이라고 했나요?

구술자: 남산정이라고 했지요. 그렇지요.

면담자: 그러면 위치가 제가 옛날에 남산동에 살아서 남산파출소에서 죽 올라가면 좌측에 남산교회가 있고 우측에는 남산초등학교가 있지요.

구술자: 그곳에서 한참 들어가지요. 안쪽으로 서쪽으로 들어가고요.

면담자: 선생님 호가 민곡(旼谷)이지요. 어느 분이 지으셨지요?

구술자: (웃음) 집사람이 어디 가서 알아보고 지어갔고 왔어요. 옛날에.

면담자: 사모님의 존함은?

구술자: 이영선이라구 하구요. 길 영(永) 착할 선(善)입니다.

면담자: 본은 전주이씨이구요. 선생님 본은 어디신지요?

구술자: 금녕(金寧)이지요, 김영삼 대통령하고 종씨이지요.

면담자: 파는 어느 파이지요?

구술자: 파는 충의공파라고 김문기선생파에요.

면담자: 김재규 씨도 그렇지요.

구술자: 그렇습니다.

면담자: 금녕김씨가 대단한 양반이라고 하던데요. 김문기 선생 같은 경우는 사육신이지요.

구술자: 그렇습니다.

면담자: 선생님 집안은 대대로 대구에 사셨나요 아니면?

구술자: 부산에도 있었고, 그러다가 대구에 올라왔습니다. 선친께서 오셨으니까 대단
히 오래되었지요.

면담자:. 아버님의 존함은 어떻게 되십니까?

구술자: 김성연이라고 합니다.

면담자: 일본 측 기록에는 김정유(金政裕)라고 하던데요.

구술자: 그 당시에는 가네야마라고 그러고, 그것도 일본이름이지요.

면담자: 그러면 한국이름은 한자로?

구술자: 이룰 성(成)자, 못 연(淵)자.

면담자: 아, 일본사람은 그 당시에는 다 창씨를 했으니까.

구술자: 일본 검사가 기록은 모두 일본이름으로 했지요.

면담자: 어머니 존함은 일본 사람들이 화할 화(和)자 대신할 대(代)자라고 했던데.

구술자: 아닙니다. 달성서씨에다가 목숨 명(命)자에 맑을 숙(淑)자입니다.

면담자: 달성서씨가 대구에서는 참 대단한 (웃음) 양반이었지요.

구술자: 그렇지요.(웃음)

면담자: 그러면 그 당시에 형제분은 몇 형제였습니까?

구술자: 5형제 있었어요. 우리는.

면담자: 5남매입니까 5형제입니까?

구술자: 남자만 5명이 있었어요.

면담자: 일본 측 기록에는 익자(益子)라는 여동생이 있다고 하던데요.

구술자: 여동생이 하나 있었고, 그 당시에는 형이 집에 같이 있었습니다. 다른 형들은 멀리 나가 있었습니다.

면담자: 그러면 5남 1녀 입니까?

구술자: 그렇습니다.

면담자: 큰형의 존함은 어떻게 되십니까?

구술자: 김상현(金相賢)이라고.

면담자: 그러면 상자 돌림인가요?

구술자: 예.

면담자: 그러면 둘째 형님은?

구술자: 둘째는 상준(相俊).

면담자: 그러면 셋째 형님은?

구술자: 셋째는 상진(相振).

면담자: 넷째는 선생님이시고, 막내 동생은 서로 상(相)자 착할 선(善)자이시고. 여동생은 참 진(眞)자 착할 선(善)자이군요.

구술자: 과거의 기록에는 모두 일본이름으로 되어 있지요.

면담자: 우리가 이번에 이런 일을 하는 것도 잘못하면 아버님, 어머님 이름도 역사에 일본 이름으로 역사에 기록된다 말이죠.(웃음)

구술자: 그러면 안되지요.

면담자: 올바로 바로 잡아야지요. 아 집안에 형제분이 5남이시면 5형제시면 아버님께서도 든든하셨겠네요.

구술자: 아구 뭐.(웃음)

면담자: 그러면 같이 사신 분은, 넷째가 그런 가요 아니 어느 형제분이 같이 사신 건가요?

구술자: 상진 내 바로 위에, 상선, 진선이지요.

면담자: 댁에서 남산정에 사셨으면 농사를 짓지는 않으셨을 것이고 생계는 어떻게 아버님께서 뭐.

구술자: 곡물주식회사라고, 양곡들 모두 일본하고 거래하고, 주식회사예요.

면담자: 그러면 직책은 뭐.

구술자: 전무였고 월급을 많이 탔어요.

면담자: 일본 사람이 운영하는.

구술자: 그렇죠. 사장은 일본 사람이구요.

면담자: 사장은 두치라고 했나요?

구술자: 취체역이라고 했지요.

면담자: 그러면 아버님이 전무하시면서.

구술자: 예.

면담자: 그러면 대구에 사실 때 경제적으로는 뭐.

구술자: 경제적으로 충분했지요.

면담자: 그 당시 어떻게 집에 재산정도는 어느 정도였습니까?

구술자: 우리 선친이 장자여서.

면담자: 물려받은 것도 있으셨겠네요?

구술자: 전답 같은 것도 여러 군데 있었어요. 그래서 가을에 추수해서 가져오면 일년 내내 온 가족이 먹고 남았지요.

면담자: 그러면 요사이 우리 식으로 말하면.

구술자: 지주였지요.

면담자: 몇 마지기 정도 했어요?

구술자: 잘 기억이 안 나는데~, 앞산 밑에도 논이 있었고, 비행장 앞에는 모두 논밭이었고 칠곡 쪽에도 있었고. 한 3~4군데 논밭이 있던 것으로 알고 있어요.

면담자: 그 당시에는 당시 대구에서 상당히 넉넉한 집안에서.

구술자: 그렇지요. 경제적으로 부족하지 않았어요.

면담자: 부동산도 그러시고 아버님도 전무하시고.

구술자: 월급도 많이 타시고.

면담자: 경복상회(慶福商會) 안동지점에 저축해서 이자를 받았다는 기록이 있던데요.

구술자: 그때 안동에서 그것을 했으니까요. 말기에는 곡물상회에서 따로 독립을 하셔서.

면담자: 그러면 선생님 대구에서 대구상고 다니실 때는 아버님은?

구술자: 경복상회라고. 같은 계통이지요. 양곡들 거래하고 경복상회 안동지점장이라고. 주로 곡물회사였지요.

면담자: 그러면 아버님이 안동에 가 계셨나요?

구술자: 일시적으로.

면담자: 당시 인천에도 미두회사들이 있었지요.

구술자: 일제시대에 뭐 상업이라고 있나요. 다 뭐 곡물수집해서 팔고.

면담자: 그러면 경제적으로는 뭐.

구술자: 경제적으로는 그렇지요. 뭐.

면담자: 그러면 저의 생각에 일제시대에는 집안이 대대로 부산에 사시다가 아버님 대에 대구에 오시고, 지방의 향반이 되십니까. 대대로 부산에서는 어업을 하셨나요?

구술자: 부산에서도 지주, 농사짓고 했지요. 선친이 지금 저 부산상업 일제시대 1회인 가 2회였어요.

면담자: 부산상업 나오셨어요?

구술자: 부산 상업출신이어서 일본말을 잘 하셨어요. 옛날이지만 일제 합병이 되고 그 학교 나왔기 때문에 일본 사람들이 같이 상업을 하자고 해서.

면담자: 아버님, 성자, 연자께서는 출생연도는 언제이세요?

구술자: (한참 머뭇) 기억이 안나내요. 연세가 많으셨어요.

면담자: 선생님이 대구상고 다니실 때 18세 때 그러면 아버님 연세는?

구술자: 18세시 한 60 쯤.

면담자: 선생님이 4남이시니까.

구술자: 50대 후반인 것 같네요.

면담자: 그러면 제가 그렇게 정리해도 될까요, 집안은 원래 지주집안이셨고, 사회경제적으 로도 넉넉한 집안이셨다구요..

구술자: 그렇지요.

면담자: 집안의 종교가 특별히 있었는지요?

구술자: 옛날부터 불교이지요. 모친께서 절에 다니시구요.

면담자: 대구에서 특별히 절에 가신다면은, 팔공산에 다니셨나요?

구술자: 팔공산이 아니고, 화원 가는데 산에 절에, 우리도 여름에 공부하러 갔지요.

면담자: 화원이 달성군이지요?

구술자: 달성군이지요. 거기에 있는 절에 다니고 여름 방학 때 여러 번 가기도 하고 공부하러 한 달씩 갔다왔지요.

면담자: 어릴적 고향에서 대구에서 특별히 기억나시는 일이 있으신가요?

구술자: 우리 집에 선친이 보관하고 있던 책자가 2권 있었는데 한일합방에 대한 책이

있더라구요. 감추어 두고 계시더군요. 예전 책을, 그 책을 내가 여러 번 보고 했지요. 왜 합방이 됐는가를 많이 느꼈지요.

면담자: 선생님 나중에 민족의식을 갖고 항일운동을 하는데 그 책이 그런 것들이 일정하게 영향을 미쳤겠네요.

구술자: 일정하게 영향을 미쳤다고 볼 수 있지요. 내가 학교에 다닐 때 민족의식을 갖게 된 것은 이태형(李泰亨)이란 친구가 있었어요. 그 친구가 4학년 때 4월 29일이 일본 천황 생일이거든요.

면담자: 어느 천황, 소화천황 말씀이신가요?

구술자: 그렇지요. 그때 그 친구가 맨 일본 국기만 있고 우리 태극기는 없다. 한 이야기를 나에게 해 주었어요. 그런데 우리도 태극기란 것이 있다. 우리도 깃발이 있다. 그런 이야기를 나에게 비밀이 해주었는데, 어떻게 되어서 경찰에 발각되었는지. 그 친구가 천하의 수제입니다. 4학년 때 퇴학을 당하였어요. 그 후에 내가 해방되고 들으니까 우리 친구 가운데 김정진(金正鎭)이란 친구가 있는데 김천 형무소에서 만났다고 그러더군요. 그 친구도 개인적으로 표시를 하다가 형을 받았는지. 그래서 태극기를 내가 알게 되었지요.

면담자: 선생님, 그 이야기는 나중에―, 시대순으로 하는 것이 좋을 듯 싶네요. 그 이야기는 나중에 해주십시오.

구술자: 예. 집안 사정은 비교적 괜찮았습니다.

면담자: 대구 남산동에서 출생하셔서 남산공립심상소학교에 입학하셨습니까?

구술자: 나는 입학은 덕산동에 있는 대구보통학교에 입학했어요.

면담자: 반월당에 있는 것 말씀하시는 거지요?

구술자: 덕산동이라고.

면담자: 지금 대구초등학교 말씀하시는 거지요?

구술자: 바로 그 학교에요.

면담자: 저도 초등학교 시절 그 학교 앞을 왔다갔다 했습니다.

구술자: 처음에는 남산동에는 학교가 없었습니다.

면담자: 간이학교도 없었습니까. 4년제요?

구술자: 없었습니다. 그래서 덕산보통학교, 대구보통학교를.

면담자: 예.

구술자: 거기에도 시험을 쳐서 들어갔어요. 입학해서 5학년 때 남산심상소학교가 새
로 빨간 벽돌로 잘 지어져서 남산동 부근에 있는 학생들은 모두 전학했지요.
내가 그 학교에 5학년 때 들어가 2회 졸업생입니다.

면담자: 6년제였군요.

구술자: 6학년이 한 반이 있었고, 5학년은 여자 한 반이 있었고, 남자 한 반이 있었지
요. 원래는 대구보통학교에서 4년 동안 있다가.

면담자: 대구보통학교하고 덕산보통학교 하고 다른 것이지요?

구술자: 그 학교가 그 학교이지요.

면담자: 이상호 씨가 덕산보통학교 나왔다고 하던데?

구술자: 대구덕산보통학교라고 했지요. 그 부근에 그 학교 하나 밖에 없었어요. 보통
사람은 잘 못 들어 왔어요.

면담자: 제가 있는 화성지역은 4년제 간이학교가 있고, 보통학교 6년제는 중심지에 하나씩
있던데.

구술자: 변두리 시골에는 그런 게 있었지. 당시 보통학교에 잘 못 들어갔어요. 여자아
이들은 거의 못 가기도 하고 안보내기도 하고.

면담자: 당시 한 학급에는 몇 명입니까?

구술자: 60명이었어요.

면담자: 서로 뭐 같은 학교 선후배 사이면 잘 알겠네요.

구술자: 선배는 잘 알지만 후배들은 잘 몰라요.

면담자: 대구 덕산보통학교 다니실 때 특별히 기억에 남는 일이 있는지요?

구술자: 별로 그 학교에서는 기억 남는 것이 없네요.

면담자: 당시 일본어로 공부했나요?

구술자: 일본어로도 하고 당시 한국말로 조선어라고 했지만 배웠어요. 책이 있어서 조선어도 하고. 일본어를 한 5시간 정도하면 조선어를 1시간 정도 배웠어요. 한 3학년 그때까지 했나요. 그 다음에는 없어졌어요.

면담자: 일제의 침략기로 들어서니까.

구술자: 그렇지요.

면담자: 5∼6학년 대구 남산학교 다니실 때 학창생활에서 혹시 기억에 남는 일은?

구술자: 기억나는 선생님으로 담임인 일본 사람이 있어요. 한국선생은 2~3명. 학교 굉장히 크게 잘 지었어요. 히로시마 고등사범을 나온 실력있는 선생이었지요. 좌우간 우리에게 일본말을 철저히 교육시켰지요. 일본어 교육은 제대로 받았어요. 총각선생이었는데 이름은 수가하라(管原 敬)라고 했는데. 우리보다 10살 정도 많았지요. 몇 년 전에 죽었다고 하더군요.

면담자: 그러면 남산심상소학교를 1939년 3월에 졸업하신 거지요?

구술자: 당시에는 3월에 졸업했지요.

면담자: 대구에 보통학교가 많았습니까?

구술자: 수창, 대구 덕산 등 3~4군데 밖에 없었어요.

면담자: 대구시내에?

구술자: 예.

면담자: 수창학교는 매일신문사 근처에 있는 것 말씀이지요?

구술자: 그렇지요.

면담자: 그 당시 심상소학교를 졸업하신 후 진학을 하셔야 할 것 같은데 갈만한 학교는 어
 디였습니까?

구술자: 공립학교는 대구사범, 경북고보, 대구농림, 대구상업 등 4군데였지요.

면담자: 대구사범은 나이가 좀 들어서 가는 학교가 아닙니까?

구술자: 아니예요. 우리 클라스에서 1명이 대구사범에 들어갔지요. 시험을 쳐가지고요.

면담자: 대구사범이라면 꼭 대학교 같은 느낌이 들어서.

구술자: 그렇지 않아요. 5년제였지요.

면담자: 대구사범은 그러면 졸업하면 선생님이 되었고, 경북은 무슨 학교라고 하셨지요?

구술자: 인문계지요.

면담자: 그러면 일본 사람들이 학교를 다양하게 특화시켰군요.

구술자: 경북은 주로 한국사람이 다녔지요. 대구중학이라고 있었어요. 그것은 순 일
 본사람이 다녔지요.

면담자: 미 8군이 있던 근처에 있던 것 말이지요?

구술자: 그렇지요. 일본군 80연대가 있던 근처인데 일본인들만 다니던 학교였지요.
 대구고등보통학교는 한국인만 다녔고, 사범학교는 거의 1/3 정도만 일본인이
 다녔고, 우리학교는 딱 절반 일본인과 한국인이 반반입니다.

면담자: 특별히 대구상업학교에 가신 이유는?

구술자: 형님들은 모두 대구고보 출신입니다.

면담자: 상현, 상준, 상진 씨 말인가요?

구술자: 그렇지요, 그래서 선친께서 이 놈은 어디 상업계에 진출시켜야겠다고 생각했
 나 봅니다.

면담자: 어떤 측면에서는 아버님의 대를 이어서.

구술자: 글쎄요, 그래서 거기다 넣은 것 같아요.

면담자: 선생님은 어리고 하니깐.

구술자: 시험이 꽤 어려웠어요. 내가 보통학교에서 2등 했는데, 1등 한 놈은 대구사범에 갔지요.

면담자: 대구상고는 엘리트들이 가는 학교이지요.

구술자: 그 당시 변두리에서 많이 왔어요. 수재 중에 수재들이 왔어요.

면담자: 인원은 몇 명이나 뽑았습니까, 조선 사람하고.

구술자: 우리 때에는 75명씩 뽑았는데, 3학급이었지요. 그전에는 50명씩 뽑았지요. 일본인 50명, 한국인 50명. 우리 때 학급이 하나 더 늘어났지요.

면담자: 선생님 때는 조금 더 많이 뽑고.

구술자: 우리 때는 한 학급이 늘었어요.

면담자: 시험과목은?

구술자: 국어(일본말)와 수학이었지요.

면담자: 선생님이 대구상고에 입학해서 선생님도 기분이 좋으시고 집안에서도 뿌듯하셨겠네요.

구술자: 6등으로 입학했데요. 알아보니까. 들어가자마자 바로 부급장이 되었지요. 당시에는 일본애들만 급장이 되었고, 조선사람들은 부급장만 될 수 있었지요.

■ 테입 1-B

○ 일   시: 2001.4.3, 오후 2:30~3:00

○ 장   소: 자택(분당)

○ 주요내용: 대구상업학교의 수업내용, 태극단 조직 당시의 시대상황, 민족의식을 갖게 된 계기, 주로 읽은 서적 등

면담자: 1939년 대구상업에 입학하셨는데 학교 다닐 때 대체로 수업내용들은 어떻습니까?

구술자: 그 당시에 학교에 한국계 선생님이 한 분 계셨는데 이종림(李宗林) 선생님이라구 한문을 가르치셨어요. 해방 후에 교장도 하셨습니다만.

면담자: 그분 이름은 한자로는 어떻습니까, 존함이.

구술자: 마루 종(宗)자, 수풀 림(林)자이지요.

면담자: 한문을 가르치셨다구요?

구술자: 한국말은 없고, 순 일본말만 하도록 되어 있었어요.

면담자: 상업학교니까 상업에 대한 것을 주로 하셨겠네요?

구술자: 순 일본말만 했습니다. 부기 주산도 하기도 했지만, 영어를 주로 했지요, 영어 선생이 일본사람들이지만 꽤 실력있는 사람들도 있었어요. 영어는 조도전 영문과를 나온 선생님이 있었고, 부기보다는 주로 일본어, 영어를 많이 공부했지요.

면담자: 그 당시 독일어는 안 했습니까?

구술자: 독일어는 안 했습니다. 영어만 하고.

면담자: 일본사람들 영어를 잘 못한다고 생각하는데 그렇지도 않겠군요.

구술자: 일본대학 같은데 입학시험도 전부 국어와 영어였지요. 수학도 그 당시 많이 하지 않았어요. 공과계통은 수학을 했지만, 주로 입학시험은 국어와 영어에요. 처음에는 그런 것도 많이 했는데. 나중에 가서는 거의 공부보다는 교련이라고 해 가지고.

면담자: 교련이라면 몇 년부터, 선생님이 1939년에 대구상업학교에 입학하시고, 1937년에 중일전쟁이 일어났다 말이죠.

구술자: 태평양전쟁 후에 말기에 가서는 공부보다도 훈련, 교련을 많이 했지요. 1,2,3학년 때는 주로 앉아서 공부를 많이 했는데 3학년 후부터는 4학년 때는 군사 훈련을 많이 받았지요.

면담자: 1941년 12월부터 태평양전쟁이지요.

구술자: 41년 12월 8일이지요. 그때부터는 거의 군사훈련을 많이 했지요.

면담자: 아무래도 전쟁분위기로 들어가고 그때 공부하는데 어려움도 있고, 전쟁 분위기가 확 산되고 일본 사람이 강압하는 측면도 있고 당시는 좀 어떻습니까. 1942년도 이때?

구술자: 그 당시에야 집에서만 한국말을 했지. 집 밖에 나오면 한국말을 해서는 안되요.

면담자: 사람들이, 시골 사람들은?

구술자: 그런 사람들은 한국말을 했지요

면담자: 학생들은?

구술자: 우리 끼리끼리. 학교 안에서는 절대하면 안되지요. 학교 안에서 하면 큰 일 납니다. 불려가서 얻어맞고. 한국학생들은 거의 다 수재들이 들어오는 학교 이고 일본학생들은 아무나 줄만 서면 들어오는 학교였지요. 실력이나 모든 면에서 못 따라왔어요.

면담자: 예, 그렇군요.

구술자: 그런데도 급장은 항상 일본사람이 하구요. 부급장은 조선사람이 하구요. 학 생들끼리도 공부할 때는 같이 앉지만 밥 먹을 때는 마늘 냄새난다고 따로 앉 아 먹도록 했지요. 거의 학교 다닌 아이들은 김치, 깍두기 등은 싸 갖고 오지 못했어요. 그래서 반찬도 멸치, 오징어 등 마른반찬을 싸가기도 했지요. 마늘 냄새난다고 이놈들이 왜놈말로 호되게 이야기합니다. 공부도 잘 못하고 실력 도 없으니깐. 우리 학교에서 특별히 그런 일이 있었습니다만 오가(岡久)라는 교장이 있었는데 그놈의 자식이 새로 온 교장선생이.

면담자: 1942년 3월에 부임했지요.. 그 당시 학교 분위기 좀?

구술자: 와 가지고 어떻게 하는가 하면, 성적을 가지고 1, 2등을 매겨야 하는데 조행 (操行)이라고 해서 품행, 학과 50점, 조행 50점으로 했지요. 태도가 나쁘면 50 점을 한 10점, 20점을 매겼지요. 학과는 만점을 받아도 전체 성적이 70점 정

도 되지요. 나는 그래도 무슨 그게 있었는지 몰라도 성적이 좋았고, 조행 점
수도 좋아 전교 9등을 했어요. 120명, 130명 중에서. 이런 식으로 종합해서 나
왔지요.

면담자: 반 성적으로 안 하구요?

구술자: 전체 성적으로 했지요. 9등도 하고 했어요. 조행성적도 나쁘지 않았어요.

면담자: 한국학생들 가운데 조행 성적 때문에 상당히 심리적으로 부담도 갖고 성적이 자기
가 공부를 열심히 했음에도 불구하고 조행성적 때문에 잘못 받은 학생도 있었겠네
요?

구술자: 한국말을 많이 한다던가, 복장이 불량하다던가, 군사훈련을 성의 없게 한다
든가, 딱 찍히면 점수를 못 받았었지요. 우리 단장인 이상호(李相虎)가 내가
알기로는 항상 일등을 했는데 4학년 되니깐 이놈이 일본어 시험에 백지를 냈
어요.

면담자: 그때는 1942년도가 되네요?

구술자: 1943년도지요. 그래서 낙제가 되었어요. 나는 5학년으로 올라가고 유급이 되
었지요.

면담자: 이상호 선생이 국어 시험, 일본어 시험에 백지를 냈군요. 왜 백지를 냈지요?

구술자: 화가 났었나 보지요. 우리가 그때 나하고도 처음부터 친구에요. 왜냐하면 우
리 집에서 이상호 집을 통해서 학교에 갔지요. 이상호가 반월당 건너편 골목
에 이발소가 있었는데 그 안쪽에 살았지요. 같이 가자고 했지요. 그래서 학교
가는 길에 이상호 집을 거쳐 같이 갔지요. 학교 가는 길에 있었으니깐. 서상
교(徐尚教) 집은 우리 집에서 거의 200미터 정도 떨어져 있지요. 아침에 항상
내가 불러서 그네 집에 서 있다가 같이 갔지요. 학교 오고. 소학교도 같이 나
오고 했으니까요.

면담자: 이상호 선생님하고도 대구심상소학교를 4년 동안 같이 다니셨지요?

구술자: 그렇지요. 서상교와는 4학년 때 같이 남산학교로 전학했지요, 이상호는 덕산
에 남고. 이상호와는 심상소학교시절에는 잘 몰랐어요. 상업학교 다니면서
알게 되었지요.

면담자: 어떻게 그분하고 친하게 되었지요, 집이 가깝고 하니까.

구술자: 물론 그것도 그렇겠지만 내가 독립 운동하게 된 동기의 하나가 그 친구가 나
를 첫째로 그거 했어요. 그래서 나하고 이상호하고 앞산 밑에 있는 충혼탑에
가끔 놀러도 다니고 했지요.

면담자: 충혼탑이라면.

구술자: 지나사변(支那事變), 중국하고 전쟁할 때에 죽은 사람이지요. 가끔 놀러도 가
고 산책삼아 가 가지고 이상호가 내게 그런 말을 했지요. 그놈이야 낙제를
했으니깐(웃음). 울분에 차 있었지요. 자기 선친이 대서업을 했는데 아버님의
영향이 있었을 거예요.

면담자: 이상호 씨 아버님은 민족의식이 있었나요?

구술자: 그런 것이 있다고 보았는데. 본인도 일절 이야기하지 않고. 경찰서에서도 전
혀 관계가 없는 것으로 되어 있는데.

면담자: 아버님의 영향이?

구술자: 아버님의 영향이 있었다고 봅니다. 조직을 만들고 하는데. 학생이 그런 생각
이 안났을 터인데-. 나한테 처음 만났을 때 그 이야기를 해요. 우리는 조선사
람인데 큰 것은 안되더라도 장차 우리가 나라를 찾아야 하겠지 않느냐 그랬
어요. 태극기를 아느냐고 했지요. 나는 안다고 했다. 그 당시에는 태극기를
대부분 모르던 시절이에요. 그런 생각조차 할 수 없는 그런 시절이에요.

면담자: 그렇군요.

구술자: 내가 쾌히 승낙을 하고 우리 앞으로. 여기 책(태극단 학생독립운동-면담자)
에는 없는데 김일성 부대란 것이 있었어요.

면담자: 김일성 부대란 것이 무엇이지요. 북한에 지금?

구술자: 만주에, 옛날에 1920~30년대 김일성 부대란 것이 진짜 있었어요. 여기에 장호
　　　　강 씨가 쓴 독립운동사를 보면 김일성 부대가 나오더라구요. 그분이 쓴 책에.

면담자: 장호강(張虎崗) 장군님이요, 광복군 하신?

구술자: 예, 그분이 쓴 책이[1] 있어요. 거기에 보면, 김일성 부대, 김일성이란 이름을
　　　　가지고 모두 내가 김일성이라고 하고. 몇 년 동안 큰 역할을 한 부대였지요.

면담자: 1930년대 중반에 조선일보, 동아일보 호외에 김일성 부대의 보천보 활동 등이 신
　　　　문에 나오고 그러지 않았습니까.

구술자: 나는 신문을 보지 못했어요. 그걸 우리는 알고 있었어요. 이상호 씨도 알고
　　　　있었어요. 김일성 부대가 만주에 있는데 최악의 경우에는 우리가 거기에 가
　　　　야하지 않겠느냐고 했지요. 지금 우리가 알아보니까 김일성 부대는 해방되기
　　　　전 20년쯤 전에 없어지고 독립군에 모두 흡수가 되었데요. 기록이 있어요. 나
　　　　도 갖고 있지만.

면담자: 만약 일이 계획대로 안되면 중국으로 가시겠다고 그 당시에?

구술자: 김일성 부대에 일본 육군사관학교 나온 놈이 일본군을 탈출하여 거기에서 활
　　　　동하고 있었어요. 그런 것을 알고 있었기 때문에 우리끼리 주고받고 했지요.
　　　　그래서 내가 일본 육군사관학교를 지원한 것도 좋아서 한 것이 아니고 계획
　　　　적으로 그냥 지원한 것이 아니지요.

면담자: 그래요.

구술자: 이상호가 일본 육사에 가라고 해서 그랬던 것이지요. 그 내용을 아는 것은 이
　　　　상호와 나하고 둘밖에 몰라요. 서상교도 알 거예요. 군사부장 니가 하라고 그
　　　　랬지요.

면담자: 선생님 순서대로 하겠습니다. 1940년대에 선생님 당시 경제적으로도 넉넉하시고 학

---

[1] 백창섭, 장호강, 『항일독립운동사』, 佳嘉, 1982.

교도 좋은 학교 입학하셨고, 그러면 사실은 일본놈 시절에도 학교 졸업하시면 편안하게 잘 살 수 있을 터인데 그럼에도 불구하고 1940년대 전반기 학생신분으로서 독립운동에 참여하게 된 계기가 있다면 말씀해 주십시오. 이태형이란 친구이야기도 해 주셨구요.

구술자: 책자가 집안에 2권 있었어요. 한일합방에 대한.

면담자: 누가 쓴 책이지요?

구술자: 지금 잘 기억이 안나요. 일본말로 쓰여진 것이 아니라 한글로 쓰여져 있었어요. 우리가 왜 일본에 의해서 합방되었는가에 대해서 썼지요.

면담자: 아버님이 그런 책을 갖고 계셨다는 것은 아버님도 나라에 대한 강한 마음, 애국심 같은 것을 갖고 계셨군요.

구술자: 직접적으로 말씀은 안 하시는데, 옛날 분들은 아침에 일보러 나가시면 저녁에 들어오시고. 집에 들어오셔서도 애들 데리고 이야기도 안 하시고. 옛날에는 엄했어요. 식사하시는 것도 따로. 감히 어디 아버님 앞에 가서 뭐라고 할 수 있나요. 농담을 하고 이야기하고 할 수 있나요.(웃음)

면담자: 책은 그러면 어디 있었습니까, 쉽게 접근할 수 있는?

구술자: 집의 뒷방에 조그마한 궤짝이 있었는데 거기에 있었어요. 내가 감옥소 간 다음에 모두 불태워 버렸지요.

면담자: 예, 선생님 감옥가신 다음에요. 선생님 그리고 당시 『대구일일신문(大邱日日新聞)』이나 『동경일일신문(東京日日新聞)』이나 신문 보신 거 있으셨나요?

구술자: 신문 본 것은 없는데요. 이상호가 보았다고 하더군요. 간디에 관한 책을 같이 자기집에 가서 읽어 보이고 대영제국에 반항해서 독립을 이야기했다고 이상호가 보여주면서 간디의 무저항주의에 대하여 언급했지요.

면담자: 그 당시 이런 부분에 대해서 학생들이 관심이 있었습니까?

구술자: 전혀 없었지요. 전혀 생각도 할 수 없었어요.

면담자: 그런데 이상호가.

구술자: 물론 이상호가 불러들었으니깐 내가 동조를 했지만. 뭐 그런 거보다도 왜 우리는 왜 태극기를 달지 못하는가. 이름을 바꾸어야만 되는가. 당시에는 학교에 등교하면 천조대신(天照大神) 사당, 왜놈들은 신사라고 했는데, 먼저 모자를 벗고 최경례라고 하는 45도 이상 머리를 숙여서 절하고, 학교에 가서 아침에 조례하는데 조례 때마다 황국신민이 되겠다는 세사(誓詞)를 외웠지요. 맹세하고, 매일 아침에. 태평양전쟁 후에 크게 강조되었지요. 나는 천황폐하의 적자, 아들이 되겠다고 외치고 나라를 위해 목숨을 바치겠다는 것이지요. 우리가 북쪽에 있으니까 동쪽을 향하라고 해서 천황폐하에게 최경례를 하였고, 그 다음에 아침에 교장이 나와서 훈시하는데 미, 영을 쳐부수자고 했지요. 매일 같은 이야기를 했지요. 보통 아이들은 그런 생각을 하지 않았어요. 이상호가 충동질했지만 이상호, 서상교와 나 3사람은 이럴 수가 있는가하고 분개했지요. 이름까지 빼앗긴 것은 그렇지만 혼까지 다 빼앗아가고. 일본천황의 자식이라고 하고.

면담자: 참 대단하신 것 같아요.

구술자: 이상호란 친구가 충격을 주긴 주었지요.

면담자: 선생님이 기본적으로 그럼 마음이 없으시다면 충격을 준다고 해서.

구술자: 그렇지요. 어려울 터인데.

면담자: 손문의 삼민주의 등에 대하여 이야기를 들으신 적이 있었나요?

구술자: 들은 게 있어요. 내가 즐겨본 책은 나폴레옹이었어요.

면담자: 나폴레옹전은 박정희 대통령도 즐겨 읽으셨다는 데, 대구사범대학 재학시절에, 그 당시 애독서였습니까?

구술자: 웃음. 그림에 말 타고 빨간 옷을 날리면서 가는 것이 그렇게 부러울 수가 없었어요. 그것과 연관을 시켜서 만주에 가서 뛰어야겠다고 생각했지요.

면담자: 선생님 또 『현대일로전쟁사(現代日露戰爭史)』도 읽으셨다고 나오던데요.

구술자: 일본인들이 자기네 도고라고, 러시아의 발틱함대를 울릉도 앞에서.

면담자: 블라디보스톡 가는?

구술자: 대파한 내용들이었지요. 그때에도 일장기를 달고 선원모집도 있었는데, 내가 우리 태극기를 달고 태평양으로 뛰었으면 좋지 않을까 생각했어요.

면담자: 선생님 그러니까 바다로도 뻗어가고 싶고, 대륙으로도 뛰어나가고도 싶고.

구술자: 왜 그런 생각을 하게 되었냐 하면 내가 천황의 적자가 되기보다는 공부해서 나라를 찾아야 하지 않을까 하는 생각이 4학년 때 자꾸 들더라구요. 3학년 때 까지는 별로. 나이도 들고 17세쯤 되고, 옛날 17살은 지금 20여 세쯤 되는 것 입니다.

면담자: 1930, 40년대 당시 사회주의 사상이 음으로 만연해있지 않나요.

구술자: 사상적으로는 그 당시에 모든 학생들은 그렇지 않겠지만 일부 학생들은 유물 론에 깊은 관심을 가졌었어요. 옛날에는 헌 책방이 많이 있었어요. 학교 가다 오다가 헌책방에 갔지요. 일본 사람들이 쓴 유물론, 사회주의의 기초이지요. 그걸 많이 읽었지요. 당시 민족주의 사상을 가진 사람은 적었어요. 공산주의 사상을 가진 사람이 대부분이고. 대학생들 대부분 유물론을 많이 읽었어요. 우리는 나라를 찾고 민족을 찾아야겠다고 생각했지요. 처음부터 민족주의자 였지요.

면담자: 경찰서에서 나는 민족주의자라고 말씀하셨더군요.

구술자: 내 담당형사가 고다마(兒玉)라는 일본형사인데 니가 무슨 민족주의자냐고 하 며 들어오자마자 발길질하며 때렸지요.

면담자: 선생님 그 당시에 어떻게 민족이라는 강한 생각을 하셨는지 모르겠네요.

구술자: 글쎄요. 조선민족이 조선민족끼리 살아야 하지 않겠느냐고, 태극단이라는 것 도 절대 말하지 말자고 하고, T.K.G라고 했어요. 일절 태극단 이야기한 적이

없어요. ○○○○이면 조선독립이라고 했지요(웃음). 서상교와 나하고 3명이 모이면 하고, 김정진이 하고 생각을 품었는데. 하급생들에게는 독립운동 이 야기는 하지 않고 일본놈에게 대항하려면 체력을 키워야 한다고 했지요. 주 로 체력관계에 치중을 많이 했어요. 하급생에게는 일절하지 않고 해서도 안 되는 것이고. 우리 3명만 모여서.

2) 2차면담

■ 테입 2-A

○ 일   시: 2001.4.4, 오후 2:30~3:00

○ 장   소: 자택(분당)

○ 주요내용: 태극단의 조직, 활동, 단원들의 인적사항(이상호, 서상교, 윤삼룡, 이원 현, 이준윤 등)

면담자: 오늘 4월 4일입니다. 김상일 선생님의 자택에서 태극단의 조직계기, 활동 등에 대 하여 말씀을 듣도록 하겠습니다. 지난번에는 선생님의 성장배경, 학창생활 등에 대 하여 들었습니다. 선생님, 1943년에 태극단을 조직하게 된 계기가 있었습니까?

구술자: 단장 이상호 군이 충격을 주고 같이 매일 만나다보니까. 그리고 우리 태극기 가 있는데 일본 국기를 보고 날마다 절을 하고 천황의 적자가 되어야 한다고 하니까 마음에 못마땅하고. 우리도 우리민족끼리 따로 독립해서 살아야 하지 않을까. 4학년 때 자꾸 그런 생각이 들더라구요.

면담자: 그런 때에 이상호 선생께서 반월당 있는데서 만나셔서 충혼탑에서 그런 이야기가 있었군요.

구술자: 이상호를 4월 18일인가 17일인가 이상호를 만났습니다. 20일 날에는 서상교.

둘도 없는 친구이지요.

면담자: 연령도 같으시고.

구술자: 연령은 나보다 2살이 많고요. 신체도 좋고. 그때 유도 초단이예요. 4학년 때 벌써. 그때 흑띠면 알아봤지요. 대단한 겁니다. 태극단의 체육국장도 했지요. 이상호군이 그런 이야기를 많이 하고 김일성 부대 이야기도 어디서 들었는지 해주고요. 우리가 절대로 비밀로 하기로 하고, 구리고 우리 하급생들은 이다음에 큰 다음에 이야기하더라도 지금은 이야기하지 말기로 하고.

면담자: 그러면 주도한 인물이 이상호, 서상교 그리고 선생님이시군요.

구술자: 그렇지요. 우리 하나 밑에 2~3명. 우리 동기생들에게는 취지를 이야기하고. 그래서 경찰에서 다른 학생들은 모두 불기소되었지요. 내 보냈어요. 우리 7명은 이야기를 알았으니까. 우리만 형을 받고. 내용을 모르는 20여 명은 석방이 되고. 주동적으로. 이상호는 4학년이었으므로 학교 안에서 맥을 출 수가 없었어요. 내가 주로 대외적으로 여러 사람을 포섭하고 활동하고, 서상교가 학교 안에서 체육, 등산관계로 산에 가서 놀자 운동을 하자 하고. 그 외는 주로 내가 하고. 이상호는 집에 앉아 있고.

면담자: 아무래도 선생님께서 저희가 잘 몰라도 5학년이고, 상급학년이고 학급 성적도 좋고, 집안도 좋으셨으니까 아무래도 많이 따랐겠네요.

구술자: 그렇지요. 4월 20일 이상호 집에서 셋이 모여서 그때 모든 것을 결정하고 체제, 단체명칭도 T.K.G라고 영어로 하고 표면적으로는 체력단련을 내세우고, 절대 외부에 이야기 안 하기로 하고, 셋이 모두 합의를 보고, 그 해 5월 9일에 결단식을 하려고 했지요.

면담자: 앞산, 선생님 그 이야기 좀 해주세요. 비파산은 안지랭이를 말씀하시는 겁니까?

구술자: 그 앞에 조그마한 절간도 있었고, 약수터, 그 앞에서 모이고 했지요. 한 20명 모이기로 했는데 7~8명밖에 안 왔어요. 우리 셋이야 합의를 한 거고, 몇 사람 오기는 했는데 인원수가 이래서는 안되겠다고 하고 6월에 팔공산에

서 정식으로 하자고 했지요. 부서 임명한 것은 이상호가 단장이라고 이야기
한 적은 없구요. 우리가 니가 발의를 했으니 단장하라고 하고,

면담자: 조직에 대하여 말씀해 주십시오.

구술자: 이상호가 나를 관방국장을 맡으라고.

면담자: 관방국이 무엇입니까?

구술자: 지금 한국말로 총무처 같은 내무부 같은, 재정국, 재무부 모두 포함된 것이지
요. 조직, 문서취급, 행정도 하고, 체육국은 씨름, 무술, 운동 등을 하는 것이
고, 서상교가 맡았고, 체력이 좋고 나이도 많고. 이 친구가 하교 내부에 대한
것을 통괄하고. 일반적인 것은 모두 내가 했지요.

면담자: 그 당시에 과학국이 있었지요.

구술자: 내가 이준윤(李浚允)을 추천했지요. 과학국장을 했지요. 무엇인지 모르고. 과
학국은 순전히 글라이더 이야기가 있어서.

면담자: 글라이더가 무엇입니까?

구술자: 엔진이 없이. 그 당시 일본 놈들이 그것을 하니까. 긴 고무줄로 끌고 가서 사
람이 끌고 가면 날기도 했어요. 자동차 같은 것으로 끌고, 많이 날아요. 모두
연구를 하자고 했지요. 무기에 관한 것도 연구를 하려고 했지요. 구입을 하던
지. 그럴려면 공부를 해야 된다고 했지요. 이준윤을 천거해서 억지로 시켰는
데 별로 한 것이 없어요.

면담자: 항공국이라는 것이 있더라구요.

구술자: 글라이더의 모형을 많이 만들었지요. 일제 말기에 모형비행기가 있었지요.

면담자: 당시 일본 비행기술이 전 세계적으로 보면 선진국이었습니까?

구술자: 그 당시 생각으로는 플러펠러 비행기이니깐. 대구비행장 공사도 우리가 했지요.

면담자: 앞산 비행장 말씀인가요?

구술자: 동촌 비행장이요. 앞산 비행장은 풀밭으로 잔디밭이었는데 가끔 돌도 있고,

육군 쌍옆, 날개 2개짜리 조그마한 비행기가 내리는 것을 보았지요.

면담자: 조그마한 비행장이지요. 동촌에 비행장이 있지요. 대정(大正)연간에 만들어졌나요?

구술자: 소화(昭和) 말기에 만들어졌지요. 비행장 만들 때 학생시절에 가서 공사도 하고 했지요. 흙도 나르고.

면담자: 동촌 비행장에서 처음 비행기를 보셨나요?

구술자: 육군 항공대 비행기는 앞산에서 보았지요.

면담자: 동촌 쪽에는.

구술자: 그쪽에는 비행기가 날 정도로 완성이 안되었지요. 해방 전에는 완공이 안되었지요.

면담자: 그러면 대구에는 앞산 비행장 밖에?

구술자: 하지만 짧고 얼마 안되었지요, 육군 비행기는 나는 것을 가끔 보았지요.

면담자: 당시 젊은 사람들에게는 비행기에 대한 호기심이 컸겠군요.

구술자: 전쟁말기에 내 동생도 경찰에서 강제적으로 소년비행학교에 응시하도록 했지요.

면담자: 어디에 있었지요?

구술자: 일본에 있었는데 거기 가서 신체검사에서 떨어졌지요.

면담자: 선생님은 몇 학년 때 육군사관학교 신체검사 하신 거예요?

구술자: 신체검사보다도 지원서를 낸 것이 4학년 말기에 지원할 수 있도록 되어 있었지요.

면담자: 일본 육사를 낸 것이세요. 만주가 아니고?

구술자: 만주는 군관학교이구요.

면담자: 박정희 씨가 다닌?

구술자: 예, 4학년 마치면 지원할 수 있도록 그렇게 되어 있었어요. 정월달에 했지요.

모집요강이. 4학년 끝나고. 3월 달에 신원 조회한다고 집에 찾아온 적이 있지요, 병사부 사령부에서 좋다고 하고 갔어요.

면담자: 선생님은 건강하셨나 보지요?

구술자: 내가 아주 건강했어요. 소학교 때도 주로 달리기를 했어요. 마라톤을 했지요. 대구상업학교 1학년 때 마라톤 대회에서 11등을 했지요. 5학년까지 포함해서요. 21km를 뛰었어요.

면담자: 당시 일본 육사는 아무나 들어가는 곳은 아니지요?

구술자: 그렇지만 성적 좋고 집안도 좋으면 하면 한국사람 몇 사람씩 넣어 주었지요.

면담자: 홍사익(洪思翊) 중장도 그렇고

구술자: 학과 시험은 걱정 안 했어요.

면담자: 그러시면서도 당시 일제시대라도 장래와 신분이 보장되었는데 독립운동을 하신 이유는?

구술자: 세 사람이 모이면 항상 여기서 오래 견디지 못하면 만주로 튀자고 하곤 했지요. 육사가서 공부를 많이 해 가지고 튀라고 했지요.

면담자: 우리 독립군 가운데 이청천 장군, 김경천 장군 같은 사람들이 그런 경우지요.

구술자: 그렇지요.

면담자: 그러면 당시 여러 조직을 했는데.

구술자: 이상호가 초안을 했고, 4월 20일에 셋이 이상호 집에 모여서 최종적으로 했지요.

면담자: 건아대란 무엇이지요?

구술자: 하급생들. 목적이 체력단련하고 글라이더를 만들고 조립하고 그런 것이지요. 일체 독립운동은 표시 안내는 것으로. 1~3학년 한 20명 모였지요. 애들은 전혀 모르고 조선사람이 모여서 체력단련하나보다 생각했지요. 남산소학교 후배들도 많이 있었고 다른 학교 아이들도 있었고, 직업학교 다니던 친구들도 하나 둘 있었지요.

면담자: 직업학교란 무엇이지요?

구술자: 3년제이고요. 보통졸업하고 전자계통은 없고 주로 건축, 토목 등이었지요. 전문교육시키는 학교가 있었어요. 윤삼룡(尹三龍)이 다녔지요.

면담자: 태극단을 조직하셔서 어떤 활동을 하셨나요. 구체적으로?

구술자: 4월 5월에 한 것은 건아대 조직을 튼튼하게 하고 체력단련을 하고 모여서 나중에 크면 상급생이 되면 우리 취지를 이야기하고 해서 좌우간 정신적으로 결합하고자 하였습니다. 이야기를 주고받고 했지요. 5월 23일에 잡혀갔으니까 이상호는 입을 열 애가 아니니까 신경을 쓰지 않았는데 25일 2시쯤 되어 학교에 형사들이 여러 명 와서 가방을 메고 나오라고 하고. 끌고 가더라구요.

면담자: 체포과정은 나중에 말씀해 주시고, 친구들에 대하여 말씀해 주십시오. 이상호 선생님하고 가장 가까이 지내셨지요. 이상호 선생에 대하여 더 해주실 말씀이 있으십니까. 아버님이 대서업하셨구. 덕산학교 다녔고, 대구상업 다니셨구. 학교에서 백지시험 등 말씀해주셨구요.

구술자: 주로 삐라를 만들어서 살포하자는 이야기가 있었는데 잘못하면 탄로 날 그런 염려가 있으니까 하지 말자고 했지요. 밤중에 돌리자 전쟁이 오래 못간다. 조선 사람은 조선 사람끼리 모여서 살아야 한다. 괜히 그러지 말고 졸업하고 후배들이 뭉칠 수 있도록 하자. 만약 여기 있기 곤란하면 만주로 가자. 중국으로 가자고 했습니다. 이상호는 4학년이고 유급이 되고 하여 학교에서 인정도 못 받았습니다. 그러니 태도가 영 각반도 제대로 안 매고 가운데 짧게 메고 가방도 비스듬히 메고 해서 선생님들에게 자주 매를 맞았습니다.

면담자: 한 학년 유급된 이후에는 이상호 선생의 태도가 그래서 발각되는데 문제가 있었겠네요?

구술자: 태도가 그러니깐 감시를 받았을 거예요. 자포자기 형식으로 다녔기 때문에 영 쇼크를 받아서 그런지--나도 주의를 준 적이 있어요. 모른 채하고 정확하게 하라고. 그러니 조행 점수도 나쁘고.

면담자: 서상교 선생님은, 가까이 지내셨지요?

구술자: 과묵하고 운동도 잘하고 의지가 강한 사람이에요. 나보다 2살 많고. 나는 조 그마한 축에 속했고.

면담자: 해방 후 서상교 선생님은 무엇을 하셨습니까?

구술자: 서울은행에 계속 근무하다가 퇴직했지요.

면담자: 대구상업 나오시고 하셨으니까?

구술자: 그렇지요.

면담자: 동급생 가운데 김정진이란 분이 계셨지요?

구술자: 봉화사람인데 그 친구는 이상호와 직접 만나서. 그는 5학년이었지요.

면담자: 선생님하고 친분관계는?

구술자: 우리와는 그냥 알고 지냈어요. 이상호와 친했지요. 김정진은 이상호가 이야 기했지요. 김정진은 전체 내용을 알고 있었어요.

면담자: 지금도 생존해 계시지요?

구술자: 지금 동기회 회장이지요.

면담자: 몇 회시지요?

구술자: 17회입니다. 61년에 졸업장을 보내왔더군요. 5학년 1학기까지 다녔으니까요.

면담자: 해방 후에는 어떤 활동을 하셨나요?

구술자: 성균관대학 나와서 죽 교직생활을 했지요. 교감까지 했지요. 중고등학교, 성 대 국문과를 나왔지요.

면담자: 이분도 형무소 생활하셨지요?

구술자: 이상호와 김천(소년형무소)에서 있었지요. 우리 4명은 인천에.

면담자: 윤삼룡 씨는. 아까 직업학교, 대구공업학교 학생이란 기록이 있던데.

구술자: 우리 때는 대구직업학교라고 했어요.

면담자: 여기 기록에는 대구공업학교 기계과에 다닌다고.

구술자: 그 친구도 이상호와 개인적으로 친한 친구이니까. 처음부터 관여했을 것입니다. 인천 형무소에서 같이 있었지요.

면담자: 남산정에 사는 것으로 되어 있는데?

구술자: 집은 모르고, 같이 이상호 집에서 모였지요. 앞산에 같이 가고 해서 알았지요.

면담자: 선생님이 동지로 권유한 사람 가운데 이원현(李元鉉) 씨가 있지요.

구술자: 남산동 올라가기 전에 교회가 있었어요. 아버지가 남산교회 목사였어요. 나보다 1년 아래인데 자주 만나서. 그 친구가 후배이지만 나를 좋아했지요. 그친구는 기독교적인 생각에서 그런지 모르겠지만 일본놈들이 기독교를 많이 탄압했어요. 불만을 많이 표시하더라구요. 이원현, 김정진 등은 독립운동단체라는 것을 알고 있었지요. 우리나라가 민족적으로 독립되어야 되겠다고 생각하고 있었지요.

면담자: 감리교였습니까?

구술자: 장로교였을 거예요. 남산교회 밑에 살았지요.

면담자: 해방 후에는 무엇을 했나요?

구술자: 그 양반이 인천형무소에 있다가 해방 전에 5월에 병보석으로 석방되어 음력 5월에 죽었지. 이준현이 먼저 경찰에서 죽었고, 이분은 병보석으로 나왔다가 해방 전에 죽었지.

▣ 테입 2-B

○ 일   시: 2001.4.4, 오후 4:30~5:00

○ 장   소: 자택(분당)

○ 주요내용: 단원들의 인적사항(이준윤, 노정열 등), 체포, 경찰서에서의 고문 및 재판 김일성부대 관련 이야기.

면담자: 이준윤은 어떤 사람인가요?

구술자: 성격이 괄괄하고 활발했지요. 학교에서 자주 만나고 성격보고 내가 그랬는지 내가 이야기하니까 쾌히 허락하데요.

면담자: 당시 대구상업 5학년이었지요. 편찮으셨지요. 애초에?

구술자: 큰 병은 없었는데. 경찰서에 가서 얻어맞고 하더니 각각 딴 방에 가두니깐 몰랐지요. 비행기 몇 번 타면 기절하니깐. 병이 났다는 것은 우리는 몰랐는데.

면담자: 당시 능막염에 걸려 사망했다고 하던데?

구술자: 당시 거의. 영양실조에 걸리면 젊은 사람들 능막염에 걸리지요. 죽었다는 이야기도 몰랐지요. 일본놈들은 아파도 병원에 데리고 가지 않았지요. 죽을 때까지 두고요. 죽으면 내보내고. 이원현도 능막으로 해방도 못 맞이하고 죽었지요. 영양실조가 주 원인이지요.

면담자: 경북 영덕 사람이지요. 기독교 신자라고 하던데?

구술자: 그렇지요.

면담자: 옛날에는 기독교 믿는다고?

구술자: 옛날에는 교회도 숨어서 다녔지요. 교회 간다고 찬송가 크게 부르지 못했어요. 모여서 기도나 하고. 지금처럼 요란하게 못했지요.

면담자: 2학년 노정열(盧定烈)에 대해서 좀?

구술자: 잘 몰랐는데, 심상소학교 출신 후배들이 많이 들어 왔습니다. 우리가 그 학교의 제일 선배들이니깐.

면담자: 대구상업학교에 남산학교 후배들이 많이 있었나요?

구술자: 그렇지요.

면담자: 그 당시에도 요사이 동창회처럼?

구술자: 그렇지요. 모이라고 하면 운동장이나 교실에서. 5학년 교실에 누구누구오라고 하면 오곤 했지요. 걔들한테는 주로 운동에 대하여 했지요. 운동하는 것

좋지요. 내가 서상교를 소개하면 서상교가 올라가 운동 열심히 하지고 말하곤 했지요. 후배들은 모르지요.

면담자: 그 당시에 정광해(鄭光海)란 분이 계셨지요?
구술자: 대구 남산학교 후배이지요. 여러 명이 모였지요.

면담자: 특별히 기억나시는 점은?
구술자: 잘 모르겠네요. 후배란 것 밖에.

면담자: 정환진(奠晥鎭)이란 분에 대해서. 김천 분이고, 상업학교 4학년이었다고, 혹시 기억 나시는 것은?
구술자: 그 친구는 내가 이야기했나. 내가 이야기 안 했을 터인데.

면담자: 선생님이 말씀한 분은 대구남산학교 후배들이지요. 후배들 가운데 남산학교 출신인 박규인(朴圭寅), 손문호(孫文鎬) 혹시 기억나십니까?
구술자: 특별히 기억나는 것은 없고. 후배들 모이라고 하면 모이고 해서. 운동하자고 하면 와 하고 동의를 하고.

면담자: 안창용(安昌鏞), 박상포(朴商包)는?
구술자: 박상포는 지금도 우리 모임에 사무책임자로 있어 1년에 한 번씩 대구가서 만납니다.

면담자: 박상포는?
구술자: 대구상업 1학년이고, 남산학교 나왔지요.

면담자: 이분은 그 후에?
구술자: 이분은 내용을 모른다고 해서 석방되었지요. 대구에 쭉 계셨구요. 이 친구가 주로 연락을 하고.

면담자: 강기인(康基仁) 선생님은. 대구상업학교 1학년이고 남산학교 후배라고 하던데?
구술자: 후배들이지요. 이 아이들은 전혀 모르고 했지요.

면담자: 태극단 조직 또는 활동하실 때 신문조서, 재판기록에 나와 있지 않은 내용 가운데 특별히 남기고 싶은 말씀이 있으신지요. 저희가 질문만 해서는 속내용을 잘 모르지요.

구술자: 우리가 모여서 불과 2개월 만에 탄로가 나서 우리는 탄로가 안 날 줄 알았는데. 나중에 알고 보니까 이상호가 뭘 쪽지에 조직 계통을 적어 놓은 것이 벽에 넣어 두었다가 탄로가 났다니깐. 이상호가 무슨 문제가 생기면 항상 탄로가 나면 내가 다했다고 하자고 했다. 다른 사람은 모르는 것으로 해라. 정신적으로는 상당히 3명이 하나 목숨이지만 목숨을 내놓자. 가장 귀중한 것이 하나밖에 없는 생명이지만, 나라가 없는데 무슨 공부냐. 또 일본 천황의 자식이 되어서 무엇을 하겠냐 하고 서로 같이 죽어도 같이 죽자고 했지요. 죽음이 두렵다는 생각도 전혀 없었어요. 지금은 항쟁 못하지만 우리가 항쟁을 해야 되지 않겠냐. 너는 육사에 가서 충분히 공부해 가지고 와서. 만주로 뛰자. 그때 김일성 부대 이야기도 하고.

면담자: 그때 김일성 부대 이야기가 많이 알려져 있었나 보지요?

구술자: 그런가 봐요. 이상호 선생이 이야기하지요. 그때는 김일성 부대가 없어졌는데. 우리가 최종적으로 김일성 부대에 합류하자고 했지요. 러시아로 가기 전에. 북간도에서 많은 활동을 했지요. 처음에 1대 김일성은 육사를 안 나왔는데 2대 김일성은 일본 육사를 졸업했데요.

면담자: 그것은 선생님께서 해방 이후에 들으신 내용이지요?

구술자: 1대 2대는 요새 기록을 보고하는 것이고, 김일성 부대가 있다는 것은 그때 일이지요. 최근 문헌을 보니 해방 전에 10년 전에 김일성 부대가 없어지고 딴 부대에 합류했어요.

면담자: 그러면 지금부터는 제가 1943년에 체포에 대하여 말씀을 듣도록 하겠습니다. 1943년 5월 23일에 체포에 대한 이야기들이 나오거든요. 체포된 구체적인 경위에 대하여 말씀해 주십시오. 5월 23일에 이상호 선생님이 체포되고?

구술자: 5월 25일에 형사 여러 명이 와서.

면담자: 오전입니까, 오후입니까?

구술자: 오후 한두 시쯤에 학교로 형사들이 와서 끌고 가더라구요.

면담자: 당시 5학년 몇 반이었지요?

구술자: 5학년 2반인가 그렇지요. 서상교, 나하고 김정진, 이준윤, 그리고 4~5명. 이원현이 하고.

면담자: 어떻게 잡혀갔지요?

구술자: 수갑은 안 채우고 형사들이 4~5명이 둘러싸고 걸어서.

면담자: 대구경찰서는 길 건너 아닙니까?

구술자: 아닙니다. 대봉동이어서 한참 걸어가요.

면담자: 그러면 어디에 있었지요?

구술자: 중앙통에서 서문시장 방향에 있는 대구경찰서로 갔지요. 도처에서 서쪽으로 조금 가지요. 걸어서 갔어요. 4~5명이 포위해서.

면담자: 대구경찰서에 간 다음에는?

구술자: 유치장에 1명씩 분산시켜서 넣었지요. 들어가니까 신입생이라고 해서 화장실 옆에. 조그마한 것이 있는데 오픈돼서 열려 있었는데 그 옆에. 그 안에 구왕삼이란 사람이 있었는데 하와이 살다가 왔다는데, 기독교계통의 사람이었는데 왜 왔냐고 물었고, 35세쯤 되어 보였는데 자기도 하와이서 왔다고 자기를 잡아넣었다고. 그 안에서 그분이 나를 많이 도와주었어요. 사식이라고 해서 돈을 내면 사식을 먹을 수 있었는데, 경찰서에서 우리에게는 사식을 허락하지 않았어요. 경찰서 밥은 못 먹어요.

면담자: 그때 경찰서 밥은 어땠나요?

구술자: 나무통에다 뭐 냄새가 풀풀나지요. 수수밥에다 해초, 해초같은 것 소금에다 해서 밥 한 덩어리 주고. 사식이라고 해서 그때 50전짜리인가, 1원짜리인가

있었는데, 경제범과 조사가 끝난 사람은 돈을 내면 사식을 먹을 수 있었지요. 구왕삼은 사식 절반을 나에게 주었는데. 경찰서 밥은 먹을 수가 없어요. 한참 먹을 나이인데. 사상범이라고 해서 안 먹이더라구요. 한 두 달인가 세 달인가 있다가 사식을 허락했지요.

면담자: 대구경찰서에 몇 개월 있었습니까?

구술자: 5개월 있었지요.

면담자: 계속 신문 받고?

구술자: 처음에 얻어맞고, 마지막에는 별로 때리지 않았는데, 정강이를 때리고. 처음에는 고다마라는 형사가 고등계형사인데, 때리면서 민족주의자 왔냐고 하면서 때렸지요. 처음에는 아주 심하게 다루었었어요. 비행기를 태우고.

면담자: 비행기를 태우고?

구술자: 천장에 매달고 오며가며 때렸지요. 많이 아파요. 그거 하게 되면 불지 않으면 안되게 되었어요. 그 다음에는 긴 의자에 줄로 묶고 뉘이고 입 등에 물을 부었지요. 주전자에 고춧가루는 안 넣었는데, 때리고 하는 것은 보통이고.

면담자: 보통 일이 아니네요.

구술자: 5분 정도 물을 먹으면 정신이 나가버리지요. 그러면 한참 두었다가 때리거나 물을 왕창 부으면 깨어나니까. 나중에 정신이 들면 유치장에 넣지요. 심문도 하지 않고 골탕을 먹이는 것이지요. 밉다는 거지요. 그때 죽는가보다 생각이 들더군요. 일생 살면서 3번 죽을 뻔했는데 첫 번째 죽을 뻔했지요.

면담자: 심문은 몇 번?

구술자: 심문은 5~6번 정도 받았지요.

면담자: 심문 조서에 나온 내용은 거의 동의할 수 있는 부분입니까?

구술자: 그 내용, 물론 상세하게는 안되어 이씨만 거의 나와 있네요. 그렇습니다. 모든 것이 내가 한 것이고, 후배들은 죄가 없다고 풀어주라고 했지요.

면담자: 선생님. 신문 조서 보니까 당당하게 심문에 응하셨던데.

구술자: 나는 민족주의자라고 했습니다. 그들이 물어봐요 민족주의자냐고. 천황폐하의 아들이 무슨 민족주의자냐고 하며 구두발로 걷어차면서 끌려 들어가면 앞에 앉게 하고 때리고 비꼬고, 심문하는 것은 뻔하고 우리들은 모두 사실대로 이야기했어요.

면담자: 보통 심문 조서에 거짓말을 하는 경우도 있던데?

구술자: 증거를 내 놓고 이야기하고. 이상호는 절반 죽어서 끌려 나오고 했고, 서상교, 김상길하고 3명이 했다고 했기 때문에 사실대로 이야기했어요. ○○○○은 무엇이냐고 하면 독립운동이라고 했어요. 후배들 왜 포섭을 했고, 무슨 이야기했는가에 대하여 나에게는 심문을 했어요. 마지막 달 정도는 처넣고, 가끔가다 한 번씩 불러서 생사확인만 했지.

면담자: 재판은 어떻게 되는 겁니까. 대구형무소로 옮긴 다음에?

구술자: 형무소로 이감할 때 눈물나고 그러데요. 수갑을 채우고 오후 4~5시경에 끌려 나가는데, 앞에 형무관 서고, 형사들이 따라오고 같이 가는데, 햇볕 처음 쐬고 하니깐 눈물이 나더군요.

면담자: 형무소로 갔나요?

구술자: 대구구치소로 갔지요.

면담자: 어디 있지요?

구술자: 삼덕동에 있어요.

면담자: 거기 몇 개월 계셨지요, 재판 받으러 다니셔야지요?

구술자: 3개월 밖에 안 있었어요.

면담자: 법원은 어디에?

구술자: 구치소 앞에 조금 떨어져 있었어요.

면담자: 그러면 44년 1월에 대구지방법원에서 형을 받은 것으로 되어 있는데?

구술자: 비밀로 한다고 그런지, 그것도 아주 간단하게 하고.

면담자: 재판을 약식으로?

구술자: 시간 오래 안 걸렸어요.

면담자: 징역이 단기 5년 장기 7년을 받았다고 하던데요?

구술자: 소년형을 받은 것이지요. 어른들의 무기징역 감이고. 이상호는 장기 10년 받았는데 사형감이라고 했어요. 그때 판사는 국적(國賊)이라고 했어요. 나라의 국적이다. 치안유지법 위반이라고 했어요. 나는 있는지도 몰랐는데. 너는 국민이 아니다고 하고, 그 뒤에 알아보니깐 일체 보도도 안 했다고 하더군요. 집안에서 변호사를 둘려고 했는데 변호사가 있었다고 하는데 변호사를 본 일이 없어요. 별 수 없는 내용이라고 변호사가 이야기했다고 해요.

면담자: 그 다음에 인천형무소로 이감되었나요?

구술자: 대구구치소에서 계속 독방에 있었어요. 사상범은 독방에 둔다고 조그마한 방이 있어요. 4~5명이 누울 수 있는 공간은 있어요. 똥통도 있고.

면담자: 형을 받은 후 인천으로 바로 갔나요?

구술자: 그랬지요.

면담자: 대구에서는 인천으로 어떻게 가셨나요?

구술자: 대구역에서 저녁 차를 탔는데 어떻게 알았는지 가족들이 나왔어요.

면담자: 용수를 썼나요?

구술자: 용수는 안 써요. 언도를 받으면 용수를 안 써요. 피의자 신분일 때는 용수를 써요. 파란 수위를 입고.

면담자: 대구역까지 걸어서?

구술자: 대구역까지 걸어갔고 대구역에서 기차를 타고.

면담자: 어디에서 내렸습니까?

구술지: 상인천에서 내렸지요.

면담자: 대구에서 인천까지 가는 기차가 있었습니까?

구술자: 영등포역에서 갈아탔어요.

■ 테입 3-A

○일   시: 2001.4.4, 오후 5:10~5:40

○장   소: 자택(분당)

○주요내용: 인천 소성청년훈련소에서의 투옥 생활, 정신대 생활, 해방전야, 의무실
          에서의 애환

면담자: 인천형무소는 지금으로는 어디이지요?

구술자: 거기가 학익동이지요.

면담자: 거기에 소년형무소가 있었습니까?

구술자: 가니깐 간판에 붙은 것이 소성(邵城)청년훈련소라고 쓰여 있더군요.

면담자: 소성이 무엇입니까?

구술자: 자기네끼리 만들었겠지요.

면담자: 40년대에 우리나라에 청년훈련소가 많이 있던 것으로 기억하고 있는데?

구술자: 형무소에요. 소년 형무소에요.

면담자: 소성이란 것이 무슨 뜻이지요?

구술자: 모르겠어요. 무슨 의미인지. 학익동이라고 학 학(鶴)자하고 날개 익(翼)자. 지
        금도 학익동이지요.

면담자: 형무소라고 쓰여있지 않구요?

구술자: 예.

면담자: 거기 도착은?

구술자: 44년 1월달이지요.

면담자: 거기서 해방이 될 때까지 형무소생활을 하셨나요?

구술자: 그렇지요.

면담자: 사상범이시니까 거기에서도 독방에 있었나요?

구술자: 처음에는 4명이, 서상교, 이원현, 윤삼룡 등과 같이 있었지요.

면담자: 괜찮으셨겠네요?

구술자: 추워서. 거기에 들어가게 되면 옷을 벗기고 앞만 가리고 일본놈들은 삼각으로 된 것을 차게 하고, 도데라라는 우리 두루마기 같은 안에 솜을 넣은 것 하나만 주지요. 두꺼워요. 하나만 입고 안에 들어가 있고. 처음 3개월 정도는 성냥갑을 풀로 부치는 일을 했지요. 그걸 한 3~4개월 했어요. 거기에는 7등밥이라고 해서 밥도 등수에 따라서 밥의 크기가 달랐지요. 7등밥은 조그마한 것이에요. 반 잘라서 한 번 두 번 먹으면 그만이지요. 나무 상자 밥통을 주고, 바다에 떠다니는 해초하고 그걸 소금물에 해서, 국 하나 하고, 밥도 옛날에는 만주에서 가지고 온 콩기름 다 빼고 껍질만 남은 콩 껍질에 수수 넣고 쌀을 진짜 조금 넣고, 거의 다 영양실조이고 피부병들이 옮아, 옴이라고 해서 올라 모두 가렵고.

면담자: 옴이요?

구술자: 옴이요. 안 오른 아이가 없어요.

면담자: 왜 옴이 오르지요?

구술자: 목욕도 안하고. 세수도 물 한 번만 묻히면 그만이고. 변소는 잘 해놨어요. 변소는 안에 있지만 감방 밖에 있고, 인천이 제일 고통스러운 것은 추워서.

면담자: 인천은 원래 들 춥지 않습니까. 대구가 여름에 덥고 겨울에 춥지?

구술자: 대구가 유가 안이예요.

면담자: 바닷가 쪽인 가요?

구술자: 밑에 나무 바닥이고, 침구래야 나무로 목침 베개 하나씩 주고, 이불은 큰 것 한 장만 주고, 잘 때 순서대로 잡니다. 가운데가 따뜻하니깐. 오늘 너는 제일 앞에 자라. 거의 못자요. 새벽 4~5시 되어야 겨우 눈 붙이고.

면담자: 가자 마자 굉장히 고생하셨네요.

구술자: 굉장이 추웠어요. 3개월 동안 내보내지도 않고.

면담자: 운동도 안 시키고?

구술자: 성냥 붙이는 일만 시키고.

면담자: 3개월 후에는 그러면?

구술자: 3개월 후에는 따로따로 분산시키고. 나는 제2공장이라고 나무를 가지고 목공하는 곳, 니스칠하는 곳으로 가고.

면담자: 서상교 선생은?

구술자: 어디로 갔는지 나는 모르고. 각자 분산시켜서 어디로 갔는지 모르고. 조금 있으니까 일본말로 기도리라고 무슨 재품을 만들려면 재료를 구분해야 하고, 재료를 큰 기계톱에 넣어서 제재를 해야 하고. 책상을 만들면 위에는 무슨 나무 등하고. 목재를 분리시키는 일을 했지요. 거기 나가니깐 좀 밥을 큰 것을 먹이더군요. 배부른 정도는 아니지만. 좀 낫더군요. 학식이 있다고 해서, 나무 자르고, 나무 종류를 구분해서 제재하는 일을 했지요. 한 5개월쯤 했나요. 그러니깐 딴대로 보내데요.

면담자: 예.

구술자: 영선과에 보냈어요.

면담자: 거기는 제 몇 공장입니까?

구술자: 영선부라고 해서. 간수들 관사도 수리하고. 나는 기술도 없고 하니까 매일 시멘트 운반 같은 것, 벽돌, 자갈 등을 운반하는 일을 많이 했지요. 한 가지 재미있는 것은 일본의 대동아 전쟁이 심해지니까 죄수들 가운데 거의 30명 정도 뽑아서 정신대를 일본말로 대신다이를 편성했지요.

면담자: 여자는 없지 않습니까?

구술자: 여자 정신대말고 남자 정신대가 있지요. 남방에 전쟁터에 보내기 위해서 정신대를 만들었지요. 서상교도 뽑혔습니다. 나도 뽑혔어요. 둘이.

면담자: 언제지요?

구술자: 44년 10월 달입니다.

면담자: 그래요. 일종의 징병같은 것인가요?

구술자: 죄수들 가운데 똑똑한 놈들을 전쟁터에 내몰라고, 모자에다 흰태를 두르고 정신대라고 한문으로 썼어요. 모자를 세우고, 왜놈들 신발도 찌가다비라고 해서 목까지 올라가는 신발이 있어요. 새벽 5시만 되면 정신대 나오라고 호통을 치면 나가면 모두 한 4km쯤 될 거예요. 목총을 들고 구보를 했어요. 그후 공장에 가서 일하다가 오후 2시경이 되면 다시 소집해서 사람 심장 찌르는 연습 총검술 훈련을 시켰지요. 우리는 예전에 많이 해 보았으니까.

면담자: 교련수업을 받으셨지요?

구술자: 그렇지요. 거의 2시간 정도하고. 나중에 이야기 들으니까 남방에 일선에 보내야 되겠다고. 훈련을 쭉 시켰는데, 내가 불행하게도 1945년 정월에 동상이 걸려 거기에 병원 같은 거가 있어요. 의무실이 있어요. 의무실에 입원하지 않으면 안되었지요. 동상이 걸려 다리를 짤라야 할 정도였어요. 뼈가 하얗게 보일 정도였지요. 입실했지요. 3개월 치료를 받았어요. 그동안은 춥지 않게 잘 지냈어요.

면담자: 서상교 선생님은?

구술자: 훈련받았겠지요. 모르겠어요. 훈련받을 때 한 번씩 보는 것이지요. 공장도 다르고.

면담자: 그래서요?

구술자: 3개월 후에는 새살이 돋아나서 살았지요. 당시 거의 환자들이 죽어나가는 사람이 많았지요.

면담자: 무슨 병으로?

구술자: 영양실조예요.

면담자: 그렇군요.

구술자: 바닥이 세면 바닥이어서 불을 넣어서 따뜻했어요. 4등급 꽤 큰 밥을 주었어요. 공장에서 일할 때에는 2등급 밥이었지요. 죽어서 나가는 놈 많고, 아파서 못 먹는 환자가 많았습니다. 제가 잘 먹었습니다.(웃음) 그래서 매일 밥은 2덩어리 정도 먹었어요. 서로 먹을 여고 야단이었어요. 나는 정신대여서 정신대 앞에서는 다른 사람들이 꼼짝도 못했지요. 거의 2알 3알 먹어서 많이 회복하였어요. 봄에 2월인가 3월인가 퇴원했지요. 다시 영선 공장에 갔지요.

면담자: 그때에는 정신대 훈련을 안 받았나요?

구술자: 계속 받았지요. 해방될 때까지 받았구요.

면담자: 서대문 형무소에서는 죄수들을 남양군도, 해남도에 보냈다던데?

구술자: 포로수용소 감시원으로 보냈다더군요. 우리도 그때 보낼려고 했나봐요.

면담자: 소년형무소이니까, 나이가 어린 사람들이 많으니까?

구술자: 우리도 나이 20세 정도 되었으니까. 대우가 아주 좋았어요. 까만 옷을 입히고, 소년형무소는 빨간 옷을 안 입히고 까만 옷을 입히지요. 학생복 같은. 까만 모자 전투모에 흰태를 두루고, 옆에다 정신대라고 한문으로 써놓고. 그것 쓰고 있으면 알아보는 것이지. 밥도 많이 주고, 형무소에서 간수들도 특별히

봐주고 그랬어요.

면담자: 해방되는 것은 어떻게 아셨나요?

구술자: 해방이 되는 것은 간수 중에 일본 간수도 절반 있고, 조선인 간수가 반 정도 있었어요.

면담자: 죄수는 전체적으로 몇 명 정도?

구술자: 죄수는 400~500명. 간수는 30~40명이었지요.

면담자: 조선 사람도 있고, 일본 사람도 있고?

구술자: 반반이지요. 왜놈은 하나둘 밖에 없고. 별로 없었구요. 대부분 절도이고, 사상범도 몇 있었어요. 2명이 있어 우리하고 이야기도 했는데. 해방되고 모두 이북으로 갔지요, 북한사람들이라.

면담자: 그러면 어떻게 아셨습니까?

구술자: 며칠 전에 밤에 갑자기 모두다 방에서 나와서 엎드리라고 했지요. 창문을 보니깐 B29가 기총소사를 하는 데 따따따따 하는 것이 불빛이 보여요. 8월 초에 사격하는 것을 보았지요. 징조가 이상하구나 생각했지요. 여기까지 미국 비행기가 오구, 조선 간수들이 저것은 미국비행기라고 그래요. 천황폐하가 8월 15일 아침에 방송했다고 해요.

면담자: 그러면 선생님은 어떻게 석방되셨지요?

구술자: 8월 16일 오후 2시쯤 부르더군요.

면담자: 누가요?

구술자: 간수가 와서. 그때 사상범이 7~8명이 불려나갔어요. 감방 동이 여러 개 있으니까 나는 1동에 있었는데 4동까지 있었어요. 밑에 사무실이 있어요. 경호과라고. 경호과에 데리고 가서 조금 기다리라고 해요. 잔뜩 돈 계산을 해서 일한 비용 230원 정도를 주더군요.

면담자: 당시 쌀 몇 가마니 정도?

구술자: 쌀 한 가마니가 200원 정도 되요.

면담자: 다른 잡범들은 그대로 두고?

구술자: 그건 모르겠어요, 사상범만 딱 8명 정도.

면담자: 예.

구술자: 문 밖에 나가면 누가 기다리고 있을 터이니까 나가라고 했어요. 상인천에 사는 성함을 잊어 버렸네, 70세 되는 김선생이 가자고 해요. 모두 손을 잡고, 오늘 내가 너희 전부 데리고 가서 자고, 내일 아침에 차를 태워주겠다고 했어요. 저녁 노을이 빨갛게 지는데 학익동에서 상인천까지 걸어갔어요. 목욕시키고 할머니들이 나와서 붙잡고 울고. 새벽 5시차를 끊어 놨어요. 그 사람 독립운동가였을 겁니다. 아침에 태워서 보내주더라구요.

면담자: 인천에서 대구 올 때는 누구와 같이?

구술자: 서상교와 같이 왔지요, 나머지 2사람은 미리 나갔습니다. 하나는 보석되어서 나가고, 하나는 아파서 나가고. 기차를 탔더니 성환까지 가고 기차는 안가고.

면담자: 성환이라면 충청도?

구술자: 경기도지요. 돈 받은 것이 있으니까 사먹기도 하고. 밤이 되니까 화물차가 내려가는 것이 있다고 해서. 그 다음날 8월 18일 새벽 4시경 대구역에 도착했어요. 어머니가 나와 계시더군요.

면담자: 연락을 하셨어요?

구술자: 무조건 기다리신 거지요. 소문을 듣고 돌아오겠거니. 안고 울고.

면담자: 예.

구술자: 내가 형무소에 있었지만 건강했어요. 그 당시 절도범인데 가네자와라는 조선인 절도범이 있었는데 그놈이 간수 식당에서 일하고 있었지요. 청소도 하고 쓰레기도 버리고. 그 사람이 일주일에 한두 번씩 무슨 이유인지 모르지만 저

녁 4~5시쯤 그놈이 무슨 이유에서 그랬는지 지금도 모르겠는데 간수들이 먹다 남은 흰 쌀밥을 버리는 일을 담당하였는데 그것을 꼭 우리에게 퍼주고 갔지요. 빨리 먹으라고. 거의 5~6개월 동안 이 몸이 일주일에 한두 번씩 배불리 먹고.

면담자: 영양 보충하셨네요?

구술자: 해방 후에 그놈을 찾으려 했는데 못 찾았어요. 어디로 갔는지 숨었는지, 죽었는지. 간수하고 통했는지, 딴 놈도 많은데 꼭 우리에게 주었어요. 사상범이라고 하고 공부도 많이 했다고 하니. 조선사람은 조선사람이더구만요. 우리를 옹호하고 그랬어요.

면담자: 일제시대 사시면서 특별히 기억나시거나 후세에 남기고 싶으신 이야기가 있으시면 말씀해 주십시오.

구술자: 지금도 일본인만 보면 왜놈이라고 하며 호칭을 하는데 그놈들 얼마나 민족적으로 차별을 하고 울분을 지금도 참을 수 없어요. 우리가 민족정기 하지만 민족정기를 되찾고 빨리 국력을 양성해서 우리가 떳떳하게 세계적으로 일본과 대항해서 싸울 능력을 갖추어야 된다고 생각해요. 내가 지금도 제일 서러운 것은 배가 고픈 것, 언제 죽어도 좋으니 쌀밥에다가 김치에다가 된장찌개에다가 배불리 먹은 것, 고통 중에서 가장 고통스러운 것이 배고픈 것, 나라가 없는 것, 우리말, 우리 국기랑 민족 빼앗아 간 것이 그렇지요. 지금은 모두가 잘 느끼지 못하겠지만 태극기 달고 우리 땅에서 우리 말 하고, 먹고 싶을 때 배불리 먹고사는 것이, 언제나 행복한지 몰라요. 해방 후에도 그랬지만 어디까지나 지조를 가지고 정직, 성실하게 살아야겠지요.

3) 3차면담

■ 테입 3-B」

○ 일   시: 2001.4.6, 오후 5:20~6:00
○ 장   소: 자택(분당)
○ 주요내용: 해방 후의 해군사관학교 1기생 입학과정, 6·25 당시 전투활동, 1980년
대 전반기 광복회 회장 시절, 최근 친일파문제에 대한 견해

면담자: 오늘 김상길 선생님을 모시고 선생님의 해방 후의 활동에 대하여 듣도록 하겠습니
다. 선생님 해방이 8월 15일에 되었지요. 선생님께서는 고향으로 돌아오신 후 학교
관계라든가, 장래에 대한 고민을 많이 허셨을 터인데 처음에 대구상고에 복교하셨
습니까?

구술자: 해방 직전에는 4년제로 졸업시켰어요. 중학교 모두, 4학년에 졸업을 시켜서.
그래서 나는 5학년 1학기를 했으니깐. 아무래도 내가 공부를 해 가지고 처음
나의 목표는 서울 상대 가 볼까하고 부모님도 공부해서 대학가야 한다고 해
서 쭉 학교에서 공부했어요. 공부를 하고 있었는데 그 당시에 어떻게 되었는
지 학교가 문을 열지 않았어요. 좌우충돌이 일어나고 학생들이 좌익쪽으로
쏠리고. 학교에서 매일 데모를 하고. 그러던 차에 누님이 부산에 살았는데.

면담자: 누님. 친 누님은 아니지요?

구술자: 그렇지요. 살고 있었는데.

면담자: 예.

구술자: 심심하고 해서, 부산에 놀려 갔을 때 문화공보원 앞에 크게 붙어 있더군요.
딱지가. 그 당시 일본에서도 해군병학교라고 했는데 사관학교이지요. 해군병
학교 생도모집이라고 되어 있더군요. 4년 졸업 이상, 나이 몇 살해서. 응시기
회가 있고 해서. 그렇지 않아도 태극기를 달고 대양에 태평양에 한번 나가고

싶었는데, 응시를 해봐야 하겠다. 그때도 꽤 어려웠어요. 5~6:1 정도였지요.

면담자: 언제입니까?

구술자: 1945년 12월경이지요. 정월에 부산에서 한 200명 정도 응시했어요. 합격자 명
단 보니까 한 20명 정도 붙었어요. 내가 수험번호가 6번인데 5번까지는 다 떨
어지고 맨 앞이 6번이더군요. 2월 5일에 집에 가서 2월 6일에 진해에 입교했지
요. 진해에 해군병학교가 있었지요. 그때 교장이 손원일(孫元一) 씨이었지요.

면담자: 손원일 씨요?

구술자: 그 당시 교장에다가 참모총장이었지요.

면담자: 예.

구술자: 가보니까 서울서 모집한 사람이 50~60명이 와 있더군요. 부산서 모집한 사람
이 20여 명 정도 밖에 안 되었구요. 80명 정도가 1기생이었는데 졸업은 60명
정도, 20명 정도는 탈락하고. 47년 2월에 졸업했지요. 우리는 1년 교육을 받
았지요. 왜냐하면 그때 바다에 대한 기술자가 몇 사람 밖에 없었어요.

면담자: 한국사람 가운데요?

구술자: 일본은 해군병학교에 한국사람을 한 사람도 안 넣었지요. 넣은 예가 없었지요.

면담자: 그러니까 육사를 갔군요?

구술자: 그렇지요.

면담자: 손원일 씨는?

구술자: 중국대학에 상선과 나왔지요. 교관은 일제시대 해원양성소 나온 사람들이 몇
분이 교관을 하고.

면담자: 그러면 우리 해군에는 일본군, 만군(滿軍) 등 친일파 출신들은 없었나요?

구술자: 몇 사람 있었어요. 상선학교 나와서 일본 해군에 있다가 온 사람은 3~4명 있
었지요. 그래서 빨리 우리 해군을 양성해야 했지요. 배를 태워야 했지요.

면담자: 예.

구술자: 우리 동기들이 6·25 때도 대부분 함장을 했지요. 1946년도에 미국해군에 가서 6개월 동안 교육을 받았어요.

면담자: 졸업하기 전에 벌써 미국에도 갔었고?

구술자: 미국 구축함을 탔지요. 미국 구축함들이 이남에 많이 나와 있었지요. 미국 수병들과 함께 같이 먹고 자면서 생활하면서 영어도 배우고, 조함술도 배우고 그랬지요. 미국 해군과 한국 해군의 운영방법은 거의 같지요. 우리가 모두 미국 해군에서 따 갖고 왔지요.

면담자: 그러면 그 후 계속해서 해군에서 활동하셨군요?

구술자: 주로 해상생활을 했지요. 조그마한 경비함부터 큰 구축함까지 탔지요. 함장도 하구요.

면담자: 6·25 때는 어떠셨어요?

구술자: 6·25 때는 내가 내내 훈장을 탔어요. 인천 항구에 조그마한 군함을 갖고 6·25 때 나 혼자 남아 있었지요. 그 당시 북한은 군함이 없었지요. 발동선 몇 척밖에 없었지요. 인천 항구에 거의 나 혼자 거의 1달 동안 인천 내항과 외항을 왔다갔다 했지요. 미군 군함이 왔더군요. 엄청나게 큰 배였지요. 유엔군이 처음 파견되서 배를 데라고 해서 데었더니 고생했다고 하더군요. 미국 정부에서 미국 동성훈장을, 한국에서도 충무무공훈장을 받았지요.

면담자: 예.

구술자: 그 당시에 두 번째 죽을 뻔한 것은 한번은 몽금포라고 해주 밑에 갔다가, 우리 정보요원 올려 보내려 갔다가 너무 가까이 갔다가 28발 배에 맞았지요. 내가 함장이니까 제일 높은 곳에 있었는데 2번째 죽을 뻔했지요. 쪽 내려와서 인천 상륙작전 시는 영흥도 점령시 우리가 가서 점령했는데 군함을 타고 있는 병들을 올려 보냈는데, 해병대를 올려보내지 못하고. 우리 부하 1명이 전사했지요. 인천상륙작전은 직접 참여하지 못했어요. 미국 항공모함 같은 것

이 와서 야단을 치고 하니깐.

면담자: 예.

구술자: 일본 좌세보(佐世保)에 미국 95함대에, 미국에서는 기호를 매깁니다. 참여해
서 그때 동해 미군 보급함대 호위, 호송을 했지요. 한 1년하고 끝나고 나서
미국서 가지고 온 경비함이 있어요. 그 함장을 해서 서해 옹진반도 해주 앞
에 영국함대와 함께 합동작전을 했지요. 대포도 많이 쏘고 그랬지요. 6·25
때는 내내 전투만 했습니다.

면담자: 선생님, 월남에는 언제 가셨지요?

구술자: 월남전 때 참전한 것은 아니고 해군 함정들은 물자 수송만 했지요. 한 번 갔
지요. 월남 참모총장이 불러서 십자훈장 하나 주데요.

면담자: 해방 후 대한민국에 군인들 가운데 일제시대 때 현실 안주적이거나 일본과 관련되
는 분들이 있었습니까?

구술자: 육군에는 많고, 해군에도 육군 출신들이 와서 기지사령관도 하고 훈련대장도
하고 했지요.

면담자: 독립운동 하신 분으로서 어떻게 생각하십니까?

구술자: 할 도리가 없지요. 우리 위에 계급이 있는 사람이 없으니까.

면담자: 일반인들 가운데 대표적인 분들은?

구술자: 영어전문으로 한 김일병(金一秉) 씨, 일본체육학교 나온 김장훈(金長勳) 씨,
우리 생도대장 했지요. 우리 위에 사람이 없으니깐.

면담자: 해군은 우리나라에서 제대로 교육받은 분들이 해군을 주도했군요?

구술자: 우리 친구들 몇 사람은 중요한 역할을 한 사람도 있지요. 예를 들어 월남대
사, 재향군인회 회장 등도 했지요. 우리가 손원일 씨와 함께 창업했지요.

면담자: 선생님께서 광복회 회장을 80년대 4년 동안 하셨네요. 특별한 소회가 있으신지요?

구술자: 내가 회장 할 때는 연금도 아주 액수가 얼마 안되고. 지금 4~5등급 표창받은

분들은 연금이 없었어요. 그때는 말이죠. 전두환 씨에게 이야기하고, 해군사관학교 5년 후배가 5기생 이종호 씨가 보훈처장이어서 서로 상의했지요. 정부예산을 많이 책정했지요. 김국주 장군이 부회장이어서.

면담자: 만주 분이시지요. 광복군 출신이고?

구술자: 중국 분이시지요. 광복군 출신이지요.

면담자: 예.

구술자: 그분이 홍보위원회를 그때 만들어 애국지사들 가운데 대학교수분들을 동원해서 전국 대학, 고등학교에 독립운동에 대한 것을 수백 회 강연했지요. 회장 끝나니까 그런 것 잘했다고 국민훈장 동백장을 주데요. 과거에는 광복회에서 별로 한 것이 없어요. 그 전에 박정권 때는 훈장만 주고 실질적인 아무 도움은 없었어요. 예우 문제도 그렇고. 정부에서 도와주지도 않고.

면담자: 끝으로 민족정기 문제, 친일파 문제가 많이 언급되고 있는데 친일파문제에 대하여 독립운동 하신 분의 입장에서 한 말씀해주십시오.

구술자: 해방 직후에 모두 이루어졌어야 하는 문제이지요. 역사적인 사실로서는 이러한 문제들을 기록에 남겨야지요. 후세들이 알아야 해요. 특정 개인을 나쁘게 하기 위해서는 안되지요. 역사적으로 사실은 사실대로 꼭 남겨야 할 문제이지요. 꼭 하기는 해야 하는데 최근에 여러 가지 말이 많지만 해방 이후 큰 공이 있다던가, 부득이 하여 할 수 없이 이름이 올라 갔다던가, 자발적으로 안 한 분들에 대하여는 고려해야 한다고 봅니다. 예를 들어 김성수 같은 분은 명단에 올리지 말았어야지요. 국민들이 알고는 넘어가야 합니다. 역사에 뚜렷이 남겨야 합니다. 그래야만 후손들이 나라가 망하더라도 총칼 들고 떳떳이 일어나서 사수해야지 하는 생각을 갖겠지요. 알고는 넘어가야 한다고 생각합니다.

4) 4차면담

■ 테입 3-B

○ 일   시: 2001.4.10 오후 2:00~2:30

○ 장   소: 자택(분당)

○ 주요내용: 김상길 지사 체포 이후 가족들의 피해상황

면담자: 오늘은 4월 10일입니다. 지난번 미진한 내용에 대하여 면담하도록 하겠습니다.

구술자: 예.

면담자: 어머니 존함을 알고 싶습니다.

구술자: 서명숙이라고 합니다. 달성서씨이고, 목숨 명(命), 맑을 숙(淑)입니다.

면담자: 어머니는 언제 작고 하셨습니까?

구술자: 66년도에 작고하셨습니다. 내가 모시고 있을 때입니다. 내가 서울에 오시라고 해서 모시고 있다가 고혈압으로 새벽에 갑자기 돌아가셨습니다.

면담자: 당시 어머니 연세는?

구술자: 78세에 돌아가셨습니다.

면담자: 아버님은 언제 돌아가셨습니까?

구술자: 59년도에 돌아가셨습니다.

면담자: 43년 5월에 체포되신 후 가족이 피해를 입으신 일은 없으셨는지요?

구술자: 3~4가지가 있는데, 그 당시에는 배급을 많이 주었어요. 예를 들면 설탕이라든가, 양곡은 자급자족했으니깐, 그런데 우리 집에는 배급을 안 주었어요. 그리고 경찰에서 한달에 1~2번씩 와서 동태를 살피고 갔다고 해요. 그리고 내 위에 형이.

면담자: 어느 형이요?

구술자: 상진형이 징집을 당해서 일본 육군에 끌려가서 일본 구주 지방에 있다고
해요.

면담자: 그리구요?

구술자: 내동생 김상선이 3학년 때, 지금의 경북 중학 그 당시 대구고보에 다녔는데
3학년 때 강제로 경찰에서 와서 소년비행학교에 지원하도록 압력을 넣어서
지원했어요.

면담자: 선생님이 감옥에 간 뒤입니까?

구술자: 내가 감옥에서 나온 후 알았습니다. 신체 결함이 있었는지 떨어졌습니다.

면담자: 부친은?

구술자: 부친은 그 당시에 조직체에서 벗어나 경복상회라고 곡물과 건어물을 취급하
고 있었어요. 아버지는 별 영향을 받은 것은 없지요.

면담자: 형님 가운데 상현, 상준씨가 있으시죠?

구술자: 한 분은 경북 봉화군에 지금으로 말하면 소학교 훈도를 하셨어요. 대구고보
나와서 대구사범 나와서 훈도를 했어요. 강습과라고 해서 1~2년 특수교육을
시켜서 학교에 배치했어요. 둘째 형은 역시 상업학교 나와서.

면담자: 경북고보 나온 것이 아닌가요?

구술자: 대구상고 나와서 금융조합이라고, 지금으로 말하면 정부의 농협같은 기관이
지요.

면담자: 어디에서?

구술자: 경기도 안성 서정리입니다. 제일 고통받은 분은 어머니고, 매일 울고 걱정하
시구, 주위에서 경찰이 왔다갔다 하니 고통을 받으셨어요. 내가 군에 가서 장
성도 되고 하니 내가 모시고 있었어요.

면담자: 4째 아드님이고 해서 더욱.

구술자: 내가 8월 18일 오전 새벽 4시 대구역에 내렸는데, 어머니가 계시더군요. 남산 동집에서 대구역까지 먼데 혹시나 오는가 해서 하룻밤을 세웠다고 해요.

면담자: 서상교 선생님 회고에는 서상교 선생님 사모님의 말씀에 대전까지 마중나왔다고 하던데?

구술자: 우린 화물차를 타고 새벽 4시에 내렸으니 만나지 못했어요.

■ 테입 4-A

○ 일   시: 2001.4.10 오후 2:30~3:00

○ 장   소: 자택(분당)

○ 주요내용: 일본군 출신의 해군 참여, 조선인 형사의 고문, 감옥에서 서상일(徐相 日) 선생님과의 만남, 서상교 선생 면담록을 토대로 한 질의.

면담자: 여러 번 면담한 미진한 부분에 대하여 말씀을 듣도록 하겠습니다.

구술자: 나는 고다마라는 일본형사가 내 담당이지만 처음에 1~2달 정도는 나를 심하 게 고문도 했지만 특히 그중에 2사람 정도는 조선인 형사들은 더 가혹하게 우리를 다루었어요. 1명은 경찰서에서 죽었지만 그 외의 사람들도 병신이 되 다시피 얻어맞고 5개월 반 동안 있었는데 고초를 당했어요.

면담자: 그 당시 한인들을 고문했던 조선인 형사이름을 기억하십니까?

구술자: 자기 담당형사에 이외에는 기억을 못합니다.

면담자: 고등계형사라면 조선인도 일본인과 같은 형사입니까, 아니면 순사보입니까?

구술자: 형사이지요. 고등계형사는 상당한 교육과 머리가 없으면 안되요.

면담자: 고등계형사란?

구술자: 사상범을 주로 다루는 형사이지요. 고다마도 상당히 유식한 사람이에요. 민

족주의자라라고 해서 발길로 찼지만 마음으로는 조선사람이 조선독립을 원하는 것이 일리가 있지 않는가 하는 태도였어요.

면담자: 고다마는 나이는 어느 정도?

구술자: 40대 중반, 45세 정도 된 것으로 기억납니다.

면담자: 그분들은 해방 후 8월 18일에 대구에 와서 원수를 갚고 싶었을 터인데?

구술자: 일본인은 말할 것도 없고 조선인도 다 피신하고 없었지요. 특히 경찰계통은 아무도 집에 붙어 있은 적이 없어요.

면담자: 해방 후에 10월에 대구에서 큰 일이 있었지요?

구술자: 군대에 있어서 저는 모릅니다. 우리 상업학교 때 친한 동기생이 있었는데 그때 참여했고, 월북했다가 간첩으로 내려왔다가 15년을 받았데요.

면담자: 이름이?

구술자: 김영주라고. 지금도 살아 있을 것입니다. 대구에 있다는 이야기를 들었습니다.

면담자: 대구경찰서에 잡혀가셨을 때 만난 분들은?

구술자: 서상일 선생이라고 대구에서 유지분이지요.

면담자: 동암이라고 하지요?

구술자: 경찰의 요시찰 인물이었나 봐요. 독립운동을 했다든가, 자금을 조달했다든가, 대구에서는 상공회의소 일도 하고, 조양회관도 갖고 있고, 내가 5개월 정도 유치장에 있는 동안 3번 보았어요.

면담자: 1943년도요?

구술자: 5월에서 11월까지 사이에 내가 3번 보았어요. 한방에 2번 같이 있었어요. 10일이나 15일 있으면 나가요.

면담자: 그분은 심문을 받았나요?

구술자: 그렇지 않아요. 감시하기 위해 가두어 두었지요. 그분이 사식을 2그릇 주문

점잖게 공부했다.[6]

　학생들은 보통 아침 8시에 등교하여 오후 3시 정도면 수업을 마쳤다. 수업시간은 40분 단위로 진행되었으며, 중간에 10분 또는 20분 정도 휴식 시간을 가졌다. 수업이 시작할 때면, 땡땡땡 소리가 학교에서 울려왔다. 한 책상에 두 사람씩 앉았는데, 이때 머리와 옷차림은 각양각색이었다. 어떤 이는 갓과 초립을 쓴 채로 앉아 있고, 어떤 이는 머리를 빡빡 깎고 앉아 있다.[7] 신식소학교는 시계가 분초까지 알려주는 시간과 더불어 시작했다. 예전에는 학생들이 해뜨면 서당에 나와 공부하고 해지면 쉬었으나 이제는 하루 시간표와 주간 시간표에 정해진 시각에 맞추어 집으로 돌아갔다. 그리고 수업시작과 종료시간이 정해져 있었다. 그리고 입하부터 입추 전까지는 오전 8시부터 오후 6시 반, 춘분부터 입하 전, 입추부터 추분전까지는 오전 9시부터 오후 5시 반까지 등이었다.[8]

(2) 일제시대 교실의 풍경

　일제시대 교실에는 일본기가 정면에 걸려 있으며 1910년대 무단통치기에는 선생님들이 군도를 차고 수업을 진행하는 엄숙함을 보이고 있다. 1919년 이후 문화통치 이후에는 칼을 차고 수업을 하지는 않았지만 대단히 엄격한 분위기에서 수업이 진행되었다. 학생들이 단발을 하고 교복 등 단정한 복장을 하고 수업에 열중하는 모습들을 사진들을 통해 살펴볼 수 있다.

　다만 사진들의 경우 교실에서 있었던 다양한 모습들을 보여주고 있지 못한 것 같아 안타깝다. 이 점은 당시 식민지시대의 엄격했던 시대적 상황의 반영이기도 하지만 현재 남아 있는 사진이 졸업 등 공적인 사진들로 그 중심을 이루고 있기 때문일 것이다.

　일제시대 교실의 풍경은 회고들을 통해서만 짐작이 가능할 것 같다. 신풍초등학교

---

6) 위의 책, 57~58쪽.
7) 위의 책, 73~75쪽.
8) 위의 책, 77쪽.

제21회 졸업(1930년)인 김인기는 일제시대 교실의 모습을 다음과 같이 묘사하고 있다.

　　남학생은 4학년부터는 장가든 학생이 여러 명 있었다. 겨울이면 교실 한쪽에 석탄난로가
한 대뿐이라 북쪽은 앉은 학생은 추워서 주1회 자리를 교체해 주기도 하고, 점심은 교사, 학
생 모두 도시락을 가지고 다녔으며(하학시간은 운동장으로 나와 손바닥으로 치는 정구, 말
타기, 제기차기, 줄넘기, 공기, 곤지 두기, 자치기, 따돈치기, 용마(줄긋고 한발로 돌 밀어내
기), 술래잡기, 겨울에 눈오면 눈싸움, 눈사람 만들기 등등으로 즐겼다.9)

　한편 1937년 중일전쟁 발발 이후 자원의 고갈로 수원군내 각 공사립 중소학교 30여
교가 학교 교실에서도 난로를 피울 수 없는 상황에 이르기도 하였다. 다음의『조선일
보』1939년 12월 10일자 신문 기사는 당시의 모습을 잘 표현해 주고 있다.

水原各學校도
冬期休暇延長

　〔水原〕 수원군내 각 공사립 중소학교 삼십여교가 일제히 연료절약을 위하여 이 엄동에도
내한주의(耐寒主義)로 아직도 난로를 피우지안코 학업을 하는 중 금년 동기방학은 일개월간
으로 연장하고 삼학기에는 수업시간을 단축하여 아침 열시로부터 하오 두시나 세시에 맞추
기로 한다는 바 그 대신 춘기휴가도 주리고 여름휴가와 시간을 연장하여 학과의 충실을 도
모하리라는 것이 군 학무과의 의견이다. 참으로 비상시에 처한 어린아이들의 인고와 단련이
됨을 느낀다 한다.

2) 운동장

　운동장은 학교 건물 가운데서 가장 중시되었다. 학생들이 신나게 뛰어놀 수 있는
공간이었기 때문이었다.10) 그러나 운동장은 여기에 그치지 않았다. 조회가 있거나 국
가의례가 있는 날이면 모든 학생들을 빠짐없이 모아 일장 훈시하는 집합장소였고, 언

---

9)『신풍백년사』, 신풍학교총동창회, 1996, 442~443쪽.
10) 운동장의 가장 큰 기능 가운데 하나는 운동회의 개최였다. 운동회에 대하여는「제2장 수원지역 근대 운동
　회」참조 바람.

제든지 군사훈련을 시킬 수 있는 연병장이었다. 이제 운동장은 학생들이 자신의 신체적 욕망을 분출하는 공간인 동시에 국가권력이 학생을 훈육하고 통제하는 공간이 되었다.11)

(1) 조회 및 국가의례행사

일제하에서는 다양한 행사들이 운동장에서 이루어졌다. 그중에서 가장 주목되는 것은 조회이다. 보통학교 조회 과정(1929)을 보면 다음과 같다.

1. 집합
매일 아침 수업시각 15분 전에 조회 예령이 울리고 5분 후 본령이 울린다. 예령으로 아동은 전부 참석하여 본령이 울리든 아니든 아무 말 없이 정열을 마친다. 6학년 급장의 호령으로 일제히 정돈한다.

2. 주번선생에 경례
주번선생이 등단하고 6학년 급장의 「先生お早う御座います」(선생님 안녕하십니까)라는 말을 신호로 전 아동이 「先生お早う御座います」(선생님 안녕하십니까)라고 선생에게 경례한다.

3. 봉안소 경례 및 만세
전 직원과 아동이 함께 본교에 있는 어영봉안소(御影奉安所)에 대해 사이케이레이(最敬禮)를 하고 성수만세(聖壽萬歲)를 축봉한다. 이를 통해 국민정신의 수양, 충군의 지조를 새롭게 한다.

4. 감은봉사 노래 합창
감은봉사의 노래를 합창한다.

5. 주번선생 훈시
주번선생이 등단하여 그 주에 특히 노력해야 할 방면에 관해 훈시를 하거나 또는 학교

---

11) 김태웅, 『우리학생들이 나아가누나－소학교풍경 조선후기에서 3·1운동까지』, 110~112쪽.

및 사회 국가에서 일어난 일 중에서 중요하여 아동에게 알게 할 필요가 있는 것에 관해 아동에게 알린다. 또 아동의 풍기, 기타 필요한 사항에 관해 전교 아동에게 계고해야 할 것을 훈유하기도 한다.

6. 체조
간단한 체조를 한다.

7. 권학가 합창
권학가를 합창한다.

8. 경례
6학년 급장의 호령으로 일동 경례한다.

9. 퇴장
직원 이하의 순서로 퇴장하면 각 학급 아동은 급장이 선도하여 교실로 들어간다.
─자료: 京師附普訓育部(1929), 「訓練の實際」, 『朝鮮の敎育硏究』, 昭和4年12月, 77~78쪽.[12]

일제시대 수원에서 학교를 다녔던 학생들에게 있어서도 조회는 큰 부담이었을 것이다. 현재 남아 있는 몇몇 사진들을 통하여도 조회에 참여했던 학생들의 모습들을 다수 찾아볼 수 있다.
당시 신풍학교를 다녔던 강석만은 다음과 같이 조회에 대하여 회고하고 있다.[13]

1912년 당시에는 신풍학교는 수원공립보통학교였다. 이 시기 학생들은 조회시간에 교육칙령을 다함께 읽었다. 선창과 후창으로 매일 읽었기 때문에 당시에 학생들은 그 내용을 눈을 감고도 외울 정도였다.
조회가 끝나면, 한반에서 학생을 2명씩 차출해서, 어깨에 띠를 두루고 신사에 가서 참배를 하게 했다. 수원신사는 매산학교 위에 있었다.

---

12) 오성철, 『식민지 초등교육의 형성』, 교육과학사, 2000, 342쪽.
13) 수원문화원, 『수원 사람들의 삶과 문화』, 2008, 271쪽.

한편 1941년 2월에 신풍학교를 32회로 졸업한 이영재는 조회에 대하여 다음과 같이 언급하였다.

조회시에는 반드시 동쪽을 향하였다. 동쪽에 천황 사진과 교육칙어를 넣어둔 봉안전이 있기 때문이다. 우리는 봉안전을 향하여 90도 각도로 최경례를 하였다. 매달 1일 교장은 연미복을 입고 봉안전에서 교육칙어를 들고 와서 읽었다. 조회시 최경례시 한 친구가 침을 흘려 교사가 천황을 모욕했다고 혹독하게 다루었다.

(2) 군사훈련

1937년 중일전쟁을 도발한 이후 일제는 국가총동원법을 제정하여 조선인을 전쟁에 효과적으로 동원하고 물적자원을 수탈하기 위하여 철저한 일본인화 정책을 추진하였다. 아울러 1938년 제3차 조선교육령, 1941년 제4차 조선교육령을 통하여 조선인의 의식, 언어, 역사를 말살하는 교육정책을 실시하였다. 특히 제4차 교육령에서는 종래 소학교의 명칭을 국민학교로 바꾸었다. 또한 황국신민의 서사를 만들어 각급학교 학생들에게 외우도록 강요하였으며, 나아가 학교를 군대의 보조기관으로 전락시켜 전체주의 군사주의 국가주의적 교육을 실시하였다. 그러므로 운동장에서 군사훈련을 실시하기도 하였다.

2. 수업

1) 교과서

(1) 구한말 교과서

일본은 1906년 8월 보통학교령을 비롯하여 각종 학교령을 발표하면서 학제를 전면 개편했다. 일제가 가장 많은 관심을 기울인 부분은 보통교육이었다. 첫째, 일본은 심상과와 고등과로 분리되어 있던 것을 하나로 통일하면서 수업연한을 4년으로 줄였다.

또한 소학교란 이름도 일본인 소학교와 달리 보통학교로 바꾸었고, 고등교육을 받을 수 있는 기회를 아예 막아버렸다. 둘째, 소학교에서의 독서, 작문, 습자 등을 종합하여 조선어 시간을 주당 6시간으로 줄여 배정했고, 새로 일어시간을 주당 6시간씩 배정했다. 셋째, 교과서 편찬에 깊이 관여하여 친일적인 교과서 편찬에 몰두했다. 그리하여 1907년에 보통학교용 교과서의 일부가 일본에서 출판되어 같은 해 9월부터 보통학교에서 사용되었다. 이 교과서에서는 동해를 일본해로 표기하였으며, 일본의 자본가를 자산가로 꾸며 가르쳤다.[14]

한말에 한국인들은 일제의 침략에 무력으로 저항하는 한편 교육을 통하여 나라를 구해보려는 교육구국운동을 추진했다.[15] 이러한 가운데 애국적 지식인들은 한국인들의 민족의식을 고취하고자 『초등본국역사』, 『초등대한지지』, 『초등소학』, 『초등국어어전』 등을 편찬하여 공부할 수 있도록 하였다. 특히 당시 관공립학교가 일어를 필수로 하고 역사를 삭제한데 반해, 사립학교에서는 일어대신에 역사를 택하여 가르쳤다. 이 중 학생들이 가장 많이 읽었던 『유년필독』은 1895년에 한성사범학교 부교관을 지낸 현채(玄采)가 편찬한 교과서로 대부분의 내용이 을지문덕, 양만춘 등 구국의 영웅들에 대한 이야기로 구성되었다.[16]

수원삼일학교의 경우, 1910년 6월 25일 제2회 고등과 졸업식을 앞두고 일본관헌들에게 애국심을 고취시킨다는 명목으로 다음과 같은 교과서를 압수당했다. "중등수신교과서(휘문의숙 편집부 발행), 국문독본(조원시 저), 정선 일어대학(박중화 저), 속성 한문독본(휘문판 발행), 중등대한역사(정인호 저), 대동역사(정교 저), 대한지지(현채 저), 만국사기(현재 저), 실지응용작문법(최재학 저)" 등이다.[17]

(2) 일제시대 수업내용과 교과서

일제는 보통학교 운영에 있어서 필요한 각종 규칙을 제정했다. 수업시수는 매주 18

---

14) 김태웅, 『우리학생들이 나아가누나―소학교풍경 조선후기에서 3·1운동까지』, 95~98쪽.

15) 위의 책, 98~101쪽.

16) 위의 책, 101~102쪽.

17) 김세한, 『삼일학교80년사』, 학교법인 삼일학원, 1983, 113~114쪽.

시간 이내로, 학사운영은 3학기제로 했다. 1학기는 4월 1일부터 8월 31일, 2학기는 9월 1일부터 12월 31일, 3학기는 1월 1일부터 3월 31일까지이다. 한 학급의 학생수는 약 60명으로 했다. 방학은 1년 동안 한여름과 한겨울을 합쳐 50일 이내로 했다. 봄방학은 4월 1일부터 5일까지, 여름방학은 7월 21일부터 8월 31일, 겨울방학은 12월 29일부터 1월 7일까지이다.[18]

1911년 8월 일제는 조선인을 충량한 황국신민으로 육성하기 위해 「조선교육령」을 제정하여 학제를 개편했다. 일제는 교육에 관한 칙어를 통하여 조선인을 우민화하기 위해 초등교육에 중점을 두었다.[19] 1910년 일제에 의해 조선이 강점된 이후, 조선교육령을 시행하기 위한 「보통학교규칙」이 1911년 10월 20일 조선총독부령 제110호로 공포되어 11월 1일부터 시행되었다. 여기서 "교과목은 수신, 국어(일어), 조선어 및 한문, 산술, 이과, 창가, 체조, 도화, 수공, 재봉 및 수예, 농업초보, 상업초보로 한다. 단이과, 창가, 도화, 체조, 수공, 재봉 및 수예, 농업초보, 상업초보는 지역실정에 따라 당분간 이를 제외할 수 있다(제6조)"고 하였다. 여기서 주의할 것은 '역사'와 '지리' 교과가 없어진 점이다. 물론 '한국역사'와 '지리'이다. "국어(일어)는 국민정신의 기본으로서 또한 지식과 기능을 습득시킴에 불가결함으로 어느 교과목에서도 국어의 사용을 정확하게 하여 그 응용을 자유자재토록 하여야 한다(제7조3)"라고 하고 있다.[20]

조선총독부는 보통학교를 증설하고 일본인 교원을 보통학교에 다수 배치하면서 조선인 아동을 일본천황과 제국에 절대적으로 충성하는 신민으로 만드는 교육을 강력히 추진했다. 특히 일본어 교육을 강조하고 조선의 전통과 문화, 생활양식을 말살하고 일본의 언어와 문화 생활 양식을 강요하여 조선민족을 일본에 동화시키려고 했다.[21]

3·1운동 이후 제정된 1922년 2월 15일 조선총독부령 제8호 「보통학교규정」을 보면, "교과목에 새로이 '일본역사'와 '지리'가 추가되었다.(제7조) 일본역사는 국체(國體)

---

18) 김태웅, 『우리학생들이 나아가누나–소학교풍경 조선후기에서 3·1운동까지』, 153쪽.
19) 위의 책, 112~113쪽.
20) 『신풍백년사』, 131~133쪽 ; 『관보』 호외 1911년 10월 20일.
21) 김태웅, 『우리학생들이 나아가누나–소학교풍경 조선후기에서 3·1운동까지』, 113~114쪽.

의 대요를 습득시켜, 국민(일본)된 지조를 기름을 목적으로 한다.(제13조) 지리는 일
본 국세(國勢)의 대요를 습득시켜 애국심을 기르는 기초가 되게 함에 목적이 있다(제
14조)"라고 되어 있다.

또 하나의 특징은 조선어가 대폭 축소되고 있다는 점이다. 국어(일어)와 조선어의
매주 교수 시수표를 보면, 종전에는 1·2학년은 일어 10, 조선어 6, 그리고 3·4학년은
일어(국어) 10, 조선어 5였다. 그러나 이번에는 1학년 일어 10, 조선어 4, 2학년 일어
12, 조선어 4, 3~4학년은 일어 12, 조선어 3, 5~6학년은 일어 9, 조선어 3으로 되어, 일
어(국어)의 비중이 늘고 조선어의 교수시수는 대폭 축소되었다.[22]

한편 일제는 1938년 3차 교육령 이후[23] 조선어를 필수과목에서 선택과목으로 격하
하여 사실상 선택하지 않도록 하였다.[24] 1940년대 신풍학교의 교과목은 국민과(수신,
국어, 국사, 지리), 이수과(산술, 이과), 체련과(체조, 무도(武道)), 예능과(음악, 습자,
도화, 공작) 등으로 되어 있다. 그간 명맥만 유지하여 오던 "조선어"과목이 완전히 없
어져 버린 것이다.[25]

수원지역 수업 및 교과내용을 보여주는 신문 기사도 단편적으로 남아 있다. 1937년
중일전쟁의 발발하고 1938년 3차 교육령이 발표된 이후의 신문기사로서 다음의 것이
주목된다.

小學校의 朝鮮語科

二 三學年만 敎授

水原學校長會議 決定

[水原] 수원군내 초등학교 이십륙개소의 교장회의는 지난 삼십일 상오 구시에 군청 회의
실에서 수원농업실수학교(水原農業實修學校)와 가정여학교(家政女學校) 양교장의 출석하에
수원 허군수(許郡守)의 사회로 개최하였는데 군수의 훈시가 있은 후 산하시학(山下視學)으

---

22) 『신풍백년사』, 145~146쪽 ; 『관보』 호외 1922년 2월 6일 ; 『관보』 1922년 2월 25일.

23) 『관보』 호외 1938년 3월 4일.

24) 『관보』 호외 1938년 3월 15일 소학교 규정.

25) 『신풍백년사』, 180~181쪽 ; 『관보』 1941년 3월 31일.

로부터 아래와 같은 구건의 지시사항을 제시하여 별로 수정없이 통과한 후 특히 조선어 교수에 있어 일부전폐 하자는 의견과 아직 전폐할 수 없다는 양론으로 토의하다가 결국 일학년에는 아동들이 너무 어려워하니 이학년부터 삼학년까지 교수하고 사학년부터 전폐하기로 가결된 후 기타 회계사무 취급상 수의 사항을 토의한 후 동일 세시반에 많은 수확을 남기고 폐회하였다.

指示事項

一. 現下 敎育上 特히 留意할 事項

二. 國民意識의 昂揚

三. 敎育情神의 昂揚

四. 敎育能率 增進上 主意事項

五. 敎科內容과 成績向上에 關한 事項

六. 兒童體位 向上에 關한 事項

七. 家庭社會 生活改善에 關한 事項

八. 戰樂科 指導

九. 卒業生 指導

其他 主意事項 (『조선일보』 1939년 6월 3일)

위의 기사에서 보는 바와 같이, 조선어의 경우 2·3학년만 가르치는 방향으로 결정하여 학생들의 민족의식을 약화시키고자 하는 것을 짐작해볼 수 있다. 아울러 국민정신 앙양, 교육정신 앙양, 전투관련 음악의 지도 등을 통하여 전시에 들어선 일본을 위한 충실한 국민을 만들기 위한 교육을 적극적으로 추진하고 있음을 볼 수 있다.

한편 일제 말기에는 강제인력 수탈 등으로 인하여 인력이 부족하자 학생들을 모내기 등에 동원하기도 하였다. 『조선일보』 1940년 7월 16일자 기사는 이를 보여주고 있다.

水原中, 小學生의
移秧部隊總動員

[水原] 수원지방은 금번 나린 자우의 혜택으로 각처에 모내기가 바쁘나 인부의 부족으로 모를 두고도 못내게 되는 형편에 이르자 수원시내의 각 소학교(三一, 梅香, 新豊, 水原, 細柳, 華城)와 수원농업(水原農業), 가정여학교(水原家政女學校)의 어린 남녀 생도는 각 직원

의 인솔하에 모를 심그는 어린 손은 참으로 귀여웠다.

수원지역의 경우 수업시간에 대한 것을 알 수 있는 회고들이 별로 남아 있지 않다. 화성학원의 경우는 윤한흠(1938년 3월 화성학원 졸업)을 통하여 짐작해 볼 수 있다.[26]

> 김명식 선생님: 화성학원 시절에 일본어는 가르쳤나요?
> 윤한흠 선배님: 가르치기는 가르쳤는데 화성학원에서는 열심히 힘써 가르치지는 않았어요.

> 김명식 선생님: 그때 학생들은 공부를 열심히 했나요?
> 윤한흠 선배님: 난 들은 풍월로 공부를 한게 다녔고, 복습을 못했어요. 이유는 잘 모르겠지만 그 당시 공부하고 싶어도 공부할만한 주변 환경이 되지 못해서 힘들었어요. 기억력만 가지고 시험을 치르는데 우등생 끄트머리예요. 그 당시 과목은 국어독본 그리고 한문은 한글이고, 수신, 역사 그렇게 있었어요.

> 김명식 선생님: 수신은 지금으로 따지자면 윤리하고 같겠네요?
> 윤한흠 선배님: 그렇지 몸 닦는 것을 말하는 거고, 역사는 뭐냐하면 담임선생님이 가르치셨는데 역사는 쉬쉬하면서 조그만 소리로 가르치셨어요.[27]

> 김명식 선생님: 일본역사도 배우셨나요?
> 윤한흠 선배님: 우리나라 역사도 안가르쳐요. 교본에 그런 역사내용이 없어요. 다 말로만 배웠지요. 물론 일본 역사에 대해서 가르치는 건 있었어요.

윤한음은 당시 배웠던 과목에 대하여 다음과 같이 증언하고 있다.[28]

> 배웠던 과목은 뭐 일본 저 뭐냐면 국어독본이라고 하지, 일본책, 국어독본이라고 했어요. 그리고 조선어 독본이 있었고, 그리고 수신 또 산술책, 수신이 뭐냐면 사람, 전인교육적으로 예의 가르키고, 인시법 가르키는 게 수신, 지금은 그걸 안가르켜서 사람이 버렸어요. 건 교

---

26) 『수원』, 수원고등학교 2008 개교 100주년 특집호 제32호, 2008, 77~78쪽.
27) 『수원』, 77쪽.
28) 『수원근현대사 증언자료집』 Ⅱ, 수원시, 2002, 273~274쪽.

장이 가르켰단 말이예요. 그 외 도화, 한문을 배우는 습자, 체조, 역사 등이지요. 아주 조금
역사 시간에 "쉬"하고 조용하라 하고선 조그만 소리로 약간은 양념적으로 가르킵니다. 뭐
3·1운동이 일어났다던가.

2) 교육행사

(1) 소풍

소풍은 즐거운 행사였다. 예로부터 소풍은 갑갑한 마음을 풀기위해 바람을 쏘이는
일로 선비들의 도락(道樂)이었고, 꽃놀이라고도 했다. 특히 일본의 원족(遠足)이 우리
에게 영향을 끼치면서 소학교에서도 정례 행사로 굳어져 갔다. 하루에 다녀오는 것이
보통이며, 걸어서 갔다 오는 것이 원칙이었으므로 걸을 수 있는 범위에서 목적지를
정했다. 주로 가는 곳은 자연을 쉽게 접할 수 있는 산과 들이었다. 그래서 소풍은 맑
은 물에서 마음을 씻어 버리고 몸에 만물의 새로운 뜻을 받아 돌아온 후, 학문을 널리
배워 새사람이 되는 계기로 여겨졌다. 그리고 동문들 사이에 친목을 다지는 자리였
다.[29]

수원지역의 학교들도 일찍부터 소풍을 갔을 것으로 추정된다. 소풍은 가까이는 용
주사, 화서문 등으로 갔으며, 약간 멀리는 관악산 등으로 갔던 것으로 보인다.

(2) 수학여행

1910년대부터 본격적인 수학여행의 시대가 막을 올렸다. 1920년대에 들어서면 한
국은 수학여행의 붐으로 들끓었다. 경인선(1899년)개통을 시발로 경부선(1905년), 경
의선(1906년), 호남선(1914년), 경원선(1914년)이 연달아 기적을 울렸다.[30]

학생들의 수학여행은 경성 금강산 평양 개성 인천 대전 등 국내각지는 물론 만주
나 일본 등지로도 갔다. 1929년 당시 경성의 학생이 수학여행으로 금강산을 다녀오는

---

29) 김태웅, 『우리학생들이 나아가누나―소학교풍경 조선후기에서 3·1운동까지』, 88~89쪽.
30) 이승원, 『학교의 탄생: 100년 전 학교의 풍경으로 본 근대의 일상』, 휴머니스트, 2005, 289쪽.

데 드는 비용은 15원 정도였다. 수학여행의 일정은 여행지에 따라 달랐지만, 경성에서 부여, 강경, 대전을 다녀올 경우, 보통 4박 5일의 일정이 소요되었다. 교통수단은 주로 기차를 이용하였다. 이 경우 운임을 할인받고 출발과 도착 시 야간열차를 이용함으로써 숙박을 해결할 수 도 있었다. 그러나 경제적 부담, 준비, 지도의 부족을 이유로 수학여행에 반대하는 교육계의 목소리도 높았다. 일각에서는 수학여행대신에 소풍쪽을 권유하는 목소리도 높았다.[31]

수원지역의 학생들도 일찍부터 수학여행을 다녀왔다. 1911년 5월 11일자 『매일신보』의 다음의 기사가 주목된다.

> 공립수원보통학교 교감이하 임원제씨가 該校 생도일동을 대동하고 수학여행차로 昨日에 상경하여 한성미술품공장과 창덕궁내 동식물원과 박물관을 관람 한 후, 경복궁을 拜觀하였더더라.

위의 기사에서 보는 바와 같이, 신풍학교 학생들은 서울로 상경하여 경복궁, 창덕궁 내 동식물원을 관람하였던 것이다.

1920년대에는 좀 더 멀리 수학여행을 떠나고 있다. 1929년 5월 3일 수원공립보통학교 인천수학여행 안내서를 통하여 이를 짐작해 볼 수 있다. 안내서는 인천지역의 지도위에, 수원에서 기차로 영등포에서 환승하여, 인천에 이르는 여정이 상세하다. 즉학생들은 수원에서 탑승하여 군포 안양 시흥을 거쳐 영등포에서 환승하였다. 다시 오류동 소사 부평 주안을 거쳐 상인천에 도착하는 것으로 되어 있으며, 각 정류장 별거리를 리수로 적어 놓아 교육적 효과를 높이고자 하였다.

수학여행을 간 5월 3일은 금요일이었다. 소사는 과수원이 많은 곳으로 표시되어 있다.(사과 복숭아 포도), 주안은 염전이 있으며, 면적은 약 500정보로 천일제염이다. 상인천과 인천 사이에는 관측소와 서공원이 그려져 있고, 인천부의 위치, 면적, 호수, 인구, 역사상 유명한 곳을 기록하였으며, 월미도를 비롯한 여러 섬들의 설명도 자세하다.[32]

---

31) 부산근대역사관, 『근대, 관광을 시작하다』, 민속원, 2010, 156쪽.

한편 1927년 4월 28일 삼일여자보통학교 학생 90명과 삼일보통학교 학생 140명이 조선일보사 및 창경원, 장충단공원 등을 견학하기도 하였다. 다음의 기사에 상세히 기록되어 있다.

수원 삼일학교 생도 150명과 동여학교 생도 59명은 朴榮植 劉富榮 외 數氏 인솔하에 거 1일 오전 5시 열차로 시흥 과천 관악산에 명승을 탐험하고 동 오후 6시 41분 수원착열차로 귀교하였다고(수원) (『동아일보』 1925년 5월 6일)

수원 삼일교생

본사 견학

이십팔일에

수원군(水原郡) 삼일녀자 보통학교생도 구십명과 삼일보통학교생도 일백사십명이 선생 박영식(朴泳植)씨외 오인의 인솔 알에 이십팔일 오전 칠시 사십분 렬차로 경성에 도착하야 먼저 조선일보사를 견학하고 창경원과 장충단 공원을 구경한 후 동일 오후 네시오십분에 돌아갓다더라 (『조선일보』 1927년 4월 29일)

한편 국내로의 장거리 수학여행은 중학생들에게 허락되었다. 수원농림학교의 다음 과 같은 사례가 이를 증명해주고 있다.

1939년 9월, 6일간, 1인당 12원, 대생학생−1회졸업반(당시 3학년)/ 일정: 수원−서울−경 원선, 철원전기철도, 내금강, 장안사역, 비로봉, 외금강, 해금강, 안변, 세미, 일본인 이민촌 등.33)

아울러 일본 중국으로도 수학여행을 다녀왔다. 이를 보면 다음과 같다.

1939년 10월, 2주일간, 1인당 38원, 1회졸업반(당시 4학년), 2회졸업반(당시 3학년), 일정: 수원−부산, 시모노세끼, 오오사카, 도쿄, 日光,

1940년 5월, 8일간, 1인당 40원, 1회졸업반(당시 5학년), 2화졸업반(당시 4학년), 일정: 수

---

32) 『신풍백년사』, 161~162쪽.
33) 수원농고50년사 편찬위원회, 『수농50년사』, 1986, 47쪽.

원, 여순, 장춘, 하얼빈[34]

(3) 학예회

수원지역의 각 학교에서도 2월 또는 3월경 학예회를 개최하였다. 학예회는 개교이후 일찍부터 개최되었을 것으로 보이나 신문에는 『조선일보』 1923년 3월 24일자에 처음으로 보인다. 수원공립보통학교 자매회 풍경은 다음과 같다.

水普校의 姉妹會

水原公立普通學校에서는 學年試驗이 終了하엿슴을 機會삼어 去二十日 姉妹會를 開催하얏는바 四方에서 連絡會集하는 父兄이며 姉妹는 定刻인 午前 十時前부터 不意의 好氣를 띄운바 會場인 北向으로 新築한 大講堂內에는 六百餘의 學父兄姉妹가 着席한 後 天眞爛漫한 어린 學生의 嘹喨한 音聲을 吐하며 三十餘種의 滋味잇고 귀여운 會話學說이며 奇妙姿態를 가진 女學生의 天然特妙한 고흔 목소래로 부르는 數回의 唱歌로 午後一時頃에 散會하엿더라

학예회 내용은 1937년 중일전쟁 이후 전쟁기에 들어가면서 그 내용도 점차 달라진 것 같다. 『조선일보』 1939년 3월 3일자 기사를 보면 이를 짐작할 수 있다.

水原新豊小學
學藝會盛況

[水原] 수원신풍소학교(水原新豊小學校)에서는 예년과 같이 신춘학예회를 지난 이십오, 육 이틀동안 동교 강당에서 개최하엿섯다는바 순서는 시국이 시국이니만치 대개가 시국인식에 전력을 하엿다하며 매일 천여 명 학부형과 내빈이 참석하야 대성황으로 마치였다.

위의 신문 기사를 보면, 산풍학교의 경우, 학예회가 시국이 시국이니만치 시국인식에 전력을 다하고 있음을 알 수 있다. 『동아일보』 1940년 3월 14일자에 실린 수원세류초등학교의 학예회 역시 유사하였을 것으로 추정된다.

---

34) 위와 같음.

수원세류소학교 학예회(學藝會)대성황

(수원) 수원세류소학교(水原細柳小學校)에서는 지난 11일 오전 11시부터 동교 대강당에 제2회 학예회를 개최하고 학부형과 일반 가정부인에게 보엿다는바 동학예회는 대성황으로 오후 4시반경에 폐회하엿다고 한다.

(4) 신사참배

1937년 중일전쟁 이후 일제는 더욱 학생들을 황국신민으로 만들고자 하였다. 이에 수원지역 학생들도 예외는 아니었다. 당시 상황을 신풍학교를 32회로 1941년에 졸업한 이영재(1928년생)옹을 통하여 생생히 살펴볼 수 있다.

학교에서 신사참배 하러 가고 그랬나요?
— 그럼요. 신사참배 한 달에 한 번씩 꼭 가고. 그리고 학교마다 뭐가 있었냐면, 봉안전(奉安殿)이라 학교마다 다 있었어요. 거기에다 뭘 됐느냐하면, 임금의 사진, 임금의 칙어. (일본의 천황이겠네요?) 그렇죠. 그거를 그래 가지고 월요일인가, 매월 1일인가 교원들이 전부 다 연미복 입고 의식하러 헝겊장갑 끼고 그걸 다 받들어서 전부 다 고개 숙이고... (학생들도 다 참여하고요?) 그럼요. 다 읽고, 그거 못 외우면 집에 못 갔어요. 교육칙어(教育勅語).[35] 그거였어. 졸업사진첩에 칙어를 흔히 다 넣고... 일본 사람들은 경례가 두 가지가 있어요. 평경례는 15도에 이렇게 하는 거고요, 최경례라고 하면은 45도. 거기 봉안전에 경례하는 거는 임금한테 하는 것이기 때문에 최경례로 45도로 하고.

수원지역의 모든 학교들에서도 전국의 모든 학교와 마찬가지로 신사참배를 강요하여 황국신민화하고자 하였던 것이다.

---

35) 1890년 10월에 제정된 일본 교육칙어는 유교의 삼강오륜에 기대어 일왕에 대한 충성심을 고무하는 한편 공익과 국가에 대한 의무를 강조하여 일본의 천황제 군국주의를 교육면에서 뒷받침했다. 일왕은 1911년 10월 23일 조선총독에게 교육칙어를 내려주었다, 당시 교육칙어의 암송은 모든 학생의 의무였다. 이런 점에서 1968년 제정된 박정희 군사정권의 국민교육헌장도 교육칙어와 닮은 점이 많다.

3. 학생

1) 교복과 교모, 배지, 책가방

교복은 단체생활을 원활히 하고 학생에게 면학의식을 갖게 하기 위해서 의도적으로 만든 것이다. 따라서 교복은 신분과 소속감·유대감을 불러일으키는 수단이 되며 학생의 공식적인 의복, 즉 정장의 역할을 한다. 이러한 특징을 표현하기 위해 스타일, 의복재료, 색채를 통일시키며 각 학교에 맞는 상징성과 신분에 맞는 아름다움을 나타내도록 디자인한다. 그리고 학생들의 성장단계에 적절하도록 체격과 기능성을 고려하여 디자인해야 하며 경제성도 고려해야 한다.

한국의 교복은 개화기에 학교가 설립되면서 시작되었다. 남학생 교복은 미국인 선교사 H.G.아펜젤러에 의해 배재학당에서 1898년 당복(堂服)을 학생에게 입힌 것이 시초이다. 이 당복은 당시 일본의 학생복과 비슷한 밴드칼라(쓰메에리) 형태였는데 소매끝, 바지의 솔기 부분, 모자에 청·홍선을 두른 것이었다. 일본에서는 학생복이라 하여 1879년(明治 12년) 가쿠슈인(學習院)을 시초로 1886년(明治 19년) 도쿄(東京)대학이 밴드칼라, 금단추를 제복으로 한 데서 지금에 이른다. 색은 주로 검은색, 짙은 감색, 짙은 쥐색 등이었다.

한편 1904년(광무 8) 개교한 한성중학교는 순한국식의 검은 두루마기에 검은색 띠를 두른 것이 교복의 역할을 했고 여기에 모자를 써서 교표와 '한성'이라는 글자를 새겨 넣었다. 여학생 교복의 효시는 1886년(고종 23) 제정된 이화학당의 교복으로 이것은 한국 최초의 교복이다. 일반 여성과 같은 한복의 치마 저고리였는데 1908년(융희 2)까지 등하교할 때나 소풍 등을 갈 때는 쓰개치마를 썼다. 최초의 양장교복은 1907년 숙명여학교에서 처음 실시하였으나 1910년경에는 한복을 착용하게 하였다. 1930년대에는 본격적으로 여러 학교에서 양장교복을 입기 시작하였는데 블라우스·스웨터·주름치마·세일러복·타이·모자 등을 주로 착용하였다. 제2차 세계대전이 막바지에 이른 1940년대에는 한국 학생들에게도 전투 태세를 갖춘 제복을 통일하여 착용하도록 하여 여학생들은 '몸뻬'라는 작업복바지에 블라우스를, 남학생은 국방색 교복을 입었다.

그 후 8·15광복과 6·25전쟁을 겪으면서 다소의 차이는 있지만 상하 검은색 혹은 짙은 감색 중심의 교복이 착용되었다. 그리고 1969년 문교부의 중학교 평준화 시책이 실시되면서 시·도별로 획일화되었다. 학교의 특성을 없애기 위해 단추·모자를 포함하여 통일된 중·고등학생의 모습을 만들었다. 이러한 스타일은 1983년 교복자율화 조치가 실시될 때까지 계속되었다. 개방정책의 일환으로 내려진 교복자율화는 두발·옷차림 등에 제한이 있어 완전 자유화는 아니었지만 찬반의 의견 속에서 실시되었고, 1986년 2학기부터 학교장의 재량에 따라 교복착용 여부가 결정되었다.[36]

수원지역의 남학교는 대체적으로 신풍학교와 유사한 모습을 보여주고 있다. 규정된 교복은 없었다. 학생들은 처음에는 대부분 한복을 입었다. 점차 생활이 넉넉한 사람은 양복을 입었다. 일제말기로 가면 대부분 양복을 입게 된다, 다만 4년제 지방학교에서 온 사람들은 보통 한복을 입었다. 그리고 여학교의 경우 공립이 없었으므로 삼일여학교가 그 기본적인 옷차림이 되지 않았을까 한다. 삼일여학교는 다른 학교와는 달리 교복이 있었다.

신풍학교의 경우, 1930년의 사진을 보면 검정색 교복을 입은 학생이 눈에 띄고 한복에 두루마기를 입은 학생들도 모자는 모두 쓰고 있음을 볼 수 있다. 그러던 것이 1936년의 사진을 보면 일부 학생을 제외한 모든 남학생이 긴 검정바지에 검정 웃옷의 교복차림으로 바뀌었다. 그러나 여학생들은 아직도 교복을 따로 입지 않고 한복에 긴 댕기머리를 하고 있다. 1940년대에 이르러서는 남학생들의 검정웃옷은 다름없으나 반바지를 많이 입고 운동화를 신고 다녔다. 한편 여학생들은 단정한 세라복의 차림에 검정스타킹을 신고 머리도 대부분 단발을 하여 예전의 댕기머리 모양은 점차 사라져 갔다.[37]

1950년대 초에는 6·25동란으로 교복이 없어졌다가 1956년 47회 졸업사진을 보면

---

36) 출처: 두산대백과사전.
37) 『신풍백년사』, 322~323쪽.

남학생은 다시 옛 교복으로 되돌아가 검정색 긴 바지에 검정색 상의를 입고 더러는 흰 깃을 덧달아 정결하고 단정한 차림도 보였다. 그러나 여학생은 자유복으로 대부분 긴 바지에 스웨터차림을 하고 있다. 그 후 1960년대 중반에 이르러서는 남·여학생 모두 교복 자율화로 교복을 입지 않게 되었다.[38]

신풍초등학교 제21회 졸업(1930년)생인 김인기는 신풍학교의 교복에 대하여 다음과 같이 회고하고 있다.

> 의복은 남학생은 거의 한복에 겨울에는 두루마기를 입었고 여학생은 거의 머리를 땋고 한복(흰 저고리에 검은 긴 통치마)이다.[39]

신풍학교를 1941년에 3월에 졸업한 이영재는 당시 교복과 교복구입 상점 등에 대하여 다음과 같이 흥미있는 이야기들을 전해주고 있다.

> 문: 선생님 자라시면서 7살 때 아버님 여의시고 할아버지 밑에서 잘 성장하셨잖아요. 28년생이니깐 일제시대 때 학교를 다니시는 거잖아요, 몇 살 때 학교를 들어가셨는지.[40]
> 답: 8살 때 학교에 들어갔는데, 그 당시 신풍학교, 수원에 그거 하나만 있었어요. 선발을 했어요. 들어가려면은 시험을 봤는데 지능검사도 했는데, 바둑알 같은 걸로 놓고 몇 개를 빼고 얼마가 남았느냐고 하는 것도 있고, 그림 같은 것 두고 여기서 출발해서 막히지 않고 도달하는 거... 뭐 미로 찾기처럼 하는 게 있었던 거 같아요. 내가 입학시험 치러 갈 때는 이미 우리 아버지가 돌아가셔서... 지금도 생각나는데 우리 어머니가 하얀 바지저고리, 두루마기를 입혀서... 삼년상 기간 동안에는 그래야 된다고 그때만 해도. 그래서 어머니가 흰옷을 입혀줬어요. 두루마기도 흰옷으로... 그렇게 입고 가서 입학시험을 치고 그리고 입학하고 나서는 흰옷을 못 입었어요. 지금 와서는 양복, 그 당시에 양복 입은 사람은 학급에 한 3분의 1 정도 양복을 입고 나머지 사람들은 바지저고리 입고... 나는 양복입고 다녔어. 그때는 살았으니깐.

> 문: 양복은 어디 가서 맞추셨어요, 어디서 사 입으셨어요?

38) 『신풍백년사』, 324쪽.
39) 『신풍백년사』, 443쪽.
40) 수원박물관 김세영 녹취.

답: 양복은 사 입었어요. 주로 어디 가서 사 입었냐하면 수원에 보구산부인과라고 그 의
　　사선생님 아직 살아계시고 용인서 등잔박물관하시고, 그분 아버지가 '김영옥 상점'이
　　라는 가게가 있었어요. 김영옥 상점, 거기 가면 학생복, 학용품 일체를 다 팔았어요.

문: 수원에 산다는 분들은 거기 가서 사는 거네요.
답: 그렇지. 학용품 같은 거 살만한 데가 그 집밖에 없어. 그 집에서 샀지. 다 거기 가서
　　샀는데 우리 조부님께서 돈은 안 줬어요. 돈은 안 주고 꼭 필요한 것만, 데리고 나가
　　서 네가 필요한 연필, 네가 필요한 공책을 지적하면 그걸 사주셨어요. 다 쓰고 내놓으
　　면 새로 사주시고 굉장히 검소하게 살았다고, 옛날 양반들은 검소하게 살았다고 함부
　　로 쓰지 않았다고.

문: 김영옥 상점에서 재밌는 이야기네요.
답: 네, 보구병원 자리가 어딘가 하면, 종로네거리에, 빌딩이 하나 섰던데, 대학당약방이
　　라고 있는데 그 옆에 옆엔 데, 명인안과 못미쳐예요. 거기다가 김영옥상점을 차리고
　　나중에 김동휘 산부인과 원장님이 거기에다 병원 차리셨죠.

　한편 수원지역 여학교의 교복 변천사를 잘 살펴볼 수 있는 것은 삼일여학교의 사
례이다.
　삼일여학교의 경우는 서양식 근대 기독교학교였기 때문에 일찍부터 좀 더 근대적
인 교복의 모습을 갖추고 있다고 보여진다. 초창기의 교복은 하얀 윗도리와 검은 치
마였지만, 1930년부터는 오늘날 교복과 별다름 없는 모습을 보여주고 있다.
　한편 1936년 4월 15일에 개교한 수원공립가정여학교의 경우 1937년부터 1941년 사
이에는 우리 옷을 단정하게 입고 다니던 여학생들에게 검정 세무 양복에 흰 칼라를
다는 제복을 강요하였다. 그 후 "몸뻬"로 바꾸어 입도록 하였다고 한다.[41] 당시 학교
생활의 과반 이상이 근로동원 및 반공훈련이었기 때문이었다. 당시 학생들은 방독모
자(재봉시간에 검은 천으로 만듬), 비상약품, 붕대, 삼각끈을 보조가방에 넣고 항상
메고 다녔으며, 종례 후 귀가할 때는 자기 의자에 걸어 놓고 귀가하였다.[42]

41) 『수원여자고등학교 50년사』, 수원여자고등학교, 1986, 60쪽.
42) 『수원여자고등학교 50년사』, 70쪽.

그리고 학생들은 일반적으로 대부분 고무신을 신었다. 좀 있는 학생은 운동화를, 그리고 아주 넉넉한 학생들은 구두를 신었다. 일본인이 다닌 소학교의 경우는 구두와 가죽 가방을 매고 다녔다.[43] 수원농림학교의 경우, 고학년은 옆으로 매는 가방을 하였으며, 저학년은 어깨에 메는 가방을 하였다.[44]

화성학원의 모표에 대하여는 1938년 이 학교를 졸업한 윤한음의 회고가 있다.

> 우리 아버지가 이 모표를 안 사줘. 한번 사쓰면 안사준다구. 모표를 안사줘서 맨날 쫓겨 댕겼다구. 모표가 없어 가지구. 어 조회 시간에 또 모자 잊어버려 가지구, 모자두 안사줘서 맨닐 모자없다. 조회시간에 벌 받고 또 월사금 못내 가지군 맨날 쫓겨 댕기구 뭐 그랬어요.[45]

일제시대 수원지역 학교의 모자와 배지 등은 수원상업전수학교에서 찾아볼 수 있다.

2) 학생머리

두발 제한은 개인의 머리 모양과 길이 등에 규정을 두어 제한하는 것을 뜻한다. 일반적으로 군대, 학교, 교도소 등 특수한 집단에 존재한다. 한국에서는 유교적인 풍습에 따라 머리를 깎지 않았으나, 조선 후기인 1895년에 근대화를 위한 단발령이 선포되었다. 구한말에서 일제 강점기에 일본식 제복과 함께 짧은 머리가 도입되었다. 대한민국에서는 1970년대에 풍기 단속을 위하여 남자의 장발을 제한했으나 80년대에 와서 없어졌다. 1980년대 초반 청소년의 두발 자유화를 시행하였으나 점차 학교별로 규정을 마련하게 되었다.

남학생의 경우 일제시대 수원지역의 경우를 보면 모두 단발로 되어 있다. 여학생의 경우는 처음에는 긴머리를 하였으나 점차 단발형으로 바뀌어 간 것으로 보인다. 단발머리의 경우는 1930년대 삼일여학교 학생들의 머리모양을 통하여 살펴볼 수 있다.

---

43) 이영재와의 면담에서 청취(2011년 2월 23일).
44) 이영재와의 면담에서 청취(2011년 2월 23일).
45) 『수원 근현대사 증언자료집』Ⅱ, 308~309쪽.

3) 교가

　교가는 하나의 학교를 노래라는 형식을 빌려 표상 또는 상징하는 것이다. 교가에는 그 시대를 배경으로 한 학교의 교육목표나 건학정신, 교풍, 지역의 정서 등이 내포되어 있는 경우가 많다. 교가를 제정할 때 작곡은 전문가에게 의뢰하는 경우가 대부분이지만, 가사는 학생·학부모·지역주민 등으로부터 공모하는 경우도 있다. 그리고 곡은 4분의 4, 또는 4분의 2박자가 대부분이고 가사는 대부분 2절까지로 이루어지며 반드시 후렴을 두는 것이 특징이다. 교가는 교육활동의 일부로서 졸업식 등 학교행사나 의식 때 부른다. 학생들의 애교심을 불러일으키는 데에 가치가 있고, 동시에 학생들의 장래에 마음의 양식이 될 긍지를 갖게 하는 효과를 가지고 있다.

　수원지역의 교가는 해방 이전과 이후로 나누어 질수 있다. 먼저 수원공립보통학교 교가를 보면, 일제의 손에 의해 제정된 최초의 교가는 일본어로 불리어지게 되어 안타까움이 앞설 뿐이다.

일제시대의 수원공립보통학교 교가

一. 岩門を洗ふ 華虹川
　　流わ流わて ゆく水の
　　よどまぬ心 一すぢに
　　至誠の道を はげまなん.

二. みどり滴る 八達山
　　松の みさをを 仰ぎつつ
　　日毎 月毎 新しき
　　知識 みがきて 世にたたん.

신풍초등학교 교가

1. 바위 틈을 정화하는 화홍천
　흘러흘러 내려가는 물의
　쉬지 않은 마음 한결같이
　지성의 옳은 길 배우리

2. 푸르름이 싱그러운 팔달산
　소나무의 지조 우러러 보며

날로 달로 새로운
지식을 익혀 세상을 살아가리[46]

현재 불리고 있는 교가는 농학박사 유달영 박사님이 노랫말을 짓고 작곡가 이홍렬 선생님이 곡을 지어 주신 신풍인의 **꿈과 기상이** 담뿍 담긴 노래이다.[47]

팔달산 기슭아래 고요한 풍속
화령전 유서깊다 거룩한 터전
빛나라 우리신풍 지녀은 자랑
대한의 아들딸을 키워주노라

후렴 무럭무럭 자라라 신풍학우들 만세만세 억만년 높이 불러서
온 세계에 이 민족 널리 알리자

화성학원 원가는 1937년 졸업앨범에서 살펴볼 수 있다.[48] 이를 보면 다음과 같다.

1절 금수강산 삼천리 무궁화 속에
광교 팔달 거북내 솟아 오르는
우리 수원 복판에 화성학원은
억천만년 긴세월 하로가거라
방방과 곡곡서 모이는 건아
높-음의 이상과 굳은 의지를
긴-낮과 짧은 밤 쉬임이 없어
늘 깊이 그 닦은 피 퍼지리로다

2절 행하는 일 모도 지성뿐이오
하는 맘은 참되게 거짓함 없이

---

46) 『신풍백년사』, 167~168쪽.
47) 『신풍백년사』, 292~293쪽.
48) 『수원고 95년사』, 수원고등학교, 2004, 14쪽.

> 가르침과 배움을 진심으로써
> 웃출웃출 걸어라 사람의 길로
> 이 넓은 덕성과 지용으로써
> 크고 작은 사업에 재목되어라
> 이-것이 모도 다 얻은 실기라
> 흘-러서 좃차 나옴 또한 크리니

현재 그 후신인 수원고등학교 교가는[49] 다음과 같다.

> 압록강 맑은 물 흐르고 흘러
> 끊임없이 모이는 우리 건아들
> 성실과 배움으로 한데 뭉치어
> 발휘하자 우리힘 배달의 영혼

한편 삼일학교 교가는 해방 후 수원삼일초급 중학교가 설립되면서 비로소 제정되었다. 1947년 1월 17일 김병호 교장이 작사하였으며, 이흥 씨가 작곡하였다.

> 하나님 은혜주사 이-룩한 동산
> 반석위 굳게 다져 세-워진 학원
> 그 이름 삼일정신 물려 받으니
> 자랑도 유서 깊은 삼일학-원
>
> 후렴: 아-아-삼일학원 삼일학원
>   하나님 은총 베푼 우리-의 학원

제1절 첫 구에 "하나님 은혜 주사"로 출발시켰다. 삼일학교는 기독교의 진리, 곧 그리스도의 정신 사상을 토대로 하여 설립 당초부터 출발한 학원이기 때문이다.[50]

한편 삼일여학교의 경우는 1909년 보통학교로 인가를 받은 후 교가가 제정되었다.

---

49) 『수원고 95년사』, 화보.
50) 김세한, 『삼일학교80년사』, 175~176쪽.

작곡자는 알려지지 않고 있는데 그 가사는 다음과 같다.

  산도 높고 물도 고운 반도강산에
  우리 학교 우리 위치 널리 빛나니
  활발한 기상으로 앞서 나가세
  삼일여학교 만세
  만세 만세 삼일여학교
  백절불굴하여 용기있게 나가세
  삼일여학교 만세[51]

  해방 후 삼일여학교 교가는 다음과 같다.

  광교산 줄기받아 빛나는 우리
  이 나라 등불되려 여기 모였네
  그윽한 매화향기 널리 펼치어
  믿음과 사랑으로 소망이루세

---

[51] 『매향백년사』, 매향학원, 2006, 117~118쪽.

제2장

수원지역 근대 학교운동회

1. 서언

수원지역에 대한 연구는 그동안 국채보상운동, 3·1운동, 구국민단, 수원고등농림학교의 학생운동, 신간회, 나혜석, 김세환, 박승극, 임면수 등 민족운동과 인물연구 등에 중점을 두고 이루어진 느낌이다. 그런데 최근 관심분야를 다변화하여, 도시건설, 교통, 농업 등 다양한 분야들이 연구되고 있고, 아울러 민족운동의 산실이기도 하며 근대화의 일익을 담당한 이 지역의 학교들에 대하여도 주목하고 있다.

특히 학교의 경우, 수원지역의 학교들이[1] 개교 100주년을 맞이하면서 이러한 관심은 더욱 고조되고 있다. 신풍초등학교 개교 100주년을 맞이하여 100년사가 간행된 이후, 매산초등학교, 수원고등학교 100년사 등이 간행되고 있는 것이다. 그 결과 수원지역 초등 중등 교육의 전체적인 모습을 알아보는데 큰 도움을 주고 있다. 그러나 이들 100년사들은 일반적인 서술유형을 중심으로 만들어지고 있어 역동적이며 생동감 있

---

[1] 본고에서는 수원을 현재의 수원을 중심으로 살펴보고자 한다. 일제시대의 수원군 개념으로 할 경우 남양초등학교(1898년), 성호초등학교(1913년) 등이 100년 이상의 역사적 전통을 갖고 있다. 이에 대하여는 다음 주제로 삼고자 한다.

는 학교의 전체적인 모습을 보여주는 데는 일정한 한계가 있는 듯하다.

필자는 수원지역 근대학교의 전체적인 모습을 살펴보기 위한 한 방법으로 근대 수원지역의 운동회에 대하여 알아보고자 한다. 서울을 시작으로 하여 시행된 운동회가 수원지역에서 어떠한 형태로 진행되었는지를 구한말부터 일제시대까지 수원지역의 대표적인 학교들을 중심으로 밝혀보고자 한다. 아울러 운동회에서 행해졌던 여러 종목들의 변화에 대하여도 주목해 보고자 한다. 결국 이러한 작업은 수원지역의 근대학교 나아가 근대를 살아갔던 사람들의 옛 모습을 구현하는 작업의 일환이라고 할 수 있겠다.

2. 구한말 수원지역 학교운동회: 대한제국의 근대국민 만들기

1896(고종 36년) 5월 2일, 영어학교 교사 허치슨이 화류(花柳)놀이를 개최하였다. 이때 그는 동서문 밖 삼화평(三化坪)으로 소풍을 가 그곳에서 운동회를 개최하였는데 이것이 우리나라에서 열린 최초의 운동회이자 최초의 육상경기였다.[2] 동년 동월 30일에는 훈련원에서 소학교 운동회가 열렸다. 운동회에는 각 관립학교 소학교 학생들, 정부관리와 교원들 말고도 서울시민들이 대거 모여 자리를 채우며 한껏 분위기를 돋우었다. 그리고 지방에서도 운동회가 성황리에 열리면 지역 주민들이 학생들 못지않게 이를 반겼다. 운동회 경기 중에서 체조가 압권이었다. 그리고 각종 경기종목은 경쟁심리를 불러 일으켰다.

1899년에는 운동회 내용이 더욱 다양해졌다. 달리기, 체조 외에 넓이 뛰기, 2인 삼각달리기, 공 던지기, 높이뛰기, 멀리뛰기, 축구, 타구(야구), 송구 등을 했다. 이때 운동회는 태극기 게양과 함께 시작되었다. 이처럼 운동회는 학생들이 신체를 단련하는 마당이자, 지역주민들이 즐기는 잔치였을 뿐만 아니라, 참여자들의 애국심을 고취시켜 국권수호의지를 다지는 계기가 되었다.[3]

---

2) 이승원,『학교의 탄생: 100년 전 학교의 풍경으로 본 근대의 일상』, 휴머니스트, 2005, 187~188쪽.

사립학교를 세운 지식인들도 운동회를 자주 열었다. 1896년에서 1910년 사이에 열린 운동회의 94%에 해당되는 204회가 1905년 이후 구한말에 열렸다. 운동회는 각 지역마다 개별적으로도 개최되었으나 때로는 지역마다 사립학교들이 연합운동회를 개최함으로써 일제의 탄압에 꺾이지 않는 조선인의 단합된 힘을 보여주었다. 서울에서는 11개 소학교의 1천여 명 학생들이 훈련원 앞마당에 모여 각종 경기를 했다. 이때 중앙에는 태극기를 높이 걸어 학생들과 일반인들이 애국심을 느끼도록 했다. 지방에서도 마찬가지였다. 심지어 운동회에서는 군사훈련을 방불케 하는 온갖 체육행사가 진행되었으니, 마치 군인들이 나라를 되찾기 위해 벌이는 전쟁놀이 같았다. 운동회를 시작할 때 학생들이 총을 메고 행진하여 운동장에 들어왔다. 물론 국권의식을 드높이고 항일정신을 복돋우는 운동가를 불렀다. 당시 이런 모습은 운동회를 참관하던 일본인들의 간담을 서늘케 했다. 그래서 일제는 각지에서 열리는 운동회를 경계하여 이를 점차 축소시켰고, 마침내 1910년에는 운동회가 일종의 무장 시위로 교육의 본지에 어긋난다고 하여 이를 중단시켰다.[4]

기록상으로는 아직 찾아볼 수는 없지만, 수원지역에서도 일찍부터 화류놀이, 소풍 등을 가 소규모의 운동회 등이 열렸을 것으로 보는 것은 자연스러운 귀결이 아닌가 한다. 그리고 점차 수원에서도 관립 소학교와 삼일남·여학교, 그리고 수원농림학교 등에서 운동회를 가졌고 해를 거듭할수록 활발해진 운동회는 마침내 각 학교의 연합운동회로 발전하여 1905년부터 1909년 사이에는 운동회 전성시대를 이루게 되었다.[5]

수원 보시동 시절의 삼일학교에는 체조과목이 없었다. 그러다가 학교를 종로교회로 옮긴 후 체조과를 신설했으나, 운동장이 거의 없는 형편이었다. 이에 나중석(羅重錫)이 매향동에 있는 과수원 900평을 운동장으로 쓰도록 기부했다.[6] 지금까지 삼일중학교가 사용하고 있는 아담스기념관 앞의 교정이 바로 그것이다.

3) 김성학, 「근대 학교운동회의 탄생: 화류에서 훈련과 경쟁으로」, 『한국교육사학』 제31권 제1호, 2009, 57~94쪽.
4) 위의 논문, 57~94쪽.
5) 수원지역에서도 서울의 영향을 받아 일찍부터 운동회가 개최되었을 것으로 추정된다. 그러나 수원지역에 운동회가 언제 어떤 경로를 통하여 수용되었는지에 대하여는 현재로서는 알 길이 없다. 다음 연구과제로 하도록 하겠다.
6) 한동민, 「근대 수원지역 유지 나중석의 생애와 활동」, 『나혜석연구』 3, 2013, 90쪽.

국권을 회복해 보려는 희망 아래 경영했던 삼일학교에서는 일본인에게 강제로 해산당한 대한제국 군인 출신 강건식(姜建植)을 채용, 학생들에게 군대식 병식훈련을 하였다. 1908년 1월 제2대 체육교사로 역시 한국군대 출신인 부위(副尉) 송세호(宋世鎬)를 채용하여 군대식 훈련을 한층 강화했다. 특히 교사 송세호의 구령은 크고 힘이 있어 서울에서 연합운동회를 개최할 때마다 구령교사로 뽑혀 활약할 정도였다.[7]

구한말 수원공립보통학교의 운동회에 대하여는 『황성신문』 1907년 6월 7일자 「수원학교운동」에 다음과 같이 기사화 되어 있다.

> 수원군 공립학교에서 昨日에 운동을 設行하였는데, 학부 視學官 魚瑢善씨가 해부 대표로 작일에 往參하였다더라.

1907년 연합운동회는 삼일학교 · 화성여학교 · 공립소학교 등의 참여로 초유의 대장관을 이루었다. 활발한 남녀학생들 기상은 탄성을 자아내기에 충분하였다.[8] 『대한매일신보』 1907년 6월 13일자 잡보 「연합운동의 교황(校況)」에 다음과 같이 기록하고 있다.

> 수원군 종로에 삼일학교를 설립하고 聰俊자제를 모집하여 시무에 긴요한 신학문을 교수한 지가 반년에 學員이 일증월가하여 90여 인에 달환지라. 부내 유지신사 나성규, 최익환, 차희균, 홍건섭, 차유순, 이성백, 양성관 제씨가 新貨 20원씩 각기 의연하여 이 학교에 보조하였으므로 이 학교에서 華盛여학교와 공립소학교를 연합하여 지난 6월 6일에 춘계운동회를 본군 연무대에서 설행하였는데, 남녀학도의 활발한 기상과 내외빈객의 정제한 威儀는 令人起敬이요 觀光諸人이 장외에 운집하여 500년래 創觀한 성황을 물하였다더라.

이듬해인 1908년 4월 20일에는 더욱 확대된 규모로 개최되었다. 운동회 장소인 연무대에는 내외빈과 주민들로 인산인해를 이루었다. 기생과 술장사들조차도 음식물을 제공하는 등 학생들 사기를 진작시켰다.[9] 이런 경우는 타 지역에서도 종종 있는 일이

---

7) 김세한, 『삼일학교80년사』, 학교법인 삼일학원, 1983, 94~96쪽.
8) 『大韓每日申報』 1907년 6월 13일, 잡보 「聯合運動의 校況」.

었다. 운동회는 폐쇄적인 신분질서에 갇혀 있었던 여성들이 공개적인 광장에서 여러
사람들과 하나가 되는 장으로 적극적으로 활용되었다. 기생도 예외는 아니었다. 장옷
과 쓰개치마를 벗어던진 여성들이 학교와 운동회에 모여들었다. 운동회는 그야말로
하나의 틀로 규정될 수 없는 다양한 욕망이 들끓는 축제의 도가니였다.[10]

> 수원군 관공사립 춘기연합운동을 본월 22일 상오 8시에 거행하는데, 處所는 동문내 연무
> 대로 정하고 경향사회제씨를 請邀하였다더라. (『황성신문』 1908년 4월 19일자, 잡보 「화성
> 학원 연합운동」)

> 수원군 각 학교에서 명일에 연합 대운동회를 설행할 터인데 그 군내에 있는 기생들과 일
> 반 주상들이 발기 협의하기를 운동회때에 관람제씨와 각 학교 임원에게는 雖一杯酒라도 무
> 대금으로 支供한다하며 위생원들은 일반학도들에게 약품을 담당하기로 협의하였다 한다.
> (『황성신문』 1908년 4월 21일자 잡보 「기생과 酒商協議」)

한편 수원여학생의 경우도 운동회에 적극 참여하였다.[11] 수원지역의 여성교육은
'비교적' 일찍부터 시행되었다. 수원지역 최초 사립학교인 삼일여학당은 이를 주도하
였다. 이는 화성여학교·화양여학교·병설여학교 설립 등으로 진전되었다. 여학교 연
합운동회 개최는 주민들에게 여성교육의 중요성을 일깨우는 계기였다. 남문에 거주
하는 이선익(李善益)은 학업을 장려하기 위한 일환으로 화양과 삼일여학교 학생들을
초청하여 운동회 경비 일체를 부담하였다.[12]

또한 성공회에서 설립한 진명학교에서도 운동회를 개최하였다. 1909년 5월 하류천
에서 대운동회를 개최하였는데, 이때 부재열 신부, 구르니 신부, 서울에서 온 부영사,
수녀 3인, 진명학교 학생들, 교사들, 학부형 등 다수가 참여하였다. 당시로서는 보기
어려운 여러 가지 종목의 경기를 펼치는 현대적인 운동회로 수천 명의 인파가 모여드

---

9) 『大韓每日申報』 1908년 4월 22일, 잡보 「春期運動」 ; 『황성신문』 1908년 4월 19일, 잡보 「華城學校聯合運動」 ;
   4월 21일, 잡보 「妓生과 酒商協議」.
10) 이승원, 『학교의 탄생』, 203쪽.
11) 김형목, 「한말 수원지역 계몽운동과 운영주체」, 『한국민족운동사연구』 53, 2007, 35쪽.
12) 기호흥학회, 「학계휘문, 妙年壯志」, 『기호흥학회월보』 11, 49~50쪽.

는 큰 구경거리였다. 시상과 오찬은 학부모와 교우들이 담당하였다고 한다.[13]

한편 당시 수원군 남양지역에서도 운동회가 활발히 이루어졌다. 1898년에 만들어진 남양공립보통학교에서도 일찍부터 단독으로 운동회가 열렸을 것으로 보이나 현재 신문 기사 등 자료에는 남아 있지 않다. 다만 이 지역의 대표적인 사립학교인 보흥학교가 중심이 된 연합 운동회는 신문을 통하여 살펴볼 수 있다. 남양사립보흥학교에서 개최한 연합 운동회는 대성황을 이루었고, 많은 유지들이 찬조금을 보내어 관심을 보였다. 『황성신문』 1906년 6월 1일자를 보면 다음과 같다.

普興校運動

普興校運動 南陽私立普興小學校에서 公立小學校와 上洞私立小學校로 聯合야 運動會을 飛鳳山西臥龍樓東大堤邊에 開行얏楊柳垂絲고 芳草軟綠學徒一百餘員이 三隊로 分立야 十課로 試才고 一二等으로 施賞얏고 十步百步競走氣像과 三脚廣跳爭先貌樣이며 計提燈과 旗取引繩諸般競走運動에 優等生洪泰順朴春萬盧秉哲朴泰錫李元成高仁根洪蕃善高大仁洪永川崔昌鳳崔允伊尹禮奉姜馹熙李奎漢洪四崇崔甲成姜用學崔七星洪龍金昌珍朴順昌徐昌雲金富昌諸員을 一一施賞고 校長本郡守方漢德氏幼而學之가 長而行之라 勉進學問이면 事業을 可成이오 功名을 可期라야 勸告고 普興小學校校監李昌會氏時則綠陰芳草勝花時라 學業이 與物成就야 文明氣像이 勝於舊日之迷니 豈不謂盛事리오고 公立小學校敎員張容復氏學徒之養材가 如禾之種藝니 務勤勞不失時면 來를 可期라고 上洞小學校校監洪益善氏設校養材가 如設爐煉金이라 人若逸而無敎면 同歸於禽獸오 金若遺而不煉이면 無異於沙石이니 勉之勉之야 日新一日면 豈不日文明世界리오 開明進就在於敎育人材라야 各各演說後에 國家를 爲야 萬歲千歲를 呼고 隊隊步步가 濟濟히 淸新愛國歌를 唱和而歸얏다더라

기사에서 보는 바와 같이, 남양지역의 경우 현재의 수원지역보다 일찍 운동회가 개최되고 있다. 남양 사립 보흥학교와 공립소학교, 상동사립소학교들이 연합하여 비봉산 서쪽 와룡루 동대제변에서 학생 100여 명이 모여 성대히 운동회를 개최하고 있는 것이다. 학생들은 일제히 애국가를 제창하여 민족의식을 고취하기도 하였던 것이다.

---

13) 전삼광, 「수원교회 선교100년사」, 『수원교회 선교100년사(1904~2004)』, 대한성공회 수원교회, 2004, 31 · 99쪽. 이 책자 175쪽에는 1910년 대운동회 사진이 실려 있어 이해에 도움을 준다.

이 운동회를 주도한 이창회는 1906년 대한자강회 회원으로 활동하였으며, 후일 1919년 3월경 경기도 수원군 음덕면에서 독립만세운동 관련 문서를 제작·배포한 혐의로 체포되어 면소되었고, 1924년 9월 15일 인천에서 이대정(李大鼎)과 함께 조선독립을 목적으로 신한공화국(新韓共和國) 의회정부 명의의 선포문과 통첩문을 작성·교부하고 자금 모집 등의 활동을 하다가 체포되어 징역 2년을 받았다.[14]

한편 이 연합운동회는 『황성신문』 1906년 6월 1일자 기사에서 보는 바와 같이, 군수를 비롯하여 수많은 사람들의 협찬에 의하여 이루어져 주민 모두의 적극적인 후원 속에 이루어졌음을 알 수 있다.

> ○南陽私立普興小學校大運動時義捐金及賞品成諸氏如左홈
> 本郡守 方漢德 毛筆三十
> 張容復 柳逸洪思德以上四元
> 姜周熙 八元四十
> 金 銓 洪俊善 以上六元
> 朴泰錫 二元六十錢
> 洪南善 洪 琛 朴來益 朴載夏 姜昶熙 徐相膺 白蓮洙 洪淳周 金商護 鄭時鉉 洪命善 洪奎然
> 黃連秀 金光植 崔子實 朴來升 陳基鉉 洪機杓 以上二元
> 朴潤榮 四元八十錢
> 洪益善 三元 洋紙十張
> 李允會 姜賢模 李建叔 朴瑛錫 洪德杓 朴仁榮 以上一元

『황성신문』 1908년 5월 20일자 「陽校運動」에서는 남양군 양춘(陽春)학교 춘계 운동회에 대하여 다음과 같이 소개하고 있다.

남양군 양춘학교에서 음력 본월 초 8일에 춘기 운동회를 자군 距三里許되는 社壇坪에서 거행하였는데 代辦교장 朴厚權씨가 40여 명 학도를 인솔하고 前往出席함에 其餘 임원제씨와 내빈제씨 및 학도부형이 다수 來參하여 제반운동을 행하고 우수히 시상하였다 한다.

---

14) 국가보훈처 소장 이창회 공적조서.

지금까지 살펴본 바와 같이, 수원지역에서는 구한말에 남녀학교 학생들을 중심으로 운동회가 활발히 전개되었고, 특히 이 운동회는 학생들뿐만 아니라 주민들과 기생들까지 포함할 정도로 지역 주민 전체의 축제의 한마당으로서의 기능과 역할을 다하였던 것이다. 곧 운동회를 통하여 학생과 주민들은 대한제국의 근대국민이라는 의식과 일체감, 또한 강한 민족의식을 갖는 계기가 되었을 것으로 보인다. 결국 구한말 수원지역의 학교운동회는 학생들 나아가 지역 주민들까지도 근대국민으로 만들어나가는 한 과정이 아니었나 추론해 볼 수 있을 것 같다.

3. 일제시대 수원지역 운동회: 황국신민 만들기

1) 1910~20년대 운동회와 일본신민 만들기

(1) 운동회 개최 현황

일제의 조선 강점 이후 운동회는 제대로 개최된 것 같지 않다. 조선총독부는 무단통치를 통하여 조선인들을 탄압하고 감시하는 정책을 추진하였기 때문이다. 운동회를 개최할 경우, 조선인들이 자연스럽게 많이 모일 것이고, 이것은 때에 따라 예기치 않은 상황으로 돌변할 수 있을 것이기 때문이다. 그래서인지 북간도 등 만주지역의 민족학교들에서는 학생들의 체력단련과 민족의식 고취를 위하여 운동회를 개최하고 있으나[15] 1910년대 국내에서는 운동회 개최 기록이 산견되는 정도이다.

수원지역의 경우 수원공립보통학교(신풍학교)의 운동회가 1910년대에 개최된 것으로 나타나고 있다. 수원공립보통학교 역사사료관에 전시되어 있는 1916년 10월 15일 수원공립보통학교장이 보호자들에게 보낸 운동회 안내장이 이를 증명해 주고 있다. 여기에는 10월 19일 오전 9시부터 추계대운동회를 개최한다고 많은 부형들의 참여를

---

15) 정예지, 「1910년대 북간도 조선인학교의 연합운동회」, 『만주연구』 12, 2011.

희망함을 밝히고 있다. 아울러 운동회장 안내도도 동봉되어 있다.

그러나 수원지역 조선인학교의 경우, 3 · 1운동 이후에 가서야 운동회가 본격적으로 진행된 것 같다. 다음의 기사들이 그것을 보여주고 있다.

> 수원공립보통학교에서는 10월 9일 오전 9시부터 동교 교정에서 창립 15주년 운동회를 성대히 거행하였다더라(수원) (『동아일보』 1921년 10월 12일)

수원공립운동속보

> 기보한 바와 같이, 수원공립보통학교에서는 창립15주년기념 대운동회를 지난 9일 동교정에서 개최한 바, 63의 운동 종목으로써 희색이 만면한 700명의 학생은 勇壯한 기상과 쾌활한 경기로 2천여 관중에게 무한한 쾌감을 주었는데, 동운동회비는 1원 50전 이상, 5원 이하의 학부모 부담으로 출연한 바, 그 총액 천 원 중 600원은 동교의 운동기구 매입비로, 400원은 동운동회 비품비와 내빈 접대비에 충당하였더라(수원) (『동아일보』 1921년 10월 15일)

위의 기사에서 보는 바와 같이 1921년 10월 수원공립보통학교에서는 700여 명의 학생과 2,000여 명의 관객이 모인 가운데 63종목의 운동회를 성대히 개최하였던 것이다. 아마도 새롭게 큰 운동장을 마련하여 운동회가 가능했던 것으로 보인다. 조선총독부 관보 1921년 5월 25일에 따르면 수원공립보통학교는 「토지수용공고」에 따라 운동장을 확장하였다. 수용할 토지의 총목(總目)은 다음과 같다.

> 경기도 수원군 수원면 신풍리 395垈, 398대, 399대, 400-1대, 400-2대, 400-3대.

1922년 2차 조선교육령이 발표된 이후 1923년 수원공립보통학교에서 역시 운동회가 개최되었다. 이를 보면 다음과 같다.

水原普校의 運動會

> 水原公立普通學校에서는 本月十五日에 秋季大運動會를 該校 校庭에서 開催하얏는대 觀覽客에 多數하얏섯다더라(水原) (『조선일보』 1923년 10월 17일)

水原公普校의 運動會
雲集한 觀衆裏에서 擧行

水原公立普通學校에셔 去 十五日에 該校內에셔 秋季運動會를 開催한다함은 旣報한 바어니와 豫定과 如히 同日午前 十時부터 開會하얏는대 千餘名의 天眞爛漫한 兒童들은 壯快한 開會式으로 順序에 依하야 音樂班의 軍號聲裡에 着着 進行한바 四方으로 雲集한 觀衆은 無慮 數千에 達하야 大盛況을 呈하얏더라(水原) (『조선일보』 1923년 10월 21일)

수원공립보통학교 운동회는 그 후에도 지속적으로 개최되었던 것으로 보인다. 1927년, 29년 행사가 신문에 기사화 되었다.

◇水原公普 運動 =旣報한 바와 가티 水原 公普 秋期運動會는 去六日 午前 九時 同校 校庭에셔 四十八種 目近 二百回에 達하는 輕快無比한 競技遊戲가 展開되어 數千의 觀衆을 興味津津케 한 後 同 午後 四時半에 圓滿 閉會하얏는 바 特히 龍山使鳩隊長 平井中尉가 傳書鳩 六首를 帶同來水하야 會場에셔 一般에셔 傳書鳩에 對한 說明을 한 後 午後 一時 十分 龍山砲兵廠을 向하야 放送하얏는데 一般은 多大한 興味를 感하얏다고(水原) (조선일보 1927년 10월 10일)

水原普校運動會=수원공립보통학교에서는 지난 십이일에 동교 운동장에서 추긔대운동회를 개최하얏다더라(수원) (『조선일보』 1929년 10월 16일)

기사에 따르면, 운동회는 1927년 10월 6일 오전 9시 동교교정에서 수천의 관중이 모인 가운데, 총 48종목이 거행되어 오후 4시 반에 폐막되었다. 아울러 1929년에도 10월 12일에 운동회가 개최되었다.

한편 운동회는 수원공립보통학교뿐만 아니라 화성학원의 전신인 수원강습소에서도 개최되었다.

수원강습소에서는 금월 23일을 기하여 추계운동회를 수원청년구락부운동장에서 연다는대 일반동창생과 관객의 다수 래임을 희망한다더라(수원)수원강습소 운동 (『동아일보』 1921년 10월 20일)

즉, 당시 운동장을 보유하고 있지 못하였던 수원강습소에서는 수원청년구락부운동
장을 빌려 운동회를 개최하였다. 이 운동회에는 동창들과 관객이 다수 참여하는 것이
허락되어 잔칫집 분위기였음을 추정해 볼 수 있다.

商業講習 運動會

　水原 商業講習所에서는 本月 二十日에 水原青年俱樂部 運動場에서 秋季運動會를 開催하
얏는대 參觀者가 極 多數에 至하얏더라(水原) (『조선일보』1923년 10월 21일)

商講運動會 延期

　去 二十日에 擧行하려던 水原商業講習所 秋季運動會는 降雨로 因하야 不得已 延期하얏
는바 時日은 未定이라더라(水原) (『조선일보』1923년 10월 24일)

水原商講 運動會

　水原商業講習所에서는 去二十日에 水原青年俱樂部 運動場에서 擧行하려든 秋季運動會
는 當日의 降雨로 因하야 勢不得已 延期하얏다함은 旣報한 바어니와 此에 對하야 其間公議
로 本月二十七日에 開催한다더라(水原) (『조선일보』1923년 10월 28일)

위에서 보는 바와 같이 수원강습소 등에서 운동회가 활발히 진행되었던 것이다.
화성학원 운동회의 경우 『조선일보』1927년 10월 23일자에 운동회관련 내용이 남
아 있어 그 일단을 살펴볼 수 있다.

　◇華城學院 運動 = 花城學院運動會는 旣報한 바와 如히 去 十六日 午前 九時 水原 青年
會 運動場에서 盛大히 開催되어 六十餘種 二百餘回에 亘하는 各種 競技와 遊戲는 順序를 딸
아 제각기 特色을 發揮하야 數千의 觀衆을 狂喜亂○함이 한두번이 아니엇스며 午後 一時半
에는 傳書鳩의 放送도 잇서 觀衆의 興味를 添加하얏다하며 同 午後 五時頃에 盛況裡에 圓
滿 閉會하얏다고(水原) (『조선일보』1927년 10월 23일)

(2) 운동회 프로그램과 일본신민 만들기

운동회의 경기 종목은 일반적으로 달리기와 청백남녀계주, 박터뜨리기, 공굴리기,

장애물경기, 줄당기기, 넓이뛰기, 손님찾기, 기마전 등이 있었으며 학부모 경기로는 달리기와 모래가마니 짊어지고 달리기 등이 있었다. 제일 먼저 각 학년별로 달리기가 행해지는데 모든 학생들이 참여한다. 보통 한 번에 6명에서 8명까지 뛰어서 그 순서를 정하는데 결승선을 통과하는 순서대로 1, 2, 3이라는 숫자가 적힌 깃발 뒤에 앉는다. 상품으로는 공책이나 연필 등 필기도구가 주를 이루었으며 상품은 순위에 따라 차등 있게 지급하였다.

공굴리기나 박터트리기 경기는 대개 저학년들이 했으며, 박터트리기의 경우 커다란 바가지를 2개 겹쳐서 그 안에 금종이와 글을 써넣은 긴 천을 넣어서 닫은 뒤 모래주머니를 던져 청군, 백군 중에서 먼저 박을 터뜨리는 팀이 승리하는 경기이다. 이 경기는 점심시간 무렵에 행해지며 박 안에는 '즐거운 점심시간'이나 '즐거운 운동회' 등의 글귀가 적혀 있다. 장애물 경기는 달리기 경기의 일종으로 그물이나 사다리, 뜀틀 등으로 만들어진 장애물을 통과하여 결승점까지 들어오는 것이다. 이 경기는 달리기만 잘한다고 해서 우승할 수 있는 것이 아니라 순발력과 민첩성이 요구되는 경기였다.

손님 찾기 역시 달리기 경기의 일종으로 운동장을 1/4 정도 달린 후 지령이 적혀진 종이를 보고 그 지령대로 손님을 찾아서 함께 달리는 경기이다. 지령지에는 '교장선생님과 찾아 함께 결승점에 오시오', '○○네 엄마를 찾아 결승점에 오시오', '○○네 동생을 찾아 결승점에 오시오' 등이 적혀있었다. 이는 마을 주민들끼리 서로 결속이 잘 되어 구성원의 이름과 가족상황을 잘 알아야 할 수 있는 경기였다.

운동회의 가장 하이라이트라 할 수 있는 경기는 6학년 남자들이 하는 기마전과 학교대항 계주이다. 먼저 기마전은 4명씩 한 팀을 이루는데 3명의 학생이 어깨를 걸어 말을 만들고 그 위에 나머지 학생이 올라탄다. 청군과 백군에서 10팀이 경기에 나가는데 그중에서 1팀은 대장 깃발을 가지고 있으며 이를 상대팀으로부터 지켜야 했다. 나머지 9팀은 자신의 대장을 지키고 상대방의 기마를 많이 무너뜨리고 대장 깃발을 뺏거나 부서뜨리는 게임이다. 기마전은 다른 어떠한 게임보다 격렬하게 행해졌기에 6학년만이 할 수 있었으며 굉장한 볼거리였다.

오늘날에는 초등학교 운동회가 거의 같은 날에 행해지지만 과거에는 그렇지 않았다. A학교의 운동회가 열리는 날이면 B학교와 인근의 다른 학교의 학생들이 와서 A학교의 학생과 학교대항 달리기를 하였다. 이때 A학교 학생들은 청군과 백군이라는 인식이 사라지고 한 목소리로 자신의 학교를 응원한다. 학교대항 달리기에서 자신의 학교가 이기면 자신이 승리한 마냥 어깨가 으쓱해지면서 기분이 좋아지며 그 무렵 최대의 관심사는 다음의 학교대항 달리기에서 자신의 학교가 '또 승리할 수 있을까?'였다. 학교별 자존심 대결과 마찬가지인 이 경기는 운동회를 하는 학교뿐 아니라 인근지역 모두의 관심사였다.

마을 주민들이 함께 하는 경기는 일반적 달리기가 가장 많았는데 지원자는 모두 경기에 참여할 수 있었다. 특히 모래가마니를 짊어지고 달리는 경기는 학부모들 사이에서 대단한 인기였다. 모래가마니의 무게는 거의 20, 30kg이었으며, 자신의 아버지가 경기에 참여하면 아이들은 아버지가 일등으로 결승전을 통과하기를 바라며 열렬히 응원한다. 마을 주민들이 참여하는 경기에서도 순위에 따라 상품을 지급하는데 대개 냄비와 바가지 등 생활용품이 많았다.

운동회의 또 다른 즐거움은 바로 점심시간이다. 부모들은 운동회에 가져갈 음식을 장만하느라 분주했다. 운동회에 가져가는 음식은 대부분 직접 농사를 지은 농작물로 대개 감자, 고구마, 옥수수, 땅콩, 삶은 계란 등이며 감은 운동회 날짜에 맞추어 미리 삭혀놓기도 한다. 그리고 잘 사는 집의 경우 김밥을 싸 오기도 했지만 형편이 어려운 집의 경우 보리밥에 김치만 싸가지고 가는 경우도 많았다. 운동회가 열리는 날이면 학교 안에 아이스께끼 장사가 오는데 아이들은 이것을 먹는 게 소원이었다고 한다. 아이스께끼는 주로 사이다 공병과 교환해 주는데 아이들은 이것을 먹기 위해 공병을 찾으러 다니기도 했다. 운동회 때에는 학교 근처에서 난전이 벌어지기도 했다.

전통사회에서는 오늘날과 달리 볼거리나 즐길 거리가 많지 않았다. 이러한 상황에서 일 년에 한 번 씩 개최되는 초등학교의 운동회는 아이들만의 즐거운 날이 아닌 어른들, 마을의 잔칫날이었다. 평소에 잘 먹지 못했던 음식들도 먹을 수 있고 가족들이 함께 모여 즐길 수 있는 날이었다.16)

수원공립보통학교의 경우 신풍초등학교 역사관에 1927년, 1929년 운동회 프로그램이 남아 있어 흥미롭다. 관련 내용들을 보면 다음과 같다.[17]

* 1927년 추계운동회 프로그램
  날짜: 10월 6일(목) 오전 9시
  장소: 동교 운동장

오전부

1. 개회, 2. 도보(5학년 남학생(이하 5남으로 축약), 20명), 3. 행진(2남) 4. 도보(3남 16명), 5. 압회(押繪)[18](3女), 6.모모타로(桃太郎－옛날 이야기의 주인공, 1남), 7. 줄넘기(繩跳, 4녀), 8. 도보(1.2녀 13명), 9. 줄다리기(綱引, 3.4남), 10. 도보(3녀, 6명), 11. 가마니뺏기(俵奪, 6남), 12. 수인(首引－두사람이 목으로 하는 줄다리기, 3남), 13. 도보(1남 14명), 14. 추입볼(追入볼－공 몰아넣기, 4남), 15. 자수(子守－아이 보기, 2녀), 16. 잉어 폭포 올라가기(5남), 17. 포대함락하기(砲臺落, 3남), 18. 장애물(6남 22명), 19. 맹목보탐(盲目寶探－눈감고 보물 찾기, 4남), 20. 오재미(5.6녀), 21. 줄다리기(1.2남), 22. 도보(4녀, 8명), 23. 체조(5.6남), 24. 릴레이(여자 전학년), 25. 우편용비들기(傳書鳩, 2학년 전체)

점심, 오후부

26. 줄다리기(여자 전학년), 27. 도보(2남 12명), 28. 서클댄스(2녀), 29. 도보(5.6녀 11명), 30. 대나무배(笹舟, 1녀), 31. 문어 줄다리기(3남), 32. 오뚜기(2남), 33. 도보(6남 22명), 34. 카나리아(여학생 3학년 이상), 35. 농구(1학년 전체), 36. 도보(4남 17명), 37. 체조(6남), 38. 산악행진(3.4녀), 39. 릴레이(他校), 40. 스푼[19](來賓 2명), 41. 장애물(5남 20명), 42. 기체조(旗體操, 3.4남), 43. 도보(졸업생 2명), 44. 암야의 一刀(闇夜의 一刀－심야의 칼, 직원 전체), 45. 댄스(5.6녀), 46. 줄다리기(5.6남), 47. 릴레이(남학생 전체), 48. 폐회 및 만세삼창

1927년 프로그램 중 주목되는 것은 가마니뺏기, 포대함락하기, 우편용 비둘기, 산

---

16) 문화콘텐츠닷컴 풍남초등학교 운동회 참조.
17) 신풍초등학교백년사편찬위원회, 『신풍백년사』, 1996, 338쪽.
18) 두꺼운 종이를 꽃, 새, 사람 등의 모양으로 오리고, 솜을 넣어 높낮이를 지은 다음, 고운 빛깔의 천을 싸서 판자나 판지에 붙인 장식물.
19) 주걱에 공을 올려놓고 떨어지지 않도록 하면서 뛰는 놀이.

악행진 등 전투적인 것들이다. 당시 운동회가 갖는 군사적 의미를 보여주는 것이 아닌가 한다. 그리고 참여자는 학생전체뿐만 아니라, 직원, 졸업생 등도 참여하는 모습을 보이고 있다. 학생참여는 1인, 2인, 다수 또는 전체가 참여하는 형태를 취하고 있다. 이러한 모습은 1929년의 운동회에서도 찾아볼 수 있다.

* 1929년 운동회 프로그램
  일시: 10월 12일 (토) 오전 9시
  장소: 본교 운동장

오전부
 1. 개회, 2. 체조(5.6남), 3. 견(犬, 개의 탈을 쓰고 행진하는 것, 1학년 남), 4. 도보(4남 13명), 5. 줄다리기(여학생 전학년 각 2명), 6. 기체조(2남 1명), 7. 도보(1남 12명), 8. 쌀가마니 뺏기(俵奪, 6남), 9. 기마전(3남), 10. 도보(4녀, 7명), 11. 오뚜기(2남 1명), 12. 도보(1녀 6명), 13. 씨름(3남), 14. 댄스(3녀), 15. 도보(5남 25명), 16. 배구(5.6녀), 17. 농구(4남), 18. 마크 만들기(1녀), 19. 장애물(6남 15명), 20. 댄스(2녀), 21. 줄다리기(3.4남 2명), 22. 도보(3녀, 6명), 23. 감자레이스(1남), 24. 경주(릴레이)(여), 25.우편용비들기(傳書鳩, 2남녀 1명)

점심, 오후부
 26. 체조(3.4남), 27. 도보(5.6녀 7명), 28. 줄다리기(1.2남 2명), 29. 찍찍 참새(1녀), 30. 봉넘어뜨리기(5남), 31. 산보(4녀), 32. 도보(6남 15명), 33. 굴렁쇄 빠져나가기(3녀), 34. 깃발바꾸기(旗換, 1남), 35. 빈천조(濱千鳥-하마치도리 경주: 해변에서 새처럼 지그재그 걸으면서 승부를 겨루었던 경주, 2학년 이상 여자), 36. 도보(3남 14명), 37. 체조(6남), 38. 장애물(5남 25명), 39. 공 보내기(4녀), 40. 잉어 폭포기어 오르기(4녀), 41. 도보(2녀 6명), 42. 댄스(5.6녀), 43. 농구(1녀), 44. 도보(2남 12명), 45. 줄다리기(5.6남 2명), 46. 경주(타교), 47. 지구 돌리기(직원전체), 48. 밤 줍기(내빈전체), 49. 도보(졸업생), 50. 경주(남학생전체), 51. 폐회 및 만세삼창[20]

1929년도의 프로그램은 1927년도의 것과 유사하다. 다만 기마전, 봉넘어뜨리기 등이 새로운 종목으로 등장하고 있는 점이 주목된다.

---

20) 『신풍백년사』, 338쪽.

한편 삼일학교의 경우, 1924년 5월 14일 남녀삼일학교 연합운동회가 개최되었다. 이때 운동경기 종목을 보면 다음과 같다.

> 100미터, 장애물 경주, 200미터, 말타기경주, 제광(提筐)경주, 산술경주, 넓이뛰기, 높이 뛰기, 2인삼각, 기뺏기, 줄다리기, 제등(提燈)경주[21]

1927년 10월 1일에는 삼일학교 교정에서 연합운동회가 개최되기도 하였다. 이때 삼일여자보통학교, 삼일학교, 유치원, 남양제하여학교 등이 참여하여, 103종목에 달하는 경기와 게임 등을 하였다.

> ◇水原學生運動 = 旣報한 바의 水原三一女普校 三一學校 幼稚園 南陽製何女學校 聯合 大運動會는 去一日 午前 九時에 三一學校 校庭에서 盛大히 擧行되엇는바 百三種에 亘하는 各種의 奇巧活潑한 競技와 遊戱는 물결가티 에워싼 觀衆으로 하야금 日暮토록 興味를 띄우게 하는中에 無事히 進行되어 同日 午後 六時頃에 圓滿會하半閉하엿고(水原) (『조선일보』 1927년 10월 7일)

2) 1930~40년대 운동회와 황국신민 만들기

(1) 운동회 개최 현황과 독립운동 – 수원격문사건

1930~40년대에도 수원지역에서 운동회는 계속 개최되었다. 다만 1931년 만주사변, 1937년 중일전쟁, 1941년 태평양전쟁 등 전쟁들이 연속적으로 일어난 시기였으므로 운동회의 경우 전쟁을 위한 기초체력의 연마라는 국방체육적 성격, 나아가 일본 제국을 위하여 충성을 다하는 견실한 황군을 만드는 과정의 일환이 아닌가 생각된다. 수원지역의 학교 운동회 역시 그러한 범주에서 벗어나지 못했을 것이다. 현재 1937년, 1938년, 1942년, 1944년 화성학원의 졸업앨범 등에는 일제말기에 진행된 운동회 사진들이 있어 전쟁기 운동회의 이모저모를 살펴볼 수 있다.

---

21) 『삼일학교80년사』, 127쪽.

한 이영재(李榮宰)는 당시 기마전과 쌀가마니 뺏기, 봉 넘어뜨리기 등이 큰 인기였다
고 회고하였다.[28] 아울러 당시 운동회는 가정의 축제여서 가족들이 음식을 싸가지고
가서 함께 즐겼다고 한다. 당시 도시락에 떡, 삶은 밤, 침시(떫은 감을 소금물에 담구
어서 티타닌을 뺀 것)를 담았다고 한다.[29]

현재 수원공립보통학교 운동회 사진은 1935년 마스게임, 1937년 체조, 1938년 타이
어 뺏기, 1940년 단체경기 사진들만이 남아 있어 운동회의 전체적인 모습을 파악하는
데는 일정한 한계가 있다.[30]

1930년대 중반 이후 전시체제기에 들어가면서 운동회는 점차 개인적인 경기보다는
단체경기, 군사와 관련된 성격의 운동으로 점차 변화되는 것 같다. 이는 일본의 경우
를 통하여 우선 추정해 볼 수 있다. 만주사변이 일어난 1931년경까지는 대정(大正)시
대 운동회와 거의 비슷하였다. 그 후 군국주의가 강화되자 운동회도 그 영향을 받게
되었다. 그것은 프로그램 내용에서 두드러지게 나타난다. 특히 1937년 중일전쟁이 발
발하고서 더욱 그러하며 1941년 12월 태평양전쟁이 발발할 무렵이면 더욱 그러하다.
전시체제 아래 열린 운동회는 황국신민을 양성하기 위한 중요한 수단의 하나였다.[31]

---

[28] 2011년 1월 26일 이영재(1928년생)와의 면담에서 청취(수원시 정자동 동남고속아파트 552동 501호).

[29] 위와 같음.

[30] 1974년도 추계 체육발표회의 프로그램을 통하여 식민지시대 운동회와 비교가 가능할 것 같다. 프로그램은 다음과 같다.
   개회식순(1. 입장, 2. 개회사, 3. 국기배례, 4. 묵념, 5. 애국가 제창, 6. 국민교육헌장낭독, 7. 우승컵 반환, 8. 교장선생님 말씀, 9. 준비체조, 10. 경기안내, 11. 퇴장).
   오전, 경기종목(1. 100m 달리기, 2. 곰의 재주, 3. 60m 달리기, 4. 곤봉체조, 5. 허들경기, 6. 60m 달리기, 7. 질서훈련, 8. 60m 달리기, 9. 우리들은 1학년, 10. 졸업생 경기, 11. 장벽을 뚫고, 12. 60m 달리기, 13. 기마전, 14. 자모경기, 15. 즐거운 하루, 16. 나는 요렇게 너는 고렇게, 17. 총력으로 통일, 18. 복불복, 19. 자매회사 및 역원경기, 20. 청백계주),
   오후, 경기종목(21. 전교생 집단 훈련, 22. 고적대, 밴드 행진, 23. 100m 달리기, 24. 차전놀이, 25. 오뚜기, 26. 풍년이 왔네, 27. 100m 달리기, 28. 조립체조, 29. 마스게임, 30. 청백계주)
   폐회식순(1. 입장, 2. 정리체조, 3. 성적발표, 4. 우승컵 수여, 5. 교장선생님 말씀 6. 교가제창, 7. 만세삼창, 8. 폐회식(신풍백년사, p. 341).
   위의 프로그램에서 보는 바와 같이, 60미터, 100미터, 청백계주 등 달리기 종목이 눈에 띈다. 아울러 차전놀이 등 전통민속놀이가 주목된다. 차전놀이는 동채싸움이라고도 하는데, 1937년까지 연중행사로서 매년 음력 정월 대보름날 낮에 강변 백사장이나 벌판에서 거행되다가 일제에 의하여 금지되었다. 8·15광복 후 1958년 건국 10주년 기념행사로서 공보부가 전국 민속예술 제전을 개최하면서 다시 부활하였다. 한편 국민교육헌장 낭독, 총력으로 통일 등 시대상을 반영한 것들도 보인다. 1970년대 박정희 대통령시대의 운동회에서도 식민지시대와 유사한 측면도 일부 살펴볼 수는 있다. 그러나 대체적으로 운동회의 기본취지에 충실하다고 보여진다.

1940년대 전반기의 경우 운동회를 체육회로 변경하여 부르는 경우가 다수 있다. 체육회는 황국신민양성의 체육회였던 것이다. 그 후 체련대회, 연성대회로 바뀐 곳이 크게 늘어났다.

개회식에는 정열, 입장, 교기입장, 개회사에 이어 신궁 궁성요배, 묵도, 국기게양, 기미가요 봉창식 등의 순으로 황국신민양성을 위한 의식이 행해졌다. 계속해서 오전 22종목, 오후 18종목이 행해졌다. 이를 분석해 보면 체조종목이 많아졌고, 그냥 달리기식의 종목은 줄어들고, 돌파, 비행기놀이, 깃발뺏기, 총력전, 장난감 전차, 군함행진곡 등 전시체제를 반영하는 종목이 많았다. 아울러 유도, 장검술, 검도 등 무도종목이 등장하였다. 이는 1941년 3월 국민학교령 및 동시행규칙에 따라 체조와는 체련과로 바뀌고, 교과목에 체련과 무도가 신설되었기 때문이다. 즉, 무도종목의 증가는 이들 체련과 무도를 반영한 셈이다. 폐회식은 애국행진곡, 국기강하, 폐회사, 만세삼창, 교기퇴장으로 막을 내린다. 즉, 1941년 이후의 운동회는 전시색체로 모두 물들어 있다.[32]

4. 결어

서울에서 1896년에 처음으로 시행된 운동회는 수원에서는 1907년 6월에 처음 개최된 것이 아닌가 한다. 운동회관련 기사들이 1907년 6월에 처음으로 『황성신문』 등에 등장하고 있기 때문이다. 소풍이나 놀이 등을 갔을 때 자연스럽게 운동회 등이 1907년 이전에 열렸을 개연성을 충분히 있다고 할 수 있다.

1907년 연합운동회는 삼일학교 · 화성여학교 · 공립소학교 등의 참여로 초유의 대장관을 이루었다. 활발한 남녀학생들 기상은 탄성을 자아내기에 충분하였다. 1908년 4월 20일에는 더욱 확대된 규모로 개최되었다. 운동회 장소인 연무대에는 내외빈과 주민

---

31) 요시미 순야 등 지음, 이태문 옮김, 『운동회: 근대의 신체』, 논형, 2007, 124~136쪽.
32) 위의 책, 132~135쪽.

들로 인산인해를 이루었다. 기생과 주상들조차도 음식물을 제공하는 등 학생들 사기를 진작시켰다.

수원여학생의 경우도 운동회에 적극 참여하였다. 여학교 연합운동회 개최는 주민들에게 여성교육의 중요성을 일깨우는 계기였다. 남문에 거주하는 이선익(李善益)은 학업을 장려하기 위한 일환으로 화양과 삼일여학교 학생들을 초청하여 운동회 경비 일체를 부담하였다.

또한 성공회에서 설립한 진명학교에서도 운동회를 개최하였다. 1909년 5월 하류천에서 대운동회를 개최하였는데, 이때 부재열 신부, 구르니 신부, 서울에서 온 부영사, 수녀 3인, 진명학교 학생들, 교사들, 학부형 등 다수가 참여하였다. 당시로서는 보기 어려운 여러 가지 종목의 경기를 펼치는 현대적인 운동회로 수천 명의 인파가 모여드는 큰 구경거리였다. 시상과 오찬은 학부모와 교우들이 담당하였다고 한다.

한편 당시 수원군 남양지역에서도 수원보다 이른 1906년부터 운동회가 활발히 이루어졌다. 이 지역의 대표적인 사립학교인 보흥학교에서 개최한 연합 운동회는 대성황을 이루었고, 많은 유지들이 찬조금을 보내어 관심을 보였다.

수원공립보통학교(신풍학교)의 운동회는 1910년대에도 개최된 것으로 보인다. 그러나 수원지역 조선인학교의 경우, 3·1운동 이후에 가서야 운동회가 본격적으로 진행된 것 같다. 1921년 10월 수원공립보통학교에서는 700여 명의 학생과 2,000여 명의 관객이 모인 가운데 63종목의 운동회를 성대히 개최하였던 것이다. 아마도 새롭게 큰 운동장을 마련하여 운동회가 가능했던 것으로 보인다. 수원공립보통학교의 경우 신풍초등학교 역사관에 1927년, 1929년, 1934년 운동회 프로그램이 남아 있어 흥미롭다.

운동회는 수원공립보통학교뿐만 아니라 화성학원의 전신인 수원강습소에서도 개최되었다. 당시 운동장을 보유하고 있지 못하였던 수원강습소에서는 수원청년구락부 운동장을 빌려 운동회를 개최하였다. 화성학원의 경우 현재 1937년, 1938년, 1943년, 1944년 졸업앨범에는 일제말기에 진행된 운동회 사진들이 있어 전쟁기 일제시기의 운동회의 이모저모를 살펴볼 수 있다.

1930년 10월 화성학원 가을 운동회 때는 운동회가 열리는 수원청년동맹 소유의 운동장에 「수원격문」이 붙어 박봉득(朴奉得), 김도생(金道生), 백남선(白南善) 등 화성학원 교사 등 다수가 체포되는 사태가 벌어지기도 하였다. 수원격문 사건은 김장성, 홍종근 등이 화성학원 체육회 날에 사람들이 많이 모이는 때를 이용하여 민족의식을 고취시키기 위하여 이루어진 것이었다.

구한말 수원지역의 운동회는 국권회복의 한 방편으로 주민들의 적극적인 참여와 지원하에 이루어졌다. 1910년 일제의 조선강점 이후의 학교운동회는 주민들의 즐거운 이벤트로서 그 역할은 하였으나 점차 전쟁 준비를 위한 체력양성과 단결심 배양의 한 수단으로 이용되어 가는 경향이 농후해졌다.

제3장

1920~30년대 수원군 양감지역의 민족교육

1. 서언

　화성시 양감면지역의 대표적인 초등학교로는 양감초등학교와 사창초등학교를 들 수 있다. 양감초등학교는 1930년대 만들어졌으나 사창초등학교는 해방 후에 개교하였다. 그러나 양감지역의 사람들은 일찍부터 학교 교육에 깊은 관심을 기울였다. 그 결과 사창리, 용소리, 정문리, 송산리 등에는 일찍부터 서당과 강습소 등이 발전하였다. 이와 관련된 내용은 「김시중 면담기」(『수원근현대사 증언』 Ⅰ, 수원시, 2001)에 잘 나타나 있다. 이를 인용하면 다음과 같다.

　　김시중(金時中)
　　· 1912년 12월 13일(음) 출생
　　· 경기도 수원군 양감면 사창리
　　· 1927년 중앙고보 입학
　　· 남로당 수원군당 부위원장
　　· 화성군인민위원회 서기장

· 1952년 수감
· 1982년 출감

문) 태어나신 때는?

답) 1912년 12월 13일인데, 양력은 13년 1월 18일이죠. 사창리 요골에서 8남매 장남으로 태어났죠.

문) 아버님이 요골에서 서당을 하셨지요?

답) 아버지가 얼굴 용에 철학할 철이요. 김용철(金容哲). 아버지가 열여섯 살부터 한문선 생을 하면서…. 그 한문선생을 할려고 한 게 아니라 선생을 두 번인가 데려왔대요, 독 선생을. 그런데 배울려고 얘길 해보면 선생이 머리에 아무 것도 없거든. 그러니까 보 내놓고 더는 선생 구할 수 없으니까 혼자 독학을 하는데, "너 혼자 할려면 좀 가르쳐 줘가면서 같이 하게" 그렇게 시작한 게 열여섯 살 때예요.

문) 요골이 그 당시 중심역할을 했나요?

동네도 크고 한 거는 사창(社倉)이고, 그런데 그때 서당할 때부터 향남면 저쪽, 여기 이쪽 양감면을 말할 것도 없고 모두…….

내 들어서 3·1운동을 서당 중심으로 치는 걸, 내가 그때 일곱 살 때인가 기억이 있구 요. 어렸을 때니까. 일곱 살, 여덟살…….

수원지방, 그때는 수원군이니까. 수원지방에서는 그래도 여기보다도 조암·남양 그 쪽이 셌죠. 남양, 여기 홍면옥(洪冕玉) 선생, 들어보셨죠? 홍면옥 선생. 10년을 옥고 치르고 나왔는데.

문) 야학이 양감지역, 특히 용소리를 비롯하나 이쪽이 활발했는데?

답) 당시 야학당으로 정문리에 신흥학당(新興學堂), 용소리에 있는 대화의숙(大化義熟), 그 다음에 사창리에 보신강습소(普信講習所)가 있었지요.

문) 보신강습소는 서당하고는 어떤 관계가 있습니까?

답) 없어요. 7촌 당숙, 재당숙 김용묵(金容默) 씨가 세운 거예요. 우리 큰집안이예요, 거기 가.

문) 요골의 글방은 따로 있는데 보신강습소를 만든 이유는?

답) 큰댁의 아저씨 김용묵 그 양반이 생각하기에 '한문 공부시켜야 써먹지 못한다. 그래 학교 공부를 시켜야 한다.' 이런 생각을 해 가지고 그 보신강습소를 한 거예요. 그때 큰 돈이예요. 3000원. 김씨 문중에서 3천 원을 털어서 교실 3개를, 보통학교 규격으로 30미터인가 그렇게 한 칸이 한 교실을 3개를 지은 거예요.

문) 원래 있었던 한옥을 이용한 것이 아니군요?

답) 아니예요. 새로 지은 거예요. 1년 걸려서 그때 그거를 지었다구요. 22년에 착공해서 23년 봄에 완공된 거예요. 보통학교 건물같은 규격으로.

한 방에 50명씩 한 150명 정도 수용할 능력이 있는데, 23년 4월 1일, 그때 개학이 4월 1일인데, 개학을 하고 보니까 주변 10리 밖 한 20리 되는 데서까지 이렇게 한 20먹은 이런 사람들, 상투틀고 후미입고 온 사람이 있고, 부자(父子)가 같이 온 사람들도 있을 정도로……. 그 뒤 1면 1교제(1面1校制)가 30년인가? 그때에 일본 놈들이 군대 보내고 뭐 할라고 그렇게 하기 전이니까, 그 근처 소위 그 공립학교라는 게 별로 없었죠. 서신에 있고, 팔타면 거기 있었고, 그것뿐이었어요. 수원에 신풍, 오산, 그리고 조금 늦게 반월에……. 그런 순으로 아마 됐을 거예요.

문) 선생님도 그럼 입학했습니까?

답) 했는데, 10살이죠. 1학년에 들어갔고. 머리 큰 사람. 나이 먹은 사람들은 2학년에 수용해 가지고 4년 동안에 보통학교 6년 꺼를 마쳐서 졸업시키기로 한 건대. 아 20씩 먹을 사람들은 한문은 다 도통한 사람들이야. 거의가. 그러니 그 사람들한테는 그것도 너무 더디다. 그러니 이번만은 2년만에 졸업시키자. 2년만에 6학년까지 마친 거예요. 그때 아주 요골 읍내라는 소리가 나고, 아침이면 여기저기서 백 한 이십 명이 모여들고. 그때 그 근처 학교라고는 없구. 나가려면 오산 나가야 했고.

문) 2년만에 졸업했습니까?

답) 아니요. 4년이예요. 27년에 첫 졸업을 했지요. 첫 졸업생은 열댓 명됐지요.

문) 당시 선생님은?

답) 아버지가 맡으셨지요. 서당에 보낼려면 여름에 겉보리 1가마. 보리는 찧으면 그렇게 줄지 않지요. 아마 7말이나 8말이 될 거요. 벼는 반이 준다고 봐야하는데, 나락으로 200근, 큰 돈이지요. 1년이라도. 그때 1섬을 낸다, 보리 여름에 1가마를 낸다, 그 당시에는 큰 부담이지요. 겉보리로 1가마 10말. 벼로는 20말.

문) 다 가르쳤던 건가요?

답) 2학년 과목을 다 가르쳤는데, 이 양반이 학교도 다니지 않았는데 어떻게 일본말을 가르쳤느냐 하면. 스무 살 전에 독학을 하면서 4촌동생, 6촌 동생들이 와서 가르치다가,

동네 다다른 사람들이 와서 자연스럽게 서당이 되뻐린 거야, 그러니까 또 외척들, 아버지 고모들 천안아씨넨데, 온양 온천 신창의 외숙, 아버지 처남, 안성읍의 조씨네, 나한테 고모부고 아버지한테는 매제지. 이 셋이 공부하러 온 거요. 아버지한테. 그 이들은 모두 보통학교 6학년을 나왔어요. 보통학교를 나오고 중학교를 못가고 건달로 어영부영하니까 그렇게 처 조카고 **한문 실력**이 대단하고 한문선생하고 있으니까, 한문공부나 배우자. 그렇게 세 양반이 **몰려** 온 거여. 이러니 우리집에서는 이 양반들 밥 해먹여야지, 겨울옷은 몰라도 여름이면 저고리 적삼쯤 해줘야하네. 같은 일가끼리는 그렇게 안해도. 옛날부터 그래왔던 버릇이 있어요. 그렇게 해가면서 그 양반들 가르쳤거든. 그 양반들한테 아버지가 그동안 일본말을 배우고 보통학교에서 배우던 정도의 수학 같은 거를 습득했어요. 재주가 있고 하니까 보통학교 나왔다는 사람보다 훌륭하게 교편을 잡았던 거지요.

문) 4년 동안 다니는 동안 선생님들은?
답) 외지에서 온 선생님들이지요. 김씨들은 아니지만, 인연은 없어도…….

문) 보신강습소가 생기면서 서당은 자동으로 없어진 건가요?
답) 그렇지요.

문) 보신강습소가 없어지면서 다시 서당이 생겼나요?
답) 아니지요. 29년 공황 이후 완전히 없어졌거든요. 나도 크고 일본에 가고 했으니까…….
아버지가 약국을 그동안에 했어요. 삽교. 예산 근처 삽다리에서 약국을 했거든요. 할아버지는 아산군 둔포에서 했고. 내가 서울로 가고 그러니까. 현금으로 쓰는 가용은 전부 할아버지가 보내주셨거든요, 둔포서.
앞으로 내가 서울 가게 되면 돈이 더 드니 내가 보낼 수 없다. 그러니 너도 한약 건재상을 해라. 그래서 아버지가 건재상을 하게 된 거지요. 재료를 팔기도 하고 약을 썰어 가지고 조제하는. 아버지가 점치는 공부도 했지. 약에 대한 의술에 대한 공부도 했지.

문) 그 당시 보신강습소 말고 용소리 대화의숙, 정문리에 있는 신흥학당의 규모나 간판은?
답) 규모는 조그맣지. 보신강습소 반 정도. 교실이 하나 좀 크게. 시골의 강당, 사랑당보다 커요. 화의숙도 신흥학당도 학교건물 식으로 판자로 지었는데, 넓은 방 하나에서 흑판을 이쪽도 달고 저쪽도 달고, 한 군데서 다 가르쳤죠.

문) 대화의숙 같은 경우는 여기에 수진농조 사무실이었죠?

답) 그렇죠. 대화의숙에는 수진농민조합(水振農民組合), 신흥학당 쪽에는 조선소년동맹 수원지회 양감분회(朝鮮少年同盟 水原支會 楊甘分會) 간판이 있었죠. 보신강습소에는 맨 처음에는 청년동맹(靑年同盟) 간판도 있었고, 신간회(新幹會) 간판도 맨 처음에는 있었죠. 27년인가 28년에 신간회 양감면 지회가 생기면서 붙었는데, 설립자 재당숙되는 김용묵 씨가 대지주여, 군하고 접촉하기 쉽다고 보신강습소 소장을 양감면장이던 이광우(李光雨) 씨 명의로 하고, 김용묵 씨가 학감. 그래서…….

문) 보신강습소가 언제까지 유지됩니까?

답) 30년 여름 내가 일본으로 갈 때까지 했으니까. 내가 일본 가면서 바로 없어졌을 거여. 김용찬 씨라고 동네 일가 분이 있었는데 나보다 한 살인가 두 살인가 아래인데, 그 사람이 맡기로 했는데…….

문) 최소한 33년말 이후에는 없어진 거네요?

답) 그렇게 봐야죠. 그래서 양감 신왕리에 있는 양감공립보통학교를 증축할 때 헐어갔대요.

문) 황구지리에도 학교가 있었나요? 야학이?

답) 야학이 있었죠. 거기도 낮에도 하고 야학도 하고. 학교 이름은 내가 지금 모르구요.

위의 증언에서 보는 바와 같이, 양감면 사창리에는 보신강습소, 용소리에는 대화의숙, 정문리에는 신흥학당 등이 만들어졌던 것이다. 아울러 이들 학교들은 당시 양감면 청년들의 활동의 근거지가 되기도 하였던 것 같다. 보신강습소는 청년동맹 및 신간회 사무실로, 대화의숙은 수진농민조합 사무실로, 정문리 신흥학당은 조선소년동맹 수원지회 양감분회 사무실로 이용되기도 하였던 것이다. 그중 1923년에 만들어지고 가장 규모가 큰 것은 사창리의 보신강습소였다. 그러므로『중외일보』1930년 5월 12일자「수원무산아동교육기관 순방(2)」에서 언급하고 있다. 이 학교는 1930년대 초 폐교되고 학교 교사는 양감학교를 짓는데 이용되었다고 한다.

1920~30년대 양감지역에서 이처럼 민족학교들이 만들어진 것은 역사적으로 큰 의미를 갖는다. 당시 화성일대에는 일본이 만든 보통학교들이 교육의 중심지로서 식민지를 정당화시키는 교육들을 시키고 있는 상황이었기 때문이다. 그런 가운데 양감지

역에서 민족교육을 실시하였던 것이다. 양감지역민들의 민족의식과 역사의식을 살필
수 있는 잣대라고 평가할 수 있다.

그럼에도 불구하고 지금까지는 학계에서는 보신강습소, 신흥학당, 대화숙 등에 전
혀 주목하지 못하였다. 이에 대한 검토는 양감지역에 일본에 의한 보통학교 설립 이
전의 민족교육 상황을 이해하는데 큰 도움을 줄 수 있을 것이다. 아울러 수원군 지역
에서의 박승극의 활동 등을 이해하는데도 일익을 담당할 수 있을 것으로 보인다.

2. 양감면 사창리: 보신강습소

보신(普新)강습소는 1923년 4월 1일 양감면 사창리에 설립되었다. 수원지역의 대표
적인 사회주의자인 박승극이 1924년 2학년에 입학하여 다닌 학교로도 알려져 있는 것
으로서, 1929년 1월 1일자 『동아일보』「찬연한 지방문화」에도 다음과 같이 소개되고
있다.

> 양감보신강습소 설립일자 1923년 4월 1일, 설립자 金容黙, 설립시 생도수 45명, 현재 생도
> 수 48명 교원수 2명, 소장 李光雨

위에서 보는 바와 같이, 보신강습소는 김용묵이 설립하였다. 보신강습소에 대하여
는 사창리 출신 사회주의자 김시중이 쓴 「내가 만난 박승극형」에서도 살펴볼 수 있다.

> 내가 박승극 형을 알게 된 것은 1923년 4월이었다. 내가 살고 있던 경기도 화성군 양감면
> 사창리에 당시 계몽운동의 바람을 타고 보신강습소가 개설되었다. 이 강습소에 나는 1학년
> 에, 박형은 2학년에 입학하였다. 여기서는 보통학교 6년과정을 4년에 속성으로 이수시키는
> 것으로 되어 있었다. 자의 선친이 2학년을 담당하고 있었는데(중략) 1927년 봄 나도 중앙고
> 등보통학교에 입학했고, 여름방학에 집에 와서 보신강습소 운동장에서 정구에 열중할 때,
> 오랜만에 마주한 박승극 형은 이미 성장한 청년사상가로서 그 실천에 발을 내딛고 있었으
> 니, 조선청년연맹 양감지부와 신간회 양감지회 간판을 보신강습소 간판 옆에 걸어 놓고 2학

기를 맞아 상경했던 것이다. 이 시골에 저런 간판이 붙는 것을 보니, "세상은 개화하고 또한 진보하는 구나"하는 막연한 생각을 했을 뿐, 그때 나는 더 이상의 관심은 갖지 못했던 것 같다.

1930년에 들어서면서 보신강습소는 경영난에 봉착한 것 같다. 『동아일보』 1931년 4월 26일자에는 「모교 유지를 위하여 교우들이 의무로, 장학계금 보조도 결의해, 수원보신교 경영난」이라는 다음과 같은 기사가 보이고 있다.

「오산」 수원군 양감면 사창리에 있는 보신강습소는 지금으로부터 9년전에 설립된 것으로서, 그동안 경영난에 빠져 있는 바, 이를 유감으로 생각한 동창생들은 지난 21일 동강습소에 모이어 보신강습교우회를 창립, 총회를 열고 임원을 선거한 후 모교유지방침에 들어가서 교우회원이 매년 의무금을 제출할 것과 곡초대금을 경비에 편입할 것과 양감장학계금을 보통학교 건축비로 기부할 것이 아니라 이러한 교육기관에 보조하는 것이 당연한 일이라 하여 4백원을 청구하여 퇴락한 지붕과 교사를 개수하기로 한 후 교섭위원까지 선거하엿다한다.
　　임원 회장 金時中 부회장 朴勝極, 위원 韓彰洙 金容贊 張潤秀

보신강습소 교우회의 경우 회장은 김시중, 부회장은 정문2리의 박승극, 위원은 정문1리의 한창수가 맡았다. 한창수는 정문1리의 청주한씨로 보성전문을 졸업하고 나중에 양감면장을 역임하였다. 그의 부친 한기석 역시 양감면장을 역임하였으며 일본 유학을 한 것으로 알려지고 있다(한상업, 1957년생. 정문1리 거주 증언) 장윤수는 보신강습소를 졸업한 인물로 용소리 출신이 아닌가 추정된다. 용소리의 경우 장씨의 집성촌이기 때문이다. 김용찬은 오산공립보통학교 출신이다. 즉 위원의 경우 정문 1리의 한창수, 사창리의 김용찬, 용소리의 장윤수를 각각 두었던 것으로 보인다.

1930년 보신강습소의 문을 닫기에 이르자 김시중, 김용찬 등이 적극 나서게 되었다. 김시중의 회고 「내가 만나본 박승극형」에는 다음의 기록이 있어 참조된다.

내가 1930년 봄에 서울 하숙집에서 짐을 꾸려가지고 고향집에 와서 실의의 날을 보낼 때, 내 모교인 보신강습소도 문을 닫게 되었다. 학생들이 줄어들기 시작한 것이다. 점심 도시락이 문제가 아니다. 아침 저녁에 조죽도 제대로 못 먹으니 부모들이 냉수만 먹여서 보낼 수 없기 때문이다.

강습소 설립자요 학감직을 맡고 있는 칠촌아자씨를 찾아서 내가 무보수로 학교를 지키며 학생들을 가르치겠다고 말씀을 드렸더니, 승낙을 해서 한 동리에 사는 김용찬 씨를 찾아 두 사람이 해보자고 했다. 김용찬 선생은 지주 가정이고 나와 같은 나이 또래로 중등학교를 중퇴하고 고향에 와서 그는 이미 강습소 무보수 강사로 있었다. 이렇게 되니 보수를 받고 있던 선생은 떠나버리고, 내가 3.4학년을, 용찬 씨가 1.2학년을 담당했다. 내가 상급학년을 담당하겠다고 나선 것은 학생들에게 왜놈말인 일본어나 산수보다 세상돌아가는 사정을 들려주면서 공부시키겠다고 마음 먹은 것이다. 보신강습소 등 대화의숙, 신흥학당 등은 1932년까지 그런대로 유지되었다.

정문리 신흥학당에서 교편을 잡고 있는 친구들이 가끔와서는 소년동맹에서 같이 일하자고 권했고, 그래서 그들과 뜻을 같이 한다는 마음의 표시로 정가 5전인 월간 『별나라』지를 선물해 주었다. 나는 이 소년 잡지를 당시 "조선"이라는 우리만의 내밀한 수업시간과 작문시간에 교재로 했고, 역사(일본사)시간에는 조선역사를 우리말로 가르쳤다. 당시, 조선역사에 대한 내 지식은 중앙고보 재학시 역사선생님이었던 권덕규 선생이 저작한 「조선유기」를 배운 것이 전부였다.

한편 김시중의 회고에 의하면, 1931년 2월 1일 보신강습소, 신흥학당 등 학생들을 중심으로 "전조선 청소년 얼레공"대회를 양감면 용소리 앞 들판에서 진행하였다. 조선일보, 동아일보에 수원지국발 기사로 연일 게재되었고, 대회는 성황을 이루었다. 함경북도 북청 소년동맹에서 대회 당일 축전이 답지해서 크게 고무되기도 하였다고 한다. 『동아일보』 1931년 2월 5일자를 보면 다음과 같다.

우리競技(경기) 復興(부흥)의 烽火(봉화) 體育界(체육계)의 첫試驗(시험)
杖球(장구)얼네공大會開催(대회개최)

技競(기경)리우
火烽(화봉)의 興復(홍복)
體育界(체육계)의 첫 試驗(시험)
杖球(장구)공네얼大會開催(대회개최)
생후 처음으로 대회에 출전 하야보는 농촌의 천진스런 소년소녀들의 깃븜

◇百六十餘名出戰(백육십여명출전)의盛況(성황)

卅二(삼이)튐接戰(접전)끄테, 杜陵夜學(두릉야학)이優勝(우승), 단체와유지의 의연답지

【오산】 우리땅의 고래운동을무흥하는 의미기픈 장거인데다가 더욱이 일반무산아동들에게도 체육을장려하자는 "슬로간"알에 水原少年同盟楊甘支部(수원소년동맹양감지부) 주최 "별나라"양감지사와 수원청년동맹양감지부,조선,동아량일보 오산분국후원으로 제一(일)회 전조선"얼네공"대회는 지난一(일)일 오전十(십)시에 수원군양감면龍沼里(룡소리)압 천변에서 성대히 막을열엇다

천변 운동장에는 얼음우에푸른솔로 대회정문을 만들어노앗고 그우에 주최측의 긔ㅅ발이 휘날리어 의의기픈대회를 장식하얏다 이대회에출전한 선수는천진스러운 농촌의 소년 소녀 三十二(삼십이)튐으로 一(일)백六十(육십)여명에달하얏다 이세상에태여난뒤 처음으로 이러하게장식한 장엄한대회에 출전하는 깃븜에 어찌할줄 모르고 날뛰는 어린남녀들의 입장식이 끗난뒤 넓은 눈벌판에 천여명관중이 모인가운데서 烏山(오산)군과 杜陵(두릉)군의 제一(일)회전으로 근대조선體育史(체육사)의 새로운 "페ㅣ지"를 획시긔적으로 꾸밀 경긔의막은 열리엇다

별항과 가티 대회가 열리자 처음 출전하는 소년소녀들의깃븜에 넘치는 동작으로 영예를 위하야 활약하는 광경은 장관을 이루엇스며 특히 "두릉"야학과新興學堂(신흥학당)전은 가장 백열전을 연출하얏다 소년소녀가 한데 어울러 접전에접전을거듭한결과 최후의우승은 杜陵 夜學(두릉야학)튐이 회득하얏다 경기의경과는 략하거니와이상과가티 우리조선체육사상에 긔념할 제一(일)회 전조선소년소녀"얼네공"대회는 만세三(삼)창으로성항러에 원만히 막을거 두엇는데 이대회를위하야 금픔으로성원한 단체와 유지는 다음과갓다

京城(경성)별나라社(사),振威振安協同組合(진위진안협동조합),平和醫院(평화의원),車公燾 醫院(차공훈의원),洪建杓(홍건표),嚴翼鴻(엄익홍),金聖培(김성배),水原東亞日報支局(수원동아일보지국),朝鮮日報烏山分局(조선일보오산분국),李光雨(이광우),韓彰洙(한창수),朴海秉(박해병),金容俊(김용준),韓基錫(한기석),水原靑年同盟楊甘支部(수원청년동맹양입지부)

또한 『조선일보』 1931년 1월 20일자에서도 다음과 같이 크게 보도하고 있다.

얼네공 大會, 수원 양감에서

수원군 양감면 정문리(水原郡楊甘面旌間里)에 잇는 수원동맹 양감지부에서는 『우리 프로테라리아 소년들도 체육을 장려하자』는 이유로 얼네공 대회를 각 사회단체와 신문지국의 후원으로 다음과 같이 개최한다는 바 이것이 첫 시험이고 또 누구나 할 수 있는 운동이니

만치 각지에서 만히 참가하여 주기를 바란다 하며 그 자세한 규정은 다음과 같다고 한다
　　時日 二月 一日 午前 十時
　　場所 水原郡 楊甘面 龍沼里 前川邊(西井里驛 下車 西北間十里)
　　參加金 一組 五十餞
　　參加資格 十八歲 以上의 少年少女로서 一組의 單位는 五人式
　　規定 用球는 고무製 堅球 木杖은 具經木 四尺 限
　　申請 當日 競技 前까지 各 支部 事務所
　　其他 詳細는 直接 問議
　　主催 水原 少年同盟 楊甘支部
　　後援 水原 靑年同盟 楊甘支部 東亞日報社 烏山分局 朝鮮日報 烏山支局 별나라社 楊甘支社

한편 여세를 몰아 양감면 소년동맹지부는 1931년 5월의 행사를 준비했다. 박승극의 제안이었다고 한다. 1931년 5월 1일은 첫 번째 일요일이어서 어린이날이자 노동절이었다. 정문리 신흥학당에서 오전 9시 사창리 보신강습소, 용소리 대화의숙, 정문리 신흥학생 수를 합치면 150여 명이므로 이들을 주축으로 진행하고자 하였다. 일찍이 1930년에도 일제는 이 행사를 탄압하였다. 『조선일보』 1930년 5월 12일자 기사가 주목된다.

水原 警察의 高壓, 集會를 一切 禁止, 엇더한 회합이든지간에

수원경찰서 고등계(水原警察)에서는 근일에 검속(檢束)과 수색(搜索)으로 종사하더니 또한 각 사회단체의 집회(集會)까지도 일체로 금지한다는 바 양감 면내(楊甘面內)에 있는 각 사회단체에 대하여 우심한터로 소년동맹 양감지부(少年同盟楊甘支部) 주최로 거행하려던 어린이날 기념식과 기행렬(旗行列) 등 금지를 비롯하여 금월 십일 일에 열려든 동 지부 제일회 임시대회(第一回臨時大會)와 지난 오일에 열려든 청년동맹 양감지부(靑年同盟楊甘支部)집행위원회(執行委員會)까지 무조건으로 금지함으로 이에 분개한 일반의 비난성은 자못 높다고 한다

그러나 1931년의 행사도 일제의 탄압으로 수진농조 장주문, 이원섭, 대화의숙 구직회, 한중석, 김시중, 박승극 등이 체포되었던 것이다. 이와 관련하여 동아일보 1931년 5월 15일자에서는 다음과 같이 보도하고 있다.

水原署事件(수원서사건) 六人(육인)은 釋放(석방)

【오산】 水原警察署高等係(수원경찰서 고등계)에서는 지난 三十(삼십)일에 돌연긴장하야 읍내에서수원청년동맹 집행위원장 朴勝極(박승극)씨를 검거하더니 이달三(삼)일에는 이른아츰부터 아연긴장한빗을 띄우고 고등, 보안두주임이하의 다수한 경관대가자동차로 동군 楊甘面(양감면)에 달려가서 그곳에잇는 少盟支部(소년동맹지부)주최로 어린이날을 거행하랴고 新興學堂(신흥학당)에 모인 수다한소년들을 해산시키고 少年同盟支部(소년동맹지부) 金時中(김시중), 韓重錫(한중석)과 靑年同盟支部(청년동맹지부)張柱文(장주문), 具直會(구직회), 李元燮(리원섭)씨등 五(오)인을 즉시 검거한 후 수원본서로 압송하야 자못 엄중한속에서 련일 취조를 하더니 근일에는 일단락을 지어서九(구)일에 박승극 씨와 아울러六(육)인은 전부석방되엇다 한다

이번사건에 대하야 상세한말을 들어 보면 양감에서 어린이날을"無産少年(무산소년)데이"로 전환 하야 시위 항렬이나 또 다른운동을 할 계획을하얏다하야 그가티 활동한것이라하며 전긔朴勝極(박승극)씨는 五(오)월一(일)일"메이데이"로 예비검속이 되엇다가 이사건이 이러나자 관련이잇다고 취조를 바든 것이라한다

『동아일보』 1931년 5월 12일자에서는 다음과 같이 보도하고 있다.

楊甘 메데事件, 全部 釋放,
구일 수원서에서

수원 경찰서(水原警察署) 고등계에서는 지난 삼십일밤에 수원읍내(邑內)에서 박승극(朴勝極) 씨를 검거한 후 삼일 아침에는 돌연 긴장하여 고등계 주임 이하의 다수 경찰이 자동차를 모라서 군 하 수원소년동맹 양감지부(水原少盟支部)주최와 청년동맹 지부등 각 단체의 후원으로 『어린이날』을 성대히 거행하려고 양감면 정문리 신흥학당(新興學堂)에 모여 잇든 수백의 농민 학생 소년들을 해산시키는 동시에 청년동맹지부(靑盟支部)의 장주문(張柱文) 구직회(具直會) 리원섭(李元燮)과 소년동맹 지부(少盟支部)의 김시중 한중석등 오인을 검거하고 가택을 수색한 후 다수의 문서를 압수 하여다가 수원 경찰서에서 연일 엄중한 취조를 하던 중 지난 구일 오후에 오인 전부가 석방 되엇는데 이 사건에 대한 자세한 내용을 탐문하면 오월 삼일을 『무산소년 데-이』(無産少年日)로 규정하고 시위행렬(示威行列) 가튼 것을 할 계획이나 업나하여 그 같이 검거 취조 한 것이라 한다

▲ 朴勝極씨도 釋放

별항 보도한 박승극(朴勝極) 씨는 『메~데~』의 쎄라 검속으로 양감 무산 소년데-이(楊甘無

産少年日事件)가 일어나자 거기에 관련이 업나하여 취조를 받은 것이라 하며 그 역시 구일 밤에 석방 되엇다 한다

『동아일보』 1931년 5월 20일자에서는 다음과 같이 보도하고 있다.

수원 楊甘事件 詳報, 避難者 尙今 不歸, 사건의 내용을 포착치 못한 일

오월삼일 이래로 본보 지상에 보도한 수원(水原)과 양감(楊甘)등지의 검거사건(檢擧事件)에 대하여 이제 자세한 것을 조사한 바에 의하면 수원군 양감면에 잇는 소년동맹지부(少盟支部)에서 어린이날을 거행하려다가 사정에 의하여 『소년데이』의 기념식(記念式)만 하기로 하여 오월 일일에 소년동맹과 청년동맹지부의 간부들이 모여 의논 한것과 이일밤에는 동면 룡소리(龍沼里)에서 수십명의 농민청년들이 모이여 『무산소년데이』와 계급의식(階級意識)을 고취한 것과 일전에 수진농민조합 서구지부(水原農民組合西區支部) 설치 준비위원들 선거 한것이 수원경찰(水原警察)에서 탐시케 되여 삼일 아침에 고등계 주임 이하의 형사대가 와서 기보한 이인을 검속하여 주재소를 거치어 수원 본서(本署)에 인치하고 발안(發安) 주재소원까지 용케 특파하여 부근일대를 종일토록 경계 하엿스며 삼일밤에는 그곳에서 고용살이(雇傭)하고 잇는 리유봉 홍승봉 신주석(李有俸 洪承鳳 申柱植) 등 삼인을 검거하여다가 읍내(邑內) 모려관에 육일간이나 구류 식혀 노코 엄중 취조를 하엿스며 팔일 오후에는 전중경찰서장(田中署長)까지 고등계 주임을 대동하고 와서 가택을 수색한 김근배, 라도성(金根培, 羅燾成) 이인을 압송하는 등 연일 이같이 젊은 농민들을 검거하고 또 『에피소-드』가 될만한 일은 심지어 조선복(朝鮮服)입은 순사(巡査)가 나귀를 타고 와서 경계를 하여 불안이 날로 높아감으로 교육긔간(敎育機關)까지 일시 휴학 (休學)상태에 빠젓고 젊은 사람들은 모조리 피난하여 버렷스며 남녀로소들이 전전긍긍하여 외출을 끈어서 실로 란시(亂時)사태를 이루엇든 바 일이 중대치 안흔것이 겨우 판명 되여서 지난 구일에 십일인(十一人)전부가 석방된 것이라는데 주로 『무산 소년 데이』와 용산경찰서(龍山署)사건에 관련이 업는것과 청년소맹을 해체하고 농민조합 지부를 둔다는것과 일본에서 발행하는 잡지 전긔(戰旗) 구독 등에 대하여 취조를 받은 것이라 하며 세상 사람은 전원 엇지된 영문도 몰랏다 하며 피난 간 청년들 중 아직까지도 돌아오지 않은 사람이 잇다고 한다

〈별첨〉 보신강습소 관련 면담록: 일시 2012년 7월 18일

1. 김철중

면담자: 金喆中(1933년생, 보신강습소 설립자 金容黙의 조카, 김용묵의 동생인 金容俊의 아들)

부친인 김용준은 보신강습소 설립자인 김용묵의 친동생으로 1900년(1901년?) 출생으로 보성중학을 졸업하고 미국에서 5년 동안 가 있다가 고향 사창리에 있다가 1933년 만주로 간 후 이후 소식이 끊긴 상태이다. 보성중학교 다닐 때에는 야구부로 활동하였다.

김철중에 따르면, 김용준은 형인 보신강습소 학감인 김용묵을 도와 보신강습소의 일을 도운 것으로 알고 있다고 한다.

김용묵의 부친은 金振洙로 한의사이며, 수원 구천동에서 활동하였다. 재산은 몇백석에 이르렀다.

김용준은 광주이씨이며 수원 파장동에 살고 있던 이언년과 혼인하여 김철중을 낳았다.

2. 김선기

면담자: 金善基(1927년생, 김용묵의 손자)

주 소: 양감면 사창2리 678번지 안요골길 80-2

김용묵은 1895년생으로 93세에 사망하였다. 김용묵은 부친 김진수가 있는 수원에 종종 가 있었으며, 수원에서 학생들을 가르친 경험이 있다.

김진수는 김시중의 부친인 김용철과 한약방을 같이 하였다. 조부인 김용묵은 재산이 있어도 고리대금업은 하지 않았다.

김선기는 신풍학교를 졸업하고 수원상업학교를 졸업하였다.

사창2리는 95%가 광산김씨 마을이며, 현재 할아버지가 사시던 사랑채가 남아 있다.

3. 김석중

면담자: 金奭中(김용철의 4남 4녀 중 여섯째, 아들로는 막내, 1926년생)

보신강습소에서 교사로 활동한 金容哲(184년생, 호 경암)의 아들임.

부친 김용철의 호는 敬菴, 문집없고, 자서전 없음. 한문가르치심, 약방했음.

김용묵 김용준 형제는 갑부였으므로 학교를 설립하였고, 김용묵은 학감, 소장은 양감면장인 이광우였다. 김용철은 학교를 그만두고 한학을 전수함, 김용철 이후에는 김용철의 장남인 金時中과 일가이며 중동중학을 다닌 金容贊이 가르킴, 김용찬의 아들은 현재 사창리에 살고 있음.

보신강습소 앞에는 벚꽃이 심어져 있었는데 김시중이 이를 베고 무궁화 두 그루를 심었다고 전해짐.

1930년 초 학교가 폐교된 후 교실 건물은 양감학교 증축에 사용되었고, 일부 부속건물은는 사창리 김의연이 사감.

3. 양감청년회 주최 노동강습회

1928년 11월 7일 『조선일보』 기사를 보면 양감면 양감청년회에서는 농한기를 맞이하여 무산노동자와 농민과 그 자제들을 대상으로 노동강습회를 개최하고자 하였다.

水原 講習會도 警察이 閉鎖命令

덥허노코 상부의 명령, 一般의 非難이 만타

수원군 양감면 양감청년회(水原郡楊甘面楊甘靑年會)에서는 만흔 장애가 속출함을 불구하고 십일월 일일부터 농한긔(農閑期)가 됨을 따라 무산로동자 농민과 그 자뎨들을 문맹에서 버서나게하기 위하야 로동강습회를 개최하고 만흔 긔대를 가지고 잇든 중 당디 경찰관 주재소에서 동청년회 간부와 강사를 소환하야 상부의 명령으로 강습회의 명칭이 불온할뿐아니라 적화를 선뎐할 념려가 잇슴으로 금지 식힌다하매 동 강습회 책임자들은 하는 수 업시 금지를 당하고 말엇다하며 넘우나 심한 경찰의 간섭은 배움에 주린 사람들에게 큰 유감을 주엇다더라.

이 양감청년회는 다음의 『조선일보』 1928년 11월 18일 기사에서 보는 바와 같이, 박승극이 그 중심인물이었다.

檢束者 釋放

수원군 양감면(水原郡楊甘面) 반도청년회(半島靑年會)의 간부요 또한 수원신간지회(水原新幹支會)의 간사인 박승극(朴勝極)씨는 지난 팔일 수원서에 예비검속이 되엇다가 작 십오일에 석방되엇다는데 내여 보낼때 수원서로부터 훈시하고를 나가거든 청년회를 탈퇴하와 딸아 아모 간섭도 하지 말라고 하엿다더라(수원)

즉 박승극은 청년회를 통하여 노동강습회를 열고자 하였으나 일이 뜻대로 이루어
지지 않자 정문리에 신흥학당을 만든 것이 아닌가 추정된다.

4. 양감면 정문리: 신흥학당

김시중은 신흥학당에 대하여 「내가 만난 박승극형」에서 다음과 같이 기술하고 있
다.

> 박승극형은 고향 정문리에다 사재를 들여 신흥학당을 설립하고 빈농층무산자의 지녀교
> 육을 시작했고, 나보다 1년후배인 요꼴 보신강습소를 졸업한 소년들을 내세워 신흥학당에
> 조선소년동맹 양감면 지부 간판을 걸게했다. 소년동맹에 참여한 동무들은 한긍수, 한중석,
> 장윤수 등이었는데, 신흥학당에 가르치는 일도 이들이 담당했다. 머슴살이하는 청소년이나
> 부모를 도와 낮에는 들일을 해야 하는 청소년들을 밤에 가르쳤던 것이다.(중략)
> 1930년 4월 신흥학당에서 소년동맹 양감지부 총회가 있었다. 총회 진행을 박승극형이 돕
> 고 있었는데, 당시 위원장 한긍수씨가 일본에 가서 고학으로 공부한다고 위원장직을 사표를
> 냈고, 박승극 형의 추천으로 내가 위원장 자리를 맡게 됨으로써 나와 박승극형과의 공적인
> 교류가 시작된 것이다.

위의 회고에서 신흥학당은 박승극이 설립한 것으로 되어 있다. 그런데 현재 정문
1리 학당밭으로 알려진 그곳은 반남박씨 박만서의 토지로 알려지고 있다. 현재 그는
사망하고 그의 아들 박찬웅, 박찬무의 소유로 되어 있다(박씨 집안의 외손 이중섭 증
언, 한상업 증언). 한편 1931년 만주사변 이후 그곳에는 일제가 지어진 진흥회관(마을
회관)이 들어섰다. 정문 1리, 2리의 중간지점이기 때문이다. 구조는 마루와 목욕탕으
로 이루어져 있었다(한남수 증언, 1931년생). 교사는 김시중의 회고처럼 보신강습소
를 졸업한 한긍수, 한중석, 장윤수 등이 담당하였다.

한중석은 구학문을 한 인물로 대서소업을 했으며, 해방 후 대한청년단 단장을 했
다. 그런 연유로 6·25시 사망하였다. 그의 아들 한응수는 서울 법대를 졸업하고 석탄

공사에 근무하였다(한남수, 1931년생 증언, 2012.7).

한편 위의 언급에서 보는 바와 같이 신흥학당은 조선소년동맹 양감지부의 역할도 하였던 것이다. 이는 『동아일보』 1931년 5월 15일자 「水原署事件(수원서사건) 六人(육인)은 釋放(석방)」에서 살펴볼 수 있다.

5. 양감면 용소리: 대화의숙

『중외일보』 1930년 4월 13일자를 보면, 양감면 용소리의 대화의숙에 대한 자세한 정보를 알 수 있다. 이를 보면 다음과 같다.

「성황이룬 大化塾 낙성식 – 유지회 준비위원도 선정」

수원군 양감면 용소리의 대화의숙은 마을 사람들의 지지하에 지난 9일 오후 1시부터 낙성식을 성대히 거행하였는바, 장주문씨의 개식사를 비롯하여 축사에 水靑오산지부집행위원 趙明載씨와 수청청년동맹위원장 박승극씨와 수청오산지부 집행위원 李德萬씨등의 축사가 있었고, 양감면장 李光雨씨의 축사가 있은 후, 장래유지방침은 후원회를 조직하되, 좌기와 같이 ○○위원을 선정하여 15일에 마을 사람 전부를 소집하여 후원회를 조직하기로 하고, 역원과 당일 기부한 사람의 씨명은 좌와 같더라(오산)

준비위원

李彰林 羅景淵, 宋寅基 孫俊石 崔準錫 李圭相,

역원씨명

의숙감 최준석

학감 송인기

간사 정주문 김○배 羅景淵

기부인씨명

이광우 최준식 5원씩

崔永大, 李圭根? 洪建杓, 張容煥, 정훈, 鄭東?, 鄭東憲, 수원청년동맹 오산지부, 수원청년동맹, 申東植, 安在俊, 신간회 수원지회 鄭高煥 張眞秀 이상 각 1원씩

나경원, 장용덕? 김○배 각 2원씩

　　　장주문 3원 손준석 80전　합계 30원 80전

　　즉, 위에서 보는 바와 같이 대화숙은 1930년 4월 9일 양감면 용소리에서 설립되었던 것이다. 숙감은 최준석, 학감은 송인기가 담당하였다. 축사 및 후원에서 보는 바와 같이 그 지역의 유지인 박승극, 장주문 등이 일정한 역할을 한 것으로 보인다. 아울러 수원청년동맹, 수원청년동맹 오산지부, 신간회 수원지회 등과 일정한 연대를 갖고 있음을 알 수 있다. 용소1리에 살고 있는 최덕우(1932년생 용소리 305-4번지)의 증언에 따르면, 용인사람 구직회가 주로 교사로서 활동했다고 한다.

제4장

화성 향토사학의 개척자

한정택의 삶과 역사인식

1. 서언

2006년 8월 1일 타계한 한정택(韓鼎澤)은 1946년 3월 우정초등학교 훈도를 시작으로 해방 후 화성의 교육계에 투신하여 1992년 2월 석천초등학교 교장으로 정년퇴직을 할 때까지 우정, 석천, 장명, 화수, 활초 등 화성의 여러 학교에서 학생들을 지도한 화성의 참 교육자이셨다. 정년퇴직 후에도 발안 및 조암에 있는 노인대학 학장으로서 17년의 세월을 노인들의 복지 향상과 재교육에도 심혈을 기울인 인물이다. 또한 그는 팔탄면 가재리 출신 황선만 여사와 1947년 12월 결혼하여 슬하에 2남 3녀를 두었는데, 그중 장남인 한동설이 대학교 교수로, 막내딸인 한은선이 삼괴고등학교 교사로 부친의 뒤를 잇고 있다.

한정택은 일찍부터 화성지역의 역사에 깊은 관심을 갖고 있었을 뿐만 아니라 이 지역의 향토사 정리에도 심혈을 기울인 향토사학의 개척자이시기도 하다. 선생님의 향토사에 대한 관심은 석천초등학교 정년 퇴임시에 간행된 『국향』 제6호(1991년, 고향특집호)에 잘 나타나 있다.

그는 1992년 2월 석천국민학교를 정년퇴임하며, 『국향』 "내 고장 특집을 펴내면서"에서 다음과 같이 기록하고 있다.

> 우리 고장을 바로 알고 우리 고장의 전통을 기리고, 우리 고장의 현재를 함께 걱정하고, 미래를 함께 설계하고 가꾸어 나가는 참된 애향인이 되어야 한다.
> 나는 내가 태어난 내 고향이 하도 좋아 고향을 지키며 살아오다 이제 정년퇴임이라는 인생의 한 고비를 고향에서 맞으며 꼭하고 싶은 말, 남기고 싶은 뜻이 있다. 그래서 우리 학교 교지를 통하여 고향특집을 엮어서 우리고장의 과거를 다시 한번 조명해 보고 우리 조상들의 살아온 숨소리를 느끼며, 조상들이 피땀 흘려 지켜온 발자취를 더듬어 현재의 당면과제가 무엇인가를 숙고해 보고 미래의 꿈을 가져 보자는 것이다.

필자가 한정택 선생님을 처음 뵌 것은 몇 년 전 화성지역의 역사에 관심을 가지면서부터이다. 화성문화원과 화성시청에 이 지역의 역사에 조예가 깊은 분을 소개해 달라고 부탁을 드렸더니 모두 다 운평리에 사시는 한 선생님을 천거해 주셨던 것이다. 우정초등학교를 지나 운평3리 농심원(農心苑)을 찾아가니 단아한 모습의 한 선생님이 계셨다. 당시 필자는 우정 장안 지역의 3·1운동에 대한 글을 준비하고 있었다. 선생은 화수초등학교 앞에 서 있는 3·1운동비 건립취지문을 작성하시는 등 이 분야에 전문가였다. 선생님은 화성지역의 역사와 문화에 대하여 필자에게 알려주었으며, 아울러 화성지역의 만세운동에 대하여도 말씀하여 주었다. 뿐만 아니라 당신이 소장하고 계시던 개인사진과 자료들도 보여주셨다. 부친 한백응(韓百膺, 1886~1964)의 문집 『경독재선생시집(耕讀齋先生詩集)』을 통하여 부친의 학덕과 인망을 짐작해 볼 수 있었다. 아울러 우정국민학교 1학년부터 4학년까지 성적표, 장안국민학교 5~6학년 성적표 그리고 그 후 교사로 임명된 이후의 인사자료 등도 보여 주셨다. 이들 자료를 통하여 화성지역 교육사의 모습들을 생생히 복원해 볼 수 있었다.

2. 한정택의 삶과 교사생활

한정택은 경기도 수원군 우정면 운평리 82-2번지에서 1927년 2월 28일 출생하였다. 부친은 한백응이고, 어머니 차수정(車洙貞, 1888~1931)은 오산 서랑리 부호의 딸이다. 한정택의 부인 황선만은 남편이 어머니를 많이 닮았다고 술회한다.

한백응의 7남매 중 막내인 4남으로 태어난 한정택은 학문에 뜻을 두고 있던 부친의 영향으로 교육에 뜻을 두었던 것 같다. 『경독재선생시집』에 따르면, 한백응은 문정공 16세손으로, 평소 글을 좋아했고, 농사를 돌보면서 많은 영재를 훈도하였다. 가풍은 매우 엄격하였고 청렴결백하였다고 기록하고 있다.

『자식에게 경계한다 戒子』라는 시에서, 한백응은 다음과 같이 기록하여 자식에 대한 경계를 게을리 하지 않았다.

규(規)는 어찌하여 둥글며 구(矩)는 어찌하여 모지겠느냐
혈기의 용맹함은 자기의 강함만 못하니라
자기의 잘못은 곧 어버이의 욕이 되며
나무 밑둥이 상하면 가지 또한 상하는 법이다

주색잡기를 탐내지 말고
형제간에 우애를 돈독히 할지니라
태극의 진리는 변함이 없건만
인생사는 무상하여 듣고 보는 것이 처량하다

아울러 부친 한백응은 『학문을 권한다 勸學』라는 글을 통하여 자식들과 학생들에게 면학을 강조하였다.

소년들이여 부지런히 공부하여라
늙고 병들면 심심풀이 무엇으로 하랴
正門을 닫지 말되 출입을 분별하라
의로운 길을 가지 아니하고 어딜 갈려 하느뇨

하늘이 백성을 사랑하사 단비를 내리시고
봄은 만물을 소생시키려고 훈풍을 보내시네
자손을 가르침에 있어 모름지기 신독(愼獨)케 하여라
사람을 속이는 자 먼저 제 마음을 속여야 하느니라

학문과 교육에 뜻을 두었던 부친의 영향을 받은 한정택은 어려서부터 학문과 인격 수양에 정진하였다. 8살 때 그는 운평리 평밭에 있는 9촌 당숙 한백희(韓百熙)로부터 천자문, 동몽선습 등을 공부하였다. 그리고 9살 때에는 발라곳에 가서 서병하(徐丙夏)로부터 통감을 배우는 한편 저녁에는 둘째형인 한진택(韓震澤)이 운영하던 야학에서 국문과 수학을 공부하였다.

그 후 한정택은 1936년 11월 1일 구술시험에 합격하여 우정공립학교에 입학하였다. 당시 학교에는 일본인 교장 세전실(細田實)과 한숭봉(韓崇奉)이라는 조선인 교사가 있었다. 4년제였던 이 학교에 입학한 그는 우수한 성적으로 학업을 하였던 것 같다. 현재 남아 있는 그의 1학년부터 4학년까지의 성적표가 이를 반증해 주고 있다. 그 후 그는 장안국민학교로 편입하였다. 편입시험에 합격한 사람은 이영휘, 한동일, 한동인, 유문상, 최종철, 이병현, 손상설 등이었다. 당시 장안국민학교는 이 지역에서 팔탄국민학교와 함께 6년제학교로서 중요한 위치를 차지하고 있었다. 이 학교에서 한정택은 사운 이종학 등과 함께 학업에 열중하였다. 그의 친구인 이종학은 철저한 역사인식을 갖고 한국 근현대 주요 사료를 수집하고 정리한 대표적인 역사학자였다. 이종학과의 만남은 한정택이 향토사에 관심을 갖게 된 계기가 된 것이 아닌가 한다. 후일 한정택이 향토사에 대하여 공부할 때 자문과 자료제공은 주로 이종학이 담당하였다.

1943년 3월 장안국민학교를 졸업한 한정택은 동년 8월 국민학교 교원시험 제3종 시험에 합격하였다. 그리고 1944년 6월 1일 경기도 연천에 있는 군남(郡南) 공립국민학교 훈도에 임명되어 교육계에 첫발을 내딛었다. 당시는 일제시대였고, 그도 일제의 교육제도하에서 선생의 길에 들어섰던 것이다. 일제의 강압에 의하여 할 수 없이 창씨를 하게 되었는데 기자의 후손이라는 의미에서 '기'자를, 수원군에 거주한다는 의미에서 '원'자를 따서, 창씨명은 기원정택(箕原鼎澤)으로 하였다. 선생은 일제의 억압 속

된 것이라고 할 수 있을 것 같다. 그는 이 책자에 약 100면에 걸쳐 「삼괴지역의 연혁」, 「우리고장의 3·1만세운동」, 「3·1독립운동 기념비건립 취지문, 1989」, 「각 마을의 유래」, 「변모하는 우리 고장」, 「삼귀잡기」 등 화성 지방 특히는 삼괴지역의 역사와 문화에 대하여 심층적으로 서술하고 있어 이 지역 역사 발전에 큰 기여를 하고 있다.

「삼괴지역의 연혁」에서는 지역사를 선사시대, 삼한시대에서 삼국시대, 고려시대, 조선시대 이후, 왜정시대로 나누어 살펴보고 있다. 아울러 쌍부, 삼괴, 삼귀, 육포에 대하여 심층적으로 검토하고 있다.

「각 마을의 유래」에서는 운평리, 평밭, 발라곳, 구름물, 감적동, 석천리, 돌패기, 오류울, 낭께 등 우정 장안 지역의 각 마을의 유래에 대하여 상세히 설명하고 있어 지역 이해에 도움을 주고 있다. 특히 감적동의 설명에 있어서는 부친 한백응이 지은 감적동에 대한 한시도 적어두어 내용을 더욱 풍성하게 하고 있다.

「삼귀잡기」에서는 쌍봉산, 쌍봉산과 남산에 얽힌 전설, 진하산 또는 지네산, 홍천산 해봉, 삼괴지역 삼정승에 얽힌 이야기, 왕조실록 피난처 가로지마을, 삼귀 팔경, 우리고장의 오래된 사찰－보덕사, 화운사, 봉래사 등을 집중적으로 조망하였다. 특히 삼정승과 관련하여서는 이화리 덕묵동에 살았다는 이정구, 한각동에 살았었다는 정태화, 쌍봉산록 묘소와 인연이 깊은 김상로 세분에 천착하였다.

삼괴(우정 장안 지역)의 역사에 대한 서술은 『화성군사』 외에 특별한 것이 없는 점을 감안한다면 한정택의 글들은 개척적인 면에서 큰 의미를 갖는 것이라고 할 수 있다.

현재까지 학계에서는 오늘날 우정읍, 장안면 지역에 해당하는 삼괴지방에 대하여 별 관심을 기울여오고 있지 못한 형편이었다. 최근에 지방자치제가 실시되면서 지역사에 비로소 관심을 갖는 정도라고 말할 수 있다. 그런데 한정택은 일찍부터 지역사에 주목하여 1992년 이를 총정리하여 지역사 연구에 기여하는 한편 화성인들의 지역사에 대한 관심을 촉발시키는 계기가 되었던 것이다.

6. 후학과 후손들이 할 일은 무엇인가

이제 선생은 떠나가셨다. 후학들과 후손들이 해야 할 일은 무엇인가.

우선 선생님은 화성교육사의 산 증인이셨다. 1936년 4년제 우정초등학교에 입학하여 1940년 이 학교를 졸업하시었고, 그 후 장안초등학교에 편입하여 1943년 이 학교를 졸업하였다. 정확히 집필시기를 알 수 없는 그가 남긴 자서전(출생부터 해방 직후까지)에는 당시 입학시험, 편입시험제도, 학교생활들이 생생히 기록되어 있다. 또한 1학년부터 6학년까지 성적표 역시 보관되어 있다. 이를 통하여 1930~40년대 우정 장안지역의 교육의 현황과 상황을 복원할 수 있을 것이다. 아울러 초등학교 입학 전의 교육상황에 대하여도 살펴볼 수 있을 것으로 기대된다.

또한 선생께서는 1946년부터 1992년 정년퇴직하실 때까지 일부 시기를 제외하곤 모두 화성지역에서 교편을 잡으셨다. 그가 근무한 학교로는 우정, 석천, 장명, 화수 등 여러 학교를 들 수 있으며, 이들 각 학교의 발령장 통지서 등 여러 자료들을 보관하고 있다. 이 자료들을 통하여 화성지역 교육 변천의 일단을 살펴볼 수 있을 것으로 기대된다. 아울러 각 학교별로 학생들과 찍은 졸업사진 등도 다수 있어 사진을 통하여 화성 교육의 옛 모습을 살펴보는 데 도움을 줄 수 있을 것이다.

선생은 화성지역사 개척의 선구자였다. 우리는 그동안 화성의 역사에 대하여는 거의 관심을 기울이지 못하였다. 그런데 그는 일찍부터 고향사랑 차원에서 이에 주목하였던 것이다. 그의 향토사에 대한 연구는 『국향』6호에 집약되어 있다. 앞으로 그가 수집한 자료들을 발굴 정리하는 작업들이 이루어져야 할 것이다. 아울러 부친 한백응이 작성한 고향을 배경으로 한 한시집도 번역 간행하여 후학들 및 후손들에게 그의 고향 사랑 정신이 계승되기를 기대한다. 또한 그가 작성한 자서전 역시 그가 남긴 다른 자료들과 함께 정리 출판되어 한정택 선생님의 고귀한 정신이 후학 및 후손들에게 널리 알려지기를 바란다.

1. 아버지 한백응 묘비명

경독재 한선생 휘 백응지묘 비명

경독재(호) 휘(돌아가신 어른의 이름 앞에 붙이는 글자) 비명(비에 새기는 글).
경독재란 호는 주경야독 즉, 낮에는 밭 갈고 밤에는 글 읽는다는 뜻.

옆면과 뒷면에 쓰여 있는 글

청주 한공 휘 백응 묘 비명

공의 성은 한이요, 휘는 백응이요, 자는 범일이요, 호는 경독재니 본관이 청주다.
고려시대 개국벽상공신(고려시대 정 일품의 공신) 태위공 위양(蘭의 시호)의 휘 란
(蘭)이 시조이며 이조시대 상경(尚敬, 공의 17대 조−문정공의 조부)이란 분이 있었으

니, 이조 개국공신(이조건국에 공이 큰 분) 영의정(지금의 총리) 서원부원군(정일품 공신의 작호) 문간공(상경공의 시호)이시며 부조의 은총을 입었고, 그가 혜(惠, 문정공의 부)라는 아들을 낳았으니 가선대부(종이품) 관찰사(도지사) 청산군이요. 그가 아들 계희(繼禧)를 낳으니 익대공신(예종 즉위 때 공을 세운 공신) 겸 좌리공신(성종 즉위 때 공을 세운 공신) 숭록대부(종일품 벼슬) 좌찬성(지금의 부총리)(종일품 벼슬) 서평군 문정공(文靖公, 계희의 시호)이시다. 문정공은 특별히 부조지전의 은총을 받았으며 그가 사문(斯文)을 낳으니, 사문은 정국공신(중종반정을 도운 공신) 정헌대부(정이품) 공조판서(정이품, 지금의 건교부 산업자원부장관)시다. 서천군공간(시호)으로 이 또한 부조지전(부조지전이란 공신의 신주를 영구히 사당에 제사 지내게 하던 특전)하다.

육세(六世)를 뛰어넘어 통훈대부(정삼품) 사평(장례원─노예에 관한 문서와 재판을 다루는 관청─에 소속된 정육품 관직) 벼슬을 한 극건(克建)이 공의 구대조이고, 호조참판(지금의 재무부차관)을 지낸 관(寬)이 공의 팔대조다. 고조부는 상정(相鼎)이요. 증조부는 청유(淸裕)요. 조부는 응수(應秀)요. 부는 태회(泰會)다. 부 태회께서는 향시에 급제하여 승사랑(종팔품)으로 성진 감리서(세관)의 주사(정칠품)였는데 임기가 만료되기 전에 사직하고 고향에서 인재를 모아 글을 가르치니 학식과 덕행이 뛰어나 선비들의 본보기가 되었다.

비(돌아가신 어머니)는 단인(정팔품 벼슬한 분의 부인에게 주던 품계) 수성최씨니, 최종하의 따님이다. 공께서는 1886년 병술년 2월 10일 우정면 운평리에서 태어나 1964년 갑진년 5월 15일 별세하시어 감적동 뒷산 언덕에 장례를 모셨다. 초취는 안동권씨로 권응하의 따님이니, 1884년 갑신년 출생하여 1905년 을사년 12월 27일 졸하여 (22세) 감적동 가족묘지로 이장하였고, 재취 연안차씨 수정(洙貞)은 주부(종6품) 차영석의 따님이니, 1888년 무자년 정월 7일에 출생하여 1931년 신미년 7월 19일 졸하여 (48세) 운평리 길마산 오좌에 장례를 모셨다. 공에게는 슬하에 4남 3녀 손, 증손이 많았으니 아래 추록을 보면 알 수 있다.

공께서 생존 시에는 주야로 열심히 집안일 볼보는 것을 근본으로 삼으며 한편 밤

달을 벗 삼아 고금지서에 통달하셨다. 고로 스스로 호를 지으시되 경독재(주경야독의 뜻)라 하셨다. 효와 우는 공이 집안을 다스리는 길이요, 충과 서는 공이 세상 사물을 대하시는 방도이셨다. 공께서 생전에 가문에 훈계하시되 절대로 사람들에게 교만하지 말고 재산이 넉넉하더라도 사치하지 말라고 하셨다. 또한 문장이 세상에 뛰어나시고 수와 부가 이에 더 하였으니 과연 아쉬움이 없었다. 내가 두루 듣건대 덕이 있는 사람은 장수를 누리고 적선하는 집에는 반드시 경사가 있다더니 이 말이 믿을 만하도다. 공을 잘 아는 사람들은 모두 덕이 많은 군자라고 칭찬하더라. 여러 자손들이 모의하여 돈을 걷어 모아 이제 비석을 세우고자 함에 현족 제택이 비명지어 주기를 나에게 청하거늘 내 비록 학문은 부족하나 사제의 정으로 사양하지 않고 비문을 쓰노니,

공께서는 성정이 순후하고 기질이 외유내강이라. 그 모양은 청아하고, 그 말씀은 따사로웠다. 논·밭을 열심히 갈고, 글 배우고 익히기를 즐겨, 인격을 연마하고 집안을 잘 다스렸도다. 친족에게는 화목을 생각하고 어려운 사람을 보면 베풀 것을 생각하였도다. 벗과는 믿음으로 사귀고, 향리의 여러 마을에 명성이 높았도다. 이에 돌을 자르고, 다듬어 파고 새겨서 그 큰 자취를 뒷세상에 전하노니, 그 큰 덕행과 큰 명성이여, 영원히 변하지 말라.

1988년 무진년 청명절

말족 욱회 근식
삼종손 동인 근서

비석 옆면　장자 기택 차자 진택 차자 제택 차자 정택
　　　　　장녀 연택 차녀 정택 차녀 열택
　　　　　장손 동필 손 동훈 동후 동식 동우 동설 동직
　　　　　증손 만서 만수 만준 만호 만탁 만승 만권 만욱
　　　　　사위 최병기(전주인) 이윤근(전주인) 김한기(경주인)

2. 자서전

1) 유년시절

나는 청주(淸州)한씨(韓氏) 문정공파(文靖公派)의 후예로서 경독재(耕讀齋) 한백응(韓百膺) 아버님과 연안(延安)차씨(車氏) 수정(洙貞) 어머님의 사이에서 칠남매 중 막내아들로 태어났다.

경기도(京畿道) 수원군(水原郡) 우정면(雨汀面) 운평리(雲坪里) 감적동(甘積洞) 262번지에서 1926년[병인년(丙寅年)] 음 2월 12일 [양력 1926년 3월 25일] 신묘월계축일(辛卯月癸丑日) 새벽녘 갑인(甲寅)시에 출생하였다.

위로는 형님 세 분과 누님 세 분이 있었는데 큰형님은 21세나 연상으로서 이미 결혼까지 하신 기택(奇澤) 형님[자를 석화(釋華)라고 하였음]이었고, 둘째 형님은 진택(震澤)[자를 중실(仲實)이라고 하였음] 형님이었으며, 큰 누님은 연택(蓮澤), 둘째 누님은 정택(貞澤), 셋째 누님은 열택(烈澤), 셋째 형님이 제택(濟澤)이었다. 형님들과 누님들의 연령 차이는 대개 3년 식이었으며 나와 손위 형님과의 연령차는 5년이나 되었다.

아버님께서는 성격이 매우 강인하시면서도, 한편 인자하시고 자상하신 일면도 계신, 전형적인 학자풍의 선비셨다. 어머니께서는 매우 인자하시고 다정다감하셔서 늘 동네 분들에게 베풀기를 즐겨하셨다고 한다. 경제적으로도 제법 넉넉하여 시골서는 부자 소리를 들으며 자랐다.

아주 어렸을 때 기억으로는 어머니 작고하시기 전의 일과 어머니 작고하실 때의 기억이 어렴풋이 난다. 아마 다섯 살 때쯤 일게다. 어머니 하고 외가 집을 가는데 조금 걷다가는 큰형님과 어머니에게 엎여서 가고 다시 걷고 하며 가던 일, 물론 교통수단이 달리 없던 시절의 일이다. 외가집 서랑리까지는 25km나 되는 거리이니 얼마나 고통스러웠을까? 또 외가에 가서 외사촌 동생들 하고 놀면서 외사촌 동생들을 괴롭혀 야단맞던 일, 외할머니가 끔찍이 귀여워 해주시던 일, 외삼촌이 어렵고 무섭던 일, 이것이 다섯 살 때쯤의 기억의 전부다. 또 여섯 살 때 어머니께서 작고하셨는데, 가족들이 어머니 시신 앞에 둘러 앉아 통곡하던 일, 그 와중에 내가 흰 천으로 덮인 어머니 시신을 보려고 자꾸만 다가가 흰 천을 열려고 하자 나를 껴안으며 더욱더 큰 소리로 울부짖던 일 등이 생생이 떠오르는데 어머니의 얼굴모습은 영영 생각이 나지를 않는다. 어머니 모습을 꿈에라도 한 번 뵈면 얼마나 좋을까, 지금 어머니 생각에 내 눈에는 눈물이 고여 키 판 글씨가 잘 보이지 않는다.

70중반의 이 나이에도 어머니는 그리운 존재인가 보다. 아니 어머니의 사랑을 한참 받고 자랄 나이에 그 사랑이 끊겼기 때문인지 모른다. 여기서 어머니 이야기부터 자꾸 쓰게 되는 까닭도 어머니께서 나를 끔찍이 사랑했을 거라는 생각과 내가 어머니의 사랑을 굶주리며 살아왔기 때문인지 모르겠다.

어머니께서는 1888년 무자년(戊子年) 1월 7일 수원군 성호면(城湖面) 서랑리(西廊里)에서 주단[主簿, 종육품(從六品)] 차영석(車永錫) 할아버님의 외딸로 태어나시었다. 원체 미모도 뛰어나시고 재주도 많고 다정다감 하신데다 당시 외가댁은 성호면[지금의 오산시(烏山市)]에서 일등 호세를 무를 정도의 큰 부자 집으로서 남부럽지 않은 좋은 환경에서 태어나 모든 여성들의 선망의 대상이셨다. 그러한 어머니께서 우정면[그 때는 통칭 삼귀(三歸)라고 하였음]에서도 구석진 이곳 그저 여유 있는 선비의 집으로 그것도 재취라는 자리로 시집오게 된 데에는 기막힌 사연이 있었다. 원체 부자 집 외딸로 출중한 규수라 여기저기 혼처를 고르다 나이가 19세나 되도록 출가가 늦어졌다. 그래서 어느 유명한 관상가에게 운명을 점 쳐 봤더니 재취로 보내야만 명이 길게 유지되지 그렇지 않으면 단명하게 인생을 마감하게 된다는 것이었다. 그래서 결국은 당시 양반가인 한씨 집안으로 오시게 된 것이었다. 이 이야기는 아버님이 생존 시 나에게 들려주신 이야기로서 결혼식 당시에 재미있는 에피소드도 있다. 그 이야기는 후일담으로 미룬다. 어머니께서는 출가해 오신 후 소 종갓집 맏며느리로서 또 외며느리로서 군내에서 이름난 유교학자 이신 한태회(韓泰會) 시아버님을 잘 뫼시고 엄격하고 절도 있는 가정에서 살림살이를 아주 훌륭하게 모범적으로 잘 꾸려 나가셨다. 그러는 한편 아들, 딸들을 육남매나 낳으시어 열심히 키우셨다. 더욱이 아들, 딸들이 모두 뛰어나게 재주가 많았고 잘 생겼으니 얼마나 흐뭇하고 즐거우셨겠는가. 그런 어머니께서 많은 자식 키우고 종갓집 큰 살림살이 꾸려나가시느라 고생만 하시다가 애써 키운 자식들의 효도 한 번 제대로 받아 보시지 못하고 1931년 신미(辛未)년 7월 19일 48이라는 젊은 나이로 이 세상을 마감하셨으니 이 얼마나 원통하고 억울한 일인가. 더욱이 그때 막내아들인 내 나이 겨우 만 5세였으니 아마도 어머니께서는 귀여운 막내아들인 나를 두고서 차마 눈을 감기 어려웠을 것이다. 지금도 그때 정황을 가만히 생각하고 있노라면 가슴이 찢겨지는 원통함에 눈물이 절로 솟는다. 어머니께서 그렇게 일찍 돌아가시지 않고 집안을 잘 보살펴 주시고 자식들을 위해 수고 하셨다면 아마 우리 집 형편이나 우리들의 인생은 지금과 매우 달라졌을 것이다. 나도 더 많은 교육을 받고 더 크게 성장, 발전 하였을 것이라 상상해 보면서 씁쓸한 웃음을 지어본다. 아마도 이것이 운명의 장난이라는 것인가 보다. 어머니께서 나를 낳으신 것이 43세 때이니 매우 늦둥이 인 셈이다. 그래서 어머니께서 젖이 귀하여 젖을 변변히 먹지 못하고 자랐다. 훗날 누님들한테 들은 이야기인데 젖이 귀하여 아기 가진 동네 아낙네들한테 얻어먹거나 그렇지 않으면 암죽으로 키웠다고 하며 가끔 외가댁에서 연유를 보내주어 그것으로 허기를 매 꾸었다고 한다. 우유가 없던 시절이니 그 얼마나 어린 아기 키우기가 힘들었을까? 어머님의 크신 정성과 누님들의 사랑으로 내가 무사히 자랄 수 있었을 것이다. 내가 자라면서 기운을 쓰지 못하고 항상 잦은 병을 앓게 된 것도 갓난아기 적에 젖을 굶주리고 자랐기 때문일 것이다.

어머니께서 별세하신 뒤에는 두 분의 형수님과 셋째 누님의 보살핌을 받으며 그럭저럭 자라나고 있었다. 그 당시 우리 집은 대가족 집단으로 항상 시끌벅적 하는 가운데서 자라났다. 큰형님 내외분과 조카들, 둘째 형님 내외분과 조카들, 누님들, 형, 아버지와 나, 그리고 고용원 한두 사람 등등하여 언제나 집안에 사람들이 들끓어 쓸쓸한 줄 모르고 자랐다. 그러나 마음 한구석은 언제나 텅 비어 있었겠지? 이웃으로 시집 간 누님이 내가 어떻게 지내나 하고, 밤에 살며시 와서 집안을 기웃거리면 내가 칭얼거리고 보채면서 어머니를 찾더라는 것이다. 그때마다 누님은 창자가 끊어지는 아픔으로 눈물을 흘리면서 돌아갔다고 한다. 어머니께서 무슨 병으로 돌아가셨는지는 나는 잘 모른다. 어머니의 병을 고치기 위하여 아버지를 위시한 온 가족들이 온갖

정성을 기울였지만 고쳐 드릴 수가 없었다는 이야기는 들었다. 또 병 치료하느라고 부채를 져서 땅도 꽤 많이 처분하였다는 이야기도 들었다. 훨씬 뒷날 이야기지만 아버지께서 어머니 이야기를 하시던 중에 지금 같이만 의료업이 발달됐어도 어머니 병은 고칠 수 있는 병이었는데 하시며 매우 아쉬워하시는 모습과 안타까워하시는 탄식의 소리를 들었다.

어머니께서 돌아가시고 그럭저럭 한 일 년 쯤 지난 뒤이다. 나도 나이를 한 살 더 하여 만 여섯 살이 되었다. 그런데 어느 날 갑자기 집안이 왁자지껄하고 집안 식구들이 바쁘게 움직이는 모습에 나는 어리둥절하였다. 이날이 바로 새 어머니를 맞아들이는 날이었다. 지금 나의 기억에 생생하게 당시의 여러 모습이 떠오르게 되는 것은 나름대로 어떠한 충격을 받아서가 아닐까? 그날 새어머니는 나보고 가까이 오라고 손짓을 하는데 나는 어쩐지 어색한 첫 대면이라 그랬던지 손톱만 빨고 얼른 응하지 않았던 기억이 난다. 한참 동안을 주저하다가 다가갔더니 무릎에 앉히고 머리를 쓰다듬어 주는 것이었다. 이렇게 하여 새어머니와 나와의 인연은 시작되었다.

당시 아버지의 나이 만 49세이셨으니 재혼은 불가분의 일이었을 것이다. 그런데 문제는 새어머니와의 나이차가 너무 많은데 있지 않았나 생각된다. 당시 새어머니의 나이는 만29세로서 나이 차가 꼭 20년이나 되고 새어머니 나이가 큰 형수보다는 여섯 살 아래고 큰형보다는 한 살 아래로서 다른 형님 누이들 하고도 별 차이가 안 나는 것이었다. 이러한 문제 때문에 별 큰 문제는 없던 것으로 알고 있지만 아마도 새어머니 측에서나 우리 형님 형수 누님들 측에서 많은 신경을 써야만 했을 것이다.

그때부터는 새어머니의 보살핌을 받으며 새 생활이 시작되었다. 지금 생각해보니 새어머니는 그래도 나름대로 정성을 다 하여 나를 키워 주신 것 같다. 서울 태생으로서 서울서 성장하여 처음으로 시골 생활을 하는 것이었지만 그래도 나름대로 잘 적응하며 다른 식구들과도 잘 어울리면서 무난히 살아왔다. 원체 엄격한 가풍에다 형님들 형수님들이 효성이 지극한 분들이라서 비록 나이 차이는 별로 안 나지만은 새어머니를 잘 대해 드렸고 새어머니 역시 몸조심 하며 살아 왔기 때문일 것이다.

나도 고분고분 말을 잘 들었고 예쁘고 귀엽게 생겨서 누구에게나 귀염을 독차지하며 잘 자랐다. 그리고 비교적 영리하였던지 내 주변에는 많은 친구들이 따랐다. 대개 나보다 한두 살 많게는 네, 다섯 살 손위 친구들이다. 지금은 모두 고인이 되고 병돈과 보성 두 사람만이 남아서 가끔 만난다. 장섭, 영돌, 병조, 승근, 백경, 기범, 영휘 등 나이는 나보다 많지만 나의 시종을 **들며** 잘 따르고 잘 놀아 주었는데 이제는 모두 저 세상으로 떠나고 만나 볼 길이 **없으니 아쉽다.** 지금까지 살아들 있으면 친목회라도 묶어서 재미있게 지내련만... 그리고 여자 소꿉친구가 둘이 있었으니 한 사람은 윤영순이요, 한 사람은 송영순이다. 아래윗집에 살면서 신랑 색시노릇 하면서 공기놀이, 각시놀이, 꽃 싸움놀이, 소꿉놀이 등 하면서 나를 끔찍이 따랐건만, 이제는 모두 파파 할머니가 되어 제 갈 길을 가고 있겠지. 그 당시 우리 뒷동산에는 밤나무가 무척 많았다. 해마다 밤을 10여 가마니(곡식 등을 담는 짚으로 짜서 만든 포대인데 대개 열 말쯤 들어간다)식 따는데 친구들이 고분고분 말을 안 들으면 밤을 못 따먹게 한다면서 허세를 부리고 친구들을 골탕 먹이던 생각이 나서 혼자서 씁쓸한 웃음을 웃어 보곤 한다.

또 내 주변에는 나와 나이가 똑 같은 장조카와 나이가 두 살 아래인 둘째 형님의 큰 아들이 있어서 함께 자랐는데 어려서부터 깍듯이 아저씨라는 호칭을 부르며 잘 따랐다. 그러다가도 어쩌다 심술이 나서 대들면 마구 때려주어서 나를 무척 무서워하는 것 같았다. 둘째 형님의 큰 아들 동식(東植)은 어려서 중병을 앓다가 무엇이 잘못 되어서 지능이 아주 낮아져 매사에 많은 말썽을 부렸다. 거짓말도 잘 하고 자주 엉뚱한 행동을 하여서 부모님을 애태우고 가족들을 난처하게 만드는 일이 허다하였다. 어린 나는 이런 것을 이해하고 관용할 줄 모르기 때문에 가끔 손찌검을 하게 되어 동식이가 제일 무서워하는 존재가 나였지만 둘째 형수님은 나를 꽤 미워하는 눈치였다. 그래도 나는 영 참지 못하고 가끔 윽박질렀다. 지금 생각하니 참 철없는 짓이었다.

장조카 동필(東弼)은 나와 같은 나이로 그림자처럼 나를 따라 다녔는데 좀 심술궂고 고집스러운 면이 있어서, 나하고는 많은 마찰이 있었다. 늘 생활과 행동을 함께하다 보니 당연히 그럴 수밖에 없었다. 어쩌다가 다투면은 얻어맞고 구박 받는 것은 장조카 동필이었다. 당시에는 그것이 고소하였지만 지금 생각하여 보니, 당시 큰 형수님이나 형님 측에서 보면 얼마나 속상하는 일이었겠나. 이제 와서는 생각만 하여도 쓴 웃음이 나고 후회스러워 진다. 그 대신 큰형님의 딸이 하나는 세 살 아래인 동분이와 다섯 살 아래인 동렬이가 있었고, 둘째 형님 딸이 다섯 살 아래였는데 (동선) 모두 잘 따르고 귀여워서 잘 데리고 놀아 주었다. 그러나 내 조카들이 남한테 얻어맞거나 하면 내가 앞장서서 막아 주고 복수하여 주었다. 그만큼 내가 앙칼 맞고, 똑똑하고 호락호락 하지 않은 존재였다. 이렇게 하여 어린 시절은 대 가족 주위 환경에서 다투면서 정들고 미워하면서 도와주고 뺏고 뺏으면서 잘 나누어 갖는 경쟁과 협력 속에서 자라났다.

그럭저럭 내 나이도 여덟 살이 되어 취학할 나이가 되었다. 때마침 다섯 살 손위 형님이 삼괴보통학교를 졸업하고 서당에 취학하게 되어, 나하고 장조카 동필이는 형님을 따라 등 너머 동네 평밭이라는 동네로 통학하게 되었다. 그때 우리를 가르쳐 주신 한문 선생님은 한백희(韓百熙) 선생님이셨는데 선생님은 구촌 당숙이 되는 집안 어른이셨다. 매우 인자하시고 자상하신 어른이셨다. 집에서 개구쟁이 노릇만 하던 우리들로서는 생활의 대혁명이 일어난 것이다. 아침에 일어나면 세수도 꼬박 꼬박 해야 되고 규칙적으로 시간을 지켜야 하고 천자문 책 한 권을 옆에 끼고 도시락 밥 그릇을 노끈(칡뿌리 껍데기를 모아 만든 끈)으로 만든 망에다 담은 것을 한 손에 들고 일요일도 없이 매일매일 걸어서 또는 뛰어서 한문 서당엘 다녀야만 했다. 우리 동네에서는 우리 형제와 조카와 허창영이라는 친구가 다녔을 뿐이다. 당시 글방 친구들로는 한동인, 신문식, 조문상, 한백철 등 동갑내기가 있었고, 홍일점으로 한동일이라는 여자가 있었다. 그럭저럭 글방 공부에도 재미를 붙여 빠지지 않고 잘 다녔고 공부도 곧 잘 하여 선생님에게 칭찬도 듣고 큰 절로 인사를 드리고, 전날 공부한 것을 뒤돌아 앉아서 큰 소리로 외우고 이것이 통과되면 새로운 것을 공부하게 된다. 만약 외우지 못하면 불호령과 채찍이 등줄기에 가차 없이 떨어진다. 이 시간이 가장 긴장되고 고통스러운 시간이다. 나는 별로 채찍 맞은 기억이 전혀 나지 않지만 하루에도 몇 명씩 얻어맞고 눈물 흘리던 기억이 난다. 서당 공부는 능력주의고 개별교육이라서 재능이 있으면 많은 량을 배우고 능력이 부족하면 제자리걸음을 하게 된다. 새 글을 배운 뒤에는 그

글을 외우기 위해 한 종일 큰소리로 소리 높혀 몸을 좌우전후로 흔들면서 열심히 낭독한다. 한차례 낭독이 끝나면 붓글씨를 익힌다. 종이가 귀하던 시절이라 나무 판때기에다 분가루와 들기름을 게어서 입혀 분판이라는 것을 만들어서 이 분판에다 썼다가는 지우고 썼다가는 지우는 일을 되풀이 하여 외우는데도 일조하고 글씨 솜씨도 익힌다. 읽다가는 쓰고, 쓰고 나서는 또 읽고 하여 아무 재미도 없는 지루하고 고통스러운 하루해를 보내야 한다. 그것이 똑같이 매일매일 반복이 되니 어지간한 인내력 없이는 견디기 어려운 것이다. 요즈음 신식교육은 교육과정이 다양하고 흥미로우며 재미있는 다양한 프로그램으로 지루한 줄 모르고 하루해를 보낼 수 있으니 거저 배우는 것이나 다를 바 없다. 또 하루에 몇 시간만 그럭저럭 보내면 되고 일요일엔 쉬고 방학이 있어서 놀고 하니 얼마나 좋은가. 서당 공부는 일단 등교하면 해가 져야만 귀가하고 토요일도 없고 일요일도 없다. 방학이라야 고작 여름철에 일주일 밖에 없고 매일 같이 변화 없는 일과가 지루하게 되풀이 되며 매일매일 시험 보는 거나 다를 바 없는 외우기 시험이 되풀이 되니 공부 못하는 애들은 아마 생지옥이었을 것이다.

처음에 시작하는 공부는 천자문 익히기다. 하루에 두 줄씩 여덟 글자씩 매일 익혀 나가고 서툰 솜씨로 붓글씨를 익힌다. 처음은 훈독과 음독을 함께하고 천자문을 끝까지 다 배운 다음에는 다시 음독만으로 처음부터 끝가지 좍 좍 외우는 복습을 한다. 나는 약 반 년 만에 천자문을 다 익혔다. 초등학교로 치면 1학년 과정을 다 마친 셈이다. 책 한 권을 다 익히면 소위 책 시세라는 것이 있다. 이때는 떡이며 술이며 안주를 마련하여 선생님을 대접하고, 학우들끼리 떡을 나누어 먹는다.

그럭저럭 한 반 년이 지나면서 제법 글방에도 익숙하여지고 재미도 붙여 가게 되었다. 다음은 동몽선습이라는 새 책을 공부하기 시작하였다. 세상(世上) 만물(萬物)에 유인(惟人)이 최귀(最貴)하니 소귀호인자(所貴乎人者)는 이기유오륜야(以其有五倫也)라. 시고(是故)로 맹자왈(孟子曰) 부자유친(父子有親)하며, 군신유의(君臣有義)하며, 부부유별(夫婦有別)하며, 장유유서(長幼有序)하며, 붕우유신(朋友有信)이라하시니 인이부지유오상(人而不知有五常)이면 즉기위금수불원의(則其違禽獸不遠矣)니라라고 시작되는 책인데 그때 외운 것을 지금도 잊어버리지 않고 있다. 그 뜻은 이 세상 여러 가지 만물 중에 인간이 가장 고귀한 존재인데 그 고귀한 이유는 오륜이 있기 때문이니라. 그런 고로 맹자님께서는 아버지와 자식 사이에는 친함이 있고, 임금과 신하 사이에는 의리가 있고, 남편과 아내 사이에는 분별이 있고, 어른과 아이 사이에는 차례가 있고, 벗과 벗 사이에는 신의가 있다 하였으니 사람이 이 다섯 가지의 떳떳함과 도리가 있음을 알지 못한다면 금수와 다를 바 없다란 뜻이다.

겨울이 가까워지자 도시락 그릇을 글방 안채 마루에다 갖다 놓으면 선생님 며느님이 따뜻하게 데어 주는 것이었다. 한두 사람 것도 아니고 많은 학생들의 것을 매일같이 데워 준다는 것은 이만 저만한 정성이 아니었다. 덕분에 학생들은 맛있는 점심을 매일 즐길 수 있었다. 간식이란 생각도 못 할 시절이라 점심 기다려 먹는 것이 유일한 즐거움이었다. 일과가 끝나면 해가 뉘엿뉘엿 넘어갈 무렵 시골 논두렁길을 터벅터벅 걸어가는데 그때 마다 걷는 템포에 따라서 점심 담았던 놋주발 속의 반찬 종지가 걸음 걸을 때 마다 딸랑딸랑 거리는 것이 재미있었다.

한 일 년이 될 무렵 동몽선습도 다 익히고 다음에는 통감(通鑑)이라는 책을 배우게 되었다. 통감은 중국 역사책인데 여러 권으로 되어 있다. 처음 배우는 것이 첫째 권인데 이십삼 년(二十三年)이라 초명진대부 운운(云云)으로 시작된다. 이십삼 년이라는 것이 어느 때 이십삼 년인 줄도 모르고 무조건 외워 나갔다. 여름철이 되면 좀 많이 배운 사람들은 시문(사율(四律)이라고도 하는데)을 박자에 맞춰 멋들어지게 읽고 한시도 지어 잘 지은 사람은 장원이라고 하여 잘된 부분에다 관주를 쳐서 칭찬하고 한턱 내게 한다. 나는 그것이 부러워서 언제나 저런 축에 낄 수 있게 될까 하고 부러워하던 기억이 난다. 그럭저럭 한 이 년 정도 다니다 보니 내 나이도 구세가 되고 공부도 많이 진척되었다.

이렇게 힘겨운 생활을 계속 하는 가운데 셋째 누님도 어느덧 시집을 가게 되었다. 신랑은 화성군 봉담면 마하리 속칭 말 무덤이 사는 경주김씨의 후예로서 그곳에서는 제법 행세 꽤나 하는 학자님 댁의 오형제 중 셋째 아들이다. 신랑의 사주단자가 들어오고 이쪽에서 결혼 날짜를 잡아 서찰을 써서 이봉학이라는 하인 편에 보내던 생각이 나고 결혼 준비를 하는데 옷을 꿰매기 위하여 재봉틀을 사왔는데 그것이 이 근처에서는 처음 보는 물건이라 사람들이 구경 하려고 찾아 오고하던 기억도 난다.

셋째 누님 출가하던 기억이 몇 가지 나는데 그중 하나가 상 차리는 일이다. 그 당시는 대부분 재래식 결혼식을 올리는데 각종 과일 떡 부침개, 여러 가지 당속 등 해서 수 십 가지를 큰 접시에 한자 가량 괴여서 교자상에다 차려 놓는다. 이것을 상차림이라고 하는데 보통 가정에서는 못하고 행세깨나 하는 집안에서만 결혼식 때 차려서 나누어 먹는다. 이 제도는 이때까지 행해지고 셋째형 결혼식 때부터는 없어졌다.

일곱 여덟 살 때로 기억 되는데 나는 난생 처음으로 서울구경을 하게 되었다. 당시 상황으로는 어른들도 서울 구경한 사람이 별로 없던 시절이라 경성(지금의 서울인데 당시 일본 정부에서 이렇게 호칭)에 한번 간다는 것은 대단한 일이었다. 새어머니 친가가 서울인 덕분에 나는 부모님을 따라 일찌감치 경성(서울)구경을 한 것이다. 오가던 생각은 하나도 안 나고 굉장히 집들이 많고 길이 넓고 그 길을 많은 자동차와 (당시에는 그리 많은 것도 아니었지만 시골뜨기인 나에게는 그렇게 비쳤을 것이다) 딸랑거리는 전차가 다니는 게 인상적이었다. 길을 건널 때면 양쪽을 한참 살펴보다가 단거리 선수 뛰듯 냅다 내달리던 생각이 난다. 또 시골에서는 본 기억이 없는 가게가 즐비하여 그곳에서 양과자를 사주어 먹던 일, 내가 한 군데 가만히 좌정하지 못하고 너무 나대니까 아버지께서 30분만 가만히 앉아 있으면 돈 일 원을 주겠다고 하시는데 그것을 참지 못하여 돈을 받지 못하자 이모 되는 분(새어머니 측)이 놀려 주던 일 등 등이 아직 기억에 떠오른다.

셋째 누님도 시집가고 집에는 나와 셋째 형님만 남았다. 형님은 늘 나를 보호해 주는 방패 역할을 했고 나 또한 형님을 무척 따랐다. 잘 때도 함께 자고 먹을 것이 있으면 같이 나누어 먹고 함께 다니고 늘 그림자처럼 따라 다녔다. 한번은 이런 일이 있었다. 어디서 구경 거리가 생겼다고 하며 형님이 나를 따돌리고 혼자서 가려고 하는 것을 나는 악착같이 따라 나섰다. 따라가 보니 사람들이 인산인해를 이루고 중들이 손에 손에 바라를 들고 춤을 추고하여 볼 것이 꽤 있어서 이것저것 구경을 하다가 저녁 때 늦게 귀가 하였다. 그랬더니 아버지의 불호령이 떨어졌다. 당장 회초리를 꺾어 오라는 것이었다. 형님과 나는 반은 죽을상이 되어 회초리를 꺾어가지고 대령하였다.

먼저 형님보고 토막 위에 오르라고 하시더니 가차 없이 후려갈기시는데 비명을 지르는 형님 종아리에서는 피가 흐르고 있었다. 새어머니가 몸으로 막고 형님이 잘못했다고 하여 매는 멈추었는데 이번에는 내 차례다. 매 맞는 것을 보고 겁에 질려 오돌 오돌 떨던 내가 토막위로 올라서자 아버지께서는 웬일인지 매를 들지 않으시는 것이었다. 데리고 간 형의 잘못이 크지 너의 잘못은 적다며 용서하여 주시는 것이었다. 그래서 매 맞는 것을 가까스로 면했다. 어디를 가면 간다고 말을 해야지 아무 말 없이 살짝 집을 나가서 한 종일 싸지르다가 이렇게 늦게 왔느냐는 추궁이셨다. 구경 간 곳은 화수리절(봉래암)로서 재를 올리는 행사였다. 구경거리가 없던 당시로서는 이러한 행사나 학교 운동회 등은 큰 구경 거리였다. 그래서 손꼽아 기다리다가 구경 가곤 하였다. 이것은 여담이지만 나는 아버지에게 매 맞은 기억이 별로 없다. 단지 한 번 한 열아 문살 적에 방안에서 공을 가지고 놀다가 진지 잡수시는 아버님 골통을 후려갈기게 돼서 아버지께서 대노하시어 나의 뺨따귀를 때리신 기억 밖에 없다.

좀 더 나이를 먹게 되자 이번에는 발라곳 글방으로 글을 배우러 다니게 되었다. 몇 살부터 인지는 기억이 나지 않는데 아마 아홉 살 때쯤부터 일 것이다. 서병하(徐丙夏) 선생님이라고 해서 아버님 친구 되는 동네분이신데 키가 육척도 넘는 큰 키에 호리호리하신 분으로서 머리에는 항상 상투를 틀어 얹으시고 갓과 두루마기로 정장을 하시고 다니시는 분이셨다. 당시만 해도 상투 튼 분이 별로 없고 갓 쓰고 다니시는 분이 별로 없던 시절이라 신기하고 우스운 생각이 들곤 하였다. 선생님 댁은 무척 가난한데다 상처를 하시고 독신인데다 집안에는 여자가 없고 꼽추 아들과 또 하나 나보다 두어 살 위 또래의 아들이 있을 뿐이어서 아주 초라해 보였다. 그래도 우리에게 글은 열심히 잘 가르쳐 주고 나를 아주 귀여워 해 주셔서 꽤 재미있게 공부에 열중 하였다. 이곳에서는 통감이라는 중국 역사서를 배웠는데 다섯 째 권까지 읽었었지 않았나 하는 기억이 난다. 다른 애들은 반줄 식도 배우지 못하고 낑낑거리는데 나는 매일 댓줄 식 배워서 다른 애들보다는 많은 진전이 있었다. 다만 이영휘(李榮徽)라는 친구가 있었는데 나보다 두 살 연상인데다 머리도 영리하고 잔꾀를 잘 부려서 별명이 안산 불여우라고 불리는 친구였는데 이친구가 나와 라이벌 관계에 있으면서도 또 가장 친한 친구였다. 나중에 초등학교도 같이 입학하여 서로 반장 자리를 놓고 경쟁하던 처지였다. 장안학교에도 같이 진학 하였는데 6학년 때 재학 중 결혼까지 하였다. 재학 중에 결혼하면 자동 퇴교 되게 마련이어서 몇몇 학생이 결혼으로 인하여 퇴교를 당했지만 우리가 비밀을 잘 지켜주어서 무사히 졸업까지 하게 되었다. 졸업 후 철도국에 입사하여 몇 해 다니다가 폐병을 얻어 시름시름 앓다가 유복자 하나를 남겨 놓고 세상을 떠났다. 당시는 폐병이 병중에 가장 무서운 병으로서 많은 사망자를 내었다.

서병하 선생님에게는 몇 가지 특징이 있으셨다. 첫 째는 선생님의 손톱인데 항상 새끼손가락 손톱을 길게 기르고, 무엇인가 상념에 잠길 때는 손가락을 꽉 깨물고 책상 다리를 하고 앉아서 요동도 하지 않으며 골똘히 생각하고 그것이 장시간 계속 될 경우에는 침까지 지르르 흘러내려 학생들을 가끔 웃기곤 하였다. 또 걸음걸이가 독특한데 구부정하게 허리를 굽히고 휘적휘적 걸으면 어찌나 빠른지 삽시간에 멀리 사라지곤 하였다. 그래서 사람들은 축지법을 한다고까지 수근 거렸다. 발라곳 김기륜 씨 집 사랑채를 빌려서 서당을 차렸는데 숙식까지 제공 받았다. 그 대신 그집 아들들 교육을 책임지도록 돼 있는 게 관례인데 아들들이 우둔하여 선생님이 무척 애를 먹었다.

나는 낮에는 서당을 다니면서 둘째 형님이 개설한 야학(청소년들에게 밤에만 무료로 공부시키던 제도)에 다녔다. 둘째 형님은 당시 농촌에 전개되던 농촌 진흥회회장 일을 맡고 있었는데 밤이면 동네 청소년들을 모아 국문과 수학을 가르치면서 우국지정을 토로하고 의식 구조 개조에 앞장서고 계셨다. 약 20명 정도가 취학해서 함께 공부 했는데 나는 한문을 배우던 솜씨도 있고 하여 쉽사리 국문을 깨치고 수학의 가감승제도 꽤 빨리 터득해서, 학우들의 부러움을 사고 형님의 칭찬을 많이 받았다. 이 야학 시절의 라이벌은 서병조라는 무척 가난한 집의 아이였는데 나이는 나보다 두 살이 위였지만 내 말을 잘 듣고 나를 무척 따랐던 기억이 난다. 훗날 서병조는 훗날 18세경에 만주(滿洲)지방으로 단독 가출하여 해방되던 해에 귀향해서 다시 같은 동네에서 살았다. 야학 공부는 얼마 안가서 형님 사정으로 중단 되었다. 이때 형님 나이는 26세쯤 된 열혈 청년이셨다. 그리고 마을의 지도자였다.

여기서 형님들 이야기를 좀 하고 넘어가야 할 것 같다. 큰형님은 기택이라고 하고 자는 석화다. 1905년 을사년 12월 17일(음력) 출생하시어 1959년 7월 21일(음력) 별세 하셨으니까 55살 밖에 사시지 못하고 일찍 별세하셨다. 나보다는 21살이나 손위시니까 부모 같은 존재였다. 어머니는 안동(安東)권씨(權氏)로서 수원군 마도면(麻道面) 권응하(權應夏)의 따님이었는데 1884년(갑진년)에 출생하시어 1905년(을사년) 음 12월 27일 20세를 일기로 아들 낳은 후유증으로 인하여 아기 낳은 지 10일 만에 별세 하셨다. 따라서 형님은 친 어머니의 젖 한번 변변히 빨아 보지 못하고 자랐다. 안동권씨 산소는 평밭 동네 가운데 모셔져 있던 것을 감적동 뒷산 넘어 쪽에 이장하였다가 다시 감적동 가족묘지로 이장하였다가 2001년 4월 아버지하고 합장하였다. 형님은 원체 성격이 원만하시고 인자하시며 우리들 몇 남매에게 참 잘해주셨다. 또 부지런하시고 검소하시어 집안의 어렵고 궂은일을 모두 맡아서 잘해주셨다. 호랑이같이 엄격하고 무서운 아버님의 불호령도 잘 참으시며 정말로 열심히 모든 일을 잘도 해 나가셨다. 낮이면 힘든 농사 일 하시고 여름밤이면 큰댁 큰 마당에 멍석 펴고 앉아서 동네 사람들이 많이 모인 가운데 두 형제분이 다정히 낭랑한 목소리로 사서삼경을 죽죽 외우시던 생각이 아직도 귓전에 쟁쟁하다. 그런 형님이 몹쓸 병에 걸리시어 신음하시는 모습을 뵐 때면 참으로 가슴 아팠다. 처음에 위장 장애가 좀 있었는데 몸을 잘 돌보지 않고 무리를 하시어서 위암으로 까지 악화되어 한참 더 살 나이에 아깝게 돌아가셨다. 효성이 지극했던 형님이 아버님을 이 세상에 남겨 놓으신 채 돌아가셨으니 아마 눈이 차마 안 감기셨을 것이다. 슬하에는 동필, 동분(洞粉), 동렬(東烈), 동훈(東勳), 동후(東厚), 경옥(庚玉) 육남매를 두셨다.

큰형수님은 평택군(平澤郡) 포승면(浦升面) 최경식(崔敬植)의 따님으로서 이름은 최기화(崔基嬅)이었는데 큰형님 보다는 여섯 살이나 연상의 여인이셨다. 부자집 맏며느리 감으로 아주 잘생긴 분이셨다. 마음씨가 착하고 무던하셔서, 그 많은 가족들과도 잘 어울리시고 잘 챙겨주셨는데 오직 손아래 동서하고는 가끔 충돌하여 다투는 것을 보았다. 큰 형수님은 매우 장수하시어 90수를 누리셨다.

2) 학창시절

　서당 공부를 몇 해 하는 동안에 그럭저럭 세월은 흘러 나도 만 10세가 되었다. 그 당시만 하여도 웬만한 사람은 서당공부도 못 할 때니까 학교 다니는 사람은 그리 흔치 않았다. 우정(雨汀), 장안(長安), 양개면(兩個面)을 합쳐 초등교육기관이 삼괴보통학교 하나 밖에 없었다. 그런데 일면 일개 교 설립 방침에 따라 우정면에도 보통학교가 생기게 되어 학생을 모집하게 되었다. 그것이[소화11년(昭和十一年)] 1936년 11월 달의 일이다. 개교를 앞두고 학생을 모집하게 되었다. 둘째 형님이 이 소식을 듣고 아버님을 설득하여 나를 응시토록 주선하셨다. 아버님께서는 왜놈 교육을 왜 받으려 드느냐고 반대 입장에 계실 때이니까, 아버님 설득에 좀 힘이 들었을 것이다. 둘째 형님이 어느 날 갑자기 한 번도 배운 적이 없는 글자를 종잇장에 가득히 적어 가지고 와서 나보고 배우라는 것이었다. 말씀인즉 몇 월 며칠날 입학 전형시험이 있으니까 이것만은 꼭 익혀 가지고 응시하라는 것이었다. 일본글의 기초 글자인 아이우에오로 시작되는 51자의 소위 가다가나라는 것이었다. 시험 날짜는 내일 모레라면서 갑자기 익히라니 초조하였다. 그러나 하도 열심히 하여 하루 만에 다 익혀버렸다. 둘째형님이 좀 의외라는 듯 놀라는 모습으로 이만하면 됐으니 내일 시험장에 나가서 이리저리 하라고 몇 가지를 땡겨주셨는데 그것까지는 기억나지 않는다. 드디어 시험 날이 됐다. 나와 내 장조카 동필이는 형님을 따라 시험장엘 나갔다. 시험 장소는 지금 조암(朝岩) 성당이 서 있는 자리인데 그 당시는 조암 농촌진흥회의실(農村進興會議室)이었다. 오늘 날의 새마을 회관이다. 아직 학교 교실을 건축 중이기 때문에 임시로 쓸 건물이었다. 우정면 전체에서 응시생이 모여 들었기 때문에 숫자도 많고 나이도 나보다 삼사 세 연상자가 많았고 강습소(講習所)라는 교육 기관에서 몇 해씩 수학한 애들이 많아 제법 일본말을 지껄이는 학생도 많고 하여 좀 염려가 되었다. 드디어 심사가 시작되었다. 나는 묻는 말에 또박 또박 대답했다. 구술시험만으로 전형은 끝났다. 며칠 후에 입학 통지서를 받았다. 그런데 나만 되고 그림자처럼 따라다니는 장조카 동필이는 그만 낙방이 되었다. 이렇게 하여 나의 학교생활은 시작되었다. 우정초등학교 개

교기념일이 1936년 11월 1일인데 이날이 바로 나의 학교생활이 시작된 날이다. 그 당시의 학교는 우정공립보통학교(雨汀公立普通學校)였는데 몇 해 안가서 학교 명칭이 심상소학교(尋常小學校)로 바뀌었고 또 몇 해안가서 국민학교(國民學校)로 바뀌었다. 이 국민학교란 명칭은 해방 후 대한민국정부에서도 오랜 동안 쓰다가 1996년경 초등학교(初等學校)로 변한다. 당시 우정보통학교의 학제는 사년제였고, 새 학년도의 시작은 3월 1일 시작하여 3월 말에 끝나게 되어 있었다.

　드디어 1936년 11월 1일에 개교식을 하게 되어 처음으로 학교공부라는 것을 시작하게 되었다. 학교 건물이라야 임시교실로서 초가지붕의 조그마한 초라한 건물이었다. 선생님은 일본인교장과 한숭봉(韓崇峰)이라는 나하고 성이 같은 조선인 선생님 한 분이었다. 처음에 시작한 공부는 물론 일본말 배우는 것과 일본글 배우는 것이 주였다. 처음 배운 일본 말이 우시(소의 일본말)였다. 학생들을 소 곁으로 데리고 가서 소를 가리키며 고레가 우시데스(이것이 소다)하는 식으로 일본말을 익혀 주는 것이었다. 새로운 말을 하나 둘 익혀 나가는 것이 매우 재미있었다. 일본 국기와 궁성이 그려져 있는 수신(修身) 책을 비롯하여 일본 글자로 된 국어책을 받고, 많은 숫자가 나열되어 있는 산술(算術) 책도 받고, 우리말로 된 조선어 책도 받고, 그림이 가득한 도서 책도 받고, 콩나물 대가리를 늘어놓은 창가 책도 받고, 필통이니 게시고무(지우게)니 연필 같은 문방구도 준비하여 본격적인 공부가 시작되었다. 모두가 처음 대하는 책들이고 문방구들이다. 신나고 재미날 수밖에 없다. 당시 1학년 교과목은 수신, 국어(國語), 조선어(朝鮮語), 산술, 창가(唱歌), 체조(體操) 등 7개 교과목이었고 다시 국어를 독방(讀方), 철방(綴方), 서방(書方)으로 세분하여 시간표를 짰다. 단순하기 이를 데 없는 서당 공부에 비하면 참 다양하고 재미있는 교육과정이다. 집에서 학교까지의 거리가 4km쯤 되어 통학하기는 힘들었지만 일주일에 한번 씩 노는 날도 있고 하여 꽤 신나게 다녔다. 그런데 약 한달 반 쯤 다니자 겨울 추위가 닥쳐오는데 북풍이 휘몰아치는 들판 길을 매일 왕복 이십 리나 걸어 다닌다는 것은 보통 고역이 아니다. 지금처럼 방한이 될 만한 복장이 아니고 장갑도, 목도리도, 털신도 없던 시절이라 동저고리 바람에 내복도 끼어 입지 못하고 신체의 모든 부위를 노출시킨 채 한 시간 이상 걷는

다는 것은 견디기 힘든 일이다. 더욱이 나는 유별나게 추위를 타서 조금만 추워도 얼굴이 새파래져 달달 떨기를 잘하였다. 다행이 새어머니가 서울 갔다 오는 길에 순모로 된 목도리와 장갑을 사다주어 이것으로 어느 정도 추위를 커버할 수 있었고 다른 애들에게 자랑스러웠다. 나보다 두 살이나 연상인 이영휘라는 친구가 반장이 되고 내가 부반장이 되었다. 나보다 세네 살 씩 나이를 더 먹은 아이들이 많았는데 어떻게 내가 부반장이 되었으며 내가 어떻게 부반장의 임무를 수행하고 있었는지는 기억이 나지 않는다.

당시 학제는 일개 학년이 삼 학기제로 되어있어서 일 학기가 사월서부터 칠월까지, 팔월 한 달은 방학이고, 구월서부터 십이월까지가 이 학기이고, 일월 달은 겨울 방학이고, 이월 삼월이 삼 학기였다. 그래서 십일월 달에 입학한 우리는 사 개월 동안 학교를 다니고 1학년 과정을 수료하게 됐다. 그 당시의 수료증을 65년이 지난 오늘날까지도 가지고 있다. 그 내용 중 일부를 소개하면 다음 쪽과 같다.

당시의 일본인 교장 호소다 미노루(細田)라는 분은 멋진 분이었다. 일요일이면 낚싯대를 메고 나가 월척자리 붕어를 잔뜩 잡아다가 교정 한 귀퉁이에다 연못을 만들어 놓고 키우는가 하면 겨울철이 되면 빙판 위에서 피겨스케이팅을 타며 묘기를 부리는 것이 신기로웠다. 그때는 논마다 저수를 많이 하여 겨울이면 어디를 가나 스케이트장이었지만 스케이트는 마련이 안 되어 썰매나 자작 스케이트(나무판을 발에 맞추어 자른 뒤 굵은 철사로 날을 만든 것)를 타던 시절인데 호소다 교장하고 우리 둘째 형님만이 스케이트를 소지했던 것으로 기억한다. 또 한숭봉이라는 우리 선생님은 함경도 분으로서 무뚝뚝한 게 별로 말이 없는 분이었지만 나에게는 잘 대해 주셨다. 겨울 방학을 집에서 잘 쉬고 개학은 되었으나 날씨는 왜 그렇게 계속 추운지 학교 나가기가 싫어졌다. 삼사월에 접어들면서 얼었던 대지가 녹기 시작 하자 등교 길은 내내 진흙 길로 변하여 길이 아니라 진흙 수렁 밭이 되고 만다. 한발 한발 떼어 놓기가 이만 저만 힘 드는 것이 아니다. 한발 한발 옮길 때 마다 고무신발이 진흙에 달라붙어 빠지지 않거나 신발은 흙에 달라붙고 발만 빠져나와 버선발이 흙탕 발이 되기가 일수였다. 이런 길로 만 장장 십리 길을 왕복하자니 얼마나 큰 고역인가. 그래도 하루도 빠지지 않고 한 번도 지각하지 않고 열심히 다녀서 삼월 말 1학년 수료식 때는 우등상장과 개근상장을 타고 상품으로 교과서까지 받게 되었다. 난생 처음 타보는 상장이요, 상품이었다. 가족들도 좋아하고 나 자신도 만족스럽고 기뻤다. 이렇게 하여 보통학교 1학년 과정은 마감됐다.

겨울 방학이나 여름 방학이 되면 누님 댁이나 외가댁 고모님 댁을 찾아가는 것이 연중행사이고 유일한 즐거움이었다. 겨울 방학에는 누님 댁을 거쳐 외가댁을 다녀왔다. 셋째 형님을 따라 동필 조카와 함께 조암까지 걸어 나가 버스를 타고 봉담면 돌당거리까지 가서 차를 내린 뒤 봉담면 마하리(속칭 말 무덤이)라는 곳을 가면 그곳에 셋째 누님이 출가하여 살고 계시다. 매형 이름은 경주(慶州)김씨(金氏) 김한기(金漢基) 씨 인데 누님의 시부는 당시 봉담면장을 지낸 유지이고 시숙은 한문 서당을 차린 학자님이시다. 전형적인 유교 가정으로서 가풍은 엄격하나 매형님을 비롯하여 모든 어른들이 인자하셔서 지내기에 그리 불편하지는 않았다. 그 당시 우리 집에는 감나무가 없어서 감을 별로 먹어 보지 못 하였는데 그곳에는 감나무가 무척 많아서 감을 맛있게 얻어먹던 기억이 난다. 누님 댁에서 며칠을 묵은 뒤 이번에는 큰누님 댁을 갈 차례다. 작은 누님 댁은 서봉산(棲鳳山)이라는 산의 북쪽 기슭에 있고 큰누님 댁은 서봉산의 남쪽 기슭에 자리 잡고 있다.

작은 누님 댁에서 약 6km 쯤 떨어져 있는 정남면(正南面) 문학리(文學里) 속칭 남곡이라는 곳인데 매형님은 경주(慶州)최씨(崔 氏) 최병기(崔炳箕) 씨라는 분이다. 큰누님 댁도 그 마을에서는 제일 대가에 속하는 집안이었다. 사장 어른 내외분을 위시하여 가족들이 어찌 들 착하셨던지 아무런 부자유도 느끼지 않고 아주 편안하게 지내던 생각이 난다. 누님이 이것저것 먹을 것을 많이 주는 바람에 과식을 하여 배탈이 나는 일이 종종 있었다. 여덟 살 되던 해에 큰 실수를 한 적이 있었다. 그때도 이것저것 너무 많이 먹었던지 별안간 설사가 나오는데 어떻게 수습할 수가 없어서 바짓가랑이에다 똥을 싸고 말았다. 어린 마음에도 어찌나 창피했던지 몸 둘 바를 몰랐다. 더욱이 그 집에는 나와 비슷한 사돈 색시가 있었는데 그가 눈치 챌까봐 이만저만 신경이 쓰이는 게 아니었다. 이렇게 누님을 아주 난처하게 해 드린 기억이 새삼스럽다.

여기서 며칠을 묵은 뒤 이번에는 성호면 서랑리 외가댁으로 갔다. 외가댁은 소위 세마대(細馬臺) 산성 아래 자리 잡은 동네인데, 앞뒤로 험준한 산이 꽉 막고 있는 산골 동네였다. 지금 가보면 그저 평범한 동네인데 그 당시 어린 마음에는 무척 높은 산으로 둘러싸인 것 같이 느껴졌을 것이다. 외가댁은 큰 부잣집이었다. 우선 집 규모부터가 달랐다. 대청마루가 육간대청으로서 무척 넓고 안방이 조선칸 수로 삼 칸이나 되며 뒷전에는 초당이라는 별채가 있고 사랑채 앞에도 높은 기와 담을 싸서 협문을 달고 사랑채 마루 옆에 누다락이 있어서 여름철에 누워 있으면 시원한 바람이 기분 좋고, 큰 사랑 작은 사랑이 따로 있어서 작은 사랑은 머슴들의 전용인데 그 옆에는 커다란 곡식 창고가 있고 창고에는 곡식 가마니가 가득 했다. 지붕은 모두 조선 기와로 멋있게 입히고 집안을 둘러싼 담에도 기와를 얹고 회칠을 하여 깨끗한 것이 마치 별 천지 같았다. 안마당에 있는 우물도 도르래를 달아 물을 길어 올리고 특히 안방에 켜는 전기 불은 인상적이었다. 그곳에도 전기가 안 들어 올 때인데 축전지에 다 전기를 충전 해다가 켜는 것이었다. 이런 것은 훗날에 알게 됐다. 외할머니께서는 우리 형제를 끔찍이 사랑하고 아껴 주셨다. 밤이면 오래도록 우리 곁을 떠나지 않고 앉아 계시면서 이것저것 먹을 것을 챙겨 주시곤 하셨다. 외할머니는 그때도 아주 연세가 많으셔서 허리가 굽고 얼굴에 주름이 많으셨는데 그래도 나는 할머니가 무척 좋았다. 외삼촌은 이름을 차수린(車洙麟)이라고 하는데 몸집이 건장하고 말이 없고 무척 무뚝뚝한 분이어서 항상 어렵기만 하였다. 외당숙이 두 분이 이웃에 살고 계셨는데 어찌나 다정하고 친근감이 가는지 외삼촌보다 훨씬 좋았다. 외사촌이 형제 있었는데 나보다 네 살, 여섯 살 손아래였다. 큰 외사촌 만수[본명은 정환(正煥)]는 어릴 적에 다리를 다쳐 한쪽 다리는 쓰지 못하는 장애자였고, 작은 외사촌 만길[본명은 경환(慶煥)]이는 꼭 외삼촌을 빼닮았는데 신체도 매우 건장하였다. 외삼촌께서는 항상 한약을 잡수는 것 같았다.

외가댁에 가면 기대되는 것이 또 하나 있었다. 그것은 외할머니의 용돈 주는 것인데 우리 셋에게 50전 짜리 은전 한 닢씩을 꼭 주시는 것이다. 서민들이나 우리들 아이들에게는 큰 돈이라고 볼 수 있다. 그러고는 외삼촌보고는 안 준척 하고 "애 아비야,

애들한테 용돈 좀 안 줄래" 하고 시치미를 딱 떼는 것이었다. 그러면 외삼촌은 벌써 눈치를 채고 계신지 십전짜리 한두 푼 씩을 주시곤 했다. 어린 마음에도 외삼촌은 참 구두쇠로 구나하는 생각이 들었다. 우리가 외할머니께 인사를 여쭙고, 집으로 돌아올 때면 할머니는 동구 밖까지 배웅을 나오셔서 우리들이 안 보일 때까지 서 계시는 것 이었다. 어머니 없이 자라는 우리가 무척 측은해 보였을 것이다. 할머니는 눈물을 흘리고 계셨을런지도 모른다. 나 역시 몇 번이고 할머니가 안보일 때까지 뒤 돌아보고 뒤 돌아보고 하던 기억이 난다. 집에 돌아 올 때는 다시 큰 누님 댁 작은 누님 댁을 거쳐 하루씩 쉬면서 가던 때와는 역 코스로 되돌아온다. 이러한 일이 꽤 클 때까지 연중행사처럼 되풀이 되었다. 겨울 방학 여름 방학 때면 빠지지 않고 해마다 이곳 나들이 하는 것이 큰 즐거움이었다.

때로는 서랑리에서 6km쯤 떨어진 용인 고모님 댁까지 다녀오곤 하였다. 어머니 쪽으로도 외삼촌과 고모님 남매 분뿐이시고, 아버지 쪽으로도 아버지와 고모님 남매 분뿐이시다. 그 고모님이 용인군(龍仁郡) 기흥면(器興面) 농서리(農書里)(지금 삼성 반도체 공장이 있는 곳)에서 살고 계셨다. 고모님은 아버지보다 몇 살 손아래셨는데 무척 억척스럽고 생활력이 강한 분이셨다. 고모부는 이문재(李文載)라고 하는데 광주 이씨 양반의 후예로서 얌전하기만 하신 분이었다. 내종사촌 형이 두 분 내종사촌 누이가 세 분해서 오남매를 두셨는데, 내종사촌 형은 이석범이라고 하여 면서기 노릇을 하고, 작은 내종형은 서울 가서 시계포 일을 하더니 젊은 나이에 세상을 떠났다.

4월 달이 되자 새 학년이 시작되었다. 2학년이 된 것이다. 전년도에 입학 전형에서 낙방되었던 장조카도 입학이 되어 함께 다니게 되었다. 일본 말도 꽤 많이 알게 되었다. 조선어 과목이나 산술 과목은 거저먹기인데 일본말로 작문을 쓰는 철방(작문)시간 하고 창가 시간은 질색이다. 원체 음악에 소질이 없어서 그랬을 것이다.

새로 지을 학교 터를 말밑동네에다 잡고 공사가 시작되었다. 마을 사람들이 동원되어 산을 까뭉개고 넓은 밭을 잘 다듬어 제법 널찍한 터전을 마련하는 모습을 아침저녁으로 통학하면서 목격하고는 은근히 좋아 하던 기억이 난다. 이 교사 건물이 완성되면 통학거리가 꼭 반으로 줄어드는 것이다. 일은 급진전 되는 것 같았다. 가끔 현장에 들러 집 짓는 구경도 하고 했는데 일본인 도목수가 가라고 손짓으로 쫓고 하던 기억도 난다. 드디어 건물이 완성되어 새 학교로 이사 하는 날이 왔다. 그것이 어느 달쯤 인지 기억은 없지만 낙성식이라고 하여 많은 사람들이 모여서 기념행사를 하고 학생들(총 120명)한테도 과자 한 봉지씩을 나누어 주어 이를 받아 들고는 좋아하던 생각이 난다. 또 학생들이 학교 집기를 나르는데 조암서 말밀동네까지 2Km나 되는 길을 책상과 걸상을 들고 낑낑거리며 나르면서도 은근히 좋아하던 기억이 되살아난다. 새로 지은 학교 건물은 목조함석 지붕인데 교실이 두 개에다 교무실이 하나였다. 학교 환경 미화를 위하여 매일 자갈을 한 망태기씩 주어가고 잔디를 입히고 일도 많이 하였다. 이렇게 하여 새 학교 새 교실에서 공부를 시작하게 되었다. 통학 거리가 절반으로 줄어들었으니 통학하기도 수월하여 졌고, 친구들도 많이 사귀어 재미가 있고, 시간 가는 줄 모르고 열심히 다녔다. 그런데 여름이 되자 문제가 생겼다. 장마 비가 주룩주룩 내릴 때면 아주 질색이다. 지금처럼 우비가 갖추어져 있지도 않고 하여 도랭이를 두르거나 포대 자루를 머리에 뒤집어쓰고 가야 하는데 길은 왜 그렇게 미끄러운지 몇 번식 나둥그러지고 자빠지는 것이었다. 그뿐인가 큰 비라도 내리 면은 들판이 온통 물바다가 되어 길도 다리도 다 물속에 잠겨서 아무것도 보이질 않기 때문에 한뿌리라는 동네로 돌아가야만 하니 비 오는 날에 이렇게 많이 걷는 것이 얼마나 힘드는 일인가. 그래도 하루도 빠지지 않고 열심히 다녔다. 그때 사람들은 이렇게 강한 의지와 인내력을 가지고 힘겹게 살아갔다.

2학년 때는 1학년 아우들과 한 교실에서 공부를 하게 되었다. 소위 복식 수업인데, 2학년이 수업을 받을 때는 1학년은 자습을 하고 1학년이 수업을 받을 때는 2학년이 자습을 하는 것이다. 이렇게 공부를 하다 보니 자습하는 습관이 붙어서 훗날 독학 할 때 큰 도움이 되었다. 그 당시는 아무런 오락시설도 없고 무슨 유혹이나 자극하는 것이 없어서 학교 공부가 끝나면 곧장 집으로 달려오는 것 밖에 몰랐다. 놀이라야 고작 오고 가는 길에 동무들과 씨름판을 벌이거나, 구슬치기, 자치기, 곤질두기 등을 하고 겨울철이면 빙판 위에서 얼음 타기, 팽이치기, 제기차기, 연날리기 등으로 시간을 보내는 것이 여느 아이들의 일상생활이었다.

좀 여유 있는 집에서는 소를 키우는데 이것이 보통 손 가는 일이 아니다. 아침저녁으로 커다란 가마솥에다 소죽을 쑤어 줘야 하고 저녁때는 소에게 풀을 뜯겨야 하고 꼴을 베어다 줘야하고 소죽 쑬 짚을 썰어야 하고 이만저만 손가는 일이 아니다. 소가 없으면 논이나 밭을 갈아엎을 수 없고, 운반 수단도 전적으로 소 등에 의존하던 시절이라 소를 한 가족처럼 극진히 키울 수밖에 없었다. 나와 장조카는 번갈아 가며 소에게 풀을 뜯겨야만 했다. 학교 일과가 끝나면 집에 돌아오자마자 으레 소를 끌고 들판이나 산으로 나아가 해가 뉘엿뉘엿 서산으로 넘어 갈 때 까지 꼴을 뜯겨야만 했다. 이일이 왜 그리 하기 싫었던지 화가 나면 애꿎은 소만 두들겨 팼던 생각이 난다. 소에게 풀을 뜯기다가 지루한 시간을 보내는 방법이 몇 가지 있었다. 책을 읽는다. 그런데 읽을 만한 마땅한 책이 없어서 문제다. 그 다음은 길바닥에다 곤질 틀을 그려놓고 곤질을 둔다. 그런데 이 방법은 상대가 있어야 만 되고 하나의 게임이니 만큼 승패문제로 다투게 되는 수가 많다. 그 다음은 남의 밭에 가꾸어 놓은 곡식을 몰래 훔쳐 먹는 스릴을 맛보는 것이다. 이것을 서리라고 하는데 참외 따먹는 것을 참외서리, 오이 따먹는 것을 오이 서리라고 한다. 주로 참외서리, 오이서리, 고구마서리, 콩서리 등을 하였다. 훔친다던지 하는 죄의식이 없이 그저 장난삼아 주인의 눈을 피한다는 스릴을 맛보기 위한 하나의 모험적 심리에서 많이 행해졌다. 많은 피해를 주는 것이 아니고 그저 몇 개식 따먹는데 그치는 것이니까 말이다. 그런데 콩서리를 할 때는 콩 개피를 꺾어다가 모닥불에 구어 먹어야 하기 때문에 먹고 나면 입 언저리가 모두 까맣게 된다. 그럴 때면 서로 쳐다보고 갈갈 대소를 하던 기억이 새롭다. 이렇게 하여 한 여름과 가을을 보내고 나면 어김없이 겨울은 온다. 겨울이 오면 또 연날리기, 제기차기, 자치기, 팽이치기, 썰매타기, 밤, 감자, 고구마 구어 먹기 등으로 긴 겨울의 지루한 시간을 메운다. 햇빛 잘 비추는 좋은 날이면 마당에 멍석을 잔뜩 펴고서 그 위에다 벼날 알을 말린다. 그럴 때면 참새 떼들이 굶주린 배를 채우려고 결사적으로 대든다. 이 새떼와 싸워서 곡식을 지켜야만 하는 것이 또 노약자들의 몫이다. 그래서 겨울 방학 때나 겨울철 일요일이 되면 멍석 너는 날은 이 새떼를 쫓는 것이 큰 고역이다.

마당 한 구석 양지 바른 곳에 가마니를 깔고 화로 불을 준비하고 방한 준비를 하고서 한 종일 새를 쫓아야만 하는 것이니 얼마나 무료한 시간의 연속인가, 옛날부터 동양 삼국에 전해오는 대표적인 게임 가운데 바둑이라는 것과 마작이라는 것이 있다. 그 마작에 얽힌 이야기 가운데 다음과 같은 이야기가 있다.

어느 날 한 노인이 새를 보고 있노라니 무료하기 그지없어 삼대 밭에 가서 삼대를 잘라다가 김치 쪽 같이 쪼개어서 거기다가 일이삼사니 중(中) 발(發) 백(白)이니 그 밖의 여러 가지 기호를 그려서 이리 맞추고 저리 맞추고 하여 하나의 재미있는 놀이 기구를 만들어 내었다. 이것이 마작이라는 놀이기구인데 그래서 새작[작(雀)]자하고 삼마[마(麻)]자를 써서 마작(麻雀)이라고 하였다한다. 이 놀이는 무척 재미있는 놀이로서 한 번 맛을 들이면 어지간한 결심 없이는 빠져 나오지 못 한다. 그래서 마약과 같다고도 한다. 소위 나이롱뻥이니 뭐니 하는 놀이는 대부분 이 마작을 응용해서 만들어 낸 아주 아주 단순하고 간단한 놀이이다.

그럭저럭 세월은 흘러 보통학교 3학년이 되었다. 그러자 호소다(細田)라는 멋진 신사 교장은 다른 곳으로 전근이 되고 삼천이팔(森泉伊八, 모리이스미 이하찌)이라는 무서운 일본인 교장이 새로 부임하였다.

학교 이름도 우정공립보통학교에서 우정공립심상소학교(公立尋常小學校)로 바뀌고 조선어 과목도 폐지되고 학교 내에서는 일본어만 전용하라는 명이 내렸다. 소위 지나사변(중일전쟁)이라는 것이 발발하여 일본정부에서는 조선인들을 더욱 조이며, 한편으로는 내선일체니 동조동본이니 하면서 회유하는 것이었다. 소위 국민의 맹서라는 세 가지 조문을 만들어 모든 조선 학생들에게 외우고 실천 할 것을 강요하였다. 그 첫째 조항이 우리는 황국의 신민이니 일본 천황에게 충성하라는 것이고 두 번째는 내선일체라는 것이고 세 번째는 인고단련해서 전쟁을 승리로 이끌라는 뜻이 담긴 글이었다. 이 맹서의 글을 매일 외워야만 하고 실천할 것을 강요당하였다.

일본인 교장이 어찌나 무서운지 안경 너머로 눈을 치뜨고 노려만 보아도 아이들은 겁을 먹고 꼼작도 못했으며 툭하면 주먹을 쥔 채 뺨따귀를 때리거나 왕밤을 쥐어박아 별명을 권골(拳骨)(일본말로 겐고쓰라고 읽는데 주먹쟁이라는 뜻이 담긴 말이다)이라고 붙여 학생들 간에 사용하였다. 그러나 그분의 교육 방법은 엄격하고 철저하고 치밀하여 아이들의 실력은 굉장히 향상하였다. 훗날 장안학교 5학년에 편입한 우정학교 출신들이 여섯 명 주는 우등상 중 다섯 개를 차지하였다. 모두 일본인 교장의 덕이 컸다. 또 훗날 내가 교사의 길을 걷도록 도와준 분도 바로 이분이었다. 이 일본인 교장과의 사이에 에피소드가 하나 있다. 우정학교 운동장 가운데 커다란 감나무가 두 그루 있었는데 가을이면 먹음직스러운 감이 주렁주렁 열려 빨갛게 익어 떨어져도 누구나 건드리는 아이가 없었다. 그런데 하루는 교장이 출장을 가게 되어 학교를 비우게 되었다. 이때를 이용하여 어떤 학생이 감을 몇 개 따서 먹었다. 이 모습을 관사 살던 교장 부인이 목격한 것이다. 그러고는 교장에게 고해 바쳤던 것이다. 다음 날 교장이 반장 부반장을 교무실로 부르더니 어제 감 따 먹은 녀석을 아느냐고 추궁하는 것이다. 알 수도 없지마는 설령 안다고 해도 이를 일러바칠 수는 없는 노릇이다. 그래서 전혀 모른다고 하였더니 그러면 애들 감독 잘못한 책임이 너희들 정·부반장에게 있으니 너희들을 벌 줄 수밖에 없다면서 회초리로 손바닥을 몇 대식 때리는 것이었다. 어찌나 억울하고 분하던지 교실에 돌아와서는 아이들을 모조리 몽둥이로 한 대식 갈겨주었다. 지금 생각하니 참으로 어처구니없는 착상이요 실수였다. 학교를 다니면서 매 맞은 것은 이것이 처음이자 마지막이었다.

3학년 과정도 그럭저럭 마감이 가까워 질 무렵 설날을 맞이하게 되었다. 설날이란 어린이들에게 참으로 즐겁고 기대되는 날이다. 설날 오기를 손가락 꼽으며 기다리는 게 보통 어린이들의 상례였으니 말이다. 당시 어린이들은 설날이 돌아와야 새로 지은 설빔을 얻어 입고 세배를 다니며 맛있는 음식도 얻어먹고 친구들과 마음 것 어울려 놀고 하던 시절이니까 어린이들로서는 당연히 손꼽아 기다릴 만한 날이다. 그 당시는 거의 대부분이 한복 차림인데 비단 옷을 얻어 입기란 거의 불가능 하고 옥양목으로 된 옷만 얻어 입어도 호강 하는 편이었다. 나는 그래도 다른 애들이 못 얻어 입는 조끼나 두루마기를 얻어 입고 으시대었다. 설날이면 동네 대소가(大小家)가 우선 우리 집에 모여서 차례를 지내고, 송전댁(지금 건택이네 집안), 진위댁(지금 효택이네 집안)에 다니면서 차례를 지내고, 이산 저산 먼 곳 산소를 찾아다니며 성묘를 하고 평밭 동네 종갓집에 들러 사당에 세배를 올리고 마을로 돌아와서 이집 저집 동네 어른들을 찾아다니며 세배를 하고 세배를 받은 집에서는 음식을 차려서 대접하는 것이 통례였다.

세뱃돈 따위는 줄 생각도 받을 생각도 아니 하던 시대다. 음력과 양력을 함께 쓰던 시절인데 일본 정부에서는 양력 과세를 권장하고 조선 사람들은 양력설은 왜놈 설이라고 하여 한사코 반대하던 시절이다. 그때 우리 둘째 형님이 마을일을 주도하던 시절인데 우리 형님이 획기적인 새 안을 내놓아 구습을 깨고 새로운 전통을 세운 것이 있었다. 그것은 설날을 기점으로 며칠씩 집집마다 세배 다니는 폐습을 개선하자는 것인데, 설 날 오후에 동네 주민들이 모두 한자리에 모여 나이 많은 노인네들부터 상좌에 모시고 합동으로 세배를 올리고, 다시 다음 연장자가 상좌에 앉아 세배를 받고, 이런 식으로 번거로운 세배 다니기를 간소화하자는 방안이었다. 이렇게 함으로서 며칠씩 세배 다니는 번거로움과 세배 손님 대접하는 번거로움을 줄이자는 것이었다. 음식을 공동으로 내어서 한자리에 모여 함께 마시고 함께 환담과 덕담을 나누게 되니까 침목도 더욱 돈독해지고 일석이조의 효과가 있는 것이었다.

이 제도는 우리 동네만이 창안하여 실시한 제도로서 해방 전까지 지속되다가 해방과 더불어 흐지부지되었다. 우리 동네가 그만큼 앞서가는 동네였고 면내에서 인재가 많이 배출되는 동네였다. 또 이런 일이 있었다. 내가 여덟 살 땐지 아홉 살 땐지 기억이 확실치는 않으나 동네 젊은이들이 주동이 되어 심파(연극공연)를 한 적이 있었다. 그때 둘째 형님이 심봉사가 되고 매형(이윤근)이 심청역을 맡아서 심청전(沈淸傳)을 공연하는데 나보고 막간을 이용하여 탭댄스를 하라고 연습을 시켰다. 그래서 무대에 난생 처음 올라가 탭댄스를 하여 많은 박수를 받았다. 이 연극 공연이 밑거름이 되어 이 동네에서는 그 후 이런 전통을 살리어 여러 차례 이 근래까지도 추석 같은 명절이면 무대를 꾸며놓고 공연하는 모습을 보았다. 하여간 감적동이라는 동네는 유별난 동네였다. 인물이 많이 나는 동네였다.

무대 공연과 관련된 얘기가 또 하나 있다. 4학년 때 일이다. 학교에서 학예회를 하게 되었는데 일본 신화에 나오는 이야기를 극화한 것인데 그 배역을 배정할 때, 술장사의 아들 유한종이라는 친구를 왕으로 배정하고 나를 신하 역을 맡겨 내가 그 앞에 무릎 꿇고 절 까지 하는 내용이 아닌가? 그래서 아무리 연극이라고 하지만 나의 자존심이 허락치를 않아서 나는 단연코 거부하였더니, 일본인 교장이 달래고 설득하다가 끝내 듣지 않자 위협공갈까지 하는 바람에 할 수 없이 그 역을 맡아서 한 적이 있었다. 그때만 해도 술장사 따위는 저 아래 천민으로 괄시 받던 시절이니 우리 같이 양반 사상이 철저했던 사람으로서는 당연한 행동이었다. 그 역을 맡고 난 뒤에는 한동안 영영 마음에 걸리고 찜찜하였다. 그런 꼴을 가족들에게 보이기 싫어 집에 와서는 학예회이야기는 벙긋도 안했다. 그래서 우리 집에서는 아무도 참석하지 않아 모르고 넘어갔다.

내가 열세 살 먹던 해에 셋째 형이 열여덟 살이었는데 장가를 들어 새 형수님을 맞이하게 되었다. 내가 보기에는 형수님이 꽤 예뻐 보이고 마음씨도 곱고 집안일도 잘 도와 훌륭한 규수 감으로 생각하였는데, 형은 형수님 키가 너무 작다고 하면서 못 마땅히 여기고 괄시를 하는 것이었다. 형수님은 나를 많이 도와주었고 나도 형수님을 잘 도와 드렸다. 그러나 형은 형수님을 고향 집에 놔둔 체 홀로 경성으로 올라가 제약회사에 취직을 하였다. 내가 항상 의지하고 따르던 분이 떠나고 나니 매우 허전하고 쓸쓸하였다.

3학년도 거의 다 지나갈 무렵 나는 13세를 마감하고 새로이 한 살을 더하는 기묘년을 맞이하게 되었다. 이해 정월에 처음으로 사진이라는 것을 찍어 보았다. 서울 사는 재당질 되는 동준(후에 동규라고 이름을 고침)이가 카메라를 가지고 내려와 아버님의 독사진을 위시하여 나와 형 둘이서도 찍고, 가족사진도 찍었다. 동준이는 일본에 건너가 오리엔탈 사진 학교에서 사진에 대한 공부를 한 베테랑급 사진사로서 카메라도 독일제라고 하며 자랑삼아 찍어주었는데 그때 사진과 필름이 지금까지도 잘 보관되어 소중히 간직 하고 있다. 그 당시 이런 사진을 찍은 사람은 별로 없었다.

4학년에 진급하여 이제 최고 학년이 되었다. 당시 우정학교는 사년 제였기 때문이다. 일본 군대들은 막강한 힘을 과시하여 중일전쟁에서 승승장구 중국의 광활한 땅을 점령하여 들어갔다. 그들이 말하는 대동아공영권(大東亞共榮圈)을 이루는가 하는 생각도 들었다. 그들의 교육을 받고 그들의 선전만을 접하여 사는 우리들로서는 신나는 일이었다. 그러나 서민들의 생활은 고통스러웠다.

시화년풍(時和年豊)(시대가 평화로워야 풍년이 든다)이라더니 그 말이 맞기라도 하는 듯 전쟁이 시작된 후로는 가뭄이 계속되어 해마다 흉년이 계속되는 것이 아닌가. 앞들의 그 기름진 논이 먼지가 포삭포삭 날 정도로 말라붙어 모를 낼 수 없고, 논 구덩이에 파 놓은 샘물로 겨우 겨우 못자리를 말리지 않을 정도이니 얼마나 큰 가뭄인가! 큰 형님과 일꾼은 아침저녁으로 물 퍼 올리는 것이 일과였다. 참으로 힘이 드는 고된 노동의 연속이었다. 흉년이 해마다 계속되니 공출(일본이 전쟁 수행을 위하여 강제로 곡식을 거두어 가던 일제시대의 제도)은 고사하고 당장 조석 끼니를 끊여먹을 양식조차 없게 되었다. 아버지께서는 토지를 일부 매각하고 또 농지를 담보로 금융조합(오늘의 농업협동조합과 유사한 일제시대의 금융기관)에서 돈을 대출 받는 등 자금을 마련하여 서랑리 외가댁에 가서 쌀을 사오는데 그것도 몰래 은밀히 가져와야 하기 때문에 동네 소들을 총동원하여 한밤중에 실어 날라 왔다. 덕분에 우리는 굶주리지 않고 쌀 섞인 밥을 먹을 수 있었다. 보통 동네 사람들은 대부분이 조반석죽 아니면 초근목피로 끼니를 때우거나, 만주에서 들여온 강냉이나 콩 깻묵으로 근근이 목숨을 이어 가야만 하는 힘든 시절이었다. 이러한 어려운 가운데서도 학업은 계속하여 4학년 과정을 모두 마치고 졸업을 하게 되었다. 이해가 소화 14년 서기 1939년 3월 달의 일이다.

때마침 장안심상소학교(長安尋常小學校)가 6년제로 개편되는 바람에 나는 5학년 편입시험에 응시하였다. 장안학교 졸업생들은 자동진학이 되고 우정학교 졸업생들과 기왕에 장안학교를 졸업하고 집에서 쉬고 있던 나이 많은 학생들이 몇 명 보충하는 선발시험에 응시하게 되었다. 그 결과 나를 위시하여 우정학교 졸업생들이 대거 합격하였다. 운평리에서 나, 이영휘, 한동인, 한동일, 유문상 등 다섯 사람과 다른 지역에서 최종칠, 이병현, 손상설 등 세 사람 도합 8명이 함께 진학하였다. 그때 장안학교를 졸업하고 자동 진학한 장안학교 출신 졸업생 60여 명과 비교하면 9분의 1밖에 안 되는 열쇠였다. 그래서 새로이 입학한 우리들은 많은 시달림을 받아야만 했다. 소위 텃세라는 것이 어떻게 심한지 우리들을 깔보고 입으로 나불대며 까불어 대는 녀석들은 부지기수였다. 심한 녀석들은 몸으로 와서 탁탁 부딪치거나 발등을 꽉꽉 밟으며 시비를 거는 것이었다. 소위 집단폭행이다. 자존심이 강한 나로서는 견디기 힘든 일이었지만 입학초기부터 싸움판을 벌일 수도 없는 일이고 하여 어금니를 깨물고 꾹 참아야만 했다. 그러고는 네놈들이 지금 이렇게 까불어 봤자 불원간 승패는 결판날 것이다 라고 속으로 벼르면서 열심히 다니고 열심히 공부하였다. 과연 한 달도 안가서 우열은 드러나고 그들은 우리 앞에 무릎을 꿇지 않으면 안 되게 되었다.

뭐니 뭐니 해도 소학교 시절은 학업 성적 여하가 우열의 기준이었기 때문이다. 이렇게 시작된 장안학교에서의 생활은 재미가 있었다. 새로운 친구도 많이 생기고, 우정의 옛 친구들이 송송 중도 편입되어 우리의 세력도 확장되고, 예쁘고 마음에 드는 여학생들도 많아 즐겁고, 선생님들의 신임도 두터워 힘이 솟는 것 같았다. 그때 나는 옥골선비라는 별명을 얻어가지고 있었다. 처음 호칭을 붙여 준 분은 새어머니 측의 이모로 기억이 되는데 점차 퍼져서 급우들 간에도 불리게 되었다. 5학년 때 담임선생님은 쓰쓰미(堤)라는 성을 가진 일본인이 있었는데 매우 자상하고 인자한 분이어서 매우 호감이 가는 분이었다.

6학년 때의 선생님은 우동혁(禹東赫)이라는 분으로서 경성사범을 갓 나온 젊고 건장한 유도선수였다. 교수 방법은 아주 서툴러서 답답한 때가 많았고 특히 산술 시간에는 내가 선생님대신 교단에 서서 요령 있게 풀어준 적도 간혹 있었다. 학교 다니는 동안 나는 산술 점수는 백점 만점 이외에는 받아본 적이 없다. 수학에 취미가 있었고 자신이 있었다. 새 학기에 책을 받으면 수학 책부터 펴놓고 앉은 자리에서 웬만한 문제는 모두 다 풀고 하였다. 이웃의 누님 시동생 되는 이장근이라는 사람이 경성 농업학교 재학 중이었는데 중학교의 교과서를 빌려서 틈틈이 공부를 하여 수학이나 국어 또 박물학(博物學) 같은 교과목은 상당한 실력을 가지고 있었다.

6학년 때 대 박람회가 서울에서 개최되었다. 일본 사람들이 황기(皇紀) 2000년을 기념하여 개최한 박람회로서 대단한 규모였다. 이곳으로 수학여행을 가게 되었는데 이 소식을 듣고 서울 사는 셋째 형님이 박람회 현장으로 찾아 오셨다. 나는 자연 우리 친구들을 이탈하여 형님하고 행동을 같이 하게 되었다. 이곳저곳 고루고루 구경을 하더니 시간이 남았다고 하며 박람회장내의 어느 공연장으로 들어가서 재미있는 구경을 꽤 오랫동안 하였다. 그런데 시간이 얼마나 흘렀던지 나와서 집결하라는 곳으로 가서 보니 아무도 안보였다. 나는 당황하여 어찌할 바를 몰랐다. 부지런히 박람회장 (博覽會場)을 뛰쳐나와 전차를 집어타고 경성 역으로 가보니 역 광장에 모여 있었다. 선생님에게 늦은 사유를 보고하고 처벌을 기다렸더니 일본인 선생님이 한참 무서운 얼굴을 짓고 노려보더니 자리에 가서 앉으라고 하는 것이었다. 내일 학교에 등교하면 날벼락이 떨어지겠지 하고 걱정이 이만저만이 아니었다. 그런데 이튿날 등교를 하여 선생님 앞에 나타나도 일언반구 가타부타 말씀이 없었다. 이때에 받은 이 무언의 교훈이 내가 훗날 교직 생활을 하는데 많은 참고가 되었다.

6학년 때 우리학교 교장 선생님은 후꾸이(福井)라는 일본인이었는데 턱이 얼마나 길은 지 별명이 주걱턱으로 통하는 분이었다. 일주일에 한 시간씩 월요일 일 교시 수신시간이면 수업을 맡아서 하는데 주로 일본 신화를 즐겨 이야기해 주었다. 그런데 그 이야기가 어찌나 황당무계하고 우스운지 우리들은 가끔 배꼽을 빼가며 웃었다. 그 일인 교장이 하루는 우리 집을 방문하여(농번기 가정 실습 지도 차) 점심까지 대접받으며 이런저런 이야기를 묻는 것이었다. 돈세는 방법을 가르쳐 달라고 하여 일전 이전하면서 따라하라고 하면 이리쫀 이쫀 하며 이상한 발음을 하여 우리 집 식구들을 웃기고, 왜 창씨(일본정부가 정책적으로 우리 조선 사람들의 성을 강제적으로 바꾸게 한 제도)를 기원(箕原, 미하라)이라고 하였느냐고 하여 아버님께 들은 그대로 우리가 고조선 기자왕손(箕子王孫)의 후예이기 때문에 기자(箕子)의 기자(箕字)와 우리가 사는 곳이 수원이기 때문에 수원(水原)의 수자(水字)를 따서 기원이라고 지었다고 설명하였더니 고개를 끄덕끄덕하며 무언인가 납득이 간다는 표정이었다. 하여간 그 일본인 교장의 인상은 어린 뇌리에 깊이 새겨져 지금도 지워지지 않는다.

이렇게 하여 6년이라는 학창 시절은 마감이 되는데 마지막 졸업식장에서 우등상과 6년 정근상을 받았다. 우등상을 받은 것은 당연하다치고 몸도 약하고 툭하면 하루거리라는 학질 병을 앓던 내가 어떻게 6년 정근상을 받았는지 기적 같은 생각이 든다. 그만큼 내가 인내력이 강하고 악착같이 해낸 것 같다. 학우들 가운데 약 1할 정도가 중학교에 진학을 희망 하는데 내가 공부는 잘 하면서도 그 축에 끼지 못 하는 게 무척 안타까웠다. 나하나 쯤은 학비를 감당할 만한 재력이 있었는데 장조카하고 같이 자란 것 때문에 장조카를 빼놓고 나만 진학시킬 수 없어 이런 조치를 취했던 아버님의 심정을 잘 헤아려 나는 한마디의 불평도 하지 아니하고 나 혼자의 힘으로 독학으로 남들 보다 앞서 가리라 다짐하며 교문을 떠났다. 그 학창 시절의 다정했던 친구들이 지금도 가끔 모이는데 모두 타계하고 이제는 열 아문 남짓만이 남아 쓸쓸히 모여서는 쭈그러진 얼굴들을 마주보며 인생의 허무함을 새삼 느낀다. 1년에 한두 사람씩 사라져 가는 것을 보며 요 다음은 내 차례가 아닌가 하고 씁쓸한 웃음과 남모르는 한숨을 짓는다.

3) 사회생활 준비기: 1941년에서 1943년까지

학창시절을 초등학교로 마감하고 회사 생활의 준비를 나 홀로의 힘으로 하지 아니하면 안 되었다. 그래서 그 첫 단계의 준비로 우선 학업을 독학으로 계속하기로 하고 중학 강의록을 선택하기로 했다. 그때 택한 것이 대일본중학강의록(大日本中學講義錄)이라는 것이었다. 나는 아버님께 학비를 받아서 즉각 입회원서를 내고 동시에 책값을 송금하였다. 난생 처음 일본강의학회(日本講義學會)와의 교신이다. 우체국에 가서 송금을 하고는 그 며칠 후부터 우편배달부(집배원) 오기를 초조하게 기다렸다. 과연 한 10여 일 후에 두둑한 소포 뭉치가 도착하였다. 설레는 마음으로 끌러보니 일어(日語), 영어(英語), 한문(漢文), 수학(數學) 등을 위시하여 중학교에서 이수하는 모든 교과목의 책들이 들어 있었다. 내 이 책으로 열심히 공부하여 정규 중학교에 진학한 친구들보다 앞서 가리라 하는 굳은 결의를 다지면서 그 시점부터 더욱 열심히 맹렬히 학업에 열중하였다. 가족들도 나의 열성에 감동하였던지 되도록 공부하는 시간을 뺏지 않으려고 노력하는 눈치였다. 그래서 나는 더욱 학업에 재미를 붙일 수 있었고 열심히 공부할 수 있었다. 그러나 문제는 영어 교과목이었다. 지금 같으면 오디오나 비디오 같은 시청각 교구가 있어서 학교에서 선생님에게 교육 받는 것이나 별 차이 없이 공부를 할 수 있지만 당시에는 그러한 시청각 교구가 전혀 없던 시절이라 영어 발음에 문제가 많았다. 더욱이 일본글로는 표현하기가 무척 어렵고 애매하였다. 그래도 단어와 문장과 문법만은 열심히 익혔다. 다른 교과목은 외우기만 하면 되는 것이니까 일사천리로 진첩이 되어 나갔고 수학문제를 풀다가 대수나 기하문제에 막히는 게 있으면 모교 선생님을 찾아가 지도를 받았다. 이렇게 공부가 착착 진첩이 되어가고 재미도 붙여 가는데 호사다마라고나 할까 그만 중병에 걸리게 되었다. 소위 염병이라는 전염병인데 오늘날의 장티푸스다. 요즈음은 예방 접종도 잘하고 항생제도 잘 개발이 되어 쉽게 치유가 되지만 그 당시에는 치사율이 매우 높은 아주 무서운 병이었다. 어떻게 이러한 무서운 전염병을 앓게 되었는지는 알 수 없지만 거의 사경에 이르게 된 것을 아버님의 정성 어린 간호로 회복이 되어 거의 완치에 이르렀다. 그런데 음식 섭생을 잘못하여 병이 재발하게 되었다. 이 병은 재발하면 치료가 더욱 어렵고 위험한 병인데 요행히 병세가 호전되어 약 두 달 만에 죽지 않고 병석에서 일어났다. 그러나 원체 허약한 체질에다 장기간 중병에 시달린 탓으로 도무지 기운을 차릴 수가 없어서 많은 고생을 하였다.

우선 제일차 목표가 전문학교 입학 자격시험(오늘날의 대입검정)이었다. 그래서 열심히 그 준비를 하고 있었는데 뜻밖의 일이 벌어졌다. 우정학교 교장으로 있던 분이 특수 강의를 개설하게 되어 이에 참석하게 되었다. 당시 우정학교 교장으로 있던 일본인 모리이즈미(森泉) 이하찌(伊八)란 분이 독학으로 성공한 분인데 이분이 대단한 실력가로서(특히 서도의 대가다) 과거 자기가 독학으로 공부하느라고 격은 고초를 생각하여, 경제적인 이유로 진학하지 못한 면학도들을 모아 무상으로 중학교 과정을 교육시키겠다는 것이다. 따라서 야간을 이용하여 문자 그대로 주경야독(낮에는 밭 갈고 밤에는 책 읽는 것)하고자 하는 향학열에 불타는 열의 있는 청년들만 상당수가 모여들었다. 더욱이 그분은 내가 우정학교 4학년 때의 스승이니 이 얼마나 다행스럽고 좋은 기회인가! 그때 이 야간 학습에 참가한 사람은 십대는 나 하나뿐이고 이십대서부터 삼십대 중반을 넘긴 장년층까지 약 30명가량이 함께 공부하였다. 그런데 강의를 한동안 받다가보니 강의의 목표가 교원시험 준비의 방향으로 나가는 것이 아닌가? 그래서 나의 당초 목표인 전검과는 방향이 달랐지만 나 또한 은근히 교원 되기를 바라던 터라 아주 좋은 기회로 생각하고 하루도 빠지지 않고 열심히 다녔다. 아버지께서 한학에 조예가 깊으셔서 평소 젊은이들에게 한학을 가르치시고 동네 분들이나 이웃 동네 분들이 아버지를 존경하고 아버지에게 굽신굽신 하는 것을 보면서 자랐고, 학교 선생님들이 큰 대우를 받으며 사회적으로 커다란 위치에 있다고 생각해 온 나로서는 선생님이란 참 좋은 직업이라고 생각하여 왔다. 선생님이 친절히 책도 챙겨주고, 격려도 해주고 하여 차츰 응시에 필요한 틀을 잡아가게 되었다. 또 둘째 누님 시동생 이장근이라는 분이 경성 광화문에 소재하고 있는 경기도청에 근무하고 있었는데, 그분에게 부탁하여 여러 가지 시험 준비에 필요한 서적을 구하게 되었다. 그때 그분에게 부탁하여 구입한 책들을 지금도 생생하게 기억하고 있는데, 교수원론(敎授原論), 아동심리학(兒童心理學), 윤리학(倫理學), 교육학개론(敎育學槪論) 등이었다. 이 책들은 시험 준비하는데 큰 도움이 되었다. 이렇게 하여 교원자격 검정시험 준비는 착착 진행되어갔다.

시험과목이 무척 많았다. 국민학교 교과목인 국어(國語), 산술, 국사(國史), 지리(地理), 이과(理科), 직업(職業), 도서(圖書), 수공(手工), 창가, 체조, 가사(家事) 등은 물론이고, 교육학(敎育學), 심리학(心理學), 윤리학 등 생소한 전문분야 과목도 있고 하여 상당히 부담스러웠다. 그러나 어느 정도 준비가 되어 시험일이 공고되기만을 기다렸다. 드디어 1943년 8월로 시험 날짜가 공고되었다. 즉각 응시원서를 제출하고 시험표를 교부 받았다. 고시장소는 경성 광화문 부근에 있는 일본인 소학교인 덕수(德壽)초등학교였다. 드디어 시험 날짜가 다가오자(시험 날짜는 지금 기억이 나지 않음) 책 보따리와 문방구를 싸들고 경성으로 향하였다. 경성 서대문 송월동에 우리 육촌 형님인 우택(雨澤) 씨가 살고 계시어 그 곳에서 유숙하면서 시험을 보기로 했다. 다행히 형님 댁에서 시험 장소까지는 도보로 20분 정도 밖에 안 걸리는 가까운 거리여서 시험 보러 다니기에는 안성맞춤이었다. 재종형님이나 그밖의 가족들이 친절히 대해주어서 마음이 한결 가벼웠었다. 드디어 시험 날이 다가왔다. 나는 두근거리는 가슴을 안고서 일찌감치 문방구를 챙겨가지고 고사장에 들어서 지정된 장소에 앉았다. 첫째 날 첫째시간 시험을 맞았다. 국어과 시간인데 시험문제의 주제가 「현 시국에 대하여 논하라」라는 논문 기술 형으로서 글짓기를 통하여 국어 실력을 측정하려는 의도였다. 요즈음은 사지 선다형이니, 진위형이니 해서 제시된 답에서 고르는 객관식문제가 주류를 이루지만 그 당시는 초등학교 때부터 모두 단답형구술식형식의 주관식문제였다. 국어과 시간은 내 마음에도 흡족 하리 만큼 잘 썼다. 둘째 시간은 수학시간인데 수학은 만점에 자신이 있었고, 셋째 시간 이과(과학·科學)에서는 박물계열은 다 맞은 것 같은 자신이 있었으나, 산소발생 실험 장치를 그림으로 그리게 하는 문제가 출제되어 좀 애태웠다. 오후 시간의 다른 문제들도 어느 정도 자신이 있었다.

둘째 날은 첫째시간이 역사와 지리 문제였는데 두 과목 모두 만점에 확신이 있었고 이러한 자신감이 나머지 여러 교과목의 문제들을 침착하게 무난하게 풀어나가게 하였다. 이렇게 하여 2일간의 시험을 끝내고 어느 정도의 자신감을 안고서 고향집에 돌아와 발표 통지 오기만을 초조하게 기다리게 됐다. 약 20여 일 후에 경기도청으로부터 한통의 우편물이 도착했다. 완전 합격일까? 부분과목 합격일까? 마음 조리며 떨리는 손으로 봉투를 개봉하였다. 결과는 완전 합격이었다. 나는 너무도 기뻐 얼떨결에 환호성을 지르며 아버지에게 달려가서 보고 말씀을 드렸다. 아버지께서는 빙긋 웃으실 뿐 아무런 말씀도 없으셨다. 좀 서운한 생각이 들었다. 아버님은 원체 감정 표현을 어지간해서는 잘 드러내놓으시는 분이 아니셨다. 마음속으로야 대견하게 생각하셨겠지만 칭찬의 말씀 한마디 쯤 해 주셨으면 좋으련만! 아마 일본 놈 앞잡이가 되어 선생 노릇 하는 것이 불안했거나 못 마땅하게 생각하셨을 런지도 모를 일이다.

당시 부분 과목합격 제도가 있어서 한번 합격한 과목에 대하여는 3년간 유효하여 몇 해에 걸쳐 응시하는 사람이 많았었는데 나는 단 한 번의 응시로 전 과목 완전 합격의 영광을 얻었던 것이니 당연히 축복 받아야만 할 것인데, 왜국말로 일본 혼 교육을 하는 것이 어른들 마음에는 걸렸을 것이다. 나 자신 마음 한 구석에 개운치 않은 불안한 마음이 있었으니까.

다음은 실기시험이 남았다. 전교과목 필기시험에 합격한 사람들만이 이차로 응시하는 시험인데 교과목 필기시험보다는 수월하다는 이야기를 들었다. 실기과목은 음악(音樂)과 미술(美術) 그리고 수업실기였다. 2차시험(실기시험) 날짜 까지는 꽤 시간

루하루 지내는 것이 재미있고 즐거웠다. 수업을 충실히 하기 위하여 수업안도 열심히 썼다. 매일매일 작성하여 꼬박꼬박 학교장의 결재를 받았다. 담당사무는 수업료 계를 맡아서 한 달에 한 차례 식 수업료를 수납하고 군청학교비에 납부하였다. 이 일이 나에게는 꽤 부담스러운 잡무였다. 그럭저럭 한 달이 지나서 첫 번째 월급봉투를 받고 깜짝 놀랐다. 본봉이 45원이라 그것만 받게 되는 줄 알았는데 부임여비니, 연성소 수당이니, 전시수당, 임시수당 등 합하여 의외로 많았다. 첫 월급이 지금 돈으로 따지면 큰 소 한 마리 값은 되었다. 오전 중에 학생들 교육을 마치면 오후에는 또 다른 역할이 나를 기다리고 있었다.

당시 학교에는 남자특별연성소(男子特別鍊成所), 여자특별연성소(女子特別鍊成所), 청년훈련소(靑年訓鍊所) 등이 부설되어 있어서 한 주일에 몇 시간씩 지도를 해야만 했다. 남자특별양성소란 장차 일본군에 입대시킬 장정들을 강제로 모아서 일본말을 가르치고, 기초교련을 시키고, 황민화 정신교육을 시키던 제도이고, 여자특별연성소란 나이찬 처녀들을 강제로 학교에 출석시켜 일본말과 정신교육을 시키던 제도인데 나중에 알고 보니까 일본 군수공장이나 일본군인들 위안부(慰安婦)로 데려가기 위하여 마련된 아주 흉측한 제도였다. 지금 생각해보면 이러한 반민족적 행위에 대하여 협조하였다는 것이 매우 부끄러운 일로서 양심상 가책이 많이 되지만 당시는 그러한 내막을 자세히 모르고 문맹자들에게 한자라도 깨우쳐주고 일어를 소통케 하는 교육제도로 단순히 생각하고 해방을 맞을 때까지 계속하였다. 여자연성소생 중에는 예쁜 아가씨도 더러 있고 나를 잘 따르는 아가씨도 많아서 사실은 수업 들어가기가 즐겁고 재미도 있었다.

그 당시 일본 정부는 지나사변(支那事變)이라는 중국과의 전쟁을 일으켜 넓은 중국의 요지를 거의 다 점령하고 왕조명(王兆銘)이라는 친일파 중국인을 내세워 허수아비 임시정부를 세우는 등 중국을 곧 집어삼킬 기세였고, 장개석(蔣介石)이 이끄는 국민당정부는 중경이라는 중국의 오지로 달아나 겨우 명맥을 유지하는 등 제법 일본에게 유리하게 전개되는 시기였다. 그러나 이러한 일본의 불법침략, 일본의 독식행위를 미국 등 열강 여러 나라들이 그냥 내버려 둘 리가 만무하였다. 미·영을 주축으로 하는 열강들이 드디어 간섭하고 시작하여 드디어는 사방으로 일본을 옥죄여 일본의 보급로를 차단하고 일본을 고립화시켜 나갔다. 궁지에 몰리게 된 일본은 미국과 담판을 거듭하다가 여의치 않자, 최후의 수단으로 칼을 빼어들었다. 그 전쟁이 대동아공영권을 형성하여 동양인의 손으로 동양을 **잘 살게** 한다는 기치 아래 도발한 일본이 말하는 저 유명한 대동아전쟁, 미국이 **말하는 태**평양전쟁이다.

처음에는 일본이 하와이 진주만에 있는 미 해군 주력 부대를 기습 공격하여 기선을 잡고 동남아 일대에서의 영·불 세력 축출 등 승승장구하여 필리핀, 인도네시아, 라오스, 캄보디아 일대, 미얀마, 말레이시아, 싱가포르 등 서구 열강들의 식민지인 동남아 일대를 모두 해방시켜 일본 세력권에 끌어들이는데 성공하였으나, 점령 지역이 넓어지고 본토에서 멀어짐에 따라 군수물자나 인력 보충에 어려움이 많아져 감당하기 힘이 드니까 마침내는 소위 전시총동원령이라는 것을 발동하여, 조선의 청장년들을 군인, 군속, 노무자로 마구 잡아가고, 젊은 처녀들을 일본의 군수공장이나 군인들 위안부로 붙들어 갔던 것이다. 학교에 설치된 남·여 연성소가 이런 인력 수급을 위한 비상조치였음을 나중에야 알았다.

학교에 출근을 하면서 즐거운 일이 많았으나, 또한 몇 가지 괴로운 일도 있었다. 그 하나는 고향생각과 가족들의 그리움이다. 난생 처음으로 객지 생활을 해서 그런지 동훈이, 동후, 경옥이 그 밖의 조카들이 어찌나 보고 싶은지 견디기 힘들었고, 둘째는 출근하면서 매일 소위 신붕(가미다나)이라는 것에다 합장재배 하는 것이 싫었다.

신붕이란 일본국을 창건했다는 아마데라스오오미가미(天照大神)라는 일본 신화에 나오는 여신을 받들어 모시는 신단인데, 선생들은 출근하면 반드시 이 앞에 다가가서 합장재배하고 손뼉을 두 번 마주 딱딱 치도록 강요당해 있었다. 이 행위가 영 거부감이 가고 괴로웠다. 학교장이 없는 때는 슬그머니 빼먹기도 하는데 그러면 또한 어쩐지 마음이 편치 않았다.

그 당시 모든 공무원은 군인 복장과 꼭 같은 국민복이라는 양복을 입고, 머리에는 전투모를 쓰고, 다리에다는 각반(脚絆)을 두르고 가슴에는 이름표(이름표를 풍자해서 개표라고 하였음)를 달고 출퇴근하였다. 학교 직원은 일본인교장, 일본인 여선생(교장부인), 전씨(田氏) 성을 가진 중년의 수석훈도, 삼중(三中)이라는 창씨(創氏)성을 가진 충청도 출신의 삼십대 촉탁교사, 김성(金城)이라는 성을 가진 함흥사범학교특별강습과 출신의 젊은 촉탁교사, 그리고 나, 합쳐서 6명이고 특별훈성소(特別錬成所) 지도원보(指導員補)가 한 사람 있었다.

나는 자연히 함경도 출신의 젊은 교사와 자주 어울리게 됐다. 그는 가끔 소지하고 있던 트렁크 속에서 이상한 프린트물을 꺼내어 만주(滿洲), 시베리아에서의 독립투사 이야기를 들려주곤 하였다. 김일성(金日成)이라는 독립군에 대한 이야기도 그때 그에게서 처음 들었다. 그는 해방될 때까지 같이 근무했었는데 해방 후 서로 헤어져서는 영영 소식을 모른다. 가끔 생각나는 때가 있다.

일본인 여선생은 미모의 중년부인이었는데 내가 자기 아들담임도 되고, 경성에서 여학교에 다니는 자기의 딸 심부름도 가끔 해주어서 그런지 나에게는 참 잘해주었다. 항상 상냥한 웃음으로 접근해왔으며 가끔 식사대접도 받고, 일본인들에게만 배급되던 정종 술대접도 가끔 받았다. 키가 작달만한 일본인 남편 교장은 그럴 때마다 싱글벙글 웃으며 나를 편안하게 대하여 주었다. 일본인들이 대인관계는 참 좋았다고 생각이 든다.

하숙은 내가 담임하고 있던 학생의 집이었는데, 집주인은 군남면사무소 서기 노릇을 하는 분이었고, 안주인은 몸집이 자그마한 교양이 있는 전형적인 양반집 규수였다. 항상 나에게 정성껏 잘해주었고, 음식도 자기네들은 잡곡을 많이 먹고 나에게는 쌀을 많이 섞어서 주고 반찬도 정결하니 마음에 들게 해주어서 매끼 한 사발씩 맛있게 먹을 수 있었다.

특히 겨울철에는 방이 뜨거울 정도로 불을 잘 넣어주었고, 아침 새벽이면 불을 다시 피워줄 뿐 아니라 늘 화로에다 불을 담아 내 방에 들여다 놔주곤 하였다. 참으로 나에게 고맙게 대해주던 분이었다. 이런 고마운 분들하고 헤어진 뒤 그 해방 때 그어진 삼팔선(三八線) 때문에 다시 만나지 못하고 소식이 두절 된 채 살아가려니 마음 아프다.

6·25 동란 때 오산 성호학교로 찾아 온 것을 여러 가지 사정 때문에 잘 대접하여

주지 못하고 떠나보낸 뒤 긴 동안 소식을 통 모르다가, 헤어진 지 50년 만인 1998년에야 가까스로 전화 통화만을 잠깐하고 또 다시 소식이 두절된 상태다. 이제 사는 곳이 연천이라는 것을 알았으니 꼭 한번 찾아가 봐야할 터인데 마음뿐이고 뜻을 이루지 못한 채 시간만 보내고 있다.

그 당시 내가 살던 집 내가 쓰던 방, 재래식 화장실 등 그 집 구조가 눈에 아른거리고, 바로 울타리 옆으로 실개천이 흘러 그 깨끗한 물에 세수하고 발 닦던 추억이 생생하다.

첫 부임한 곳이라서 그런지 연천에서의 추억은 많다. 하루는 도 시학(도장학사)이 온다고 학교 대청소도 하고 야단법석이 벌어졌다. 그 당시만 해도 도 시학의 권위는 대단하고 더군다나 이러한 오지까지 온다는 것은 드문 일이었는데 어떠한 사연으로 오게 됐는지는 모른다. 도 시학이 내교하여 내 교실에 들어와 내가 하는 수업을 참관하게 됐다. 바짝 긴장상태에서 수업을 진행하여 나 자신은 어떻게 수업을 했는지, 잘 했는지, 실패한 수업이었는지 판단이 안가 정신없이 하루해를 보냈는데 오후 강평시간에 일본이 도 시학이 입이 마르도록 칭찬을 하는 것이었다. 떠나가면서도 내게 다가와 장래가 유망하니 분발하라며 격려하여 주는 것이었다. 나는 매우 흡족하고 나는 듯한 기분이었다.

이런 일이 있은 지 몇 달 안 되어 내가 훈도로 승진하는 발령을 받았다. 이는 전혀 상상도 못하고 있던 사건으로 나 본인은 물론이고 다른 선생들도 모두 놀랐다. 그 당시 촉탁교원에서 훈도로 승진하려면 빨라야 일 년 이상의 경력을 쌓아야만 될까 말까 하고, 어떤 이는 수년간씩을 촉탁교사로 머물러있는 등 승진이 힘들던 시절인데, 6월 6일에 첫 발령을 받은 사람이 11월 30일에 승진을 하였으니 꼭 5개월 24일 만에 훈도로 승진한 것이다. 정말로 유례없는 파격적인 승진이었다. 정말로 자랑스럽고 신바람이 났다. 이렇게 나이 어린 훈도도 없었을 것이다.

촉탁교원에서 훈도로 승진하면 여러 가지로 달라지는 것이 많다. 우선 가슴에다 달고 다니는 이름표가 바뀌고, 또 보수가 달라진다. 일본인들은 조선인보다 6할의 가봉이라는 것을 더 받는데 훈도가 되면 일본인과 동등한 대우를 받게 돼 본봉의 6할에 해당하는 보수를 더 받는다. 월 급여액이나 각종 수당 등 모두가 많아지는 것이다. 당시 내가 받던 본봉, 전시수당, 임시수당, 남자·여자 연성소 수업수당 등을 모두 합치면 130원 정도가 되었다. 당시 면서기들의 월 소득이 40원 미만이었고, 그 때 농민들의 하루 품값이 50전도 못 될 시대였으니까 선생님들을 얼마나 우대하였나를 짐작할 수 있다.

월급은 많이 받는데 돈 쓸 곳이 없다. 물자가 귀하고 모든 물자는 통제되어 배급을 받던 시절이라 받은 월급을 꼬박꼬박 우체국에 저금을 하였다. 이것이 훗날 일본이 패망하여 주권을 찾고 보니 모든 것이 물거품이 되었다.

다음으로 달라지는 것이 직장에서의 서열이다. 말석에 앉아 있던 내가 세 사람이나 추월하여 상석 가까이 앉게 되었다. 나보다 먼저 취임한 사람들에게는 좀 미안한 생각이 들었지만 나는 매우 흡족하였다.

다음으로 달라지는 것이 또 있다. 사회적인 대우다. 촉탁교원을 보는 눈과 훈도를 대하는 사회적인 시각은 사뭇 달랐다. 훈도하면은 판임관(判任官)대우니까 달라 질 수밖에 없다. 내가 이렇게 빨리 훈도로 승진한데에는 도 시학이 나를 좋게 평가한 것이 크게 작용했겠지만 교장이 나를 좋게 성실한 인물로 봐준 덕이 아닌가 생각한다. 나를 특별 승진하도록 내신한 분이 바로 학교장 이분인 것이다.

방학도 제대로 놀지 못했다. 당직 근무에다 연성소 지도 등이 있었기 때문이다. 방학 때도 가까스로 일주일 연가를 내어 잠시 다녀가는데 오고 가고 하는 시간 빼면 집에는 며칠 못 머물렀다. 객지 생활에도 익숙하여져서 집에 오기보다는 그곳 생활이 더 재미있었다.

여름철엔 한삼 덩굴을 걷으러 다니고(일본말로 가나무구라라는 풀인데 일본 정부에서 섬유로 쓰기 위하여 학생 들을 동원하여 채취하였다) 겨울철에는 일본말로 마끼오로시라는 작업인데 겨울철에 학생들을 동원하여 높은 산의 장작을 큰 길까지 저 나르던 고된 작업이다. 춥고 눈이 쌓인 산을 하루에 수십 번씩 오르내리는 것은 어린 학생들로서는 무척 힘든 작업이었다. 그래도 가끔 노루나 산돼지 같은 짐승을 발견하여 쫓아다니고, 더욱이 이를 포획 하였을 때는 재미도 있었다.

그곳을 떠난 지 약 55년 만인 1999년 여름 이곳을 찾아가 보니 어린이들과 헤매던 산과 들과 내는 그대로 있는데, 아는 사람은 보려야 볼 수 없고, 집의 모양이나 마을의 모습은 전혀 옛 것이 아니었다. 산천은 의구하되 인걸은 간데없다는 옛 사람의 말이 허사가 아님을 실감 하였다. 궁금한 일도 많아 이곳저곳 기웃거리며 아는 사람이 있나 수소문 하다가 그대로 발길을 돌리었다.

또 여름이면 낚시하고 겨울이면 얼음 타던 임진강가로 나가보니 촌로들이 옛날 그대로 천렵(강에서 고기를 낚아 끓여 먹는 것)들을 하고 있어 감개무량하였다.

1945년으로 접어들면서 일본은 패망의 길로 치닫고 있었다. 일본 해군의 총수였던 해군사령관 야먀모도이소로꾸(山本五六) 원수가 작전 지휘 중 전사한 것을 계기로 일본은 연전연패 패망이 다가오고 있었다. 방대한 점령 지역도 점차 포기하고 철수에 철수를 거듭하고 있었다. 군수 물자 보급을 위하여 학교의 국기 게양대까지 빼가고 각 가정의 제기(유리그릇)까지 걷어 갔으니 이제는 더 이상 버틸 힘을 잃은 것이다. B29 비행기가 연천 부근 철원에까지 날아와 기총 소사를 하는 지경에 이르렀다. 우리들 몇몇 동료 들은 여름방학이 끝날 무렵인 8월 17일부터 금강산 구경을 가기로 약속이 되어 있어 그 준비를 진행하고 있었다.

연천에서 금강산까지는 사실 지척간이다. 원산방면으로 두 정거장만 가면 강원도 철원이고 철원에서부터 금강산까지는 전철이 부설되어 있어 금방 갈 수 있는 곳이다. 내일 모레면 천하 절경 금강산 구경을 떠나는 날이다.

그런데 1945년 8월 15일 일본이 연합군에 항복을 하여 우리나라가 해방이 된 것이다. 해방을 맞은 우리나라는 발끈 뒤집혀졌다. 우리민족은 너 나 할 것 없이 환호성을 올리며 거리로 뛰쳐나왔고, 일본인들은 눈물을 흘리며 어찌 할 바를 몰랐다. 이런 소용돌이 속이라 금강산 관광은 중단 될 수밖에 없었다. 삼팔선이라는 것이 그어져 50여 년이 지난 오늘날까지 금강산 관광을 가지 못 하게 되리라고는 그 당시에는 아무도 상상하지 못했던 일이다. 일본인 교장 내외가 계속 눈물을 흘려가며, 신붕(神棚)과 신붕 안에 보관하여 두었던 일본 황실의 신문 스크랩사진을 꺼내어 불태우며 나를 붙잡고 기원(미노하라) 선생은 나라가 해방되고 독립되어 좋겠지만 자기네들은 돌아갈

을 하였다. 이렇게 하여 이남으로 넘겨주기 위한 심사에서 무사통과되어 삼팔선을 무사히 넘어왔다. 후에 알고 보니 일본인들은 수월하게 넘어왔는데 조선인은 제지를 받았다는 말을 듣고 일본인 행세하기를 참 잘했다는 생각이 들었다.

두근대는 가슴을 안고 긴 철교 다리를 건너 동두천 쪽에 다다르니 이번에는 미국 군이 또 취체를 하는 것이다. 짜증이 나고 화가 치밀었다. 내 조국 땅을 내가 왕래하는데 해방되었다는 조국에서 왜 외국 군인들의 통제를 받고 지시 명령에 따라야 한단 말인가. 참으로 한심스럽고 기가 막힐 노릇이다. 그 당시 소군이나 미군의 행패는 이만 저만이 아니었다. 다행히 동두천에서의 미국의 취체는 간단히 끝나고 몇 가지의 예방 접종주사와 온몸에다 D.D.T라는 약 가루를 함빡 끼얹어 주는 것이었다. 그러고 는 낄낄거리고 웃는 모습이 꼭 조롱하는 태도였다. 이렇게 하여 그 어렵고 힘들었던 삼십팔도선 왕래는 하나의 쓴 추억으로 남은 채 끝이 났다.

왜정시대 받았던 훈도 발령장과 교원 시험 합격증을 당국에 제시하였더니 내일부터 즉각 출근 하라는 것이었다. 당시만 해도 교원 자격을 가진 사람이 절대 부족 하던 시절이라, 아무데고 희망하는 대로 갈 수 있었다. 그래서 나는 우정학교를 택하였다.

여기서 셋째 형님 이야기를 좀 하고 넘어가야겠다. 셋째 형님은 1921년 음 3월 15일에 칠남매 중 여섯 번째로 태어났다. 나보다는 다섯 살 손위로서, 체격도 좋고 용모도 번듯하니 매우 잘 생긴 호남아다. 형님이 태어났을 때 어머니께서 좋아하시며 밖에 나가면 앞들에는 광채 논이 번듯하여 좋고, 집에 들어서면 셋째 아들의 번듯하게 잘 생긴 얼굴 들여다보는 것이 좋다고 하셨다는 일화가 있다. 나는 늘 형님 그림자처럼 졸졸 따라다니기를 좋아하였다. 그리고 늘 같이 먹고 한 이불 속에서 자랐다. 형님이 18세 때 결혼을 하여 그때부터 형님과는 떨어져 지냈다.

형님은 처음에는 둘째 형님한테 공부를 하였다. 둘째 형님이 양명학원(陽明學院)이라는 학술 강습소를 설립하고 인근의 준재들을 모아 오전에는 신학문을 오후에는 한문 교육을 시켰는데 이 강습소 학생 중에서 강제로 학생들을 몇몇 선발하여 보통학교로 데려가는 바람에 삼괴보통학교에 2학년에 편입되어 4년 과정을 13세 되던 해에 졸업하였다. 그 후 결혼할 때까지 서당에 다니면서 한학을 공부하다가 결혼 후에 경성에 올라가 제약회사에 취직을 하였다가 이내 그만 두고 22세 되던 해에 양복점을 차렸다. 경험 부족으로 동업자에게 사기 당하여 사업이 실패하고, 23세 되던 해에 고향으로 내려와 면서기 노릇을 몇 해 하다가 해방이 되어 그만 두었다.

해방 후에는 주로 둘째 형님을 도와 한의원 일도 도와드리고, 형님이 심혈을 기울여서 추진하던 대한민족청년단 일을 보다가, 방위군 사관학교에 입교하여 방위 장교로 임명되었다. 30세 되던 해에 6·25전쟁(六二五戰爭)이 발발하자 장정피난 시키는데 인솔 장교 역할을 맡아 화성군 장정들을 인솔하고 청도까지 내려가 한 해 겨울을 보내고 다시 인솔하여 데리고 올라왔다. 계속 형님을 도와 드리다가 4·19혁명(四一九革命)으로 자유당 정권이 붕괴되고 민주당 정권이 들어서면서 면단위까지 지방 자치제가 실시됨에 따라 면의원에 당선 되어 면의회의장(面議會議長)이 되어 5·16군사혁명(五一六軍士革命)이 일어날 때까지 의장직을 맡았었다. 그 후 처가 댁 염전을 관리하면서 우정면 의용소방대장, 민주당 우정면 책임자 등을 맡아서 정치 활동을 다년간 하였다.

불행하게도 자손을 두지 못하고 양녀를 하나 키우고 동직을 양자로 삼게 되었다. 그리고 결혼 초부터 부부 간의 금실이 그리 좋은 편이 아니더니 중간에 자손까지 두지 못하여 내내 별거 상태가 지속 되고 있어 그것이 나에게도 두고두고 한이다. 금년(2000년)에 꼭 80세가 되었다.

우정학교에서 처음 담임한 학년은 4학년이었다. 왜정의 식민지 교육을 받던 아이들에게 조국의 얼을 심고 민주주의 교육을 시키는 것이 급선무였다. 나 자신이 맞춤법 공부와 국사공부를 새로이 배우며 아이들을 열심히 가르쳤다. 아이들의 숫자가 80명 가까이 되고 덩치들이 크다 보니 교실에 가득하다. 연천군남학교에 근무할 때는 주로 1, 2학년을 가르쳤고 아이들의 숫자도 적어 매우 수월했었다. 그런데 이곳 아이들은 나이가 많아 어떤 녀석들은 나하고 세 살 차이밖에 아니 되고 턱에 수염이 거뭇거뭇하여 제법 어른스러워 보이기까지 했다. 담배 피우는 놈까지 있었다. 여학생들도 나이가 천차만별이라 어떤 아이는 어리고 천진난만하여 매우 귀여운가 하면, 어떤 아이는 처녀티가 나고 제법 규수감으로도 손색이 없을 정도로 성숙한 아이도 있었다.

당시 학교장은 김봉현(金鳳鉉)이라는 피부가 까무잡잡한 평양 출신의 30대 분으로 서 매우 성실하고 의욕에 찬분이었다. 사범학교 시절에는 농구선수여서 학교에 농구 대를 설치하고 방과 후에는 직원들에게 농구를 직접 가르치며 한판 농구를 한 뒤에는 농주 파티를 열어 직원들의 친목을 도모하고 가끔 우스개 소리를 하는 머리가 잘 돌아가는 사람이었다.

교직원의 대부분이 지방 출신들로서 구성되어 있었는데 몇몇 사람은 학력으로 보나 인격상으로 보나 교직원으로서의 자질이 부족한 사람도 있었다. 그래서 말썽도 많이 일으키고 학생들이나 학부형들의 신망을 얻지 못하여 중도에 탈락하고 말았다. 이강혁이라는 교사는 김부영이라는 건달 교사의 선동을 받고 느닷없이 최정순이라는 여교사의 뺨따귀를 때려 권고사직을 당하는 일까지 있었다.

교장은 나를 꽤 신임하는 편이어서 나에게 학교 후원회 일을 맡기고, 내 말은 거의 수용하였다. 나는 내가 4학년 때 맡았던 학생들을 3년간 계속 담임하여 졸업시켰다. 이 아이들이 6학년이던 해에 커다란 색 다른 일들이 몇 가지 있었다. 그 하나는 내가 이때 결혼을 하게 된 것이고, 그 둘째는 오십(五十)선거 때 우리 반 반장 녀석이 정치에 가담하여 말썽을 일으킨 것이고, 그 셋째는 중학교 입학성적이 매우 좋았던 것이다.

나는 1947년 내 나이 22살 때 음력 11월 16일(양력으로는 1947년 12월 27일) 결혼하였다. 당시의 조혼 풍습에 비춰 보면 좀 늦은 편이다. 여기저기 혼인 말이 있었으나 영 마음에 내키지 않아 거절해 오다가 이웃에 사는 사장 어른이 중신을 서는 바람에 나는 그분의 인격을 믿어, 그분이 하는 중매라면 틀림없겠지 하는 생각에서 좀 자세히 알아보라고 하였다. 규수감은 팔탄면 가재리 황씨라고 하며 친아버지가 발안에서 한약국을 한다고 하였다. 친 할아버지는 이웃 사장어른과 의형제를 맺은 아주 절친한 사이로서 자수성가하여 집안을 일으킨 분으로서 매우 성실한 어른이라는 말도 들었다. 그래서 가정교육은 잘 받고 있으려니 하는 짐작이 들었다.

또 팔탄 학교를 졸업하였다는 말도 들었다. 그래서 마음에 솔깃하여 혼인을 성사시키는 방향으로 승낙하였다. 당시는 대부분이 중매결혼이어서, 어른들의 의사가 중시되고 가정환경이 중요한 몫을 하고, 연줄혼인이라는 것이 큰 비중을 차지 할 때였다. 본인들끼리 좀 만나서 서로 사귀어 보고 하면 좋으련만 그러한 기회가 별로 주어지지 않던 시절이다. 가재리 이웃동네에 살고 있는 셋째 누님을 시켜서 우선 첫 간선을 보기로 하고 찾아가 보게 하였다. 그 곳에 다녀온 누님 말씀이 황씨 댁에 가보니 집안이 깨끗이 정돈되어 있는데 규수 되는 아가씨가 주로 치운 것 같고, 색시가 예쁜 편은 아니나 이마가 시원 한 것이 부잣집 맏며느리감이라고 하며 그만하면 괜찮은 편이라고 귀 뜸하여 주는 것이었다. 사람 보기 까다롭기로 유명한 셋째 누님이 그만큼 괜찮게 평가하는 것을 보니, 나의 배필로 삼아야겠다는 생각이 들어, 적극적으로 혼인 이야기를 진척시켜 곧 바로 사주단자를 보내어 약혼을 표시하고, 택일을 받아 결혼 날짜를 음력 동지 달 16일로 잡았다. 그러나 그래도 나의 눈으로 확인을 하지 않아 마음에 걸리던 차에, 때마침 팔탄 학교에서 연구보고회가 있어서 그 기회를 이용하여 과감히 미래의 처가댁을 방문하였다. 그랬더니 호랑이 할아버지로 소문난 장조부도 환영을 하고, 가옥구조도 그 동네에서 유일하게 기와집이고(당시에는 부잣집이라야 기와집을 짓고 살았다) 집안에 들어서자 집안이 아주 깨끗하고, 아가씨도 얼굴이 훤한 게 시원스럽고, 머리도 잘 손질이 되어 외모나 복장이 매우 단정하고, 음식도 여러 가지가 다 맛이 있고 하여 여러 가지로 마음에 들었다. 단지 주위의 여러 시선이 집중되어 있어서 대화를 제대로 나누지 못한 것이 아쉬웠지만 만족한 마음으로 집에 돌아왔다.

그 당시 우정학교에는 나를 좋아하는 세 여인이 있었다. 그런데 그중 구 선생은 양반가의 규수이긴 하나 몸집이 어찌나 큰지 마음에 안 들어 갖은 친절을 베풀어 주는데도 고의적으로 물리쳤고, 최 선생이라는 여인은 이화여자전문까지 나온 신여성이긴 하나 양반가 출신이 아니기 때문에 거절하였고, 이 선생이라는 여인은 미인이긴 하나 첩의 딸이기 때문에 할 수 없었고 하여 이것저것 따지고 비교한 끝에 황선만이라는 여인이 하늘이 정해준 천정배필로서 인연을 맺게 되었다.

제4편

새롭게 조명하는
지역민의 민족운동과 강제동원

경북 청도지역을 중심으로

제1장

1930년대 이후 청도지역의 민족운동

1. 1930년대 이후 민족운동의 전개와 특성

1931년부터 1945년까지 소위 '15년전쟁'은 1931년 만주사변 이후의 준전시체제와 1937년 중일전쟁 이후의 전시체제, 그리고 1941년 태평양전쟁 이후의 비상전시체제로 이행되었다. 이 기간 중 식민지 한국은 일본 제국주의의 파쇼화 폭압정치와 대륙침략전의 병참기지로서 지배와 수탈정책을 감내하지 않을 수 없었다.

1930년대 이후 국내 항일독립운동의 지속적인 전개는 원천적으로 불가능한 것이나 다름이 없었다. 1920년대 조직되어 활동했던 수많은 독립운동단체들은 일제에 의해 해체·소멸되었고, 1930년대 파쇼적인 전시체제가 강화되면서 1932년을 고비로 모든 항일독립운동은 비합법적인 지하조직으로 전환되어 갔다. 더욱이 중일전쟁과 태평양전쟁을 거치면서 항일독립운동의 전개는 거의 불가능하게 되었다.

이 기간 중 청도지역에서 전개된 항일운동으로는 1931년 11월 18일 군용열차전복의거와 1941년 2월 조직되어 1943년 7월 발각된 동진회(東進會)의 조직과 활동이 대표적인 것이라고 할 수 있다.

한편 해외에서는 1931년 만주사변 이후 남만주지역에서 조선혁명군이, 북만주지역에서 한국독립군이 활발한 활동을 전개하였고, 이어서 동북항일연군 등의 활동도 전개되었지만 중일전쟁 이후 활동은 점차 위축되어 갔다. 그리하여 일부 세력이 러시아 연해주 지역에서 만주 및 국내정찰 활동을 전개하였다. 한편 중경을 중심으로 중국 본토지역에서는 대한민국임시정부와 광복군의 활동이 전개되면서 청도인들이 광복군 참여의 모습도 보이고 있다.

1937년 이후 점차 전쟁이 더욱 확대되어가자 국민총동원령을 비롯하여 징용령, 징병령, 가격통제령, 기업허가령 등 각종 전시통제령이 발표되는 가운데 주민들의 삶은 더욱 척박하게 되었다. 그러는 가운데 청도인 가운데 많은 사람들이 징병, 징용되어 중국, 일본, 남양군도 등지로 강제동원 되었다. 일면 이에 반대한 사람들은 많은 고초를 겪게 되었다.

본장에서는 국내에서의 청도인들의 항일운동과 더불어 광복군 활동, 만주에서의 활동 등에 대하여 살펴보고자 한다. 이를 통하여 전시체제기 청도인의 삶의 다양한 모습들을 밝혀볼 수 있을 것으로 보인다.

2. 국내독립운동

1) 군용열차전복 의거

(1) 군용열차전복계획의 추진

군용열차전복의거는 1931년 만주사변으로 파견되는 일본군과 무기를 실은 군대 수송열차의 전복을 기도했다가 미수에 그친 사건이다. 청도군 고수동(高樹洞)의 박근이(朴根伊, 朴相根 朴龍述 21세, 雇人)·추진구(秋振求, 23세, 雇人)·전팔용(全八龍, 21세, 雇人) 3인은 남의 집에 고용되어 노동을 하고 있던 사람들이었다. 이들은 평소 조선의 독립이나 사회주의에 대해서는 별로 관심이 없으며 별 지식도 없던 평범한 농민

들이었다.[1)]

　그들은 이영희(李永喜) 곡물상에서 일을 해주고 살아가던 날, 쌀을 지고 철둑을 건너는데 등뒤에서 조선징, 조센징, 한도징이라고 부르는 소리가 있었다. 이에 깜작 놀라서 쌀을 떨어뜨리고 돌아보니 일본군인들이 열차안에서 놀리려고 부르는 소리였다. 놀림을 당하는 입장에서 참는 것도 한계가 있는 것이다. 그러나 참을 수밖에 없었다. 몇 개월 후 이들은 철도부근을 지나다가 또다시 열차의 일본군인들에게 놀림을 당했다. 1931년 10월경 추진구가 두 살 아래인 전용팔을 불러 하소연하니 자기도 작년 10월경 별다른 잘못이 없는데 일본 헌병에게 맞은 일이 있다고 하면서 일본놈을 혼내줄 방안을 강구하자고 하였다.[2)]

　1931년 11월 18일 밤 이들은 같은 동네의 음식점 김원통(金元通)의 집에서 12시까지 음식을 먹고 돌아가던 중, 만주사변으로 파견되는 일제의 군대와 무기 수송열차가 청도역에 도착하고 있는 것을 확인하였다. 평소 일제의 군용열차가 청도역을 통과한다는 사실을 잘 알고 있던 이들은 함께 군용열차를 전복·파괴할 것을 결의하였다. 이에 김광조(金光祚)의 집 부근에서 길이 약 1척, 폭 약 7촌, 높이 약 5촌, 중량 약 4관의 돌 하나를 주워 박근이와 전용팔이 운반, 선로 내의 침목 위에 설치하였다. 그리고 이들은 건널목 서편의 배인상(裵寅相)의 집 앞에서 열차가 지나가다가 전복하기를 기다리고 있었다.

　11월 19일 오전 0시 22분 청도역에 도착한 일본군 제8사단 야포병 제8연대 1개 대대(장교 하사 이하 합계 578명의 전시 무장병)와 보병포·중기관총·필마 등 군용물자를 실은 봉천행(奉天行) 임시 제3군용열차는 0시 24분 청도역을 출발, 27분 건널목을 통과하였다. 그러나 이 돌은 열차의 하부에 장치된 제동장치에 걸려 약 50m 정도 끌려갔으나 열차를 전복시키거나 파괴시키지는 못했다. 이 사건은 선로를 경비하던 철도 보선(保線) 공부(工夫)가 발견하고 역장에게 보고하였고, 경찰의 조사로 전모가 밝혀졌다.[3)]

---

1) 판결문(대구지방법원 1931년 12월 18일) ; 『동아일보』 1931년 11월 22일자.
2) 추진구 공적서.

서지학자 추경화(경남 하동)에 의하면, 청도읍 고수동 이봉학, 조문학, 이기석, 청도군 매전면의 윤인술의 증언에서 이 사건에 대한 현장 검증 때는 청도, 밀양, 대구, 경산에서 구경꾼이 도시락을 지참하고 몰려와 인산인해를 이루었다고 전한다.[4]

1931년 12월 14일 오전 10시 대구지방법원 제4호 법정에서 송하(松下)재판장 주심으로 공판이 개정되어 사실 심리를 마치고, 송전(松前) 검사로부터 준엄한 논고가 있었고, 징역 각 10년씩을 구형하였다.[5] 1931년 12월 22일 오전 10시 대구 지방법원에서 송하재판장 주심으로 언도공판이 개정되어 형법 제128조 및 제126조 제1항에 의해 각각 징역 7년이 언도되어 옥고를 치루었다.[6]

(2) 주도인물 분석

군용열차전복을 추진한 인물은 박근이, 추진구, 전팔용 등이었다. 이들에 대하여 구체적으로 살펴보면 다음과 같다.

① 朴根伊(1908.4.21~?) 이명 朴相根 朴龍述

박근이의 원적은 청도군 종도면(현재 매전면) 덕산리 721번지이고, 본적은 대성면 고수리 312번지이다. 박근이는 청도 토박이로 박대백(朴大伯)과 김연손(金年孫)의 장남으로 출생하였다.[7] 어려서부터 부모의 양육을 통하여 성장하였으며, 집에서 농사에 종사하였다. 21세경부터 동네 안기택(安琪澤)의 집에서 고용인으로 일하였다.[8] 1930년 1월부터 11월까지 이영희 곡물상에서 일을 하였다. 추진구, 전팔용 등과 친하게 지냈다. 1931년 만주사변 발발 이후 철도폭파계획을 추진하다 실패하여 동년 12월 14일 징역 10년을 구형받고[9] 동년 12월 18일 7년 언도를 받았다.[10] 1934년 칙령 19호

---

3) 판결문(대구지방법원 1931년 12월 18일).
4) 박근이 공적서.
5) 『조선일보』 1931년 12월 16일자.
6) 판결문(대구지방법원 1931년 12월 18일) ; 『조선일보』 1931년 12월 16일자.
7) 박근이 가출옥문서.
8) 박근이 가출옥문서.
9) 『조선일보』 1931년 12월 16일.

에 의하여 징역 5년 3월로 감형되었다.[11] 석방 후에도 계속 일경의 감시를 받으며 생활하였는데 친일파의 방해공작으로 직장에서 받아주질 않아 구두닦이, 청소부, 마부 등으로 연명하면서 살았다고 전해진다.[12] 박근이 대구형무소 재소자 신분카드에는 그의 사진이 있다.

② 秋振求(1909~1974)

이명 추근옥(秋根玉), 호 옥당(玉堂) 자 화중(和仲). 청도 토박이로 추기옥(秋基玉)과 김달순(金達順)의 3남으로 경북 청도군 청도읍 고수동 355번지에서 출생하였다.[13] 학교는 다닌 적이 없다. 16세경까지 집에서 농사에 종사하였다. 그 후 다른 집의 고용인으로 일하였으며, 22세 가을경부터 청도역전 앞 이영희 정미소에서 일을 하였다.[14] 종교는 없으며 간단한 한글은 해독한다.[15]

1931년 11월 19일 만주사변을 일으킨 일제의 군용열차 전복을 추진하여 박근이, 전팔용 등과 함께 큰 돌을 청도역 관내 고수동 철로위에 가져다 놓아 기차전복을 기도하다가 미수로 끝이 나고 체포되어 징역 7년을 받았다.[16] 1934년 칙령 제19호에 의하여 징역 7년에서 징역 5년 3개월로 감형되었다.[17] 체포당시 고문당하여 발을 절뚝거리며, 오른쪽 눈을 실명하였다고 전해진다.[18]

③ 全八龍(1911~1963)

호는 호석(昊石), 자는 소우(小牛), 본관은 옥산(玉山)이다. 본적은 각남면(角南面) 화동(華洞) 358번지이며, 당시 주소는 대성면 고수동 384번지이다.[19] 전기근(全基根)

10) 박근이 공적서, 박근이재소자 신분카드.
11) 박근이 가출옥 문서.
12) 박근이 공적서.
13) 추진구 공적서.
14) 추진구 독립유공자평생이력서, 추진구 가출옥문서.
15) 추진구 가출옥 문서.
16) 판결문(1931년 12월 18일) ; 『조선일보』 1931년 12월 16일자.
17) 추진구 가출옥문서.
18) 추진구공적서.

의 장남으로 태어났다. 1915년 10월부터 1919년 11월까지 이영희 선생으로부터 글을 배웠다. 1930년 1월부터 이영희곡물상에서 일을 하였다.[20]

1931년 11월 19일 만주사변을 일으킨 일제의 군용열차 전복을 추진하여 박근이 전팔용 등과 함께 큰돌을 청도역 관내 고수동 철로위에 가져다 놓아 기차전복을 기도하다가 미수로 끝이 나고 체포되어 징역 7년을 받았다.[21] 1934년 칙령 19호에 의하여 징역 5년 3월로 감형되었다.[22]

전팔용 재소자 신분카드(대구형무소)에는 그의 사진이 남아 있다. 전팔용은 고문으로 인하여 허벅지관통상을 입은 후 한쪽 발을 전달하여 목발을 의지하여 일생을 살았다.[23]

2) 동진회의 결성과 활동

(1) 동진회의 결성과 활동

1941년 1월 27일 청도군 청도면 유호동(榆湖洞) 출신의 허남귤(許南橘), 이길우(李吉雨) 등 11명의 20대 청년들이 조직한 독립운동단체 동진회가 재만 독립운동단체와 기맥을 통하고 항일지하운동을 전개하던 중 1943년 7월 일본경찰에 발각되어 관련자 50여 명이 피체된 사건이다.

1937년 중일전쟁 이후 일제의 파쇼적인 폭압정치와 대륙침략전의 전시체제가 한층 고조되고 있던 1941년 1월 27일, 유호동의 20대 청년들은 음력설을 맞이하여 속속 귀향하였다. 이들 귀향 청년들과 마을에 남아있던 청년들은 정미소를 경영하고 있는 박상노(朴相老)의 집에 모였다. 당시 보성전문학교에 재학 중이던 이형우(李亨雨), 철도운송직에 종사하고 있던 백영목(白泳穆), 만주에서 귀향한 이상도(李相道), 충무에서 한약방 견습생으로 있던 허남귤, 마을에 남아있던 김용덕(金龍德, 유천공립보통학교,

---

19) 전팔용판결문.
20) 전팔용 독립유공자평생이력서.
21) 판결문(1931년 12월 18일) ;『조선일보』 1931년 12월 16일자.
22) 박근이 가출옥 문서.
23) 전팔용공적서.

제5회), 박정근(朴丁根, 제3회), 최선호(崔善鎬, 제5회), 이인우(李麟雨)·이상학(李相鶴, 제4회), 이길우·박상노(제4회) 등 11명이었다.[24]

이들은 "오늘 이 자리가 조국과 민족을 위해 헌신할 수 있는 뜻있는 모임이 되게 하자"는 제의를 하고, 동쪽으로 진격하여 왜놈을 꺼꾸러트리자는 뜻에서 회명을 동진회로 정했다. 회장에 허남균, 총무에 이길우가 추대되었다.[25]

동진회는 월 1회 정기모임을 가지고 각자의 활동을 분석하고 수집한 정보를 교환하기로 하였을 뿐만 아니라, 독서와 토론을 통해 민족의식을 배양하기 위한 학습도 실시하기로 하였다. 그리고 동년 7월 만주로 돌아가는 이상도(李相道)에게 재만 독립운동단체와 기맥을 통하고 항일투쟁의 방략을 지령받기로 하였다.[26]

1942년 2월 15일 음력설, 동진회의 회원들은 다시 모였다. 이들은 본격적인 지하운동을 전개하기로 하고, 하부조직인 농민회와 소년독성회(少年獨成會)를 조직키로 하였다. 동년 10월 농민회는 이태우(李泰雨, 유천공립보통학교 제1회), 이현수(李鉉守)·장동주(張東周)·이기우(李己雨)(제2회) 등이 농민들을 선도하여 일제의 강제공출에 대한 반대, 학병·지원병의 모집 반대, 신사참배 거부 투쟁, 악덕 관리의 고발, 배급 부정의 폭로 등 일제의 식민지정책에 대항하였다. 소년독성회는 이상탁(李相卓)·이희우(李喜雨, 1943년 현재 18세, 유천공립보통학교 2년)·박진노(朴珍老, 16세, 3년)·하원구(許元九)·허태근(許泰根) 등 15명으로 조직되었다. 소년독성회는 16·17세의 소년들에게 민족의식을 주입시키고 유사시 행동대원으로 활용하기 위한 조직이었다.

한편 동진회는 일제의 군수품 수송을 방해할 목적으로 철도·경찰·관공서·은행 등 일제의 통치기관을 파괴할 계획을 세우고 있었다. 1943년 9월 총무에 있던 회장 허남균과 기맥을 통하고 있던 만주의 이상도로부터 독립운동단체로부터 폭탄을 배정받았으니 인수하라는 서신이 날아들었다.

24) 독립유공자 공적조서 제출시 작성된 「許南橘의 活動槪要」에 의하면, 11명 외에 許元九도 포함되고 있다.

25) 독립유공자 공적조서 제출시 작성된 「許南橘의 活動槪要」에 의하면, 會長 許南橘, 副會長 李吉雨, 總務 李麟雨, 幹事 朴丁根을 선출했다고 기록되고 있다.

26) 독립유공자 공적조서 제출시 작성된 「許南橘의 活動槪要」에 의하면, 李相鶴도 함께 만주로 파견되고 있다.

허남귤은 충무를 출발하여 부산을 거쳐 만주로 향하던 중, 대전에서 경남경찰부 고등과 외사계 형사 유복문(柳福文)에게 피체되었다.[27] 또 동진회에 관련된 청년 및 소년 50여 명이 피체되었다. 동진회원 50여 명 중 대부분이 방면되고 10명이 1944년 12월 24일 기소되다. 이 중 허남귤은 1945년 1월 8일, 이길우는 1945년 6월 2일 일본경찰의 혹독한 고문으로 부산형무소에서 옥중 순국하였다. 피검을 면한 이상도를 제외한 7명은 공판 계류 중 해방을 맞이하였다.[28]

(2) 주요 인물 분석

동진회에 참여했던 주요 인물들을 살펴보면 다음과 같다.

① 許南橘(1923~1945.1.8) 이명 許南生

경북 청도군 청도읍 내호동 206번지 출생이다. 1941년 2월 경북 청도군에서 독립운동을 목적으로 비밀결사 동진회를 조직하고 소년회 및 농촌친목회 등 하부조직을 이용하여 민족사상 고취와 농민봉기 등을 계획하고 활동하였다. 1943년 7월 만주 독립운동가와 접촉하기 위해 만주로 가던 중 대전에서 체포되어 잔악한 고문을 받아 1945년 1월 8일 부산 형무소에서 순국하였다.[29]

② 李吉雨(1925~1945.6.2)

청도군 청도면 내호리 259번지 출생이다. 1941년 2월 경북 청도군에서 독립운동을 목적으로 비밀결사 동진회를 조직하고 소년회 및 농촌친목회 등 하부조직을 이용하여 민족사상 고취와 농민봉기 등을 계획하고 활동하였다. 1943년 7월 만주 독립운동가와 접촉하기 위해 만주로 가던 중 대전에서 체포되어 잔악한 고문을 받아 부산 형무소에서 1945년 6월 2일 순국하였다.[30]

---

[27] 『부산일보』·『자유신보』·『민주신보』 1949년 4월 23일자.
[28] 권대웅, 「한말 일제하 청도지역의 항일민족운동(미발표논문)」.
[29] 허남귤 독립유공자평생이력서, 허남귤 호적등본에 1945년 1월 8일 형무소에서 옥사함으로 기록되어 있다.
[30] 허남귤 독립유공자평생이력서.

③ 金龍德(1924~)

청도군 청도읍 내호리 259번지 출생이다. 동진회 회원이다. 1943년 9월 14일 일경에 체포되어 부산형무소에서 수감 조사받다 8·15해방으로 석방되었다.[31]

④ 朴丁根(1923~)

본적은 청도군 청도면 사촌리이고, 주소는 청도면 내호리 259번지이다. 1941년 2월 동진회를 조직하여 활동하였다. 1943년 7월 일제의 전력소모를 위하여 국내 중요시설을 파괴할 목적으로 화약을 중국에서 반입하기로 결정하고 동지 허남귤을 밀파하였으나 대전역에서 일경의 불심 검문으로 검거되자 조직내부가 탄로되어 1943년 9월 김광호(金光浩) 외 10명의 형사대에 검거되었다.[32]

⑤ 李相鶴(1925~)

청도군 청도면 내호리 259번지에서 출생하였다. 1941년 2월 동진회 조직에 가담하여 농민회와 독립소년회를 구성하여 회원으로 활동하였다. 동년 7월 회의 지시를 받아 만주의 동지들과 접선기도하였으나 실패하고 귀국하였다. 그 후 농민계몽운동을 전개하는 한편 징용 및 공출 반대를 선전하다 체포되어 2개월의 옥고를 치렀다고 한다.[33]

⑥ 朴相老(1925~)

본적은 청도면 사촌리이다. 주소는 청도면 내호리 259번지이다. 1938년 3월 밀양군 상동보통학교를 졸업하였다. 1941년 2월 음력설에 동진회를 조직하여 활동하였다. 동진회 조직 장소는 당시 박상노 본인의 집이었다. 회원 박정근은 박상노의 3촌이다. 부산형무소로 1944년 2월 신병이 이감되어 해방 후 부산형무소에서 출옥하였다.[34]

해방 후 부신시청 토목과, 부산전매청 등지에서 근무하였다. 1951년 청도면 사촌동

---

31) 김용덕 지문조회문에서 구속된 사실이 확인됨.
32) 당시 일경 김광호 입증.
33) 이상학 공적서.
34) 박상노 작성 독립유공자평생이력서.

에서 정미소를 경영하였으며, 1971년부터 1974년까지 청도군 내호동 새마을운동 지도자로 일하였다. 1982년 청도군 농협 단위조합 총대에 선출되었다. 1985년에는 청도축산업 협동조합 총대에 선출되는 등 활발한 활동을 전개하였다.[35]

⑦ 白泳珍(1924~)

청도면 유호리 516번지 출생이다. 동진회 회원이다. 1944년 2월 15일 부산형무소에 수감되었다가 광복 후 석방되었다.

⑧ 金鍾允(1925~1944)

청도군 대성면 내호리 170번지에서 1925년 출생하였다. 초등학교를 졸업한 후 친형 김찬규가 거주하는 만주 봉천에서 생활하면서 형과 함께 산해 임시정부 김구 주석, 독립군과 접촉하였고, 친형은 중간 역할을 하였다. 이후 1941년 고향을 여러차례 방문하여 허남률, 이길우 동지들과 동진회를 결성하고 항일투쟁을 결의하였다. 초등학교 동기 이길우와 1942년 1월부터 부산항에 선박 군수물자 이동상황을 탐지, 경부선 유천철교 폭파계획을 세우고 상해 독립군에 폭탄 입수를 위해 만주로 가던 중 1943년 5월 말경 신의주에서 일제 불심검문에 암호문서가 발각되어 즉시 인천소년형무소에 수감된 후 고문으로 1944년 2월 10일 오전 10시 40분 옥중에서 순국하였다.[36]

3) 대구사범학교 비밀결사 연구회와 다혁당에의 참여

(1) 대구사범학교 연구회에 참여한 안진강(安津江, 이명 安津一, 1922~1953)

1922년 4월 18일 김천군 김천읍 남산동 11-3번지에서 출생하였다. 1936년 3월 대구사범학교에 입학하였다. 1939년 일제가 전시동원체제의 일환으로 근로보국대라는 이름하에 학생들에게 노동을 강요하였을 때 대구사범학교는 왜관(倭館)에서 경부선 철

35) 박상노 독립유공자평생이력서.
36) 김종윤의 동생 김종진이 작성한 김종윤 이력서.

도의 복선공사에 동원되었다. 공사 중 한일 학생 간에 충돌이 발생하였고 이것을 계기로 대구사범학교 학생들이 반일적 행위를 하였다. 그로 인해 조선인 학생들이 퇴학 및 정학 처분을 받기도 하였다. 이 왜관에서의 학생 사건이 이후 대구사범학교의 학생운동에 직접적으로 영향으로 미쳤다. 대구사범학교에는 문예부 · 연구회 · 다혁당 등 3개의 비밀결사가 조직되어 서로 연관을 가지며 활동하였다. 연구회(研究會)는 1941년 1월 23일 이무영의 하숙집에서 안진강과 장세파 · 이태길 · 안진강 · 김영복 · 이무영 · 최낙철 · 강두안 · 윤덕섭 등 9명이 결성하였다.

담당 부서는 참여자의 전공을 부서로 정하였다. 안진강은 종교부를 담당하였으며, 교육부 임병찬, 공업부 겸 사무원 장세파, 문학부 이태길, 이과부 및 사무원 김영복, 전기과학부 이무영, 지리부 최낙철, 문예부 강두안, 수학부 윤덕섭, 물리부 윤영석, 역사부 이원호, 정치경제부 오용수, 농업부 박제민, 음악부 양명복 등이었다.[37]

안진강은 1941년 3월 대구사범학교 심상과를 졸업하고, 동년 4월 1일 조선공립학교 훈도에 임명된 후, 동년 4월부터 11월까지 청도에서 대구사범학교 은사인 김영기(金永驥)가 저술한 고시조 100수를 학생들에게 가르치며 민족의식을 고취하였다.[38] 동년 11월 청도군 매전초등학교에 근무 중 문관징계령에 의해 면직되었으며, 동년 12월 치안유지법 위반으로 일경에 체포되어 대전형무소에 수감되어 2년 6개월간 옥고를 치렀다.[39] 1953년 8월 7일 구미 원평에서 사망하였다.[40]

(2) 다혁당에 참여한 최태석(崔泰碩, 1920~)과 이종악(李鍾岳, 1923~)

최태석과 이종악은 1941년 2월 15일 권쾌복 · 최영백 · 김효식 · 김성권 · 이도혁 · 문덕길 · 배학보 · 서진구 · 이주호 · 박호준 · 이홍빈 등 9기생과 함께 다혁당(茶革黨)을 결성하였다.[41] 다혁당이라는 비밀결사의 이름은 이홍빈의 제안으로 결정하였는데 그

---

[37] 김일수 작성 『독립운동사 사전』(독립기념관), 「대구사범학교 독서회사건」 ; 1943년 2월 8일자 新井孝瀋 등 35인 예심종결결정 대전지방법원.
[38] 『한매 김영기선생 고희기념논문집』, 형설출판사, 1971, 440쪽.
[39] 독립운동사편집위원회, 『독립운동사자료집』 13, 801~829쪽 ; 『신분장지문조회 회보』, 1943년 2월 8일자, 「新井孝瀋 등 35인 예심종결결정 대전지방법원」.
[40] 안진강 독립유공자평생이력서.

의미는 영웅은 '다색'을 좋아함이며, '혁'은 혁명을 뜻하였다. 다혁당은 표면상으로는 문예의 창작·학술의 연구·사람다운 사람 등으로 표방하였으나 학술을 통하여 민족 독립의 역량을 확대시켜 독립을 쟁취하고자 하였다.

다혁당은 목적을 달성하기 위하여 당원의 규약을 정하였다. ①당원은 비밀을 엄수한다, ②당원은 매월 2회 회합하고 당수 부당수 및 각 부장은 매주 1회 이상 회합한다, ③당원은 당수의 명령에 절대 복종한다, ④정당원은 결단식에 참가한 자에 한한다 등이었다.

다혁당의 조직체계는 당수(권쾌복), 부당수(배학보) 아래에 총무부(최영백)·문예부(이동우)·예술부(권쾌복)·운동부(이도혁) 등 4개 부서를 설치하였다. 그리고 4개 부서 아래에 각 분야별 책임자를 두었다. 다혁당의 활동을 보면 우선 우리 글로 된 역사 문화 서적을 읽고 토론회를 개최하여 민족의식을 고취하고자 하였다. 둘째, 군사적 행동을 취할 때를 대비하여 군사훈련을 실시하였다. 셋째, 축구 등 운동을 통하여 학교 간의 교류를 실시하고 이를 기반으로 하여 민족의식을 공유하고자 하였다. 넷째, 방학을 이용하여 각자의 고향에 야학을 개설하고 문맹퇴치와 우리글과 우리 문화 보급에 노력하였다. 다섯째, 하급생을 지도하여 민족의식을 지속적으로 가질 수 있도록 활동하였다.

다혁당은 1941년 여름 충남 홍성에서 교사로 근무하던 8기생 정현(鄭鉉)이 갖고 있던 『반딧불』이 일제 경찰에 발각되면서 와해되었다. 이때부터 약 2년 동안 검찰 조사를 받았으며 1943년 2월 8일에 예심이 종결되었다. 1943년 12월의 최종 판결에서는 35명에게 5년에서 2년 6개월의 실형이 언도되었다. 그 가운데 박제민·강두안·박찬웅·장세파·서진구 등 5명은 해방을 맞이하지 못하고 옥중에서 사망하였다.[42]

다혁당에 참여환 최태석은 청도군 매전면 송원리 173번지에서[43] 부친 최용달(崔達龍)과 모친 김순금(金順今) 사이에서 출생하였다.[44] 1940년 1월 동지들과 함께 비밀

---

[41] 정병준, 『광복직전 독립운동세력의 동향』, 한국독립운동사편찬위원회, 독립기념관 한국독립운동사연구소, 2009, 189쪽.
[42] 김일수 작성 『독립운동사사전』(독립기념관) 「대구사범학교 독서회사건」.
[43] 1943년 2월 8일자 新井孝潘 등 35인 예심종결결정 대전지방법원.

기관지『반딧불』을 간행하였다.[45] 최태석은 이 잡지에「그름 한점 없이 개인 어느 중추의 오후」라는 시를 게재하였다.[46]

1941년 8월 다혁명에 대한 전국적인 선풍이 불자 최태석은 동년 9월 대구경찰서 형사대에 검거되어 공주경찰서에 수감되고, 동년 11월 13일에 대전형무소에 이감되었으며, 1941년 11월 7일 대전지방법원으로부터 기소되어 근 2년간의 예심을 거쳐 1943년 2월 8일 예심이 종결되고 1943년 11월말 징역 2년 6월을 언도받고 1945년 3월 6일 만기 석방되었다. [47]

이종악은 매전면 장연동 366번지에서 출생하였다. 매전국민학교를 졸업하고, 1937년 대구사범학교를 입학하였다. 다혁당에서 활동하였으며, 1941년 12월 31일 5학년 재학 중 퇴학 처분을 당하였다.[48] 그 후 체포되어 치안유지법 위반으로 수형생활을 하였다.[49]

4) 조선민족사상연구회 참여

청도군 이서면 칠엽동에 거주하던 밀양공립농업학교 3학년생이었던 최익생(崔翼生, 1916~)은 밀양군 읍내 이동(二洞)에 거주하는 장길명(張吉命)의 지도에 의하여 동교 2학년생 손봉식(孫鳳植)과 1학년생 이상조(李相朝)를 포섭하여 1932년 5월 농업학교 내에 L회(조선민족사상연구회)라는 비밀결사를 조직하였다.[50] 동년 7월 7일 치안유지법 위반으로 인치되었으나, 동년 7월 25일 부산지방법원 검사국에서 기소유예 처분을 받았다.[51] 1932년 10월 출옥한 후 고향에서 야학당을 설치하여 활동 중 일제의 방해와 탄압으로 활동이 여의치 않자 만주로 피신하여 계속 독립운동을 전개하였다.[52]

---

44) 최태석 제적부.
45) 최태석 공적서.
46) 반딧불 참조.
47) 최태석이 1977년 작성한 구술서.
48) 독립운동사편찬위원회,『독립운동사자료집』13, 806~824쪽.
49) 이종악 신분장 지문원지(1941년 10월 29일 충남 예산 경찰서 작성).
50) 고등경찰관계적록(1936), 99쪽.
51) 신분장지문원지(최익생).
52) 최익생 자필이력서.

3. 국외 독립운동

1) 한국광복군에의 참여

(1) 한국광복군의 성립과 활동

대한민국임시정부는 1940년 9월 17일 충칭(重慶)의 가릉빈관(嘉陵賓館)에서 '한국 광복군총사령부 성립전례식(成立典禮式)'을 거행하였다. 총사령부와 3개 지대를 광복 군 부대편제의 기본골격으로 삼았다. 그런데 1941년 1월 1일 시안에서 독자적으로 활 동하던 한국청년전지공작대(韓國靑年戰地工作隊)가 편입되면서, 지대가 하나 더 편 성되었다. 이들은 제5지대로 편제하였다. 이로써 광복군 조직은 총사령부와 단위부 대로 4개 지대를 갖추게 되었다.

총사령부와 지대라는 기본골격 자체에는 변함이 없었지만, 1942년 조선의용대가 편입되면서, 기존의 부대편제를 대폭 개편하였다. 총사령부에 부사령제가 신설되었 고, 조선의용대 대장인 김원봉(金元鳳)이 부사령에 임명되었다. 그리고 조선의용대를 제1지대로 편제하고, 기존의 제1·제2·제5지대는 통합하여 새로 제2지대로 편성하였 다. 제1지대는 충칭에 본부를 두었다. 지대장은 총사령부 부사령인 김원봉이 겸임하 였다. 편성 당시 대원들은 약 40명이었다. 지대의 조직은 지대본부와 2개 구대(區隊) 로 구성되었다. 지대본부는 충칭에 있었고, 구대는 호북성(湖北省) 노하구(老河口)와 절강성(浙江省) 진화(金華)에서 활동하였다. 제2지대는 시안에 본부를 두었다. 지대 장은 총사령부 참모장이었던 이범석(李範奭)이 임명되었다. 제2지대는 초창기 3개 지 대가 통합한 것으로, 편성 당시 약 80여 명의 대원을 확보하였다. 총무조와 정훈조로 구성된 지대본부, 산하에 3개 구대를 편성하였다. 제3지대는 안위성(安徽省) 부양(阜 陽)에 본부를 두었다. 김학규(金學奎)를 지대장으로 한 제3지대는 처음에는 편제상으 로만 조직되어 있었다. 김학규를 비롯한 대원들은 1942년부터 안위성 부양을 중심으 로 초모활동(招募活動)을 전개하여, 상당한 성과를 거두었다. 또 일본군 내의 한적사 병(韓籍士兵)들이 탈출해 온 경우도 많았다. 이들을 기반으로 1945년 6월 제3지대가

정식 발족되었다. 이외에 제3전구공작대, 제9전구공작대, 토교대(土橋隊) 등의 이름을 가진 조직이 있었다. 제3전구 공작대는 김문호(金文鎬)를 중심한 징모 제3분처가 중국군 제3전구 지역에 파견되어 활동한 것을 말한다. 제9전구 공작대는 중국군 제9전구 지역에서 활동한 광복군 병력을 가리키는 것이고, 토교대는 충칭에 모여드는 한인청년들을 토교에 수용하여 편성한 일종의 보충대였다.

광복군이 주력한 활동의 하나는 병력 모집이었다. 병력 모집은 창군계획 단계부터 그 방향이 설정되었다. 만주지역의 한인장정을 비롯하여, 중국대륙과 일본군 점령지역에 이주해 있는 한인청년들, 그리고 일본군으로 끌려나온 한적사병 등을 대상으로 모집하는 것이었다. 광복군 창설 이전인 1939년 말 군사특파단을 최전방 지역인 시안에 파견하여 일본군이 점령하고 있던 화북지역의 한일청년을 대상으로 초모활동에 들어갔다. 같은 시기 무정부주의 계열의 한국청년전지공작대도 서안을 거점으로 초모활동을 전개하고 있었다. 1940년 말 전지공작대는 1백여 명의 대원을 확보하는 성과를 거두었고, 이 병력을 이끌고 광복군에 편입하여 제5지대가 된 것이었다. 광복군 창설 후 초모활동은 체계적으로 전개되었다. 모병(募兵)을 위한 기구로 군무부 산하에 징모처(徵募處)를 설치하고, 대동(大同)·포두(包頭)·상요(上饒)·서안(西安)·부양 등지에 징모분처를 파견하였다. 초모활동은 일종의 비밀지하공작으로, 대체로 세 단계로 진행되었다. 공작대원들이 일본군 점령지역에 들어가 거점을 마련하고, 이를 기반으로 그곳에 이주해 있는 한인청년들을 포섭하며, 포섭한 청년들을 광복군 지역으로 데리고 나오는 것이었다. 이 과정에서 거점이 탄로나거나 공작대원들이 일본군에 체포되는 경우도 있어, 희생도 적지 않았다. 그렇지만 이것이 중국땅에서 병력을 모집할 수 있는 유일한 방법이었고, 상당한 성과를 거두었다. 이외에 일본군으로 끌려나왔던 한인청년들이 탈출하여 광복군을 찾아오기도 하였고, 중국군으로부터 투항 사병이나 포로를 인수하여 광복군에 편입시키기도 하였다. 그리고 한국청년훈련반(韓國靑年訓練班, 한청반)과 한국광복군훈련반(韓國光復軍訓練班, 한광반)과 같은 '임시훈련소'를 설치 운영하였다. 초모하거나 일본군을 탈출해 온 한인청년들에게 교육과 훈련을 실시하기 위한 것이었다. 한청반은 시안에 설치되었고, 주로 화북일대에서 초모해 온 청년들을 수용하여 총사령부 간부들이 교육훈련을 시켰다. 한광반은 부양에서 활동하는 징모 제6분처가 운영하였는데, 주로 일본군을 탈출한 학병들이 훈련을 받았다.

광복군의 창설과 활동상황을 국내외 동포에게 알려 참여와 지원을 촉구하고, 또 국제적 여론과 협조를 이끌어내기 위한 목적으로 선전활동을 전개하였다. 충칭의 국제방송국을 이용하거나, 선전물 발행·연극공연 등 여러 가지 방법이 동원되었다. 선전활동의 담당부서는 총사령부 정훈처의 선전과였다. 1941년 2월부터는 국한문본과 중국어본으로 기관지 『광복(光復)』을 발행, 국내외 동포 및 중국인들에게 배포하였다. 또 연합군과 공동작전을 전개하였다. 영국군의 요청으로 한지성(韓志成)·문응국(文應國) 등 9명으로 구성된 인면전구공작대(印緬戰區工作隊)를 파견하였다. 1943년 8월 인도에 도착한 이들은 영국군으로부터 일정한 교육을 받은 후 영국군에 배속되었다. 그리고 1944년 3월 영국군과 일본군이 대접전을 벌였던 임팔(Impal)전투를 비롯하여, 1945년 7월 일본군이 완전히 패퇴할 때까지 띠마플·티딤·비센플 등 미얀마 각지에서, 2년여 동안 영국군과 대일작전을 전개하였다. 미국 전략첩보기구인 OSS와도 독수리작전(The Engle Project)이란 이름으로 공동작전을 추진하였다.[53]

(2) 청도인의 광복군 참여

청도출신 가운데 징병 등으로 인하여 중국으로 파견된 경우 임시정부가 있다는 소식을 듣고 일본군을 탈출하여 광복군에 입대한 경우가 보이고 있다. 이들 개개인의 약력을 소개하면 다음과 같다.

① 한일근(韓一根, 1924~1949)

본적은 경북 청도군 청도면 고수리 492번지이고, 출생은 영일군 포항면 523번지이다. 1937년 4월 대구공립보통학교에 입학하여 1941년 12월에 졸업하였다. 1941년 4월부

---

53) 韓詩俊, 『韓國光復軍硏究』, 일조각, 1993.

터 1944년 7월까지 대구 미창(米倉)주식회사에 근무하였다. 1939년 대구로 전출하였
으며, 1944년 8월 징병 1기로 평양 44부대에 입대하였다.[54] 1944년 10월 중국 북지 일
본 개부대(開部隊)를 탈출하여, 악주(岳州)지방 중국군 유격대와 합류하였다. 그리고
제9전구와 합동으로 장사(長沙)전투에 참여하였다. 1945년 1월 중국 강서성(江西省)
의춘(宜春)에서 비호대 부대의 창설에 참여하였다.[55] 1945년 4월 비호대가 한국광복
군 제1지대 제3구대에 편입되자 제3분대의 1반장으로 활동하였다.[56] 1946년 6월 이범
석 장군 인솔 하에 귀국하였다.

② 김해득(金海得, 1924~)

청도군 각북면 우산리 158번지 출생이다. 1943년 10월 중순 평양 42부대에 입대하
여 중국 남경지구로 출정, 현지에서 군사교육을 받고 제6213부대에 배속되었다. 무호
(蕪湖)에 주둔 중 광복군 지하공작반의 선전문을 통하여 중경임시정부와 광복군의 항
일투쟁의 상황을 듣고 깊이 감격하여 독립군이 되겠다는 굳은 결신으로 일본군에서
동지를 규합하였다. 정보를 교환하며 탈출의 기회를 엿보던 중 1944년 5월 5일 토벌
적전에 참전 차 이동 중 완전무장으로 야간을 이용하여 신인식(申仁植), 안담용(安潭
容), 이언권(李彦權), 김해득 4명이 탈출을 감행하여 무사히 일본군 지역을 벗어나 중
국인의 안내로 중국군 유격대에 인도되어 엄격한 심사결과 한국인으로 인정받고 광
복군 무호지구공작대 유임창(柳任昶)과 접촉, 그로부터 서파(徐波) 동지에게 상신되
어, 1944년 5월 16일부로 한국광복군 초모위원 서파동지로부터 무호지구지하공작원
으로 임명장을 받고 무호일대를 거점으로 공작활동을 전개하는 한편 중앙군 유격대
의 일원으로 유격대에 가담하여 여러 항일첩보활동을 전개하고 동포청년의 포섭활동
과 특히 일본군 내 한국인 병사의 탈출공작과 군자금 조달 등 지하공작활동을 전개하
였다.

54) 한일근 독립유공자 평생이력서.
55) 비호대친목회, 『비호대사』, 1976, 3 · 10쪽.
56) 독립운동사편찬위원회, 『독립운동사』 6, 1975, 451쪽.

1944년 11월 광복군 총사령부 집결 명령을 받고 1945년 1월 초에 중경임시정부에 도착하였다. 소정의 군사교육을 받고 1945년 4월 광복군 총사령부 경위대에 편입하여 활동하였다.[57] 1946년 5월 남경에서 출발하여 동년 6월 귀국하였다.[58]

③ 윤봉갑(尹奉甲, 1924~1982)

이서원 서원리 90번지에서 출생하였다. 1943년 10월 일제에게 징집되어 중지파견 일본군 춘(椿)8642부대에 배속되어 있으면서 중국 중경에 대한민국임시정부와 광복군이 있다는 소문을 들었다. 이에 1944년 12월 8일 일본군 부대에서 38식 장총 1정과 동 실탄 160발, 수류탄 등을 가지고 중국 장사부근 평강에서 이용덕 동지와 탈출에 성공, 중국 별동대, 유격대에 편입되어 수차례에 걸쳐 일본군과 접전하여 10여 명을 살해하였다. 1945년 1월 8일 임시정부로 이동하여 토교대에서 정치 및 군사훈련을 받고 광복군 경위대에 편입되었다. 그곳에서 임정요원 경호 업무를 수행하다가 1946년 6월 8일 광복군 총사령부 귀국령에 의하여 참모총장 이범석 장군 인솔하에 임시정부 요인 가족과 함께 귀국하였다.[59]

④ 손기달(孫基達, 1912~)

경북 청도군 금천면 방지도에서 출생하였다. 1933년 3월부터 봉천성(奉天省) 철령시(鐵領市) 만주조선청년회와 한족회에 가담하여 김동숙(金東淑, 일명 剛石) 등과 활동하다가 체포되어 28일 만에 석방되었다. 그러나 재차 체포한다는 정보가 있어 동년 6월 동지들인 김언수(金彦洙), 이규철(李圭哲), 김만보(金萬保) 등은 철령을 탈출하여 북경으로 망명하였고, 손기달은 밀산으로 탈출하여 활동하였다. 1937년 9월 북경에 도착한 후 이규철, 김만보 등과 재회하여 활동하다가 1940년 3월에는 북경에서 조해룡(趙海龍) 등을 포섭하고 독립운동을 전개하였다. 1943년 3월 중경임시정부 김학규

---

57) 김승학, 『한국독립사』, 독립문화사, 1966, 305쪽.
58) 1978년 12월 김해득이 직접 작성한 활동서.
59) 1977년 윤병갑이 직접 작성한 공적서.

(金學奎) 장군과 연락되어 있는 홍파(洪坡) 최석해(崔石海) 등과 함께 활동하였다. 1943년 6월 광복군 지하공작책 김광언(金光彦)과 접선하여 한국독립당 화북지당부 조직과 적정 탐지, 광복군 초모 활동을 하였다. 1944년 5월 지하공작 임명장을 받고, 1944년 9월 동삼성 심양(瀋陽)에서 동북지구 특파원 김근수(金根洙)와 접선하여 북만 주지역의 일본군 정보를 수집하였다. 1945년 2월 화북지역 특파공작원 조병찬(趙炳瓚) 등에게 군자금을 제공하였다.[60]

⑤ 김의명(金義明, 1924~1950)

청도군 각남면 사동 1063번지에서서 출생하였다. 1937년 향리에서 풍각공립보통학교를 졸업하였다. 1937년 3월부터 1941년 9월까지 서울과 대구에서 운수회사에서 운공 보조로 일하였다. 1941년 9월부터 1943년 3월까지 서울에서 백조(白鳥)악극단 운송 요원으로 일하였다. 1944년 10월 김광언(金光彦) 등과 함께 중국 천진에서 안휘성 부양(阜陽)으로 가 1945년 1월 광복군 제3지대에 입대하여 활동하였다.[61] 그 후 1944년 10월까지 화북일대에서 초모공작을 담당하였다. 1945년 9월부터 1946년 6월까지 중국 상해에서 임시정부 주호편사처(주임 김학규장군)수행 부관 겸 운전요원으로 일하였다. 1950년 2월 교통사고로 사망하였다.[62]

⑥ 박종락(朴鍾洛, 1924~)

청도군 각북면 우산리 181번지에서 출생하였다. 1937년 3월 풍각면 소재 풍각동립보통학교를 졸업하였다. 1937년 일본으로 가 1937년 4월부터 1939년 3월까지 약송(若松)시 소재 약송고등소학교를 다녀 졸업하였다. 1937년 5월부터 1944년 7월까지 약송 시에서 상업에 종사하였다.[63] 1944년 9월 10일 일본군에 징병되어 중국 호남성 악양(岳陽)에 파견되어 복무중 1945년 1월 3일 일본군을 탈출하여[64] 1945년 4월 초 제9전

60) 1977년 손기달이 직접 작성한 공적서.
61) 독립운동사편찬위원회, 『독립운동사』 6, 411쪽.
62) 김의명 독립유공자 평생이력서.
63) 박종락 독립유공자 평생이력서.

구 유격대에 속하여 중국 대일공작을 하고, 비호대를 조직하여 활동하였다. 1945년 4월 비호대가 광복군 제1지대 제3구대에 편입되자 강서성 의춘(宜春)의 광복군 제1지대 제3구대 제3분대에 소속되어 활동하였다.[65]

1946년 5월 귀국 후 농사를 짓다, 1947년 7월부터 1973년 8월까지 각북면사무소에서 주사보로 근무하였다.[66]

⑦ 박기수(朴基洙, 1924~)

청도군 풍각면 덕양리 1157번지에서 출생하였다. 1944년 8월 12일 함흥 44부대에 입대하여 중국으로 배치 받은 후 1944년 9월 초 호남성 형산(衡山)에서 동지들과 함께 야간을 이용하여 탈출에 성공하여 중국인 집에서 은신 중 일본군의 공격을 받아 죽을 고비를 넘겼다. 1944년 9월 10일경 중국 유격대에 정보를 제공하던 중 김경화(金慶華)와의 만남으로 한국인임이 확인되어 광복군에 현지 입대하였다. 1945년 2월 2일 중국 중앙군 제9전구 유격대 특무대에서 일본군 중 한국국적 병사의 탈출임무에 진력하였다. 1945년 4월 초 강서성 의춘(宜春)에서 한국의용군 비호대에 입대하여 활동하였다. 1945년 4월 20일 광복군 제1지대 제3구대에 입대하여 중국군과의 합동작전에 참여하여 특수공작으로 일본군 10여 명을 생포하였다.[67]

⑧ 반양환(潘良煥, 1924~)

청도순 이서면 구라동 158번지에서 출생하였다.[68] 1944년 9월 20일 징병 1기로 징집되어 일군 42부대에 입대하였다. 동년 12월 초까지 북경 서남에 있는 역현(易縣)에서 군사교육을 받았다.[69] 1945년 3월 북지파견군 제2994부대 야(野) 12부대에 배속되어[70] 호남성 환산(桓山) 등지에서 근무 중 1945년 3월 윤봉갑, 김해득과 함께 탈출하

---

64) 1985년 박종락이 직접 작성한 독립유공자공적서.
65) 독립운동사편찬위원회, 『독립운동사』 6, 450~453 · 621쪽 ; 비호대친목회, 『비호대사』, 11쪽.
66) 박종락 독립유공자 평생이력서.
67) 1984년 박기수가 직접 작성한 공적서.
68) 유수명부(岐本良煥).
69) 『부산일보』 1992년 8월 15일 ; 9월 23일 ; 1998년 8월 14일자.

여 중국 중앙군에 있다가 1945년 봄 제1진으로 토교에 도착, 광복군에 입대한 후 총사령부에서 활동하였다. 해방 후 1946년 5월 귀국하였다. 이후 청도군 이서면에서 농사에 종사하였다.[71]

⑨ 김원진(金元鎭, 1926~)

1926년 2월 28일 청도군 이서면 양원동 391번지에서 출생하였다. 1943년 육군 지원병으로 강제징용되어 훈련소에 입소하고 1944년 1월 10일 중국 37사단 보병 226연대에 입대하였다. 중국 파견군 직할부대 사단 보병 제236연대에서 육군병장으로 1945년 11월까지 복무하였다. 그 후 중국에서 광복군으로 근무한 후 1946년 3월 귀국하였다.[72] 그는 탕수진 광복군 제3지대 제9대에서 활동하기도 하였다. 그리고 그는 중국에서의 일들을 『호전부대 조선인회고록』, 『마안산(馬鞍山)특지단 붕우 인명록』을 발행하였다.[73]

2) 만주 조선혁명군

(1) 조선혁명당과 조선혁명군의 성립과 활동

조선혁명당은 1929년 12월 20일 중국 요녕성(遼寧省) 신빈현(新賓縣)에서 '민족유일당조직동맹'을 바탕으로 창건된 남만주 지역의 독립운동 정당이다. 조선혁명당은 중앙당부에 7부 3위원회를 설치하고 과거 국민부와 민족유일당조직동맹에 속했던 조선혁명군을 당군으로 개편하여 이 독립군 부대의 영도를 맡았다. 1930년경의 중앙당 조직과 주요 간부는 중앙집행위원회 위원장 현익철(玄益哲), 정치부 부장 현정경, 군사부 부장 이웅(李雄), 조직부 부장 고이허(高而虛, 본명 崔容成), 외교부 부장 최동오(崔東旿), 재무부 부장 장승언(張承彦), 교육부 부장 김보안(金保安). 선전부 부장 고활신

---

70) 임시군인군속계(1945년 3월 1일).
71) 반양환 독립유공자 평생이력서.
72) 임시군인군속계, 유수명부, 병적전시명부.
73) 일제강제동원진상규명위원회 소장자료.

(高豁信)이었다. 이때 군사부장은 조선혁명군 사령관을 겸임하였다. 조선혁명당은 철저한 비밀조직으로서 국민부와 조선혁명군의 활동을 후원하고, 양 조직의 이념과 정책을 제시하는 전위조직의 역할을 맡았다.

1931년 9월 18일 이후 일본의 만주 침략이 본격화하고 이듬해 3월 일제의 괴뢰국인 '만주국'이 세워졌다. 이에 따라 만주 각지에서 중국인 항일의용군이 봉기하여 항일무장투쟁이 고조되었다. 이에 조선혁명당은 종래의 독자적인 투쟁방식을 탈피하여 중국인들과의 연합작전을 모색하게 되었다.

조선혁명당·국민부·조선혁명군의 주요 간부들은 1932년 1월 중순 신빈시엔 서세명(徐世明)의 집에서 시국대책회의를 열었다. 그러나 이를 탐지한 일본 영사관 및 중국 경찰에게 포위되어 당 중앙집행위원장 이호원과 조직부장 이종건(李鐘乾), 조선혁명군 사령관 김보안(본명 金俊澤) 등 10여 명의 핵심적 간부들이 체포되어 큰 타격을 받았다. 또 같은 해 2월 국민부 위원장이던 양기하(梁基瑕)가 관전현(寬甸縣)에서 전사하는 등 어려움이 가중되었다. 그러나 조선혁명당은 후임 당수에 고이허를 선임하는 등 조직과 이념을 재정비하였다. 1932년 4월 말 조선혁명당은 당취오(唐聚伍)가 이끄는 '요녕민중자위군'에 김학규 등 대표를 파견하여 연합투쟁 문제를 협상하였다. 그 결과 조선혁명군과 요녕민중자위군은 남만주일대에서 모두 200여 차례의 많은 전투를 치르며 크게 활약하는 성과를 거두었다. 그러나 1934년 9월 조선혁명군 사령관 양세봉이 피살되고, 일제의 회유 및 '토벌'작전, 집단부락의 설치 등으로 독립운동의 기반인 한인사회와 급격히 유리되었다. 그에 따라 조선혁명당의 활동도 점차 어려워졌다. 이러한 상황에서 국민부와 조선혁명당은 크게 위축된 반면, 항일무장투쟁을 전담하는 조선혁명군의 역할은 더욱 커졌다.

이에 조선혁명당은 비상조치를 강구하였다. 즉 1934년 11월 11일 주민들의 여론수렴 기관인 '군민대표자회의'를 열고 기존의 국민부와 조선혁명군을 통합하여 '조선혁명군정부'를 조직한 것이다. 한편 조선혁명당은 국제정세의 흐름에 따라 일본이 전쟁을 도발할 것으로 전망하였다. 그에 부응하여 '조선'의 독립을 달성하기 위해 만주 이외에 국내에서도 동지를 규합하고, 남경·상해 등지 독립운동 세력과 연계를 도모하였다. 이에 따라 국내에 '조선내공작위원회'를 설치하였다. 그러나 조선혁명당의 어려움은 계속되었다. 1936년 12월 당의 핵심적 이론가인 고이허가 체포되어 이듬해 2월 심양에서 피살·순국하였다. 또 1937년 5월 조선혁명군정부 총령 김동산도 일제의 공세를 견디지 못하고 투항하였다. 이러한 위기상황에서 당 중앙위원이자 조선혁명군의 주요간부인 박대호(朴大浩)·최윤구(崔允龜) 등과 60여 명의 대원들은 1938년 3월 중국공산당계의 동북항일연군(東北抗日聯軍)에 합류하여 항일투쟁을 계속하였다. 이념을 달리하는 중국 항일세력과 연대한 것이다. 이러한 결정은 오늘날 한·중 양 민족의 새로운 협동전선을 구축한 것이라고 높이 평가되고 있다. 1938년 후반 일제 및 만주국 군경의 탄압이 강화되면서 조선혁명당의 활동은 더욱 어려워졌다. 결국 조선혁명당과 산하 독립군인 조선혁명군의 활동은 당 중앙위원이자 조선혁명군 사령관인 김활석(金活石) 등이 1938년 9월에 체포되면서 종말을 고하였다.[74]

(2) 조선혁명군과 청도인

① 박대호(朴大浩, 1895~1947)

청도군 화양면 고평리 출신이다. 1908년부터 1912년까지 청도에서 한문을 공부하였다. 1913년 3월 환인현으로 이주하였다.[75] 1922년 중국 요녕성 환인현에서 통의부 대원으로 활동하였으며, 1923년 의군부의 참모,[76] 1924년 참의부의 제5중대장으로 활동하였다.[77] 1932년에는 조선혁명군 제1로 사령관이 되었고 1934년에는 조선혁명당 집행의원 및 군사위원, 조선혁명군 부사령으로 압록강 연안의 여러 현을 담당하여 일본군을 사살하고, 일본 관청을 파괴하였다. 1935년 도운 조직부장이 되어 항일전을 전개하였고, 1938년 초에는 조선혁명군 잔여부대를 이끌고 동북항일연군 제1로군에 가담하여 활동하였다.[78] 1943년 2월경 일경에 체포되어 무송현(撫松縣) 감옥에 감금

---

74) 장세윤, 「재만 조선혁명당의 민족해방운동 연구」, 성균관대학교 박사학위논문 1997 참조.

75) 박대호 독립유공자 평생이력서.

76) 독립운동사편찬위원회, 『독립운동사』 5, 436·462쪽.

77) 문일민, 『한국독립운동사』, 애국동지회, 1956, 263쪽.

78) 채근식, 『무장독립운동비사』, 공보처, 발행연도 미상, 168쪽 ; 『국외용의조선인명부』, 조선총독부 경무국,

되었다가[79] 명월진(明月鎭) 수용소에 이감되어 옥고를 치르다 광복 후 출옥하였다.[80]

② 박영호(朴永浩, 1913~1935)

박대호의 동생으로 1931년 조선혁명군에 참여하여 중국 요녕성 일대에서 활동하였으며, 1935년 2월 조선혁명군 배장(排長)으로 활동하다가 관전현(寬甸縣)에서 피살 순국하였다.[81]

③ 최운구(崔雲龜, 1885~1942)

청도군 운문면 지촌동 출신이다. 1932년 3월 11일 조선혁명군 총사령 양세봉 장군 휘하에서 중대장으로 중국의용군과 연합하여 신빈현성에서 일본군과 교전하여 영릉가성을 점령하고 큰 승리를 거두었다. 1933년 3월에는 일본군이 점령하고 있는 홍경현성에 돌입, 승리를 거두었다.[82]

그밖에 중국공산당에서 활동한 여성혁명가 배성춘(裵成春, 1902~1938)이 있다.

1934, 250쪽 ; 장세윤, 「조선혁명군연구」, 『한국독립운동사연구』 4, 1990, 333쪽.
79) 강용권, 『죽은 자의 숨결 산자의 발길』, 장산, 1996, 170~171쪽.
80) 환인현 조선족사학회 회장 이영훈(1995년 1월 6일).
81) 김승학, 『한국독립운동사』 하권, 통일문제연구회, 1965, 150쪽 ; 중국혁명열사증명서(1983.6.26).
82) 채근식, 『무장독립운동비사』, 165쪽.

제2장

일제말기 경북 청도지역의 강제 동원

1. 1930 · 40년대 조선인의 강제동원

1) 노동력 동원

1937년 7월 중 · 일전쟁을 개시한 일본은 전쟁의 확대와 장기화에 따라 군수물자의 보급과 노동력을 공급하기 위해서 전면적인 국가통제와 동원이 필요하다고 판단하였다. 이를 위해 1938년 4월 1일, 「국가총동원법」을 제정 공포하였는데, 이 법은 5월 5일부터 한반도에도 실시되었다(칙령 제316호). 일본은 효율적으로 노동력을 동원하기 위해서는 먼저 노동력의 양과 질, 소재에 관한 실태파악이 필요하다는 생각에서 각종 직업능력 조사제도를 실시했다. 일본은 1939년 1월 7일 「국민직업능력신고령」을 공포하였는데, 한반도에는 6월 1일부터 시행되었다. 그 다음 단계로는 노동력 실태파악 · 노동력통제 · 자금통제 · 사업통제 · 문화통제에 관한 각종 관련 법령을 제정, 공포하고 이를 근거로 노동력을 동원했다.

1939년 7월 28일, 내무성과 후생성은 「조선인 노무자 내지(內地) 이주에 관한 건」을 발표함으로써 노동자에 대한 강제연행의 막을 열었다. 이 통첩은 조선총독부가 9월 1일에 각 도지사 앞으로 '조선인노동자 모집 및 도항취체요강(要綱)'을 통보함으로써 9월부터 발효되었다. 그 결과 한국인은 이전시기의 도일정책과 완전히 다른 형태로 실시된 '노무동원계획'에 의해 집단적으로 도일하게 되었다.[1] 일본은 이 시기의 노동력 동원의 형식을 단계별로 모집(1939년 9월~1942년 1월)·관알선(1942년 2월~1944년 8월)·강제징용(1944년 9월~1945년 8월) 등으로 나누어 실시하였으나, 내용 면에서 볼 때 세 단계는 모두 강제력을 발동하여 동원하고 노동력을 수탈했다는 점에서 큰 차이가 없다. 따라서 세 단계는 모두 '강제연행'으로 통칭된다.

① 모집단계: 한국인 모집을 할당받은 석탄·광산·토건 등 사업주는 먼저 일본에서 고용허가를 받은 다음, 조선총독부의 허가를 받아 총독부가 지정하는 지역에서 사업주의 책임 아래 노동자를 모집하는 방식이다. 사업주는 신체검사와 신원조사, 명부 작성 등을 행한다. 모집된 노무자는 고용주나 책임 있는 대리자의 인솔 아래 집단적으로 도일하여 일을 하게 된다.

② 관알선(官斡旋)단계: 관알선은 조선총독부가 사업주로부터 알선신청서를 받아 각 도에 통보하면, 각 도는 부읍면에 할당하여 노무자를 마련하는 방식이다. 즉 총독부라는 행정기구의 책임 아래 노무자를 모집하는 방식이다. 또한 노동자를 보낼 때에도 1조를 5명으로 구성하고, 4조를 1반으로, 5반 내외를 1대로 구성하여 대장과 간부를 정하여 도주자 없이 완벽하게 이동시키도록 했다. 관알선은 더욱 더 많은 한국인을 노동력으로 수급하려는 목적에서 마련되었다.

③ 강제징용: 1939년부터 한국인은 일본에 강제로 끌려가기 시작하여 1943년 말까지 약 40만 명에 달했으나 전쟁이 막바지에 접어들자 수요량을 채우기에는 충분하지 못했다. 이를 해결하기 위해 조선총독부는 1944년 9월부터 「국민징용령」에 의거하여 강제징용을 실시하였다. 이에 따라 모든 한국의 젊은이는 징용대상이 되었다. 길에서 청장년을 잡아가거나 한 마을을 습격하여 마을주민 가운데 청장년 전원을 연행하는 방식을 취하는 등 폭력적인 방법이 더욱 더 기승을 부린 시기였다.[2]

---

[1] 강제연행, 강제노동과 관련하여서는 다음의 책자가 기본적인 안내서로 도움을 준다. 한일민족문제학회 강제연행문제연구분과, 『강제연행 강제노동 연구 길라잡이』, 선인, 2005.
조선총독부의 노무동원에 대하여는 다음의 논문에 상세하다. 정혜경, 「조선총독부의 노무동원 관련 행정조직 및 기능분석」, 『한국민족운동사연구』 54, 2008.

한국인이 연행을 거부하면 「국가총동원법」에 의해 1년 이하의 징역이나 천 원 이하의 벌금에 처하게 되어 있었다. 징용기간도 1년이었으나 노동자의 동의 없이 일방적인 통고에 의해 기간이 연장되는 것이 일반적이었다. 현재 조사단체가 각종 자료와 현지조사를 통해 산출한 동원수는 700만 명(국내 500만 명, 국외 200만 명)으로 추정된다. 강제로 연행된 한국인 가운데 일본이 패전할 당시 일본에 남아 있던 한국인은 365,383명이다. 탈주자와 귀향자의 비율을 감안하더라도 다수의 사망자가 발생하였음을 알 수 있다.[3]

2) 병력동원: 군인

침략전쟁의 확대와 이로 인한 병력의 부족현상은 그동안 금기시 되어오던 한국인에 대한 군사력동원의 가능성을 조심스럽게 논의하는 계기가 되었다. 그러나 일본은 장기간의 동화정책과 강력한 통제정책에도 불구하고 여전히 일본에 대한 적의를 누그러트리지 않고 있는 한국인들에게 군사훈련을 시키고 무기를 쥐어준다는 것에 대해 강한 불안감을 가지고 있었다. 1937년 6월 일본 육군성은 조선군사령부에 '조선인 병역문제에 대한 의견 제출'을 요구했고, 이에 대해 조선군사령부는 '조선인지원병제도에 관한 의견'을 제출했다. 여기에서 조선군사령부는 '조선인에게 황국의식을 확실히 갖게 하고 또한 장래의 병역문제 해결을 위한 시험적인 제도로서 한국인 장정을 지원에 의해 현역에 복무시키는 제도의 실시'를 제안하였다. 그러나 전제조건으로서 몇 가지 조항을 단서로 내걸었다. 첫째는 의무교육이고, 두 번째는 정신교육이다. 이 가운데 후자에 비중을 두었음은 물론이다. 이러한 전제조건이 구비되는 시점으로 설정한 기간은 50년 정도이다.

전쟁 초기 한국인 지원병제도에 대해 일본당국이 내린 결론은 시기상조였다. 그러나 황민화정책을 추진하기 위해서, 나아가 언젠가 시행될지 모르는 병력동원을 위해

---

2) 김민영, 『일제의 조선인노동력수탈연구』, 한울, 1995, 53~66쪽.
3) 정혜경, 「국민총동원령」, 『한국독립운동사사전』, 독립기념관, 1996.

교육강화는 필요하다고 인식하였다. 조선군 측이 제시한 '국민교육에 대한 방책'을 충실히 수행해 나가고자 한 의지는 1938년에 단행된 제3차 「조선교육령」 개정에 반영되었다. 이미 1936년에 1개 면에 1개 교씩 보통학교를 설립하는 것을 내용으로 하는 일면일교(一面一校) 계획을 확충하여 한국인의 일본어 보급률을 획기적으로 높이고자 했다. 그러나 중·일전쟁의 본격화와 침략전쟁의 확대는 일본당국으로 하여금 한국인 병력문제에 관심을 돌리도록 하였다. 일본은 1938년 2월 22일 「육군특별지원병령」(칙령 95호)을 공포(4월 3일 시행)하여 한국인 병력 동원을 제도적으로 가능하도록 하였다. 아울러 이를 실천하기 위한 관계법령(「조선총독부육군병지원자훈련소관제」, 「육군특별지원병령시행규칙」, 「육군병지원자훈련소규정」, 「육군지원자훈련소생도채용규칙」, 「육군특별지원병에 관한 병역의 약부호 기입에 관한 건」 등)을 공포하였다. 이들 법령에 의하면, 육군대신의 관할 아래 육군 측의 지휘에 따라 도지사와 경찰서장은 지원자를 심사채용하고 총독부는 훈련소를 설치하여 운영하도록 되어 있다.

해군에 대한 한국인 병력동원은 1941년 12월 진주만 습격 이후 필요성이 대두되었다. 미군과의 해상전투가 본격화되자 해군병력이 크게 부족하게 된 것이다. 이에 일본 당국은 1943년 7월 27일에 「해군특별지원병령」(칙령 608호), 「해군병지원자훈련소관제」(칙령 610호)를 공포하고 이어서 28일에 「해군특별지원병령시행규칙」(해군성령 30호)을 공포하여 제도적인 장치를 마련하였다. 이를 바탕으로 해군지원병이라는 명목으로 약 3,000명이 징집되어 1943년에 1,000명, 1944년에 2,000명이 입소하였다.

전선의 확대는 학생들에게도 징집에서 면제시켜주지 못했다. 1943년 10월에 공포한 「육군특별지원병임시채용규칙」에 의해 학도병이라는 명목으로 전문학교 재학생 이상의 한국인들이 전선에 투입되었다. 당초 한국인에 대한 징병제 실시시기를 50년 후로 잡고 있었던 일본 군부는 병력부족현상을 해소할 마지막 방법으로 1942년에는 징병제 실시를 결정했다. 그러나 그 구체적인 시기는 1944년으로 설정하고, 준비 작업에 들어갔다. 1943년 3월 1일에 징병제 실시를 위한 병역법을 개정했고(8월 1일부터 시행), 1944년 4월부터는 징병신체검사가 실시되어 대상자의 94.2%인 20만 6천 명이 검사를 받았다.

〈표〉 한인 징집 수(지원병) (단위 : 명)

연도	지원자수	징집수
1938	2,946	406
1939	12,348	163
1940	84,443	3,060
1941	144,743	3,208
1942	254,273	4,077
1943	303,294	6,300(육군) 1,000(해군) 3,893(학도병)
1944		2,000(해군)
합계	805,413	24,557

자료 : 近藤釼一, 『太平洋戰下の朝鮮及び臺灣』, 1944, 32~35쪽.

3) 준병력동원: 군속

전쟁터에서 필요한 인력은 군인만이 아니었다. 각종 노무동원력이 필요했던 것이다. 이를 위해 일본 군부는 군속(軍屬)이라는 명목 아래 한국인을 동원했다.[4] 중·일 전쟁 당시 일본은 군 관할 공장이나 토목건설사업에 '모집' 형식을 통해 군노무자로서 군속을 채용했다. 전쟁의 장기화에 따라 특수징용 또는 관알선의 형태로 대대적으로 군속을 연행했다. 1943년 7월 20일에는 「국민징용령」을 개정하여 한국인에게도 일반 징용을 행하였다. 이 일반징용자 가운데 군당국의 요구에 따라 군속으로 차출하여 군수공장 및 전선에 배치하였다. 군속의 동원은 표면상으로는 지원의 형식을 취하였다. 현재 학계와 조사단체에서는 1939년부터 1945년까지 약 365,000명의 군속이 동원된 것으로 추정한다. 일본정부가 공식적으로 발표한 군속 동원수는 육군 70,424명, 해군 84,483명 등 총 154,907명인데, 동남아 지역에만 47,000명에 이른다. 일본 당국은 높은

---

4) 군노무자(군속)과 노무의 경계를 허물 필요가 있다는 주장이 제기되고 있다. 정혜경, 「국민징용령과 조선인 인력동원의 성격」, 『한국민족운동사연구』 56, 2008.

임금을 내건 모집으로 동원 효과를 나타내기도 했다. 그러나 1944년 이후에는 노동력 동원과 별다른 구별 없이 동원이 이루어졌다. 이들 군속은 남방의 비행장이나 철도건설현장·군 관할의 군수공장 노동자·운수요원·포로수용소의 감시요원으로 끌려가 강제 사역 당했고, 일본의 패전 이후에는 BC급 전범으로 처형되기도 했다.

2. 청도군 지역의 강제동원

청도지역의 주민들은 식민지 시대 타 지역의 주민들과 마찬가지로 일제에 의해 강제 징병, 징용되어 수난을 겪게 되었다. 최근 일제강제동원진상규명위원회에 의하여 피해 접수가 이루어지고 있으며, 아울러 이들에 대한 피해 보상이 이루어지고 있다. 청도지역의 경우 징병, 징용 등 그 구체적인 현황에 대하여는 현재로서는 정확히 파악할 수 없는 상황이다.

청도지역의 강제동원의 경우 병력동원, 준병력동원, 노무동원 등으로 나누어 볼 수 있다. 아울러 이들을 다시 국내와 국외로 나누어 볼 수 있으며, 국외의 경우 다시 일본, 중국, 남양군도, 러시아(사할린) 등으로 나누어 볼 수 있다.

본고에서는 전체적인 명단은 국가기록원의 자료들을 통하여, 그리고 개인별 피해 사례는 일제히 강제동원진상규명위원회에 접수되어 심의 의결된 경우를 중심으로 살펴보도록 하겠다. 이렇게 살펴볼 경우 그나마 그 객관성을 담보할 수 있지 않을까 한다.

1) 육군 군인·군속으로의 강제동원

일제는 1931년 만주사변에 이어 1937년 중일전쟁, 1941년 태평양전쟁으로 이어지는 오랜 전쟁을 수행하면서 전장의 확대에 따라 부족한 병력을 보충하기 위하여 조선인을 일본군대로 동원하였다. 일제는 1938년 육군특별지원병제도를 비롯하여 1943년에는 학도지원병, 해군특별지원병 등 소위 '지원'이라는 명목으로 조선인을 일본군대로 동원하기 시작하였고, 1943년 8월 1일에는 병역법을 개정하여 만 20세의 조선인 남자에게 병역의 의무를 부과하고 1944년부터 징병에 의한 강제동원을 실시하였다. 이렇게 하여 일본 패전시기까지 대략 21만 명의 조선인 젊은이들이 일본 육·해군으로 동원되었다.

육군은 1938년 육군특별지원병제도가 실시되었다. 1938년부터 1943년까지의 연도별 육군특별지원병들의 부대배치 상황을 보면, 1938년과 1939년에 선발된 육군특별지원병은 조선 내 19사단과 20사단의 부대에 각기 배치되고 있다. 1940년 1941년에는 조선뿐만 아니라 관동군에도 지원병들의 배치가 이루어지고, 1940년에는 조선 내와 관동군 그리고 중국 북부지방 방면군으로 확대되어 1943년에는 일본군이 있는 대부분의 부대에 배치되었다. 병종 역시 1938년 단계의 보병, 치중병, 고사포병에서 1943년에 이르러서는 보병, 기병, 야포병, 산포병, 야전중포병, 공병, 항공병, 치중병(輜重兵) 등 더욱 확대되고 있다. 특히 1942년 이후에는 중국 전선에 배치된 희생자들의 수도 많아지고, 또한 1943년의 지원병 가운데에는 남방으로 보내진 경우도 있어 희생도 커졌다.[5]

한편 해군은 이보다 5년여 늦은 1943년 8월 해군특별지원병제도에 의해 시작되었다. 일본 해군에서 조선인 군인동원이 비교적 늦게 진행된 것은 일본 해군 측이 조선인의 징집문제에 대해 회의적인 입장을 가지고 있었기 때문이었다. 즉 "소중한 군함에는 절대 틀림이 없는 자가 아니면 태울 수 없다. 만일 조선인의 잘못으로 사고가 나면 군함과 함께 전원이 수장된다"[6]고 하는 조선인에 대한 강한 불신에 의한 것이었다.[7]

현재 국가기록원에서 조사하여 본적이 경상북도 청도출신으로 알려진 군인 군속을 여러 부류로 나누어 보고자 한다. 우선 육군 군인군속과 해군 군인군속으로 나누고,

---

5) 표영수, 「일제강점기 조선인지원병제도연구」, 숭실대학교 박사학위논문, 2008, 57쪽.
6) 朝鮮軍殘務整理部, 『朝鮮軍槪要史』(宮田節子 編·解說, 『朝鮮思想關係資料集』 5, 高麗書林, 1993) 참조.
7) 표영수, 「일제강점기 조선인지원병제도연구」, 65쪽.

다시 육군의 경우 국내와 국외로 나누어 살펴보도록 하겠다. 유수명부의 경우 육군이며, 군인 군속 여부는 개개인의 신상 조사를 통하여 알 수 있다. 현재 국가기록원 홈페이지에서는 군인 군속 여부를 확인 할 수 없다. 필자는 이러한 한계 속에서 본고를 작성하고자 한다. 해군의 경우는 군인과 군속으로 나누어 살펴보고자 한다. 해군의 경우 입대지역과 근무지역이 달라 국내 및 국외로 나누는 것이 별 의미가 없을 것 같기 때문이다. 마지막으로 노무자의 경우 지역별로 살펴보도록 하겠다.

(1) 국내 동원

① 육군 소속 항공병과 군속

먼저 유수명부를 통하여 항공병에 징병, 징용된 경우를 보면 다음 별첨 〈표 1〉과 같다.

현재 청도출신으로 육군 항공병에 징병 징용된 경우는 4명이 나타난다. 인명은 창씨명으로 이루어져 있으며, 1925~1927년 출생임을 짐작해 볼 수 있다. 보통 1919년 12월 1일생부터 25년 11월 30일생까지가 징병대상이다. 대부분 한반도 내에 북한(북선) 지역에 징병, 징용된 것으로 보이며, 조선 제5항공군으로 강제 동원된 것으로 보인다.

② 육군 군인과 군속

다음으로 국내에 동원된 육군 군인 군속을 유수명부에 따라 지역별로 나누어 보면 다음과 같다. 청도출신들은 국내의 경우 북한 지역에 배치된 경우는 제한적인 것 같다. 대체로 제17방면군에 배속되어 있다.(별첨 〈표 2〉 참조) 남한지역의 경우 청도출신들은 주로 조선남선 제17방면군 경성사관구 보병제1,2,3보충대, 조선남선 제17방면군 인천조병창, 조선남선 제17방면군 고사포 제151연대, 152연대와 조선남선 제17방면군 제120사단, 조선남선 제17방면군 제58사단직할부대 등에 주로 배치되었다.(별첨 〈표 3〉 참조) 유수명부에 따르면, 청도출신으로 국내에서는 선박군으로 간 경우가 많음을 알 수 있다.(별첨 〈표 4〉 참조)

(2) 국외 동원

① 만주

만주에 관동군으로 징병된 경우는 중국 관동군 제1방면군 134사단, 관동군 제4군 제119사단, 중국관동군직할 축성대, 중국관동군직할 육군병원, 중국관동군직할 보급감부, 중국관동군직할 헌병대, 중국관동군직할 대륙철도부대, 중국관동군군사령부 및 교육대 등에 주로 배치되었음을 알 수 있다.(별첨 〈표 5〉 참조)

② 중국 중지(中支)

지금까지 알려진 유수명부에 따르면, 중국파견군 제6방면군 제20군 예하부대(中支), 중국파견군 제6방면군 제11군예하부대(중지), 중국파견군제6방면군 직할부대(중지), 중국파견군 직할부대사단(중지) 등으로 징병 징용되었다.(별첨 〈표 6〉 참조)

③ 중국 북지(北支)

유수명부에 따르면, 청도출신들은 중국 화복지방의 경우 중국북지방면군 제43군 예하부대, 중국북지방면군 제13군예하부대, 중국북지방면군 직할부대 등으로 징병되었다. 이 숫자는 중지지역보다는 그 숫자가 적은 것이다.(별첨 〈표 7〉 참조)

④ 남양군도

유수명부에 따르면, 청도출신은 남양남방군 제8방면군 제20사단, 남양남방군 제7방면군, 남양남방총군제2방면군, 남양면전면전제38군) 등에서 강제 동원되어 근무하였다. 아울러 남양군도의 경우 사망하여 야스꾸니신사에 합사된 경우가 다수 보이는 특징을 보이고 있다.(별첨 〈표 8〉 참조)

⑤ 일본

청도출신은 거의 일본 제12방면군(동부)으로 강제 동원되어 근무한 것으로 보인다.(별첨 〈표 9〉 참조)

⑥ 대만

대만의 경우 제10방면군과 선박군으로 간 경우가 보이고 있으며 타 지역에 비하여 그 숫자가 적은 특징을 보이고 있다.(별첨 〈표 10〉 참조)

2) 육군으로 징병, 징용 간 사례검토

(1) 국내 군인

최명식(崔命植, 창씨명 高山命植)의 경우는[8] 1924년 7월 15일 청도군 운문면 정성동 623번지에서 출생하였다.[9] 1944년 일본인에 의해 강제동원 되어 청도군 운문면 운문초등학교에서 1년간 훈련을 받고, 1945년에 수원 제3훈련소에서 다시 45일간 훈련 후 부산 제8892부대에서 교육을 받았다. 그 후 양산, 북구미에 군수창고 경비에 동원되었다. 해방 후 귀환하였다.[10]

(2) 국외 군인, 군속

① 남양군도에서 군속 후 일본에서 군인으로 동원

이흥갑(李興甲)은 1942년에 동원되어 1944년 귀국하였다. 징용지역은 남양군도 트럭(추욱)과 이바라키현(茨城縣)이다. 그는 1924년 6월 13일 경북 청도군 운문면 대천리 397번지에서 출생하였다. 1942년 강제로 끌려가서 남양군도의 도라쿠도 하루시마에 군속으로 동원되어 비행장 활주로 공사를 하였으며, 1944년 귀국하였는데 징병통지서가 나와서 다시 군에 입대하여 3개월간 용산훈련소에서 훈련 후 일본 이바라끼 깽에서 군복무를 하다가 해방으로 귀국한 인물이다.

이흥갑의 경우, 1942년 부모님과 농업으로 생계를 유지할 무렵, 청도군 운문면 대천리 지소에서 강제로 징집 동원되었으며, 1944년 귀향하여 청도군에서 신체검사를

---

8) 최명식 유수명부(북방남북선), 임시군인군속계(경북) 등.
9) 왜정피징용자명부(경북 청도, 최명식)애는 징용당시 주소는 청도군 금천면으로 되어 있다.
10) 최명식 피해신고서.

받고, 징병통지서가 발부되어 2차 동원된 경우이다.

이홍갑은 1944년 징병통지서를 받고, 용산훈련소에서 3개월간 훈련을 받고, 청도에서 열차로 부산으로 이동한 후, 바로 이바라키에 도착하였는데 보름 정도 소요되었다. 귀환은 해방과 더불어 이루어졌으며, 박주영 등 서너 명이 함께 했다. 귀국 직전 요코스카를 경유하여 동경시내를 구경하였다. 귀국은 배로 이루어졌는데 미국 잠수함이 나타나 이바라키에서 부산까지 4일이 소요되었다.11)

② 군인 – 만주

권정부(權正夫)는 1927년 12월 8일 경북 청도군 매전면 당호동 168번지에서 출생하였다. 그는 1943년 10월 15일 일제에 강제 징집되어 중국 동북부지역인 사평성 관동군 부대에 편성되어 힘든 훈련을 받으면서 하루 두끼식은 결식상태로 배급을 당하여 결국 정신마저 흐려져 허덕이다 해방을 맞이하여 1945년 9월 15일 귀환하였다.

권정부는 매전면 당초동에서 조실부모하고 숙부집에 살면서 농사일을 하던 중 면직원이 찾아와서 나이를 물어보더니 며칠 후 징병영장을 가지고 왔다고 한다. 6시에 기상하여 아침 식사 후 숙부집에서 도보로 매전면에 있는 온막국민학교로 이동하여, 기본 제식 훈련을 수주 동안 받았다. 그 후 원래는 남양군도로 가게 되어 있었으나 중국에 아씨(천수암)가 근무하고 있어서 중국으로 보내달라고 하여 중국으로 가게 되었다. 면직원인 이종호가 책임진다고 하여 혼자 만주에 있는 부대까지 가는 것이 허락되었다. 청도에서 대구까지는 트럭을 타고 이동하였으며, 대구에서는 기차를 타고 5일 만에 만주 사평역에 도착하였다. 만주 사평에 있는 관동군에 입대하여 훈련병으로서 아침 6시에 기상하여 일몰까지 제식훈련, 사격훈련 등을 하고 매일 밤 불침번을 하였다. 훈련 중에 사역도 병행하였으나, 식사량이 부족하여 항상 배고픔에 시달렸다. 당시 그곳에는 먼저 징병된 조선인 박기병(중대장), 박기조(소대장), 박기수, 천수암(친척) 등이 있어 통역도 해주어 많은 의지가 되었다. 1945년 해방된 후 동년 9월 중국 사평성을 출발하여 열차로 박기수, 천수암 등과 함께 고향으로 귀향하였다. 귀

11) 이홍갑 인우보증서.

향노선은 사평성－봉천－안동－신의주－서울－대구－청도였다.[12]

이을용(李乙龍)의 경우 청도출신으로 만주지역에서 징병되어 활동한 후 청도로 귀향한 경우이다. 이을용은 1926년 4월 1일 청도군 매전면 상평리 198번지에서 출생하였다. 그는 집안이 가난하여 1933년 만주로 이주한 아버지를 만나기 위하여 1935년 11월경 만주국 봉천성 창도현으로 아버지가 계시는 곳으로 이주하였다. 1944년 11월 15일 강제동원되어 12월경 만주국 사평성 특별훈련소에서 3개월간 훈련을 받았다. 1945년 3월경에는 만주국 통화성 3710부대 특공대에 배치되었으며, 새벽 5시경에 기상하여 점호를 받고 일본 군가를 부르면서 구보를 하였다. 교대로 불침번과 위병근무를 하였다. 부대에서 총검술, 사격 등의 전투 훈련을 받았는데, 배가 고파서 훈련을 받기가 힘들었다고 한다. 훈련 중 수없이 구타를 당하였으며, 쓰러진 적도 몇 번 있었다고 한다.

동년 8월 초경 일등병으로 진급하여 전투훈련을 받았다. 두만강 근처 소련군과의 전투에 투입된다는 소문을 들었다고 한다. 1945년 8월 해방을 맞아 무장해제를 당하고 귀향길에 올랐으나 차편이 없어 차를 타는 한편 도보를 통하여 1945년 9월 18일경 고향으로 귀향하였다.[13]

③ 군인－중국본토

김원진(金元鎭, 金本元鎭)은 중국에 동원되었다가 광복군이 된 경우로서 흥미를 더해주고 있다. 김원진은 1926년 2월 28일 청도군 이서면 양원동 391번지에서 출생하였다. 1943년 육군 지원병으로 강제징용 되어 훈련소에 입소하고 1944년 1월 10일 중국 37사단 보병 226연대에 입대하였다.[14] 중국 파견군 직할부대 사단 보병 제236연대에서 육군병장으로 1945년 11월까지 복무하였다.[15] 그 후 중국에서 광복군으로 근무한 후 1946년 3월 귀국하였다.[16] 그는 탕수진 광복군 제3지대 제9대에서 활동하기도 하

---

12) 권정부 인우보증서.
13) 이을룡 인우보증서.
14) 유수명부(남양면전면전 제38군).
15) 유수명부(지나파견군 직할부대사단 중지).

였다. 그리고 그는 중국에서의 일들을『호전부대 조선인회고록』,『馬鞍山 특지단 붕우 인명록』을 발행하였다.[17]

이승기(李承琪, 宇原承琪, 1924년 6월 10일, 각남면 칠성리 381출생)는 1944년 9월 20일 동원되어 중국파견군 제6방면 제20군 예하부대 중지(中支) 하남성에서 근무하였으며,[18] 1945년 11월 귀환하였다.[19]

④ 남양군도 – 군인

군인으로서 남양군도에 징병간 경우도 있다. 중부 태평양지역에 위치하고 있는 이 지역은 1차대전기간을 통해 일본이 얻은 점령지 가운데 대표적인 지역이고 1914년부터 1944년까지 위임통치라는 이름으로 실제적으로 점령한 땅이며, 태평양전쟁 기간 동안에는 다수의 군인과 군속이 사망한 곳이기도 하다. 또한 일본이 태평양전쟁을 일으키기 전부터 전쟁물자를 조달하는 지역으로서 당국의 관심의 대상이었고, 전쟁이 시작된 이후에는 동남아지역을 연계하는 교두보로서 중요성이 인식되었다.[20]

석병길(石炳吉, 石原炳吉)의 경우를 보면[21], 1922년 9월 28일 청도군 금천면 동곡리 773번지에서 출생하였다. 1942년 음력 12월경 훈련소집 영장을 받아 서울서 약 1달간 훈련을 받고, 이듬해인 1943년 음력 1월 징병영장이 나와 서울 공병 27부대에 입영하여 근무중, 전방 배치 영장이 나와 구주 하가다로 가서 대기중, 남양군도 파라오에서 1개월 정도 대기하고 있다가 최전방 뉴기니아 파푸아섬으로 출동명령을 받고 근무중[22] 해방 소식을 듣고 1946년 1월에 귀향하였다.[23]

---

16) 임시군인군속계, 유수명부, 병적전시명부.
17) 일제강제동원진상규명위원회 소장자료.
18) 유수명부(지난 북지방면군 제13군 예하부대).
19) 병적전시명부, 임시군인군속계, 유수명부.
20) 정혜경,「1920~30년대 식민지 조선과 '남양군도'」,『한국민족운동사연구』46, 2006, 199~200쪽.
21) 석병길 국가기록원자료(유수병부 94, 임시군인군속계).
22) 임시군인군속계(석원길), 유수명부(남방군 제8방면군 제20사단).
23) 석병길 피해신고서.

⑤ 남양군도 - 군속

군속의 경우 업무의 내용에 따라, 군노무자와 포로감시원으로 대별할 수 있는데, 남양군도에는 포로감시원은 배치되지 않았으므로 군노무자로 보는데 무리가 없을 듯 하다. 남양군도의 경우 1941년부터 1944년에 걸쳐 동원되고 있는데 조선인 군속의 연행과정과 생활은 유사하다.[24]

남양군도로 동원된 경우를 보다 상세히 인식하기 위하여 이삼봉(李三鳳)의 사례를 보기로 하자.[25] 이삼봉은 1927년 1월 15일 청도군 화양읍 유등리147번지에서 출생하였다. 1943년 4월 5일 일본군에 강제징용되어 청도역에서 기차로 전남 여수에서 일본 군함으로 간세이도규에 군속으로 강제 노동되어 3년간 노무자로 일하다가 해방 후 1945년 12월 20일경 미군의 안내로 귀국하였다.[26]

1942년 4월 5일(당시 18세)에 청도군 송읍리에서 보국대로 일하고 있던 도중 청도 군청 직원에 의하여는 김도식(청도읍) 등과 함께 50여 명이 집단적으로 끌려갔다. 청도역에서 열차로 전남 여수로 이동하였다. 여수항에 도착하니 전라도 사람 300명 정도를 더 태웠다. 여수에서는 연락선으로 일본 구주로 갔다. 구주에서 다시 선박으로 남양군도 간세이도쿠로 갔는데 총 이동시간은 17일이 소요되었다. 가는 도중 배를 처음 탔기 때문에 그리고 오래 타다보니 배 멀미를 심하게 해 고생하였다.

남양군도에 도착한 후에는 작업복과 신발 등을 지급 받았으며, 식사는 1인당 쌀 3홉을 배급받았다. 부식은 사무실에서 받아 식사조를 뽑아 만들어 먹었으며, 하루 10시간 정도 해변가의 화물 운반 작업을 하며 지내다가 5개월여 후에 본인의 나이가 동원소집 요건이 되자 자체 영장을 발급하여 군속으로 편입시켰다. 계급장 없는 군복과 모자, 군화를 지급 받았다. 군속으로 편입된 이후에는 일본군인을 따라 다니며 해변가 굴 파는 작업과 군인들의 뒷일을 맡아 하였다.

전쟁말기에는 미군 공습이 시작되었고, 어느 날 폭격으로 인해 군수품과 식량이 많

---

[24] 정혜경, 「일제말기 남양군도의 조선인 노동자」, 『한국민족운동사연구』 44, 2005, 210~220쪽.
[25] 왜정피징용자명부(이삼봉), 남양군도귀환자 명부.
[26] 이상봉 국가기록원 왜정시 피징용자명부 13.

이 손실되었다. 공습이 계속 잦아지자 산골짜기로 부대를 이동하였고, 그곳의 도로 작업 등 힘든 노력을 하였다. 부족한 식량으로 인해 그 산에서 자라는 키가 큰 고사리를 끊어 삶아 먹으며 지냈으나 결국 영양실조와 각기병이 걸렸다. 도로가 완성되자 원래 있었던 해변가 주둔지로 다시 이동하여 굴파는 작업을 하며 힘든 일이 계속 되었다.

어느 날 부대장이 다까 부대가 이 근처에 주둔하고 있다고 하며 그 부대 근처로 다시 이동하였다. 다까 부대 근처로 이동하여 가보니 굴속에서 준장 계급의 사람이 경호를 받으며 있었고, 각종 높은 계급의 일본인들이 많이 있었다. 굴 뚫는 작업은 하루에 1자 정도로 진행될 만큼 힘들었으며, 약 100미터 정도 진행하고 나니 공기를 통하게 해야 한다고 하며, 옆으로 통하는 굴을 다시 뚫으라고 하여 하루 10시간 이상의 노역을 하였다.

종전이 되고 미군이 점령하기 직전 일본군인들이 각종 서류를 소각하는 것을 목도하였으며, 군속들은 섬 근처 고구마 등을 재배하는 농장에 보내졌다. 농장에서 몇 개월간 일을 하며 고구마를 얻어먹으며 지냈다. 당시에는 신발도 없어 맨발로 일하여 다리에 굳은 살이 박히고 몹시 아팠다. 1945년 12월 10일 남양군도 파라우에서 화물선을 타고 떠나 동년 12월 18일 부산항에 도착하였다.

⑥ 오키나와현 – 군속

미군은 1944년 1월에 필리핀의 루손섬, 2월에 유황도를 각각 점령하였다. 동경대본영은 이미 1월에 항공기지를 건설하는데 중점을 둔 "천호제1호작전"을 발령했지만, 유황도가 점령되자 오키나와가 다음 전투장이라고 판단하였다. 1944년 6월 11일 미군이 사이판에 상륙하면서 전황은 일본에 더욱 불리해져만 갔고, 일본군은 7월 7일 사이판에서 조직적인 저항을 포기하였다. 이즈음 대본영은 오키나와에 대규모 병력을 배치하기로 결정하였다.

오키나와에 거주하는 조선인이 본격적으로 늘어난 것은 1944년 대본영에서 미군과의 오키나와 전투를 대비하면서부터였다. 진지구축과 물자운반 등을 주로 했던 특별

수상근무대 이외에도 많은 조선인들이 병사의 건축과 수리 등을 주로 하는 축성(築城)부대와 같은 노무부대, 그리고 소수이지만 전투부대에 징병된 사람도 있었다.

　4개의 노무부대는 1944년 7월 상순경 집중적으로 동원되었다. 부대명은 특설수상근무 제101~104중대이며, 편성지 및 일시는 대구 7월 10일, 7월 11일, 7월 12일, 7월 13일 등이다. 강정숙의 분석에 따르면, 4개 중대의 조선인은 명부상으로는 2,865명 가운데 81명을 제외하면 모두 경상북도 거주자들이다. 이들 가운데 대구부 사람은 10명 뿐이며, 나머지는 모두 농촌에 거주하는 사람들이다. 이를 구체적으로 살펴보면, 특설수상근무대의 경우 경상북도 24개 부군도 중에서 울릉도를 제외하고 모든 군에서 동원되었다. 대부분 같은 군 출신들을 같은 중대로 모아 편제하였다. 동원된 수는 군별로 크게 차이가 난다. 영천군 340명을 필두로 하여, 경산, 경주, 봉화, 달성이 200명이 넘고, 청도, 칠곡, 선산, 의성, 영양, 영주도 100명이 넘는다. 그러나 고령, 군위, 김천, 대구, 안동, 영덕, 청송 등은 50명 미만이 동원되었다. 그중 청도군의 경우 총 179명이 동원되었으며,(별첨 〈표 11〉 참조) 그중 101중대 2명, 102중대 174명, 103중대 3명, 104중대 0명 등이다. [27]

　오키나와로 간 청도출신 징용대상자는 대부분 1914년부터 1923년 사이의 출생자이다. 이들은 대구의 제24부대 즉, 보병 제80연대 보충대에 집결하여 간단한 교육을 받고, 부산, 시모노세키, 가고시마 등지를 거쳐 오키나와로 갔다. 그들은 제24부대에 집결한 이후부터 일본군의 3.3제 부대편제 방식에 따라 통제당하며 동원되었다. [28]

　특설수상근무대원으로 오키나와에 동원된 조선인은 주야 2교대로 근무하거나 밤낮을 가리지 않고 노동해야 했으며, 심지어 미군의 포탄이 날아오는 전투 중에도 탄약을 나르는 등 인간 이하의 노동을 강요받았다. [29] 이들 가운데 생존한 인물들의 이야기를 들어보기로 하자.

　김형원(金炯瑗, 金村炯瑗, 1923.6.3생)은[30]은 청도군 각북면 오산리 179번지 출생이

---

27) 신주백, 「한국근현대사와 오키나와 ― 상흔과 기억의 연속과 단절」, 『한국민족운동사연구』 50, 2007, 293~296쪽.

28) 강정숙, 「일제말기 조선인 군속동원 ― 오키나와로의 연행자를 중심으로」, 『사림』 23, 2005, 198~204쪽.

29) 신주백, 「한국근현대사와 오키나와 ― 상흔과 기억의 연속과 단절」, 297~300쪽.

다. 그는 1942년 5월경 당시 면서기였던 김인수로부터 군속으로 동원된다는 통지서를 전달받았다. 1942년 5월경 청도경찰서에 집합하여 청도군에서 약 100여 명의 사람이 모였고, 4~5시간 정도 대기하였다. 청도에서 열차를 타고 부산으로 갔으며 선박을 타고 오사카로, 이어 열차를 타고 후쿠시마, 다시 배를 타고 도쿠시마, 오키나와로 이동하였다. 부산에서 1박, 후쿠시마에서 1주일, 도쿠시마에서 3개월 있었다. 당시 동승한 인물로는 김재호, 박윤근, 박민근, 배상덕, 오수덕 등을 들 수 있다.

　도쿠시마에서 진지 구축 후 오키나와로 간다는 이야기를 들었으며, 오키나와에서는 학교를 부대로 사용하였고, 숙소는 교실이었다. 아침에는 밥을 먹고, 저녁에는 죽을 먹었다. 오키나와에서는 진지구축, 군수품 수송, 하역 작업 등을 하였으며, 일본 군인들의 감시가 심해 잠시도 휴식을 하기가 어려웠다. 배가 고파 산에서 재배하는 고구마를 몰래 먹기도 하였다. 그런데 적발되면 구타를 당하기도 하였다. 오키나와에 도착 후 두 달 뒤부터 미군의 공습이 시작되었는데 미군의 공격에 밀려서 오키나와 최북단까지 후퇴하였다. 임금은 1달에 약 200원 정도를 받았는데, 각종 세금으로 50원 정도 차감하였다. 주로 부대 안에 있는 가게에서 돈을 사용하도록 강요하였다. 한편 후쿠시마에서 대기할 때 많은 사람들이 도주하여 일찍 도쿠시마로 이동하였다. 미군이 오키나와를 점령하고 무장해제 시킨 후 임시포로수용소에 갇혔는데 일본인이 아닌 것을 확인하고 군함으로 부산까지 태워다 주었다.[31]

　김창옥(金昌玉, 金光昌玉, 1923년생, 청도읍 평양리 1017, 102중대)은[32] 1944년 6월경 징발되어 대구에서 집결, 일본 도쿠시마에서 5개월여 부대에서 작업을 하다 오키나와로 이동하였다. 종전 후 하와이 포로수용소에 있었다.[33] 김영조(金永祚, 金本永祚, 1920.11.10생, 청도읍 유호리 524) 오키나와에서 102중대소속으로 1945년 12월 21일 귀국선에 올랐다.[34] 김성수(金晟洙, 金本晟洙, 1915.12.2생)는 102중대 소속으로 근무

30) 왜정피징용자명부(김형원).
31) 왜피징용자 명부, 김형원 진술서 참조.
32) 유수명부, 임시군인군속계(경북), 왜정시피징용자명부.
33) 김창옥 피해진술서, 『자유한인보』.
34) 김영조 진술서, 『자유한인보』, 임시군인군속계(경북), 유수명부.

하다 하와이 포로수용소에 있다가 1945년 12월 21일 귀국하였다.[35]

박강희(朴康熙, 朴家康熙, 1920.8.30생, 각북면 남산리 722)는 1944년 7월 2일 고향에서 군속으로 동원되어 대구에 집결, 대구 앞산 및 당시 24부대 연병장(현 미군 헬기장)에서 신체검사 후 열차 편으로 부산에 가서 배편으로 일본 시모노세키를 거쳐 오키나와에 도착, 부대명 8885부대에서 교육을 받은 후 선박반에 배치되었다. 근무 중 전쟁 말기 포로가 되어 하와이로 가 식당에서 3개월간 일하다가 1946년 3월 3일 배편으로 오키나와에 다시 와서 2일간 머물다가 1946년 3월 5일 부산항에 도착, 귀환하기까지 1년 10개월간 동원되었다.[36]

오키나와로 간 인물 가운데 사망자로 있었을 것으로 보인다. 독립기념관에는 당시 징용자 사망증명서를 소장하고 있다.[37] 사망자는 김산용태(金山容泰)로 1921년 10월 18일 경상북도 청도군 풍각면 흑석동에서 태어나 1945년 6월 20일 오키나와 니군휘옥무촌(尼郡喜屋武村) 산성(山城)에서 사망하였다. 사망서 발송자는 일본 후생성 원호국장 중촌일성(中村一成)이다.

오키나와에 군속으로 간 경우 중 일부는 하와이포로수용소에 있다가 국내로 귀환한 경우 들이 있다.[38] 한인포로들이 만든 『자유한인보』 마지막호인 7호에 수록된 인물들이 이에 해당된다. 이들은 총 52명으로 명단을 면별로 나누어 보면 다음과 같다.

하와이 포로수용소의 청도출신 한인포로명단

〈청도면 출신〉 김달술, 허삼종, 김호출, 정연홍, 김영조, 이윤우, 김한수, 박재한, 최정도,
　　　　　　 김성수, 윤상근, 석영춘, 권영식
〈화양면〉 정병수, 이ㅇ오, ㅇㅇㅇ, ㅇㅇ현, 김대ㅇ, 김웅ㅇ, 이성조, 이ㅇ호, 이ㅇ룡
〈각북면〉 예득기, 서도근, 곽좌순, 김광만, 박강희, 김생오, 박공근, 박윤근
〈각남면〉 오무석

---

35) 김성수 진술서.
36) 박강희(유수명부, 임시군인군속계 78, 『자유한인보』 부로명표 101, 왜정피징용자명부).
37) 독립기념관 소장 자료번호 1-000339-000.
38) 하와이로 포로로 간 경우에 대하여는 김도형의 논문에 상세히 기록되어 있다. 김도형, 「태평양전쟁기 하와이 포로수용소의 한인전쟁포로 연구」, 『한국독립운동사연구』 22, 2004.

〈풍각면〉 이장주, 조원래, 신태만, 조삼백, 박경희, 이종대, 장덕수, 최종락, 변판룡, 김명
　　　　 수, 유용순
〈이서면〉 황해수(귀일동), 강호인(고면동), 정도이(팔조동), 현영생(수야동), 박정수(신촌
　　　　 동), 박선규(신촌동), 박정옥(신촌동 상당동), 이종재(신촌동 상당동), 박예수(하
　　　　 대전동)
〈운문면〉 천봉구

　이를 보면 하와이 포로수용소에 간 한인포로 가운데에는 청도면과 이서면 출신들
이 가장 많은 것을 알 수 있다.
　하와이 포로수용소에 있던 사람들은 군인과 군속이며, 남양군도의 마킨, 타라와,
트럭, 사이판, 티니안, 오키나와 등지에서 일본군이 전멸할 때 목숨을 건진 인물들이
다. 한인전쟁포로들은 처음에는 호놀룰루 공항 근처에 위치한 샌드 아일랜드에 수용
되었으나, 포로의 수가 증가하면서 호놀룰루시 외곽에 있는 호노울리울리지역으로
이송되었다. 이곳에서 한인 포로들은 미군과 하와이 교민들의 보호를 받으며 비교적
안정된 생활을 하였다. 그리고 한인자치 조직을 만들어 『자유한인보』라는 주보를 간
행하기도 하였다.[39]
　한인들의 귀환은 두 차례에 걸쳐 이루어졌다. 제1진은 제네럴 언스트호를 타고 태
평양을 건너 일본 요코하마를 거쳐 인천에 도착하였다. 1945년 12월 22일 한인포로
2,614명이 탑승하여 1946년 1월 7일 인천에 도착하여 10일 오전 10시경 상륙하였다.
제2진은 105명이 미국선 멕시코 빅토리호를 타고, 1946년 8월 8일 인천에 도착하였다.
이들은 곧 기차를 타고 서울에 왔다가 고향으로 돌아갔다.[40]
　한편 한인들 가운데 필리핀에서 체포된 경우는 총 74명의 명단이 남아 있다.

3) 해군 군인과 군속으로 강제동원

　1953년 3월 작성된 일본의 패전 후 조선인 해군 군인·군속 복원 상황에 의하면 해

---

39) 조동걸, 「자유한인보와 한인포로명부」, 『한국학논총』 13, 국민대 한국학연구소, 1990 참조.
40) 김도형, 「태평양전쟁기 하와이 포로수용소의 한인전쟁포로연구」, 132~133쪽.

군으로 동원된 조선인 군인 총 수는 22,299명으로 이 가운데 사망 250명, 미귀환 54명, 복원 20,843명, 복원될 전망이 있는 자가 1,152명으로 나타난다.[41] 그런데 1962년 후생성 원호국 발표 자료에 의하면 해군으로 동원된 조선인 총 21,316명 가운데 사망 308명, 복원 20,008명으로 되어 있어 동원규모가 전자에 비해 축소되어 있다.[42] 두 자료 사이에는 983명의 차이를 보이고 있는데 이는 전자의 미귀환자와 복원될 전망이 있는 자가 후자의 항목에서 보이지 않는 점에서 이 항목이 제외된 것은 아닌가 한다.

한편 일제말기 조선인 군인동원에 관한 단편적인 자료들 가운데에 近藤釰一에 의하면 해군특별지원병으로 동원된 조선인은 제1기 1,000명, 제2기 2,000명[43]이라 하고 있다. 또한 『조선군개요사(朝鮮軍槪要史)』에 의하면 해군징병이 1944, 1945년 각기 10,000명인 것으로 나타나 있다. 이 두 자료에 의해 일제 말기 해군으로 동원된 조선인은 대략 23,000명에 달하며 이 가운데 해군특별지원병으로 동원된 조선인은 3,000명인 것으로 추정되고 있다.[44]

국가기록원에 『해군군속자명부』가 참고 된다. 『해군군속자명부』는 『구해군군인이력원표(舊海軍軍人履歷原表)』와 『구해군군속신상조사표(舊海軍軍屬身上調査表)』로 구분되며, 각기 일제말기 일본 해군으로 동원된 조선인 군인, 군속에 관한 명부이다. 이 가운데 『구해군군인이력원표』에는 일제말기 일본 해군으로 동원된 해군특별지원병, 해군징병, 해군예비보습생, 해군예비연습생 등 총 18,599명의 개인별 기록이 수록되어 있다. 그리고 이 가운데 해군특별지원병으로 동원된 조선인은 12,1665명이고, 해군 징병은 6,352명인 것으로 확인된다. 이것은 기존의 단편적인 자료나 연구에서 나타난 해군특별지원병 3,000명, 해군징병 20,000명과는 상당한 차이를 보여주는 것이라 할 수 있다. 특히 해군 징병의 경우 1944년에 해병단으로 입단한 기록은 확인되지 않는다. 실제 해군 징병은 모두 1945년 이후에 동원된 것으로 확인된다.[45]

---

41) 坪江汕二, 『在日朝鮮人の槪況』, 巖南堂書店, 1965(복각판) 참조.

42) 厚生省援護局, 「朝鮮在籍舊陸海軍軍人軍屬出身地別統計表」, 昭和37.2.28.

43) 近藤釰一 編, 『太平洋戰下の朝鮮及び臺灣』, 35쪽.

44) 표영수, 「일제강점기 조선인 지원병제도 연구」, 78쪽.

45) 위의 논문, 79~80쪽.

〈표 6〉 『구해군군인이력원표』 동원 유형별 등재 인원

구분	해군특별 지원병	해군징병	해군예비 보습생	해군예비 연습생	합계
인원	12,166	6,352	53	28	18,599
비율	65.41%	34.15%	0.29%	0.15%	100%

(1) 해군 군인

청도출신으로 해군에 간 경우를 볼 수 있다. 이들은 『구해군 군인이력원표』에 따르면, 진해경비부로 대부분 간 것으로 보인다. 이 부대는 처음 입대한 부대이다. 국가기록원에 공개된 자료를 통하여 이들 명단을 살펴보면 별첨 〈표 12〉와 같다. 그리고 해군으로 가 사망한 경우는 현재 알고 있는 기록에 따르면, 12명으로 나타나고 있다.(별첨 〈표 32〉 참조)

(2) 해군 군속

해군 군속의 경우 조선 진행경비부 등은 연행지가 아니라 해방 후 복원문서를 작성한 곳으로 판단된다. 조선 진해경비부(별첨 〈표 13〉), 횡수하 진수부(별첨 〈표 14〉), 오진수부(별첨 〈표 15〉), 사세보 진수부(나가사키현)(별첨 〈표 16〉), 무학교토진수부(별첨 〈표 17〉), 이진수부(해군성 직속 복원국)(별첨 〈표 18〉) 등이 그것이다.

(3) 해군 군인 군속의 사례

김용복(金容福)의 경우 1923년 9월 25일생으로, 청도면 유호동 59번지이다. 그는 다중피해자로 주목된다. 그는 1941년 1월 10일 일제에 의해 대구소재 보병 80연대 보충대 소속 군인으로 강제동원 되었다가 미상의 시기에 일제에 의해 다사 진해 해병단 소속 군속으로 강제동원되었다.

그는 1941년 1월 10일경 부산 보수동 서식건강 수도소에서 의사 보조로 일하던 중

청도군에서 우수인재 발굴차원에서 추천하여 군대 보내는 목적에서 영장을 발부하였다. 이에 1월 10일 아침 9시경 청도군청에 모여 각 면에서 온 청년 10여 명과 같이 기차를 타고 서울 오류동 지원병 훈련소에 도착, 동년 1월 10일부터 동년 6월 10일까지 6개월간 육군 기초훈련과 군사과목을 학습하였다. 1941년 6월 10일경 제대하고 군속으로 진해 해군 항공대 정비원으로 입대하였다. 1년 뒤 전투훈련교육 영장이 나와 대구 24부대에 입대하여 3개월 후 제대하였다. 정비기술자여서 남양군도 진출을 막아 진해 해군 항공대에 재입대 하였다. 동해상에 미군 잠수함이 자주 나타나 이를 폭격하기 위하여 자주 출격하였으므로 늘 비상상태로 일하다가 다리가 이륙하는 비행기 밧줄에 걸려 크게 다쳤다. 월급은 70~80원, 우수한 기술자는 100원도 받았으며 최하는 50원 정도 되었다. 월급은 봉투에 넣어 개인별로 지급되었으며, 진해 우체국에서 고향에 일부 부치고 개인계좌에 넣어 저축하였다. 해방 후 부산 자성대 비행기 부속공장에 부대장이 연락해 퇴직금식으로 돈 100원과 백미 5말을 지급하여 주었다. 해방 후 우체국에 저축해 놓은 것을 찾았으나 화폐가치가 폭락하여 돈이 휴지나 마찬가지여서 빈손으로 출발하는 것과 다름없었다.[46]

김우권(金又權, 金山又權) 1915년 3월 18일에 청도군 매전면 덕선리 951번지에서 출생하였다. 1943년 6월 5일 매전면에서 해군 군속으로 징집되어 부산항에서 군함을 타고 3일간 항해 후 히로시마현 구레시(吳市)에 도착하였다. 구레시에서 다시 재훈련을 받고 노미노에서 1년 정도 막사건립과 토건일을 하다가 오이다갱 야네기후라 비행장으로 전출되었다.[47]

임태호(林泰好)는 1922년 8월 6일 청도군 풍각면 성곡리 995번지에서 출생하였다. 나이 23살 때 풍가면 현리에서 가을 추수가 끝날 무렵 형님인 임태일이 일본으로 징용을 가게 되었는데, 그때 형님이 징용을 가게 되면 홀로 계신 어머니와 형수님을 내가 모시고 있어야 하길래 차라리 총각인 내가 형님 대신 징용을 가기로 하고, 강제징용을 대신 갔다. 1942년 10월 15일 당시 풍각면 사무소 직원과 풍각 안산동에 조봉식

---

46) 구해군군인군속신장조사표, 김용복, 김용복피해신고서.
47) 국가기록원 자료 해군군속자명부 2012.

이란 사람이 가자고 해서 풍각소재지까지 함께 걸어 갔다. 조봉식 소대장의 인솔하에 약 30명이 청도역을 경유하여 부산까지 열차를 타고 갔다. 부산 오륙도 어느 섬에서 10일간 대기하고 있다가 유센이라는 짐을 나르는 배를 타고, 7일간 항해 중 홋카이도에 도착하였다. 그곳에서 같이 간 조봉식이 소대장으로 임명되어서 일본군인과 조봉식의 지휘 아래 훈련을 받기도 했고, 야산의 흙을 수레를 이용하여 비행장 활주로 공사 작업을 하며, 힘든 노동과 더불어 배가 고파 죽을 지경이었다. 해방이 되어 배를 타고 오는데 폭격이 심하여 같이 오던 많은 사람이 죽었다. 부산항에 도착하여 청도역까지 열차를 타고 와서 풍각까지 버스를 타고 도착하였다.

4) 노무

일제는 노동력을 강제로 동원하기 위하여 1938년 5월 10일 국가총동원법을 조선에 적용하기로 하였다. 이 법은 물자 생산 금융, 가격 노동 등 모든 경제분야에 걸쳐 정부가 명령 하나로 필요한 통제조치를 행할 수 있음을 규정함과 아울러 노동쟁의의 금지나 언론 통제도 할 수 있음을 규정한 것이다. 이에 따라 조선인들은 국내외로 강제동원 당하였다.[48]

본고에서는 해외지역으로 강제동원된 경우를 중심으로 살펴보도록 하겠다. 대표적인 지역이 일본임으로 이 지역을 먼저 알아보도록 하자.

(1) 일본지역에 노무로 동원된 경우

① 홋카이도(北海島)

홋카이도의 경우 탄광기선주식회사 평화광업소로 간 경우가 다수 있는 듯하다.(별첨 〈표 19〉 참조)

---

48) 국내의 강제동원에 대하여는 다음의 논문이 참조된다. 허수열, 「조선인 노동력의 강재동원실태－조선내에서의 강제동원정책의 전개를 중심으로－」, 차기벽 엮음, 『일제의 한국식민통치』, 정음사, 1985.

② 나가사키현(長崎縣)

나가사키현에는 총 6명의 기록이 보이고 있다. 그중 송포군금복정소영치지군장에서 일한 사람이 3명이다.(별첨 〈표 20〉 참조)

③ 사가현(佐賀縣)

사가현의 경우 북방 탄광 9명, 부사 화물자동차 주식회사 6명 등 총 15명이 보이고 있다.(별첨 〈표 21〉 참조) 일본 사가현은 산업의 주축은 농업이지만, 석탄산업은 제1차 세계대전 이후 수요가 급증하고 탄가도 급등하였다. 그 후 만주사변 이후 중일전쟁 등으로 전쟁의 국면이 확대되자 탄광업은 각관을 받게 되었다. 그리하여 사가현의 경우 1937년에 탄광이 30개였고, 1943년에는 59개으로 확대되었다. 출탄량도 1934년의 79만 톤을 최저로 이후 점증하여 1939년에는 132만 톤, 1940년에는 155만 톤, 1943년에는 181만 톤을 기록하였다. 탄광노동자도 1940년에는 17,000명이었다. 청도인들이 주로 간 북방 오도탄광은 1939년 600명, 1940년 850명, 1941년 400명 등 3개년에 걸쳐 1850명의 조선인 노동자 이입을 허락받아 1942년 6월까지 1964명을 고용하였다. 북방탄광의 경우 가구동(假九棟), 사동사(四棟舍), 보국료 등 조선인노동자 기숙사에 거주하였다. 북방탄광에서는 1943년 2월 4일, 5월 8일 각각 1명씩 사고로 사망하였다.[49]

④ 후쿠오카현(福岡縣)

후쿠오카의 경우 후쿠오카현 주식회사 오촌조, 일본 통운주식회사 박다지점 등에서 다수가 일하고 있다. 특히 후자의 경우가 많다.(별첨 〈표 22〉 참조)

⑤ 나라현(奈良縣)

대화수은광업소 등에서 총 2명이 일하고 있다. 나라현에 가서 일한 청도 출신은 거의 없었던 것으로 보인다.(별첨 〈표 23〉 참조)

---

[49] 김민영, 「일본 사가현 탄광지대의 조선인 전시노무동원」, 『일제의 조선인 노동력수탈연구』, 202~213쪽.

⑥ 효고현(兵庫縣)

효고현의 경우 욱공기제조 주식회사, 정화광업주식회사 춘일광산 규석업주야병마, 주식회사 파마조선소 등에서 일하였다.(별첨 〈표 24〉 참조)

⑦ 시즈오카현(靜岡縣)

일본 반전빈명양용수도수간천공사에서 15명이 일한 것으로 나타나고 있다.(별첨 〈표 25〉 참조)

⑧ 나가노현(長野縣)

나가노의 경우 주식회사녹아조 출장소, 비도조작업소, 주식회사대림조송본 출장소 등에서 다수가 일하고 있다.(별첨 〈표 26〉 참조)

⑨ 도치기현(板本縣)

도치기현의 경우 일광토목건축주식회사 주식회사 전고조동경지점 고하광업주식회사 족미광업소 등에서 일하였다.(별첨 〈표 27〉 참조)

⑩ 아키타현(秋田縣)

아키타현의 경우 제국광업개발주식회사 황천광업소, 화강광업소, 미거택광산 이등조출장소 등에서 일하였다. 아키타현의 경우 현재 남아있는 기록 가운데 청도 출신이 가장 많이 보이고 있다.(별첨 〈표 28〉 참조)

⑪ 미야기현(宮城縣)

흑천군 주식회사 신석철공소 삼본목광업소 및 상릉광업주식회사 세창광업소 등에서 일하였다.(별첨 〈표 29〉 참조)

⑫ 후쿠시마현(福島縣)

후쿠시마현의 경우 2명의 자료만 보이고 있다.(별첨 〈표 30〉 참조)

⑬ 야미구치현(山口縣)

야마구치현의 경우 총 6명이 보이며, 대부분 탄광에서 일하고 있다.(별첨 〈표 31〉 참조)

(2) 구체적인 사례검토

① 홋카이도

장윤규(鄭允奎, 鄭東允奎)는 1924년 10월 14일 경북 청도군 각북면 삼평리 721번지에서 출생하였다. 그는 1942년 1월 15일 농촌에서 일하던 중 군서기와 일본인 다까하시에게 강제로 노무자로 끌려가 청도에서 기차로 부산, 부산에서 선박으로 하관, 일본 아오모리에서 홋카이도 사포로 역을 지나 스미토모(住友) 석탄광업(주) 아카비라(赤平) 탄광에 도착하였다. 당시 풍각면의 배중하, 취상갑 등과 고령군의 이인환 정태환이 함께 하였다. 이곳에서 만 3년 동안 일하다가 고향으로 왔다. 그 후 1개월 후인 1945년 2월경 군입대 영장을 받고 다시 청도역을 출발, 대구 80년대에 입소하여 머물다 포항에 가서 정식 부대 편성이 되어 1개월간 군사훈련을 마치고 다시 울산으로가 울산국민학교에 주둔하면서(포항 소재 육상근무대 제176중대 築隊 12775부대) 선박배치용 땅굴 작업을 6개월간 하다 해방되어 귀향하였다.

홋카이도 아카비라 탄광에 도착하였을 때에는 이미 북한 사람들이 와서 일을 하고 있었다. 그는 작업복과 신발 등을 지급받고 일주일 주기로 2교대 하였다. 콩밥을 먹었는데 양이 부족하였다. 숙박은 1방에 7~8명 정도가 생활하였다. 홋카이도는 날씨가 춥고 눈이 많이 와 고생하였다.

일본인은 탄 캐는 기술 일을 하고 조선인은 보조 일을 하였는데 일본인이 캔 탄을 수레로 운반하는 작업을 하였다. 1년 후에는 직접 탄을 캐는 일을 하였다. 기관지가 안 좋아져서 일을 쉬게 해달라고 하였으나 구타당하였으며, 탄을 캐다가 갱이 붕괴되어 사망자가 속출하기도 하였다. 탄광에 온지 1년 후에 같은 동네 사람인 박재석이 강제동원되어 같이 생활하였다. 도망자가 다수 발생하였으며, 체포되면 간고비아(감옥의 일존)에 가두어 두었으며, 가장 위험한 곳에 배치하며 밥도 거의 주지 않았다.

귀국 시에는 홋카이도에서 동경, 하관을 거쳐 부산을 통하여 귀국하였다.[50]

배흔수(裵欣壽)는 1928년 10월 19일 청도군 청도읍 원정리 636번지에서 출생하였다. 1945년 1월에 평양으로 징용을 갔다가 1개월 후 도망을 와서, 고향집에 머물러 있을 때 동네에 소문이 돌아 청도면 사무소 직원 이만달로부터 1945년 2월 5일 17세의 나이로 징집 영장을 받아 청도역전부근에서 15~20명 정도가 모여 연행자 중 원정동 소재 친구 이춘이, 청도읍 송읍동 친구 박무갑 등과 같이 청도역에서 열차편으로 부산으로 이동하였다. 부산 모 초등학교에 집합하여 그곳에 일박 정도 대기 후 부산항에서 배편으로 시모노세키항구에 도착 후 군용열차편으로 야간이동하여 3일 정도 걸려 홋카이도에 도착하였다. 그곳 하쿠다데 비행장 건설 현장에서 일을 하였으며, 군수공장에서 탄약운반, 막 노동을 하였다. 해방 후 1945년 10월경 홋카이도 하쿠다데를 떠나 동년 10월경 부산항에 도착하였다. 하쿠다데에서 아오모리까지 한국인들끼리 돈을 모아서 배삯을 주고 타고 나왔다. 오사카에서는 태극기가 걸린 배들 중에 작은 선박(30톤급)에 각자의 돈을 모아주고 타고 왔다고 한다.[51]

청도출신으로 홋카이도 우류군(雨龍郡) 다도지(多度志)촌 다카도마리(鷹泊) 소재 제국사백금(帝國砂白金) 우류광업소로 간 경우가 많은 것 같다. 이곳에는 제국사백금 우류공업소(크롬광산), 아사노 우류탄광, 우류댐 발전공사장(일명 슈마리나이댐) 등이 있었다. 이 중에 탄광 및 댐에서는 57명, 42명이 각각 사망한 것으로 알려져 있다.[52] 청도인들은 제국사백금 우류광업소에서 주로 일하였던 것 같다. 대표적인 인물로 김도경(金道京), 김재곤(金在坤), 김종관(金鍾寬), 도길수(都吉秀), 윤한영(尹漢榮), 이준기(李準基), 장수채(蔣守埰) 등을 들 수 있다.[53]

그중 구체적인 사례로서 곽산용택(郭龍澤, 郭山龍澤, 1926.9.27)의 경우를 보자. 그는 청도군 금천면 출생으로 1943년 10월 동원되어 1945년 9월까지 2년 정도 동원되었

---

[50] 정동규 피해신고서.

[51] 배흔수 피해신고서.

[52] 『조선인강제연행 희생자명부: 홋카이도』 1997년도에는 「홋카이도 슈마리나이 강제노동 희생자 유골발굴 한일대학생 공동워크샵」이 개최되기도 하였다.

[53] 일재강제동원진상규명위원회 소장 자료 참조.

다. 그는 1943년 10월경 농사일에 종사하던 중 마을이장에 의하여 금천면사무소에 집결하여 청도군청에 모였다. 청도군청에는 약 70명 정도 모였으며, 이웃마을 사람인 김종관, 손영현, 이황기, 이정기 등과 함께 갔다. 당시 아무런 영문도 모른 채 왔다가 어디로 가서 무슨 일을 하는지 몰라 상당히 혼란스러움을 느꼈다. 금천면 사무소, 청도군청, 부산항에서 출발할 때 가족들이 나와 손을 흔들며 배웅을 했으며, 기약 없이 떠나는 가족을 위해 꼭 돌아오기를 바라며 울음바다가 되었다. 청도역까지 트럭을 타고, 다음에는 부산, 하관, 아오모리, 홋카이도를 거쳐 부르명에 도착하였다. 이곳에서 한정거장 더 가면 샌다 노역장으로 백금을 생산하는 광산이었으며, 구멍을 뚫고 금을 생산하는 광산은 아니었으며, 골짜기에서 작업을 하였다.

오전 8시부터 오후 6시까지 일하였으며, 토요일은 오전만, 일요일은 휴식을 취하였으며, 외출도 가능하였다. 백금을 생산하는 일은 일본인들이 하였으며, 계곡에서 일을 하였는데 계곡물이 깊어 익사사고가 종종 발생하였다. 월급은 50원 정도 받았다. 막사생활을 하였으며, 막사가 상당히 컸으며, 2층에서 노무자 70명이 생활하였고, 1층에 밥 해주는 사람이 70명 정도 생활하였다. 해방이 된 후 1945년 9월에 홋카이도를 떠나 12월에 귀국하였다. 귀국 시에는 홋카이도에서 배로 아오모리에 도착한 후 기차로 하관까지, 하관에서 배로 부산, 부산에서 청도까지 기차를 이용하였다.[54]

청도출신은 홋카이도 스미토모(住友) 석탄광업(주) 아카비라(赤平) 탄광에도 많이 간 것 같다. 강재동, 양재화, 구상돌, 이갑식, 김도선, 강판동, 조세래 등을 들 수 있다.[55]

② 남양군도

남양군도의 조선인 노동자 강제동원에 대하여는 기존에 깊이 있는 몇몇 논문들이 발표되어 남양군도에 대한 전반적인 상황과 강제동원 된 노동자들에 대하여 밝히고 있다.[56] 그러나 특정 지역 출신들에 대하여는 세밀한 검토가 없는 실정이다. 남양군

---

54) 곽용택자료(일제강제동원진상규명위원회 소장).
55) 일제강제동원진상규명위원회 소장 자료.

도에 다녀온 청도출신 생존자들의 언급을 통하여 강제동원의 과정과 실태를 알아보기로 하자.

이은우(李殷雨)는[57] 1920년 3월 6일 청도군 각북면 남산동 1070번지에서 출생하였다. 그는 1942년 10월 16일부터 1944년 9월 15일 귀향할 때까지 약 2년간 일제 강점하에 노무자로 남양군도에 강제동원되어 인간 이하의 대우를 받으면서 창고 같은 막사에서 굶주림을 당하면서 새벽부터 밤늦게까지 비행장 활주로와 선착장 건설작업, 군수물 운반 작업등을 하였다.

그는 청도에서 강제로 동원되어 청도경찰서에서 신체검사를 받고, 청도역을 출발하여 부산역에 도착하였다. 그곳에서 다시 신체검사를 실시하고, 실과 바늘 등을 지급 받았다. 부산에서 선박으로 남양군도로 갔으며, 김봉진(이서면 양원리)과 함께 하였다. 배로 이동중에 식사가 제공되었으나 배멀미로 인하여 밥도 제대로 못 먹고 누워 있는 사람들이 많았다. 남양군도에서 일본에서 공수된 물, 쌀밥, 단무지 등을 먹었는데, 미군의 공습으로 공급이 끊겨 주변의 과일을 따 먹었다. 숙소는 큰 창고 같은데서 생활하였는데 모기, 파리 등 벌레 때문에 잠을 자기가 어려웠다.

남양군도에서는 비행기활주로 건설을 하였으며, 군수장비 운수도 하였다. 미군의 공습이 시작되면서 방독면을 쓰게 하고, 밤에는 절대로 불을 키지 못하게 하였다. 1년 6개월 후 기리바도로 이동하였는데 이동 도중 미군 군함의 피격에 배가 파손되어 사망자가 4명이나 났다고 한다. 기리바도에 도착 후 비행장 건설 작업을 하였다. 이은우에 따르면, 기리바도로 이동 할 때쯤 조선 처녀들이 잡혀 왔다고 한다.

1944년 기리바도에서 군함을 타고 남양군도로 와 그곳에서 화물선을 타고 부산에 도착하였다. 1944년 9월에 귀국은 너무 힘든 노력이었으므로 더 이상 일을 못하게 되자 일본에서 다른 조선인들을 데려와 대체하였다고 한다.

56) 정혜경, 「일제말기 남양군도의 조선인노동자」 ; 김도형, 「중부 태평양 팔라우 군도 한인의 강제동원과 귀환」, 『한국독립운동사연구』 26, 2006 ; 김명환, 「1943~1944년 팔라우지역 조선인노무자 강제동원-『조선인노무자 관계철』 분석을 중심으로」, 『한일민족문제연구』 14, 2008.

57) 왜정피징용자명부(이은우).

곽태수(郭泰秀, 1923년 11월 18일생, 본적 청도군 각남면 예리리 268, 당시 주소 청도군 이서면 각계리 360)[58]는 당시 농사일을 하던 중 일본 경찰 및 관청에서 와서 강제로 붙잡혀 갔다. 일본으로 가는 배안에서 주위 친구 한 사람이 통통배로 도망가려다 붙잡혀 칼 및 총으로 사살된 후 지하 매장되는 것을 보았다. 남양군도 파라오로 간 후 남양군도 팔라우제도 코로르도 소재 남양청 토목과에 소속이 되어 일본군인부대에서 일을 하였고, 활주로 공사 및 부두공사에 참여하였고, 산속에서 땅굴을 파는 일을 하였다.

1943년 5월 8일(당시 21세) 일본 경찰들이 집으로 찾아와 강제로 데리고 갔으며 청도역에 50명 정도가 모여 청도역에서 기차를 타고 여수로 갔다. 기차 탑승시 같이 가는 사람들에게서 남양군도, 열대지방으로 간다는 소문을 들었다고 한다. 여수에서 1일, 일본 구주에서 1일을 보내고 약 20일 만에 파라우에 도착하였다. 당시 화양읍의 김창열, 청도읍 원정리의 예기식 등이 함께 갔고 배를 처음 타 배멀미를 심하게 하였다고 한다. 만일의 사태를 대비해 구명조끼를 지급받았으며, 적은 양의 하루에 세끼 식사를 제공받았다.

남양군도 도착 시 1인당 하루 쌀 2홉씩 배급 받았으며, 밥을 해서 간장 등과 먹었다. 아침 7시에 점호하여 저녁 5시에 작업을 마쳤으며, 가끔 야간작업도 하였다. 바다가 바라보이는 언덕에 숙소가 있었으며, 가끔 일요일이나 작업이 없는 날은 자유시간이 있었다고 한다.

작업 태만 및 불량해 보이는 사람들은 아침 점호시간에 많은 사람이 보는 앞에서 구타를 당했고 남양군도는 날씨가 무척 더웠는데 주로 구멍을 뚫어 화약 폭파 작업을 하였다.

1944년 3월 30일 아침 7시에 미군 폭격기의 공습이 시작되어 2일 동안 계속 산으로 피신하였다. 그 후로는 미군의 공습이 계속되었다. 그때 1944년 4월경 산속으로 피신하여 생활하다가 갑자기 집결하라고 하여 모였더니 군속으로 편입시켜 주었다. 그 후 팔라우 본도 소재 데루부다이에서 군속으로서 군수품 운반과 상륙 군인들 피난처 및

---

58) 조선인노무자 관계철.

방공호 작업을 하였다. 상륙군부대는 데리푸다이 부대라고 불렀으며, 그 부대 내에는 중장계급이 있었다고 한다. 일당으로 2원 10전에서 2원 20전 정도 계산해서 월급을 주었다. 고로로마치나 마루카리마치라는 도시 2군데에 버스타고 나가서 먹거리를 사고 구경도 하였다. 해방이 되고 10월 초쯤에 미군이 상륙하였고, 일본 장교들이 미군이 시키는 대로 하라는 지시를 받았고, 1945년 11월 5일 미군 상륙함을 타고 파라우를 출발하여 11월 16일 부산항에 도착하였다. 곽태수의 경우 청도에서 열차를 이용하여 여수로 갔으며, 1박 후 바로 승선하였다. 1943년 5월 6일 여수를 출발하였다. 그리고 규슈를 거쳐 팔라우로 갔는데 밤낮없이 24일이 소요되었다.[59] 1943년 청도에서 동원된 일단의 노무자들은 팔라우의 주요 항만인 말라칼항 도크 건설작업에 투입되었으며, 이 작업장은 육군과 관계가 있었던 것으로 보인다.[60]

③ 사할린

청도출신으로 사할린으로[61] 간 경우는 4명으로 볼 수 있다. 이들 가운데 김종수(金鍾秀, 1921.10.1, 각북면 지슬리)의 경우는 1944년 2월에 동원되어 사할린 소재 브이고프(구 農榮郡) 소재 가라후토(樺太) 인조석유(주) 나이부치(內淵)탄광에서[62] 광부로 일하였다.[63]

예경복(芮庚福, 1912.2.15)은 1940년에 동원되어 1945년 8월까지 사할린 시리토루(知取) 소재 작업장에서 노무생활을 하였다.[64] 이태희(李泰羲, 1923.9.5, 미귀환)는 1944년 11월경부터 1945년 8월까지 사할린 고르노자보스크(구 本斗郡) 소재 미쓰비시(三菱) 탄광(주) 나이호로(內幌)탄광에서 일하였다.[65] 최임영(崔林永, 1925.12.26일생)은 1944년 3월부터 사할린 고르노자보그스크소재 미쓰비시석탄유화공업(주) 니이호

59) 김명환, 「1943~1944년 팔라우지역 조선인노무자 강제동원-『조선인노무자 관계철』 분석을 중심으로」, 88쪽.
60) 위의 논문, 103쪽.
61) 사할린에 대한 일반론은 다음의 책이 참조된다. 최길성, 『사할린-流刑과 棄民의 땅』, 민속원, 2003.
62) 현재에도 브이코프 탄광은 사할린뿐만 아니라 러시아 전체에서도 유명한 탄광이다(최길성, 위의 책, 90쪽). 현재 이곳 탄광에는 6,000명의 노동자들이 일하고 있는데 그중 3,000명이 한인들이다.
63) 김종수 피해진술서(일제하강제동원진상규명위원회 소장).
64) 예경복피해진출서.
65) 이태희피해진술서.

로 탄광에서 일하다 1945년 해방 후 귀환과정에서 사망하였다.[66]

④ 쿠릴열도

청도출신 가운데에는 쿠릴열도로 간 경우도 있다. 쿠릴열도의 경우 일반적으로는 군인들이 가는 곳이며, 이곳에 징용간 경우도 오랫동안 복무하기보다는 몇 개월 정도 있는 경우가 많다고 한다.

쿠릴열도로 간 청도 출신을 보면, 김광길(金光吉, 1921.9.25일생), 김태석(金泰錫, 1922.8.23일생), 김호배(金好培, 1916년 4월 3일생), 도언기(都彦基, 1921.5.8일생), 장권재(蔣權在, 1922년 1월 17일생), 장만수(張萬壽, 1922년 1월 23일생), 최호룡(崔昊龍, 山住淸孝, 1925년 2월 17일생) 등을 들 수 있다. 김광길은 1943년 3월경부터 1943년 12월경까지, 김태석은 1942년 7월부터 1943년 4월까지, 김호배는 1942년 7월부터 1943년 4월까지, 도언기는 1943년 5월부터 1945년까지, 장권재는 1942년 6월경부터 1945년 해방까지, 장만수는 1942년 7월부터 1943년 4월까지, 최호룡은 1944년 5월부터 1945년 3월까지 쿠릴열도 비행장에서 노무자로 일하였다.

최호룡의 경우는 경북 청도군 운문면 오전리 314번지에서 출생하였다. 최호룡이 7세 때 아버지가 이시카와현(石川縣) 가나자와시(金澤市)로 돈을 벌러 먼저가 토목공사 현장에서 막노동을 하였다. 5~6년 후 어머니 둘째 누님, 막내 동생과 함께 일본으로 들어갔다. 당시 큰 누님은 출가하여 한국에 남아있다가 나중에 일본으로 들어왔다. 이시카와현에서 초등학교, 중학교를 졸업하여 당시 한국말을 잘 못하였다. 중학교 졸업 후 고마츠(小松) 제작소(트랙터를 만드는 공장)에서 일을 하다가 그만 둘 즈음, 아버지 최선중 앞으로 징용장이 날아왔다. 고마츠 제작소는 가나자와시에서 기차로 30분 거리에 위치하고 있었고, 월급이 30원 정도였는데 최호룡은 급여가 좀더 좋은 개인회사로 옮기려고 하고 있던 중이었다.

아버지가 나이가 많고 일본말을 잘 못하므로 가도 소용이 없다고 가나자와시 경찰서 특고과를 찾았다. 특고과에 가서 해명을 하니 자신도 당시 일을 하고 있지 않은

것을 알고 그럼 너도 가서 아버지를 도와주라고 말해서 아버지 대신 최호룡이 가겠다고 하여 강제 동원되었다. 1944년 5월경이었고, 이시카와현에서 한국인 100명, 일본인 100명이 북방정신대라는 이름으로 갔다. 한국인은 40~50대였고, 일본인은 50~60대 노인들이었다. 한국인 단장과 일본인 단장이 따로 있었으며, 단장 1명에 반장 5~6명, 서기 1명이 있었고, 최호룡은 서기를 맡았다. 일본인과 조선인은 따로 탔고, 잘 기억은 안 나지만 경찰서 앞에 모여 각자 완장을 차고 가나자와 역에서 기차를 타고 아오모리까지 가서 배를 타고 홋카이도에 내려 삿포로에서 2~3일간 대기하였다. 빨간 완장을 찼는데 반장은 반장이라고 서기는 서기라고 쓰여진 완장을 찼다. 삿포로에서 대기하는 동안 자유행동이 가능했고, 그동안 도망하는 사람은 없었다.

오타루항에서 하쿠요마르(白洋丸)을 타고 천도열도 지시마로 들어갔고, 이 배는 반은 여객선이고 반은 화물선이었다. 배를 타고 3일 동안 걸렸고, 직선으로 가면 얼마 안 걸리지만 작전상 돌아가 시간이 소요되었다. 천도열도의 섬은 슈무슈였고, 주민들은 없었으며, 육군이 상주해 있었다. 작업은 비행장을 만드는 일이었고, 최호룡은 아픈 사람이 있으면 병원에 데려다 주는 일을 하였다. 아울러 작업 지시사항을 전달하는 일을 하였다. 겨울에도 작업을 하였고 눈이 많이 오진 않았다. 안개가 많이 끼었고, 날이 맑으면 캄차카 반도가 보였다. 주변에 함석집(창고)이 있었고, 공습이 많았으며, 미국 비행기가 오면 대항을 못하였다. 10개월 정도 있다가 1945년 2월경 징병대상자였으므로 귀환하였다. 올 때는 고물선을 타고 와 10일 이상 소요되었다. 영장을 받기 전에 해방이 되었다.[67]

---

[67] 최호룡진술서.

【부록】 별첨

〈표 1〉 육군 소속 항공병 군인 군속 일람표

번호	이름	출생연도	연행지	합사여부	사망여부	명부명	면수
1	산천계수	1925	조선			유수명부 (제5항공군북선)	253
2	상송영웅	1927	조선			유수명부 (제5항공군북선)	258
3	홍촌의휘	1926	조선			유수명부 (제5항공군북선)	263
4	남필우	1927	조선			유수명부 (제5항공군북선)	263
						유수명부 (제5항공군북선)	

〈표 2〉 북한지역 주둔 부대 육군 군인 군속 일람표

번호	이름	출생연도	연행지	합사여부	사망여부	명부명	면수
1	대산수부		조선북선제17방면군 나남사관구			유수명부 (북선제17방면군나남사관구)	189
2	신정병진	1924	조선북선제17방면군 평양사관구보병제1보충대			유수명부 (북선제17방면군 평양사관구보병제1보충대)	261
3	송원희옥	1923	조선북선제34군 예하부대			유수명부(북선제3군혼성제 101연대제34군예하부대)	168

〈표 3〉 남한지역 주둔부대 육군 군인 군속 일람표

번호	이름	출생연도	연행지	합사여부	사망여부	명부명	면수
1	단촌사갑	1924	조선남선제17방면군 경성사관구보병제3보충대			유수명부(남선제17방면군 경성사관구보병제3보충대)	301
2	성산정진	1924	조선남선제17방면군 경성사관구보병제3보충대			유수명부(남선제17방면군 경성사관구보병제3보충대)	264
3	송본청지	1924	조선남선제17방면군 경성사관구보병제3보충대			유수명부(남선제17방면군 경성사관구보병제3보충대)	266

4	송산일호	1924	조선남선제17방면군 경성사관구보병제3보충대			유수명부(남선제17방면군 경성사관구보병제3보충대)	266
5	금평동황	1924	조선남선제17방면군 경성사관구보병제3보충대			유수명부(남선제17방면군 경성사관구보병제3보충대)	269
6	문산종철	1924	조선남선제17방면군 경성사관구보병제3보충대			유수명부(남선제17방면군 경성사관구보병제3보충대)	261
7	평소일만	1924	조선남선제17방면군 경성사관구보병제3보충대			유수명부(남선제17방면군 경성사관구보병제3보충대)	256
8	달성권석	1923	조선남선제17방면군 경성사관구보병제3보충대			유수명부(남선제17방면군 경성사관구보병제3보충대)	227
9	고산윤관	1924	조선남선제17방면군 경성사관구보병제3보충대			유수명부(남선제17방면군 경성사관구보병제3보충대)	228
10	목호갑석	1924	조선남선제17방면군 경성사관구보병제3보충대			유수명부(남선제17방면군 경성사관구보병제3보충대)	216
11	제등성봉	1924	조선남선제17방면군 경성사관구보병제3보충대			유수명부(남선제17방면군 경성사관구보병제3보충대)	221
12	제등성봉	1924	조선남선제17방면군 경성사관구보병제3보충대			유수명부(남선제17방면군 경성사관구보병제3보충대)	221
13	본촌남기	1924	조선남선제17방면군 경성사관구보병제3보충대			유수명부(남선제17방면군 경성사관구보병제3보충대)	212
14	국전충명	1924	조선남선제17방면군 경성사관구보병제3보충대			유수명부(남선제17방면군 경성사관구보병제3보충대)	212
15	향산종한	1925	조선남선제17방면군 경성사관구보병제3보충대			유수명부(남선제17방면군 경성사관구보병제3보충대)	206
16	고본용봉	1926	조선남선제17방면군 경성사관구보병제3보충대			유수명부(남선제17방면군 경성사관구보병제3보충대)	206
17	고성종규	1924	조선남선제17방면군 경성사관구보병제3보충대			유수명부(남선제17방면군 경성사관구보병제3보충대)	195
18	금본탁재	1923	조선남선제17방면군 경성사관구보병제3보충대			유수명부(남선제17방면군 경성사관구보병제3보충대)	195
19	금성덕	1924	조선남선제17방면군 경성사관구보병제3보충대			유수명부(남선제17방면군 경성사관구보병제3보충대)	195
20	천촌재근	1924	조선남선제17방면군 경성사관구보병제3보충대			유수명부(남선제17방면군 경성사관구보병제3보충대)	197
21	암본상일	1924	조선남선제17방면군 경성사관구보병제3보충대			유수명부(남선제17방면군 경성사관구보병제3보충대)	170
22	신정길환	1924	조선남선제17방면군 경성사관구보병제3보충대			유수명부(남선제17방면군 경성사관구보병제3보충대)	163
23	덕산일윤	1924	조선남선제17방면군 경성사관구보병제2보충대			유수명부(남선제17방면군 경성사관구보병제1,2보충대)	228
24	아산홍재	1924	조선남선제17방면군 경성사관구보병제2보충대			유수명부(남선제17방면군 경성사관구보병제1,2보충대)	193

25	영산무웅	1924	조선남선제17방면군 경성사관구보병제1보충대			유수명부(남선제17방면군 경성사관구보병제1,2보충대)	78
26	중산달재	1924	조선남선제17방면군 경성사관구보병제1보충대			유수명부(남선제17방면군 경성사관구보병제1,2보충대)	78
27	금성병태	1924	조선남선제17방면군 경성사관구보병제1보충대			유수명부(남선제17방면군 경성사관구보병제1,2보충대)	39
28	금본원술	1925	조선남선제17방면군 경성사관구보병제1보충대			유수명부(남선제17방면군 경성사관구보병제1,2보충대)	29
29	신정지현	1925	조선남선제17방면군 경성사관구보병제1보충대			유수명부(남선제17방면군 경성사관구보병제1,2보충대)	9
30	서원용부	1924	조선남선제17방면군 조선철도부대			유수명부(남선제17방면군 조선철도부대)	53
31	길촌준남	1926	조선남선제17방면군 조선육군화물창창고			유수명부(남선제17방면군 조선육군화물창)	481
32	송오종호	1917	조선남선제17방면군 조선육군화물창창고			유수명부(남선제17방면군 조선육군화물창)	385
33	구원전문	1918	조선남선제17방면군 조선육군화물창창고			유수명부(남선제17방면군 조선육군화물창)	198
34	길촌수덕	1928	조선남선제17방면군 인천조병창			유수명부(남선제17방면군 인천조병창(3))	352
35	길본창우	1929	조선남선제17방면군 인천조병창			유수명부(남선제17방면군 인천조병창(3))	357
36	신정충일		조선남선제17방면군 인천조병창			유수명부(남선제17방면군 인천조병창(1))	353
37	금전광태	1928	조선남선제17방면군 인천조병창			유수명부(남선제17방면군 인천조병창(1))	188
38	금촌수봉	1926	조선남선제17방면군 인천조병창			유수명부(남선제17방면군 인천조병창(1))	185
39	금본원길	1927	조선남선제17방면군 인천조병창			유수명부(남선제17방면군 인천조병창(1))	86
40	금본원도	1929	조선남선제17방면군 인천조병창			유수명부(남선제17방면군 인천조병창(1))	74
41	금성종배	1924	조선남선제17방면군 조선군관구예속부대			유수명부(남선제17방면군 조선군관구예하부대(1))	131
42	대원필롱	1924	조선남선제17방면군 조선군관구예속부대			유수명부(남선제17방면군 조선군관구예하부대(1))	127
43	금림원식	1924	조선남선제17방면군 조선군관구예속부대			유수명부(남선제17방면군 조선군관구예하부대(1))	7
44	송본영태		조선남선제17방면군 조선군관구사령부			유수명부(남선제17방면군 조선군관구사령부)	107
45	석산청정	1922	조선남선제17방면군 조선군관구사령부			유수명부(남선제17방면군 조선군관구사령부)	12

46	산천종환	1924	조선남선제17방면군 제58사단직할부대			유수명부(남선제17방면군 제58군직할부대)	206
47	문석남	1924	조선남선제17방면군 제58사단직할부대			유수명부(남선제17방면군 제58군직할부대)	195
48	성목사갑	1924	조선남선제17방면군 제58사단직할부대			유수명부(남선제17방면군 제58군직할부대)	190
49	백원달기	1924	조선남선제17방면군 제58사단직할부대			유수명부(남선제17방면군 제58군직할부대)	182
50	금산우곤	1923	조선남선제17방면군 제58사단직할부대			유수명부(남선제17방면군 제58군직할부대)	173
51	금정판출	1924	조선남선제17방면군 제58사단직할부대			유수명부(남선제17방면군 제58군직할부대)	174
52	암성종무	1921	조선남선제17방면군 제58사단직할부대			유수명부(남선제17방면군 제58군직할부대)	161
53	신정종태	1924	조선남선제17방면군 제58사단직할부대			유수명부(남선제17방면군 제58군직할부대)	155
54	단전종성	1924	조선남선제17방면군 제58사단직할부대			유수명부(남선제17방면군 제58군직할부대)	157
55	내산태수	1923	조선남선제17방면군 제58사단직할부대			유수명부(남선제17방면군 제58군직할부대)	157
56	석원성균	1924	조선남선제17방면군 제58사단직할부대			유수명부(남선제17방면군 제58군직할부대)	160
57	양천주창	1925	조선남선제17방면군 독립혼성제127여단			유수명부(남선제17방면군 독립혼성제127여단)	115
58	암성수탁	1924	조선남선제17방면군 독립혼성제127여단			유수명부(남선제17방면군 독립혼성제127여단)	94
59	정촌원식	1925	조선남선제17방면군 독립혼성제127여단			유수명부(남선제17방면군 독립혼성제127여단)	94
60	홍도청일	1920	조선남선제17방면군 제320사단			유수명부(남선제17방면군 제330사단)	146
61	금택병곤	1924	조선남선제17방면군 제320사단			유수명부(남선제17방면군 제330사단)	140
62	전송일룡	1924	조선남선제17방면군 제320사단			유수명부(남선제17방면군 제330사단)	143
63	송강재복	1924	조선남선제17방면군 제160사단			유수명부(남선제17방면군 제160사단)	18
64	금정정원	1925	조선남선제17방면군 제160사단			유수명부(남선제17방면군 제160사단)	7
65	금강종길	1924	조선남선제17방면군 제160사단			유수명부(남선제17방면군 제160사단)	8
66	동곡동범	1924	조선남선제17방면군 제120사단			유수명부(남선제17방면군 제120,150사단)	185

67*	송전태현	1924	조선남선제17방면군 제120사단		유수명부(남선제17방면군 제120,150사단)	174
68	동성완모	1924	조선남선제17방면군 제120사단		유수명부(남선제17방면군 제120,150사단)	170
69	금본향곤	1924	조선남선제17방면군 제120사단		유수명부(남선제17방면군 제120,150사단)	147
70	금택보곤	1924	조선남선제17방면군 제120사단		유수명부(남선제17방면군 제120,150사단)	147
71	금천우룡	1924	조선남선제17방면군 제120사단		유수명부(남선제17방면군 제120,150사단)	148
72	성전충경	1924	조선남선제17방면군 제120사단		유수명부(남선제17방면군 제120,150사단)	120
73	춘원수광	1924	조선남선제17방면군 제120사단		유수명부(남선제17방면군 제120,150사단)	121
74	금해길곤	1924	조선남선제17방면군 제120사단		유수명부(남선제17방면군 제120,150사단)	110
75	금성임		조선남선제17방면군 제120사단		유수명부(남선제17방면군 제120,150사단)	112
76	금해인주	1924	조선남선제17방면군 제120사단		유수명부(남선제17방면군 제120,150사단)	114
77	목촌영채	1924	조선남선제17방면군 제120사단		유수명부(남선제17방면군 제120,150사단)	115
78	내전갑수	1924	조선남선제17방면군 제120사단		유수명부(남선제17방면군 제120,150사단)	106
79	소월영태	1924	조선남선제17방면군 제120사단		유수명부(남선제17방면군 제120,150사단)	62
80	대산형묵	1924	조선남선제17방면군 제120사단		유수명부(남선제17방면군 제120,150사단)	42
81	목원홍정	1923	조선남선제17방면군 직할부대		유수명부(남선제17방면군 직할부대)	19
82	성광춘달	1923	조선남선제17방면군 직할부대		유수명부(남선제17방면군 직할부대)	19
83	아산병태	1924	조선남선제17방면군 직할부대		유수명부(남선제17방면군 직할부대)	12
84	금해재조	1926	조선남선제17방면군 고사포제152연대		유수명부(남선제17방면군 고사포제151,152연대)	183
85	대산수웅	1924	조선남선제17방면군 고사포제152연대		유수명부(남선제17방면군 고사포제151,152연대)	183
86	송강순교	1921	조선남선제17방면군 고사포제152연대		유수명부(남선제17방면군 고사포제151,152연대)	160
87	동원도웅	1920	조선남선제17방면군 고사포제152연대		유수명부(남선제17방면군 고사포제151,152연대)	142

88	상월충웅	1924	조선남선제17방면군 고사포제152연대			유수명부(남선제17방면군 고사포제151,152연대)	132
89	안전성호	1924	조선남선제17방면군 고사포제151연대			유수명부(남선제17방면군 고사포제151,152연대)	92
90	임갑수	1924	조선남선제17방면군 고사포제151연대			유수명부(남선제17방면군 고사포제151,152연대)	66
91	금구종열	1924	조선남선제17방면군 고사포제151연대			유수명부(남선제17방면군 고사포제151,152연대)	34
92	금해복곤	1924	조선남선제17방면군 고사포제151연대			유수명부(남선제17방면군 고사포제151,152연대)	34
93	신정표선	1924	조선남선제17방면군 고사포제151연대			유수명부(남선제17방면군 고사포제151,152연대)	5

〈표 4〉 조선 선박군 육군 군인 군속 일람표

번호	이름	출생 연도	연행지	합사 여부	사망 여부	명부명	면수
1	고산재흥	1924	조선선박군			유수명부(선박군-북방남북선)	364
2	서쾌석	1924	조선선박군			유수명부(선박군-북방남북선)	364
3	이전춘희	1924	조선선박군			유수명부(선박군-북방남북선)	364
4	고산명식	1924	조선선박군			유수명부(선박군-북방남북선)	365
5	풍성갑생	1924	조선선박군			유수명부(선박군-북방남북선)	366
6	중산화재	1924	조선선박군			유수명부(선박군-북방남북선)	367
7	하산태문	1924	조선선박군			유수명부(선박군-북방남북선)	367
8	장곡천창원	1924	조선선박군			유수명부(선박군-북방남북선)	368
9	춘원세근	1924	조선선박군			유수명부(선박군-북방남북선)	368
10	화전도일	1924	조선선박군			유수명부(선박군-북방남북선)	368
11	손전기득	1924	조선선박군			유수명부(선박군-북방남북선)	370
12	송촌영구	1924	조선선박군			유수명부(선박군-북방남북선)	370
13	송전도룡	1924	조선선박군			유수명부(선박군-북방남북선)	371
14	산삼상희	1924	조선선박군			유수명부(선박군-북방남북선)	372
15	미전삼환	1924	조선선박군			유수명부(선박군-북방남북선)	373
16	손전기운	1924	조선선박군			유수명부(선박군-북방남북선)	374
17	옥산동학	1924	조선선박군			유수명부(선박군-북방남북선)	374
18	신정순정	1924	조선선박군			유수명부(선박군-북방남북선)	351
19	정상태균	1924	조선선박군			유수명부(선박군-북방남북선)	352

20	내전우해	1924	조선선박군			유수명부(선박군-북방남북선)	353
21	암본병길	1924	조선선박군			유수명부(선박군-북방남북선)	353
22	암본철치	1924	조선선박군			유수명부(선박군-북방남북선)	353
23	우생종원	1923	조선선박군			유수명부(선박군-북방남북선)	353
24	내전종득	1924	조선선박군			유수명부(선박군-북방남북선)	354
25	금산정민	1924	조선선박군			유수명부(선박군-북방남북선)	355
26	금원금규	1924	조선선박군			유수명부(선박군-북방남북선)	356
27	고상안남	1924	조선선박군			유수명부(선박군-북방남북선)	357
28	금해이경	1923	조선선박군			유수명부(선박군-북방남북선)	357
29	금본윤근	1924	조선선박군			유수명부(선박군-북방남북선)	358
30	금천이곤	1924	조선선박군			유수명부(선박군-북방남북선)	359
31	금해용진	1924	조선선박군			유수명부(선박군-북방남북선)	359
32	하본동출	1924	조선선박군			유수명부(선박군-북방남북선)	359
33	고본승렬	1924	조선선박군			유수명부(선박군-북방남북선)	360
34	국본승출	1923	조선선박군			유수명부(선박군-북방남북선)	362

〈표 5〉 만주 관동군으로 파견된 군인 군속 일람표

번호	이름	출생 연도	연행지	합사 여부	사망 여부	명부명	면수
1	송본민계	1924	중국관동군제1방면군 134사단			유수명부(관동군제1방면군 직할부대제122,134사단)	233
2	송본주계	1924	중국관동군제1방면군 134사단			유수명부(관동군제1방면군 직할부대제122,134사단)	233
3	안원용봉	1924	중국관동군제1방면군 134사단			유수명부(관동군제1방면군 직할부대제122,134사단)	206
4	조정환	1924	중국관동군제1방면군 134사단			유수명부(관동군제1방면군 직할부대제122,134사단)	157
5	금도용태	1924	중국관동군제1방면군 134사단			유수명부(관동군제1방면군 직할부대제122,134사단)	136
6	정촌무현	1924	중국관동군제4군 제119사단			유수명부(관동군제4군 제119,123,149사단독혼 제80,135,136여단)	68
7	광전윤현	1924	중국관동군제4군 제119사단			유수명부(관동군제4군 제119,123,149사단독혼 제80,135,136여단)	54

8	의본윤기	1924	중국관동군제4군 제119사단			유수명부(관동군제4군 제119,123,149사단독혼 제80,135,136여단)	33
9	방원강일	1917	중국관동군 제4군직할부대			유수명부(관동군제4군 직할부대)	148
10	박정재하	1925	중국관동군 직할축성대			유수명부(관동군관동군 직할근무대축성대)	234
11	금본의술	1927	중국관동군 직할축성대			유수명부(관동군관동군 직할근무대축성대)	213
12	춘원수경	1927	중국관동군직할 육군병원			유수명부(관동군관동군직할 보급감부육군병원)	237
13	춘원경희	1910	중국관동군직할 육군병원			유수명부(관동군관동군직할 보급감부육군병원)	235
14	춘원이길	1921	중국관동군직할 육군병원			유수명부(관동군관동군직할 보급감부육군병원)	235
15	춘원준희	1927	중국 관동군직할 육군병원			유수명부(관동군관동군직할 보급감부육군병원)	235
16	금성명달	1921	중국 관동군직할 보급감부			유수명부(관동군관동군 직할보급감부육군병원)	59
17	국본달기		중국 관동군직할 보급감부			유수명부(관동군관동군 직할보급감부육군병원)	14
18	국본달기		중국 관동군직할 보급감부			유수명부(관동군관동군 직할보급감부육군병원)	15
19	백천성득	1922	중국관동군 직할헌병대			유수명부(관동군관동군 직할헌병대정보부수용수)	101
20	도촌순구	1915	중국관동군 직할헌병대			유수명부(관동군관동군 직할헌병대정보부수용수)	80
21	강본상봉	1919	중국관동군 직할헌병대			유수명부(관동군관동군 직할헌병대정보부수용수)	64
22	고산일리	1931	중국관동군 직할헌병대			유수명부(관동군관동군 직할헌병대정보부수용수)	44
23	풍천무남	1926	중국관동군 직할헌병대			유수명부(관동군관동군 직할헌병대정보부수용수)	35
24	산본종엽	1922	중국관동군 직할헌병대			유수명부(관동군관동군 직할헌병대정보부수용수)	38
25	방하해기	1913	중국관동군 직할헌병대			유수명부(관동군관동군 직할헌병대정보부수용수)	39
26	신정수웅	1920	중국관동군 직할헌병대			유수명부(관동군관동군 직할헌병대정보부수용수)	39
27	금산준원	1924	중국관동군직할 대륙철도 부대			유수명부(관동군관동군 직할통신병대륙철도부대 기동제1여단)	145

28	대궁영해	1924	중국관동군직할 대륙철도 부대			유수명부(관동군관동군 직할통신병대륙철도부대 기동제1여단)	102
29	금산준원	1924	중국관동군직할 대륙철도 부대			유수명부(관동군관동군 직할통신병대륙철도부대 기동제1여단)	49
30	목호춘웅	1924	중국관동군직할 대륙철도 부대			유수명부(관동군관동군 직할통신병대륙철도부대 기동제1여단)	53
31	추산재희	1926	중국관동군 군사령부 및 교육대			유수명부 (관동군군사령부병교육대)	248
32	송본순일	1927	중국관동군 군사령부 및 교육대			유수명부 (관동군군사령부병교육대)	189
33	동본신성	1921	중국관동군 군사령부 및 교육대			유수명부 (관동군군사령부병교육대)	138

〈표 6〉 중국 중지(中支) 파견 군인 군속 일람표

번호	이름	출생 연도	연행지	합사 여부	사망 여부	명부명	면수
1	금산동락	1924	지나파견군제6방면군 제20군예하부대(중지)			유수명부(지나파견군제6방면 군제20군예하부대중지)	69
2	금전해수	1924	지나파견군제6방면군 제20군예하부대(중지)			유수명부(지나파견군제6방면 군제20군예하부대중지)	69
3	신정경달	1924	지나파견군제6방면군 제20군예하부대(중지)			유수명부(지나파견군제6방면 군제20군예하부대중지)	69
4	대산재학	1924	지나파견군제6방면군 제20군예하부대(중지)			유수명부(지나파견군제6방면 군제20군예하부대중지)	63
5	송원의치	1924	지나파견군제6방면군 제20군예하부대(중지)			유수명부(지나파견군제6방면 군제20군예하부대중지)	64
6	신정재승	1924	지나파견군제6방면군 제20군예하부대(중지)			유수명부(지나파견군제6방면 군제20군예하부대중지)	65
7	송강증현	1924	지나파견군제6방면군 제20군예하부대(중지)			유수명부(지나파견군제6방면 군제20군예하부대중지)	91
8	신전보록	1923	지나파견군제6방면군 제20군예하부대(중지)			유수명부(지나파견군제6방면 군제20군예하부대중지)	79
9	김태진	1924	지나파견군제6방면군 제20군예하부대(중지)			유수명부(지나파견군제6방면 군제20군예하부대중지)	125
10	대산만기	1924	지나파견군제6방면군 제20군예하부대(중지)			유수명부(지나파견군제6방면 군제20군예하부대중지)	96

11	금천정환	1924	지나파견군제6방면군 제20군예하부대(중지)			유수명부(지나파견제6방면 군제20군예하부대중지)	97
12	금본태현	1924	지나파견군제6방면군 제20군예하부대(중지)			유수명부(지나파견제6방면 군제20군예하부대중지)	98
13	임태수	1924	지나파견군제6방면군 제20군예하부대(중지)			유수명부(지나파견제6방면 군제20군예하부대중지)	99
14	파평성진	1924	지나파견군제6방면군 제20군예하부대(중지)			유수명부(지나파견제6방면 군제20군예하부대중지)	99
15	송산종락	1924	지나파견군제6방면군 제20군예하부대(중지)			유수명부(지나파견제6방면 군제20군예하부대중지)	100
16	청야충방	1924	지나파견군제6방면군 제20군예하부대(중지)			유수명부(지나파견제6방면 군제20군예하부대중지)	101
17	풍성인섭		지나파견군제6방면군 제20군예하부대(중지)			유수명부(지나파견제6방면 군제20군예하부대중지)	149
18	금전종수		지나파견군제6방면군 제20군예하부대(중지)			유수명부(지나파견제6방면 군제20군예하부대중지)	151
19	안릉동무		지나파견군제6방면군 제20군예하부대(중지)			유수명부(지나파견제6방면 군제20군예하부대중지)	153
20	우원승기		지나파견군제6방면군 제20군예하부대(중지)			유수명부(지나파견제6방면 군제20군예하부대중지)	153
21	임종한		지나파견군제6방면군 제20군예하부대(중지)			유수명부(지나파견제6방면 군제20군예하부대중지)	154
22	양천창석		지나파견군제6방면군 제20군예하부대(중지)			유수명부(지나파견제6방면 군제20군예하부대중지)	155
23	양원문호		지나파견군제6방면군 제20군예하부대(중지)			유수명부(지나파견제6방면 군제20군예하부대중지)	139
24	목촌상근	1924	지나파견군제6방면군 제20군예하부대(중지)			유수명부(지나파견제6방면 군제20군예하부대중지)	142
25	송강영길	1924	지나파견군제6방면군 제20군예하부대(중지)			유수명부(지나파견제6방면 군제20군예하부대중지)	135
26	신정구		지나파견군제6방면군 제20군예하부대(중지)			유수명부(지나파견제6방면 군제20군예하부대중지)	137
27	신정재은		지나파견군제6방면군 제20군예하부대(중지)			유수명부(지나파견제6방면 군제20군예하부대중지)	137
28	동문치		지나파견군제6방면군 제20군예하부대(중지)			유수명부(지나파견제6방면 군제20군예하부대중지)	138
29	옥영병달	1923	지나파견군제6방면군 제20군예하부대(중지)			유수명부(지나파견제6방면 군제20군예하부대중지)	124
30	중전원차 랑	1924	지나파견군제6방면군 제20군예하부대(중지)			유수명부(지나파견제6방면 군제20군예하부대중지)	124
31	송본세덕	1924	지나파견군제6방면군 제20군예하부대(중지)			유수명부(지나파견제6방면 군제20군예하부대중지)	126

32	내전종정	1924	지나파견군제6방면군 제20군예하부대(중지)			유수명부(지나파견군제6방면 군제20군예하부대중지)	127
33	화도연	1924	지나파견군제6방면군 제20군예하부대(중지)			유수명부(지나파견군제6방면 군제20군예하부대중지)	127
34	내전운해	1924	지나파견군제6방면군 제20군예하부대(중지)			유수명부(지나파견군제6방면 군제20군예하부대중지)	130
35	목촌정수	1924	지나파견군제6방면군 제20군예하부대(중지)			유수명부(지나파견군제6방면 군제20군예하부대중지)	92
36	광산진환	1924	지나파견군제6방면군 제20군예하부대(중지)			유수명부(지나파견군제6방면 군제20군예하부대중지)	94
37	금전춘웅	1924	지나파견군제6방면군 제20군예하부대(중지)			유수명부(지나파견군제6방면 군제20군예하부대중지)	94
38	금전해수	1924	지나파견군제6방면군 제20군예하부대(중지)			유수명부(지나파견군제6방면 군제20군예하부대중지)	95
39	금택치준	1924	지나파견군제6방면군 제20군예하부대(중지)			유수명부(지나파견군제6방면 군제20군예하부대중지)	95
40	대산재학	1924	지나파견군제6방면군 제20군예하부대(중지)			유수명부(지나파견군제6방면 군제20군예하부대중지)	95
41	목촌재임	1924	지나파견군제6방면군 제20군예하부대(중지)			유수명부(지나파견군제6방면 군제20군예하부대중지)	89
42	금전치춘	1924	지나파견군제6방면군 제20군예하부대(중지)			유수명부(지나파견군제6방면 군제20군예하부대중지)	90
43	하본춘개	1924	지나파견군제6방면군 제20군예하부대(중지)			유수명부(지나파견군제6방면 군제20군예하부대중지)	90
44	금광신곤	1924	지나파견군제6방면군 제20군예하부대(중지)			유수명부(지나파견군제6방면 군제20군예하부대중지)	91
45	암본상숙	1924	지나파견군제6방면군 제11군예하부대(중지)			유수명부(지나파견군제6방면 군제11군예하부대중지)	82
46	국전선일	1924	지나파견군제6방면군 제12군예하부대(중지)			유수명부(지나파견군제6방면 군제11군예하부대중지)	83
47	죽촌재수	1924	지나파견군제6방면군 제13군예하부대(중지)			유수명부(지나파견군제6방면 군제11군예하부대중지)	83
48	국전선일	1924	지나파견군제6방면군 제14군예하부대(중지)			유수명부(지나파견군제6방면 군제11군예하부대중지)	84
49	죽촌재수	1924	지나파견군제6방면군 제15군예하부대(중지)			유수명부(지나파견군제6방면 군제11군예하부대중지)	84
50	손본이현		지나파견군제6방면군 제16군예하부대(중지)			유수명부(지나파견군제6방면 군제11군예하부대중지)	86
51	전천갑근	1924	지나파견군제6방면군 제17군예하부대(중지)			유수명부(지나파견군제6방면 군제11군예하부대중지)	86
52	암본기조	1924	지나파견군제6방면군 제18군예하부대(중지)			유수명부(지나파견군제6방면 군제11군예하부대중지)	43

53	송원의치	1924	지나파견군 제6방면군직할부대(중지)			유수명부(지나파견군 제6방면군직할부대중지)	180
54	양천태수	1924	지나파견군 제6방면군직할부대(중지)			유수명부(지나파견군 제6방면군직할부대중지)	103
55	춘원수련	1924	지나파견군 제6방면군직할부대(중지)			유수명부(지나파견군 제6방면군직할부대중지)	103
56	양원기종		지나파견군 제6방면군직할부대(중지)			유수명부(지나파견군 제6방면군직할부대중지)	107
57	송곡용하	1924	지나파견군 제6방면군직할부대(중지)			유수명부(지나파견군 제6방면군직할부대중지)	16
58	금본대선	1924	지나파견군(중지) 제13군예하부대(사단여단)			유수명부(지나파견군중지 제13군예하부대사단여단)	7
59	정상번영	1921	지나파견군(중지) 제13군예하부대(사단여단)			유수명부(지나파견군지나 제13군예하부대사단)	70
60	금본원진	1926	지나파견군직할부대사단 (중지)			유수명부(지나파견군 직할부대사단-중지)	108
61	옥산윤미		지나파견군직할부대사단 (중지)			유수명부(지나파견군 직할부대사단-중지)	65
62	암본도간	1924	지나파견군직할부대사단 (중지)			유수명부(지나파견군 직할부대사단-중지)	53
63	옥산상태	1923	지나파견군직할부대사단 (중지)			유수명부(지나파견군 직할부대사단-중지)	13
64	신정병진	1924	지나파견군직할부대사단 (중지)			유수명부(지나파견군 직할부대사단-중지)	14
65	암본상문	1924	지나파견군직할부대사단 (중지)			유수명부(지나파견군 직할부대사단-중지)	15
66	신정기수	1924	지나파견군직할부대사단 (중지)			유수명부(지나파견군 직할부대사단-중지)	15
67	금세수홍	1924	지나파견군직할부대사단 (중지)			유수명부(지나파견군 직할부대사단-중지)	17
68	기본양환	1924	지나파견군직할부대사단 (중지)			유수명부(지나파견군 직할부대사단-중지)	18
69	국본장호	1923	지나파견군직할부대사단 (중지)			유수명부(지나파견군 직할부대사단-중지)	19
70	청수재명	1924	지나파견군직할부대사단 (중지)			유수명부(지나파견군 직할부대사단-중지)	19
71	옥산병태	1923	지나파견군직할부대사단 (중지)			유수명부(지나파견군 직할부대사단-중지)	20
72	남목승덕	1923	지나파견군직할부대사단 (중지)			유수명부(지나파견군 직할부대사단-중지)	8
73	파본봉갑	1924	지나파견군직할부대사단 (중지)			유수명부(지나파견군 직할부대사단-중지)	9

74	손성위문	1924	지나파견군직할부대사단 (중지)			유수명부(지나파견군 직할부대사단-중지)	10
75	본산계섭	1924	지나파견군직할부대사단 (중지)			유수명부(지나파견군 직할부대사단-중지)	11
76	산본재성	1924	지나파견군직할부대사단 (중지)			유수명부(지나파견군 직할부대사단-중지)	12
77	고본재현	1927	지나파견군직할부대(중지)			유수명부(지나파견군 직할부대-중지)	265
78	중촌정웅	1918	지나파견군직할부대(중지)			유수명부(지나파견군 직할부대-중지)	228
79	이창하	1924	지나파견군직할부대(중지)			유수명부(지나파견군 직할부대-중지)	87
80	암야일광	1924	지나파견군직할부대(중지)			유수명부(지나파견군 직할부대-중지)	87
81	금전성용	1924	지나파견군직할부대(중지)			유수명부(지나파견군 직할부대-중지)	36
82	성광명	1928	지나파견군직할부대(중지)			유수명부(지나파견군 직할부대-중지)	17
83	청뢰계정	1920	지나파견군직할부대(중지)			유수명부(지나파견군 직할부대-중지)	2

〈표 7〉 중국 북지(北支) 파견 군인 군속 일람표

번호	이름	출생 연도	연행지	합사 여부	사망 여부	명부명	면수
1	송촌용	1923	지나북지방면군 제43군예하부대			유수명부(지나북지방면군 제43군예하부대)	176
2	홍천의수	1923	지나북지방면군 제43군예하부대			유수명부(지나북지방면군 제43군예하부대)	153
3	홍천의수	1923	지나북지방면군 제43군예하부대			유수명부(지나북지방면군 제43군예하부대)	33
4	궁본성구	1923	지나북지방면군 제13군예하부대			유수명부(지나북지방면군 제13군예하부대)	183
5	삼정순주	1923	지나북지방면군 제13군예하부대			유수명부(지나북지방면군 제13군예하부대)	168
6	우원승기	1924	지나북지방면군 제13군예하부대			유수명부(지나북지방면군 제13군예하부대)	154
7	목촌상근	1924	지나북지방면군 제13군예하부대			유수명부(지나북지방면군 제13군예하부대)	155
8	문석	1924	지나북지방면군 제13군예하부대			유수명부(지나북지방면군 제13군예하부대)	104

9	궁본성구	1923	지나북지방면군 제13군예하부대			유수명부(지나북지방면군 제13군예하부대)	112
10	동본문석	1924	지나북지방면군 제13군예하부대			유수명부(지나북지방면군 제13군예하부대)	112
11	양원영호	1924	지나북지방면군 제13군예하부대			유수명부(지나북지방면군 제13군예하부대)	88
12	동본문석	1924	지나북지방면군 제13군예하부대			유수명부(지나북지방면군 제13군예하부대)	94
13	양원영호	1924	지나북지방면군 제13군예하부대			유수명부(지나북지방면군 제13군예하부대)	87
14	송강갑준	1924	지나북지방면군 제13군예하부대			유수명부(지나북지방면군 제13군예하부대)	30
15	강본승석	1923	지나북지방면군 제13군예하부대			유수명부(지나북지방면군 제13군예하부대)	21
16	앵정형	1916	지나북지방면군직할부대			유수명부(지나북지방면군 제13군예하부대)	168
17	양원영호	1924	지나북지방면군직할부대			유수명부(지나북지방면군 제13군예하부대)	109
18	금택원석	1921	지나북지방면군직할부대			유수명부(지나북지방면군 제13군예하부대)	84

〈표 8〉 남양군도 파견 군인 군속일람표

번호	이름	출생 연도	연행지	합사 여부	사망 여부	명부명	면수
1	영천증조	1921	남양남방군제8방면군 제20사단			유수명부(남방군 제8방면군제20사단)	228
2	석원병길	1922	남양남방군제8방면군 제20사단			유수명부(남방군 제8방면군제20사단)	
3	산천동환		남양남방군제8방면군 제20사단			유수명부(남방군 제8방면군제20사단)	
4	한상종덕		남양남방군제8방면군 제20사단			유수명부(남방군 제8방면군제20사단)	
5	강본종우		남양남방군제8방면군 제20사단			유수명부(남방군 제8방면군제20사단)	
6	강본철장		남양남방군제8방면군 제20사단			유수명부(남방군 제8방면군제20사단)	
7	고산재홍		남양남방군제8방면군 제20사단			유수명부(남방군 제8방면군제20사단)	
8	금산태명		남양남방군제8방면군 제20사단			유수명부(남방군 제8방면군제20사단)	

9	금곡서명		남양남방군제8방면군 제20사단			유수명부(남방군 제8방면군제20사단)	
10	허갑련	1924	남양남방군제7방면군			유수명부(남방군제7방면군)	
11	이순연	1923	남양남방군제7방면군			유수명부(남방군제7방면군)	
12	송촌승봉		남양남방총군제2방면군			유수명부(남양남방총군 제2방면군)	
13	금본성한	1925	남양남방총군제2방면군			유수명부(남양남방총군 제2방면군)	
14	길촌수량	1917	남양면전태부로수용소			유수명부(면전태부로수용소)	
15	금본원진	1926	남양면전면전제38군(태)			유수명부 (면전면전제38군(태))	
16	금본아웅		남양비도제14방면군 제35군제30사단			유수명부(비도제14방면군 제35군제30사단)	
17	고산인식		남양도서도서군			유수명부(도서도서군)	
18	금본순명		남양도서도서군			유수명부(도서도서군)	
19	암본규오		남양도서도서군			유수명부(도서도서군)	

<표 9> 일본 파견 군인 군속일람표

번호	이름	출생연도	연행지	합사여부	사망여부	명부명	면수
1	서원재선	1921	제5방면군북방(천도)			유수명부(북방제5방면군)	25
2	옥산순규	1925	내지제16방면군(서부)예하			유수명부(내지제16방면군 (서부)예하)	51
3	안촌무웅	1924	내지제16방면군(서부)직할			유수명부(내지제16방면군 (서부)직할)	95
4	강본순진	1923	내지제16방면군(서부)직할			유수명부(내지제16방면군 (서부)직할)	98
5	양천차량	1924	내지제16방면군(서부)직할			유수명부(내지제16방면군 (서부)직할)	82
6	문천희상	1924	내지제15방면군(중부)			유수명부(내지제13방면군- 동해제15방면군-중부)	189
7	신정종태랑	1924	내지제13방면군(동해)			유수명부(내지제13방면군- 동해제15방면군-중부)	25
8	금전사랑	1923	내지제12방면군(동부)			유수명부(내지제12방면군-동부)	300
9	송본영선	1923	내지제12방면군(동부)			유수명부(내지제12방면군-동부)	266
10	송원소갑	1924	내지제12방면군(동부)			유수명부(내지제12방면군-동부)	266
11	오본소식	1924	내지제12방면군(동부)			유수명부(내지제12방면군-동부)	237

12	홍목갑의	1924	내지제12방면군(동부)			유수명부(내지제12방면군-동부)	237
13	옥산의웅	1924	내지제12방면군(동부)			유수명부(내지제12방면군-동부)	238
14	죽촌용범	1924	내지제12방면군(동부)			유수명부(내지제12방면군-동부)	238
15	서산남룡	1924	내지제12방면군(동부)			유수명부(내지제12방면군-동부)	239
16	동원정춘	1924	내지제12방면군(동부)			유수명부(내지제12방면군-동부)	239
17	성산수암	1924	내지제12방면군(동부)			유수명부(내지제12방면군-동부)	240
18	삼정봉구	1924	내지제12방면군(동부)			유수명부(내지제12방면군-동부)	241
19	심정경흠	1924	내지제12방면군(동부)			유수명부(내지제12방면군-동부)	232
20	신정용곤	1923	내지제12방면군(동부)			유수명부(내지제12방면군-동부)	232
21	오천종덕	1924	내지제12방면군(동부)			유수명부(내지제12방면군-동부)	233
22	신정영근	1924	내지제12방면군(동부)			유수명부(내지제12방면군-동부)	233
23	평소명암	1924	내지제12방면군(동부)			유수명부(내지제12방면군-동부)	212
24	문촌일궤	1924	내지제12방면군(동부)			유수명부(내지제12방면군-동부)	212
25	등본수덕	1924	내지제12방면군(동부)			유수명부(내지제12방면군-동부)	212
26	성산태암	1924	내지제12방면군(동부)			유수명부(내지제12방면군-동부)	213
27	손성용문	1924	내지제12방면군(동부)			유수명부(내지제12방면군-동부)	214
28	송본발기	1924	내지제12방면군(동부)			유수명부(내지제12방면군-동부)	214
29	송산정술	1924	내지제12방면군(동부)			유수명부(내지제12방면군-동부)	214
30	밀본정술	1924	내지제12방면군(동부)			유수명부(내지제12방면군-동부)	215
31	밀양종태	1924	내지제12방면군(동부)			유수명부(내지제12방면군-동부)	215
32	안원성윤	1924	내지제12방면군(동부)			유수명부(내지제12방면군-동부)	216
33	양천도석	1924	내지제12방면군(동부)			유수명부(내지제12방면군-동부)	216
34	산본진희	1924	내지제12방면군(동부)			유수명부(내지제12방면군-동부)	216
35	안전위상	1924	내지제12방면군(동부)			유수명부(내지제12방면군-동부)	217
36	안전수원	1923	내지제12방면군(동부)			유수명부(내지제12방면군-동부)	218
37	산본돌이	1924	내지제12방면군(동부)			유수명부(내지제12방면군-동부)	218
38	산본명고	1924	내지제12방면군(동부)			유수명부(내지제12방면군-동부)	218
39	선전석상	1924	내지제12방면군(동부)			유수명부(내지제12방면군-동부)	219
40	내산무열	1924	내지제12방면군(동부)			유수명부(내지제12방면군-동부)	219
41	이태수	1924	내지제12방면군(동부)			유수명부(내지제12방면군-동부)	220
42	아산진치	1924	내지제12방면군(동부)			유수명부(내지제12방면군-동부)	203
43	목촌삼석	1924	내지제12방면군(동부)			유수명부(내지제12방면군-동부)	203
44	목촐활암	1924	내지제12방면군(동부)			유수명부(내지제12방면군-동부)	203
45	국전성조	1924	내지제12방면군(동부)			유수명부(내지제12방면군-동부)	203

46	오산성달	1924	내지제12방면군(동부)			유수명부(내지제12방면군-동부)	204
47	홍전영식	1924	내지제12방면군(동부)			유수명부(내지제12방면군-동부)	204
48	방원영구	1924	내지제12방면군(동부)			유수명부(내지제12방면군-동부)	204
49	고성종실	1924	내지제12방면군(동부)			유수명부(내지제12방면군-동부)	204
50	장규현	1924	내지제12방면군(동부)			유수명부(내지제12방면군-동부)	206
51	전중태식	1924	내지제12방면군(동부)			유수명부(내지제12방면군-동부)	206
52	고산도학	1923	내지제12방면군(동부)			유수명부(내지제12방면군-동부)	206
53	진본영술	1924	내지제12방면군(동부)			유수명부(내지제12방면군-동부)	207
54	진천경수	1924	내지제12방면군(동부)			유수명부(내지제12방면군-동부)	207
55	서재출	1924	내지제12방면군(동부)			유수명부(내지제12방면군-동부)	207
56	예촌해철	1923	내지제12방면군(동부)			유수명부(내지제12방면군-동부)	208
57	장야득룡	1924	내지제12방면군(동부)			유수명부(내지제12방면군-동부)	208
58	장전외철	1924	내지제12방면군(동부)			유수명부(내지제12방면군-동부)	208
59	임윤주	1924	내지제12방면군(동부)			유수명부(내지제12방면군-동부)	209
60	장곡천갑준	1924	내지제12방면군(동부)			유수명부(내지제12방면군-동부)	210
61	신정삼근	1924	내지제12방면군(동부)			유수명부(내지제12방면군-동부)	196
62	신정윤현	1924	내지제12방면군(동부)			유수명부(내지제12방면군-동부)	196
63	신정재상	1924	내지제12방면군(동부)			유수명부(내지제12방면군-동부)	196
64	신정희출	1924	내지제12방면군(동부)			유수명부(내지제12방면군-동부)	196
65	암본상백	1924	내지제12방면군(동부)			유수명부(내지제12방면군-동부)	197
66	암본상달	1924	내지제12방면군(동부)			유수명부(내지제12방면군-동부)	198
67	암본시우	1924	내지제12방면군(동부)			유수명부(내지제12방면군-동부)	198
68	암본진희	1924	내지제12방면군(동부)			유수명부(내지제12방면군-동부)	198
69	내전병길	1924	내지제12방면군(동부)			유수명부(내지제12방면군-동부)	198
70	내전종갑	1924	내지제12방면군(동부)			유수명부(내지제12방면군-동부)	198
71	내전종수	1924	내지제12방면군(동부)			유수명부(내지제12방면군-동부)	198
72	강본일흠	1924	내지제12방면군(동부)			유수명부(내지제12방면군-동부)	199
73	대산갑출	1924	내지제12방면군(동부)			유수명부(내지제12방면군-동부)	199
74	대산정수	1924	내지제12방면군(동부)			유수명부(내지제12방면군-동부)	199
75	금본원석	1924	내지제12방면군(동부)			유수명부(내지제12방면군-동부)	200
76	금원종수	1924	내지제12방면군(동부)			유수명부(내지제12방면군-동부)	200
77	금본인조	1924	내지제12방면군(동부)			유수명부(내지제12방면군-동부)	201
78	금상성술	1924	내지제12방면군(동부)			유수명부(내지제12방면군-동부)	201
79	금자갑태	1924	내지제12방면군(동부)			유수명부(내지제12방면군-동부)	201

80	금청달곤	1924	내지제12방면군(동부)			유수명부(내지제12방면군-동부)	201
81	김쾌생	1924	내지제12방면군(동부)			유수명부(내지제12방면군-동부)	201
82	금해갑덕	1924	내지제12방면군(동부)			유수명부(내지제12방면군-동부)	201
83	금해종대	1924	내지제12방면군(동부)			유수명부(내지제12방면군-동부)	201
84	이태수	1924	내지제12방면군(동부)			유수명부(내지제12방면군-동부)	186
85	신야복덕	1924	내지제12방면군(동부)			유수명부(내지제12방면군-동부)	9
86	대원철균	1924	내지제12방면군(동부)			유수명부(내지제12방면군-동부)	9
87	신정광	1927	선박군(내지)			유수명부(선박군-내지)	338
88	박가재덕	1916	선박군(내지)			유수명부(선박군-내지)	297

〈표 10〉 대만 파견 군인 군속일람표

번호	이름	출생연도	연행지	합사여부	사망여부	명부명	면수
1	금성홍조		-제3농경근무대			유수명부(제3농경근무대)	16
2	송본문계	1924	대만제10방면군			유수명부(대만제10방면군)	131
3	죽촌갑석	1924	대만제10방면군			유수명부(대만제10방면군)	135
4	동본우영	1923	대만제10방면군			유수명부(대만제10방면군)	72
5	동본우영	1923	선박군(대만)			유수명부(선박군-중국대만)	169
6	신정삼달	1924	선박군(대만)			유수명부(선박군-중국대만)	83
7	촌정준이	1925	선박군(대만)			유수명부(선박군-중국대만)	86

〈표 11〉 오키나와로 징용간 인물 일람표

번호	이름	출생연도	연행지	합사여부	사망여부	명부명	면수
1	나봉학	1918	선박군(충승)			유수명부(선박군-충승)	397
2	고산종락	1920	선박군(충승)			유수명부(선박군-충승)	336
3	금본순갑	1920	선박군(충승)			유수명부(선박군-충승)	316
4	내산도이	1920	선박군(충승)			유수명부(선박군-충승)	271
5	염정장수	1915	선박군(충승)			유수명부(선박군-충승)	274
6	임순흥	1919	선박군(충승)			유수명부(선박군-충승)	274
7	금해영수	1922	선박군(충승)			유수명부(선박군-충승)	275
8	오주이석	1919	선박군(충승)			유수명부(선박군-충승)	275

9	박재현		선박군(충승)			유수명부(선박군-충승)	276
10	송본기혁	1916	선박군(충승)			유수명부(선박군-충승)	256
11	송본종흠	1918	선박군(충승)			유수명부(선박군-충승)	256
12	송원소갑	1917	선박군(충승)			유수명부(선박군-충승)	256
13	송산쾌롱	1921	선박군(충승)			유수명부(선박군-충승)	257
14	삼본용순	1914	선박군(충승)			유수명부(선박군-충승)	258
15	남기진	1920	선박군(충승)			유수명부(선박군-충승)	259
16	남진현	1919	선박군(충승)			유수명부(선박군-충승)	259
17	밀본윤근	1923	선박군(충승)			유수명부(선박군-충승)	259
18	삼정원순	1919	선박군(충승)			유수명부(선박군-충승)	259
19	산본정도	1917	선박군(충승)			유수명부(선박군-충승)	265
20	산택해석	1918	선박군(충승)			유수명부(선박군-충승)	265
21	안원광래	1923	선박군(충승)			유수명부(선박군-충승)	265
22	양전도상	1922	선박군(충승)			유수명부(선박군-충승)	265
23	양천이봉	1916	선박군(충승)			유수명부(선박군-충승)	265
24	산본일근	1913	선박군(충승)			유수명부(선박군-충승)	266
25	안전용학	1923	선박군(충승)			유수명부(선박군-충승)	266
26	광원영화	1919	선박군(충승)			유수명부(선박군-충승)	246
27	문천서백	1919	선박군(충승)			유수명부(선박군-충승)	246
28	평산수득	1923	선박군(충승)			유수명부(선박군-충승)	246
29	문화봉이	1919	선박군(충승)			유수명부(선박군-충승)	247
30	복정무원	1918	선박군(충승)			유수명부(선박군-충승)	247
31	문고진부	1917	선박군(충승)			유수명부(선박군-충승)	248
32	성산팔오	1923	선박군(충승)			유수명부(선박군-충승)	248
33	성원병달	1917	선박군(충승)			유수명부(선박군-충승)	248
34	성원성덕	1919	선박군(충승)			유수명부(선박군-충승)	248
35	박가강희	1920	선박군(충승)			유수명부(선박군-충승)	249
36	박가명근	1922	선박군(충승)			유수명부(선박군-충승)	249
37	성야문기	1920	선박군(충승)			유수명부(선박군-충승)	249
38	성산성조	1915	선박군(충승)			유수명부(선박군-충승)	249
39	박가장조	1921	선박군(충승)			유수명부(선박군-충승)	250
40	박산경희	1922	선박군(충승)			유수명부(선박군-충승)	250
41	박산원희	1919	선박군(충승)			유수명부(선박군-충승)	250
42	박태희	1914	선박군(충승)			유수명부(선박군-충승)	250

43	송강준홍	1920	선박군(충승)		유수명부(선박군-충승)	256
44	하산길우	1922	선박군(충승)		유수명부(선박군-충승)	233
45	이야동환	1923	선박군(충승)		유수명부(선박군-충승)	234
46	파평상근	1919	선박군(충승)		유수명부(선박군-충승)	234
47	서산영래	1920	선박군(충승)		유수명부(선박군-충승)	236
48	조영래	1920	선박군(충승)		유수명부(선박군-충승)	236
49	임태백	1920	선박군(충승)		유수명부(선박군-충승)	239
50	장곡천귀상	1916	선박군(충승)		유수명부(선박군-충승)	240
51	평산태만	1917	선박군(충승)		유수명부(선박군-충승)	241
52	평야복달	1915	선박군(충승)		유수명부(선박군-충승)	241
53	동병수	1921	선박군(충승)		유수명부(선박군-충승)	242
54	평산진만	1923	선박군(충승)		유수명부(선박군-충승)	244
55	평천정암	1919	선박군(충승)		유수명부(선박군-충승)	244
56	고산학춘	1920	선박군(충승)		유수명부(선박군-충승)	222
57	죽산종옥	1919	선박군(충승)		유수명부(선박군-충승)	222
58	죽산종옥	1918	선박군(충승)		유수명부(선박군-충승)	222
59	옥산용해	1918	선박군(충승)		유수명부(선박군-충승)	223
60	고산양술	1917	선박군(충승)		유수명부(선박군-충승)	224
61	옥산용철	1919	선박군(충승)		유수명부(선박군-충승)	224
62	덕산영생	1921	선박군(충승)		유수명부(선박군-충승)	230
63	공전달문	1918	선박군(충승)		유수명부(선박군-충승)	231
64	공전해수	1923	선박군(충승)		유수명부(선박군-충승)	231
65	덕산규락	1915	선박군(충승)		유수명부(선박군-충승)	232
66	장전득수	1922	선박군(충승)		유수명부(선박군-충승)	232
67	중산원식	1915	선박군(충승)		유수명부(선박군-충승)	232
68	중산원식	1915	선박군(충승)		유수명부(선박군-충승)	232
69	아산병해	1921	선박군(충승)		유수명부(선박군-충승)	210
70	목촌상봉	1918	선박군(충승)		유수명부(선박군-충승)	211
71	국강달웅	1908	선박군(충승)		유수명부(선박군-충승)	212
72	흥전성평	1923	선박군(충승)		유수명부(선박군-충승)	214
73	오수득	1923	선박군(충승)		유수명부(선박군-충승)	216
74	무계종곤	1923	선박군(충승)		유수명부(선박군-충승)	218
75	중광윤우	1922	선박군(충승)		유수명부(선박군-충승)	218
76	하곡판룡	1921	선박군(충승)		유수명부(선박군-충승)	218

77	손이만	1915	선박군(충승)			유수명부(선박군-충승)	221
78	옥산희갑	1920	선박군(충승)			유수명부(선박군-충승)	221
79	고본겸오	1920	선박군(충승)			유수명부(선박군-충승)	199
80	금촌용대	1915	선박군(충승)			유수명부(선박군-충승)	199
81	금곡종봉	1922	선박군(충승)			유수명부(선박군-충승)	199
82	금산정대	1919	선박군(충승)			유수명부(선박군-충승)	199
83	금성송관	1915	선박군(충승)			유수명부(선박군-충승)	200
84	금성도암	1913	선박군(충승)			유수명부(선박군-충승)	200
85	금전억암	1922	선박군(충승)			유수명부(선박군-충승)	200
86	곽산석순	1914	선박군(충승)			유수명부(선박군-충승)	201
87	금광창옥	1923	선박군(충승)			유수명부(선박군-충승)	202
88	금등명수	1916	선박군(충승)			유수명부(선박군-충승)	201
89	금전현출	1920	선박군(충승)			유수명부(선박군-충승)	202
90	금해재곤	1916	선박군(충승)			유수명부(선박군-충승)	202
91	하촌상성	1919	선박군(충승)			유수명부(선박군-충승)	202
92	해주이석	1919	선박군(충승)			유수명부(선박군-충승)	201
93	고성종덕	1919	선박군(충승)			유수명부(선박군-충승)	203
94	금본용만	1916	선박군(충승)			유수명부(선박군-충승)	203
95	금본영조	1920	선박군(충승)			유수명부(선박군-충승)	203
96	금정오동	1922	선박군(충승)			유수명부(선박군-충승)	203
97	김오동	1922	선박군(충승)			유수명부(선박군-충승)	203
98	금곡달술	1918	선박군(충승)			유수명부(선박군-충승)	204
99	금본성수	1915	선박군(충승)			유수명부(선박군-충승)	204
100	목산종대	1920	선박군(충승)			유수명부(선박군-충승)	204
101	국전용호	1919	선박군(충승)			유수명부(선박군-충승)	205
102	국전해호	1916	선박군(충승)			유수명부(선박군-충승)	205
103	아산순갑	1923	선박군(충승)			유수명부(선박군-충승)	205
104	아산정복	1915	선박군(충승)			유수명부(선박군-충승)	205
105	허본삼종	1916	선박군(충승)			유수명부(선박군-충승)	205
106	내산술룡	1917	선박군(충승)			유수명부(선박군-충승)	206
107	아산덕재	1917	선박군(충승)			유수명부(선박군-충승)	206
108	창성춘석	1920	선박군(충승)			유수명부(선박군-충승)	206
109	국정구만	1920	선박군(충승)			유수명부(선박군-충승)	207
110	국지정성	1919	선박군(충승)			유수명부(선박군-충승)	207

111	금녕응규	1919	선박군(충승)			유수명부(선박군-충승)	207
112	금산응규	1919	선박군(충승)			유수명부(선박군-충승)	207
113	아산병국	9120	선박군(충승)			유수명부(선박군-충승)	208
114	허수만	1921	선박군(충승)			유수명부(선박군-충승)	208
115	금촌차검	1923	선박군(충승)			유수명부(선박군-충승)	209
116	아산은채	1920	선박군(충승)			유수명부(선박군-충승)	209
117	목하재화	1915	선박군(충승)			유수명부(선박군-충승)	210
118	고성정옥	1920	선박군(충승)			유수명부(선박군-충승)	189
119	고성종재	1917	선박군(충승)			유수명부(선박군-충승)	189
120	금본영수	1921	선박군(충승)			유수명부(선박군-충승)	196
121	금해한수	1922	선박군(충승)			유수명부(선박군-충승)	197
122	대곡덕술	1916	선박군(충승)			유수명부(선박군-충승)	176
123	대본도근	1923	선박군(충승)			유수명부(선박군-충승)	176
124	대전종용	1922	선박군(충승)			유수명부(선박군-충승)	176
125	대전선득	1922	선박군(충승)			유수명부(선박군-충승)	176
126	새촌해종	1921	선박군(충승)			유수명부(선박군-충승)	176
127	금릉남태	1918	선박군(충승)			유수명부(선박군-충승)	177
128	대원달근	1922	선박군(충승)			유수명부(선박군-충승)	177
129	고본종준	1923	선박군(충승)			유수명부(선박군-충승)	178
130	금전학기	1919	선박군(충승)			유수명부(선박군-충승)	178
131	고본승화	1923	선박군(충승)			유수명부(선박군-충승)	179
132	금전용태	1921	선박군(충승)			유수명부(선박군-충승)	179
133	금본종효	1922	선박군(충승)			유수명부(선박군-충승)	180
134	금산용태	1921	선박군(충승)			유수명부(선박군-충승)	180
135	금택용갑	1922	선박군(충승)			유수명부(선박군-충승)	184
136	금해영배	1919	선박군(충승)			유수명부(선박군-충승)	184
137	금본선만	1923	선박군(충승)			유수명부(선박군-충승)	185
138	고본용봉	1916	선박군(충승)			유수명부(선박군-충승)	186
139	금촌재오	1920	선박군(충승)			유수명부(선박군-충승)	186
140	신전호인	1916	선박군(충승)			유수명부(선박군-충승)	186
141	금촌재오	1920	선박군(충승)			유수명부(선박군-충승)	187
142	석원영춘	1914	선박군(충승)			유수명부(선박군-충승)	166
143	석원용득	1919	선박군(충승)			유수명부(선박군-충승)	166
144	암본활경	1917	선박군(충승)			유수명부(선박군-충승)	166

145	선전윤동	1918	선박군(충승)			유수명부(선박군-충승)	168
146	암곡용수	1919	선박군(충승)			유수명부(선박군-충승)	168
147	곽용수	1919	선박군(충승)			유수명부(선박군-충승)	168
148	암본신출	1916	선박군(충승)			유수명부(선박군-충승)	168
149	내전상해	1919	선박군(충승)			유수명부(선박군-충승)	169
150	석정경관	1918	선박군(충승)			유수명부(선박군-충승)	169
151	해금현옥	1921	선박군(충승)			유수명부(선박군-충승)	169
152	송정종건	1919	선박군(충승)			유수명부(선박군-충승)	153
153	길목기우	1921	선박군(충승)			유수명부(선박군-충승)	154
154	양원주만	1914	선박군(충승)			유수명부(선박군-충승)	154
155	양천순환	1910	선박군(충승)			유수명부(선박군-충승)	154
156	유원임수	1915	선박군(충승)			유수명부(선박군-충승)	154
157	평소치동	1921	선박군(충승)			유수명부(선박군-충승)	155
158	신정성언	1920	선박군(충승)			유수명부(선박군-충승)	156
159	추전덕호	1918	선박군(충승)			유수명부(선박군-충승)	156
160	신정재	1918	선박군(충승)			유수명부(선박군-충승)	157
161	신정선규	1918	선박군(충승)			유수명부(선박군-충승)	159
162	신정임구	1917	선박군(충승)			유수명부(선박군-충승)	158
163	신정재구	1917	선박군(충승)			유수명부(선박군-충승)	158
164	신정정수	1922	선박군(충승)			유수명부(선박군-충승)	159
165	신정향수	1922	선박군(충승)			유수명부(선박군-충승)	159
166	신정예수	1923	선박군(충승)			유수명부(선박군-충승)	160
167	신정재도	1920	선박군(충승)			유수명부(선박군-충승)	160
168	산본만수	1923	선박군(충승)			유수명부(선박군-충승)	147
169	내전종계		선박군(충승)			유수명부(선박군-충승)	148
170	석원효봉	1921	선박군(충승)			유수명부(선박군-충승)	148
171	석천영수	1920	선박군(충승)			유수명부(선박군-충승)	148
172	신정상기	1919	선박군(충승)			유수명부(선박군-충승)	148
173	암곡갑룡	1919	선박군(충승)			유수명부(선박군-충승)	148
174	고본규승	1916	선박군(충승)			유수명부(선박군-충승)	150
175	고본준승	1916	선박군(충승)			유수명부(선박군-충승)	150
176	향원승봉	1916	선박군(충승)			유수명부(선박군-충승)	150
177	전중봉준	1916	선박군(충승)			유수명부(선박군-충승)	151
178	박태희	1914	선박군(충승)			유수명부(선박군-충승)	152

179	성산임식	1924	선박군(충승)			유수명부(선박군-충승)	152
180	평소종식	1918	선박군(충승)			유수명부(선박군-충승)	152
181	남정우	1922	선박군(충승)			유수명부(선박군-충승)	153
182	기본진달	1921	선박군(충승)			유수명부(선박군-충승)	51

〈표 12〉 조선 진해 경비부로 징병간 인물 일람표

번호	이름	출생 연도	연행지	합사 여부	사망 여부	명부명	면수
1	신정수현	1926	진해경비부			구해군군인이력원표	148
2	금정소용	1926	진해경비부			구해군군인이력원표	20
3	금본정우	1926	진해경비부			구해군군인이력원표	31
4	안곡용기	1924	진해경비부			구해군군인이력원표	3816
5	금전정웅	1927	진해경비부			구해군군인이력원표	3464
6	오산봉곤	1926	진해경비부			구해군군인이력원표	3343
7	전중해석	1927	진해경비부			구해군군인이력원표	3297
8	금자영두	1927	진해경비부			구해군군인이력원표	2994
9	대원일교	1928	진해경비부			구해군군인이력원표	2946
10	장본점상	1927	진해경비부			구해군군인이력원표	2962
11	신정주홍	1928	진해경비부			구해군군인이력원표	2049
12	고목실웅	1925	진해경비부			구해군군인이력원표	1770
13	신정지현	1926	진해경비부			구해군군인이력원표	1771
14	암본경희	1925	진해경비부			구해군군인이력원표	1772
15	서원수동	1925	진해경비부			구해군군인이력원표	1773
16	동곡영갑	1925	진해경비부			구해군군인이력원표	1774
17	복전병채	1923	진해경비부			구해군군인이력원표	1133
18	금부재관	1927	진해경비부			구해군군인이력원표	1137
19	임갑용	1924	진해경비부			구해군군인이력원표	1157
20	고산두용	1927	진해경비부			구해군군인이력원표	840
21	암본복도	1924	진해경비부			구해군군인이력원표	4594
22	하산봉달	1924	진해경비부			구해군군인이력원표	4600
23	송본영호	1924	진해경비부			구해군군인이력원표	3960
24	의전의홍	1924	진해경비부			구해군군인이력원표	3816
25	고산수덕	1925	진해경비부			구해군군인이력원표	3138

26	매전상기	1926	진해경비부			구해군군인이력원표	2321
27	강본승만	1925	진해경비부			구해군군인이력원표	2322
28	신정영희	1926	진해경비부			구해군군인이력원표	2323
29	암본상순	1926	진해경비부			구해군군인이력원표	2324
30	삼원정세	1927	진해경비부			구해군군인이력원표	2325
31	복강명술	1926	진해경비부			구해군군인이력원표	2326
32	청수원형	1926	진해경비부			구해군군인이력원표	2327
33	산본치환	1926	진해경비부			구해군군인이력원표	1033
34	금본동암	1927	진해경비부			구해군군인이력원표	1034
35	금택성곤	1927	진해경비부			구해군군인이력원표	1035
36	원목달치	1928	진해경비부			구해군군인이력원표	203
37	성전주달	1926	진해경비부			구해군군인이력원표	204
38	임재욱	1924	진해경비부			구해군군인이력원표	4036
39	금촌소봉	1924	진해경비부			구해군군인이력원표	4037
40	청전안생	1923	진해경비부			구해군군인이력원표	4040
41	금택달천	1924	진해경비부			구해군군인이력원표	3916
42	금본동수	1924	진해경비부			구해군군인이력원표	3294
43	서강재성	1924	진해경비부			구해군군인이력원표	3293
44	삼원원달	1926	진해경비부			구해군군인이력원표	1814
45	심정희성	1924	진해경비부			구해군군인이력원표	1648
46	금산정길	1924	진해경비부			구해군군인이력원표	1649
47	금천철동	1924	진해경비부			구해군군인이력원표	1619
48	송본성기	1923	진해경비부			구해군군인이력원표	1626
49	산촌준용	1924	진해경비부			구해군군인이력원표	1628
50	옥산종대	1924	진해경비부			구해군군인이력원표	1635
51	성야재영	1924	진해경비부			구해군군인이력원표	1636
52	산본봉묵	1924	진해경비부			구해군군인이력원표	175
53	덕천재화	1924	진해경비부			구해군군인이력원표	180
54	연강강기	1924	진해경비부			구해군군인이력원표	182
55	전원경찬	1924	진해경비부			구해군군인이력원표	183
56	대산갑식	1924	진해경비부			구해군군인이력원표	188
57	암본종채	1924	진해경비부			구해군군인이력원표	193
58	금본원곤	1924	진해경비부			구해군군인이력원표	195
59	금산수진	1924	진해경비부			구해군군인이력원표	199

60	임호득	1924	진해경비부			구해군군인이력원표	204
61	암본갑동	1924	진해경비부			구해군군인이력원표	205
62	임덕근	1929	진해경비부			구해군군인이력원표	3845
63	신정장로	1927	진해경비부			구해군군인이력원표	3605
64	송포상오	1926	진해경비부			구해군군인이력원표	3483
65	대원무우	1928	진해경비부			구해군군인이력원표	3434
66	홍중의근	1926	진해경비부			구해군군인이력원표	1241
67	해원성달	1925	진해경비부			구해군군인이력원표	1155
68	동전풍길	1925	진해경비부			구해군군인이력원표	343
69	길촌상기	1825	진해경비부			구해군군인이력원표	281
70	산택외달	1926	진해경비부			구해군군인이력원표	294
71	파평석근	1926	진해경비부			구해군군인이력원표	309
72	청뢰태효	1926	진해경비부			구해군군인이력원표	38
73	임경욱	1927	진해경비부			구해군군인이력원표	39
74	산본이근	1926	진해경비부			구해군군인이력원표	45

〈표 13〉 조선 진해 경비부 군속으로 징용간 인물 일람표

번호	이름	출생연도	연행지	합사여부	사망여부	명부명	면수
1	임학문	1908	진해경비부			구해군군속신상조사표	65
2	최억문	1907	진해경비부			구해군군속신상조사표	66
3	산천차만	1909	진해경비부			구해군군속신상조사표	67
4	산천계화	1920	진해경비부			구해군군속신상조사표	68
5	산본학룡	1908	진해경비부			구해군군속신상조사표	69
6	금본용복	1923	진해경비부			구해군군속신상조사표	1700
7	목하재휘	1926	진해경비부			구해군군속신상조사표	783
8	신정해종	1927	진해경비부			구해군군속신상조사표	960
9	이장한	1928	진해경비부			구해군군속신상조사표	1930
10	금전영식	1921	진해경비부			구해군군속신상조사표	2985
11	김영식	1921	진해경비부			구해군군속신상조사표	2985

〈표 14〉 일본 요코스카(橫須賀) 진수부(鎭守府) 군속으로 징용간 인물일람표

번호	이름	출생연도	연행지	합사여부	사망여부	명부명	면수
1	기유호준	1921	횡수하진수부			구해군군속신상조사표	1090
2	금각원수	1919	횡수하진수부			구해군군속신상조사표	1091
3	김만수	1917	횡수하진수부			구해군군속신상조사표	1092
4	삼정문표	1919	횡수하진수부			구해군군속신상조사표	1093
5	삼정문초	1919	횡수하진수부			구해군군속신상조사표	1093
6	임만십		횡수하진수부			구해군군속신상조사표	1094
7	신농태현	1923	횡수하진수부			구해군군속신상조사표	1095
8	중촌삼수	1924	횡수하진수부			구해군군속신상조사표	1096
9	문천유진	1918	횡수하진수부			구해군군속신상조사표	1097
10	하본재명	1913	횡수하진수부			구해군군속신상조사표	1098
11	하본명재	1913	횡수하진수부			구해군군속신상조사표	1098
12	선본말돌	1919	횡수하진수부			구해군군속신상조사표	1099
13	대산대구	1918	횡수하진수부			구해군군속신상조사표	1100
14	손덕생	1917	횡수하진수부			구해군군속신상조사표	1101
15	복산덕생	1917	횡수하진수부			구해군군속신상조사표	1101
16	하본성기		횡수하진수부			구해군군속신상조사표	1102
17	양원주석		횡수하진수부			구해군군속신상조사표	1690
18	삼본사희		횡수하진수부			구해군군속신상조사표	1691
19	금택찬억		횡수하진수부			구해군군속신상조사표	1692
20	장전만갑		횡수하진수부			구해군군속신상조사표	1693
21	양원도암		횡수하진수부			구해군군속신상조사표	1694
22	지천차포		횡수하진수부			구해군군속신상조사표	1695
23	평본경		횡수하진수부			구해군군속신상조사표	1696
24	아산인학		횡수하진수부			구해군군속신상조사표	1697
25	동원득		횡수하진수부			구해군군속신상조사표	1698
26	금산차도		횡수하진수부			구해군군속신상조사표	1699
27	천본차곤		횡수하진수부			구해군군속신상조사표	1700
28	양원용덕		횡수하진수부			구해군군속신상조사표	1701
29	대원이술		횡수하진수부			구해군군속신상조사표	1702
30	단양천이		횡수하진수부			구해군군속신상조사표	1703
31	삼안병철		횡수하진수부			구해군군속신상조사표	1704

32	신정달원	1920	횡수하진수부			구해군군속신상조사표	1705
33	송전앙출		횡수하진수부			구해군군속신상조사표	1706
34	송본진출		횡수하진수부			구해군군속신상조사표	1707
35	덕산내복		횡수하진수부			구해군군속신상조사표	1708
36	금성덕조		횡수하진수부			구해군군속신상조사표	1709
37	아산영채		횡수하진수부			구해군군속신상조사표	1710
38	백천태곤		횡수하진수부			구해군군속신상조사표	1711
39	방원순기		횡수하진수부			구해군군속신상조사표	1712
40	송산원		횡수하진수부			구해군군속신상조사표	1713
41	이전절절암		횡수하진수부			구해군군속신상조사표	1714
42	막원차동		횡수하진수부			구해군군속신상조사표	1715
43	고산정수		횡수하진수부			구해군군속신상조사표	1716
44	대소두쇠		횡수하진수부			구해군군속신상조사표	1717
45	임장길		횡수하진수부			구해군군속신상조사표	1718
46	춘원상조		횡수하진수부			구해군군속신상조사표	1719
47	춘원용술		횡수하진수부			구해군군속신상조사표	1720
48	이유봉		횡수하진수부			구해군군속신상조사표	1721
49	아산병구		횡수하진수부			구해군군속신상조사표	1722
50	임규룡		횡수하진수부			구해군군속신상조사표	1723
51	암본진곤		횡수하진수부			구해군군속신상조사표	1724
52	남효준		횡수하진수부			구해군군속신상조사표	1725
53	신정도현		횡수하진수부			구해군군속신상조사표	1726
54	금산덕준		횡수하진수부			구해군군속신상조사표	1727
55	삼정내현		횡수하진수부			구해군군속신상조사표	1728
56	송본주호		횡수하진수부			구해군군속신상조사표	1729
57	부전오봉		횡수하진수부			구해군군속신상조사표	1730
58	서원존도		횡수하진수부			구해군군속신상조사표	1731
59	암본복만		횡수하진수부			구해군군속신상조사표	1732
60	삼정용봉		횡수하진수부			구해군군속신상조사표	1733
61	송산공진		횡수하진수부			구해군군속신상조사표	1734
62	평산문술		횡수하진수부			구해군군속신상조사표	1735
63	궁목숙래	1907	횡수하진수부			구해군군속신상조사표	1612
64	궁하등길	1907	횡수하진수부			구해군군속신상조사표	1612
65	금본일랑		횡수하진수부			구해군군속신상조사표	1613

66	이종대	1918	횡수하진수부			구해군군속신상조사표	1614
67	계종대	1918	횡수하진수부			구해군군속신상조사표	1614
68	목하차랑	1924	횡수하진수부			구해군군속신상조사표	1615
69	목하차랑	1923	횡수하진수부			구해군군속신상조사표	1615
70	금본오문	1913	횡수하진수부			구해군군속신상조사표	1616
71	금본오문	1922	횡수하진수부			구해군군속신상조사표	1616
72	전중저희	1926	횡수하진수부			구해군군속신상조사표	1617
73	전중정조	1926	횡수하진수부			구해군군속신상조사표	1617
74	최광만		횡수하진수부			구해군군속신상조사표	1618
75		1921	횡수하진수부			구해군군속신상조사표	1619
76		1913	횡수하진수부			구해군군속신상조사표	1620
77	금자구부	1920	횡수하진수부			구해군군속신상조사표	1621
78	나원갑재	1919	횡수하진수부			구해군군속신상조사표	1622
79	안본병대	1924	횡수하진수부			구해군군속신상조사표	1623
80	안본동대	1924	횡수하진수부			구해군군속신상조사표	1623
81	금촌일조	1919	횡수하진수부			구해군군속신상조사표	1624
82	산본금차랑	1919	횡수하진수부			구해군군속신상조사표	1624
83	신정대수		횡수하진수부			구해군군속신상조사표	1625
84	정춘자		횡수하진수부			구해군군속신상조사표	1954
85	전도명수	1923	횡수하진수부			구해군군속신상조사표	1345
86	안곡채득	1922	횡수하진수부			구해군군속신상조사표	87
87	금본수웅		횡수하진수부			구해군군속신상조사표	1736
88	삼본순남		횡수하진수부			구해군군속신상조사표	1737
89	석원장수		횡수하진수부			구해군군속신상조사표	1738
90	신정영식		횡수하진수부			구해군군속신상조사표	1739
91	양원태호		횡수하진수부			구해군군속신상조사표	1740
92	산본원선		횡수하진수부			구해군군속신상조사표	1741
93	양원해관		횡수하진수부			구해군군속신상조사표	1742
94	신정방암		횡수하진수부			구해군군속신상조사표	1743
95	선정만암		횡수하진수부			구해군군속신상조사표	1744
96	오동술		횡수하진수부			구해군군속신상조사표	1745
97	권이곤		횡수하진수부			구해군군속신상조사표	1746
98	금촌존경		횡수하진수부			구해군군속신상조사표	1747
99	소본무신		횡수하진수부			구해군군속신상조사표	1748

100	성포해룡		횡수하진수부			구해군군속신상조사표	1749
101	권성수		횡수하진수부			구해군군속신상조사표	1750
102	성산쾌오		횡수하진수부			구해군군속신상조사표	1751
103	삼본승욱	1914	횡수하진수부			구해군군속신상조사표	1752
104	신정우현		횡수하진수부			구해군군속신상조사표	1753
105	고본태기		횡수하진수부			구해군군속신상조사표	1754
106	송촌기택		횡수하진수부			구해군군속신상조사표	1755
107	서산성존		횡수하진수부			구해군군속신상조사표	1756
108	암본춘덕		횡수하진수부			구해군군속신상조사표	1757
109	박존경팔		횡수하진수부			구해군군속신상조사표	1758
110	신정봉택		횡수하진수부			구해군군속신상조사표	1759
111	팔목지수		횡수하진수부			구해군군속신상조사표	1760
112	금전소지		횡수하진수부			구해군군속신상조사표	1761
113	신정상득	1913	횡수하진수부			구해군군속신상조사표	363
114	암본상봉	1922	횡수하진수부			구해군군속신상조사표	364
115	산삼성희	1922	횡수하진수부			구해군군속신상조사표	365
116	송강달명	1924	횡수하진수부			구해군군속신상조사표	366
117	박용해	1919	횡수하진수부			구해군군속신상조사표	367
118	무전말갑	1924	횡수하진수부			구해군군속신상조사표	368
119	무전말용	1924	횡수하진수부			구해군군속신상조사표	368
120	동촌덕주	1923	횡수하진수부			구해군군속신상조사표	369
121	동원득	1923	횡수하진수부			구해군군속신상조사표	370
122	매전용해	1924	횡수하진수부			구해군군속신상조사표	371
123	암본상복	1921	횡수하진수부			구해군군속신상조사표	372
124	송원정성	1919	횡수하진수부			구해군군속신상조사표	373
125	금자구웅		횡수하진수부			구해군군속신상조사표	374
126	산본종만	1922	횡수하진수부			구해군군속신상조사표	375
127	대원의만	1919	횡수하진수부			구해군군속신상조사표	376
128	금도덕봉	1914	횡수하진수부			구해군군속신상조사표	377
129	금도덕태	1914	횡수하진수부			구해군군속신상조사표	377
130	대촌영도	1922	횡수하진수부			구해군군속신상조사표	378
131	백일보	1916	횡수하진수부			구해군군속신상조사표	379
132	산본손권		횡수하진수부			구해군군속신상조사표	380
133	오대기	1915	횡수하진수부			구해군군속신상조사표	381

134	산전영광	1915	횡수하진수부			구해군군속신상조사표	381
135	청종연		횡수하진수부			구해군군속신상조사표	382
136	김정만	1913	횡수하진수부			구해군군속신상조사표	383
137	신정명덕		횡수하진수부			구해군군속신상조사표	384
138	영목차랑		횡수하진수부			구해군군속신상조사표	385
139	김동치	1924	횡수하진수부			구해군군속신상조사표	386
140	김사명	1916	횡수하진수부			구해군군속신상조사표	387
141	금자원도	1919	횡수하진수부			구해군군속신상조사표	388
142	복도원이랑	1919	횡수하진수부			구해군군속신상조사표	389
143	조용석	1916	횡수하진수부			구해군군속신상조사표	390
144	장무준	1908	횡수하진수부			구해군군속신상조사표	391
145	암본소우	1919	횡수하진수부			구해군군속신상조사표	392
146	전중정희		횡수하진수부			구해군군속신상조사표	402
147	청정주학	1910	횡수하진수부			구해군군속신상조사표	403
148	암본송웅	1914	횡수하진수부			구해군군속신상조사표	404
149	산본죽용	1918	횡수하진수부			구해군군속신상조사표	405
150	박태호	1917	횡수하진수부			구해군군속신상조사표	406

〈표 15〉 오진수부(히로시마현)로 군속으로 간 인물일람표

번호	이름	출생연도	연행지	합사여부	사망여부	명부명	면수
1	인촌복덕	1921	오진수부			구해군군속신상조사표	2027
2	목촌장태랑	1926	오진수부			구해군군속신상조사표	2671
3	상홍길태랑	1907	오진수부			구해군군속신상조사표	2672
4	동승치	1923	오진수부			구해군군속신상조사표	2673
5	고산진현	1926	오진수부			구해군군속신상조사표	2674
6	양천상종	1922	오진수부			구해군군속신상조사표	2675
7	금자상운	1920	오진수부			구해군군속신상조사표	2676
8	부전익신	1911	오진수부			구해군군속신상조사표	2677
9	김성신		오진수부			구해군군속신상조사표	2678
10	고산이랑		오진수부			구해군군속신상조사표	2679
11	암본중길	1919	오진수부			구해군군속신상조사표	2680
12	암본의갑	1916	오진수부			구해군군속신상조사표	2681

13	성산삼주	1919	오진수부			구해군군속신상조사표	2682
14	성산심생	1919	오진수부			구해군군속신상조사표	2682
15	신정동현	1919	오진수부			구해군군속신상조사표	2683
16	옥산재암	1920	오진수부			구해군군속신상조사표	2684
17	박임극	1918	오진수부			구해군군속신상조사표	2685
18	박임극	1921	오진수부			구해군군속신상조사표	2685
19	박왕식	1918	오진수부			구해군군속신상조사표	2685
20	박왕식	1921	오진수부			구해군군속신상조사표	2685
21	대산연수	1926	오진수부			구해군군속신상조사표	2686
22	중원연수	1926	오진수부			구해군군속신상조사표	2686
23	박상필	1914	오진수부			구해군군속신상조사표	2687
24	김차근	1921	오진수부			구해군군속신상조사표	2688
25	김차근	1921	오진수부			구해군군속신상조사표	2688
26	국본경준	1914	오진수부			구해군군속신상조사표	2689
27	삼정주현	1918	오진수부			구해군군속신상조사표	2690
28	신정윤현	1922	오진수부			구해군군속신상조사표	2691
29	궁송윤현	1924	오진수부			구해군군속신상조사표	2692
30	하원삼봉	1920	오진수부			구해군군속신상조사표	2693
31	암저나랑	1915	오진수부			구해군군속신상조사표	2694
32	금산동영	1901	오진수부			구해군군속신상조사표	2695
33	김차덕	1916	오진수부			구해군군속신상조사표	2696
34	안권성진	1919	오진수부			구해군군속신상조사표	2697
35	대원봉대	192	오진수부			구해군군속신상조사표	2698
36	상림정이	1912	오진수부			구해군군속신상조사표	2699
37	대산팔암	1922	오진수부			구해군군속신상조사표	2700
38	734	1922	오진수부			구해군군속신상조사표	2701
39	국전용석	1922	오진수부			구해군군속신상조사표	2702
40	신정윤현	1922	오진수부			구해군군속신상조사표	2703
41	금산우권	1919	오진수부			구해군군속신상조사표	2704
42	금산우권	1915	오진수부			구해군군속신상조사표	2704
43	중원화진	1923	오진수부			구해군군속신상조사표	2705
44	중도춘득	1914	오진수부			구해군군속신상조사표	2706
45	김동이	1912	오진수부			구해군군속신상조사표	2707
46	박전득희	1921	오진수부			구해군군속신상조사표	2708

47	박전덕조	1921	오진수부			구해군군속신상조사표	2708
48	내산학기	1916	오진수부			구해군군속신상조사표	2709
49	금천성봉	1922	오진수부			구해군군속신상조사표	2710
50	금천성봉	1923	오진수부			구해군군속신상조사표	2710
51	금산용진		오진수부			구해군군속신상조사표	2711
52	동원영재	1925	오진수부			구해군군속신상조사표	2712
53	복전영채	1923	오진수부			구해군군속신상조사표	2713
54	추본의소	1908	오진수부			구해군군속신상조사표	2714
55	추본의소	1907	오진수부			구해군군속신상조사표	2714
56	추본의미	1908	오진수부			구해군군속신상조사표	2714
57	추본의미	1907	오진수부			구해군군속신상조사표	2714
58	성천흥주	1921	오진수부			구해군군속신상조사표	2715
59	평산무	1922	오진수부			구해군군속신상조사표	2716
60	금자갑일	1922	오진수부			구해군군속신상조사표	2717
61	신정용암	1916	오진수부			구해군군속신상조사표	3345
62	금산용진	1920	오진수부			구해군군속신상조사표	318
63	조만길	1898	오진수부			구해군군속신상조사표	3606
64	길도갑길	1898	오진수부			구해군군속신상조사표	3606
65	조만석	1898	오진수부			구해군군속신상조사표	3606
66	백원문웅	1918	오진수부			구해군군속신상조사표	3607
67	정원차득	1925	오진수부			구해군군속신상조사표	3608
68	박원차득	1925	오진수부			구해군군속신상조사표	3608
69	정원차득	1923	오진수부			구해군군속신상조사표	3608
70	박원차득	1923	오진수부			구해군군속신상조사표	3608
71	국전용덕	1922	오진수부			구해군군속신상조사표	3609
72	서촌죽일	1923	오진수부			구해군군속신상조사표	3610
73	서촌죽일	1923	오진수부			구해군군속신상조사표	3610
74	옥전정팔랑	1917	오진수부			구해군군속신상조사표	3611
75	해원무	1922	오진수부			구해군군속신상조사표	3612
76	단전정금	1908	오진수부			구해군군속신상조사표	3613
77	송천번일	1908	오진수부			구해군군속신상조사표	3613
78	송원봉하	1905	오진수부			구해군군속신상조사표	3614
79	옥산삼적	1920	오진수부			구해군군속신상조사표	3615
80	옥산삼적	1920	오진수부			구해군군속신상조사표	3615

81	송본영태	1924	오진수부			구해군군속신상조사표	3616
82	김홍주	1919	오진수부			구해군군속신상조사표	3617
83	김홍주	1918	오진수부			구해군군속신상조사표	3617
84	금본선길	1913	오진수부			구해군군속신상조사표	3618
85	신정용웅	1925	오진수부			구해군군속신상조사표	3619
86	매천화덕	1928	오진수부			구해군군속신상조사표	3620
87	조산금태랑		오진수부			구해군군속신상조사표	3621

〈표 16〉 사세보(左世保) 진수부(나가사키현)로 군속으로 간 인물일람표

번호	이름	출생연도	연행지	합사여부	사망여부	명부명	면수
1	부산봉조	1920	좌세보진수부			구해군군속신상조사표	1692
2	금전소생	1920	좌세보진수부			구해군군속신상조사표	2324
3	김전성	1920	좌세보진수부			구해군군속신상조사표	2324
4	석천정부		좌세보진수부			구해군군속신상조사표	4283
5	춘산선길		좌세보진수부			구해군군속신상조사표	4284
6	월서용부	1914	좌세보진수부			구해군군속신상조사표	4285
7	임이랑		좌세보진수부			구해군군속신상조사표	4286
8	정영범		좌세보진수부			구해군군속신상조사표	4286
9	송본영작	1912	좌세보진수부			구해군군속신상조사표	4287
10	송본영조	1912	좌세보진수부			구해군군속신상조사표	4287
11	연전상쾌	1927	좌세보진수부			구해군군속신상조사표	4288
12	석천용갑	1926	좌세보진수부			구해군군속신상조사표	4289
13	암본영우	1926	좌세보진수부			구해군군속신상조사표	4290
14	오본두근	1927	좌세보진수부			구해군군속신상조사표	4291
15	정야원근	1912	좌세보진수부			구해군군속신상조사표	4292
16	판촌병철	1928	좌세보진수부			구해군군속신상조사표	4293
17	금해동조	1909	좌세보진수부			구해군군속신상조사표	4294
18	삼정기석	1903	좌세보진수부			구해군군속신상조사표	4295
19	송영봉찬	1927	좌세보진수부			구해군군속신상조사표	4296
20	암곡근용	1926	좌세보진수부			구해군군속신상조사표	4297
21	목본재덕	1926	좌세보진수부			구해군군속신상조사표	4298
22	고산학수	1927	좌세보진수부			구해군군속신상조사표	4299

23	대원종규	1926	좌세보진수부			구해군군속신상조사표	4300
24	대원종규	1920	좌세보진수부			구해군군속신상조사표	4300
25	금성영식	1927	좌세보진수부			구해군군속신상조사표	4301
26	금해경진	1927	좌세보진수부			구해군군속신상조사표	4302
27	대야연원	1921	좌세보진수부			구해군군속신상조사표	4303
28	안능춘호	1914	좌세보진수부			구해군군속신상조사표	4304
29	김용술	1916	좌세보진수부			구해군군속신상조사표	4305
30	신정규연	1928	좌세보진수부			구해군군속신상조사표	4306
31	정촌정식	1928	좌세보진수부			구해군군속신상조사표	4307
32	침목유선	1912	좌세보진수부			구해군군속신상조사표	4308
33	최용묵	1926	좌세보진수부			구해군군속신상조사표	4309
34	신정사수	1919	좌세보진수부			구해군군속신상조사표	4310
35	신정쾌호	1912	좌세보진수부			구해군군속신상조사표	4311
36	내전수해	1926	좌세보진수부			구해군군속신상조사표	4312
37	내전종호	1927	좌세보진수부			구해군군속신상조사표	4313
38	금해태술	1908	좌세보진수부			구해군군속신상조사표	4314
39	금산영준	1926	좌세보진수부			구해군군속신상조사표	4315
40	하산억만	1908	좌세보진수부			구해군군속신상조사표	4316
41	서원형수	1934	좌세보진수부			구해군군속신상조사표	4317
42	금성봉학	1916	좌세보진수부			구해군군속신상조사표	4318
43	최범이	1900	좌세보진수부			구해군군속신상조사표	4319
44	양정정표	1920	좌세보진수부			구해군군속신상조사표	4320
45	송산무한	1902	좌세보진수부			구해군군속신상조사표	4321
46	송본종치	1918	좌세보진수부			구해군군속신상조사표	4322
47	송원영대	1927	좌세보진수부			구해군군속신상조사표	4323
48	금원수복	1920	좌세보진수부			구해군군속신상조사표	4324
49	금산방우	1926	좌세보진수부			구해군군속신상조사표	4325
50	금산계암	1913	좌세보진수부			구해군군속신상조사표	4326
51	정치백	1914	좌세보진수부			구해군군속신상조사표	4327
52	춘산인암	1909	좌세보진수부			구해군군속신상조사표	4328
53	박가화희	1919	좌세보진수부			구해군군속신상조사표	4329
54	성산태상	1927	좌세보진수부			구해군군속신상조사표	4330
55	도촌상도	1926	좌세보진수부			구해군군속신상조사표	4331
56	내산수기	1911	좌세보진수부			구해군군속신상조사표	4332

〈표 18〉 이진수부로 징병간 인물 일람표

번호	이름	출생연도	연행지	합사여부	사망여부	명부명	면수
1	목전용덕		이진수부			구해군군속신상조사표	2191
2	금본종문		이진수부			구해군군속신상조사표	2192
3	평산영태랑	1922	이진수부			구해군군속신상조사표	2193
4	목촌영헌		이진수부			구해군군속신상조사표	2194
5	금원복덕	1913	이진수부			구해군군속신상조사표	2195
6	최영출	1915	이진수부			구해군군속신상조사표	2196
7	산광은식	1923	이진수부			구해군군속신상조사표	2197
8	국지환용	1923	이진수부			구해군군속신상조사표	2198
9	권영식		이진수부			구해군군속신상조사표	2199
10	손태수		이진수부			구해군군속신상조사표	2200
11	금택삼용	1921	이진수부			구해군군속신상조사표	2201
12	금강관술	1910	이진수부			구해군군속신상조사표	2564
13	대원인규	1927	이진수부			구해군군속신상조사표	2565
14	오본광춘	1922	이진수부			구해군군속신상조사표	2566
15	아산기채	1922	이진수부			구해군군속신상조사표	849
16	백원해쇠	1912	이진수부			구해군군속신상조사표	850
17	문산승두	1920	이진수부			구해군군속신상조사표	851
18	문산승조	1917	이진수부			구해군군속신상조사표	852
19	동평원출	1921	이진수부			구해군군속신상조사표	853
20	이촌종환	1907	이진수부			구해군군속신상조사표	854
21	덕촌성택	1921	이진수부			구해군군속신상조사표	855
22	금촌덕생	1908	이진수부			구해군군속신상조사표	856
23	일천상수	1917	이진수부			구해군군속신상조사표	857
24	동원수용	1926	이진수부			구해군군속신상조사표	858
25	신정무술	1919	이진수부			구해군군속신상조사표	859
26	석본문규	1918	이진수부			구해군군속신상조사표	861
27	정상주현	1925	이진수부			구해군군속신상조사표	862
28	옥산수룡	1910	이진수부			구해군군속신상조사표	863
29	남목학득	1919	이진수부			구해군군속신상조사표	864
30	암본타암	1920	이진수부			구해군군속신상조사표	865
31	기본준이	1925	이진수부			구해군군속신상조사표	866

32	산촌윤우	1922	이진수부			구해군군속신상조사표	867
33	금성수업	1919	이진수부			구해군군속신상조사표	868
34	금전상곤	1922	이진수부			구해군군속신상조사표	869
35	월성재술	1927	이진수부			구해군군속신상조사표	870
36	서원경수	1922	이진수부			구해군군속신상조사표	871
37	김산굉	1920	이진수부			구해군군속신상조사표	872
38	청림종림	1920	이진수부			구해군군속신상조사표	873
39	청림원규	1920	이진수부			구해군군속신상조사표	873
40	청림경림	1920	이진수부			구해군군속신상조사표	873
41	김기연	1921	이진수부			구해군군속신상조사표	874

〈표 19〉 홋카이도(北海島)로 징용간 인물 일람표

번호	이름	출생연도	연행지	합사여부	사망여부	명부명	면수
1	암본태출	1922	북해도 일조천염광업소			소위조선인징용자등에 관한명부(6)	710
2	김우준	1917	북해도 일조천염광업소			소위조선인징용자등에 관한명부(6)	710
3	목하달웅	1914	주우본사 홍지무광업소			소위조선인징용자등에 관한명부(6)	592
4	김진식	1902	북해도 미류도광업소			소위조선인징용자등에 관한명부(3)	936
5	강본문길	1919	북해도 복수갱			소위조선인징용자등에 관한명부(3)	864
6	유석순	1921	북해도 만자광광업소			소위조선인징용자등에 관한명부(3)	330
7	암본성출	1919	북개도탄광기선주식회사 평화광업소진곡지광			소위조선인징용자등에 관한명부(2)	172
8	성산백석	1922	북개도탄광기선주식회사 평화광업소진곡지광			소위조선인징용자등에 관한명부(2)	173
9	김복조	1901	북개도탄광기선주식회사 평화광업소진곡지광			소위조선인징용자등에 관한명부(2)	171
10	송본승웅	1915	북해도탄광기선주식회사 평화광업소평화광			소위조선인징용자등에 관한명부(2)	97
11	길중유기	1908	북해도탄광기선주식회사 평화광업소평화광			소위조선인징용자등에 관한명부(2)	37
12	서학록	1920	북해도탄광기선주식회사 평화광업소평화광			소위조선인징용자등에 관한명부(2)	38

13	성산쾌식	1920	북해도탄광기선주식회사 평화광업소평화광			소위조선인징용자등에 관한명부(2)	39
14	김선출	1900	북해도탄광기선주식회사 평화광업소평화광			소위조선인징용자등에 관한명부(2)	27
15	김영태	1919	북해도주우적평광업소 제3부회			소위조선인징용자등에 관한명부(1)	914
16	박호광		북해도토건산보도장반			소위조선인징용자등에 관한명부(1)	894

〈표 20〉 나가사키현(長岐縣)으로 징용간 인물 일람표

번호	이름	출생 연도	연행지	합사 여부	사망 여부	명부명	면수
1	금림강출		장기현			조선인노동자에관한조사결과 (장기현1/2)	56
2	금임광출		장기현			조선인노동자에관한조사결과 (장기현1/2)	103
3	금본군광	1917	장기현북송포군 금복정소영치지군장			조선인노동자에관한조사결과 (장기현1/2)	133
4	금산금일	1914	장기현북송포군 금복정소영치지군장			조선인노동자에관한조사결과 (장기현1/2)	135
5	전중문길	1917	장기현북송포군 금복정소영치지군장			조선인노동자에관한조사결과 (장기현1/2)	135
6	춘원해조	1923	장기현			조선인노동자에관한조사결과 (장기현1/2)	206

〈표 21〉 사가현(左賀縣)으로 징용간 인물 일람표

번호	이름	출생 연도	연행지	합사 여부	사망 여부	명부명	면수
1	무본판동	1925	좌하현북방탄광			조선인노동자에관한조사결과 (좌하현1/12)	305
2	박산두희	1929	좌하현북방탄광			조선인노동자에관한조사결과 (좌하현1/11)	305
3	송전수길	1929	좌하현북방탄광			조선인노동자에관한조사결과 (좌하현1/10)	305
4	이우출	1912	좌하현북방탄광			조선인노동자에관한조사결과 (좌하현1/9)	305
5	채산경수	1925	좌하현북방탄광			조선인노동자에관한조사결과 (좌하현1/8)	305

6	홍전대업	1903	좌하현북방탄광			조선인노동자에관한조사결과 (좌하현1/7)	306
7	금본쾌덕	1922	좌하현북방탄광			조선인노동자에관한조사결과 (좌하현1/6)	306
8	목촌익수	1902	좌하현북방탄광			조선인노동자에관한조사결과 (좌하현1/5)	306
9	신정을수	1908	좌하현북방탄광			조선인노동자에관한조사결과 (좌하현1/4)	306
10	금산일랑	1918	좌하현부사화물자동차 주식회사			조선인노동자에관한조사결과 (좌하현1/3)	68
11	묘전재학	1926	좌하현부사화물자동차 주식회사			조선인노동자에관한조사결과 (좌하현1/2)	68
12	산본이랑	1910	좌하현부사화물자동차 주식회사			조선인노동자에관한조사결과 (좌하현1/1)	68
13	산천이랑	1918	좌하현부사화물자동차 주식회사			조선인노동자에관한조사결과 (좌하현1/0)	68
14	율원일랑	1921	좌하현부사화물자동차 주식회사			조선인노동자에관한조사결과 (좌하현1/1)	68
15	금자일랑	1929	좌하현동해육운주식회사			조선인노동자에관한조사결과 (좌하현1/2)	39

〈표 22〉 후쿠오카현(福岡縣)으로 징용간 인물 일람표

번호	이름	출생 연도	연행지	합사 여부	사망 여부	명부명	면수
1	목산상로	1907	복강현주식회사오촌조			조선인노동자에관한조사결과 (복강현2/2)	295
2	하산용이	1899	복강현주식회사오촌조			조선인노동자에관한조사결과 (복강현2/2)	295
3	금보세룡	1890	복강현약송차량주식회사 약송공장			조선인노동자에관한조사결과 (복강현2/2)	300
4	석촌삼길	1915	복강현주식회사오촌조			조선인노동자에관한조사결과 (복강현2/2)	292
5	선촌청일	1903	복강현주식회사오촌조			조선인노동자에관한조사결과 (복강현2/2)	292
6	석촌풍시	1907	복강현주식회사오촌조			조선인노동자에관한조사결과 (복강현2/2)	292
7	금천일관	1913	복강현일본통운주식회사 박다지점			조선인노동자에관한조사결과 (복강현2/2)	280
8	금자억조	1898	복강현일본통운주식회사 박다지점			조선인노동자에관한조사결과 (복강현2/2)	275

9	신정종광	1923	복강현일본통운주식회사 박다지점			조선인노동자에관한조사결과 (복강현2/2)	275
10	신정용쇠	1924	복강현일본통운주식회사 박다지점			조선인노동자에관한조사결과 (복강현2/2)	275
11	정삼암	1932	복강현일본통운주식회사 박다지점			조선인노동자에관한조사결과 (복강현2/2)	275
12	천본차평	1912	복강현일본통운주식회사 박다지점			조선인노동자에관한조사결과 (복강현2/2)	275
13	청수순득	1921	복강현일본통운주식회사 박다지점			조선인노동자에관한조사결과 (복강현2/2)	275
14	태만용	1909	복강현일본통운주식회사 박다지점			조선인노동자에관한조사결과 (복강현2/2)	275
15	금본남계		복강현일본통운주식회사 박다지점			조선인노동자에관한조사결과 (복강현2/2)	273
16	금본성갑	1909	복강현일본통운주식회사 박다지점			조선인노동자에관한조사결과 (복강현2/2)	273
17	금산소암		복강현일본통운주식회사 박다지점			조선인노동자에관한조사결과 (복강현2/2)	273
18	금산재호		복강현일본통운주식회사 박다지점			조선인노동자에관한조사결과 (복강현2/2)	273
19	금전소생		복강현일본통운주식회사 박다지점			조선인노동자에관한조사결과 (복강현2/2)	273
20	금전우생	1911	복강현일본통운주식회사 박다지점			조선인노동자에관한조사결과 (복강현2/2)	273
21	김창수	1924	복강현일본통운주식회사 박다지점			조선인노동자에관한조사결과 (복강현2/2)	273
22	금하석점		복강현일본통운주식회사 박다지점			조선인노동자에관한조사결과 (복강현2/2)	273
23	대본의조	1902	복강현일본통운주식회사 박다지점			조선인노동자에관한조사결과 (복강현2/2)	273
24	대산영조	1924	복강현일본통운주식회사 박다지점			조선인노동자에관한조사결과 (복강현2/2)	273
25	목촌치천	1922	복강현일본통운주식회사 박다지점			조선인노동자에관한조사결과 (복강현2/2)	273
26	신정쾌봉		복강현일본통운주식회사 박다지점			조선인노동자에관한조사결과 (복강현2/2)	273
27	안본팔암	1927	복강현일본통운주식회사 박다지점			조선인노동자에관한조사결과 (복강현2/2)	273
28	유석만	1920	복강현일본통운주식회사 박다지점			조선인노동자에관한조사결과 (복강현2/2)	273
29	이용한술		복강현일본통운주식회사 박다지점			조선인노동자에관한조사결과 (복강현2/2)	273

30	천본만도		복강현일본통운주식회사 박다지점			조선인노동자에관한조사결과 (복강현2/2)	273
31	아산병희	1924	복강현일본통운주식회사 박다지점			조선인노동자에관한조사결과 (복강현2/2)	273
32	하본정희		복강현일본통운주식회사 박다지점			조선인노동자에관한조사결과 (복강현2/2)	273
33	하산윤환	1915	복강현일본통운주식회사 박다지점			조선인노동자에관한조사결과 (복강현2/2)	273
34	하산재진		복강현일본통운주식회사 박다지점			조선인노동자에관한조사결과 (복강현2/2)	273
35	고도행득	1901	복강현일본통운주식회사 박다지점			조선인노동자에관한조사결과 (복강현2/2)	274
36	금본천술	1905	복강현일본통운주식회사 박다지점			조선인노동자에관한조사결과 (복강현2/2)	274
37	길전태산	1916	복강현일본통운주식회사 박다지점			조선인노동자에관한조사결과 (복강현2/2)	274
38	금본봉춘	1912	복강현일본통운주식회사 박다지점			조선인노동자에관한조사결과 (복강현2/2)	274
39	금성의경	1906	복강현일본통운주식회사 박다지점			조선인노동자에관한조사결과 (복강현2/2)	274
40	금해상진	1902	복강현일본통운주식회사 박다지점			조선인노동자에관한조사결과 (복강현2/2)	274
41	대곡수암	1905	복강현일본통운주식회사 박다지점			조선인노동자에관한조사결과 (복강현2/2)	274
42	동촌백억	1906	복강현일본통운주식회사 박다지점			조선인노동자에관한조사결과 (복강현2/2)	274
43	박가조관	1905	복강현일본통운주식회사 박다지점			조선인노동자에관한조사결과 (복강현2/2)	274
44	박가정조	1907	복강현일본통운주식회사 박다지점			조선인노동자에관한조사결과 (복강현2/2)	274
45	박극중희	1916	복강현일본통운주식회사 박다지점			조선인노동자에관한조사결과 (복강현2/2)	274
46	송평봉도	1908	복강현일본통운주식회사 박다지점			조선인노동자에관한조사결과 (복강현2/2)	274
47	아본원조	1913	복강현일본통운주식회사 박다지점			조선인노동자에관한조사결과 (복강현2/2)	274
48	암곡호봉	1919	복강현일본통운주식회사 박다지점			조선인노동자에관한조사결과 (복강현2/2)	274
49	이임술	1909	복강현일본통운주식회사 박다지점			조선인노동자에관한조사결과 (복강현2/2)	274
50	정치동	1926	복강현일본통운주식회사 박다지점			조선인노동자에관한조사결과 (복강현2/2)	274

51	최문출	1906	복강현삼정삼지광업소 만전노무사무소			조선인노동자에관한조사결과 (내량현복강현1/2)	161
52	동창국태		복강현일본제철주식회사 팔번제철소			소위조선인징용자등에 관한명부(5)	327
53	김용석		복강현일본제철주식회사팔				
54	고야영주	1918	복강현신수이갱			소위조선인징용자등에 관한명부(1)	1013
55	장병군	1919	복강현마생광업적반탄갱			소위조선인징용자등에 관한명부(1)	1004
56	이만조	1910	복강현적반탄갱			소위조선인징용자등에 관한명부(1)	1006
57	평산응달	1910	복강현명치광업 주식회사평산광업소			일제하피징용자명부(3)	180
58	김점돌	1906	복강현반성탄광			일제하피징용자명부(3)	256
59	고산영이	1905	복강현상반탄광			일제하피징용자명부(3)	262
60	금본인조	1918	복강현			일제하피징용자명부	259
61	허득이	1899	복강현			일제하피징용자명부(2)	250
62	목가승운	1922	복강현			일제하피징용자명부(2)	252

〈표 23〉 나라현(奈良縣)으로 징용간 인물 일람표

번호	이름	출생 연도	연행지	합사 여부	사망 여부	명부명	면수
1	삼중길	1920	나량현대화수은광업소			조선인노동자에관한조사결과 (내량현복강현1/2)	41
2	교본삼랑	1923	나량현나량교통주식회사			조선인노동자에관한조사결과 (내량현복강현1/2)	9

〈표 24〉 효고현(兵庫縣)으로 징용간 인물 일람표

번호	이름	출생 연도	연행지	합사 여부	사망 여부	명부명	면수
1	내산명률	1909	병고현욱공기제조주식회사			조선인노동자에관한조사결과 (병고현3/3)	47
2	월본성조	1913	병고현욱공기제조주식회사			조선인노동자에관한조사결과 (병고현3/4)	47
3	중촌득이	1904	병고현욱공기제조주식회사			조선인노동자에관한조사결과 (병고현3/5)	47

4	국본명수	1917	병고현욱공기제조주식회사			조선인노동자에관한조사결과 (병고현3/6)	47
5	금곡삼랑	1918	병고현욱공기제조주식회사			조선인노동자에관한조사결과 (병고현3/7)	47
6	금본영모	1927	병고현삼릉전기주식회사 이단제작소			조선인노동자에관한조사결과 (병고현2/3)	279
7	인천영기	1919	병고현심전수일			조선인노동자에관한조사결과 (병고현2/3)	255
8	인천정기	1916	병고현심전수일			조선인노동자에관한조사결과 (병고현2/3)	255
9	김문규	1918	병고현삼전사랑			조선인노동자에관한조사결과 (병고현2/3)	257
10	금본을경	1905	병고현삼전사랑			조선인노동자에관한조사결과 (병고현2/3)	257
11	등전영일	1911	병고현동양내화대원희일람			조선인노동자에관한조사결과 (병고현2/3)	257
12	해금현규	1918	병고현삼전사랑			조선인노동자에관한조사결과 (병고현2/3)	257
13	금촌진구	1920	병고현심전수일			조선인노동자에관한조사결과 (병고현2/3)	255
14	신정동순	1918	병고현정화광업 주식회사춘일광산			조선인노동자에관한조사결과 (병고현2/3)	246
15	신정일랑	1927	병고현정화광업 주식회사춘일광산			조선인노동자에관한조사결과 (병고현2/3)	246
16	파산용석	1920	병고현정화광업 주식회사춘일광산			조선인노동자에관한조사결과 (병고현2/3)	246
17	회산갑성	1914	병고현정화광업 주식회사춘일광산			조선인노동자에관한조사결과 (병고현2/3)	246
18	신농우일	1914	병고현정화광업 주식회사춘일광산			조선인노동자에관한조사결과 (병고현2/3)	247
19	하합증석	1919	병고현정화광업 주식회사춘일광산			조선인노동자에관한조사결과 (병고현2/3)	247
20	문평경석	1890	병고현정화광업 주식회사춘일광산			조선인노동자에관한조사결과 (병고현2/3)	248
21	양시광	1915	병고현정화광업 주식회사춘일광산			조선인노동자에관한조사결과 (병고현2/3)	248
22	김수득	1915	병고현규석업주야병마			조선인노동자에관한조사결과 (병고현2/3)	250
23	여상득	1900	병고현규석업주야병마			조선인노동자에관한조사결과 (병고현2/3)	250
24	강촌삼길	1911	병고현정화광업 주식회사춘일광산			조선인노동자에관한조사결과 (병고현2/3)	246

25	강촌영진	1922	병고현정화광업 주식회사춘일광산			조선인노동자에관한조사결과 (병고현2/3)	246
26	강촌의정	1909	병고현정화광업 주식회사춘일광산			조선인노동자에관한조사결과 (병고현2/3)	246
27	고나산동결	1905	병고현정화광업 주식회사춘일광산			조선인노동자에관한조사결과 (병고현2/3)	246
28	관산호래		병고현정화광업 주식회사춘일광산			조선인노동자에관한조사결과 (병고현2/3)	246
29	성야나부	1934	병고현정화광업 주식회사춘일광산			조선인노동자에관한조사결과 (병고현2/3)	246
30	이미좌자	1925	병고현일산농림공업 주식회사차기공장			조선인노동자에관한조사결과 (병고현2/3)	197
31	대준달균	1907	병고현주식회사파마조선소			조선인노동자에관한조사결과 (병고현1/3)	316
32	서영단	1916	병고현주식회사파마조선소			조선인노동자에관한조사결과 (병고현1/3)	249
33	금도춘삼	1926	병고현주식회사파마조선소			조선인노동자에관한조사결과 (병고현1/3)	195
34	삼본선길	1903	병고현주식회사파마조선소			조선인노동자에관한조사결과 (병고현1/3)	177
35	태전동	1908	병고현대판와사주식회사 지사서공장			조선인노동자에관한조사결과 (병고현1/3)	37

〈표 25〉 시즈오카현(靜岡縣)으로 징용간 인물 일람표

번호	이름	출생 연도	연행지	합사 여부	사망 여부	명부명	면수
1	성산덕태랑	1896	정강현일본반전 빈명양용수도수간천공사			조선인노동자에관한조사결과 (기부현정강현)	340
2	이등팔랑	1907	정강현일본반전 빈명양용수도수간천공사			조선인노동자에관한조사결과 (기부현정강현)	339
3	금산문길	1901	정강현일본반전 빈명양용수도수간천공사			조선인노동자에관한조사결과 (기부현정강현)	339
4	송강건일	1897	정강현일본반전 빈명양용수도수간천공사			조선인노동자에관한조사결과 (기부현정강현)	340
5	암본원근	1919	정강현일본반전 빈명양용수도수간천공사			조선인노동자에관한조사결과 (기부현정강현)	340
6	중촌금태랑	1914	정강현일본반전 빈명양용수도수간천공사			조선인노동자에관한조사결과 (기부현정강현)	340
7	금본일랑	1913	정강현일본반전 빈명양용수도수간천공사			조선인노동자에관한조사결과 (기부현정강현)	340

8	금천청길	1904	정강현일본반전 빈명양용수도수간천공사			조선인노동자에관한조사결과 (기부현정강현)	340
9	춘산정길	1923	정강현일본반전 빈명양용수도수간천공사			조선인노동자에관한조사결과 (기부현정강현)	335
10	산전금태랑	1897	정강현일본반전 빈명양용수도수간천공사			조선인노동자에관한조사결과 (기부현정강현)	333
11	해금우겸	1918	정강현일본반전 빈명양용수도수간천공사			조선인노동자에관한조사결과 (기부현정강현)	329
12	해금영수	1891	정강현일본반전 빈명양용수도수간천공사			조선인노동자에관한조사결과 (기부현정강현)	329
13	해금청오	1919	정강현일본반전 빈명양용수도수간천공사			조선인노동자에관한조사결과 (기부현정강현)	329
14	월성정웅	1898	정강현일본반전 빈명양용수도수간천공사			조선인노동자에관한조사결과 (기부현정강현)	326
15	광산금도	1907	정강현일본반전 빈명양용수도수간천공사			조선인노동자에관한조사결과 (기부현정강현)	326
16	금강영상	1917	정강현중외광업주식회사 지월광업소			조선인노동자에관한조사결과 (기부현정강현)	198

〈표 26〉 나가노현(長野縣)으로 징용간 인물 일람표

번호	이름	출생 연도	연행지	합사 여부	사망 여부	명부명	면수
1	목촌등길	1919	장야현중앙광업 ㈜면전광산			조선인노동자에관한조사결과 (회목현장아현)	309
2	암본송부	1914	장야현주식회사 녹아조출장소			조선인노동자에관한조사결과 (회목현장아현)	308
3	부전공작	1900	본장야현주식회사 녹아조출장소			조선인노동자에관한조사결과 (회목현장아현)	308
4	부전용우	1922	본장야현주식회사 녹아조출장소			조선인노동자에관한조사결과 (회목현장아현)	308
5	부전진규	1915	본장야현주식회사 녹아조출장소			조선인노동자에관한조사결과 (회목현장아현)	308
6	부전행치	1910	본장야현주식회사 녹아조출장소			조선인노동자에관한조사결과 (회목현장아현)	308
7	임일랑	1919	장야현중앙광업 ㈜면전광산			조선인노동자에관한조사결과 (회목현장아현)	309
8	중촌오랑	1916	장야현중앙광업 ㈜면전광산			조선인노동자에관한조사결과 (회목현장아현)	309
9	박전금일	1906	장야현주식회사 녹아조출장소			조선인노동자에관한조사결과 (회목현장아현)	306

10	송원충길	1908	장야현주식회사 녹아조출장소			조선인노동자에관한조사결과 (회목현장아현)	307
11	금허경도	1921	장야현고수 토목건축공업주식회사			조선인노동자에관한조사결과 (회목현장아현)	298
12	춘산종일	1918	장야현고수 토목건축공업주식회사			조선인노동자에관한조사결과 (회목현장아현)	299
13	금림정학	1919	장야현주식회사상모조			조선인노동자에관한조사결과 (회목현장아현)	289
14	등산자정	1913	장야현판정흥업주식회사			조선인노동자에관한조사결과 (회목현장아현)	284
15	송본수부	1904	장야현주식회사상모조			조선인노동자에관한조사결과 (회목현장아현)	288
16	지전무	1913	장야현주식회사상모조			조선인노동자에관한조사결과 (회목현장아현)	288
17	목원삼랑	1888	장야현판정흥업주식회사			조선인노동자에관한조사결과 (회목현장아현)	283
18	춘산선길	1915	장야현이나국민 직업지도소야촌광업 ㈜이나부광광업소			조선인노동자에관한조사결과 (회목현장아현)	
19	춘산영술	1892	장야현이나국민직업지도소			조선인노동자에관한조사결과 (회목현장아현)	255
20	목촌금옥	1921	장야현이나국민직업지도소			조선인노동자에관한조사결과 (회목현장아현)	255
21	고산춘길	1906	장야현일중광업 주식회사미길야탄광			조선인노동자에관한조사결과 (회목현장아현)	224
22	금촌무웅	1991	장야현일중광업 주식회사미길야탄광			조선인노동자에관한조사결과 (회목현장아현)	224
23	박이준	1916	장야현비도조작업소			조선인노동자에관한조사결과 (회목현장아현)	217
24	분황	1925	장야현비도조작업소			조선인노동자에관한조사결과 (회목현장아현)	217
25	유전영달	1921	장야현비도조작업소			조선인노동자에관한조사결과 (회목현장아현)	218
26	김순포	1926	장야현비도조작업소			조선인노동자에관한조사결과 (회목현장아현)	217
27	김용관	1893	장야현비도조작업소			조선인노동자에관한조사결과 (회목현장아현)	217
28	김우수	1899	장야현비도조작업소			조선인노동자에관한조사결과 (회목현장아현)	217
29	김일포	1924	장야현비도조작업소			조선인노동자에관한조사결과 (회목현장아현)	217

30	송산삼랑	1909	장야현주식회사 대림조송본출장소			조선인노동자에관한조사결과 (회목현장아현)	213
31	청수일랑	1925	장야현주식회사 대림조송본출장소			조선인노동자에관한조사결과 (회목현장아현)	213
32	금본준태	1914	장야현주식회사 대림조송본출장소			조선인노동자에관한조사결과 (회목현장아현)	213
33	서본건차	1924	장야현주식회사 대림조송본출장소			조선인노동자에관한조사결과 (회목현장아현)	213
34	손본경도	1912	장야현일본인 스텐레스송본공장			조선인노동자에관한조사결과 (회목현장아현)	209
35	신정동춘	1924	장야현일본인 스텐레스송본공장			조선인노동자에관한조사결과 (회목현장아현)	209
36	신정일남	1914	장야현장야채광 주식회사장야광산			조선인노동자에관한조사결과 (회목현장아현)	202

〈표 27〉 도치기현(栃木縣)으로 징용간 인물 일람표

번호	이름	출생 연도	연행지	합사 여부	사망 여부	명부명	면수
1	송본선길	1895	회목현일광토목건축 주식회사			조선인노동자에관한조사결과 (회목현장야현)	190
2	목하유덕	1920	회목현일광토목건축 주식회사			조선인노동자에관한조사결과 (회목현장야현)	190
3	상전선길	1917	회목현일광토목건축 주식회사			조선인노동자에관한조사결과 (회목현장야현)	190
4	상전신길	1908	회목현일광토목건축 주식회사			조선인노동자에관한조사결과 (회목현장야현)	190
5	상전청길	1898	회목현일광토목건축 주식회사			조선인노동자에관한조사결과 (회목현장야현)	190
6	금본갑출	1914	회목현일광토목건축 주식회사			조선인노동자에관한조사결과 (회목현장야현)	191
7	금본기봉	1919	회목현일광토목건축 주식회사			조선인노동자에관한조사결과 (회목현장야현)	191
8	남조작차	1897	회목현주식회사고택조			조선인노동자에관한조사결과 (회목현장야현)	187
9	송강인웅	1914	회목현주식회사고택조			조선인노동자에관한조사결과 (회목현장야현)	186
10	전목차랑	1917	회목현주식회사전고조 동경지점			조선인노동자에관한조사결과 (회목현장야현)	157
11	교본차랑	1920	회목현주식회사전고조 동경지점			조선인노동자에관한조사결과 (회목현장야현)	155

12	금자이랑	1916	회목현주식회사전고조 동경지점			조선인노동자에관한조사결과 (회목현장야현)	155
13	금해갑식	1913	회목현주식회사전고조 동경지점			조선인노동자에관한조사결과 (회목현장야현)	155
14	백목차랑	1918	회목현주식회사전고조 동경지점			조선인노동자에관한조사결과 (회목현장야현)	155
15	금촌유득	1907	회목현주식회사전고조 동경지점			조선인노동자에관한조사결과 (회목현장야현)	154
16	금정일용	1904	회목현고하광업주식회사 족미광업소			조선인노동자에관한조사결과 (회목현장야현)	122
17	천촌삼조	1909	회목현고하광업주식회사 족미광업소			조선인노동자에관한조사결과 (회목현장야현)	120
18	정천연출	1919	회목현고하광업주식회사 족미광업소			조선인노동자에관한조사결과 (회목현장야현)	121
19	김경모	1921	회목현고하광업주식회사 족미광업소			조선인노동자에관한조사결과 (회목현장야현)	52
20	송본수준	1927	회목현제국광업개발 주식회사부지택광업소			조선인노동자에관한조사결과 (회목현장야현)	22
21	송포용일	1906	회목현제국광업개발 주식회사부지택광업소			조선인노동자에관한조사결과 (회목현장야현)	22
22	신원춘식	1927	회목현제국광업개발 주식회사부지택광업소			조선인노동자에관한조사결과 (회목현장야현)	22
23	암곡말룡	1917	회목현제국광업개발 주식회사부지택광업소			조선인노동자에관한조사결과 (회목현장야현)	22
24	죽내상순	1921	회목현제국광업개발 주식회사부지택광업소			조선인노동자에관한조사결과 (회목현장야현)	22
25	윤구한	1910	회목현제국광업개발 주식회사부지택광업소			조선인노동자에관한조사결과 (회목현장야현)	20
26	정수암	1914	회목현제국광업개발 주식회사부지택광업소			조선인노동자에관한조사결과 (회목현장야현)	20

〈표 28〉 아키타현(秋田縣)으로 징용간 인물 일람표

번호	이름	출생 연도	연행지	합사 여부	사망 여부	명부명	면수
1	신정호광	1926	추전현제국광업개발 주식회사황천광업소			조선인노동자에관한조사결과 (추전현)	40
2	안전진욱	1927	추전현제국광업개발 주식회사황천광업소			조선인노동자에관한조사결과 (추전현)	40
3	암본본달	1927	추전현제국광업개발 주식회사황천광업소			조선인노동자에관한조사결과 (추전현)	40

4	엄석이	1920	추전현제국광업개발 주식회사황천광업소			조선인노동자에관한조사결과 (추전현)	40
5	임영진	1927	추전현제국광업개발 주식회사황천광업소			조선인노동자에관한조사결과 (추전현)	40
6	임만덕	1917	추전현제국광업개발 주식회사황천광업소			조선인노동자에관한조사결과 (추전현)	40
7	최재광	1927	추전현제국광업개발 주식회사황천광업소			조선인노동자에관한조사결과 (추전현)	40
8	홍본광덕	1921	추전현제국광업개발 주식회사황천광업소			조선인노동자에관한조사결과 (추전현)	40
9	홍전원태	1921	추전현제국광업개발 주식회사황천광업소			조선인노동자에관한조사결과 (추전현)	40
10	금림순학	1922	추전현제국광업개발 주식회사황천광업소			조선인노동자에관한조사결과 (추전현)	40
11	금림진오	1927	추전현제국광업개발 주식회사황천광업소			조선인노동자에관한조사결과 (추전현)	40
12	금본덕근	1926	추전현제국광업개발 주식회사황천광업소			조선인노동자에관한조사결과 (추전현)	40
13	금산만곤	1923	추전현제국광업개발 주식회사황천광업소			조선인노동자에관한조사결과 (추전현)	40
14	금산만룡	1887	추전현제국광업개발 주식회사황천광업소			조선인노동자에관한조사결과 (추전현)	40
15	금산위식	1926	추전현제국광업개발 주식회사황천광업소			조선인노동자에관한조사결과 (추전현)	40
16	금산주대	1926	추전현제국광업개발 주식회사황천광업소			조선인노동자에관한조사결과 (추전현)	40
17	도촌영선	1923	추전현제국광업개발 주식회사황천광업소			조선인노동자에관한조사결과 (추전현)	40
18	백천태주	1926	추전현제국광업개발 주식회사황천광업소			조선인노동자에관한조사결과 (추전현)	40
19	삼정소도장	1903	추전현제국광업개발 주식회사황천광업소			조선인노동자에관한조사결과 (추전현)	40
20	송강종옥	1926	추전현제국광업개발 주식회사황천광업소			조선인노동자에관한조사결과 (추전현)	40
21	송강형묵	1926	추전현제국광업개발 주식회사황천광업소			조선인노동자에관한조사결과 (추전현)	40
22	송본방우	1916	추전현제국광업개발 주식회사황천광업소			조선인노동자에관한조사결과 (추전현)	40
23	송본성광	1926	추전현제국광업개발 주식회사황천광업소			조선인노동자에관한조사결과 (추전현)	40
24	겨금상호	1926	추전현제국광업개발 주식회사황천광업소			조선인노동자에관한조사결과 (추전현)	41

25	고산병욱	1923	추전현제국광업개발 주식회사황천광업소			조선인노동자에관한조사결과 (추전현)	41
26	고산오봉	1922	추전현제국광업개발 주식회사황천광업소			조선인노동자에관한조사결과 (추전현)	41
27	용도종갑	1898	추전현제국광업개발 주식회사황천광업소			조선인노동자에관한조사결과 (추전현)	41
28	광원진주	1927	추전현제국광업개발 주식회사황천광업소			조선인노동자에관한조사결과 (추전현)	41
29	구목영락 (국목영락)	1927	추전현제국광업개발 주식회사황천광업소			조선인노동자에관한조사결과 (추전현)	41
30	국본기봉	1923	추전현제국광업개발 주식회사황천광업소			조선인노동자에관한조사결과 (추전현)	41
31	금본규덕	1914	추전현제국광업개발 주식회사황천광업소			조선인노동자에관한조사결과 (추전현)	41
32	금본향덕	1923	추전현제국광업개발 주식회사황천광업소			조선인노동자에관한조사결과 (추전현)	41
33	금산상도	1927	추전현제국광업개발 주식회사황천광업소			조선인노동자에관한조사결과 (추전현)	41
34	동본천진	1922	추전현제국광업개발 주식회사황천광업소			조선인노동자에관한조사결과 (추전현)	41
35	무산장달	1915	추전현제국광업개발 주식회사황천광업소			조선인노동자에관한조사결과 (추전현)	41
36	송강재광	1916	추전현제국광업개발 주식회사황천광업소			조선인노동자에관한조사결과 (추전현)	41
37	신정원배	1927	추전현제국광업개발 주식회사황천광업소			조선인노동자에관한조사결과 (추전현)	41
38	신정용술	1912	추전현제국광업개발 주식회사황천광업소			조선인노동자에관한조사결과 (추전현)	41
39	암국봉환	1923	추전현제국광업개발 주식회사황천광업소			조선인노동자에관한조사결과 (추전현)	41
40	암본종원	1919	추전현제국광업개발 주식회사황천광업소			조선인노동자에관한조사결과 (추전현)	41
41	옥산병태	1923	추전현제국광업개발 주식회사황천광업소			조선인노동자에관한조사결과 (추전현)	41
42	유본현주	1926	추전현제국광업개발 주식회사황천광업소			조선인노동자에관한조사결과 (추전현)	41
43	천선전염	1925	추전현제국광업개발 주식회사황천광업소			조선인노동자에관한조사결과 (추전현)	41
44	평전태방	1912	추전현제국광업개발 주식회사황천광업소			조선인노동자에관한조사결과 (추전현)	41
45	허동수이	1921	추전현제국광업개발 주식회사황천광업소			조선인노동자에관한조사결과 (추전현)	41

46	금자인웅	1905	추전현동북채탄 평룡출장소			조선인노동자에관한조사결과 (추전현)	49
47	고도칠봉	1913	추전현화강광업소			조선인노동자에관한조사결과 (추전현)	58
48	국본재봉	1908	추전현화강광업소			조선인노동자에관한조사결과 (추전현)	58
49	길촌연철	1920	추전현화강광업소			조선인노동자에관한조사결과 (추전현)	58
50	금광한주	1919	추전현화강광업소			조선인노동자에관한조사결과 (추전현)	58
51	금본도필	1911	추전현화강광업소			조선인노동자에관한조사결과 (추전현)	58
52	금본소개	1920	추전현화강광업소			조선인노동자에관한조사결과 (추전현)	58
53	금본이술	1925	추전현화강광업소			조선인노동자에관한조사결과 (추전현)	58
54	금산해암	1919	추전현화강광업소			조선인노동자에관한조사결과 (추전현)	58
55	성산제기	1919	추전현화강광업소			조선인노동자에관한조사결과 (추전현)	60
56	송본삼도	1915	추전현화강광업소			조선인노동자에관한조사결과 (추전현)	60
57	원전인범	1920	추전현화강광업소			조선인노동자에관한조사결과 (추전현)	60
58	포천종식	1921	추전현화강광업소			조선인노동자에관한조사결과 (추전현)	60
59	풍성복수	1906	추전현화강광업소			조선인노동자에관한조사결과 (추전현)	60
60	하본판수	1923	추전현화강광업소			조선인노동자에관한조사결과 (추전현)	60
61	고목성근	1908	추전현화강광업소			조선인노동자에관한조사결과 (추전현)	61
62	국목양술	1906	추전현화강광업소			조선인노동자에관한조사결과 (추전현)	61
63	기성명중	1918	추전현화강광업소			조선인노동자에관한조사결과 (추전현)	61
64	금성조금	1916	추전현화강광업소			조선인노동자에관한조사결과 (추전현)	61
65	금원태돌	1924	추전현화강광업소			조선인노동자에관한조사결과 (추전현)	61
66	금천춘길	1905	추전현화강광업소			조선인노동자에관한조사결과 (추전현)	61

67	신정수암	1920	추전현화강광업소			조선인노동자에관한조사결과 (추전현)	55
68	금성삼도	1923	추전현화강광업소			조선인노동자에관한조사결과 (추전현)	58
69	금성정암	1925	추전현화강광업소			조선인노동자에관한조사결과 (추전현)	58
70	금정순박	1919	추전현화강광업소			조선인노동자에관한조사결과 (추전현)	58
71	금해윤생	1924	추전현화강광업소			조선인노동자에관한조사결과 (추전현)	58
72	덕촌갑태	1925	추전현화강광업소			조선인노동자에관한조사결과 (추전현)	58
73	문천주홍	1924	추전현화강광업소			조선인노동자에관한조사결과 (추전현)	58
74	박본기근	1924	추전현화강광업소			조선인노동자에관한조사결과 (추전현)	58
75	산주호상	1924	추전현화강광업소			조선인노동자에관한조사결과 (추전현)	58
76	송삼준곤	1921	추전현화강광업소			조선인노동자에관한조사결과 (추전현)	58
77	성야소현	1917	추전현화강광업소			조선인노동자에관한조사결과 (추전현)	58
78	송산삼술	1918	추전현화강광업소			조선인노동자에관한조사결과 (추전현)	58
79	송산용술	1924	추전현화강광업소			조선인노동자에관한조사결과 (추전현)	58
80	암본재룡	1918	추전현화강광업소			조선인노동자에관한조사결과 (추전현)	58
81	파평위수	1917	추전현화강광업소			조선인노동자에관한조사결과 (추전현)	58
82	평본광덕	1918	추전현화강광업소			조선인노동자에관한조사결과 (추전현)	58
83	가산기대	1923	추전현화강광업소			조선인노동자에관한조사결과 (추전현)	59
84	강릉운술	1924	추전현화강광업소			조선인노동자에관한조사결과 (추전현)	59
85	광천영세	1920	추전현화강광업소			조선인노동자에관한조사결과 (추전현)	59
86	금산석곤	1924	추전현화강광업소			조선인노동자에관한조사결과 (추전현)	59
87	금성성덕	1918	추전현화강광업소			조선인노동자에관한조사결과 (추전현)	59

88	금성철수	1919	추전현화강광업소			조선인노동자에관한조사결과 (추전현)	59
89	금해무조	1922	추전현화강광업소			조선인노동자에관한조사결과 (추전현)	59
90	동본태흥	1923	추전현화강광업소			조선인노동자에관한조사결과 (추전현)	59
91	목촌주경	1924	추전현화강광업소			조선인노동자에관한조사결과 (추전현)	59
92	무산술현	1921	추전현화강광업소			조선인노동자에관한조사결과 (추전현)	59
93	박촌희동	1925	추전현화강광업소			조선인노동자에관한조사결과 (추전현)	59
94	성원삼갑	1923	추전현화강광업소			조선인노동자에관한조사결과 (추전현)	59
95	송원태봉	1911	추전현화강광업소			조선인노동자에관한조사결과 (추전현)	59
96	신정수일	1925	추전현화강광업소			조선인노동자에관한조사결과 (추전현)	59
97	안릉미만	1922	추전현화강광업소			조선인노동자에관한조사결과 (추전현)	59
98	안정효운	1925	추전현화강광업소			조선인노동자에관한조사결과 (추전현)	59
99	옥산화윤	1911	추전현화강광업소			조선인노동자에관한조사결과 (추전현)	59
100	정원재줄	1923	추전현화강광업소			조선인노동자에관한조사결과 (추전현)	59
101	중산득이	1924	추전현화강광업소			조선인노동자에관한조사결과 (추전현)	59
102	홍천순관	1923	추전현화강광업소			조선인노동자에관한조사결과 (추전현)	59
103	환본수현	1922	추전현화강광업소			조선인노동자에관한조사결과 (추전현)	59
104	강원승현	1924	추전현화강광업소			조선인노동자에관한조사결과 (추전현)	60
105	기원계동	1912	추전현화강광업소			조선인노동자에관한조사결과 (추전현)	60
106	금각원수	1921	추전현화강광업소			조선인노동자에관한조사결과 (추전현)	60
107	금본명개	1906	추전현화강광업소			조선인노동자에관한조사결과 (추전현)	60
108	금성일숙	1924	추전현화강광업소			조선인노동자에관한조사결과 (추전현)	60

109	김일수	1921	추전현화강광업소			조선인노동자에관한조사결과 (추전현)	60
110	금택봉곤	1923	추전현화강광업소			조선인노동자에관한조사결과 (추전현)	60
111	나산태득	1916	추전현화강광업소			조선인노동자에관한조사결과 (추전현)	60
112	대원봉희	1923	추전현화강광업소			조선인노동자에관한조사결과 (추전현)	60
113	매전삼택	1923	추전현화강광업소			조선인노동자에관한조사결과 (추전현)	60
114	복본수환	1921	추전현화강광업소			조선인노동자에관한조사결과 (추전현)	60
115	석전진호	1923	추전현화강광업소			조선인노동자에관한조사결과 (추전현)	60
116	금촌명복	1924	추전현화강광업소			조선인노동자에관한조사결과 (추전현)	61
117	남정소	1924	추전현화강광업소			조선인노동자에관한조사결과 (추전현)	61
118	내전우희	1924	추전현화강광업소			조선인노동자에관한조사결과 (추전현)	61
119	복도성수	1921	추전현화강광업소			조선인노동자에관한조사결과 (추전현)	61
120	삼정해도	1924	추전현화강광업소			조선인노동자에관한조사결과 (추전현)	61
121	송원덕이	1909	추전현화강광업소			조선인노동자에관한조사결과 (추전현)	61
122	신정순곤	1924	추전현화강광업소			조선인노동자에관한조사결과 (추전현)	61
123	신정하규	1917	추전현화강광업소			조선인노동자에관한조사결과 (추전현)	61
124	안원차방	1925	추전현화강광업소			조선인노동자에관한조사결과 (추전현)	61
125	옥전천수	1920	추전현화강광업소			조선인노동자에관한조사결과 (추전현)	61
126	임정웅	1920	추전현화강광업소			조선인노동자에관한조사결과 (추전현)	61
127	해주임술	1914	추전현화강광업소			조선인노동자에관한조사결과 (추전현)	61
128	신정근식	1917	추전현화강광업소			조선인노동자에관한조사결과 (추전현)	104
129	암곡종중	1914	추전현화강광업소			조선인노동자에관한조사결과 (추전현)	104

130	오산남수	1917	추전현화강광업소			조선인노동자에관한조사결과 (추전현)	104
131	의본이랑	1897	추전현화강광업소			조선인노동자에관한조사결과 (추전현)	104
132	이임덕	1915	추전현화강광업소			조선인노동자에관한조사결과 (추전현)	104
133	이종철	1911	추전현화강광업소			조선인노동자에관한조사결과 (추전현)	104
134	죽촌효경	1900	추전현화강광업소			조선인노동자에관한조사결과 (추전현)	104
135	평산미쇠	1913	추전현화강광업소			조선인노동자에관한조사결과 (추전현)	104
136	금본규섭	1916	추전현화강광업소			조선인노동자에관한조사결과 (추전현)	104
137	금본만암	1916	추전현화강광업소			조선인노동자에관한조사결과 (추전현)	104
138	금본영석	1912	추전현화강광업소			조선인노동자에관한조사결과 (추전현)	104
139	금본인출	1901	추전현화강광업소			조선인노동자에관한조사결과 (추전현)	104
140	금본일호	1917	추전현화강광업소			조선인노동자에관한조사결과 (추전현)	104
141	금본헌삼	1922	추전현화강광업소			조선인노동자에관한조사결과 (추전현)	104
142	금산점암	1909	추전현화강광업소			조선인노동자에관한조사결과 (추전현)	104
143	금저미황	1909	추전현화강광업소			조선인노동자에관한조사결과 (추전현)	104
144	김중구	1917	추전현화강광업소			조선인노동자에관한조사결과 (추전현)	104
145	금천근춘	1899	추전현화강광업소			조선인노동자에관한조사결과 (추전현)	104
146	도오옹	1919	추전현화강광업소			조선인노동자에관한조사결과 (추전현)	104
147	매촌이술	1926	추전현화강광업소			조선인노동자에관한조사결과 (추전현)	104
148	박가재수	1911	추전현화강광업소			조선인노동자에관한조사결과 (추전현)	104
149	신정재덕	1917	추전현화강광업소			조선인노동자에관한조사결과 (추전현)	105
150	송촌종식	1923	추전현화강광업소			조선인노동자에관한조사결과 (추전현)	103

〈표 31〉 야마구치현(山口縣)으로 징용간 인물 일람표

번호	이름	출생연도	연행지	합사여부	사망여부	명부명	면수
1	금산태규	1920	산구현빈곡석탄공장			소위조선인징용자등에 관한명부(1)	981
2	박본삼돌	1901	산구현앵산탄광			소위조선인징용자등에 관한명부(1)	978
3	박본재환	1899	산구현앵산탄광			소위조선인징용자등에 관한명부(1)	978
4	최본순득	1919	산형현목우광업소 번제철소			소위조선인징용자등에 관한명부(5)	328
5	중서수부	1924	주식회사목전조			소위조선인징용자등에 관한명부(1)	881
6	중서수부	1924	주식회사목전조 작업소복강작업장			소위조선인징용자등에 관한명부(1)	867

〈표 32〉 청도 출신 해군 사망자 일람표

번호	이름	출생연도	연행지	합사여부	사망여부	명부명	면수
1	오본광춘 (吳本光春)	1922				구일본육.해군징용선 사망자명부	59
2	금강관술 (金岡官述)	1907				구일본육.해군징용선 사망자명부	55
3	대원인규 (大原仁圭)	1927				구일본육.해군징용선 사망자명부	54
4	신정용웅 (新井勇雄)	1925				구일본육.해군징용선 사망자명부	31
5	해천화덕 (海川華德)	1928				구일본육.해군징용선 사망자명부	32
6	석산무준 (石山武俊)	1924				구일본육.해군징용선 사망자명부	4
7	내전종묵 (內田鐘默)	1925				구일본육.해군징용선 사망자명부	5
8	금산수홍 (金山守弘)					군인.군속사물자명부 (오.복강복원부)	50
9	송촌승봉 (松村承奉)					군인.군속사물자명부 (오.복강복원부)	51
10	임×한 (林×漢)					군인.군속사물자명부 (오.복강복원부)	51

| 11 | 길송종우
(吉松鐘祐) | | | | 군인.군속사물자명부
(오.복강복원부) | 51 |
| 12 | 금전상배
(金田相培) | | | | 군인.군속사물자명부
(오.복강복원부) | 63 |

〈표 33〉 필리핀에서 포로가 된 청도출신 일람표

번호	이름	출생 연도	연행지	합사 여부	사망 여부	명부명	면수
1	윤병태	1920	필리핀(체포장소)			부로명표Y19/20책	703
2	염장주	1915	필리핀(체포장소)			부로명표Y18/20책	584
3	이윤우	1922	필리핀(체포장소)			부로명표Y15/20책	873
4	예득기	1923	필리핀(체포장소)			부로명표Y15/20책	883
5	표차룡	1923	필리핀(체포장소)			부로명표Y15/20책	903
6	이일수	1918	필리핀(체포장소)			부로명표Y8/20책	510
7	이정옥	1919	필리핀(체포장소)			부로명표Y4/20책	645
8	내산학기	1915	필리핀(체포장소)			부로명표U14/1책	695
9	현영생	1923	필리핀(체포장소)			부로명표(보2)2/10책	121
10	이상봉	1917	필리핀(체포장소)			부로명표(보2)2/10책	557
11	이용덕	1922	필리핀(체포장소)			부로명표(보5)5/10책	723
12	이춘식	1920	필리핀(체포장소)			부로명표(보6)6/10책	110
13	양두상	1921	필리핀(체포장소)			부로명표(보9)9/10책	1009
14	손기혁	1916	필리핀(체포장소)			부로명표S8/11책	648
15	손판술	1917	필리핀(체포장소)			부로명표S8/11책	710
16	신태만	1918	필리핀(체포장소)			부로명표S7/11책	68
17	서달근	1922	필리핀(체포장소)			부로명표S1/11책	418
18	석윤동	1918	필리핀(체포장소)			부로명표S2/11책	626
19	석경관	1920	필리핀(체포장소)			부로명표S2/11책	691
20	변판룡	1922	필리핀(체포장소)			부로명표P14/14R1/3책	134
21	박선규	1918	필리핀(체포장소)			부로명표P11/14책	223
22	박덕휘	1921	필리핀(체포장소)			부로명표P11/14책	366
23	박귀용	1921	필리핀(체포장소)			부로명표P7/14책	735
24	박충수	1920	필리핀(체포장소)			부로명표P5/14책	636
25	박봉준	1928	필리핀(체포장소)			부로명표P3/14책	608
26	오수학	1921	필리핀(체포장소)			부로명표O2/3책	321
27	오해신	1919	필리핀(체포장소)			부로명표O1/3책	735

28	나봉학	1917	필리핀(체포장소)			부로명표O1/2책	579
29	남신형	1921	필리핀(체포장소)			부로명표N1/2책	724
30	문진천	1916	필리핀(체포장소)			부로명표M3/4책	861
31	김태굉	1921	필리핀(체포장소)			부로명표K35/49책	374
32	김오동	1922	필리핀(체포장소)			부로명표K31/49책	139
33	김명수	1916	필리핀(체포장소)			부로명표K29/49책	211
34	김현출	1920	필리핀(체포장소)			부로명표K22/49책	149
35	김현옥	1921	필리핀(체포장소)			부로명표K22/49책	238
36	김억암	1922	필리핀(체포장소)			부로명표K20/49책	31
37	김정대	1919	필리핀(체포장소)			부로명표K16/49책	1277
38	김종봉	1922	필리핀(체포장소)			부로명표K14/49책	393
39	김재호	1916	필리핀(체포장소)			부로명표K12/49책	830
40	김철동	1921	필리핀(체포장소)			부로명표K13/49책	1204
41	김선만	1923	필리핀(체포장소)			부로명표K13/49책	1223
42	김차서	1923	필리핀(체포장소)			부로명표K11/49책	319
43	김창옥	1922	필리핀(체포장소)			부로명표K11/49책	437
44	강호인	1916	필리핀(체포장소)			부로명표K6/49책	232
45	하상성	1919	필리핀(체포장소)			부로명표H1/5책	673
46	하촌성	1919	필리핀(체포장소)			부로명표H1/5책	673
47	전용철	1925	필리핀(체포장소)			부로명표C19/26책	479
48	정병수	1919	필리핀(체포장소)			부로명표C20/26책	677
49	전희갑	1920	필리핀(체포장소)			부로명표C18/26책	717
50	전봉구	1921	필리핀(체포장소)			부로명표C17/26책	179
51	조삼박	1922	필리핀(체포장소)			부로명표C16/26책	495
52	최덕술	1916	필리핀(체포장소)			부로명표C7/26책	734
53	최정도	1917	필리핀(체포장소)			부로명표C6/26책	390
54	장덕재	1920	필리핀(체포장소)			부로명표C5/26책	706
55	장은채	1919	필리핀(체포장소)			부로명표C5/26책	731
56	장병국	1919	필리핀(체포장소)			부로명표C1/26책	900
57	김일호		필리핀(체포장소)			부로명표K23/49책	692

제3장

경북 청도인의 국민총동원령(국민징용령) 반대운동

　국가보훈처에서 조사한 결과 현재 청도군에는 각남면과 이서면의 경우만 수형인명
부가 남아 있는 것으로 파악되었다. 이를 통해서 볼 때 이들 두 지역에는 치안유지법
등외에 국가총동원법 위반, 국민징용령 위반 등이 다수인 것으로 알려지고 있다. 국
가총동원법은 1938년에 일본이 전시에 인적 · 물적 자원을 통제 · 운용하기 위한 목적
으로 공포한 법령이다. 1938년 4월 1일, 「국가총동원법」(법률 제55호)을 제정 공포하
였는데, 이 법은 5월 5일부터 한반도에도 실시되었다(칙령 제316호). 이들 조항에 따
라 한국에서는 칙령이 마련되어 적용되었다. 1939년 10월 1일 「국민징용령」 시행(제4
조 적용), 1941년 12월 1일 「국민근로보국협력령」 시행(제5조 적용) 등을 들 수 있다.[1]

　국가총동원법에 근거하여 국민징용령은 1939년 7월 8일 제정되어 10월 1일에 시행
된 통제법령(칙령 451호)이다. 「국민징용령」은 1940년 10월 16일 제1차 개정(칙령 제
674호)과 1941년 12월 15일 제2차 개정(칙령 제1129호), 1943년 9월 1일 제3차 개정(칙
령 제600호)을 통해 적용 범위가 더욱 강화되었다.[2]

---

1) 독립기념관, 「국가총동원법」, 『한국독립운동사사전』, 1996.
2) 독립기념관, 「국민징용령」, 『한국독립운동사사전』, 1996.

1. 국가보훈처 소장 청도지역 수형인 명부[3)]

1) 국가총동원법 위반

1. 成山道三: [주소] 일본 長野縣 諏訪郡 川岸村 242
2. 新井守甲: [주소] 일본 新戸市 葺同區 吾老女通 5정옥 6-66
3. 新井泰秀: [주소] 일본 東京都 小石川區 小日向町
4. 金海碩根: [주소] 일본 郡馬縣 桐生市 織姫町 1376
5. 宮本文吉: [주소] 일본 赤穂郡 赤穂町 尾崎
6. 米田在新: [주소] 일본 大分縣 大分郡 鶴崎町 大字鶴崎
7. 金田榮季: [주소] 일본 新居郡 新鄕村 大字鄕
8. 成道生: [주소] 일본 濱松市 北寺島町 135

2) 국민징용령위반

1. 姜明律: [주소] 慶北 淸道郡 伊西面 古眠洞(현: 홍선동 - 필자주) 72
2. 金乭釧: [주소] 慶北 淸道郡 伊西面 九羅洞 449
3. 玉山大煥: [주소] 慶北 淸道郡 伊西面 水也洞 674
4. 曺琪煥: [주소] 慶北 淸道郡 伊西面 九羅洞 438
5. 李保根: [주소] 慶北 淸道郡 伊西面 大谷洞 356
6. 孫德伊: [주소] 慶北 淸道郡 伊西面 七葉洞 3706
7. 尹道伊: [주소] 慶北 淸道郡 伊西面 七葉洞 318
8. 新井桂完
9. 廣川台述: [주소] 慶北 淸道郡 伊西面 七谷洞

[3)] 국가보훈처, 공훈전자사료관 홈페이지 수형인명부 경북 청도조 참조.

국가보훈처에서 조사한 청도지역 수형자명부 조사에 따르면, 조사대상자는 총 23명이다. 이름, 주소, 죄명 등이 기록되어 있다. 그중 치안유지법 등 위반은 5명, 국가총동원법위반은 8명, 국민징용령위반은 9명이다. 국가총동원법 위반의 경우 본적이 청도인 경우라고 하더라도 주소의 경우 모두 일본이다. 다만 국민징용령위반인 경우는 모두 청도군 이서면에 주소를 두고 있음을 알 수 있다.

보훈처의 조사는 좀더 검토의 여지가 있다고 보여진다. 각 개인에 대한 보다 구체적인 언급이 없는 것이다. 또한 철저한 조사가 이루어지지 못한 점도 있다고 보여진다. 실제 각남면, 이서면 등의 경우를 보면 이외의 기록도 찾아볼 수 있기 때문이다. 아울러 청도출신들의 일본이동에 대하여도 연구가 필요하다고 생각된다. 이들의 이동이유, 정착과정, 오늘날의 삶 등에 대한 검토가 요청된다. 이런 측면에서 이명언(李明彦)의『在日一世』(little More, 2005, 東京)은 귀한 길잡이가 될 것이다. 이 책에서는 현재 일본에 살고 있는 청도출신들의 이동이유 등 여러 상황을 살펴볼 수 있다. 이 책에서는 청도군 출신으로 박동현(朴東鉉, 1921년생, 京都 거주), 김봉도(金鳳道, 1924년생 운문면, 大分縣 거주), 정화자(鄭花子) 부부(1926년생, 운문면 신원리, 대분현 거주), 종태봉(宗泰鳳, 1919년생, 富山縣 거주) 등에 대하여 사진과 더불어 생애를 다루고 있다.

2. 청도군 각남면 수형인 명부

국가보훈처의 조사에 따르면, 각남면의 경우 박재철, 이월봉만 언급하고 있다. 그러나 사실 면사무소의 자료를 보면 이외에 더 많은 인물들이 있음을 알 수 있다.

박재철과 이월봉은 독립운동과 연관이 있는 인물로 보여진다. 박재철의 경우 제적등본에 따르면, 부친은 박구희(朴九熙)이며, 어머니는 정순의(鄭順義)이다. 3남이다. 형인 박재린은 각남면의 지주이다. 박재철은 우신그룹 회장인 박진흠의 삼촌으로 알려져 있다.[4] 면사무소에 문의한 결과 이월봉의 제적부는 찾아볼 수 없었다. 이월봉은 각남면 예리 출신으로 일본 동경에서 자동차운전에 종사한 인물이다. 그는 1930년 징역 2년 집행유예 5년을 언도 받았다. 그의 구체적인 활동에 대하여는 검토의 여지가 있다고 판단된다.

　각남면의 경우 장쾌범, 한창우 등 국가총동원법 위반자가 10명 정도로 나타나고 있다. 이것은 보훈처 조사에는 없는 내용이다. 장쾌범은 현재 각남면 부면장인 박현수의 장인이다. 그리고 한창우는 각남면의 대표적인 지주 가운데 한 사람이다. 한덕기 안과의 부친이다.[5]

1) 치안유지법

1. 朴載哲　이명 新井載哲　생년월일 1899.2.1
   본적: 慶北 淸道郡 角南面 華洞 378
   출생지: 慶北 淸道郡 角南面 華洞 378
   주소: 慶北 淸道郡 角南面 華洞 378
   직업: 농업
   죄명: 범인은피
   형기구분: 징역 형기 징역 6월
   복역월수 징역: 6, 집행유예: 0, 태: 0
   판결일자: 1940.04.20, 확정일자: 1940.04.20
   판결처: 대구지방법원, 소장처: 경북 청도군 각남면 사무소

2. 李月鳳　생년월일 1930년 22세
   본적: 慶北 淸道郡 角南面 禮里
   출생지: 慶北 淸道郡 角南面 禮里

---

4) 각남면 부면장 박현수의 증언.
5) 각남면 부면장 박현수의 증언.

주소: 일본 東京市 京橋臣南 本鄕町 2

직업: 자동차운전수

비고: 1934년 칙령 제19호에 의거, 징역 1년 7월 4일로 변경통지

죄명: 치안유지법위반

형기구분 징역년/집행유예: 형기 징역 2년, 집행유예 5년

복역월수 징역: 19, 집행유예: 60, 태: 0

판결일자: 1930.03.11, 확정일자: 1930.03.13

판결처: 대구지방법원, 소장처: 경북 청도군 각남면 사무소

2) 국가총동원법위반

1. 金本鳳安　생년월일 1911.5.9　직업 고물상

   주소: 長野縣 飯田市

   출생지: 청도군 각남면 예리

   본적: 위와 같음

   판결 또는 즉결: 1943.12.25, 확정: 1944년 1월 8일

   죄명: 국가총동원법위반

   벌금: 60엔

   판결 또는 즉결청: 飯田區裁判所

2. 朴松岩　생년월일 당 27세　직업 채탄부

   주소: 名賀都

   출생지: 청도군 각남면 예리 38

   본적: 위와 같음

   판결 또는 즉결: 1944.9.8, 확정: 1944.9.21

   죄명: 국가총동원법위반

벌금: 1천엔

판결 또는 즉결청: 上野區裁判所

3. 徐釗甲　생년월일 1911.1.14　직업 농업

주소: 熊本縣

출생지: 각남면 신당동 306번지

본적: 위와 같음

판결 또는 즉결: 1941.8.6, 확정: 1941.8.16

죄명: 국가총동원법

벌금: 250엔

판결 또는 즉결청: 山鹿區裁判所

4. 徐仁弼 三星仁弼　생년월일 당 39세　직업 수선업

주소: 인천부 金谷町

출생지: 각남면 녹명리 852

본적: 위와 같음

판결 또는 즉결: 1944.3.27

죄명: 국가총동원법 위반

벌금: 천엔

판결 또는 즉결청: 경성지방법원 검사국

5. 徐鶴吉, 大東鶴吉 松山義雄　생년월일 1914.5.1　직업 고물상

주소: 諏訪郡

출생지: 각남면 일곡리344

본적: 위와 같음

판결 또는 즉결: 1943.5.2, 확정일: 1943.6.5

죄명: 국가총동원법위반

벌금: 2천엔

판결 또는 즉결 청명: 上취訪區 재판소

6. 李慶康 孝山慶康   생년월일 1917.2.20   직업 양품점

주소: 戶火田市

출생지: 각남면 옥산동 161

본적: 위와 같음

판결 또는 즉결: 1943.4.30, 확정: 1943.5.18

죄명: 국가총동원법 위반

벌금: 2천 500엔

판결 또는 즉결청: 小倉區재판소

7. 李慶錫, 松山慶錫   생년월일 1909.5.13   직업 火夫

주소: 長野縣

출생지: 각남면 구곡동 330

본적: 위와 같음

판결 또는 즉결: 1943년, 확정: 1943년

죄명: 국가총동원법 위반

벌금: 2천500엔

판결 또는 즉결청: 상취방구 재판소

8. 蔣快範   생년월일 당 29세   직업 농업

주소: 각남면 칠성리 713번지

출생지: 위와 같음

본적: 위와 같음

판결 또는 즉결 1944.10.11, 확정 1944.11.1.

죄명: 국가총동원법위반(가격통제령)

벌금: 100엔

판결 또는 즉결청: 대구지방법원 검사국

9. 崔本黙 高山本黙 생년월일 당 56세 직업 농업

주소: 청도군 청도면 고수동 675

출생지: 각남면 화동 68

본적: 위와 같음

판결 또는 즉결: 1941.7.16

죄명: 국가총동원법 위반

벌금: 30엔

판결 또는 즉결청: 청도경찰서

10. 韓彰愚 西栗彰愚 생년월일 47세 직업 지주

주소: 청도군 각남면 신당동 293

출생지: 위와 같음

본적: 위와 같음

판결 또는 즉결: 1943 11.14.

죄명: 국가총동원법 위반

벌금: 3천엔

판결 또는 즉결청: 대구지방법원

3. 청도군 이서면 수형인명부

이서면의 경우 치안유지법 위반, 국민총동원령, 국민징용령 위반 등으로 나누어 볼 수 있다. 치안유지법 등 시국사건은 3명이다. 그리고 국민총동원령 위반 10명, 조선식 량배급령위반 17명, 기업허가령위반 4명, 국민징용령위반 10명 등으로 나타나고 있 다. 이 숫자는 이웃면인 각남면에 비하면 많은 숫자이다. 이서면의 각 사례를 보면 다음과 같다.

1) 치안유지법 등

이서면 지역의 경우 보안령 위반 등은 총 3건임을 알 수 있다. 그중 1920년대 2건, 1940년대 1건 등이다. 1940년대의 이종수는 조선임시보안령위반으로 벌금 600엔에 처 해졌음을 볼 수 있다. 이서면의 경우 앞서 살펴본 각남면에 비해 항일운동이 활발하 지 않았음을 짐작할 수 있다. 일반적으로 1919년 3·1운동 당시에는 청도지역에서도 운문면 등을 중심으로 활발히 만세운동을 전개하였으나 1940년대에는 항일운동이 크 게 축소되고 있다. 이서면의 경우도 그런 경향에서 벗어나고 있지 못함을 알 수 있다.

1. 李鍾秀　이명 松本鍾秀　생년월일 1915.8.10　직업 농업[6]
   본적: 慶北 淸道郡 伊西面 大谷洞
   출생지: 慶北 淸道郡 伊西面 大谷洞
   주소: 慶北 淸道郡 伊西面 大谷洞
   죄명: 조선임시보안령위반
   벌금: 600엔
   복역월수 징역: 0, 집행유예: 0, 태: 0
   판결일자: 1943.04.08, 확정일자: 1943.04.09

---

6) 재소자신분카드(이종수, 대구형무소)에는 대곡동 324번지로 구체적으로 나옴.

판결처: 대구지방법원 검사국

2. 姜壽永   이명 姜萬秀 생년월일 1920년 23세   직업 농업

본적: 慶北 淸道郡 伊西面 書院洞

출생지: 慶北 淸道郡 伊西面 書院洞

주소: 중국 奉天省 桓仁縣 六道河子

비고: 소화9년 칙령 제20호 복권령 제1조에 의거 복권

죄명: 대정8년 제령 제7호위반

징역: 8월

복역월수 징역: 8, 집행유예: 0, 태: 0

판결일자: 1920.08.19, 확정일자 1920.08.19

판결처: 평양지방법원 신의주지청 검사국

3. 尹昌守   나이 29세   직업 酒商

본적: 경북 청도군 이서면 七谷洞

판결 또는 즉결일자: 1921.04.27, 확정일자: 1921.04.28

징역: 8년

보안법: 강도 공갈

판결 또는 즉결청: 대구복심법원

2) 국가총동원법 위반

이서면 수형인명부에 국가총동원법 위반으로 된 경우는 모든 10명이다. 이들은 이서면 출신으로 일본 동경, 고베 등 일본지역에 거주하고 있는 인물들임을 알 수 있다. 1건 징역형이 있기는 하나 대부분 벌금형에 처해지고 있으며, 벌금의 액수도 200엔부터 1만 엔까지 크게 차이를 보이고 있다. 앞서 살펴본 각남면의 경우 일본에서의 국

가총동원법 위반은 거의 보이고 있지 않아 대조를 보이고 있다.

1. 新井秀甲　생년월일 1912.9.15
　　본적: 慶北 淸道郡 伊西面 大谷里 1060
　　출생지: 慶北 淸道郡 伊西面 大谷里 1060
　　주소: 일본 神戸市 葺同區 吾老女通 5정옥 6-66
　　직업: 평민
　　죄명: 국가총동원법위반
　　형기구분: 벌금 형기 벌금 30엔
　　복역월수 징역: 0, 집행유예: 0, 태: 0
　　판결일자: 1942.03.20, 확정일자: 1942.03.20
　　판결처: 神戸區재판소 검사국

2. 金田榮秀　생년월일 1902.10.18　직업 土工
　　본적: 慶北 淸道郡 伊西面 大谷洞 716
　　주소: 일본 新居郡 新郷村 大字郷
　　죄명: 국가총동원법위반
　　벌금: 1,500엔
　　복역월수 징역: 0, 집행유예: 0, 태: 0
　　판결일자: 1945.02.07, 확정일자: 1945.02.17
　　판결처: 西條區재판소 검사국

3. 成道生　成山道生 1911.7.4　직업 고물상
　　본적: 慶北 淸道郡 伊西面 鶴山洞 294
　　출생지: 慶北 淸道郡 伊西面 鶴山洞 294
　　주소: 일본 濱松市 北寺島町 135

죄명: 국가총동원법위반

형기구분: 벌금 형기 벌금 1만 엔

복역월수 징역: 0, 집행유예: 0, 태: 0

판결일자: 1944.02.29, 확정일자: 1945.03.15

4. 成山道三 생년월일 1908.6.23 직업 日稼業

　　본적: 慶北 淸道郡 伊西面 鶴山洞 294

　　출생지: 慶北 淸道郡 伊西面 鶴山洞 294

　　주소: 일본 長野縣 諏訪郡 川岸村 242

　　죄명: 국가총동원법위반

　　벌금: 3,500원

　　복역월수 징역: 0, 집행유예: 0, 태: 0

　　판결일자: 1943.05.24, 확정일자: 1943.06.02

5. 宮本文吉 생년월일 1944년 47세 직업 사리채취인부

　　본적: 慶北 淸道郡 伊西面 鶴山洞

　　출생지: 慶北 淸道郡 伊西面 鶴山洞

　　주소: 일본 赤穗郡 赤穗町 尾崎

　　죄명: 국가총동원법위반

　　벌금: 700엔

　　복역월수 징역: 0, 집행유예: 0, 태: 0

　　판결일자: 1944.09.28, 확정일자: 1944.10.11

6. 米田在新 생년월일 1904.7.26 직업 토공

　　본적: 慶北 淸道郡 伊西面 九羅洞 441

　　출생지: 慶北 淸道郡 伊西面 九羅洞 441

　　주소: 일본 大分縣 大分郡 鶴崎町 大字鶴崎

　　죄명: 국가총동원법위반

　　벌금: 1,000원

　　복역월수 징역: 0, 집행유예: 0, 태: 0

　　판결일자: 1944.11.14, 확정일자: 1944.11.28

　　판결처: 大分區재판소

7. 新井泰秀　이명 新井泰彦　생년월일 1905.7.1

　　본적: 慶北 淸道郡 伊西面 七谷洞 137

　　출생지: 慶北 淸道郡 伊西面 七谷洞 137

　　주소: 일본 東京都 小石川區 小日向町

　　죄명: 국가총동원법위반

　　징역: 6월, 벌금: 3,500엔

　　복역월수 징역: 6, 집행유예: 0, 태: 0

　　판결일자: 1943.05.15, 확정일자: 1943.05.21

　　판결처: 東京區재판소

8. 金海碩根　생년월일: 1919.4.5　직업 공원

　　본적: 慶北 淸道郡 伊西面 書院洞 115

　　출생지: 慶北 淸道郡 伊西面 書院洞 115

　　주소: 일본 郡馬縣 桐生市 織姫町 1376

　　죄명: 국가총동원법위반

　　벌금: 500엔

　　복역월수 징역: 0, 집행유예: 0, 태: 0

　　판결일자: 1943.10.29, 확정일자: 1944.01.21

　　판결처: 東京區재판소

9. 宮本文吉 생년월일: 1944년 47세 직업 사리채취인부

　　본적: 慶北 淸道郡 伊西面 鶴山洞

　　출생지: 慶北 淸道郡 伊西面 鶴山洞

　　주소: 일본 赤穗郡 赤穗町 尾崎

　　죄명: 국가총동원법위반

　　벌금: 200엔

　　복역월수 징역: 0, 집행유예: 0, 태: 0

　　판결일자: 1944.08.29, 확정일자: 1944.09.06

　　판결처: 姬路區재판소

10. 平本敬定 생년월일 1918.12.5

　　주소: 동경

　　본적 출생지: 이서면 칠엽동

　　판결일자: 1943.05.20, 확정일자: 1943.06.17

　　죄명: 국가총동원법위반

　　벌금: 400엔

　　판결처: 동경구재판소

3) 국가총동원법 가격 등 통제령과 조선 미곡 배급조달령 위반

　　이서면 출신 가운데 가격 등 통제령 위반 등으로 구속된 경우는 총 17명이다. 이들 가운데 예경달, 임득룡, 구치도, 신정치대(新井致大)의 경우는 조선 미곡 배급조달령 위반이 추가되어 있다. 그리고 윤정호는 식육(食肉)배급통제규칙위반으로 되어 있음을 볼 수 있다. 이들을 모두 벌금형에 처해졌으며, 판결은 대구지방 법원 검사국 또는 청도경찰서에서 한 경우가 많음을 알 수 있다. 특히 주목되는 것은 이들 직업이 상업과 관련 되는 업종이 산견된다는 점이다. 도횡동은 여인숙, 이백승은 고물상, 고전상

호는 농업과 주류업에 종사하고 있다.

1. 石原泰岩   1914.2.28일생   농업
   주소: 각남면 예리리 824
   본적 출생지: 이서면 구라리 710
   국가총동원령 가격통제등 위반 벌금: 800원
   판결처: 대구지방법원 검사국

2. 岩本鍾秀   1893년생
   주소: 영일군 포항읍 죽도동
   본적 출생지: 청도군 이서면 양원리 339
   판결일자: 1944.4.6
   죄명: 국가총동원법 가격통제령
   판결처: 대구지방 법원 검사국

3. 新井松春   이명 新井淳鍾   생년월일 1906년
   주소: 이서면 대곡동
   판결일지: 1944년
   죄명: 국가총동원 가격 등 통제령위반
   벌금: 100엔
   판결처: 대구지방법원

4. 都橫同   이명 山原橫洞   53세   직업 여인숙
   본적: 청도군 이서면 칠곡동
   주소: 청도군 청도면 고수동
   판결일자: 1944.6.15, 확정일자: 1944.6.18

죄명: 국가총동원법 가격등 통제령 위반

벌금: 100엔

판결처: 청도경찰서

5. 朴守根   이명 朴順南 당 24세

　　주소: 부산시 온천동

　　출생지: 이서면 칠곡동

　　판결일자: 1944.4.14, 확정일자: 1944.5.9

　　죄명: 국가총동원법 가격등 제령위반

　　벌금: 200엔

　　판결처: 부산지방법원 검사국

6. 新井允秀   이명 新井德秀   나이 30세

　　주소: 부산시 수정정 274번지

　　본적: 이서면 신천동 198

　　판결일자: 1942.12.14, 확정일자: 1942.12.30

　　죄명: 국가총동원법 가격등 통제령위반

　　벌금: 400엔

　　판결처: 부산지방법원 검사국

7. 新井道秀   34세

　　주소: 이서면 신천동 493

　　죄명: 국가총동원법 가격통제령위반

　　벌금: 180엔

　　판결처: 부산지방법원 검사국

8. 朴在榮　가명 在永 新井在榮　생년월일 1909.7.1　직업 농업

　주소: 청도군 이서면 수야동 202

　판결일자: 1944.10.15, 확정일자: 1944.10.16

　죄명: 국가총동원법위반(가격 등 통제령)

　벌금: 50원

　판결처: 청도경찰서

　*도박 여러 번 있음

9. 曹光吉　생년월일 1897.11.4

　주소: 경북 청도군 이서면 佳祭洞 508

　판결일자: 1942.5.13, 확정일자: 1942.5.23

　죄명: 국가총동원법위반(가격통제령) 벌금 4천엔

　판결처: 대구지방법원 검사국

10. 李百承　伊藤百承　생년월일 1905.8.28　직업 고물상

　본적: 청도군 이서면 佳祭洞 484번지

　주소: 千葉縣 館山北條町 館山下町

　판결일자: 1940.12.27, 확정일자: 1941.3.23

　죄명: 국가총동원법위반(가격통제령)

　벌금 300엔

　판결처: 知取區재판소

　(도박 아편법위반)

　*1944년 1월 20일 1944년 1월 31일 국가총동원밥위반 벌금 1200엔 梗津區재판소

11. 高田相鎬　金木日鎬　당 33세　직업 농업겸 주류

　본적: 이서면 수야동 776번지

판결일자: 1944.2.7, 확정일자: 1944.3.3

죄명: 국가총동원법 가격 등 통제령

벌금: 80원

판결처: 대구지방법원

12. 李奉浩　安陵奉浩　53세　농업

주소: 이서면 고면동 457번지

판결일자: 1943.7.10

죄명: 국가총동원법 가격 등 통제령위반

벌금: 30원

13. 具致道　당 44세　직업 농업

주소: 이서면 고철동 513

출생지: 이서면 古眠洞 269

판결일자: 1943.3.5, 확정일자: 1943.3.9

국가총동원법위반(가격통제령) 조선 미곡 배급조달령위반

14. 林得龍　당 54세　농업

주소: 이서면 고철동 225번지

판결일자: 1943.3.5, 확정일자: 1943.3.9

죄명: 국가총동원법위반 가격 등 통제령 위반 조선미곡배급 조달령위반

벌금: 20엔

판결처: 청도경찰서

15. 芮敬達　武山敬達　당 48세　직업 日稼勞動

주소: 청도군 이서면 고수동 664번지

출생지: 이서면 角溪洞 342

판결일자: 1943.3.5, 확정일자: 1943.3.9

국가총동원법 가격통제령 조선식량배급조정령

벌금: 30원

판결처: 청도경찰서

16. 尹正豪 坡川正豪 野中春吉 坡川春吉 1919년 3월 21일생

본적 출생지: 이서면 서원동 117번지

주소: 歧 阜縣

판결일자: 1944.9.30, 확정일자: 1944.10.10

국가총동원법위반 食肉배급통제규칙위반

벌금: 30엔

판결처: 청도경찰서

17. 新井致大 1892년생 농업

주소 본적 출생지: 청도군 이서면 신천동 327

판결일자: 1944.7.13, 확정일자: 1944.8.12

죄명: 국가총동원령 가격통제법 위반 조선식량관리법 위반

벌금: 50원

판결처: 대구지방 법원 검사국

4) 기업허가령

이서면 출신으로 기업허가령 위반인 경우는 4명이다. 이들은 주로 주류판매업, 도자업, 선박업 등에 종사하고 있음을 알 수 있다. 직업으로 보아 소규모 영세업으로 추정된다.

1. 新井在友 25세 직업 농업
   본적: 이서면 수야동 111번지
   판결일자: 1943.7.10
   죄명: 국가총동원법 기업허가령위반
   판결처: 청도경찰서

2. 白浩相 1907.6.26 직업 농업겸 주류판매업
   본적: 이서면 문수동
   판결일자: 1943.12.10, 확정일자: 1943.12.25
   죄명: 국가총동원법 기업허가등 통제령위반
   벌금: 300엔
   판결처: 대구지방법원

3. 新井熙文 직업 도자업
   주소: 청도군 청도면 고수동 685
   출생지: 이서면 신촌동
   판결일자: 1944.9.25, 확정일자: 1944.10.18.
   죄명: 국가총동원법 기업허가령 가격통제령위반
   벌금: 600원
   판결처: 대구지방법원 검사국

4. 內田守岩 당 39세 직업 船大工
   주소: 경주군 감포읍 감포리
   출생지 본적: 청도군 이서면 대전동
   판결일자: 1943.6.7, 확정일자: 1943.6.19
   죄명: 국가총동원법 기업 허가령 위반

　　벌금: 20원

　　판결처: 경주경찰서

5) 국민징용령 위반

① 이서면 출신 국민징용령위반 사례검토

　조선총독부는 1944년 9월부터 국민징용령에 의거하여 강제징용을 실시하였다. 이에 따라 모든 젊은이는 징용의 대상이 되었다. 조선인이 연행을 거부하면 국가총동원법에 의해 1년 이하의 징역이나 천 원 이하의 벌금에 처하게 되어 있었다.[7]

　이서면의 경우 국민징용령 위반은 9명이다. 이들의 구체적 명단은 다음과 같다.

1. 김돌쇠　이명 沙金㐫釗　생년월일 1944년 22세　직업 농업

　　본적: 慶北 淸道郡 伊西面 九羅洞 449

　　출생지: 慶北 淸道郡 伊西面 九羅洞 449

　　주소: 慶北 淸道郡 伊西面 九羅洞 449

　　죄명: 국민징용령위반

　　형기구분: 징역 형기 징역 1년

　　복역월수 징역: 12, 집행유예: 0, 태: 0

　　판결일자: 1944.10.24, 확정일자: 1944.10.27

　　판결처: 대구지방법원 검사국

2. 玉山大煥　생년월일 1944년 30세　직업 농업

　　본적: 慶北 淸道郡 伊西面 水也洞 674

　　출생지: 慶北 淸道郡 伊西面 水也洞 674

　　주소: 慶北 淸道郡 伊西面 水也洞 674

---

7) 한일민족문제학회 강제연행문제연구분과, 『강제연행 강제노동 연구 길라잡이』, 선인, 2005, 19쪽.

죄명: 국민징용령위반

형기구분: 징역 형기 징역 1년

복역월수 징역: 12, 집행유예: 0, 태: 0

판결일자: 1944.10.23, 확정일자: 1944.10.27

판결처: 대구지방법원 검사국

3. 曹琪煥　夏山琪煥　생년월일 1944년 37세　직업 농업

본적: 慶北 淸道郡 伊西面 九羅洞 438

출생지 / 주소: 慶北 淸道郡 伊西面 九羅洞 438

죄명: 국민징용령위반

형기구분: 징역 형기 징역 1년

복역월수 징역: 12, 집행유예: 0, 태: 0

판결일자: 1944.10.23, 확정일자: 1944.10.27

판결처: 대구지방법원 검사국

4. 姜命律　이명 神田命律　생년월일 1944년 31세　직업 농업

본적: 慶北 淸道郡 伊西面 古眠洞 72

출생지: 慶北 淸道郡 伊西面 古眠洞 72

주소: 慶北 淸道郡 伊西面 古眠洞 72

죄명: 국민징용령위반

형기구분: 징역 형기 징역 1년

복역월수 징역: 12, 집행유예: 0, 태: 0

판결일자: 1944.10.23, 확정일자: 1944.10.27

판결처: 대구지방법원 검사국, 소장처: 경북 청도군 이서면 사무소

5. 李保根　이명 星浦 保根　생년월일 1944년 26세　직업 농업

본적: 慶北 淸道郡 伊西面 大谷洞 356

출생지: 慶北 淸道郡 伊西面 大谷洞 356

주소: 慶北 淸道郡 伊西面 大谷洞 356

죄명: 국민징용령위반

형기구분: 징역 형기 징역 1년

복역월수 징역: 12, 집행유예: 0, 태: 0

판결일자: 1944.10.24, 확정일자: 1944.10.27

판결처: 대구지방법원 검사국

6. 孫台述, 廣川台述　생년월일 1944년 32세　직업 농업

본적: 慶北 淸道郡 伊西面 大谷洞 307

주소: 慶北 淸道郡 伊西面 七谷洞

죄명: 국민징용령위반

형기구분: 징역 형기 징역 1년

복역월수 징역: 12, 집행유예: 0, 태: 0

판결일자: 1944.12.13, 확정일자: 1944.12.21

판결처: 대구지방법원 검사국

7. 尹道伊　이명 平山道伊　생년월일 1944년 39세　직업 농업

본적: 慶北 淸道郡 伊西面 七葉洞 318

주소: 慶北 淸道郡 伊西面 七葉洞 318

죄명: 국민징용령위반

형기구분: 징역 형기 징역 1년

복역월수 징역: 12, 집행유예: 0, 태: 0

판결일자: 1944.10.27, 확정일자: 1944.10.28

판결처: 대구지방법원 검사국

8. 孫德伊　이명 廣川德伊　생년월일 1944년 42세　직업 농업
　　본적: 慶北 淸道郡 伊西面 七葉洞 3706
　　주소: 慶北 淸道郡 伊西面 七葉洞 3706
　　죄명: 국민징용령위반
　　형기구분: 징역 형기 징역 1년
　　복역월수 징역: 12, 집행유예: 0, 태: 0
　　판결일자: 1944.10.27, 확정일자: 1944.10.28
　　판결처: 대구지방법원 검사국

9. 新井桂完　생년월일 1944년 31세　직업 농업
　　본적: 慶北 淸道郡 伊西面 大谷洞
　　죄명: 국민징용령위반
　　징역: 1년
　　복역월수 징역: 12, 집행유예: 0, 태: 0
　　판결일자: 1944.12.13, 확정일자: 1944.12.21

　　위에서 살펴본 바와 같이, 국민징용령을 위반한 이서면 출신은 모두 9명이나 되었다. 이들은 모두 징역 1년을 받았다. 징용령 위반자들은 어떻게 되었을까. 이를 확인할 수 있는 경우는 없다. 다만 다른 경우를 통하여 추정해 볼 수 있을 않을까 한다.
　　최수영(崔壽永, 1926년 1월 25일생, 대구시 북구 도남동 104번지)은 1944년 3월 징병을 피하기 위하여, 강원도 삼척군 장성면에 있는 삼척탄광 모집에 응하였다. 당시 면 친척벌되는 최종발, 최종태, 최종률과 당시 거주지인 비산동 사람들 15명 등과 함께 목탄차를 타고 영주 봉화를 거쳐 삼척으로 갔으며, 그곳에서 1945년 3월까지 일하였다. 당시 삼척탄광에서 일하는 사람 전원에 현원징용이 되었다. 현원징용이 되면, 회사를 전혀 이동할 수 없으며, 시산을 엄수해야 하고, 규율이 엄격하여 전혀 이탈을 할 수 없는 상황이었다. 삼척탄광이 현원징용에 걸리자 징용을 피하기 위하여 집으로

도주하였다가 송탄유 제조공장에서 잠시 일하던 중 경찰이 알고 찾아와 대구교도소로 수감되었다. 1945년 3월 대구지방법원에서 국민징용령 위반으로 징역 1년을 선고받고 김천소년형무소에 수감되었다. 소년형무소에 있던 10여 명의 사람들을 포승으로 묶어 함경남도 흥남시에 있는 함흥질소비료회사로 데리고 갔다. 비료회사 근방에 막사에 가두어 놓고, 낮에는 비료회사를 데리고 가서 일을 시켰다. 비료회사는 바닷가 근처에 있었으며 규모가 매우 컸다. 해방 후 귀환하였다.[8]

이서면 출신 모두가 최수영과 같은 경우는 아니겠지만 국가총동원법 국민징용령위반의 경우 대구교도소 등지에 수감되었다가 다시 징용지로 끌려가는 처지가 일반적인 경우가 아닌가 추정된다.

② 청도군 이서면 출신으로 『왜정시 피징용자명부』에 수록된 인명부

『왜정시 피징용자명부』(20권, 약 28만여 명)는 1957~58년 피징용자와 유족 등의 자진 신고에 의해 읍 면 동에서 작성한 후 시도별로 취합한 것이다.[9] 청도군 출신 가운데 「왜정시 피징용자 명부」에 수록된 인물은 총 1,358명이다. 청도읍 120명, 화양면 212명, 각남면 115명, 풍각면, 89명, 각북면 143명, 이서면 93명, 운문면 153명, 금천면 160명, 매전면 273명 등이다. 그 가운데 이서면 출신은 93명이다. 이들을 동별로 나누고, 출생연도를 적으면 다음과 같다. 이서면 가운데 대곡동 출신이 징용을 많이 간 것으로 보인다.

1. 칠엽동 출신

   최계만(1912), 최용묵(1923), 최재명(1907), 김판롱(1908), 박순효(1920)

2. 대전동 출신

   예종만(1917), 예종한(1915), 박재림(1914), 예도해(1915), 예상해(1917), 예규해(1923)

8) 최수영자료(일제하강제동원진상규명위원회 소장).
9) 정혜경, 『일제말기 조선인강제연행의 역사-사료연구』, 경인문화사, 2003, 42쪽.

3. 오금동 출신

조재룡(1901), 이종복(1915), 이승달(1919), 조희준(1917), 박재수(1905), 이종봉(1905)

4. 구라동 출신

반헌도(1922), 반재술(1921), 이말돌(1922), 조동환(1907), 반지성(1916), 반재근(1923), 이봉희(1917), 반화선(1922), 반주선(1924), 반정달(1918), 반장수(1919), 반재경(1918), 반경환(1908), 반재탁(1923), 반용환(1916), 박계근(1910)

5. 대곡동 출신

조정갑(1915), 박계석(1915), 박계천(1911), 박계만(1914), 박계갑(1913), 박상기(1914), 박갑종(1912), 손영록(1913), 손영조(1912), 손오득(1918), 손영호(1914), 박도현(1914), 박덕수(1918), 박일수(1902), 김학기(1918), 박윤조(1905), 박호곤(1913), 이진곤(1908), 이의호(1907), 전수경(1909), 이한현(1910), 김삼룡(1913), 박은수(1907), 이범기(1907), 이춘실(1915), 허경도(1915)

6. 고철동 출신

이상호(1927), 김태권(1914), 임만근(1920), 박상수(1928), 김종봉(1900), 김석주(1926), 이재봉(1928), 정손발(1909), 김용주(1928), 박재명(1909), 김태식(1923)

7. 칠곡동 출신

박부돌(1915), 박일수(1922), 최용해(1914), 김태근(1922), 박희문(1904)

8. 신촌동 출신

이정옥(1919), 이종재(1916), 이종준(1920), 이승화(1920), 이승태(1919), 이승룡(1921)

9. 양원동 출신

이명우(1904), 최차암(1904), 박영석(1909), 이순남(1906), 이윤우(1915), 김봉진(1916), 정우곤(1906), 이무우(1919), 정소택(1905), 이영우(사망, 1906년), 이윤우

(사망, 1918), 유준이(사망, 1920)

6) 노동자 모집 취체규칙위반

　일제는 1944년 9월부터 전반적인 일반 징용을 실시하기 전에도 노동력을 동원하기 위하여 노력하였다. 그리하여 1930년대 후반 「조선직업소개령」, 「조선총독부 노동자 알선요강」 등을 통하여 노동력 동원을 위한 기초작업을 수행하였다. 그리고 1941년에는 조선총독부 내무국에 노무과를 신설하고, 조선노무협회를 설립함으로써 모집 및 관알선제도의 완비에 박차를 가하였다.[10] 이러한 과정에서 이서면 출신으로 노동자 모집 취체규칙위반으로 벌금형에 처해진 경우는 총 3명이다. 그들은 1939년, 1943년 등 1944년 징용령이 발발하기 전에 노동자모집 취체령위반으로 체포되었던 것이다. 그들의 명단은 다음과 같다.

　1. 金相龍　가명 金且生　당 39세
　　본적: 청도군 이서면 고면동
　　주소, 출생지 不定
　　판결일자: 1939.9.20
　　노동자모집 취체령 규칙 위반
　　벌금: 30원
　　판결처: 부산경찰서

　2. 朴永壽　당 46세
　　주소 본적 출생지: 청도군 이서면 학산동 185번지
　　판결일자: 1939.8.14, 확정일자: 1939.8.18

---

10) 허수열, 「조선인 노동력의 강제동원의 실태」, 차기벽 엮음, 『일제의 한국식민통치』, 정음사, 1985, 317~328쪽.

노동자모집 취체규칙위반

벌금: 20원

판결처: 청도경찰서

3. 李相泰

주소: 이서면 구라리 452번지

판결일자: 1943.3.8

벌금: 50원

노동자모집 취체 규칙위반

판결처: 청도경찰서

한편 박기현(朴琪鉉, 1925~1996)은 청도군 금천면 오봉동 292번지에서 출생하였다. 향리에서 한학을 공부한 후 농사에 종사하였다.[11] 1945년 2월경 경북 청도군 금천면 금천공립보통학교에서 일본군의 징집훈련을 받던 중, 일본군에게 도움을 주지 말자고 주민 11명을 선동하여 훈련장을 이탈하여 인근 깊은 산속으로 피신하였으나 주민의 밀고로 전원 체포되어 보안법 위반으로 징역 1년을 언도 받았다.[12]

---

[11] 박기현 독립유공자 평생이력서.
[12] 형사사건부(조선총독부재판소, 1945), 재소자인명부(대구형무소, 1945), 수형인명부(대구지방검찰청, 1945).

제4장

일제시대 경북 청도지역의 지배와 저항 관련 사료 분석

1. 서언

경북 청도지역은 일제의 식민지지배로부터 크게 주목되는 지역은 아니었다. 그러나 청도군민들은 일제의 조선침략 이래 면면히 항일투쟁을 전개하여왔다. 구한말에는 최한룡이 중심이 되어 의병활동을 전개하였다. 아울러 학교를 설립하는 한편 국채보상운동에도 참여하였다. 1910년대에는 매전면의 이정희와 운문면 출신 홍주일 등은 대한광복회 및 조선국권회복단 등에서 중추적인 역할을 전개하였다. 그리고 3·1운동 당시에는 운문면, 대성면, 화양면, 매전면 등을 중심으로 활발히 만세운동을 전개하였다. 그 후 이정희는 의용단을 조직하여 활동하기도 하였으며, 1924~5년경에는 운문면 공암 지역의 윤영섭 등은 북경의 국민당 및 다물단의 서동일 등과 연계하여 군자금을 제공하는 등 해외독립운동과도 깊은 관계를 맺기도 하였다. 또한 화양면 고평리 출신 박대호는 만주에서 대한통의부, 조선혁명당 등에서 무장투쟁을 전개하기도 하였다. 또한 1939년대에는 이서면 수야 출신인 박장현이 수야리에 문화학당을 설립하여 교육을 실시하는 한편, 『해동역사』 등 한국사 역사책을 저술하여 한민족의 역사의 맥을 잇고자 하였다. 아울러 1940년대에는 국민총동원령, 국민징용령에 반대하는 청도면민들의 투쟁이 청도와 일본에서 끊임없이 전개되었다.

청도지역은 이처럼 식민지치하에서 계속적인 항일투쟁을 전개하였음에도 불구하고 지금까지 본격적인 연구가 이루어지지 못하였다. 다만 권대웅 교수 등에 의하여 청도지역 독립운동사가 개괄적으로 정리된 정도이다.[1] 이에 앞으로의 연구 발판을 마련하기 위하여 본고에서는 식민지시대 독립운동 및 지배관련 자료들에 대한 기초적인 검토를 진행하고자 한다. 우선 독립운동과 관련하여서는 최한룡 의병장, 수형자명부 및 국민당과 다물당 관련 민족운동관련 사료들을 살펴보겠다. 아울러 지배관련 자료로는 면사무소 등에서 보관하고 있는 면직원록 등을 중심으로 살펴보도록 하겠다. 그리고 개인사례로서 이서면 수야출신 민족주의 사학자 박장현의 역사기록 등을 보고, 그의 아들인 박영석의 이서초등학교 시절의 학적부, 소풍사진, 보험증권 등에 대하여 알아보도록 하겠다. 이는 앞으로 식민지시대 청도지역의 개인 가족 생활사를 이해하는데 큰 도움을 줄 수 있을 것이다. 아울러 앞으로 개인사를 중심으로 자료들을 발굴하는 좋은 계기를 마련하게 될 것이다.

2. 청도지역 독립운동 사료 검토: 崔翰龍

1) 최한룡의 격문

청도지역의 의병운동에 대하여는 지금까지 활발히 연구되지 못하였다. 그런데 최근 권대웅 교수가 최한룡의 의병활동에 대하여 집중적으로 자료를 수집하여 많은 검토가 이루어지고 있다. 본 장에서는 권대웅 교수가 수집한 자료를 중심으로 살펴보도록 하겠다.

1907~1908년 청도지역을 중심으로 활동한 최한룡의 자료는 이 지역의 의병사를 밝

---

[1] 권대웅 외, 『청도의 독립운동사』, 청도군, 2010.

히는 데 큰 도움을 줄 것으로 판단된다. 무엇보다도 최한룡이 남긴 격문이 4개나 있으므로 그의 사상을 이해하는 데 기여할 것으로 보인다. 또한 격문 중「국채상환건」은 국체보상운동 100주년을 맞이한 올해 더욱 의미를 가질 것이다. 뿐만 아니라「이집트 근세사를 읽고 대한국의 위급함을 한탄함」은 이집트근세사가 한국지성계에 끼친 파장을 탐색할 수 있는 좋은 자료라고 판단된다.

최한룡(1849~1917)은 호는 금운(錦雲)이며, 청도군 내서면 일곡 출신이다. 1907년 7월 경북 청도군 부근에서 의병장으로 70여 명의 부하를 이끌고 활동하는 한편, 동년 4월부터 1908년 1월까지「국체로서 적국을 토벌하는 건」,「이집트 근세사를 읽고 대한국의 위급함을 한탄함」등 5건의 격문을 직접 작성하거나 베껴 인근에 배포하였다.

『한말의병전쟁자료집』(한국정신문화연구원 한민족문화연구소, 선인, 2000) 257~288쪽에 따르면 경상도 유생 최한룡은 다음과 같은 4편의 글을 기초하였다.

1. 국채상환건: 1907년 5월 일: 청도 최한룡 배함
2. 단발건: 1907년 7월 일: 화산 금운
3. 이집트 근세사를 읽고 대한국의 위급함을 한탄함: 1908년 1월 일
   화산 금운은 삼가 8도 縉紳儒林에게 고하노하
4. 國體로서 賊國을 토벌하는 건: 1908년 1월 일

2)「최한룡의 2차 진술서」를 통해본 최한룡

최한룡에 대하여는 국사편찬위원회에서 발행한 『통감부문서』(1998, 162~166쪽)를 보면 그의 면모를 더욱 자세히 살펴볼 수 있다. 1908년 6월 11일 내부 경무국장이「金賢鎭, 최한룡의 진술서 초본 보고의 건」에 따르면 다음과 같다.

(1) 최한룡의 주소, 신분

1) 나는 경상북도 청도군 내서면 일곡동 거주자이다. 양반이며, 농업에 종사하고 있고, 나이는 60세입니다.

이 진술서를 통하여 최한룡은 60세의 노인이며, 양반임을 알 수 있다. 당시 60세의 노구임에도 불구하고 최한룡은 의병투쟁에 적극 참여하였던 것이다. 아울러 그는 『한국독립운동사자료 16』(국사편찬위원회간행, 1987) 441~443쪽의 1908년 10월 22일 경비경 제917호 보고에 보면, 약력 농업, 정 3품으로 되어 있고. 작년 7월(1907년 — 필자주) 부하 70명의 장(將)이 되었다라고 기록하고 있다. 이에 대하여 『慶州崔氏耕山公派譜』(1962, 222쪽)에 보면, 최한룡의 자는 순옥(順玉)이며, 벼슬이 감찰(監察)이었다고 기록하고 있다.

(2) 최한룡의 의병거사 배경: 청도지역 의병참여 배경 일사례

1) 제가 때때로 신문을 읽은 것으로는 황성신문과 대한매일신보가 있습니다.

2) 매일신보라는 것이 있는데 그 신문은 청도군 下南面 冷井洞(청도읍내로부터 동쪽 1리)의 金日俊 40세가량이 구독하고 있는 것을 작년 음력 8월 중 그 집에서 열독하였습니다.

3) 질문: 김일준 집에서 몇 번 정도 대한매일신보를 보았는가

   답변: 2.3회 보았습니다.

4) 질문: 그 기사에는 어떠한 내용이 있었고, 어떠한 감격이 일어났는가

   답변: 붓과 종이를 빌려 주십시오

   (이때 붓과 종이를 피고에게 주자 아래와 같이 적음)

   아아, 국운이 불행하여 사직이 累卵의 위기에 있고, 蒼生에는 倒懸의 위급함이 있다. 우리나라 동포들이 一心同德으로 자주자강하면 외국으로부터 욕됨을 받지 않을 것이요. 대한이 開明發達한 후 2천만 동포들이 國恩에 보답코저 한다면 외국의 압제를 받지 않을 것이다.

5) 질문: 그 기사는 몇 월 몇 일 발행된 매일신보에 게재 되었는가

   답변: 두 번째 김일준의 집에서 보던 때에 있었는데, 9월 초순에 있었다고 생각됩니다.

6) 질문: 그 기사에 감격한 사실은

   답변: 신문이나 관보를 보니, 신협약이 체결되어 외국인을 관리로 임명하고 재정규칙을 개정하며, 일본인이 사무를 취급하는 양상이 되자 각 지방에서 폭도와 의병이 봉기하여 국운이 차제에 위급에 임하였기에 분개를 금하기를 묵시할 수 없어 드디어 격문을 기초하고 이를 각지에 배포하여 국가의 위급을 구제하려고 생각했습니다.

7) 질문: 그 격문은 이 서류 중에 있는가(이때 압수한 증거설 일체를 제시함)
　답변: 이것입니다
　(이때 별지 「이집트 근세사를 읽고 대한제국의 위급함을 한탄함」)

위의 심문 자료는 청도지역 유생이 의병운동에 참여하게 되는 배경을 살펴보는 중요한 사례로서 주목된다고 생각된다. 1907년 정미칠조약 체결 이후 최한룡은 그 지역에서『대한매일신보』를 구독하고 있는 김일준의 집에서 신문을 보고 분개하여 의병운동에 참가하게 되었음을 알 수 있다. 아울러 「이집트 근세사」 등 구한말 애국계몽운동의 영향이 있었음을 또한 짐작해 볼 수 있다. 최한룡 외에 청도지역의 유림과 유지들은 구한말 애국계몽운동의 영향으로 민족의식을 고취하는 한편 일제와의 반일투쟁에 나섰음을 짐작해 볼 수 있다.

후손들의 증언(손자 최정묵, 증손: 최재철)에 따르면, 최한룡은 1874년에 감찰에 임명되었고, 1907~1908년 10월까지 의병활동을 전개하였다. 1908년 의병이 해산된 후 가야산 해인사에서 은거하였으며, 1914년부터 1917년 10월 사망까지 사위 박재하(朴在夏)의 집에서 요양하였다고 한다. 한편 가족은 일경의 탄압을 피하여 1907년 고향 일곡동에서 청도군 화양면 고평리로 주거 이전하였다. 그 후 1912년에 일경의 탄압을 피하여, 만주 서간도로 망명하였다가, 1920년 고향에는 이주하지 못하고 타향인 경산군 안심면 용계동에 이사하였다.

최한룡의 의병활동참여는 애국계몽운동의 영향을 받은 것으로 주목을 받고 있다. 북한 과학백과사전종합출판사에서 1988년에 간행한 오길보의『조선근대반일의병사』에서도 다음과 같이 언급하고 있다.

경상북도 청도군 내서면 일곡동에 살던 당년 60살의 최한룡은 신문『대한매일신보』에 실린 글 「아아 국가의 운명이 불행하여 나라의 형편은 닭알을 싸놓은 것과 같은 위험속에 놓여 있고, 인민들은 죽을 지경에 이르렀다. 우리동포들아. 한마음 한 뜻으로 자주자강하여 외국의 모욕을 받지 말게 하자」와 「애급의 근세사와 한국의 최악」을 읽고 의병투쟁에 나섰다고 말하였다.

애국계몽운동가들이 각지 의병들의 활동정형을 소개선전한 신문보도기사를 비롯한 글들은 그들의 의도여하를 불문하고 의병들을 모집하기 위하여 의병장들이 힘써 발표하던 의병 격문의 역할을 당당수행한 것으로서 결과적으로는 애국문화운동가들이 의병모집사업을 적극적으로 지지성원하고 거들어 준 것으로 되었다.

한편 최한룡은 1907년 5월 국체보상운동에 적극적으로 참여할 것을 호소하는 글을 작성하여 배포하였다. 이를 보면 다음과 같다.

「국채상환건(國債償還件)」

근래 어찌하여 국고는 탕진되어 13포(浦)의 해관(海關)을 이웃나라 일본에 전집(典執)하여 부채금이 천 삼백만원에 이르렀다. 만약 이것을 상환할 수 없다면 우리나라 전국은 장차 저들(일본)의 수중에 들어갈 것이다. 신민들이 이자를 내어 상환을 도모하지 않는다면 오직 우리 삼천리 강산과 우리 열성조가 전수한 기물이 남아나지 않을 것이고, 삼백주(三百州)의 인민들로 우리 임금 황제가 기른 산물도 남아지 않을 것이다. 그리하여 만약 화전(貨錢)을 억지로 대여함으로써 이 강토를 빼앗을 상황에 다다른 즉 오직 강토도 그렇지 않겠는가. 이에 인민들 역시 그것을 따라서 이에 이른다면 우리나라 팔도의 사람들은 집이 있어도 그 집이 있을 수 없으며, 땅이 있어도 그 땅이 있을 수 없을 것이다.

조선(祖先)의 분묘(墳墓) 어느 땅에 모시며, 부모와 처자는 어는 곳에 살게 할까. 시경에 말하기를 "솔개와 메추리는 하늘 높이 날아오르고, 고래와 전어는 깊은 물속으로 잠수하여 도망한다."고 했듯이 우리나라 오늘날은 더욱 심한 것이 신하들이며 백성들이다. 어찌 의연금을 내어 국토를 되찾을 수 있을까만, 지금 본성(本省=대구부)에서 충의(忠義)로운 모모(某某) 등이 회(會)를 창립하여 연설을 하고 담배를 금(禁)한 대금을 거두니 이미 수만원에 달하였다. 원근에 있는 사람들은 이를 듣고 모두 감격하고 흐뭇하여 풍향(風響)에 따라서 호응하고 있지 않은가. 이로써 청루(靑樓)의 기녀(妓女)는 돈과 패물을 내어놓고 시전상판계(市廛商販楔)를 움직여 자금을 연출하도록 모범을 보여 함께 국록(國錄)[2]이 영원히 이어질 것이다. 이 어찌 국민과 국토가 있는 이치가 아니며, 상인하의(上仁下義)의 본보기가 생기는 것과 같지 않은가.

즉, 최한룡은 대구를 중심으로 국채보상회를 조직하여 활동하고 있으니 적극적인

---

2) 나라의 호적.

참여를 주장하고 있는 것이다. 국채보상운동은 1907년 1월 29일 대구의 광문사라는 출판사를 겸한 시회에서 김광제·서상돈 등에 의하여 발기되었다. 민간에서 국채보상운동이 전개된 것은 일본인 재정고문이 고빙된 이래 급증한 일본으로부터의 차관 도입 때문이었다. 1907년 초 한국정부의 대일차관은 1,300만 원에 이르렀는데 그 액수는 정부의 1년 예산과 맞먹는 정도였으므로, 정부에 의한 국채보상은 사실상 불가능한 상태였다. 김광제 등은 이러한 상황에서 2천만 동포가 3개월 동안 금연하여 모금한 돈으로 민간에서 국채를 보상하자고 주장하였던 것이다. 대구에서 시작된 이 운동은 곧 전국적인 규모로 확대되어 갔다. 2월 말 서울에서 국채보상기성회가 조직된 것을 비롯하여 전국에 국채보상을 목적으로 한 단체들이 결성되기 시작하였다. 국채보상운동에는 고관이나 양반·부유층 뿐 아니라 노동자와 농민, 부녀자로부터 상인·군인·학생·기생·승려에 이르기까지 참여하지 않은 계층이 없었다. 여성들의 참여도 놀라워, 찬값을 절약하거나 비녀와 가락지 등을 의연품으로 내놓기도 하였다. 일본 유학생들과 미주와 노령의 교포들도 의연금을 보내 왔고, 일부 외국인들도 참여하였다. 황제와 정부대신들도 금연을 하고 이 운동에 참여하였다.

대구에서의 국채보상운동이 언론을 통해 보도 되자 국채보상운동은 전 국민의 전폭적인 호응으로 모금이 시작된 지 3개월 뒤인 5월에는 약속된 모금액이 20만 원에 달하였다. 바로 이러한 시점에 청도지역의 유생인 최한룡은 국채보상운동에 적극적인 동참을 촉구하고 있는 것이다.

최한룡의 국채보상운동 참여는 청도지역의 당시 계몽운동과도 관련이 있는 것으로 보인다. 1907년 4월 청도군 국채보상의연회가 조직되면서 국채보상운동이 전개되고 있었다.[3]

---

3) 『대한매일신보』1907년 4월 4일 「경북청도군국채보상의연취지」; 1907년 4월 26일 「국채보상의연금수입광고」.

3. 국민당과 다물단 관련: 운문면 공암동

1) 국민당의 조직과 목적

『고등경찰요사』에는 청도군 운문면 출신들이 북경에서 조직된 국민당, 다물단 등과의 연계에 대하여 살필 수 있는 귀한 자료들이 실려 있다. 이들 자료들을 토대로 운문지역 출신들의 활동에 대하여 살펴보면 다음과 같다.

1923년 3월 하순 상해에서 국민당이 조직되었다. 이 단체의 창립 발기인은 배천택, 김동삼, 남형우, 김창숙, 이학초, 신채호, 유청우, 한진산 등이다. 이들은 국민대표회의에 참석하여 남형우, 김동삼, 신채호 등의 주창에 의하여 각파 분열 충돌을 피하고 경상도출신자로서 공고한 독립운동단체 조직을 필요로 하고, 국민당을 조직하였던 것이다. 그리고 본부를 북경 북성(北城) 대석패호동(大石牌胡同) 10호 남형우의 집으로 하였다.[4] 주요 당원의 인명, 직책, 당시 나이, 출신지, 거주지는 〈표 1〉과 같다.

〈표 1〉 국민당 주요 당원 일람표

성명	직책	나이	출신지	거주지
南亨祐	이사장	52	경북	북경
金昌淑	이사	47	경북 상주	북경
金東三	이사	48	경북 안동	길림성
李學初	이사 총무	38	경북 상주	길림성
裵天澤	서무, 외교부장	34	경북 대구	북경
韓震山	이사	41	경남 동래	북경
柳靑宇	이사	31	경북 상주	북경
白雲	이사	29	경남 창원	북경
徐東日	재무부장	33	경북 대구	북경
金世晙	이사	28	강원 강릉	북경

「1925년 7월 14일 조선총독부 경무국장 불령선인단 국민당과 다물단에 관한 것」(고려대 아세아문제연구소 소장자료), 『고등경찰요사』(232쪽, 다물단 사건)

---

[4] 「1925년 7월 14일 조선총독부 경무국장 불령선인단 국민당과 다물단에 관한 것」(고려대 아세아문제연구소 소장자료).

국민당은 〈표 1〉에서 보는 바와 같이 이사장 남형우 아래 여러 명의 이사를 두고 있다. 그리고 남형우, 김창숙, 김동삼, 이학초, 배천택, 한진산, 유청우, 백운, 서동일 등 거의 대부분의 인사들이 경상도 출신으로 북경에 거주하고 있다. 다만 김동삼, 이학초 등만이 만주 길림성에 거주하고 있던 것이다. 이들 만주 거주자들은 국민당의 만주와의 연계에 중요한 역할을 하였을 것으로 보인다. 이들 가운데 배천택, 김세준, 유청우 등은 보도사(導報社) 동인(同人)으로 활동하였다.[5]

국민당은 다음과 같은 목적을 내세웠다.

   1. 조국과 민족을 위하여 나의 몸을 희생한다.
   2. 실력을 양성하고 자작자급(自作自給)의 길을 구한다.
   3. 남북 만주 토지개척사업을 일으키고 독립자금을 얻는다.
   4. 재만조선인에게 軍務 의무를 지게하고 매년 雲南武官學校에 입학시켜 간부를 양성한다.
   5. 모험단을 조직해서 폭탄 무기를 구입해서 직접 행동에 나선다.
   6. 통의부와 연락을 갖는다.[6]

국민당은 상해에서 창립된 이래 총회 등을 개최한 일이 없고 그 후 북경의 남형우, 배천택 등의 집에서 때때로 간부들이 모여 군자금 모집, 기타 운동 방법을 협의하였으나 자금이 없어 단체의 활동이 불가능했다.[7]

2) 국내 군자금 모집과 청도군 운문면 공암

국민당원인 서동일(徐東日)은 1923년 1월 중국 북경으로 망명하여 남형우, 배천택 등이 국권회복을 위하여 군대를 양성하고 무력으로 독립을 쟁취하기 위한 국민당을 조직하자 이에 가입하여 재무부장에 취임하였다.[8]

---

5) 「1925년 6월 22일 불령선인 도보사 동인」(불령단관계잡건, 재지나 각지 4).
6) 「1925년 7월 14일 조선총독부 경무국장 불령선인단 국민당과 다물단에 관한 것」.
7) 「1925년 7월 14일 조선총독부 경무국장 불령선인단 국민당과 다물단에 관한 것」.
8) 『고등경찰요사』, 232~233쪽.

청도 운문 공암지역은 민족운동이 활발한 지역이었다. 1906년에는 사립 유천학교를 설립 운영하던 윤대섭(尹大燮)이 도동학교(道東學校)를 설립하였다.9) 그리고 운문면의 최성희(崔聖熙)는 1919년 3월 18일 운문면 공암리에서 이용환(李龍煥), 김문근(金文根), 윤병림(尹炳林) 등과 함께 만세운동에 참여한 인물이다.10)

1924년 1월 12일 서동일은 청도 운문면 공암동 군수출신 윤영섭(尹瑛燮)을 방문하여 군자금 모집에 대한 알선을 부탁하고 윤영섭의 별장 거연정(居然亭)에 윤병래(尹炳來), 윤병일(尹炳馹) 등을 오게 하였다. 그리고 그들에게 사정을 말하고 단원으로 가입하게 하는 한편 남형우의 사진 각 1매를 교부하였다. 그리고 윤병래를 통해서 동면 거주 자산가 이여심(李女心)에게서 2천 원의 군자금을 요청해서 현금 1천 원을 제공하도록 하였다. 그리고 다시 동면내 재력이 있는 윤병권(尹炳權), 최홍태(崔洪台), 최병렬(崔洪烈), 박순병(朴淳炳), 김일준(金馹俊) 등에게 권유하였다. 그리하여 윤병권에게 2천 원을 요청해서 금 100원을, 최홍태, 최홍렬 두 사람에게 금 15원을, 박순병으로부터 35원을, 김일준으로부터 100원을 각각 기증받았다. 그리하여 서동일은 총액 1,400여 원을 가지고 1924년 2월 상순 북경으로 돌아가서 1,000원을 남형우와 배천택(裵天澤)에게 제공하였다.

1925년 1월 서동일은 다시 군자금 모금의 밀명을 띠고 특파원 신임장과 다액출금자 표창(表彰), 휘장(徽章) 2장을 가지고 귀국하였다, 그는 동년 1월 8일 청도군 운문면 윤영섭을 방문하여 거연정을 집회장소로 윤병래, 윤병일 등과 군자금 모금 계획을 논의하였다. 그리고 이여심의 집에 식객으로 출입하고 있는 최성희를 거연정으로 불러서 권유하고, 그 증서로서 표창기장 1개를 주고 최성희와 윤병래를 통해서 재차 이여심에게 권유하여 현금 30원을 제공받고 북경으로 갔다.11)

서동일은 1925년 4월 14일 국민당원들이 조직한 다물단의 선언서와 특파원 신임장 각 1매를 휴대하고 5월 22일 북경을 출발하여 3차로 국내로 들어왔다. 그리고 5월 28일

9) 『황성신문』 1906년 7월 6일자 ; 권대웅, 「한말 일제초기 청도지역의 민족운동과 주도세력의 성격」, 『민족문화논총』 21, 영남대학교 민족문화연구소, 2000, 299~230쪽.
10) 권대웅, 「청도군 운문면의 3.1독립운동」, 『서암조항래교수회갑기념논총』, 아세아문화사, 1992, 559쪽.
11) 『고등경찰요사』, 232~233쪽.

청도를 경유하여 경산군 자인면에 도착, 동면 자산가 장재수(張在洙), 석재원(石濟元), 김윤근(金潤根) 등을 방문해서 다물당 선언서를 제시, 군자금을 모금하였다. 또 경산군 남산면(南山面) 경동리(慶洞里) 김상계(金相珪)의 차남 김두남(金斗南)으로부터 군자금 모집의 여비로 금 10원을 제공케 하였다.[12] 이 군자금 모금 운동으로 다음의 청도인물들이 제령위반으로 1925년 6월 송치되었다.

본적: 경북 청도군 운문면 공암동
주소: 경북 청도군 운문면 공암동
직업: 한문교사 윤영섭 61세

본적: 경북 청도군 운문면 공암동 730번지
주소: 경북 청도군 운문면 공암동 730번지
윤병래(28세)

본적: 경북 청도군 운문면 공암동 735번지
주소: 경북 청도군 운문면 공암동 735번지
윤병형/윤병일(28세)

본적: 경북 청도군 운문면 공암동 158번지
주소: 경북 청도군 운문면 공암동 158번지
최성희(33세)[13]

4. 독립기념관 소장 청도관련 지료

1) 징용자 사망증명서

자료번호 1-000339-000

---

[12] 서동일 판결문 및 『고등경찰요사』, 232~233쪽.
[13] 『고등경찰요사』, 233~234쪽.

생산년도 1972

일본어. 일본군에 징용되어 끌려갔던 사람의 사망증명서이다. 사망자는 金山容으로 1921년 10월 18일 경상북도 청도군에서 태어나 1945년 6월 20일 오키나와(沖繩島 尼郡喜屋武村 山城)에서 사망하였다. 사망서 발송자는 일본 후생성 원호국장 중촌일성(中村一成)이다.

2) 동양척식회사 상환금 차용증서

자료번호 5-001891-000

수량 5

재원 가로(45.00), 세로(28.50), 면수(1)

생산년도 1938

일본어. 1938년 8월 15일 경상북도 청도군에 사는 한제동(韓濟東)이 동양척식주식회사와 맺은 근저당권 설정계약에 따라 일만 원을 차용한다는 차용증서이다. 차용금과 상환 기한, 상환 방식 및 상환 이자를 정한 총 7조의 약관으로 구성되었다.

3) 독립운동가 박기현(朴琪鉉), 홍용필(洪龍八) 관련자료

(1) 박기현

1945년 2월경 경북 청도군 금천면 금천국민학교에서 일본군의 징집 반대를 주도하다가 체포되어 옥고를 치렀다고 알려져 있으나 구체적인 내용들이 문헌자료들을 통하여 밝혀져 있지 않다고 한다.

형사사건부(조선총독부 재판소, 1945), 재소자인명부(대구형무소, 1945), 수형인명부(대구지방경찰청, 1945)에 따르면, 박기현은 1925년 12월 26생이며, 금촌면 봉오동 292번지가 본적지이자 주소이다. 1945년 6월 26일 보안법 위반으로 대구지방법원에서 징역 1년을 받았다. 구치장 입소일은 1945년 5월 19일, 징역장 입소일은 1945년 6월

27일, 김천 이감(金泉 移監)은 1945년 7월 3일이다.

(2) 홍용팔(이명: 洪龍性)

대구지방법원 판결문(1919년 5월 2일), 대구감옥 명적표(名籍表)와 가출옥에 관한 건 통보 등에 홍용팔의 만세운동 참여에 대하여 기록하고 있다.

홍용팔은 경북 청도군 운문면 방음동 출신으로 운문지역의 3·1운동에 참여하여 소요 및 보안법 위반으로 징역 6월을 선고받았다. 그 후 1919년 5월 6일 형이 확정되어 동년 10월 15일 가출옥하였다.

5. 청도지역 일제의 식민지지배 관련 사료 검토

1) 면직원록: 각남면, 각북면, 금천면

각남면의 경우 『각남면 사령부』란 이름으로 1921년부터 현재까지 자료가 소장되어 있다. 그리고 각북면의 경우 『각북면 직원록』에, 임명년월일, 약력, 직책, 성씨, 생년월일, 월급 등을 기록하고 있다. 면 서기 예종호(芮鍾湖)의 경우를 보면 다음과 같다.

> 임명: 1925년 8월 15일, 약력: 한문수학, 직책: 서기, 생년월일: 1901년 5월 5일생
> 1925년 8월 15일 월봉 20원, 1927년 3월 31일 22원
> 1928년 3월 31일 23원, 1929년 3월 31일 25원
> 1930년 3월 31일 27원, 1931년 3월 31일 29원
> 1932년 9월 30일 31원, 1934년 4월 1일 27원
> 1935년 9월 30일 29원, 1937년 6월 30일 33원

각북면의 면장은 이인철(李寅澈), 고도정룡(高島正龍), 김전길정(金田吉正) 등이 역임하였으며, 부면장은 암본권우(岩本權雨), 평소임도(平沼壬道), 정만규(鄭萬奎) 등이

하였다. 그리고 서기는 예종호(芮鍾湖), 이상석(李相錫), 서주우(徐柱祐), 반덕성(潘德成), 박린희(朴璘熙), 온수석(溫壽石), 이종화(李鍾華), 김천진곤(金川璡坤), 김촌인수(金村仁秀), 신정노선(新井魯璇), 김전재영(金田在永), 예성택(芮成澤) 등이다. 면기수(面技手)는 김천정곤(金川釘坤), 김천일곤(金川壹坤), 향촌기혁(香村起爀) 등으로 기록되어 있다. 그리고 고원(雇員)은 산본상철(山本相喆), 촉탁은 김산정희(金山丁喜) 등이었다.

금천면의 경우를 보면, 『1922년 이후 사령원부(辭令原簿) 금천면(錦川面)』에 임명시기, 사령, 비고 등이 적혀 있다. 예를 들어 보면 다음과 같다.

> 1922년 3월 31일 경북 청도군 금천면장 정규석(鄭圭錫) 수당 월액 37원을 지급
> 1922년 3월 31일 경북 청도군 금천면 서기 김대두(金大斗) 월급 32원
> 1922년 3월 31일 서기 박계병(朴桂炳) 30원
> 서기 감재희(金在熙) 30원
> 서기 정규현(丁圭鉉) 27원 27원
> 1925년 12월 24일 11원 금천면 하인(下人) 남기만(南己萬)

금천면의 역대면장 및 재임기간을 보면 다음과 같다.

〈역대면장〉	〈재임기간〉
정규석(丁圭錫)	1922.3.31~1923.3.29
박순영(朴淳永)	1923.3.30~1937.12.31
박재영(朴在永)	1938.1.1~1943.12.31
강부결(岡部潔)	1944.1.1~1944.7.28
김두영(金斗永)	1944.7.29~1945.8.15

2) 청도군 금천면 사무소 건축공사내역서

1935년 금천면 사무소가 신지리에서 동곡리로 이전할 때 면사무소 설계에 관한 서류들이 금천면 사무소에 남아있다.[14] 설계도면들과 더불어 몇 가지 문서들이 있다.

이들 자료들은 식민지시대 면사무소를 역사자료로서 복원하는데 큰 도움을 줄 수 있을 것이다. 아울러 청도군과 각 면들 사이에 오간 행정문서들을 파악하는 데에도 기여할 것으로 보인다. 관련자료들을 보면 다음과 같다.

> ㄱ. 청도군수가 금천면장에게 보낸 문서
>   청도군 제 호
>   금천면장
>   1936년 6월 24일 부 면 제1177호 신청
>   면사무소 신축설계 변경건을 사후 승인 함
>   1936년 8월 1일 청도군수
>
> ㄴ. 청도군수가 금천면장에게 보낸 문서
>   1936년 8월 24일
>   면사무소 건축설계 변경인가에 관한 건
>
> ㄷ. 금천면 제147호 청도군수 앞
>   1936년 6월 24일
>   면사무소 신축설계사후 변경인가 신청
>
> ㄹ. 청도군 금천면 사무소 건축공사 仕樣書
>
> ㅁ. 1923년 이후 금천면「引繼目錄」
>   보통학교 농사에 관한 서류, 통계에 관한 서류, 민적관계철, 제적부, 강습요람, 축산 관계서류, 회계사무서류, 면장사무인계서류

  그밖에 각북면에는『각북면 林野稅名寄帳 三坪牛山』이 남아 있는데, 번호, 납세의무자 비고, 1937년의 경우 지번수, 지적(地積), 세액(稅額) 등이 기록되어 있다.

---

14) 박상훈,『금천의 변천사』, 금천면, 2001, 158~159쪽.

3) 매일신보에 보이는 청도군 식민지 지배관련 주요 신문 기사

(1) 3·1운동 탄압

청도 자위회(自衛會) 완전히 성립됨. 『매일신보』 1919년 5월 10일

(2) 청도공립보통학교

청도공보교이전문제로 3만면민의 대분계. 『매일신보』 1923년 3월 15일

청도보통학교 낙성식. 『매일신보』 1924년 4월 30일

청도공보(公普)의 후원회. 『매일신보』 1924년 12월 27일

청도공보교장 배척운동 발발. 『매일신보』 1927년 6월 1일

(3) 청도의 식민지지배

청도구읍의 번영책. 『매일신보』 1926년 11월 15일

청도화양시장 확장공사낙성식. 『매일신보』 1926년 11월 23일

경북 청도에서 생활개선회. 『매일신보』 1923년 3월 19일

청도산업자문회. 『매일신보』 1923년 5월 4일

청도의 지주 간담회. 『매일신보』 1923년 5월 20일

청도의 경로식(敬老式). 『매일신보』 1924년 9월 4일

청도군의 자각회(自覺會). 『매일신보』 1924년 12월 22일, 1925년 1월 27일

청도 금천면소 이전반대운동. 『매일신보』 1926년 3월 19일

청도의 은사진료(恩賜診療)

4) 국가기록원 소장 식민지시대 청도관련 문서 소장 현황

(1) 청도초등학교 졸업대장

1회 졸업(1912년)부터 1945년까지.

(2) 기타

청도천 부지 점용기간 연장허가, 경북지사, 1917년

소화17년도 조선재해관계 자금 융통의 건, 청도군수

풍각시장 이전에 관한 건, 청도군수 1917년

청도금융조합 결의록 1918년

공립청년훈련소 설립 1940년

토지매수하조서 – 경북 청도군 청도면 1941년

지금까지 검토를 통해 볼 때, 청도지역의 식민지 지배관련 자료는 이서면, 각남면, 각북면, 금천면 등 여러 면무사소에 남아 있다. 특히 청도군의 경우 6·25 당시 큰 피해를 입지 않았음으로 자료의 잔존 가능성이 많은 지역이다. 그럼에도 불구하고 해방 이후 정부 방침, 새마을운동의 여파, 군청 및 면사무소 이전 등으로 인하여 많은 부분들이 분실되고 말았다. 앞으로 다른 지역의 경우도 면밀히 조사되어 조선시대의 대표적인 사관으로 알려진 김일손의 고향답게 식민지시대 청도의 역사를 복원하는데 기여하여야 할 것이다.

6. 청도지역 개인 가족 생활사 자료 검토를 통해본 일제시대

1) 박장현의 문집을 통해본 청도 유림들의 형성과 동향

청도지역의 유림은 임진왜란 이전에는 이언적(李彦迪), 이황(李滉), 조식(曺植) 등의 영향을 받았으나, 임진왜란 이후에는 퇴계보다 남명 조식의 학통이 주를 이루었다. 그러나 한말에 이르어 청도유림은 퇴계를 종장으로 하는 영남 남인으로서 유치명(柳致明)과 그의 제자 김도화(金道和), 김흥락(金興洛)의 문하에서 수학한 다수의 유림을 배출하였고, 전우(田愚) 등의 문하에서 배출된 유림들도 있었다. 대표적인 유림

들로는 박시묵(朴時黙), 박재형(朴在馨), 박영수(朴永壽), 이상연(李祥演), 박정형(朴廷
瀅), 장화식(蔣華植), 예대희(芮大僖), 박영곤(朴永坤), 성기운(成璣運) 등을 들 수 있
다.[15]

　박장현은 1930년대 유학자이며, 조긍섭(曺兢燮)의 문인이었다. 창녕 출신인 심재
조긍섭(1873~1933)은 일제침략기 전통 성리학적 세계관을 바탕으로 외세 문물에 저항
하며 평생을 보낸 한말 영남 유학자이다. 그의 문인으로는 김재화(金在華), 성순영(成
純永), 이병호(李秉灝), 이춘환(李春煥), 하성재(河性在), 박기현, 박수현, 박장현(朴章
鉉) 등을 대표적으로 들고 있다. 이들 가운데 청도 출신으로는 하성재[16]와 박기현, 박
수현, 박장현을 들 수 있다. 하성재는 금천면 임당리에서, 박기현, 박수현, 박장현은
이서면 수야리에서 출생하였으며, 한 집안이었다. 박기현은 박재시(朴在時)의 아들로
학문이 출중하였다. 박수현과 박장현은 박재범의 아들로 박수현이 형이었다.[17]

　그중 박장현은[18] 1908년 9월 10일에 경북 청도군 이서면 수야리의 집에서 출생하
였다. 어려서부터 재력이 있고 학문이 뛰어났으며 도량이 있었던 백부인 후강공(後岡
公) 박재시에게서 공부를 하였다. 그리고 향리에서 보성학원에 들어가서 졸업하였다.
박장현은 그의 스승과 동료들을 파악할 수 있는 『사우명고(師友名考)』를 남겼다. 이
를 통하여 1930년대 당시 청도군의 동료와 스승은 파악할 수 있는데 이는 다음과 같
다.

　　장복암(화양 오천), 김정기(금천 동방), 이돈호(이서 금촌), 박두인(각북 지촌), 박순인(각
　　북 지촌), 남병우(신월), 최재부(각남 일곡), 박술렬(금천 신지), 반성환(이서 구라), 예대주
　　(이서 대전), 임복식(풍각 금동), 이병우(이서 흥선), 이병준(풍각 금촌), 박종윤(각북 우신),
　　박병진(오부정), 이승우(가금동), 허동균(가금동), 김달(대성 덕암), 이성기(이서 흥선), 박영

---

15) 권대웅, 「한말 일제초기 청도지역의 민족운동과 주도세력의 성격」, 292~293쪽.
16) 하성재의 저서로는 문집인 『임당집』(1971)과 臨堂 河性在, 『朝鮮 美善의 述古編』, 범학도서, 1967 등이 있
　　다.
17) 강동욱, 「한말 영남학맥과 심재 조긍섭의 역할」, 『한말의 영남유학과 심재 조긍섭』, 경북대 부설 영남문화
　　연구원, 2006, 1~16쪽.
18) 박장현에 대한 대표적인 연구로는 금장태 외, 『중산 박장현 연구 - 일제하 민족주의 사학자』, 민족문화사,
　　1994를 들 수 있다.

동(이서 수야), 박맹현(이서 수야), 성종록(각남 곽당), 철현(이서 명동), 김영동(각남 칠성), 장인재(각남 향인촌), 이치도 상찬(종도 금전동), 박재영(대성 고수우), 김경곤(화양 백곡), 예두기(이서 대전), 재용(이서 명동), 채동식 군오(곽당), 손영석(화양 안인), 김진효(운문)

위에 언급한 인물들은 1930년대 청도지역에서 한학을 하는 대표적인 인물들로 추정된다. 그 가운데 특히 주목되는 인물은 청도 운문의 김진효이다. 그는 청도지역의 3·1운동을 주도한 인물 가운데 한 사람이기 때문이다. 아울러 『사우명고』에 따르면 박장현은 당시 민족의식이 강한 인물로 알려진 안동의 송기식(남선 신석), 성주의 송공산(초전 고산), 밀양의 김재화(청도 소태), 동래 부산의 문형채(동래 읍교동 326), 진주의 하회봉(수곡 사곡) 등과 교류하였다. 이들과의 교류로 박장현은 1930년대 일제의 대륙침략의 암흑기에 이서면 수야에서 한국사를 체계적으로 집필하기 위하여 노력하였다. 그 결과 한국통사인 『해동춘추』와 『동서양현세론』 및 『이전(彝傳)』, 『야사(野史)』 등을 집필하였다. 그리고 수야에 문화당을 설립하고 당규(堂規)를 만들고 과업(科業)을 정함으로써 후진들을 약간 명 길러내었다.

박장현의 사례를 통하여 지금까지 등한시 되었던 청도지역 유림들이 누구이며, 어떠한 인물이었으며, 문집으로는 어떠한 것들이 있는가에 대한 일차적인 조사들이 필요하다고 생각된다. 이들 작업들은 청도문화원 박영욱 전 원장과 현 청도문화원 원장인 박윤재 등에 의하여 활발히 이루어지고 있는 것으로 알고 있다. 앞으로 이를 토대로 일제시대 동향에 대하여 검토할 필요가 있다고 생각된다. 또한 각 집안에서 소장하고 있는 자료들과 식민지시대에 대한 유림들의 대응, 현실인식 등에 대한 연구도 필요하다고 판단된다.

2) 박영석 관련 자료를 통해본 일제시대 어린이들의 모습

박영석은 1946년 6월 이서국민학교를 졸업하였다. 그가 일제시대 다닌 이서공립보통학교는 1927년 이서면 학산리에 4년제로 설립되었다.[19] 박영석이 보관하고 있는 학교관련 자료는 다음과 같다.

1. 이서공립국민학교 상장 1945.3.24
2. 이서공립초등학교 소풍 사진: 사진을 통하여 다음과 같은 상황을 짐작해 볼 수 있다.
    1) 의복: 남학생 여학생 복장, 선생님복장
    2) 학생수: 남녀 수, 여학생수가 생각보다 많다
    3) 소풍장소: 학산 동산
    4) 학생들의 이름:
3. 학적부:
    아동씨명, 생년월일, 주소, 본적, 입학년월일(1940.4.1), 입학전의 경력, 졸업(1946.6.29)
    보호자씨명, 직업, 아동과의 관계, 학업성적, 재학중의 출석 및 결석, 학급담임(高山,
    고산, 金本, 木村, 고산), 교과목(수신, 국어, 산술, 국사, 지리, 이과, 직업, 도화(圖畵),
    수공(手工), 창가, 체조, 가사제봉, 조선어) 등을 알 수 있다. 뒷면에는 性行槪評, 신체
    상황과 그에 대한 소견, 가정환경에 대한 견해 등이 아주 자세히 적혀 있다. 예를 들
    어, 1학년의 경우 부친 사망, 누나 1명, 동생 1명 등을 기록하고 있다.
4. 보험증서: 265원 50전
    1945년 2월, 조선총독부 체신국장
    보험자: 松田永錫, 피보험자: 松田秉琦
5. 保險料領收帳

청도지역의 경우 새마을운동으로 인한 주택개량 시 집안에서 소장하고 있는 많은
자료들이 분실 또는 소각, 파기된 경우가 허다한 형편이다. 그러므로 청도지역에는
기대한 것처럼 개인들이 소장하고 있는 자료들이 많지 않은 상황이다. 오히려 박영석
의 사례에서 볼 수 있듯이 1950년대 서울로 이주한 경우, 고향에서의 개인자료들을
소장하고 있는 경우들이 더러 있다. 박영석의 아들인 필자는 집안의 소장 사진 및 자
료를 정리하여 『경북 청도 수야와 가족이야기』(할머니 이병기 탄신 100주년 기념, 중
산박장현기념사업회, 2006)를 간행한 바 있다. 앞으로 더 이상 시간이 흐르기 전에 재
경청도출신들로부터 한국근현대사관련 자료를 수집하는 것도 좋은 방법이라고 생각
된다.

---

19) 『청도군지』, 1991, 678쪽.

제1장

일제강점기 한글신문의 변모양상

'친일'과 '민족'

1. 일제강점기 한글신문에 대한 기존의 평가

구한말 이래 국내에서는 『대한매일신보』, 『황성신문』 등이, 국외의 러시아에서는 『해조신문』, 『대동공보』 그리고 미주에서는 『공립신보』, 『신한민보』 등이 간행되어 국권회복운동에 중요한 견인차 역할을 하였다. 이러한 언론의 역할은 일제의 무단통치로 계속 이어질 수 없었다.

3·1운동 후 일제가 문화통치의 한 회유책으로 한국인의 언론 출판 활동을 허용하자 『조선일보』, 『동아일보』 등의 신문을 간행할 수 있었다. 그러나 일제는 신문의 항일논조에 대하여는 철저히 행정처분(사전탄압, 사후검열)과 사법처분(즉결처분, 정식재판회부)을 내렸다. 『조선일보』는 창간 5개월 만에 30차례의 기사 압수와 무기정간을 당하였다. 『동아일보』는 발매금지처분과 무기정간처분 등 평균 9일에 1건 꼴로 탄압을 받았다.

그러나 민간지들은 1930년대 후반 일제 군부의 파쇼통치가 강화되면서, 초기의 항일논조를 유지하기 어려웠다. 그렇다고 하여 항일언론의 의지가 완전히 꺾인 것은 아니었다. 1936년 베를린 올림픽 마라톤 경기에서 우승한 손기정 선수를 보도하면서 『조선중앙일보』와 『동아일보』는 손기정 선수의 가슴에 붙은 일장기를 삭제한 채 보도했다. 이 일장기 삭제 사건은 당시의 황민화정책에 침묵을 강요당한 언론의 저항정신을 보여주는 상징적인 사건이었다. 그 결과 『동아일보』는 무기정간 당하였고, 사장 송진우와 주필 김준연 등 간부들이 사임했다. 『조선중앙일보』는 무기정간되고 재정난까지 겹쳐 영구히 폐간되고 말았다. 1937년 중일전쟁 이후 전쟁이 더욱 격화되자 결국 1940년 『동아일보』와 『조선일보』는 자진 폐간계를 제출하는 형식으로 폐간되었다.[1]

1930년대 한글신문에 대하여 학자들은 대체로 1930년대 후반 일제의 언론감시와 탄압이 극심했고, 『조선일보』와 『동아일보』 등이 이런 탄압 정책의 결과 폐간되었다고 서술하면서도, 이 시기 양대 신문은 신문 지면을 대부분 일정한 경향성 있는 기사로 채웠다고 기술하고 있다. 정진석은 그의 논문 「'동아'와 '조선'의 언론으로서의 성격과 방향−20년대 전반기 민족지도론의 방향」, 『한국독립운동사연구』 5, 한국독립운동사연구소, 1991에서,

> 일제통치 기간 동안에 발행된 『동아일보』와 『조선일보』가 민족지였던가, 아닌가 하는 문제를 한마디로 간단히 규명하기는 어렵다. 신문의 논조와 주장이 시대상황의 변화에 따라 달라졌기 때문이다. 동아와 조선은 민족지로 불러도 좋을 정도로 항일적인 제작태도와 이에 걸 맞는 논조를 보인 때도 분명히 있었다. 조선 민중도 『동아일보』와 『조선일보』를 민중(또는 민족)의 표현기관 또는 민족진영의 구심체로 인식하였던 시기가 있었다. 그러나 1930년대의 지면을 놓고 보면 민족지로 부를 수 없는 모습을 보였던 것도 숨길 수 없는 사실이었다.

라고 하여, 1930년대 한글신문들을 민족지로 보는데 일정한 한계가 있음을 토로하고 있다. 아울러 최유리는 『일제말기 식민지지배정책연구』, 국학자료원, 1997, 40쪽에서

---

[1] 이명화, 「문화운동」, 『한국독립운동사강의』, 한국근현대사학회, 2007, 185~186쪽. 한국근대언론사는 최준, 정진석, 채백, 최민지 등에 의하여 체계화되었다.

일제가 조선어 신문에 대한 통제가 필요한 이유로서 가장 먼저 들고 있는 것은 조선어 신문, 특히 동아·조선일보의 존재가 내선일체화 즉, 조선인들을 황국 신민화하는 데 장애물이 되고 있다는 점이다. 그러나 언론기관 통제계획이 입안되고 실행에 옮겨지던 당시 소위 "민족지"의 논조는 1920년대에서 1930년대 초반에 이르는 시기와는 전혀 다른 모습을 보여주고 있었으며, 극단적으로 말해 총독부기관지와의 구분이 불분명하다고 말할 정도였다

라고 하여 그 기사의 경향에 대하여 언급하고 있다.

또한 장신은 「1930년대 언론의 상업화와 조선 동아일보의 선택」, 『역사비평』 70(2005)에서 동아·조선 두 신문은 1937년을 기점으로 하여 성격의 전환을 겪었다고 한다. 1937년의 성격 전환을 가져온 원인은 한편으로 총독부의 언론통제정책에서 찾을 수 있지만, 다른 한편으로 상업적 이익 추구를 우선시하는 신문 자본의 내적 동기에서 찾을 수 있다고 하고 있다.

한편 정진석은 앞의 그의 논문 「'동아'와 '조선'의 언론으로서의 성격과 방향 – 20년대 전반기 민족지도론의 방향」, 『한국독립운동사연구』 5, 한국독립운동사연구소, 1991에서

또한 3대 민간신문이 정론지였느냐, 아니면 상업지였느냐 하는 문제도 간단히 답변하기는 어려운 일이다. 당시에도 이에 대한 평가는 엇갈렸으며, 오늘날에도 보는 관점에 따라 해석의 차이가 있을 수 있기 때문이다. 그러나 20년대의 『동아』, 『조선』의 논조를 30년대의 그것과 비교해보면 분명히 크게 달라져 있음을 알 수 있다. 그렇게 현저히 달라진 원인은 무엇이었을까. 다음과 같은 몇 가지 상황논리의 측면에서 설명할 수가 있을 것이다.

라고 하면서, 첫째는 제국주의 일본 군부의 철저한 통제하에 놓여있었던 신문이기에 표현의 자유가 없었다는 사실이다. 둘째로는 민족 전체가 식민치하에서 굴욕의 역사를 경험하고 있었던 시기였는데 유독 신문만이 선명한 항일 논조를 지속하기가 어려웠다는 상황논리도 염두에 두어야 할 것이다. 세 번째로는 민족지도자들의 오도된 지도노선과 잘못된 상황판단, 그리고 항일전략의 미숙, 점진주의와 급진주의로 분화되어 민족진영의 결집이 부족하였다는 점 등이 종합적으로 신문의 논조에 영향을 주었

던 것으로도 볼 수도 있다. 끝으로 또 다른 중요한 요인으로는 신문기업 자체의 문제
도 있었다. 신문의 초기에는 민중(민족)의 대변기관으로 자처하면서 사명감을 갖고
출발하였지만 경영의 기반을 튼튼하게 하지 않고는 지탱할 수 없다는 현실론에 부닥
치자 상업성에 치우치게 되었고, 이러한 경향이 점차 심화되면서 가능하였던 최소한
의 사명조차 수행하지 못하게 되고 말았던 측면이 있었음도 부인할 수 없는 사실이었
다고 하고 있다.

지금까지 살펴본 바와 같이 1930년대 한글신문은 대체적으로 일제에 호의적인 경향
을 지니고 있으며, 이는 1920년대의 민족지적인 성향과는 다른 면모라고 하고 있다.

2. 일제강점기 한글신문의 변모양상에 대한 연구 목적

1930~40년대는 일제의 전시 파시즘 시기로서 식민지통치기간 가운데 가장 일제의
탄압이 강렬하였고 또한 일제가 한인들에게 가장 많은 협조를 바라던 시기였다. 이는
일제의 내선일체 등 동화정책이 가장 활발하였음을 통하여도 짐작할 수 있다. 특히
1931년 만주사변, 1937년의 중일전쟁의 반발 등 일제의 대륙침략정책은 조선을 그들
의 안전한 후방기지로서 물자와 인력을 제공받는 중추기지로서 만들려고 하였다. 이
러한 과정에서 일본어를 잘 모르는 조선인들에게 효과적인 선전활동 도구로서 한글
신문은 중요한 역할을 할 수 있었을 것이다. 아울러 일면 한글신문은 한인지식인들에
게 일정한 정보를 제공해 주는 역할도 했으므로 경계의 대상이 되기도 하였을 것이
다.

1930~40년대 한글신문에 대한 검토는 이 시기의 한인들에게 제공되어지는 정보의
실상을 밝히는데 중요할 뿐만 아니라 일제의 한인들에 대한 선전활동을 파악하는 데
도 큰 도움을 줄 수 있을 것으로 기대된다.

본 연구에서는 일제의 파시즘체제가 강화되는 시기인 1930년대 이후 『동아일보』와

『조선일보』및『매일신보』등에 나타나는 관제기사나 중요 사건의 보도 내용과 경향
성의 변화를 비교 분석함으로서 일제의 언론통제 정책 하에서 국내의 중요언론이 나
타내고 있었던 대응방식의 일면과 그 문제점에 대해 고찰해 보는 것을 그 목적으로
한다.

본 연구에서는 이 가운데 1930년대 중일전쟁 이후 한글신문의 내용상의 변모양상
에 대하여 살펴보고자 한다. 다만 연구 지면과 능력의 한계로 신문 내용의 모든 면을
살피는 데에는 일정한 한계가 있을 것으로 보인다. 특히 신문 기자 개개인의 성향이
나 편집국의 방침, 사주의 경향 등에 주목하면서 나누어 세밀히 살피기에는 그러하
다. 또한 본고에서는 선학들의 1920년대 및 1930년대 전반기에 대한 연구를 바탕으로
1930년대 후반 이후가 1920년대와 1930년대 초중반과 어떠한 내용상 차별성과 공통점
을 보이고 있는지에 대하여도 검토하기에는 역부족일 듯 하다. 1930년대 신문 지면의
전체상을 살펴보았다고 말하기 어려울 것이기 때문이다.

1930년대 이후 신문 내용은 대체로 일본에 대하여 일정한 호의적인 경향을 띠고 있
다는 것이 학계의 대체적인 견해이다. 본 연구에서는 일정한 주제를 중심으로 과연
이 시대에 간행된 신문들의 경향성이 정말 그러한지에 대하여 몇 가지 주제를 중심으
로 구체적으로 살펴볼 것이다. 이것이 본 연구에서 가장 중요한 부분이 될 것이다.
특히 이와 관련하여서는 무엇을 1면 머리기사로 삼았는가, 어떤 기사에 비중을 두었
는가, 사실을 어떻게 해석했는가, 그리고 어떤 논조의 사설과 논설을 썼는가 등에 주
목할 것이다.

아울러 일본에 호의적 경향성이 언제부터 시작되었으며, 언제 더욱 친일적인 모습
을 보였는지, 언제부터 쇠퇴하였는지 아니면 폐간에 이르기까지 그러한 모습이 지속
되었는지 등에 대하여 관심을 기울일 것이다. 또한 정치, 국제관계, 경제, 사회, 문화
등 어떠한 측면에서 이러한 모습들을 살펴볼 수 있는지 상대적 평가가 가능하다면 이
러한 점에도 주의를 기울이고자 한다.

한편 1930~40년대 한글신문이 일정한 경향성을 가지고 있었다면, 이를 백분율로 표
시한다면 몇 % 정도 될까에 대한 검토 역시 이루어져야 한다고 하겠다. 또한 이 부분

을 어떻게 해석해야 할 것인가에 대한 문제가 중요하리라고 판단된다. 우선 신문사의 자발성에 의한 것인지, 아니면 일제의 탄압과 강제성에 의한 것인지, 아니면 일제의 탄압과 강제성에도 불구하고 한글신문으로서의 자존심과 자주성을 지키려고 노력한 결과인지 등에 대한 인식을 바탕으로 신문에 대한 전체적인 평가가 이루어져야 할 것이다.

또한 일제의 압력에 대한 신문 논조의 변모와 관련하여 사주, 편집국, 신문기자 등이 갖는 영향력의 정도에 대한 깊이 있는 성찰 등 또한 객관적으로 이루어질 때 신문 내용의 변모에 대한 보다 깊은 이해가 이루어질 수 있을 것이다.

결국 본고에서는 조선·동아·매일 등 한글신문 지면의 변모 양상이 언제부터 시작되는지에 대한 면밀한 검토를 진행할 것이다. 아울러 변모의 계기를 어디서 찾을 것인지가 쟁점으로 남아 있다. 총독부의 탄압에 의한 부득이한 것인가 아니면 자발성을 내포한 것인가 하는 점이다. 전자의 경우 일장기말소사건과 중일전쟁, 그 이후 총독부의 언론압박 등이 예로서 제시되며, 나름대로 조선문화수호와 진흥에 노력했던 점이 강조된다.[2] 아울러 두 신문의 저항성과 타협성이 검토된다. 타협성의 배경으로는 신문을 이윤창출을 목표로 하는 기업으로 간주하고 이를 보호 발전시키기 위해 불가피했다는 장신의 연구결과가 있다.[3]

3. 일제강점기 한글신문에 대한 연구 동향과 연구방향

지금까지 1930~40년대 한글신문에 대하여는 1990년대 후반 언론사 차원에서 검토하여 보도된 것을 제외하고는 큰 연구 성과가 없었던 것으로 보인다.[4] 다만 학술적인

---

[2] 창간80주년(2000년) 이후 동아일보와 조선일보에서 펴낸 사사류가 이에 해당한다. 조선, 동아일보의 식민지시대의 성격에 관하여는 양 신문사 간에 일정한 논쟁이 1985년에 있었다. 『동아일보』 1985년 4월 1일자, 4월 17일자 ; 『조선일보』 1985년 4월 14일, 4월 19일자. 조선일보의 성격에 대하여 조선일보가 2001년 8월 18일 발행한 사외보 『독자와의 대화』 제3호에 실린 선문대 신방과 이연 교수의 글이 논쟁에 오르기도 하였다.

[3] 장신, 「1930년대 언론의 상업화와 조선 동아일보의 선택」, 『역사비평』 70, 2005.

차원에서의 연구는 최준,5) 정진석,6) 최민지7) 박용규8)에 의하여 연구가 이루어졌다. 특히 정진석은 한국언론사 전반을 체계화하는데 기여하였다.

2000년대에 들어와 언론사 연구는 박용규 등 언론학자와 더불어 역사학자들에 의하여 본격적인 검토가 이루어지고 있다. 장신(한국사)9), 최영태(서양사)10) 등의 글이 그러하며, 최영태 글에 대한 정진석(언론사)의 반박문과11) 최영태의 재 반박문이12) 그 대표적인 것이라고 할 수 있다. 특히 최영태의 글과 정진석의 반박 그리고 최영태의 재반박 등은 이 분야 이해에 일조를 하였다고 평가할 수 있다.

기존의 언론학자들과 역사학자들의 연구를 통하여 1930~40년대 신문에 대한 많은 부분들이 밝혀질 수 있었다. 그러나 이들 연구는 단편적인 측면이 있다고 판단되며, 개개별 신문에 대한 보다 실증적이고 객관적인 그리고 종합적인 연구 검토가 필요하다고 판단된다.13)

따라서 보다 완성된 형태의 작업을 위해서는 각 종 신문사에서 활동한 기자단 및 경영주에 대한 검토가 필요하다고 생각된다. 아울러 신문 내용에 대한 실사구시적인 검토 또한 요청된다고 하겠다. 끝으로 신문에 대한 조선총독부의 언론정책 또한 신문의 성격을 파악하는 데 도움을 줄 수 있을 것이다.

본 연구에서는 특히 기존의 연구와는 달리 내용 검토에 보다 집중할 것이다. 1930년대 이후 정치기사의 동향, 독립군, 천황, 문화 등 다양한 시각에서 검토를 함으로써

---

4) 일제강점기 언론사연구에 대한 전반적인 내용은 박용규에 의하여 정리되었다(박용규, 「일제강점기 언론에 대한 연구동향과 전망」, 『일제강점기 언론사연구』, 나남, 2008).

5) 崔埈, 『韓國新聞史論攷』, 一潮閣, 1976.

6) 정진석, 『한국언론사연구』, 일조각, 1988.

7) 崔民之·金民珠, 『日帝下民族言論史論』, 日月書閣, 1978.

8) 박용규, 「일제의 지배정책에 대한 신문들의 논조변화-일제말기(1937~1940)를 중심으로」, 『한국언론정보학보』 28, 2005.

9) 장신, 「1924년 동아일보 개혁운동과 언론계의 재편」, 『역사비평』 2006년 여름.

10) 최영태, 「조선일보 폐간을 둘러싼 논란과 진실」, 『역사비평』 66, 역사문제연구소, 2004.

11) 정진석, 「조선일보 폐간을 둘러싼 논쟁과 진실」(최영태) 반론문, 『역사비평』 68, 역사문제연구소, 2004.

12) 최영태, 「재반론: 정진석 교수의 반론에 답한다」, 『역사비평』 68, 역사문제연구소, 2004.

13) 매일신보의 경우 보다 집중적인 분석이 이루어지고 있다. 수요역사연구회에서는 이를 토대로 『식민지 조선과 매일신보 1910년대』, 신서원, 2003 ; 『일제의 식민지지배정책과 매일신보 1910년대』, 두리미디어, 2005 ; 『1920~30년대 식민지동화정책과 협력 그리고 인식』, 두리미디어, 2007 등을 간행하였다.

시대적 변화에 따라 내용들이 어떻게 변화하는 가를 살펴 그 경향성에 주목하고자 한다.

본 연구는 총 6명이 공동연구를 수행하였다. 당시 언론자료를 통해 다양한 연구 주제를 선택할 수 있으나 연구자의 역량과 관심 분야들을 고려하여 5개의 주제를 선정하고 거기에 서론격으로 총론을 더하였다. 각 주제는 다음과 같다.

Ⅰ. 박 환 : 총 론 - 일제강점기 한글신문의 변모양상: '친일'과 '민족'
Ⅱ. 최혜주 : 1930년대의 한글 신문에 나타난 총독정치
Ⅲ. 홍종욱 : 1930년대 한글 신문의 국제정세인식 - 사회주의 및 전체주의 인식을 중심으로
Ⅳ. 황민호 : 1930년대 전후 한글신문의 재만한인 항일무장투쟁에 관한 보도의 변화 양상
Ⅴ. 조규태 : 1930년대 한글 신문의 조선문화 기사와 조선문화 운동론
Ⅵ. 성주현 : 1930년대 이후 한글신문의 구조적 변화와 기자들의 동향
        - 『동아일보』와 『조선일보』를 중심으로 -

Ⅰ. 총론에서는 공동연구의 필요성과 연구사정리 및 의의 등에 대하여 언급하고자 한다.

Ⅱ. '총독정치에 대한 기사분석'에서는 당시 양대 신문에 나타나고 있는 일본정부의 대외정책에 대한 보도 내용을 분석하는 한편, 천황 및 역대 총독의 시찰담에 대한 보도 내용과 전쟁동원과 관련된 기사 내용들을 분석해 봄으로서 궁극적으로 동아일보와 조선일보에 나타난 1930년대의 보도 경향을 비교 검토하여, 두 신문의 대응방식과 문제점을 고찰하려고 한다.

Ⅲ. '1930년대 한글신문의 국제정세 인식 - 사회주의 및 전체주의 인식을 중심으로'에서는 한글신문에 나타난 사회주의 및 전체주의 관련 보도 및 논평에 대한 분석을 통하여, 당시 지식인들의 주요 사조를 중심으로 한 국제정세 인식 및 식민지조선이 걸어야 할 길에 대한 고민을 엿보고자 한다.

Ⅳ. '1930년대 전후 한글신문의 재만한인 항일무장투쟁 기사의 분석'에서는 1930년대 이후 동아일보와 조선일보에 게재되었던 독립운동 관련기사의 보도 경향과 내용의 성격에 대해 분석해 보고자 한다. 그러나 이 시기에 동아일보와 조선일보에는 독립운동사와 관련된 다양한 기사가 게재되어 있기 때문에 본 연구에서 주로 만주사변과 중일전쟁 전후 만주지역 독립운동에 대한 보도기사와 임시정부의 활동과 관련된 내용을 분석대상으로 하고자 한다.

Ⅴ. '1930년대 한글 신문의 조선문화 기사와 조선문화 운동론'에서는 먼저 동아일보와 조

선일보에 게재된 조선문화 기사의 추세에 대하여 살펴볼 것이다. 여기에서는 두 신문의 사설로부터 조선문화 관련 내용을 추출하여 그것을 유형화 하고, 그 추세를 알아봄으로써 동아일보와 조선일보가 어떠한 논조로 신문을 간행하였는가 하는 점을 알아볼 것이다. 다음으로는 조선문화 운동론의 유형을 사상적 기저에 따라 민족문화발전론, 신문화건설론, 전통문화계승론, 국민정신작흥론을 가르고 각각의 운동론에 대해서 검토할 것이다. 여기에서는 각 이론에서 중점을 두어 달성하려한 목표가 무엇인지 알아본 후, 각 이론의 논리적 체계와 방법론 등에 대하여 살펴볼 것이다. 그리고 이 조선문화 운동론 속에 일제의 內鮮一體論이나 同根同祖論, 또는 國民精神作興論 등이 어떻게 반영되고 있었는가 하는 점을 파악하고자 한다.

  Ⅵ. '1930년대 이후 한글 언론사의 구조적 변화와 기자들의 동향－조선일보와 동아일보를 중심으로'에서는 조선일보와 동아일보를 중심으로 각 언론사의 지배구조가 시기별로 어떻게 변화하였으며, 그 구조의 변화가 기사의 성격에 어떻게 반영되었는가에 대해 검토해 보고자 한다. 또한 각 변화된 시기를 주도했던 '記者群'은 누구였으며, 그들의 기사는 당시의 상황을 어떻게 인식하고 있었는지에 대해 가능한 대로 살펴보고자 한다. 시국인식과 관련된 예는 사설에 대한 분석을 통해 확인이 가능할 수 있을 것으로 생각된다.

  위에서 본 바와 같이 본 연구에서는 대체로 여러 주제를 통하여 신문내용의 변모를 검토해 보고자 한다. 그러나 본 연구는 일정한 한계를 가지고 있다. 본 연구가 보다 전체성을 담보하기 위해서는 다음과 같은 점들에 유의하여야 할 것이다.

  첫째, 신문의 내용을 검토함에 있어서는 이와는 다른 키워드를 통한 작업 또한 가능할 것이다. 보다 다양하고 많은 내용 분석이 이루어질 때 비로소 신문의 전체상이 보다 확연히 들어날 수 있을 것이다. 이번 작업은 전체상을 밝히는 개척적인 작업의 일환이라고 볼 수 있을 것이다.

  둘째, 특정 시기의 내용분석과 더불어 시기별 분석이 또한 필요한 것이 아닌가 한다. 각 시기별로 일어난 중요 사건들에 대한 신문의 논조들을 살펴보는 것이 그것이다. 1920년대 광주학생운동, 1931년 만주사변 발발, 1936년 동아일보 일장기 말살, 1937년 중일전쟁, 1938년 장고봉 사건 등이 대표적인 것들이다. 그것은 1930~40년대 분석만으로 신문 전체에 대한 평가는 무리라고 판단되기 때문이다. 앞으로 1920~30년대 전반기에 대한 보다 면밀한 분석이 필요할 것이다.

셋째, 신문 기사를 작성하는 기자들에 대한 세세한 분석이다. 기자 가운데 상당 부분은 이번 연구를 통하여 어느 정도 밝혀지게 되었다. 그러나 그들의 가족관계, 출신지역, 출신학교, 신문사 입사 이전의 활동, 신문사 퇴사 이후의 활동, 재산 정도, 사상경향 등은 신문 기사들을 이해하는데 도움을 줄 수 있을 것으로 보인다.

넷째, 신문사의 편집국의 중심인물에 대한 조망 역시 중요하다고 판단된다. 결국 이들의 의지가 신문의 경향성을 유도하는데 가장 중추적인 역할을 할 것으로 보이기 때문이다. 아울러 시대적인 변천에 따른 신문의 변신, 즉 상업성의 문제 등에 대하여도 주목해야 할 것이다. 특히 경영주의 입장에 관심을 기울일 필요가 있다. 이와 관련하여 장신의 논문은 주목된다. 그러나 신문의 경향이 이전시대에 비하여 상업적이 되었다고 하여 단선적으로 신문의 경향성을 상업성만으로 판단하는 것도 문제가 있을 듯하다. 좀더 다양한 변수들에 주목할 필요가 있다.

다섯째, 일제의 신문에 대한 언론정책의 변화에 좀더 관심을 기울일 필요가 있다고 생각된다. 전시기 언론정책은 신문 논조에 큰 영향을 미칠 수밖에 없기 때문이다.

여섯째, 일제의 식민통치와 주변 환경의 변화 등에 대하여도 좀더 다각적인 검토가 요망된다고 하겠다.

일곱째, 동시대 신문인 『매일신보』, 『조선중앙』 등과의 비교 검토 또한 필요하다고 보여 진다. 그럴 때만이 시대적인 상황 속에서 신문의 위상을 보다 분명히 볼 수 있기 때문이다.

제2장

일제하 재수원일본인의 지방지 편찬

酒井政之助의 『水原』을 중심으로

1. 서언: 『수원』의 집필동기와 식민지근대화

　『수원』은 식민지시대 수원지역을 알 수 있는 가장 대표적인 책 가운데 하나이다. 수원은 오늘날 수원, 화성, 오산 등지를 포함한 행정구역이다. 즉, 이 책은 오늘날의 이러한 지역들을 살펴보는데 큰 도움을 주고 있다. 그리고 일제시대 이 지역을 설명하거나 연구할 때 가장 중요한 자료의 하나로서 널리 이용되고 있는 것이 현실이다. 그럼에도 불구하고 지금까지 이 책에 대한 본격적인 검토는 이루어진 바가 없다. 이번에 본고를 살펴보는 이유가 바로 여기에 있다. 특히 본서는 일제의 수원지배, 나아가 조선 지배를 정당화하는 일본 측 민간인의 주장을 보여주는 일사례로서 주목된다.[1] 그러나 기존에 이 책은 그러한 측면에서 검토된 바가 없어 이번의 연구는 중요한 의미를 갖는 것이라고 할 수 있다. 아울러 일제 측은 각 지역의 지배를 정당화를 위하여 지방지의 간행을 추진한 바 있으나 각 지역의 구체적인 사례에 대한 연구 또

---

[1] 식민지근대화에 대한 연구성과 정리로는 박환, 「20세기 한국근현대사 쟁점」, 『20세기 한국 근현대사 연구와 쟁점』, 국학자료원, 2001이 참조된다.

한 학계에서는 없는 실정이다. 앞으로 본 연구를 계기로 일제시대 조선의 각 지역에 거주하는 일본인들 또는 조선총독부에 의해 쓰여진 지방지 및 각 지역 생활실태조사 보고서들에 대한 검토가 이루어지길 바란다.

본서의 저자는 사카이 세이노스케(酒井政之助)란 개인이다. 즉 이 책은 정부에서 지은 책이 아니라 개인이 지은 책이라는 특징을 갖고 있다.[2] 필자는 1885년 8월 일본 니가다현 직강진정(直江津町)에서 출생하였다. 그리고 1908년 6월 중앙대학을 졸업하였다. 1910년 9월에 조선으로 건너와 소송대리업, 조선신문 수원지국장, 수원학교 조합회의원,[3] 수원실업협회 법률고문, 수원전기주식회사 감사역, 신도현인회장, 수원독서회 주사 등에 종사하고 있었다.[4]

필자는 1914년 9월 『發展せる水原』(이하 『발전하는 수원』으로 표기)을, 1915년 9월에는 『華城之影』을 발행하여, 수원을 다녀온 분이나 그렇지 않은 분들께 수원의 진면목을 소개하고자 하고 있다. 그가 말하는 진면목은 일제의 지배를 통하여 수원이 어떻게 변화 발전하였는가를 보여주고자 하는 것이다. 필자는 기존에 간행한 책들을 바탕으로 1923년 8월에 『水原』을 저술하였는데, 이 책은 그동안 변화한 수원의 모습을 첨가하여 발행한 책이라고 할 수 있다.

『수원』의 집필 동기는 그가 작성한 서문과 서언을 통하여 잘 알 수 있다.

그는 『수원』의 서문에서,

반도 산업개발의 秘鍵을 쥐고 있는 우리의 수원, 風光明媚天興의 詩境을 갖고 있는 우리 수원. 수원은 경성으로부터 남으로 겨우 20리, 경부선의 하나의 작은 역이다. 이 작은 역이 놀랍게도 1년에 50만 명의 승객이 내왕하고 있다. 조선의 수원이라고 하는 까닭은 이에 더 말할 것도 없다.

나는 1914년 9월 『發展せる水原』(이하 발전하는 수원으로함)을, 1915년 9월에는 『華城乃

---

[2] 조선총독부가 발행한 책으로는 『生活狀態調查 其一 水原郡』(善生永助, 1929.9.17)이 있다. 이 책은 본문 256면, 사진 56면 등 총 312면 분량으로 수원을 이해하는데 가장 중요한 관변측 자료이다.

[3] 수원학교조합에 대하여는 한동민의 논문에 상세하다(한동민, 「근대 수원의 일본인사회와 일본인학교」, 『지배문화와 민중의식』, 서굉일교수 정년기념논총간행위원회 편, 한신대학교 출판부, 2008, 173~181쪽).

[4] 酒井政之助, 『수원』, 1923, 116쪽.

影』을 발행하여, 수원을 다녀온 분이나 그렇지 않은 분들께 수원의 진면목을 소개하려고 했다. 그래서 이미 10년 전의 과거의 것들은 성공적으로 마쳤다.

이에 재능이 없음을 돌아보지 않고, 新裝의 수원의 산업개발의 偉績과 하늘과 땅이 합작한 아름다운 경치를 『수원』이라는 저의 졸작에 의지해서 다시 강호에 소개하고자 한다.

문장의 교묘함과 글의 공교로움은 다름 사람보다 부족하지만, 나는 단지 충실함으로 수원의 실상을 말할 것이다. 여러분의 양해를 바란다.

부록 「수원과 사람」 1편은 저자의 마음과 머리에 있는 것으로서, 수원현재의 중심인물 가운데 차별 없이, 나의 管見에 따라서 기록했다. (중략)

끝으로 얼마 전에 『발전하는 수원』을 발간할 때, 당시의 조선총독부 권업모범장 농학박사 本田幸介 각하는 마음의 정으로 서문을 써 주셨다. 이에 신판을 맞이하여 그곳을 다시 재수록해서 識者의 수원관의 일단을 듣고, 다시 당시의 후의에 감사하고자 한다.

1923년 8월 저자 지음

라고 하고 있다.

사카이의 역사인식은 그가 작성한 『수원』의 서언에서 보다 분명히 보이고 있다. 즉, 그는

정조대왕의 죽음과 함께 수원은 쇄락하기 시작하였다. 이런 수원이 다시 개척되기 시작한 것은 경부선이 부설되고부터이다. 다시 통감정치가 이루어지면서, 타오르는 광명이 전도에 비치고, 다음으로 합병이 이루어지고 난 뒤 더욱 빛나 수원이 움직임이 가능해져 기초가 수립됨과 동시에 장래 더욱 발전할 수 있는 소질을 확보하고 있다고 진단하고 있다. 그리고 만약 사람이 팔달령에 올라서서 본다면, 결코 이것이 망언이 아님을 알 수 있을 것이다. 한번 바라보면 10리의 기름진 평야, 가을이 되면 금빛 물결이 출렁이는 가을, 누가 이 아름다운 보고에 놀라지 않겠는가. 수원의 장래는 유망하지 않을 수 없다고 하고 있다.

다시 정거장 부근의 신시가지의 번창은 말할 것도 없고, 탄탄한 도로를 끼고 있는 새로 조성된 집들은 날로 많아지고 있다. 아마도 몇 년 되지 않아서 악수를 하게 될 것이다. 구시가에 이르러서는 구획이 정연하여 조그마한 도시로서는 부끄러울 것이 없는 체재를 완비하였다. 상업의 발전도 타지방에 견주어도 드물게 보는 것이다.

그리고 옛 색체와 자연의 정취가 조화를 이루고 있다. 참 수원을 알고자 하는 사람은 지리와 역사의 대체를 알고, 산수에 나아가면, 다소의 鑑識眼을 갖게 될 것이다. 상당한 준비

　　로서 수원의 진면목을 이해 포착하는 것이 간요하다고 생각한다. 저자는 이점에 대해서 수
　　원지역을 아직 답사하지 않은 사람에 대하여 소개의 노력을 한 것이라고 생각한다.

라고 하여 통감부, 조선총독부 등 일제의 지배를 통하여 쇄락의 길을 걷던 수원이 얼
마나 발전하고 근대화되었는가를 수원을 답사하지 않은 분들께 소개하고자 하고 있
는 것이다. 즉 이 책은 수원지역을 일본의 차원에서 홍보하는 『수원지역 안내서』의
성격을 띠고 있다고 평가할 수 있겠다. 그리고 이 책은 그가 기존에 1910년대에 저술
했던 책들을 종합하고 이에 더하여 그동안 10년 동안의 변화한 수원을 수록하고 있는
것이다. 그가 특히 이 책을 1923년에 저술한 의도는 1919년 3·1운동 이후의 민심의
동향을 진정시키고자 하는 의도 역시 내재되어 있는 것으로 판단된다.

　　주지하는 바와 같이 수원지역은 국내외에서도 만세운동이 활발한 대표적인 지역이
었던 것이다.[5] 그러므로 수원지역의 발전상을 수원주민 및 기타 수원을 알고자 하는
사람들에게 알리는 것은 대단히 중요한 사업이 아닌가 한다.

　　이러한 수원지역에 대한 소개는 당시 수원 차원이 아닌 조선총독부 차원에서 이루
어진 것으로 보인다. 즉 사카이의 『수원』 집필은 1920년에 조선총독부에서 설치한 조
선정보위원회의 지역별 비밀작업의 일환이 아닌가 추정된다.

　　3·1운동 이후 채택한 일제의 새로운 식민지 지배정책은 식민지 조선에 대한 지배
방식에서 나타난 큰 변화였다. 이러한 변화는 식민지 조선을 영구히 지배하고 조선의
인적·물적 자원을 동원하기 위한 다양한 정책을 통해 나타났다. 그리고 이러한 정책
을 효과적으로 달성하기 위한 원칙으로 정무총감 미즈노 렌타로(水野錬太郎)는 1920년
9월 1일 1. 치안유지, 2. 교육의 보급개선, 3. 산업의 개발, 4. 교통위생의 정비, 5. 지
방제도의 개혁 등 이른바 '5대정책'을 발표하였다.

　　따라서 조선총독부는 이러한 정책의 변화를 조선민중에게 선전해야만 하였고, 3·1
운동의 발생으로 인해 조선총독부에 대한 비난이 고조된 일본 내의 여론과 서구의 제
국주의국가 및 조선 민중에게도 일본의 식민통치에 의해 조선이 발전하였다는 것을

---

[5] 수원지역의 3·1운동에 대하여는 박환의 『경기지역 3.1독립운동사』(선인, 2007)가 참조된다.

알릴 필요가 있었다. 즉 조선총독부는 일본국내에 조선총독부가 식민지 지배를 위해 행한 정책과 성과를 보여줄 필요가 있으며, 조선인에게도 식민지 지배가 조선의 근대적인 발전을 가능하게 하였다는 사실을 보여주어야 했다. 그리고 이를 통해 식민지 지배가 조선과 일본 양 민족 공동의 번영을 위한 것이며, 이를 위해 양 민족이 동화되어야 한다는 것을 선전하였다. 따라서 조선총독부는 대내외적으로 이러한 정책을 추진하고 실행할 기구가 필요하였다.

이에 따라 사이토 총독은 조선민족운동에 대한 탄압책으로서 "비밀선전기관을 설립하여 유식자를 이용하여 문서나 구두로 선전활동을 실시하여 조선인들에게 경각심을 일깨우기 위한 방법"을 계획하였다. 이 계획에 따라 조선총독부는 "朝鮮事情을 內外 및 外國에, 日本事情을 朝鮮에 소개하고 施政의 眞相과 施政方針의 周知普及을 도모"할 목적으로 조선정보위원회를 설치하였다. 그리고 조선총독부는 이와 동시에 서무부에 정보계를 설치하여 조선정보위원회의 업무를 담당하도록 하였다. 즉 잡지『조선』,『조선사정』,『조선총독부요람』,『조선총독부시정연보』등의 인쇄물의 발행을 통해 내외 사정 또는 조선 사정을 소개하고 이 책자들의 규모를 확대하여 시정방침을 주지, 시정의 진상에 관한 소개, 조선사정의 대내외 소개, 일본 사정의 조선에 대한 소개의 업무를 담당하도록 하였다. 이 조선정보위원회는 1920년 11월 20일 조선총독부훈령 제59호에 의하여 설치되었다.[6]

2. 『수원』의 내용

1) 수원의 식민지근대화

(1) 식민지근대화에 바탕한 수원지역 향토지

이 책에서는 먼저 40여 장의 1920년대 수원지역의 다양한 모습을 보여주는 사진들

---

[6] 조성운, 「1920년대 초반 조선정보위원회의 선전활동」, 『한국민족운동사연구』 51, 2007, 142~147쪽.

을 싣고 있다. 먼저 창룡문, 팔달문, 화령전, 화홍문, 연무대, 방화수류정, 서호 등 당시의 수원성의 모습을 생생하게 전달해 주고 있다. 이 사진을 보는 사람이면 누구나 정조시대 때 수원의 옛 영화를 생각하게 될 것이다. 아울러 정조 이후의 수원의 몰락에 대하여 안타까운 마음을 금할 수 없을 것이다. 나아가 수원사람이라면 누구나 제2의 정조가 등장하여 수원이 제2의 번영기를 맞이했으면 하는 마음 간절할 것이다. 필자는 바로 이 점에 착안하여 먼저 정조시대의 화성관련 사진들을 배치한 것이 아닌가 한다. 아마도 필자는 일본이야말로 제2의 정조라는 인식을 수원인들과 독자들에게 심어주고 싶었던 것이 아닌가 판단된다.

아울러 여러 관공서, 신사, 학교 등의 사진은 당시의 여러 기관들의 근대화된 모습들을 사실적으로 보여주고 있다.[7] 이는 본 저서의 집필 동기를 고려할 때 자연스러운 것이라고 할 수 있다. 정조 당시의 찬란하였던 화성의 모습을 보여주고 그 이후 쇄락한 수원을 일본이 다시금 근대화 시키고 있음을 뽐내고 싶었던 것이다. 한편 본 저서에서는 일반인들의 생활상을 중심으로 한 사진들은 거의 없는 한계를 보이고 있다.

본서는 수원지역의 다양한 모습을 보여주고 있다. 지세, 인구호수, 교통, 통신, 행정, 학교조합, 교육, 위생, 종교, 민형소송사건, 농업, 농산물, 조선토지제도, 양잠업, 임업, 축산, 수산, 상업, 금융, 권업모범장, 잠업시험소, 이왕직수원목장 등이 그것이다. 이 가운데 필자는 농업,[8] 농산물, 권업모범장 등 농업에 특별히 비중을 두어 지면을 많이 할애하고 있다.

다음으로는 수원의 역사에 대하여 다루고 있다. 조선이전, 조선시대, 전설, 슬픈이야기, 즉위, 화산의 어릉, 지지대, 새로운 읍, 천도계획 등이 그것이다. 이 부분은 전체 분량에서 차지하는 부분은 적다.

수원지역의 명승지에 대하여도 보여주고 있다. 수원신사, 공자묘, 팔달문, 성내(城內), 화성장대, 동장대, 화홍문, 방화수류정, 화녕전, 화서문, 장안문, 창룡문, 봉로대,

---

[7] 수원지역의 근대건축물에 대하여는 성주현의 글이 참조된다(성주현, 「근대 식민지 도시의 형성과 수원」, 『수원학연구』 2, 2005).

[8] 농업부분에 대하여는 『수원학연구』 2의 다음의 논문들이 도움을 준다(김인호, 「근대 수원경제의 특징과 진로」 ; 이동근, 「1920년대 수원지역을 통해 본 식민지농업진흥책」).

북쪽 연못, 지지대, 서호, 화산의 릉, 용주사, 수원팔경 등이 그것이다.

본서에서는 부록에서 「수원과 사람」이란 항목을 두고 있다. 이 항목에서는 재조일본인 가운데 유지들과 조선인유지들에 대하여 언급하고 있다. 이 부분은 당시 수원에 살고 있던 일본인들의 성격을 파악하는데 큰 도움을 주고 있다.[9] 수원경찰서장, 수원도시금융조합상무이사, 수원고등농림학교 교수, 경성지방법원 수원지청 상석판사, 권업모범장 기사, 공립보통학교 교장, 수원실업협회 평의원, 수원군 재무과장, 토목건축 청부업, 권업모법장장 등 주요 인물들의 출신지역, 학력, 경력 등을 서술하고 있다. 조선인으로는 윤태중, 양성관, 한상봉 등에 대하여 언급하고 있다.

「부록」에서는 또한 「수원상공업자 저명안내」를 싣고 있어 수원지역 상공업의 종류와 위치, 상호명 등을 이해하는데 큰 도움을 주고 있다. 즉, 총 60명의 판매업의 종류, 위치, 상호명 등에 대하여 언급하고 있는 것이다. 판매업의 종류를 보면, 면류제조판매, 잡화, 모자, 회석어요리(會席御料理), 우유, 양복, 재목상, 각국 시계, 화장품, 종묘, 과수, 여관, 쌀 잡곡, 건축 청부, 토목건축청부, 도자기, 운송, 총포 화약, 활우(活牛), 각국자전차, 인쇄, 서적 잡지 문방구, 과자, 사진 등 다양하다. 위치는 성내 본정(本町), 역전통, 남대문앞 등에 다수 위치하고 있음을 알 수 있다. 또한 각 부분별 저명업소 등의 위치와 이름도 안내하고 있어 수원지역을 이해하는 길잡이가 되고 있다.

특히 본 책은 수많은 광고를 싣고 있다. 이들 광고에는 위치, 주인의 출신지, 영업종류, 이름 전화번호 등이 기재되어 있다. 예를 들면, 조선 수원역전 야마구치현인(山口縣人), 토목건축청부업, 뇌강실일(賴岡實一), 전화 210번, 조선총독부 권업모범장 수원고등농림학교 잠업시험소 어지정용달 제품위탁판매, 궁지원정(宮之原靖), 경부선 수원역북, 전화 8번 등이다.

「지리상으로 본 수원」은 전체 분량상 제일 많다. 1914, 1915년에 지은 책에 비하여 1923년까지 최근 10년간의 변화상을 보여 줄 수 있는 부분으로서 중요한 의미를 갖는다고 할 수 있다. 이 부분은 지세, 기후, 인구, 호수, 교통통신, 행정, 학교조합, 교육, 위생, 종교, 재판, 농업, 농산물, 조선토지제도, 토지가격, 잠업, 임업, 축산, 수산, 상

---

9) 성주현의 「근대 식민지 도시의 형성과 수원」(189~191쪽)이 참조된다.

업, 금융, 모범장, 잠업시험장, 이왕직목장, 생산사업 등 총 20여 개 부분으로 나누어 분석 파악하고 있다. 이 가운데 일본의 조선 강점과 관련하여 특별히 주목되는 부분은 교통통신, 행정교육 위생금융 모범장, 잠업시험장 등이 주목된다.

「역사상으로 본 수원」은 왕고(往古), 이조(李朝), 전설, 애사(哀史), 즉위, 화산의 어릉(御陵), 지지대, 신읍(新邑), 천도(遷都)의 계획 등으로 이루어져 있다. 이 중 특히 전설, 애사, 천도의 계획 등이 많은 부분을 차지하고 있다.

「명승지로 본 수원」에서는 수원신사, 공자묘, 팔달문, 성내, 화성장대, 동장대, 화홍문, 방화수류정, 화녕전, 화서문, 장안문, 창룡문 봉로대, 북지(北池), 지지대, 서호, 화산릉, 용주사, 수원 8경, 팔달의 청풍(淸風), 서호의 낙조, 광교(光敎)의 적설(積雪), 북지(北池)의 상연(賞蓮), 남지(南堤)의 장류(張柳), 용지(龍池)의 대월(待月), 시문일속(詩文一束) 등에 대하여 알려주고 있다.

특히 본서는 1920년대 수원지역의 역사, 사회, 문화, 인물들을 다양하게 보여주고 있는 수원향토지라고 말할 수 있다. 그 가운데 이 책에서는 수원의 사회, 경제부분에 대하여 많이 다루고 있다. 아울러 일본이 조선을 지배한 이후 얼마나 수원이 잘 살게 되었는가를 보여주기 위하여 생산의 중심인 농업에 대하여 많은 비중을 두고 있다. 아울러 본서는 수원을 지배했던 일본인 집단을 세밀히 분석할 수 있는 자료를 싣고 있다는 점에서 흥미롭다.

본서에서 필자는 통계표를 이용하여 교통,[10] 통신, 농업 등 다양한 분야의 수원지역의 발전의 변화상을 보여주고 있다. 특히 그는 최근의 통계자료를 이용하고 있는 점이 특별히 주목된다. 필자는 바로 이러한 통계의 논리를 통하여 수원지역이 일본의 식민지 지배를 통하여 얼마나 변화 발전하였는지를 보여주고 이를 정당화하고 있는 것이다. 지금까지 학계에서는 전체적인 입장에서 일본의 식민지 지배에 대하여 논하였으나 이번 『수원』의 경우, 수원의 사례를 통하여 일제가 한국을 어떻게 왜곡하고 있는 가를 보여주는 중요한 사례라고 하는 측면에서 본서는 중요한 의미를 갖는다고 생각된다.

---

10) 철도교통의 경우 다음의 논문이 주목된다(김찬수, 「일제하 수원지역의 철도교통」, 『수원학연구』 2).

식민지시대 수원지역의 통계표는 일반적으로는 「조선총독부 통계연보」, 「朝鮮 國勢조사보고」 등을 활용하고 있다.

우선 「지세(地勢)」 부분에서, 수원에 위치한 권업모범장에서 관측한 최근 12년간의 평균기후를 월별로 언급하고 있다. 그리고 평균기후를 다시 10가지로 세분하여 보여주는 치밀함을 보여주고 있다.

둘째, 「교통」에서는 1917~22년까지 수원역 승객, 수하물, 화물을 연도별로 또한 수원역 출입 주요화물을 연표로 작성하고 있다. 주요 화물의 경우 쌀, 콩, 잡곡, 과일, 목재, 석탄 등 10개로 나누고 있다.

셋째, 「통신」에서는 통상우편과 소포우편과 진체(振替) 저금을 그리고 우편 위체(爲替)와 우편저금을 1908년과 1922년의 두 경우를 살펴보아 그 변화상을 비교하도록 하고 있다. 아울러 전신, 전화의 발착 역시 살펴보고 있다.

넷째, 「행정」에서는[11] 수원군에 소속된 면명, 리의 수 등을 기록하고 있다. 여기에 따르면, 수원군에는 수원면, 일형면, 반월면, 의왕면, 태장면, 양감면, 장안면, 우정면, 팔탄면, 봉담면, 매송면, 동탄면, 안용면, 성호면, 정남면, 향남면, 비봉면, 음덕면, 마도면, 송산면, 서신면 등이 포함된다.

다섯째, 「학교조합」에서는 1923년도 학교조합세출입통계예산을 세입과 세출로 나누어 보여주고 있다.

여섯째, 「교육」에서는 1923년도 현재의 학교수와 교원수, 학생수를 보여주고 있다. 이는 다시 소학교, 보통학교, 간이실업학교, 종교학교로 나누고 있고, 이를 다시 사립, 공립으로 나누어 보여주고 있다. 그리고 한국인들이 세운 서당을 기록하여 비교하도록 하고 있다.

일곱째, 「위생」에서는 병명, 일본인, 조선인으로 나누어 질병에 걸린 사람들의 숫자를 파악하고 있다. 이를 통해서 볼 때, 한국인의 경우 소화기병, 피부병, 호흡기병, 눈병 등이 많음을 알 수 있다.

---

11) 수원지역의 행정에 대하여는 다음의 논문이 주목된다(최재성, 「일제의 조선 지방지배정책과 수원」, 『수원학연구』 2).

여덟째, 「종교」를 다루고 있다. 이 부분에 대하여는 통계 등을 이용한 분석 등이 이루어지고 있지 못한 형편이다.

아홉째, 「민형소송사건」에서는 경성지방법원 수원지청 취급사건을 1911년, 1914년, 1918년, 1922년 등 4시기로 나누어 살펴보고 있다. 이는 필자가 지방 민도(民度)의 문화정도와 사상의 여하를 살펴보기 위한 것이다.

열째, 필자는 「농업」에 큰 비중을 두고 있다. 이는 농업에 할당한 분량이 많음에서도 짐작해 볼 수 있다. 먼저 필자는 각 면별 경작지를 논과 밭으로 나누고 면적을 표로서 제시하고 있다. 이는 수원군에 소속된 여러 면의 경작지를 전체적으로 파악할 수 있다는 측면에서 큰 도움을 주고 있다. 다만 이들의 조사와 분석이 결국 조선인의 경제적 지위 향상을 위한 것이 아니라 일본으로의 미곡 등 수출 그리고 조선인의 착취를 위한 것이었다는 점을 주목할 필요가 있다고 판단된다.

논은 1모작과 2모작으로 나누고 있으나 일형면과 안용면의 일부 지역을 제외하면 모두 1모작이다. 아울러 자작 소작별 면적 또한 구분하고 있다. 이에 따르면, 일모작 논의 경지는 반월면과 안용면이 제일 넓게 나타나고 있다. 밭은 반월면, 태장면이 제일 많다. 다음으로는 1922년 12월 말 현재의 농업자수를 면별로 통계처리하고 있다. 이를 다시 전업(專業)과 겸업(兼業), 그리고 지주(갑), 지주(을), 자작 겸 소작, 소작 등으로 나누고 있다.

「농산물」은 맥(麥), 대두, 과수, 채소 등에 대하여 살펴보고, 1922년의 〈米作 付段別 及收穫高表〉에 이어 맥작(麥作), 두류(豆類)를 면별로 파악하고, 이어서 논밭의 수지계산표(1922년 12월 조사)를 지주, 자작농, 소작농으로 나누어 세입, 지출을 언급하고 있다. 또한 1922년도 〈面採取査栽培成績교환성적표〉를 기록하고 있다. 이어서 「朝鮮田制」에 대하여 소개하고, 주요 산업인 「잠업」에 대하여도 언급하고 있다. 이 부분은 1910년, 1922년 그리고 1920년, 1921년, 1922년의 경우를 통계로 보여주고 있다.

열한 번째, 「임업」은 성림지(成林地), 미안지(未案地), 잡수리(雜樹地) 등으로 나누어 임야면적과 임황(林況)구분면적을 기록하고 있다. 또한 소유자별 구분면적도 보여주고 있다. 「축협」의 경우도 소에 비중을 두면서, 돼지, 닭 등에 대하여도 검토하고 있다. 그 외에 「수산」「상업」, 「금융」 등에 대하여 다루고 있다. 금융의 경우, 1923년 7월 현재 조사에 따라, 대표적인 수원금융기관의 예금, 대출, 기타를 표로서 보여주고 있다.

아울러 「권업모범장」에 대하여 비중있게 다루고 있다. 품종시험, 한수해(旱水害)처리법시험, 대맥(大麥)이모작시험성적, 추파대맥(秋播大麥), 소맥, 대두 등에 대하여 언급하고 있다. 이어서 「잠업시험소」에서는 조선잠업통계 누년비교표(1917~1921), 잠종배부수년표를 제시하고, 「여자잠업강습소」에서는 졸업생 취업일람표(1923. 1월 조사표), 「이왕직수원목장」에서는 이왕직수원목장성적표(1916~1923), 기타 생산사업, 제지, 양잠, 과수재배, 엽(葉) 연초재배 등에 대하여 살펴보고 있다.

(2) 식민지근대화를 강조한 수원지역 사진첩

『수원』에 수록된 사진은 총 44점이다. 이를 보면 다음과 같다.

　　1) 수원역 구내의 일부
　　2) 수원시가의 역전앞 거리
　　3) 東山농사주식회사 조선지점
　　4) 東山製穀所
　　5) 巴商會양복점(역전통)
　　6) 주식회사 식산은행 수원지점(역전통)
　　7) 수원공립심상고등소학교
　　8) 수원신사
　　9) 種苗商 香山상점
　　10) 수원전기주식회사와 발전소
　　11) 活牛貿易商 忽那商會(모범소)
　　12) 수원시가 내 남대문 앞 거리
　　13) 미곡상 靑木상점 정미소
　　14) 팔달문(남대문)
　　15) 수원시가 성내의 일부

16) 수원공회당과 수원면사무소

17) 주식회사 한성은행 수원지점

18) 수원우편국

19) 행궁의 자취(水原慈惠醫院)

20) 수원군청과 수원토목 管區

21) 경성지방법원 수원지청

22) 華寧殿의 老松

23) 화녕전(風化堂)

24) 수원공립보통학교

25) 화홍문 전경

26) 방화수류정과 용연

27) 연무대

28) 장안문(북문)

29) 화서문

30) 北池 (만석거)

31) 지지대(正宗王 駐輦의 자취)

32) 서호와 축만제

33) 항미정

34) 조선총독부 권업모범장

35) 관립여자 잠업강습소

36) 國武合名회사 조선본부

37) 수원고등농림학교

38) 잠업시험소

39) 大皇橋

40) 李王職 목장

41) 장헌세자의 어릉과 화산 용주사

42) 수원금융조합

  총 42장의 사진은 일제의 조선 지배 이래 발전하는 수원의 모습을 보여주는 것과 정조와 관련된 것들로 크게 양분해 볼 수 있다. 우선 전자로는 수원역 구내의 일부, 수원시가의 역전 앞 거리, 동산(東山)농사주식회사 조선지점, 동산제곡소(東山製穀

所), 파상회(巴商會)양복점(역전통), 주식회사 식산은행 수원지점(역전통), 수원공립
심상고등소학교, 수원신사(종묘상 향산(種苗商 香山)상점, 수원전기주식회사와 발전
소) 활우무역상 홀나상회(活牛貿易商 忽那商會)(모범소), 수원시가 내 남대문 앞 거
리, 미곡상 청목(靑木)상점 정미소, 수원시가 성내의 일부, 수원공회당과 수원면사무
소, 주식회사 한성은행 수원지점, 수원우편국, 행궁의 자취(水原慈惠醫院), 수원군청
과 수원토목 관구(管區), 경성지방법원 수원지청, 수원공립보통학교, 조선총독부 권
업모범장,[12] 관립여자 잠업강습소, 국무합병(國武合名)회사 조선본부, 수원고등농림
학교, 잠업시험소, 대황교(大皇橋), 이왕직(李王職)목장, 수원금융조합 등 금융, 학교,
병원, 면사무소, 법원 등 관공서, 금융기관, 병원, 학교 등을 들 수 있다.[13] 이처럼 수
원의 근대적인 문물을 다수 소개하고 있는 것은 3·1운동 이후 팽배해 있는 일본에
대한 반발을 무마하기 위한 것이 아닌가 한다. 즉 일본의 지배 10년 동안 조선이 어떻
게 근대적으로 발전하고 있는 가를 보여줌으로써 일본인의 조선식민지지배의 정당성
을 조선인 식자계층에게 뿐만 아니라 일본인들에게도 그 정당성과 합리성을 강조하
기 위한 것이 아닌가 한다. 일본의 지배를 통하여 수원지역이 얼마나 근대적으로 발
전하였는가를 다수의 사진을 통하여 보여주고 있는 것이다.

후자로는 팔달문(남대문), 화녕전(華寧殿)의 노송(老松), 화녕전(風化堂), 화홍문 전
경, 방화수류정과 용연, 연무대, 장안문(북문), 화서문, 북지(北池)(만석거), 지지대(正
宗王 駐輦의 자취), 서호와 축만제, 항미정, 장헌세자의 어릉[14]과 화산 용주사 등 정
조대왕과 관련된 역사유적이다. 주정정지조가 정조와 관련된 역사유적을 특별히 주
목한 이유는 무엇일까. 일본이 바로 제2의 정조임을 강조하고 싶었던 것은 아닐까 한
다.

12) 최근 권업모범장에 대하여 『수원학연구』 창간호(2005)에서 집중적으로 다루었다. 박수현의 「일제하 수원
권업모범장의 조직과 기능의 변천」, 김도형의 「일제하 수원 권업모범장의 구성원과 식민지농업지배」, 김
주용의 「일제하 수원 권업모범장의 운영실태」 등이 그것이다.
13) 수원지역 근대건축물의 설치와 도시공간의 변화에 대하여는 다음의 논문이 참조된다. 김재국, 「수원 근대
건축의 발전에 관한 연구」, 홍익대학교 대학원 석사학위논문, 1998 ; 성주현, 「근대 식민지 도시의 형성과
수원」.
14) 현릉원에 대하여는 『수원학연구』 창간호, 2005에서 집중적으로 다루고 있다. 조병로의 「조선후기 현릉원
원행과 역참」, 박천우의 「현릉원과 용주사」, 장필기의 「현릉원의 조성과 화성방위체계」 등이 그것이다.

2) 1920년대 초 수원지역 주요 한국인과 일본인을 살펴볼 수 있는 인물지

『수원』에서는 1920년대 초 수원지역에 거주하는 대표적인 한인들로 윤태중, 양성관, 한상봉 등을 들고 이들에 대하여 다음과 같이 소개하고 있다.

(1) 윤태중(尹泰重)

수원고등농림학교 교수. 1885년 10월 경성부 북부 삼청동에서 출생. 1912년 7월 동경제국대학 농과를 졸업하고 동년 7월 농림학교 교수가 되어 금일에 이르고 있다.[15]

(2) 양성관(梁聖寬)

1867년 8월 4일 수원에서 출생하였다. 1908년 4월 수원명륜학교 졸업 후 동년 8월 수원상업회의소 부회두에 당선 이래 1910년 상업강습소 설립, 기타 수원 공사의 모든 사업에 진력하였다. 공립보통학교 학무위원, 전기회사 취체역, 수원금융조합장의 요직에 있었다. 일본적십자사 유효(有效)사원에 추거(推擧)되었다.[16]

(3) 한상봉(韓相鳳)

한성은행 수원지점 지배인. 1876년 3월 23일 수원에서 출생하였다. 1900년 1월 한국무관학교 졸업 후 육군 참위에 임명되었다. 다음에 정위로 지급하였다가 무관학교 교관, 군법회의 판사가 되었다. 휴직 후 1906년 9월 한성은행 수원지점 지배인이 되어 오늘날에 이르고 있다. 씨는 수원에서 출생한 사람으로서 수원금융경제계의 중진으로서 뿐만 아니라 일본인과 조선인의 신망을 받고 있다. 여러 요직을 역임하였다. 최근 수원면 상담역과 경기도 도평의원, 수원실업협회 부회두 등에 선출되었다.[17]

---

15) 『수원』, 103쪽.
16) 『수원』, 105쪽. 양성관의 개인사에 대하여는 다음의 글이 참조된다. 이창식, 「양성관과 수원공립가정여학교」, 『일제강점기 민생실록 - 수원사람들은 어떻게 살았을까』, 수원문화원, 2003, 295~296쪽.
17) 『수원』, 106쪽.

아울러 수원지역의 일본인 주요 인물에 대하여 언급하고 있다 그들을 보면, 수원군 군수(鶴崎敏行), 수원경찰서장(石橋利助), 수원고등농림학교 교수(尹泰重, 市島吉太郎, 中島友輔, 植木秀幹, 草場榮喜, 鈴木外代一), 수원도시금융조합 상무이사(현)(今村卯太郎), 경기지방법원 수원지청 상석판사(石村義太郎), 권업모범장장(大工原銀太郎), 수원공립심상고등소학교 교장(田中三郎), 동산농사주식회사 취체역(中屋堯駿), 주식회사 식산은행 수원지점장(中村孝嗣), 경기도 자혜병원 원장(平井道治), 경부선 수원 역장(酒井直行), 수원면 면장(近藤虎之助) 등이 대표적인 인물들이다.

아울러 1920년대 수원지역 일본인 상공업자 현황도 파악할 수 있다. 구체적으로는 총 60여 개에 이르는 회사명, 주요 사업 또는 취급품, 소재지, 점주 등이 상세히 기록되어 있다.[18]

수원에 최초로 정착한 일본인은 선교사 승송아휴(乘松雅休)였다. 그는 1900년 9월에 성안 북수동(현 장안동)에 초가집 한 채를 마련하여 수원에 정착함으로써 수원에 영주한 최초의 일본인이 되었다. 그 후 1883, 1884년 이주가 점차 늘어났으며, 특히 1884년에는 농학자들이 들어오기 시작하였다. 1887년 수원에 권업모범장과 농림학교가 만들어지면서 일인의 수가 급증하였다. 그러자 일본인들의 취학을 위하여 수원군 학교조합이 만들어지기도 하였다.[19]

그 후 러일전쟁의 승리,[20] 1905년 경부선의 개통이후 수원지역으로의 일본인의 이주는 더욱 증가하였다.[21] 아울러 1906년 권업모범장과 농림학교가 정조 때 축조된 축만제 옆에 설치되자 일본인 이주자들은 더욱 증가하게 되었다. 또한 통감부 설치 이래 수원은 경기도 수부도시로서 수원경찰서와 우편국, 수원역 및 권업모범장과 농림학교 등에 일본인 관공리들이 배치되었다. 이에 따라 수원의 일본인들이 점차 증가하게 되면서 1909년에는 1천여 명이 넘는 일본인들이 거주하게 되었다.[22] 1909년 말 수

---

18) 성주현, 「근대 식민지 도시의 형성과 수원」, 203~204쪽.

19) 한동민, 「근대 수원의 일본인사회와 일본인학회」, 152~157쪽.

20) 한국거주 일본인은 1902년에는 22,471명이었으나, 전쟁의 승리와 함께 1906년에는 83,315명으로 늘어났다 (이규수, 『식민지조선과 일본, 일본인』, 다할미디어, 2007, 26쪽).

21) 일제시대의 수원지역의 철도교통은 다음 논문이 주목된다. 김찬수, 「일제하 수원지역의 철도교통」, 『수원학연구』 2, 2005.

원군에는 360호에, 1,247명이 거주하였고, 1915년에는 1866명, 1925년에는 3041명으로 늘어났다. 1944년에는 3993명이었다. 수원면의 경우 1915년에 719명, 1925년에는 1,265명, 1944년에는 3,091명 등이었다.[23)]

1910년대 초 수원에 거주하는 일본인의 출신지는 사가현(佐賀縣)과 후쿠오카현(福岡縣)이 가장 많았으며, 다음으로 히로시마현(廣島縣), 야마구치현(山口縣) 등을 들 수 있다.[24)]

구한말 및 1910년대 초 이들 일본인들의 조선이주와 정착의 안내 역할을 한 책자가 재조일본인들인 기쿠치(菊池謙讓)와 샤쿠오(釋尾春芿) 등이 발행한『조선(朝鮮)』이다. 이 책자는 1908년 3월 1일 창간되어 1911년 12월 종간되었다.[25)]

3. 결어: 『수원』의 자료적 가치

본서는 일제하 재수원일본인에 의해 작성된 수원관련 책자의 집대성이라고 할 수 있다. 『화성지영』과『발전하는 수원』을 바탕으로 1910년대 및 1920년대 전반기를 추가한 책이기 때문이다. 『수원』의 바탕이 된 두 책에 대하여 살펴보기로 하자.

1) 『發展せる水原』

『발전하는 수원』은 사카이가 1914년 9월에 일문으로 작성한 책으로 총 74면이다. 이 책의 서문은 조선총독부 권업모범장 장장(場長) 농학박사 혼다 코오스케(本田幸介)가 지었다. 그는 동경대 농대 축산학교수로서 일찍이 1903년 일본 농상무성 조사

---

22) 한동민, 「근대 수원의 일본인사회와 일본인학회」, 152~157쪽.
23) 『수원시사』 상권, 수원시사편찬위원회, 1996, 128~129쪽.
24) 酒井政之助, 『發展せる 水原』, 1914, 8~9쪽.
25) 최혜주, 「잡지 『조선』(1908~1911)에 나타난 일본 지식인의 조선인식」, 『한국근현대사연구』 45, 2008년 여름호, 113~114쪽.

단의 일원으로 황해도 평안도 강원도의 농업을 조사하였고, 1905년에는 함경 평안 황해 3도에 대해 다시 한번 농산 조사를 담당하면서 한국 농업과 인연을 맺게 되면서, 초대 권업모범장의 장장이 되었다. 그는 1907년부터 1919년까지 15년간 장장으로 재직하면서 당시 한국농정의 기본 방침과 세부사항을 결정할 최고의 위치에 있었으며, 1910년대 일제의 농정은 대부분 그에 의해 수립 추진되었다.[26]

『수원』의 서문에서 그는 수원이 일제의 식민지지배를 통하여 그동안 크게 성장하였음을 강조하고 있다. 특히 그는 농학자의 견지에서 화산(華山)의 식림과 서호(西湖)를 통한 관개사업의 발전을 높이 평가하고 있다.

> 수원은 객관적으로 볼 때, 황막한 반도를 개발한 가장 대표적인 사례가 될 수 있을 것이다. 花山의 濃翠은 植林의 전범을 보여주고, 西湖의 경우는 灌漑의 전형을 보여주는 것이라고 할 수 있다. 그리고 주관적으로 볼 때 수원은 실로 웅대한 風光을 보여주고 있고, 그 산수의 아름다움은 자랑할 만하다. 4계절의 아름다움은 세상에 이미 定評이 나 있을 정도이다. 이에 더하여 최근 물질적 진보는 현저해서, 그것을 10년 전과 비교하면, 거의 격세지감이 있다.
>
> 酒井政之助君이 이에 보는 바가 있어 『발전하는 수원』을 저술하고, 세상에 수원을 소개하고자 하고 있다. 저자가 이 저술을 통하여 소개하고자 하는 것은 花天月地를 말하고자 하는 것만이 아니고, 또한 수원에 바라는 점이 있기 때문일 것이다.
>
> 1914년 3월 초 여름 수원에서 농학박사 本田幸介

또한 필자는 「自序」에서 다음과 같이 집필의도를 밝히고 있다.

> 사람은 떠나도 산천은 여전히 존재한다.
>
> 정조가 화성을 세운지 120여년, 팔달산의 소나무는 아직도 끊임없이 비통함을 소삭이고 있다. 華川은 흘러 오래 동안 슬픔에 목이맨다. 그런데 조국의 陵威가 오늘날에 이르러 비로소 수원의 形勝과 옥토를 논하기에 이르렀다. 그러나 혹은 진실을 잘못 언급하고, 혹은 진수를 빠뜨릴 우려도 있고 해서, 천박비재임에도 불구하고 공사다망한 가운데 여가를 내어

---

26) 김도형, 「일제하 수원 권업모범장의 구성원과 식민지농업지배」, 282쪽.

서, 이 원고를 작성하였다. 문장의 묘는 천하에 저절로 그 사람을 드러낸다. 나는 오직 수원의 진상을 세상에 전하는데 만족한다.

1914년 3월 상순
저자 씀

이어서 필자는 서언에서도,

쉼없이 흘러가는 시간의 힘은 참으로 위대하다. 영화의 꿈, 쇠퇴의 한 모두 이것이 시간의 장난일 뿐이다. 송도의 옛날, 화성의 지금. 함께 시간의 손바닥 안에서 놀아난 것이 아닌가.

옛날 정조대왕에 의해서 개척된 천도의 의논이 일어났을 때, 8도의 눈은 수원으로 모두 모아졌다. 그러나 그 전성기는 뜬 구름의 순간의 영화에 불과했다. 왕의 붕어와 함께 모처럼의 계획도 허무하게 묻혀버려 이례로 봄이 가고 가을이 지나 120년의 세월이 흘렀다. 정치의 길은 점차 쇠퇴하고 문운도 사그라져 장려한 건축물은 과거의 영화는 흘러간 꿈이 되고, 그 아름다움은 결국 비바람에 퇴색하여 옛 감정을 견디기 어려운 상황에 이르렀다. 그리하여 덧없는 역사를 대변하는 수원도 다시금 개척되어야 할 기운은 경부선의 부설에 따라 열리고, 통감정치가 시작됨에 미쳐서 찬란한 광영은 정도에 빛나고 이어서 병합이 이루어져 결국 수원의 확고부동한 기초가 수립되고 동시에 장래에 한층 발전할 소지를 확보한 것이다.

만약 팔달산 정상에 서 보면 그것이 결국 망언이 아니라는 사실을 알 수 있을 것이다. 한눈에 멀리 십리의 기름진 땅이 있고, 가을 하늘이 높고 맑아 아름다운 광경이 펼쳐진 가을. 누가 절대의 보고에 놀라서 눈이 둥구레지지 않겠는가. 鍵鑰을 가지고 있는 수원의 장래는 유망하다. 또한 정차장 부근의 신시가지의 번창은 말할 것도 없고, 탄탄한 도로를 끼고 가옥이 신축되는 것도 날로 많아지고, 아마도 몇 년 지나지 않아 신구시가지는 서로 만나게 될 것이다. 구시가지는 구획이 정연하고 소도시로서 부끄럽지 않은 모습을 완비하여 상거래가 활발한 것도 또한 다른 지방에 비하여 보기 드문 점이다. 더구나 산의 경관과 오래된 색채와 자연의 정취가 조화되어 있지 않은가. 아무튼 조금이라도 진정한 수원을 알고자 하는 사람은 지리 역사를 조금 알고 산수에 대하여 다소의 감식안을 지니고 그에 상당하는 준비를 하여 수원의 진면목을 이해 보충하는 것이 필요할 것이다.

저자는 이점에 있어서 아직 수원땅을 밟지 않은 사람에 대하여 소개하고자 한다.

라고 하여 정조 붕어 이후 쇠퇴한 수원이 경부선의 개통과 통감정치의 실시, 한일합
방이후 확고부동한 기초가 수립되고 발전할 소지가 있음을 구체적으로 강조하고 있
다. 또한 이 점은 책 제목에서도 단적으로 드러나고 있다.

『발전하는 수원』은 첫머리에 화보를 19장 싣고 있다. 공자묘로부터 바라본 수원역
방면(1), 팔달문(남문, 2), 수원성내 시가의 일부(3), 화성장대(서장대, 4), 행궁의 자취
(경기도 자혜병원, 5), 화녕전의 노송(老松)(6), 화녕전(풍화당, 7), 수원부 공원 1(화홍
문과 七間水의 夕景, 8), 수원부 공원 2(용연으로부터 본 방화수류정, 9), 수원부 공원
3(연무대와 창룡문, 10), 장안문(남문, 11), 화서문으로부터 본 이민부락(12), 북지(북문
밖 만석거, 13), 지지대(정종대왕 駐輦의 고적, 14), 팔달문 밖 조선인부락의 일부(15),
조선총독부 권업모범장 전경(16), 서호(축만제) 17), 항미정의 룡(18), 화산의 능(장헌
세자의 능묘, 19) 등이 그것이다.

이 책은 모두 3편으로 구성되어 있는데, 1편은 지리상으로 살펴본 수원, 2편은 역사
상으로 살펴본 수원, 3편은 승지(勝地)로서 수원이다. 특히 제1편에서는 수원의 지세,
인구호수, 교통, 행정, 학교조합, 교육, 위생, 종교, 농업, 권업모범장, 임업, 상업, 금
융, 수산, 기타 생산사업(제지, 양잠, 과수재배, 염연초제조) 등으로 나누어 살펴보고
있다. 특히 통계를 많이 사용하고 있다.[27]

2) 『華城之影』

『화성지영』은 일본인 사카이가 1915년 9월 주정출판부(酒井出版部), 수원군 수원면
남창리 95에서 발간한 화보중심의 책자이다. 일본어로 쓰여졌으며 총 52쪽으로 되어
있다. 본 책자에서는 수원군뿐만 아니라 용인군, 이천군, 여주군 등 경기 남부지역을
포괄하고 있으며, 또한 저명 실업가들도 수록하고 있다.

시정(始政) 5년 기념조선물산공진회(紀念朝鮮物産共進會) 수원협찬회(水原協贊會)
는 서언에서 다음과 같이 밝히고 있다.

---

27) 『수원시사』 상권, 수원시사편찬위원회, 318~319쪽.

　　5년전 명치 43년은 일한병합이 실현된 해이다. 이는 일본과 청나라, 일본과 러시아 2대 전쟁의 결과이고, 즉 동양평화의 기초를 확립하고 총독정치를 연 시기이다. 금년은 5주년에 해당되는 해이다, 그것을 기념해서 수도 경성에서 시정5년 기념조선물산공진회를 개설하였다. 이 장거는 조선의 실업계에 도움을 주는 것이 지대하다.

　　우리 수원의 유지들은 이 좋은 기념사업에 협찬해서, 본회를 조직한 바이다, 기념공진회 관람의 일본과 조선인 여러 인사는 이 좋은 기회를 이용해서 당지 관광을 생각하는 사람이 적지 않기 때문에 본회는 그것에 대한 예의로써 地方狀勢 일반을 편찬해서 여러 인사들에게 배포하고자 한다.

　　본회 회원인 酒井政之助씨는 화성의 影이라는 책자를 편찬할 계획이 있고, 씨에 부탁해서 그것을 만들어 관광하는 여러분에게 배포하게 되었다.

1915년 9월 시정5년기념조선물산공진회 조선협찬회

　　즉, 본 책자는 일본이 조선지배 5주년을 기념하여 이 지역을 방문하려고 하는 사람들에게 관광책자로서 만든 것임을 알 수 있다.

　　필자는 책의 서(序)에서 다음과 같이 언급하고 있다.

　　가을 하늘이 청명하고 오곡이 무르익은 때, 시정5년기념공진회는 경성에서 개최되었다. 이 기쁜 행사에 즈음하여 본서를 간행하게 된 것은 화성 부근의 실제를 소개함에 있어서 상당한 공헌을 하게 될 것이다. 하지만 그것이 내용의 빈약과 우둔한 붓놀림은 독자의 양해를 구한다. 저자는 일찍이 『발전하는 수원』을 기초했고, 오늘날 또 이 책이 중복되는 감은 있지만 그것은 일반적인 상황을 잘 살펴보고 상세히 진정한 모습을 서술하여, 양자간에 큰 차이는 있지만 독자들께서는 양해해 주십시오.

1915년 9월 상순 저자 씀

　　먼저 본서는 수원부근약도를 제시하여 독자들로 하여금 지역에 대한 이해를 돕고 있다. 이어서 수원군편에서는 1) 수원군 군세 약설(略說), 2) 지지대(장종왕 駐輦의 고적), 3) 북지(北池)(북문밖 만석거), 4) 장안문(북문), 5) 화서문에서 바라본 이민부락, 6) 수원부 공원 1(화홍문과 七間水의 夕景), 7) 수원부 공원 2(용연으로부터 본 방화수류정), 8) 수원부공원 3(연무대, 봉화대), 9) 수원행궁의 흔적, 10) 수원군청의 모습, 11) 화녕전(풍화당), 12) 화녕전의 노송, 13) 수원성 시가의 일부, 14) 팔달문, 15) 남제(南堤)의 장유(長柳), 16) 공립 심상고등소학교와 보통학교, 17) 공자묘에서 바라본 수원역 방면 전망, 18) 서호(축만제), 19) 권업 모범장의 모습, 20) 농림학교 원잠종(原蠶種) 제조소, 여자잠업강습소의 전경, 21) 화산의 능과 용주사의 불상 등을 화보 중심으로 설명하고 있다.

「수원군 군세 약설」에서는 지세, 인구호수, 교통, 통신, 행정, 학교조합, 위생, 농업, 상업, 금융, 수산 등으로 나누어 총 4면에 걸쳐 간략히 소개하고 있다. 다음 지지대부터는 사진을 곁들어 각 지역의 역사와 유래를 설명하고 있어 보는 이들에게 큰 도움을 주고 있다. 1910년대 전반기 수원의 문화유적과 일제의 수원진출과 식민지근대화를 이해하는 데 도움을 주고 있다.[28]

3) 『수원』

『수원』은 앞서 살펴본 바와 같이 1910년대, 1920년대 초반기의 수원지역을 이해하는데 가장 중요한 민간사료집으로서 평가된다. 향토지로서, 그리고 인물지, 사진첩으로서 그 시대를 이해하는데 중요한 자료집으로서 의미를 갖는다고 할 수 있다.

또한 『수원』은 『화성지영』과 『발전하는 수원』을 바탕으로 하였으나 시대의 변화에 따른 새로운 자료들을 추가하여 시기의 변화를 보다 충실히 반영한 책으로 평가된다. 『수원』의 화보의 경우 『화성지영』의 사진을 바탕으로 많은 부분을 추가하고 있다. 아울러 『수원』의 「지리상으로 살펴본 수원」의 경우, 『발전하는 수원』의 「지리상으로 본 수원」을 바탕으로 1910년대 후반부터 1920년대 전반기 것을 추가한 형태인 것이다. 즉, 『수원』은 기존의 연구 성과에 1910년대 및 20년대 부분을 첨가시킨 신선한 책이라고 할 수 있다.

『수원』의 가장 중요한 의미는 일본의 수원지배, 나아가 조선의 지배를 정당화하고

---

28) 『수원시사』 부록 자료 해제, 318쪽 참조.

자 한 책이란 점이다. 이 점은 러일전쟁 전후부터 1910년경까지 일본인에 의해 기술되고 발간된 조선여행관련 기록물과도 비슷하다. 이 시기의 저작물들은 주로 조선을 일본의 '정복지'로 간주하고 조선을 개척하고 일본이민을 장려하기 의도에서 여행기를 저술하였던 것이다.[29] 『수원』이 일제의 수원지배를 글로써 정당화한 것은 3·1운동이 국내외의 일본인들을 경악하게 하여, 일본지식층이 무단통치의 실패를 인정하고 유연한 문화통치로의 전환을 촉구한 점과도 일맥상통하는 것이 아닌가 한다.[30]

일제의 수원에 대한 조사는 1920년대 후반 민간인이 아닌 조선총독부에 의해 더욱 강화된다. 조선총독부는 일찍이 『인천시사』를 집필한 역량있는 저술가인 조선총독부 촉탁 센쇼에이스케(善生永助)에게 명하여 『생활실태조사 기일 수원군』(1929)을 간행하도록 하였던 것이다. 이 보고서는 정부간행물로 다양한 통계 및 사진 자료를 활용하여 식민지시대 수원의 모습을 그려내고 있다. 총설에 이어 경제사정, 부락, 생활양식, 문화사상, 생계상태, 농가의 수지와 수원군 지도 외에 다수의 사진들이 실려 있다. 이 책은 수원지역사를 이해하는데 가장 대표적인 민간 측 자료가 아닌 관 측 자료로서 활용되고 있는 것이다.[31]

---

29) 윤소영, 「러일전쟁 전후 일본인의 조선여행기록물에 보이는 조선인식」, 『한국민족운동사연구』 51, 2007, 51~65쪽.
30) 윤소영, 「호소이 하지매(細井肇)의 조선인식과 '제국의 꿈'」, 『한국근현대사연구』 45, 2008년 여름호, 28쪽.
31) 이창식, 「일본인 저술가가 남긴 일제하 수원사료」, 『일제강점기 민생실록―수원사람들은 어떻게 살았을까』, 수원문화원, 2003, 302~305쪽.

제1장

증언을 통해본 해방정국 수원사람들

1. 서언

1945년 8월 15일 해방이 되자 몇 주 지나지 않은 짧은 기간에 수원을 중심으로 용인, 평택, 포천, 시흥 등 경기도 지역에는 인민위원회가 군청사를 접수하여 통치활동을 시작하였다. 아울러 대부분의 면사무소의 경우도 인민위원회의 대표들이 자리를 잡고 있었다. 그리고 동년 11월 10일에는 경기도 인민위원회가 수립되었다.[1] 한편 수원지역에서는 인민공화국 수원시인민위원회 위원장 박승극(朴勝極)의 구금사건으로 수원일대에 농민폭동이 일어났다고 하여, 미군정의 협조요청으로 서울에서 여운형(呂運亨)이 수원으로 내려와 사태를 진정시키는 등 혼돈의 시간이 있기도 하였다.[2] 그 후 미군정하의 1945년 12월경의 수원의 정세는 『자유신문』 1945년 12월 25일자

---

[1] 인천에서 발행된 『대중일보』 1945년 11월 12일자 1면 1단에 「경기도 인민위원회에서 인민공화국에 盡忠盟誓, 결의문 작성코 위원회를 선거」라고 하고, 홍면옥은 산업부장, 박승극은 문화부장으로 보도되고 있다. 김태우, 「경기도지역의 민족국가수립운동」, 『경기도사』 8권, 경기도사편찬위원회, 2005, 58-61쪽.

[2] 『대중일보』 1945년 11월 11일, 「수원일대에 농민폭동－원인은 박승극위원장 구금으로, 여운형씨를 협장에 급파」 ; 『대중일보』 1945년 11월 14일자, 「여운형씨 현장에 출동, 수원농민폭동 해결－군정협력이 독립촉성에 순서라 위무」 ; 『자유신문』 1945년 11월 12일자, 「수원폭동은 낭설, 呂씨 연설로 암운을 일소」.

「軍政에 協力을 再確認－水原人民代表大會 盛況리 閉幕」에서 잘 살펴볼 수 있다.

　　〈수원〉 20만 수원군민의 총의로 선출된 인민대표대회는 각 읍면 지방대표의 노조, 농조, 靑盟, 學生, 국군 등 방청자 1,500여명의 참집아래, 23일 오전 10시 수원극장에서 개최되었는데, 위원장 朴勝極씨의 개회사에 이어, 임시집행위원장 李夏榮, 洪冕玉, 朴志明, 박승극 제씨가 선임되고, 명예의장에는 金九, 朴憲永, 呂運亨, 許憲, 金枓奉, 金日成 6씨를 추대하고, 회의를 진행하여 국제, 국내, 군내, 정세보고에 이어 중앙인민위원회 내정부차장 金桂林, 경기도 인민위원회 선전부장 金卿, 경기도 남부 6개군 군정장관 메이저(킹－필자) 소좌(소령－필자), 수원군 행정장관 웰핀 소좌의 축사와 부녀동맹, 학생사회과학연구회, 신흥문화동맹의 각 단체대표의 메시지, 방금 구금 중에 있는 양감면 인민위원장 張桂文씨의 메시지를 읽은 다음 군정협력에 관한 건의 13건을 만장일치로 가결하고, 동 5시 반 성황리에 폐회하였다.[3]

　　위의 기사를 통하여 해방 정국 수원에서 박승극, 이하영, 홍면옥, 박지명 등이 중심적인 역할을 하였음을 짐작해 볼 수 있다. 홍면옥은 주지하는 바와 같이 수원지역 3·1운동을 대표하는 인물이며,[4] 이하영은 국채보상운동, 삼일학교, 3·1운동 등 독립운동과 기독교계를 대표하는 인물이다.[5] 박승극, 장주문 등은 양감면 출신으로 1920~30년대 사회주의 계열의 청년운동을 주도한 인물들임은 주지의 사실이다.[6] 이들 가운데 박승극과 홍면옥은 월북하였다.[7]
　　이처럼 해방 후 수원은 일제강점기 독립운동을 전개했던 세력을 중심으로 나름대

3) 거의 동일한 내용이 『해방일보』 1945년 12월 25일자에 「수원 인민위원대표대회 천오백여명 참집하 성대개최」에 실려 있다.
4) 박환, 『경기지역 3.1독립운동사』, 선인, 2007, 205쪽 ; 이혜영, 「구술자료를 통해 본 3.1운동 및 강제동원의 기억과 경험」, 『화성지역 독립운동관련 역사콘텐츠 개발의 현황과 과제』, 주관 민족문제연구소, 주최 화성시, 2015, 103~106쪽.
5) 김권정, 「이하영의 민족운동연구」, 『수원역사문화연구』 5, 수원박물관, 2015, 61~93쪽.
6) 조성운, 「박승극과 조선프롤레타리아 예술동맹 수원지부」, 『한국독립운동사연구』 16, 2001 ; 성주현, 「일제강점기 박승극의 활동과 재인식」, 『숭실사학』 22, 2009, 장주문의 수형카드는 국사편찬위원회에 소장되어 있다. 『일제감시대상인물카드』 ; 박승극, 『박승극문학전집－소설』 1, 학민사, 2001 ; 박승극, 『박승극문학전집－수필』 2, 학민사, 2011.
7) 북한노획문서 RG242, SA2009 1, #145, 『남조선인민대표자대회중요문헌집』, 1948. 박승극과 홍면옥은 조선인민최고회의 대의원으로 활동하였다.

로의 새로운 조국 건설을 위하여 활발한 움직임을 보이고 있다. 이러한 가운데 국가
건설론을 중심으로 민족주의계열과 사회주의계열 사이에 갈등과 대립도 있었다.[8] 한
편 항일운동의 영웅이 일본 경찰이 아닌 우리 경찰에 의하여 또 다시 체포되는 악순
환을 겪기도 하였다. 『자유신문』 1946년 11월 12일자 「洪畏玉翁 被檢」이라는 기사를
통하여 이를 짐작해 볼 수 있다.

〈수원〉 수원에서는 5일에 군내 송산면에서 40여명의 農組 民靑원들을 검거, 본서에 인치
하였는데, 현 民戰(민족주의 민족전선 – 필자) 경기도위원회 의장의 1인이오, 송산면 인민위
원회장인 洪畏玉(69)옹도 함께 피검되었다. 씨는 과거 기미년 3·1운동에 유명한 水原松山
사건의 책임자로 일제에게 사형선언을 받았으나, 12년형을 마치고 나온 후, 고향에서 사설
교육사업에 진력하다가 8·15해방 이후 인민위원회 위원장으로 민주조선건설에 노구를 바
치고 있는 노 애국투사다.

이러한 해방 정국의 소용돌이 속에서 수원사람들이 보고 들은 해방과 해방정국의
상황은 어떤 것이었을까. 그리고 그들은 어떻게 살아가고 있었을까. 그러나 지금까지
학계에서는 이에 대한 기존 연구 성과가 전무한 상황이다.[9] 이에 본고에서는 제한된
범위에서나마 해방을 맞은 수원의 다양한 사람들의 활동을 구술자료, 자서전 등을 통
하여 살펴보고자 한다. 이는 문헌 및 영상자료가 없는 상황에서 해방 후 수원에 접근
해 볼 수 있는 거의 유일한 방법이기 때문이다. 수원시에서는 일찍이 이에 착목하여
근현대 증언자료집을 여러 권,[10] 수원문화원에서도 『수원사람들의 삶과 문화』(2008)
를 발간하였는데, 본고는 이에 힘입은 바 크다. 아울러 필자가 그동안 진행한 구술작
업과 수집한 자서전 등도 본고 작성에 큰 도움이 되었다.[11] 앞으로 해방 직후 수원지

---

8) 정용욱, 「해방과 분단, 그리고 전쟁」, 『경기도 역사와 문화』, 경기도사편찬위원회, 1997, 380~381쪽.

9) 해방 후 수원정국을 살펴볼 수 있는 연구 성과는 없다. 다만 최근 간행된 『수원시사』의 다음 글이 참조되
는 정도이다. 박동찬·홍현영, 「해방 후 정치적 동향과 '수원사건'」, 『수원시사』 4, 수원시사편찬위원회,
2014.

10) 수원시는 2001년부터 지속적으로 근현대증언자료집을 간행하고 있다. 본고와 관련하여서는 특히 1집이 크
게 도움이 되었다(수원시, 『수원 근현대증언자료집』 Ⅰ, 2001).

11) 필자는 이영재, 한정택(작고), 류정수(작고), 김석중(김시중의 동생) 등과 면담하였고, 한정택의 자서전을
수집하였다.

역의 영상과 사진들을 발굴한다면, 수원지역의 분위기를 보다 생동감 있게 이해하는 데 도움이 될 것이다.

먼저 수원사람들의 독립운동기념비 설립운동과 화성 복구노력 등에 대하여도 주목 하고자 한다. 이는 해방 후 수원사람들의 정체성 확립과정의 일단을 살펴볼 수 있는 것이기 때문이다. 이어서 해방공간에서의 민족국가건설운동에 참여한 민족주의계열 과 사회주의계열에 대하여 알아보고자 한다. 먼저 일제하 수원지역을 중심으로 사회 주의 활동을 했던 김시중이 남긴 면담기록들을 통하여 해방정국을 알아보고, 이어서 경찰이었던 오상근, 우익단체인 대한청년단에서 활동한 박창균의 증언을 통하여 해 방 후 수원의 분위기를 느껴보고자 한다. 아울러 수원지역 유지인 나중석, 차준담, 홍 사훈 등을 통하여 해방공간에서의 그들의 방향성 등에 대하여 밝혀보고자 한다. 끝으 로 교육계에 주목하고자 한다. 먼저 수원농림학교 학생이었던 이영재를 통하여 학생 들의 분위기를 살펴보고자 한다. 또한 수원군 출신으로 경기도 연천에서 교사로 있다 가 해방 직후 수원으로 와 평생 교편생활을 한 한정택의 자서전을 통하여 해방 이후 의 정규 교육계의 현황과 김순태의 면담 기록을 통하여 해방 후 자체적으로 학교를 만들려는 노력 등에 대하여 밝혀보고자 한다.

본고는 결국 식민지시대의 다양한 군상들이 해방공간에서 외부상황의 변화 속에서 어떠한 동향을 보이는가를 살펴보는 작업의 일환이라고 하겠다.

2. 수원사람들의 정체성 확립과정: 독립운동가들에 대한 추모와 화성 사랑

수원사람들은 해방이 되자 해방의 기쁨과 더불어 조국을 위해 투쟁하다 희생된 분 들을 추모하는 작업들을 추진하였다. 오늘날에도 우리의 가슴을 아프게 하는 제암리 학살 사건을 추모하고 비를 세우는 작업을 1945년 해방 직후부터 추진하였던 것이다. 『자유신문』 1946년 5월 4일자 지방소식 「제암동사건 기념비」라는 제목하에,

〈수원〉 3·1운동 당시의 수원 제암리교회 방화학살사건을 영구히 기념하고저, 그 준비
중이던 建碑위원회에서는 사건발생당일인 지난 16일에 현지에서 수원군민 각 단체대표 유
가족 500여명이 참집한 아래, 추도 급 건비식을 성대히 거행하였는데, 식 중 비후면에 색인
李周洪書 朴世永作의 추모시는 읽는 사람으로 하여금 비분의 눈물을 울먹이게 하였다.

라고 하여 수원지역의 각 단체대표와 유가족들이 참여한 가운데 독립을 위해 투쟁하
다 희생당한 분들을 추모하였던 것이다. 특히 추모시는 이념을 초월하여 박세영이라
는 사회주의 계열의 대표적 작가가 지었다. 1922년 배제고보를 졸업하고 중국 상해로
들어가 1924년까지 혜령영문전문학교에서 공부하였다. 문학단체 염군사(焰群社) 동
인으로, 조선프로레타리아예술가동맹(카프) 맹원으로 활동하였다. 소년잡지 「별나라」
책임편집(1926~1934), 조선문학작가동맹 중앙집행위원(1945)으로 활동하다가 1946년
월북하여 북조선문학예술총동맹 출판부장이 되었다. 그 후 1947년 북한의 '애국가' 창
작 작업에 참여하였다. 최고인민회의 제1기 대의원(1948), 종군작가(6·25전쟁시기),
조선문학예술총동맹 중앙위원(1954), 조선작가동맹 중앙위원회 상무위원(1956), 조국
평화통일위원회 중앙위원(1961), 조선문학예술총동맹 중앙위원위원회 위원 겸 조선
작가동맹 중앙위원회 상무위원(1964), 조선작가동맹 상임위원(1967)으로 활동하였다.[12]
　아울러 1948년 해방이 되자, 수원에서는 우선적으로 독립기념비 제막식을 거행하
였다. 이때 대통령대리로 내무장관이, 그리고 국회의장, 문교장관 등도 참석하는 등
파격적인 모습을 보여주고 있다. 『자유신문』 1949년 1월 18일자 「嗚呼라! 선열이시어,
이땅에 獨立왔소이다. 水原訪花隨柳樓亭에서 記念碑除幕」를 보면 다음과 같다.

　우리 민족의 청사에 영원히 빛나는 己未年 독립운동 당시 수많은 우리의 겨레들은 잔악
한 왜놈들의 총칼 아래 강토를 피로 물들이고 순국하였으나 일제의 탄압으로 마땅히 세워
져야 할 殉國功碑를 세우지 못하고 도리어 가증할 왜적의 功碑만이 이 땅 도처에 서게 되었
음은 실로 통탄할 일이었다. 이제 기나긴 왜적의 질곡에서 풀려진 이 마당에 그들 왜적의
비를 부수고 만대에 찬연히 빛날 우리의 독립비를 세우게 된 것은 필연적 결과라고 볼 수

---

12) 네이버 지식백과: 박세영(朴世永)(조선향토대백과, (사)평화문제연구소, 2008).

있다. 작년 10월 22일부터 착공하여 준공까지 80일 간의 시일과 52만 원의 공사비로 水原 군민의 지성의 결정으로 이루어진 수원 訪花隨柳亭 언덕 위에 우뚝 서게 된 '대한민국독립 기념비' 제막식은 16일 11시에 대통령대리 申性模씨와 국회의장 申翼熙씨, 문교장관 安浩相 씨의 임석을 비롯하여 具경기도지사와 군·관·민 다수 참석하에 성대히 거행되었다. 이날 대통령대리 申내무장관과 申국회의장의 축사의 요지는 다음과 같았다.

◇ 申내무장관(대통령대리)

세계 열강의 승인을 받은 우리 국가의 독립된 기쁨이란 바로 여기 서 있는 독립비와 같이 있는 것이다. 우리는 선열의 피를 계승하여 금년에는 38선을 깨뜨리고 남북을 통일한 완성 국가를 세워야 하겠다.

◇ 申국회의장

이제 조국의 완전독립을 보게 된 이 마당에서는 수원만이 아니고 방방곡곡에 독립을 기 념하는 비가 세워져야 할 것이다. 우리 대한민국은 우리의 힘으로 되었다는 것을 명심하여 수많은 선열의 피와 힘을 자랑하고 앞으로 자손만대로 보존할 전국운동에 일층 힘써야만 할 것이다.

위 내용은 2면 상단에 6단에 걸쳐 비중 있게 다루어졌다. 1단에는 기념비 사진이 실렸으며, 5단에는 내무부장관, 6단에는 국회의장 사진도 실려 있다.

아울러 수원사람들은 정국의 혼란 속에서도 수원의 자랑인 화성의 보수에 만전을 다하는 모습을 보여주고 있다. 『동아일보』 1949년 12월 11일자 「주민들이 직접 수원 華寧殿을 보수」에,

영원히 보존하여야 할 허다한 고적이 해방 후 지각없는 사람들로 인하여 황폐되어 가고 있어 지난번 李대통령은 국가예산이 미치지 못하여 고적을 重修치 못하나 각기 향토에서 고적을 보존토록 하라는 말도 있었거니와 **수원 신풍동에서는 동민과 대한청년단원들이 솔 선하여 화령전을 중수한 美擧가 있다.**

즉 수원의 단 하나의 고적으로 되어 있는 화령전은 지금으로부터 149년 전 순조 때에 축 조한 건물로 해방후 동 건물에는 전재민과 노랑무당 등이 숙소로 사용하여 건물은 말할 나 위 없이 파손되고 내외 성안의 잔디는 밭으로 갈아제쳐 여지없이 황폐되어 당국에서도 수

차 중수를 계획하여도 보았으나 예산관계로 손을 못 대고 있던 바, 신풍동 구장 金元培씨와 대한청년단 신풍동단부 단원은 솔선하여 근로봉사작업으로 94평의 건물을 중수하게 된 것이다.

그런데 동 중수에 있어 수원시청에서는 40만 원의 비용을 제공하였고 화성군수는 특히 화산에서 목재를 알선하여 주어 고전 건축의 권위자 任培根씨의 지도로 이 공사는 이루어졌는데 특히 청년단원들과 동민은 기초작업으로 매일 1시간씩 연인원 600명이 동원되어 지난 9월 18일에 공사에 착수하여 11월 21일 준공을 보기까지 60일 동안 성심성의의 봉사적 작업이었다 한다. 그런데 동 중수는 內城과 外城도 중수하려 하였으나 물자와 기타 재정관계로 공사가 중단되었다는데 명년 봄에 다시 공사를 일으켜 완전히 중수할 계획이라고 한다.

라고 있듯이, 수원 신풍동 주민들과 대한청년단원들이 솔선하여 화령전을 보수하고 있다. 이 공사에는 수원시청과 화성군청에서도 돕고 있듯이 관과 민이 하나가 되는 모습을 보여주고 있다. 아울러 1950년 봄에는 화성 내성과 외성도 중수하려는 계획을 갖고 있었다.

3. 해방정국에서의 민족국가건설운동

1) 사회주의국가건설의 추구: 김시중의 사례

수원은 1945년 8월에 창립된 조선공산당 수원군당을 중심으로 좌익조직이 급속히 결성되었으며, 그 세력도 컸다. 수원군인민원회는 관내 20개 면, 1개 읍에 읍면단위 인민위원회를 조직하여 관장하였다. 수원군인민위원회 초대 위원장은 박승극이었으며, 부위원장은 홍달선(洪達善), 위원장은 홍면옥, 양감면위원장은 장주문, 동탄면 위원장은 모필현(牟弼鉉) 등이었다.[13]

『수원근현대사 증언자료집』 Ⅲ(수원시, 2005)에 실려 있는 류현희가 차준오(1930년

---

13) 박동찬 · 홍현영, 「해방 후 정치적 동향과 '수원사건'」, 16쪽.

생)와 한 면담을 보면, 해방 후 수원에는 좌익적 성향이 강했던 것 같다.

> 질문: 아 수원이 의외로 좌익이 많았네요.
> 답변: 많지. 수원은 유명한 집안들이 좌익계통하고 우익계통하고 갈라졌다고. 집집마다. 뭐
> 비단 홍씨네만 그런게 아니라, 다른데도 그렇게 많아, 김씨네도. 그런게 있고. 김학배
> 씨라고 알아?, 그것도 김원배씨라고 해가지고 좌익이야. 명치대학 나오고, 아주 유명
> 한 사람이야. 일본 명치대학 나오고.

> 질문: 일본에 유학갔다 오신 분들이 좌익이...
> 답변: 좌익이 전부야. 고학을 했으니까. 저희 집안들은 부자래도 전부 고학들하고 그랬으니
> 까. 일본에 어렵게 하시고--

> 질문: 당시에는 좌익이라고 하면 최고 엘리트들이- 엘리트들이야. 엘리트들이. 사상이 좋잖
> 아. 좌익이라고 하는 사상이 좋거든. 사실은 이념이 좋은데, 이북이 그런 사상은 아니지.

그러나 당시 치안을 담당했던 오상근[14]은 타지역과 비교해보면, 수원은 좌우대립
이 그렇게 강한 지역은 아니었다고 술회하고 있다.

> 그 당시 수원에도 좌익사건이 많았어요. 박승극은 양감사람, 홍면옥은 송산사람인데 박
> 승극이는 아주 철저한 국제공산주의자였습니다. 월북해서 대의원도 하고 그랬으니까요. 그
> 당시에 나는 사법 서무하면서 보통사건 수사를 했고, 사상계통은 안했으니까 직접 담당하지
> 는 않았어요.
> 수원은 그래도 저 전라도나 경상도처럼 복잡하지는 않았어요. 상당히 평온한 지역이었습
> 니다. 지방 공산주의자는 있었지만, 그렇게 날뛰지는 못했어요. 선 위가 다 들어나서 정보가
> 들어오면, 딱 잡아오고 그랬으니까. 여기서는 그렇게 큰 사건들은 없었어요.[15]

김시중(金時中)은 1912년 12월 13일(음) 경기도 수원군 양감면 사창리에서 출생하

---

[14] 1922년 4월 1일 출생. 해방 직후 경 투신. 1949년 6월 육군본부 특별방첩대 수사계장. 『수원근현대사 증언
자료집』 I, 수원시, 2001.
[15] 위의 책, 242쪽.

였다.[16] 1927년 중앙고보 입학하였으며, 해방 후에는 남로당 수원군당 부위원장, 화성군인민위원회 서기장을 역임하였다. 1952년 수감되어 1982년 출감한 후 사망하였다. 한동민과 2000년 면담하여 기록을 남겼다.[17]

해방 후 김시중은 오산 세교리에 있는 광성학교에서 낮에는 학생들을 가르쳤다. 그리고 밤에는 공산당 활동을 전개했다. 세교리는 오늘날 화성시 안녕리, 한신대학교 근처에 위치하고 있다.

면담자: 해방되고 맨 처음 무슨 일을 했습니까?
구술자: 오산 세교리에 있는 광성학원(廣成學院)에서 학생들을 가르쳤습니다.

면담자: 어떻게 광성학원으로 가게 됐죠?
구술자: 원재환(元在煥)선생이죠. 거의 다 그 분과 우리가 다 이끌은 거죠. 처음에는.

면담자: 오산 세교리라면 양감 용소리, 사창과 함께 유명한 곳이죠?
구술자: 그렇죠, 광성학원이 있었어요. 세교리라면 궐리사 있는 거기서 서북쪽으로 들어가는데, 오산에 채 못 미쳐 있죠. 거기 홍씨들이 주예요. 홍씨들이 주인데, 그리고 거기서 45년, 46년 때에 광성학교 교장으로 있던 분은 역시 홍씨인데, 홍종각[18]이라구. 일제 때 징역까지 살았는지 모르지만 독립운동을 했다는 그런. 좌익이 아니고 우익.

면담자: 아, 민족운동이요.
구술자: 교장을 내가 가 가지고 많이 싸웠지요.

---

16) 김시중의 아버지는 경암 김용철은 한학자로 사창리에 보습강습소를 설립하여 학생들을 가르쳤다(김시중은 김용철의 8남매 중 아들 가운데 첫째이다. 아들 4명 중 막내 동생 김석중(1926년생)과 필자의 면담 기록, 2012년 7월 18일). 김석중은 그의 셋째 형 김의중, 큰형 김시중과 함께 1943년 만주 왕청현으로 갔다 해방 전에 귀국했다. 김시중은 해방 직후 귀국했다고 한다.
17) 『수원근현대사 증언자료집』 I 참조. 김시중과의 면담작업은 일찍이 한상구에 의하여 이루어졌다. 한상구, 「한극현대사의 증언, 남로당 지방당조직 어떻게 와해되었나—10월 인민항쟁, 3.22, 2.7, 5.10에서 투쟁한 남로당 수원군당 부위원장 김시중의 증언」, 『역사비평』 1989년 3월호, 324~354쪽.
18) 홍종각에 대하여는 성주현의 논고가 있다. 성주현, 「묵암 홍종각의 천도교 활동과 민족운동」, 『수원역사문화연구』 5, 수원박물관, 2015.

면담자: 그러면 광성학교에서는 몇 개월 있으신 거예요?

구술자: 한 학기 나갔어요.

면담자: 그때 6학년이 몇 명이나 됐었습니까?

구술자: 한 30명 됐어요. 그런데 5학년하고 한 60명 되는 거를 한방에 놓고서는 맡았어요. 두 반을 한꺼번에. 나중에 바로 국민 학교인가 뭘로 됐으니까.

면담자: 그때 광성학교에서 학생들을 가르치면 월급으로 받는 겁니까. 아니면,

구술자: 월급이라고 하는데. 월급 그거 쌀 몇 말 주고, 거기 하숙했거든요. 원재환 씨네서. 그거 쌀 몇 말 주고, 그거예요.

면담자: 하숙집에도 쌀을 줄 거 아니예요.

구술자: 예, 그래요. 한 댓말 줘요. 그걸 다 자기가 하숙집에서 가져온 게 아니면, 한 말, 두 말. 어쩔 때는 주면은⋯⋯.

면담자: 술, 담배도 하셨을 텐데?

구술자: 술 먹을 틈이 없어요. 좋아는 했는데, 그럴 새가 없지요. 담배는 그때 안피웠지요.

면담자: 광성학교는 낮에 학생들을 가르친 거잖아요.

구술자: 예. 그렇지요, 낮에.

면담자: 그럼 낮에 학생들을 가르치고 나서 저녁 때는 당 활동을 하시는 건가요, 그때는?

구술자: 그렇지요. 또 양감엘 내가 토요일이면 왔다가 월요일날 식전에 가고, 그렇지요. 거기 또 두곡리라고 있어요. 오산, 평택하고 저기에. 그것이 47년 6월달인가 7월달에 하곡공출반대. 그 곳에서 거기 큰 사건이 있었지요. 그 하곡. 그 때 군정(郡政)서 저기를 농산품이 다 그 사람들 저기 아니예요. 그러니까 거기를 통해서 보리공출을 하는데 그걸 반대해서, 복하게, 안나가고 그러니까 경찰이 그 동네를 습격한 거죠. 습격을 왔는데, 거기 있는 농민들이 반항을 해서 쫓아내니까 죄 내빼고 한 사람이 잡혔어요. 경찰이. 자기네들이 산에 진을 치고 있다 그랬는데, 늘 거기 산에서 생활한 게 아니고. 그날만. 경찰이 오니까 이렇게 해 가지고 한 사람을 붙잡아 가지고 와서 그렇게 했나. 어쨌든 한 사람을 붙잡았어요. 경찰 한 사람을. 취조도 하고 거

기서 그래서 "미군 놈 앞잽이로 일하지 말고 살아라" 이렇게 교양적으로 하고 보냈거든요. 그래 그게 그 후에 모두 붙잡혀 들어온 거죠.

면담자: 그럼 두곡리 공출반대투쟁에서는 당에서 조직을 한 건가요? 아니면 농민인가요?
구술자: 농민이지요. 거기 세포정신으로. 그 최씨들이 거기 주동은. 거기 좀 잘 사는 친구들인데 그 형제가…… . 그리고 당에서도 두곡 땅으로 누가 내려갔을 거예요. 일이 벌어지고 그러면서.[19]

해방 후 김시중의 활동과 좌익의 동향은 김시중이 회고한 「내가 만난 박승극 형」[20]에서도 그 일단을 읽어 볼 수 있다.

다음 해 나는 만주로 갔다가 해방이 될 무렵까지 있었다. 일제의 괴뢰국 만주국에서의 5년여 생활에서 여러 가지 만난을 경험했으나 일제의 패망을 예감할 수 있었다.
해방이 되어 고향 양감면 사창리로 돌아왔다. 그리고 이틀쯤 쉬고 고향 선배인 박승극 형을 수원읍에서 만났다. 우선 양감면 농민조합에서 일을 보고 있으라고 해서 면 임시인민위원회 위원장 장주문 형을 찾았다. 1945년 11월인데 면내에 살아 움직이는 조직은 하나도 없었다. 장주문 형이 현지에 남아 있고, 청년동맹을 끌고 있다는 수원상업학교 출신의 3인이 있어 오라고 하면 성의껏 만나 주는, 생활에 얽매이지 않는 중농 가정 출신 청년동맹원들이었다.
마침 추수기여서 소작료 분쟁이 있었으나 3·7제와 3·1제에 별 차이가 없는 것으로 양해시켰고, 1946년으로 넘어와서 소작권 분쟁이 있었다. 내가 나서서 지주들과 접촉했으나 현지 해결이 안되어 미군정이 운영하는 소작조정위원회에 넘겼다. 다행히 조정위원회 위원장이 민주주의민족전선 수원지부 위원장 이승화씨여서 잘 해결되었다. 이승화 위원장은 팔달문 밖 태화상회의 주인이었다.
1946년 3월에 들어 나는 공산당 당원으로 입당하였다. 보증인은 박승극, 장주문 두 당원이었고, 여기서 양감면 당원이 두 명 되었으나 한 사람이 부족해서 세포는 조직될 수 없었다. 5월에 청년동맹 3명을 장형과 내가 보증인으로 입당서를 군당에 제출해 후보 당원이 되어 당원 5명으로 세포가 조직되었다.

---

19) 『수원근현대사 증언자료집』 I , 64~67쪽.
20) 『박승극문학전집』 I .

그러나 생활이 걱정이었다. 그래서 나는 박형의 주선으로 사설 광성학교에서 교편을 잡게 되어 30리 길을 자전거로 출퇴근했다. 여선생님 두 분, 남선생님 한 분, 나를 합쳐 네 명이었는데, 내가 5, 6학년 두 반을 맡았다. 30리 출퇴근이 너무 힘들어 명예직인 홍교장과 원제완 형에게 상의해서 원제완 형네 사랑방에서 하숙생활을 시작했다. 원형은 오산면당 책임자로 일하고 있었고, 부인은 광성학교에서 교원으로 있었다. 원형도 함께 교편일을 하고 있다가 내가 오게 되면서 정치적인 사업에만 전념하게 되었다.

이때 오산면에는 세포가 여러 개 있어 면당이 쉽게 조직되었다. 중앙당 내에서 대화파니 콤그룹파니 하는 문제가 있는 것은 신문이나 잡지를 통해서 알고 있었지, 우리 수원군당 내에도 이와 같은 파벌이 있는 것은 모르고 있었다. 이때 여름까지도 오산 출신 변기재씨 댁에 가면 박형을 만날 수 있었으나 점점 자리를 비우는 일이 많아졌다. 그리고 대구 10월 인민항쟁이 벌어졌는데도 군당에서는 아무런 지시가 없어 수원읍에 가 보니 박형은 서울에 가 있다고 했다.

군당 비서인 박승극 형이 머물던 연무동 변기재씨 댁을 군당 아지트로 보아야겠는데, 조직부 간부들을 이곳에서 만나본 일이 별로 없는 것 같다. 나는 서울 청파동에 있는 박형댁을 찾았다. 나와 같이 만주에서 귀향한 내 셋째 아우가 용산에서 적산가옥을 차지하고 체신부에 취직도 하고 있어서, 나는 상경하면 아우집에서 잠을 자곤 했다. 그런데 그 다음날 아침 해가 뜨기 전인데도 내 둘째 아우가 들어오면서 큰일났으니 시골에 얼씬도 하지 말라는 것이었다. 어제밤에 장주문씨와 청년동맹 젊은 사람들이 붙잡혀 지서에서 반죽음이 되어 수원 본서로 실려갔다는 것이다.

남대문 밖 민전회관에 나갔다가 수원읍에서 검거를 피해 올라온 친지들을 만났다. 경기도내 경찰 병력이 대구지방으로 집결하는 것을 막기 위하여 경기도에서도 봉기해야 한다는 계획이 탄로되어 경기도 내에 일제히 검거선풍이 일어난 것이라 했다. 상급당으로부터 그런 준비를 하라는 지시를 받은 기억은 없으나 나는 서울로 오기 전 세포회의를 열고 언제 지시가 내려올지 모르니 각오를 하고 있어야 한다고 지시한 바 있다. 군당의 세포원들 만으로도 야음을 타서 기습하면 승리할 수 있다는 판단이 섰기 때문이었다. 그런데 젊은 친구들이 검거되어 이 사실이 탄로난 것이다. 수원읍에서 거주하는 군당 조직부장 홍달선씨와 차도순씨 등이 체포되었다.

군당 비서 박승극 형은 벌써부터 서울에 머물러 있었고, 이런저런 정황으로 보아 수원군당 내에도 수원읍 출신들과 의견의 불일치가 있었던 것 같았다. 그러나 비서인 박형은 이에 대해 나에게 한 마디 하지 않았다. 그는 매우 신중한 성격의 소유자였기 때문이다.

수원의 일꾼들로 이번의 일제 검거를 피한 사람들은 서울에 있었다. 이들의 아지트는 남대문 밖 민전회관이었다.

11월 안국동 천도교회관에서 3당합당대회가 있었으나 수원군당에서는 대의원을 파견하지 못했다. 군당으로서의 합당이 늦어진 탓이었다. 옵서버 자격으로 방청권을 가지고 대회 진행을 지켜보기만 했다. 12월 중순에서야 공산당과 신민당의 합당이 서울에서 이루어졌다. 군당 위원장 박승극, 조직부장 고종규, 총무부장 김시중 등 조직이 결성되었다. 인민당은 수원에 없었으므로 2당 합당이었다.

이렇게 하여 남로당 수원군당이 출발했으나 수원 지방에는 접근도 하지 못한 채 서울에 머물고 있었다. 1947년 초 도당에서 체포되는 한이 있어도 사업지구에 들어가라는 지시가 내렸다. 총무부장인 내가 선발대로 수원읍에 들어가기로 한 것이다. 나는 10월 말 경 만주에서 고향에 왔기 때문에 경찰이나 우익인물들에게 얼굴이 알려지지 않은 이점이 있었다. 수원역 앞 모 사진관을 통해 읍당 책임자 심철구씨를 그의 큰댁 고등동 집에서 만났고, 나의 아지트도 마련해 주었다.

1947년에 접어들면서 군당위원장으로 경상도 출신 유주목씨가 도당에서 파견되어 왔다. 박형은 민전 선전부 차장으로 일을 보다가 48년 언젠가 가족과 함께 월북한 것을 뒤늦게 알았다. 이후 나는 박형과 접촉이 두절되었다.[21]

한편 김시중을 통하여 송산지역 3·1운동의 영웅 홍면옥 그리고 삼일학교 유지이며, 기독교 목사인 이하영의 해방 후의 근황에 대하여 살필 수 있었다. 특히 김시중은 홍면옥이 당원이었다고 언급하고 있다.

면담자: 홍면옥(洪冕玉)선생에 대해 여쭈어보겠습니다. 만세운동하고 오랫동안 감옥에 있었잖아요?
구술자: 예, 홍면옥 선생. 사강 3·1만세 사건으로 10년을 살고 나왔다고 그래요.

면담자: 해방이 되고 나이가 많았잖아요.
구술자: 그렇지요, 60이 훨씬 넘었지요.

면담자: 그러면 사회주의를 접할 수 있는 기회가 감옥에서 였을까요?

---

[21] 김시중의 그 이후의 활동은 그가 작성한 「내가 만난 박승극형」, 그리고 그의 동생 김석중을 통해 짐작해 볼 수 있다. 필자가 김석중과 가진 면담기록(2012년 7월 18일).

구술자: 글쎄요. 수원에서 8·15되면서 건준(建國準備委員會)에서 나오고. 인민위원회에 나
　　　　왔으니까.

면담자: 그럼 사상적으로 사회주의자였습니까?
구술자: 그거는 잘 알 수가 없습니다. 감옥살이를 안에서 동지들과 한 방에 있었으면 영향을
　　　　받았을 건데, 정치범들을 그렇게 한 방에 같이 안 둘 걸요.

면담자: 해방된 이후 수원에서도 백발을 휘날리면서 강연장을 갔다고 하던데?
구술자: 46년 3월 달에 수원군인민위원회 무슨 총회가 있었어요. 내가 그런 집회가 나간 거
　　　　는 처음이었어요. 45년 10월달에 와 가지고 그 후에는 집회가 거의 없었으니까. 그
　　　　때 집회에서 홍면옥 선생을 처음 뵌 거예요. 주석단에 앉아 있었지요. 이하영(李夏
　　　　榮)선생 하고 있었어요. 그때 이하영 선생은 축사를 했나 그랬을 거예요.

면담자: 홍면옥 선생의 체격은?
구술자: 보통은 넘는 키였지요.

면담자: 홍면옥 선생이 3당 합당 이후 당원이었습니까?
구술자: 그렇지요.

면담자: 그럼 송산면 책임자였습니까?
구술자: 책임자는 아닐꺼요. 연세도 있고, 젊은 사람이었는데……. 성도 기억이 안나네요.[22]

　　홍면옥과 함께 주석단에 앉아있던 이하영은 목사로서 수원군인민위원회 위원 등으
로 활동하다가, 6·25전쟁 중인 1952년 7월 24일 수원에서 사망하였다.[23]

2) 해방 후 대한청년단에서 활동한 박창균이 본 수원

　　해방 후 수원지역의 대표적인 우익으로는 홍길선(洪吉善, 1904~1980)을 들 수 있다.

---

22) 『수원근현대사 증언자료집』Ⅰ, 77~78쪽.
23) 김권정, 「이하영의 민족운동연구」, 『수원역사문화연구』 5, 수원박물관, 2015, 87~91쪽.

그는 일제하에서는 수원상공회소 부회두, 해방 후에는 제헌국회의원, 민의원 등을 지냈다. 1904년 5월 10일 경기도 수원 출생으로 본관은 남양(南陽)이다. 1916년 수원 삼일학교, 1921년 배재중학교를 졸업했다. 이후 일본으로 유학해 동경의 무사시노음악학교(武藏野音樂學校)를 졸업했다. 1929년 수원양조주식회사를 설립하고 사장을 맡았다. 이후 수원금융조합 조합장, 수원주조조합 이사장, 만종원 전무이사, 동아일보사 수원지국장, 수원상공주식회사 전무이사, 수원상공회의소 부회두 등을 역임했다. 1939년 수원읍회 의원에 당선되었다.

해방 후, 수원의 경제계를 대표하는 인물로 1946년 수원상공회의소 창립준비위원회 회장으로 상공회의소의 복구를 주도하고 제2대~3대 회장에 선임되었다. 같은 해 대동청년단 수원지부장을 맡았다. 1948년 5월 경기도 수원 갑구에서 대동청년단 소속으로 제헌국회의원에 당선되었다. 1949년 민보단(民保團)을 통합한 대한청년단 수원군단부 단장을 지냈다.

1950년 5월 민주국민당 소속으로 수원구 제2대 민의원에 당선되었다. 1954년 5월 제3대 민의원 선거에 무소속으로 후보등록을 했으나 사퇴했다. 1958년 5월 제4대 민의원에서 야당인 민주당 소속으로 수원 지역에 출마해 당선되었다. 이후 민주당 경기도당 위원장 · 중앙당무위원 · 정책위원 등을 지냈다. 1960년 7월 제5대 민의원 선거에서도 민주당 소속으로 수원 지역에 출마해 당선되었다. 이후 1960년 민주당 구파동지회에 가입, 신민당에 참가했고, 1961년 5 · 16군사정변으로 의원자격을 상실했다. 1963년 11월 민정당 소속으로 제6대 국회의원 선거에 출마했으나 낙선했다. 1960년 말 정계에서 은퇴했으며, 1980년 8월 8일 사망했다.[24]

수원에서의 우익세력은 1946년 이후 독립촉성국민회의 수원지부를 필두로 대중조직을 결성하였다. 1946년 3월 19일 독립촉성 수원부인회의 주최로 경성본부의 황기성과 박승호의 시국대강연회를 개최하였고, 독립촉성에 관한 시국 좌담회를 여는 등 우익진영의 강화에 힘썼다.[25]

---

24) 네이버 지식백과: 홍길선(Hong, Gil-seon, 洪吉善)(한국민족문화대백과, 한국학중앙연구원).
25) 박동찬 · 홍현영, 「해방 후 정치적 동향과 '수원사건'」, 25~26쪽.

한편 1947년 이기형 등 12명의 수원의 청년들은 조선민족청년단에 참여하여 지금의 수원보훈교육연구원자리에 문을 연 중앙훈련소에서 2기로 훈련을 받기도 하였다.[26]

박창균(朴昌均)은 1923년생으로 1946년 3월 대한독립촉성국민회 수원지부 역전단부(驛前團部) 총무부장, 1946년 5월 민주주의민족전선 경기도지구대회(수원극장)시 대회저지 활동 등을 전개하였다.[27] 그의 증언을 통해 해방 이후 상황을 들어보면 다음과 같다.

질문: 해방 직후, 수원의 분위기는 어땠습니까?

답변: 당시 수원의 상황은 빨갛게 물이 든 상태였어요. 여러 가지 악조건 상태에서 좌익들이 밀어붙이니까 우익들이 꼼짝을 못하는 거에요. 그래서 우리 친구들도 많이 그리 들어가고, 저한테도 유혹을 하는데 참고. 그러고 있는데 보니까 이승만 박사가 들어와요. 그런데 그 일정 때 이박사가 미국에서 한 방송을 내가 들었다고. '얼마 안 있으면, 해방이 될 테니까 참아 달라.' 이런 방송이 들리는데, 그것이 확실히 들리는 게 아니라, 일본이 그것을 방해전파를 한단 말이야. 그러니까 어쩌다 밤에 들어보면 그게 들려요. 그래서 그런 걸 들어보고, 그러니 그 분들이 올 때만 기다리는 거라. 그리고 오더니 '한데 뭉치자'고 말이야. '뭉치면 살고 흩어지면 죽는다'는 유명한 얘기가 있지. 그래서 그 때부터 우익 단체가 생기는 거에요. 근데 이 빨갱이들은 인민공화국을 만들어 가지고, 이승만 박사가 올 때 수석으로 대통령을 만들려고 아주 다 만들어 놨어. 그런데 이박사가 들어오면서 안 받는 거야. 안 받고 독립촉성국민회의란 걸 만들어 가지고. 그 이듬해에 지방으로 나가는데 수원군으로 나갔죠. 그래서 역전은 역전단부로 참여해가지고, 매산로 1가에서부터 고등동, 서둔동, 평동, 화서동 이쪽이 다 역전단부에요. 거기서 내가 총무부장을 하면서 한 2년간 청년운동을 하게 된 거에요. 그러니까 빨갱이랑 대결되는 거죠. 그 당시에는 경찰력이 힘이 없었어요. 그리고 미국 정부도, 하지 중장이라고. 이 사람이 군정장관으로, 책임자로 왔는데. 이 사람이 민주주의만 알지, 공산주의를 모른다고. 그러니까 허가를 다 내준다고. 단체 허가 내주면 빨갱이고 뭐고 다 내준단 말이야. 그때 우후죽순격으로 얼마나 많은 단체가 나왔어요. 굉장히 많았다고. 한국 우익 중에는 그 당시에도 있긴 있었지만 활동을 못하는 거에요. 그래서 그 이듬해 1946년이 되면서 우리 노인들 가지고는 안되겠다. 젊은 사람들, 이 사람들이

---

26) 『중부일보』 2011년 8월 15일, 「조선민족청년단 2기출신, 이기형 전 수원공고 이사장」.

27) 『수원근현대사 증언자료집』Ⅰ, 170쪽.

활동을 해야지 해서 청년단을 만드는 거에요. 그때 우리가 바로 들어간 거죠.

질문: 활동하신 청년단 이름이?
답변: 대한국민족성회 청년단부라고 있어요. 거기 들어가 가지고 일을 하면서, 할 게 뭡니까? 빨갱이하고 트러블이 생기는 거죠. 각 지방마다 그랬지만. 그냥 있을 수 없다 그거죠. 저 놈들이 먼저 테러를 하고 그러니까. 맞대결하지 않고는 안 되잖아요. 그래서 맞대결해 가지고 죄다 때려 부수는 일을 한 거죠. 경찰이 했으면 좋겠는데, 거 몇 사람 가지고 안 되거든요. 지역의 청년단들이 죄다 협조해 가지고 두들겨 부수고, 친지 관계도 그렇고 우리 친구들도 빨갱이들이 있잖아요? 어떤 때는 눈도 가리고 머리도 가리고 가서 두들겨 패고, 그런 식으로 해서 45년도부터 48년도 정부수립 할 때까지 3년 동안 투쟁이라는 것은 그게 '건국'입니다. 청년단들이 일어나서 수많은 사람들이 죽고 또 6·25 때는 더 많은 사람들이 죽었지만, 그 3년 동안의 건국 투쟁이라는 것은 이루 말 할 수가 없습니다. 청년단의 핵심이 3년간의 건국운동입니다.[28]

박창균은 해방 직후 수원지역의 경우 좌익적인 색채가 강하여 우익적 입장에서 청년단을 만들었음을 언급하고 있다. 이어서 대한국민족성회 청년단부에서의 활동과 구성, 그리고 반탁운동 등에 대하여 밝히고 있다.

질문: 수원 독립촉성국민회는 누가 대표였습니까? 그리고 전체 회원은 어느 정도였습니까?
답변: 홍길선(洪吉善)이죠. 홍길선이 죽 했어요. 그리고 이병찬이라고 그 사람이 총무격이었어요. 팔달산 37위에 포함돼 있습니다. 또 수원극장의 이만복 등이 다 당해서 죽었습니다. 그 유가족들이 고아에요. 수원지부 규모는 많았는데, 역전단부는 그 당시에 한 100여명 있다가, 나중에는 각 동네로 분산됐죠. 수원지부는 우리 역전단부가 다에요. 역전단부 같은 것은 하나밖에 없습니다. 나중에는 각 동으로 갈렸지.

질문: 독촉 수원지부는 1946년 3월에 결성된 것으로 나오는데, 결성 당시 기억나십니까? 그리고 우익세력은 반탁운동으로 결집하기 시작했는데, 여기는 어땠습니까?
답변: 결성대회는 기억나지 않아요. 근데 우리가 수원에서 반탁운동을 하기 위해서 수원 공설 운동장에 모였거든요. 그때 운동장이 연무동에 있었는데, 거기에 수 천 명이 모여

---

28) 위의 책, 172~173쪽.

서 걸어갔습니다. 서울 운동장까지. 밤샘해서. 그 대회가 10시인가 그랬는데 밤새 걸
어갔습니다. 그건 아마 여기 사는 사람들이 많이 알고 있을 겁니다. 그렇게 걸어간 사
람들이 많았어요. 아마 수천 명은 될 겁니다. 전부 애국자였어요. 그 당시에 처음에는
그 놈들이(좌익을 지칭) 반탁을 하지 않았어요? 그러다가 나중에 1월 몇 일인가 돌아
간 거라고. 그 전까지는 같이 했다구. 내 기억이 그래요. 그래 가지고 1월 초인가, 저
놈들이 반발했지.[29]

특히 위의 면담 내용 중 흥미로운 것은 수원 연무동에 있는 수원공설운동장에서
서울운동장까지 반탁운동을 위하여 좌우익이 함께 행진한 부분이다. 다음으로 주목
되는 부분은 처음에는 수원의 우익 쪽에서 이승만을 지지 했다가 나중에는 김구를 지
지한 부분이다.

질문: 독촉계열이 초기에는 이승만 계열과 김구 계열이 같이 한 셈인데, 여기 수원에서는 누
가 더 인기가 있었습니까?
답변: 이승만 박사가 많았죠. 그러다가 나중에 자유당이 자꾸 말을 듣고 잘 못하고 그러
니까, 또 김구 선생 쪽. 한독당으로 나이가 많은 분들이 좀 돌아가더라구.[30]

박창균은 수원지역의 좌파들에 대하여 다음과 같이 언급하고 있다.

질문: 여기 수원 쪽 좌파들은 어땠습니까?
답변: 아, 대단했죠. 민전(민주주의민족전선)이라는 게 뭔가 하면. 수원에도 조그만 좌익 단
체들이 굉장히 많았다구. 그걸 한꺼번에 다 뭉치려고 그런 건데. 그렇게 생각합니다.
그래서 경기도 민전 결성대회를 하려고 그랬던 거예요. 이강국이가 내려와서, 46년 5
월에 수원극장에서 그랬어요. 그런데 사전에 우리가 다 알고, 여기 수원시만 한게 아
니라, 평택, 오산, 화성군 해서 별동대라고 있어요. 청년단 내에 아주 강력한 사람들만
모은 게 별동대야. 내가 거기 별동대에 끼여 가지고, 역전에서도 뽑고, 각 지방에서도
뽑아 가지고, 숨겨 놨다가, 자기네 편인 줄 알고. 복장도 비슷하고 그랬으니까. 그때

---

29) 위의 책, 191~192쪽.
30) 위의 책, 192쪽.

한 200명 됐을 거야, 아마. 그래서 별안간 들어가서 두들겨 부수고, 사실은 이강국이 붙들려고 들어갔던 건데, 놓쳤잖아. 그때 수원극장 안에 2층이고 뭐고, 꽉 찼어. 한 1천여 명 됐을 거야. 그런데 이 놈들이 사전에 이강국이를 뒤로 빼돌린 거야. 그 때 많이 부상당했었어.

질문: 그때 수원의 토착 좌파들은 누가 있었습니까?

답변: 안용면의 김웅진이 제헌의원으로 빨갛게 물들었지. 6·25 전쟁 나고 이북으로 올라갔는데, 지금 죽었는지, 살았는지. 그리고 다른 사람들은 알더라도 얘기 못해. 왜냐하면, 그 사람들 중에 군인도 되고, 또 나중에 사회적으로 아주 거물이 된 사람도 있고. 기가 막힌 사람들이 있는데, 수원에 저명인사도 있고 그런데 내 입으로 얘기할 수 없고, 자연적으로 나중에 나올 거요. 예를 들어서, 6·25때 자기 마을에서 빨갱이 활동을 하다가 다시 수복이 되지 않았습니까? 그러면 그 사람은 인제 죽었죠? 꼼짝 못하는 거 아니에요. 그러면 구명활동을 해야 할 거 아니에요? 그러면 다른 지역으로 뛰쳐나온단 말이에요. 그래서 가령 여당이 어딥니까? 그러니까 여기 가서 그냥 달라붙는 거에요. 생명이 달려 있잖아요. 거기 가서 물고 늘어지는 거죠. 그러니까 받아들인단 말이에요. 그 사람은 내가 살 길은 이것밖에 없다하고서 생명 걸고 열심히 일할 거 아닙니까? 그러니까 밟고 올라가는 거 아니에요. 그러다가 살아가면서 묻혀지는거 아닙니까? 그런 사람이 군인 자원입대해 가지고 뭐 위관급도 되고 그런 사람도 있고, 그렇지만 우리가 볼 때는 죽일 놈이지 뭐. 안 그래요? 그러나 사회라는 게 그렇지 않다구. 햇수가 갈수록 자꾸 잊혀지고, 이 사람은 생명을 걸고 하는 사람들이니까 교묘하게 잘 하는 거에요. 그런 사례가 수원에도 몇 사람 있어요.[31]

4. 수원유지들의 해방이후의 동향

1) 나중석의 토지무상분배

수원 박물관 야외에는 〈나중석 송덕비〉가 위치하고 있다. 나중석(1878~1970)은 나

---

31) 위의 책, 192~194쪽.

혜석의 사촌 오빠로 수원 지역의 대표적인 유지였으며[32] 본관은 나주이고 호는 이당
이다. 수원 삼일학교를 설립하는데 기여하였고, 해방 후에는 분천리 일대 토지 26정
보(7만 8천 평)를 마을 소작농에게 무상으로 나눠주는 등 구제활동에 적극적이었다.
주민들은 이를 기념하여 분천리 마을입구에 비를 건립하기도 하였다.

『서울신문』 1949년 2월 16일자에는 「수원의 羅重錫, 농지 26정보를 소작농에게 무
상분배」라는 제목하에

작년 말 농지개혁법 농림부안이 신문지상에 보도되자 각 지방의 악질 지주들은 소작권을
떼느니, 지금 내 땅을 사지 않으면 농지개혁할 때에는 전재민들에게 분배되느니 하고 갖은
모략과 협박을 가하여 토지강매에 광분하여 농촌의 혼란을 조장하고 있는 이 때 수일 전 수
원군 峰潭面 汾川里의 나중석옹(71)이 曺농림부장관에게 내가 가지고 있는 땅 26정보를 60
호의 소작인에게 무상으로 分給하고자 하오니 협조하여 주기를 바란다는 서한을 보내어 농
지개혁을 앞두고 사리사욕만을 위하여 날뛰는 반민족적 지주들에게 커다란 자극을 주고 있
다. 그리고 농림부에서는 나중석옹의 요청에 의하여 오는 19일 姜농지국장이 수원으로 출장
키로 되었다는데 羅옹이 조농림부장관에게 보낸 서한 내용 전문은 다음과 같다.

"재작년 본 동네에 있는 본인 소유의 토지를 소작인에게 매도하려고 하려던 바 매수능력
이 있는 자는 불과 2할이고 나머지 8할의 빈농은 돈이 없어서 땅을 살 생각을 못하고 세상
을 비관하며 탄식하고 있었다. 나는 목불인견의 그 정경을 보고 이 세상에 空手로 왔다가
공수로 가는 것이 인생이건만 어찌 자기의 자녀들만을 위하고 많은 소작인들을 박대할 수
있을 것인가 하고 절실히 느끼는 바 있었다. 그리하여 본인은 자손들의 동의를 얻어 가지고
전 소유 畓 30정보 중 4정보는 家作으로 제외하고 답 26정보와 家垈 52處 1만 여 평을 60호
소작인에게 균일히 무상으로 분급하고 모범부락을 건설하고자 하오니 농림부 당국에서 선
도하여 주심을 바라와 서한을 드리나이다."

라는 기사가 있다. 아울러『독립신문』 1949년 2월 22일자에는 「姜辰國 농림부 농지국
장, 소작인에 농토를 자진 분배한 수원의 羅重錫을 방문하여 좌담」이라는 제목하에

---

32) 수원지역의 유지들에 대하여는 다음의 글이 참조된다. 이동헌, 「1950년대 수원유지층의 변화와 성격」, 『수
원시사』 4, 수원시사편찬위원회, 2014, 126~137쪽.

"인간 세상에서 어찌 나만 배불리 먹으리요" 하고 자기 소유지 30町步(9만 평)를 헐벗고 굶주려온 농민들에게 무상으로 분배하여 농지개혁을 전 민족적으로 갈망하고 있는 이 때임에도 불구하고 아직도 사리사욕만을 위하여 빈약한 농민을 위협 착취하려는 악덕 반민족 지주들에게 특이한 존재로서 커다란 자극과 교훈을 던져주고 있는 수원군 봉담면 汾川里 264의 羅重錫옹(72)을 지난 19일 하오 姜농지국장 및 尹지정과장 등 일행과 같이 기자는 방문, 옹의 기특한 소신과 분천리로서 장차 理想 농촌 건설 등의 대한 좌담을 한 것이다. 羅옹은 자기 소유 땅을 좇아 수원읍에서 西南으로 약 25리 되는 이 곳에 온지 이미 35년 전이라는데 지금은 甲均·載均씨의 효도도 지극히 이곳 분천리의 아버지요, 또한 군의 特志家인 것이다. 강국장이 내방의 뜻을 고하니 옹은 淡淡流水 아래와 같이 자기 농지를 무상분배한 소신을 피력하였다.

"농토는 하루빨리 농민에게로 분배해야 되오. 그들은 완전히 자기 땅이 되면 달밤에도 논·밭(흙)과 상대하는 것을 게을리지 않소"하고 70을 너머선 옹은 어디까지나 장명하여 숭고한 모습을 인상주며 이야기를 계속한다.

"재작년 본 동리에 있는 나의 소유토지를 賣渡하려고 하였소. 당시 매수능력이 있는 소작인은 불과 1할이고 나머지는 赤手空拳이었소. 그리하여 자기가 소작하는 땅이 타인에게 매도되는 것을 비관한 나머지 哭聲까지 전 동리를 진동하게 될 때 나는 차마 그 정경을 볼 수 없을 뿐아니라 '이 세상에 空手로 왔다가 공수로'라는 哲理에 어찌 나의 자녀들만을 위하고 많은 소작인들을 박대할 수 있을 것인가 하고 깊이 느낀 바 있었고 그리하여 자손들의 동의를 얻어 전 소유 답 9만 4,400평을 최고 3,000평, 최하 800평씩을 58호에, 합계 7만 3,600평과 41호의 家垈 1만 4,050평을 무상으로 분급하고 또 동리 공유로 7,100평을 기부하고 1만 2,900평을 자작하려고 남기었소."

한편 그 후 경제상 좀 팔아 먹고 할 5,000평과 밭 2,000평이 순전한 자작농지로 되어 있다 하는데 옹과의 중요한 문답은 아래와 같았으며 20일 오전은 분천리 공회당에 옹과 더불어 농지의 분배를 받은 부락민 50명을 소집하고 姜농지국장은 요지 "이 동리는 벌써 옹과 같은 독지가가 있어 농지개혁이 끝났으며 앞으로 서로서로의 마음과 힘을 다하여 농촌경제 부흥을 꾀하여 유일한 이상 농촌을 건설하라"의 훈시를 한 다음 정오 수원을 향하여 이곳을 떠났다.

(문) 토지개혁에 대한 소감은?

(답) 토지개혁은 필연적 현실로 알고 있으나 왜 이렇게 지연되는지 국가 경제의 손상이라 아니할 수 없다. 농민은 자기 땅이 되어야 비료도 많이 하고 증산에 매진하는 것이다. 나의 심경으로서는 하루 바삐 농민을 경제적 해방을 주고 부강한 나라를 건립하지 아니하면 안된다고 생각하며 아직도 지주들의 농민을 압박하려는 데는 통한을 금키 難하다. '농지는 응당 경작인의 것이다'하고 솔선 내어 놓은 것이다.

(문) 앞으로 닥치는 경제면의 타개책은 다른 방도가 있는가?

(답) 나는 노령이나 자식들이 부양하리라고 믿으오.

(문) 농지분배 전후의 소작인의 근면태도와 생산량의 비율은?

(답) 외관으로만도 비료를 훨씬 많이 주며 농토를 아끼는 것이 마치 자기 자식을 귀여워하는 것 같았다. 약 3할은 증수되었다.

(문) 분배하고 난 후 소감은?

(답) 퍽 마음이 상쾌하였다. 한 동리에서 다 같이 일하고 더구나 대중과 함께 산다는 것이 좋았다. 소작인이 진력하던 것이 현저히 내 눈에 나타날 때 더욱 기뻤다. 단 다 분배를 받고 땅을 자기가 경작치 않고 팔아먹은 주위의 소작인이 있었다는 것은 그들을 위하여 불쾌하였다. 나는 농지개혁법안이 속한 시일에 국회에 상정 통과되어 국가의 8할 농민이 생기있게 일하고 국가건설에 박차를 가하게 되기를 염원하고 있다.

라고 하고 있다.

위의 기사를 통하여 해방 후 수원지역 유지들의 다양한 모습 중 한 형태를 살펴볼 수 있는 좋은 사례가 아닌가 한다. 특히 분배하고 난 후에 소감으로 "국가의 8할 농민이 생기 있게 일하고 국가건설에 박차를 가하게 되기를 염원하고 있다"는 그의 말은 새나라 건설의 한 좌표를 제시하는 것으로서 해방 공간에서 우리 민족의 나아갈 바를 제시해 주는 것이 아닌가 한다. 나중석이 쓴 『토지무상분배록(土地無償分配錄)』(1946) 서문은 그의 당시의 의식과 토지분배의 의도를 잘 보여주고 있다. 서문의 전체 내용은 다음과 같다.

아 天子의 理致가 怨恨이 쌓이면 반드시 伸寃되고 추위가 極에 달하면 반드시 더워지는 것이라. 數千年 以來로 土地私有 賣買의 弊端이 後世에 傳해와 地主의 끝없는 權勢는 宰相보다 甚하고 小作하는 農奴의 生涯는 可憐함을 알릴 길이 없으나 帝國主義 아래 어찌할 바 없도다. 世界大戰 이후로 聯合國이 勝利하고 戰爭 犯罪者를 處罰하며 死腔 植民地를 解放하니 이에 本 政府도 農地를 小作人에게 有償分配하자고 憲法을 制定 중이기로 本人 所有의 本洞土地를 小作人에게 賣渡하기로 하였으나 買受土地를 다른 洞里사람에게 賣渡하면 本洞사람은 살길이 없어지니 30~40年間 主客사이에 나 때문에 흩어지는 것도 人情없는 일이요, 天子가 解放되거늘 나만 홀로 自身을 위하는 것도 讀書者의 行事가 아닌 까닭에 아들과 손자들과 더불어 議論하여 집터 53座 1만여 평과 논 9만여 평을 60여 호 小作人들에게 無償分配하니 때는 곳 檀紀 4279년 丙戌 春 建國中이러라.[33]

나중석의 의식은 사유제도의 폐단으로 땅을 가진 지주의 권세는 나라의 재상보다 심하고 그 땅을 농사짓는 소작인은 농노처럼 가련한 삶을 살아가고 있다는 것이다. 농지를 소작인에게 유상분배한다는 구호는 돈 없는 소작인들에게는 그림의 떡에 불과한 것임을 잘 알고 있었다. 나중석은 본인의 땅을 소작하는 마을 사람들의 매도의사를 타진했지만 그 가운데 20%가 매도가 가능한 상황이었고, 나머지 80%의 빈농들은 돈이 없어서 땅을 살 생각을 못하고 세상을 비관하는 실정을 알았다. 이를 돈 있는 다른 마을 사람들에게 매매할 경우 그 땅을 소작한 사람들은 마을을 떠나야 한다는 사실을 파악하였다. 일제로부터 해방된 새로운 세상에서 자신만의 이익을 위한다는 것은 진정한 독서인의 자세가 아니라는 점을 분명히 하면서 소작인들에게 무상으로 토지를 분배했던 것이다. 1946년 3월 나중석이 단행한 토지 무상분배는 수원지역에서 거의 혁명적인 조처로 받아들여졌다.[34] 그러나 토지무상분배를 선택한 이유에 대하여는 보다 신중한 접근이 필요할 듯하다.

---

33) 『토지무상분배록(土地無償分配錄)』(1946).
34) 한동민, 「근대 수원지역 유지 나중석의 생애와 활동」, 『나혜석연구』 3, 2013, 104~107쪽.

2) 수원의 거부, 만석지기 수원차씨 차준담의 동향: 학교에 기부

해방 후 수원상공회의소 초대회장과 2대 의원을 역임한 수원지역의 대표적인 유지 중 한 사람인 차준담[35]의 경우도 재산을 희사하는 사례를 보여주고 있다. 『동아일보』 1946년 8월 15일의 경우를 보면, 「차준담 5백만원 기부로 수원매향고등여학교 재단 확립」이라는 제목하에

> (略) 수원읍 車濬潭(四一)은 수원여자 매향학교에 사재 五百만원의 거액을 던지어 동교의 재단을 확립하는 동시에 고등여학교로서의 승격청원을하여 8월 5일부로 문교부의 정식인가를 받았다.
> 그리하여 동교는 수원매향고등여학교로서 그 기구를 일신확장하고 새로운 발족을 하기로 되었다. 그런데 동교는 지금부터 30여년간 한국정부의 허가로 三,一여학교로서 창설되어 美監教朝鮮婦人宣教會維持財團에서 경영중 미국 선교사의 귀국으로 말미암아 경영난에 빠지어 존폐 기로에 섰던 것을 전기 차준담이 이래 자력으로 경영 유지해 오던 것이다.

라고 있는 것이다.

또한 『동아일보』 1946년 7월 11일자에는 「수해의연금품, 본사취급, 무명으로 만원, 알고 보니 차준담씨」에

> 9일 하오 본사에 이흠을 알리지 말고 무명씨로 금 1만원을 가쟈온 사람이 있기에 본사에서 조사한 결과 이는 두 차준담씨였다.

라고 있다.

차준담은 수원지역의 대표적인 유지이며, 좋은 저택도 가지고 있는 인물이었던 것 같다. 『조선일보』 1948년 8월 6일자 「부통령 이시영, 수원에 체류」에

> 李始榮 부통령은 조각의 제1차발표가 있은 3일부터 공사를 막론하고 일절 외부와의 면회

---

35) 일제시기 차준담에 행적과 친일 등에 대하여는 다음의 논문이 참조된다. 이승렬, 「한말 일제하 근대의 충격과 수원지역 상인층의 대응」, 『향토서울』 84, 2013, 185~192쪽.

를 사절하고 있던바 조각이 완료되던 4일 하오 4시경 돌연 離京 수원읍 車濬潭 택으로 향하
였는데 동일 하오 5시 50분경에는 이승만대통령이 부인동반하여 혜화장으로 이부통령을 방
문하였으나 이미 離京後였다. 이때 신뢰할 만한 소식통에 의하면 이부통령은 금반 조각당초
부터 여의치 못한 뜻을 표시한 바도 있다 하는데 조각이 완료 발표되자 돌연 이경한 것은
조각에 대한 불만에 기인한 것이 아닌가 하고 관측하고 있으며 4일 이부통령은 모종의 중대
성명을 발표하려다 중지하였다 한다. 금번 수원행은 약 3~4일간 체재예정이라 하나 경우에
따라서는 장기간 귀경치 않으리라는 설도 있는데 조각초부터 여사한 이부통령의 태도는 극
히 주목되는 바라고 한다.

라고 하여, 차준담의 집에 머물렀음을 알 수 있다. 이는 차준담의 지위와 성격을 살펴
볼 수 있는 것이 아닌가 한다.

3) 홍사훈: 육영사업과 수원시민대표로 활동

홍사훈(洪思勳, 洪思勛)은 1891년 11월 11일 경기도 수원에서 태어났다. 1909년 보
성학교 1학년을 중퇴하고 1910년 11월 경기도 수원 상업강습소(水原商業講習所)법상
과(法商科)를 졸업했다. 1919년 2월 경기도 수원금융조합 조합장을 맡았다. 1920년
6월 수원청년구락부 발기인으로 참여해 7월에 이사를 맡았다. 1925년 수원청년회 위
원장을 지냈으며, 1924년과 1925년에 운영난을 겪고 있던 삼일학교(三一學校)에 기부
금을 냈다. 1925년 7월부터 1944년 7월까지 수원식림종묘(水原殖林種苗)주식회사 취
체역을 지냈다. 1926년 4월 수원실업협회 부회두로 선임되었다. 이해 5월 수원에 화
성학원(華成學院)을 설립하고 1928년 1월 이사장을 맡았다. 1927년 4월 수원에서 경
기도 민선 도평의회원으로 선출되었으며, 이해 9월부터 수원군 수룡(水龍)수리조합 조
합장으로 활동했다. 1928년 5월 용수흥농(龍水興農)주식회사 취체역을 맡았고, 11월
쇼와(昭和)천황 즉위기념 대례기념장을 받았다.

1929년 8월 수원체육회 이사로 선임되었으며, 1930년에는 회장을 맡았다. 1930년 5월
수원금융조합 감사를, 12월 수원하주운송(水原荷主運送)주식회사 감사역을 맡았다.
1933년 10월부터 주식회사 수원극장(水原劇場)감사역을 지냈다. 1934년 11월 최린(崔

麟)을 중심으로 한 천도교 신파들이 독립을 포기하고 조선인 자치를 추진하기 위해 조직한 시중회(時中會)에 참여하여 평의원으로 활동했다. 1935년 4월 수원체육회, 성공회(聖公會)수원고아원(水原孤兒院), 수원무도관(水原武道館), 삼일남학교(三一男學校), 수원소방조(水原消防組)등에 기부금을 냈다. 1937년 4월부터 1939년 5월까지 화성흥산(華成興産)주식회사 취체역을, 1937년 8월부터 1940년 1월까지 조선중앙무진(朝鮮中央無盡)주식회사 감사역을 역임했다. 1937년 9월 경기도 애국 군용기 '경기도 호(號)'건조비 일부를 헌납했다. 이 해에 주식회사 수원극장과 주식회사 만종원(萬種園)의 대표취체역을 맡았다. 1939년 5월부터 1944년 5월까지 화성흥산주식회사 대표취체역을 지냈다. 1939년 11월 조선총독부가 전시체제 강화와 유도 황민화(儒道皇民化)를 위해 전(全) 조선 유림을 동원하여 조직한 조선유도연합회의 평의원으로 활동했다. 1941년 3월부터 수원상업전수학교 이사장을 지냈다. 해방 후, 1945년부터 1965년 4월까지 재단법인 화성학원 이사장을 지냈다. 1965년에 사망했다.[36]

홍사훈의 해방 후 활동은『경향신문』1949년 10월 8일자「시승격 경축」에서 찾아볼 수 있다. 그는 수원읍의 수원시 승격시 수원시민대표로서 축사를 하고 있다. 해방공간에서 대한민국정부가 수립된 후 홍사훈의 위상을 살펴볼 수 있는 대목이다.『경향신문』보도를 인용하면 다음과 같다.

시승격 경축

〈수원〉 수원시청에서는 시 승격을 기념하기 위하여 일찍부터 경축비로 일배간원이나 게상하고 준비중에 있었는데, 지난 1일 상오 10시반부터 시청 앞 광장에서 관민 유지(일반시민은 제외)다수 참석하에, 시승격 기념 경축식이 거행되었다. 식은 먼저 주악으로 시작되어 이 시장의 식사에 이어, 김 내무장관의 告辭代讀과 구 경기도 지사의 고사가 있는 다음, 축사로 들어가 시민대표 홍사훈씨를 비롯하여 민 화성군수, 표 인천시장의 축사가 있었으며, 각계의 축전 낭독이 있은 후, 역시 주악과 만세는 구 지사의 선창으로 하오 1시경 폐식되었다.

---

36) 친일인명사전편찬위원회,『친일인명사전』, 민족문제연구소, 2009, 홍사훈조. 일제시기 홍사훈의 활동과 친일에 대하여는 다음의 논문이 참조된다. 이승렬,「한말 일제하 근대의 충격과 수원지역 상인층의 대응」, 177~185쪽.

5. 교육계의 해방

1) 수원농업학교 학생 이영재의 해방 경험

해방 당시 수원농업학교 학생이었고, 해방 이후에는 계속 수원지역에서 교사로 활동했던 이영재는[37] 해방과 관련된 질문에 다음과 같이 증언하고 있다.[38]

질문: 선생님 해방 전 45년도 그때 학교를 다니셨잖아요. 해방이 됐다, 그걸 어떻게 아셨어요?

답변: 전교생을 운동장에 모아 놓고 일본 천황이 방송하는 걸 들었죠. 방송하는 걸 듣기는 했어도 하도 왕왕거려서 무슨 얘기하는지 몰랐어요. 그리고서 수군수군 거리는데 일본이 망했단다. 그래서 그 당시에 수원농업학교에 일본군이 많았어요. 그 사람들이 일본이 망했다는 거 알고 그런 사람들 품에서 돈 뺏고 바로 그 이튿날부터 다 알아버렸죠. 일본인 선생들 다 뒤로 물러서고 한국인 선생은 하난가 있었어요. (수원농고에도요?) 네, 이과에... 그 사람 중심으로 뭉쳐가지고 자위대 같은 거 조직해서 학교 지키고 그랬죠.

즉, 학교에 다니고 있던 이영재는 학교에서 일본천황이 방송하는 것을 듣고 해방을 알게 되었다고 증언하고 있다. 그러나 대부분의 일반인들은 주변 사람들을 통하여 해방의 사실을 알게 되지 않았을까 한다.

해방 직후의 학교의 수업 상황은 어떠했을까. 이어서 이야기를 들어보자.

질문: 학교가 어수선했을 거 아니예요. 수업은 하셨어요?

답변: 수업 당분간은 못했죠. 한국사람 선생으로 오기 전에는 못했죠. 뭐 해방 전이나, 해방 후나 공부 하나도 못했어요. 매일 12시가 되면 뭐가 떠오르냐면 공습경보가 울리는 거예요. 거의 11시부터 12시 사이에 그 공습경보가 울리면 다 수원시내 경찰들 다 배

---

37) 박환, 「수원초등학교 교육의 산 증인 이영재선생님의 이력과 사진들」, 『사진으로 보는 수원지역 근대교육』, 수원문화원부설 수원학연구소, 2011.

38) 김세영, 「이영재의 삶과 수원교육」, 『수원근현대사증언자료집』IV, 수원박물관, 2010.

석됩니다. 거기 가야 되요. 불나면 끈다고 가고 갔다 오면 점심시간이고 공부 할 수 없었어요. 점심시간 끝나고 나면 농업학교니깐 실습도 해야 하고 거의 공부를 못하고 학교를 다녔어요. 근로봉사도 참 많이 다녔어요.

해방 직후 수원지역 일본인들의 동향은 어떠했을까.

질문: 해방 정국이 되고, 학교도 술렁거렸지만 선생님 사는 동네는 일본인이 관내에 다니 사람 들이 많이 사는 지역이잖아요. 그 사람들 짐 싸고, 그랬던 정황들이 생각나세요?

답변: 글쎄 그런 거는 가보지를 않아서 모르겠네요. 농업학교가 한반에 꼭 55명인데, 55명 중에 10명은 일본 애에요. 일본 애들이 갈 때, 간다, 잘 있어라, 뭐 그런 어떤 사람은 나는 그런 걸 받지 않았지만. 어떤 사람은 자기 재산을 더 가져다가 준다고, 패전국에 학교 학생들도, 일본 놈들 피난살이 하고 갈 때 가족 중 여학생들은 은막하고 그랬는 데, 꼼짝을 못하고 있어. 자기 딸이 끌려가서 당하는데도 그러기 때문에 그 당시에 '30 년 후에 보자' 그런 소리를 일본 애들이 그랬다고 해요. 그런 게 조금은 있었던 것 같 아요. 패전국의 아픔이죠. 뭐.

질문: 해방 됐다는 라디오나 이런데서 듣고 그럴 때 학교에서 아직은 일본인 선생이 있었으 니깐 태극기 들고 만세 이런 거 못하셨어요?

답변: 상관하지 않았어요. 그리고 또 학교, 우리가 경비한다고 총 메고 학교 경비하고... 다 관사에 있었는데, 교장이야 선생들이. 그 교장이나 선생들이 매 맞아 죽을까봐 그랬는 지 옥수수도 쪄서 먹으라고 주고 우리 좀 너그럽게 봐 달라고 하고...

질문: 대략 그 사람들이 빠져 나가는데 한 얼마나 걸렸어요. 시간적으로

답변: 글쎄, 꽤 길게 걸렸던 걸로 알고 있어요. 한 달 이상 더 걸렸어요.

해방 후 집안 어른들은 어떠한 분위기였을까?

질문: 선생님 집에 사랑방에 어른들 많이 오시잖아요. 해방 정국 때 어른들이 막 이렇게 얘 기하시는 그런 거라든가 할아버님의 어떤 감흥이라든가...

답변: 예, 들어 봤는데, 일본에 대한 비판이라든지 뭐 무슨 독립에 대한 그런 거라든지... 근 데 어느 정도 어떻게 했는지 전혀 모르죠. 제가 할아버지하고 사랑방에서 4살부터 같

이 잤는데도 자손들 앞에서 일체 입을 열지 않으시고 그땐 비밀이 잘 지켜졌을 텐데... 군자금이라도 몇 번 내놨을 텐데 그런 말 일체 없었어요. 몰라요. 진짜 형사들이 오고하는 거 보면 낌새는 있는데 했죠.

해방 후 수원지역의 이념적 분위기는?

질문: 해방 되고요. 어수선한 해방 정국이었지만, 이념논쟁도 있었잖아요. 이데올로기. 주위에 좌익 활동하다가 월북 했던 쉬쉬하면서도 자고나면 올라가는 사람들 이런 얘기들 들어보시고, 보셨을 텐데 신풍동 그 주위에도 좌익 활동 하던 분들이 월북하거나 그런 분들이 있었나요?

답변: 있었을 텐데, 그건 기억을 잘 못하고요. (그런 얘기들은 들으셨죠?) 그렇죠. 좌경하는 사람들이 참 많았어요. 많았고 공부 잘하는 애들. 그런 애들이 전부 다 좌경 했어요. 그래서 그 당시 뭐가 많이 있었냐면 독서회라는 게 많았어요. 독서회 같은 거, 공산주의 사상, 그거를 안 하면 똑똑한 학생이 아니라고 홀대를 하고 독서회를 많이 했어요. 그래가지고 저도 한 반에 있던 친구, 급장은 아주 그냥 뭐 철두철미하게 좌익이 돼가지고 6・25사변 때 인민군 장교가 돼서 내려왔다고 그래요. (놓고 다닐 때 같은 반 급장이요?) 그때 그 친구가 그때 서울상대에 들어갔었는데, 그때 서울상대가 제일 빨갱이 학생들이 많았던 데예요. 뭐 우리 집에 와요. 꼭두새벽에 그냥 오면은 숨겨달라고 하루만 숨겨달라고 하는 거예요. 보면 그냥 밤이슬을 맞아서 바지가 다 젖고 그냥... 그때는 제가 큰 집이 아닌 작은 집에 살았어요. 근데 우리 할아버지가 저를 많이 사상적으로 유도를 많이 하셨어요. 그런 친구가 오면 나는 똑똑한 친구들하고, 사상을 넘어서 똑똑한 친구들하고 교류를, 만나고 싶었는데, 대개 다 빨갱이니깐 빨갱이하고 만나게 되는 격이 됐단 말이예요. 벌써 할아버지가 딱 보고서 걔를 물어봐요. 안 되겠다 싶으면 저를 불러서 장작을 패라, 심부름 갔다와라 뭐해라 일부러 시키고... 그때 참 상당히 복잡했어요. 학교를 제일 많이 침투한 사람들이 뭐냐면 농대학생들일 거예요. 저는 농대를 시험을 치렀어도 못가고 합격한 친구들은 갔잖아요. 짐 싸들고 올라가보면 거기서 맨 독서회하고 맨 그런 거하고... 다 붙잡혀가고 나중에 보도연맹이라는 거 있죠.[39] 보도연맹에 들어간 애들도 꽤 있었는데, 그런 애들은 6・25사변 나면서 다 죽었죠. 다 끌려가다가 어느 시점에서 다 죽였으니까. 농대학생들이 그렇게 많이 퍼졌

---

[39] 1949년에 조직된 '국민보도연맹'을 말한다. 1948년 국가보안법에 따라 좌익사상에 물든 사람들을 전향시키고 보호한다는 취지에서 결성된 좌익 운동을 하다 전향한 사람들로 반공단체이다.

었어요. 학생 중에서 좌경하는 사람이 우익보다 많았으니깐, 똑똑하다라고 생각하는 애들은 다였으니깐.

질문: 그 급장 이름이 기억나세요?
답변: 네, 임교상이예요. 임교상. 정훈장교로 왔다고 그러는 것 같아요. 그 사람이 인민군 계급장 탄 거는 못 봤고 항상 좌익 활동하는... 쫓겨다닐 때는 만나고... 성장 관련해서 그 아버지가 남에 집에 머슴을 살았다고, 거기에 한이 그 아이는 있었겠죠.

질문: 그 밖의 아시는 분들 중에서도 그 좌익 쪽에 이데올로기, 학급에서도...
답변: 네, 그땐 뭐 반은 다 그랬으니깐, 학급에서도 반은 그랬고, 임교상 그 친구가 극장에 있었는데, 송국장이라는 사람도 그랬어요. 그 사람도 듣기에 용인사람인데 동네에서 인민위원장 같은 것도 하고 그랬다고 해요.

질문: 농고 다니실 때도 이런 분위기가 있었나요?
답변: 그때 학교 선생도 딱 두 패예요. 좌우가 갈라졌죠, 선생도. 갈라진 가운데 북에서 넘어온 선생들이 서북청년회라는 게 있었어요.[40] 서북청년회 소속 선생들이 거 뭐 인정사정없이 팼으니깐요. 그래서 그나마도 우익을 지켰다고 그럴까요. 지금보다는 좌들이 정면 노골적이었죠. 좌우가 대립하는 것이. 그땐 참 대단했어요.

학생 이영재를 통해 볼 때, 해방 후 수원은 해방의 기쁨과 더불어 두려움, 그리고 좌우 갈등의 대립 등 모든 가능성이 존재하는 불확실한 시대였던 것으로 보인다.

2) 교사 한정택의 해방정국

한정택은 경기도 수원군 우정면 운평리 82-2번지에서 1927년 2월 28일 출생하였다. 부친은 한백응이고, 어머니 차수정(1888~1931)은 오산 서랑리 부호의 딸이다. 한정택의 부인 황선만은 남편이 어머니를 많이 닮았다고 술회한다.

한백응의 7남매 중 막내인 4남으로 태어난 한정택은 학문에 뜻을 두고 있던 부친의

---

[40] 1946년에 월남한 청년단체가 조직한 우익청년운동단체이다.

영향으로 교육에 뜻을 두었던 것 같다. 『경독재선생시집』에 따르면, 한백응은 문정공 16세손으로, 평소 글을 좋아했고, 농사를 돌보면서 많은 영재를 훈도하였다. 가풍은 매우 엄격하였고, 청렴결백하였다고 기록하고 있다.

학문과 교육에 뜻을 두었던 부친의 영향을 받은 한정택은 어려서부터 학문과 인격 수양에 정진하였다. 8살 때 그는 운평리 평밭에 있는 9촌 당숙 한백희(韓百熙)로부터 천자문, 동몽선습 등을 공부하였다. 그리고 9살 때에는 발라곳에 가서 서병하(徐丙夏)로부터 통감을 배우는 한편 저녁에는 둘째형인 한진택(韓震澤)이 운영하던 야학에서 국문과 수학을 공부하였다.

그 후 한정택은 1936년 11월 1일 구술시험에 합격하여 우정공립학교에 입학하였다. 당시 학교에는 일본인 교장 세전실(細田實)과 한숭봉(韓崇奉)이라는 조선인 교사가 있었다. 4년제였던 이 학교에 입학한 그는 우수한 성적으로 학업을 하였던 것 같다. 현재 남아 있는 그의 1학년부터 4학년까지의 성적표가 이를 반증해 주고 있다. 그 후 그는 장안국민학교로 편입하였다. 편입시험에 합격한 사람은 이영휘, 한동일, 한동인, 유문상, 최종철, 이병현, 손상설 등이었다. 당시 장안국민학교는 이 지역에서 팔탄국민학교와 함께 6년제학교로서 중요한 위치를 차지하고 있었다. 이 학교에서 한정택은 사운 이종학 등과 함께 학업에 열중하였다. 그의 친구인 이종학은 철저한 역사인식을 갖고 한국 근현대 주요 사료를 수집하고 정리한 대표적인 역사학자였다. 이종학과의 만남은 한정택이 향토사에 관심을 갖게 된 계기가 된 것이 아닌가 한다. 후일 한정택이 향토사에 대하여 공부할 때 자문과 자료제공은 주로 이종학이 담당하였다.

1943년 3월 장안국민학교를 졸업한 한정택은 동년 8월 국민학교 교원시험 제3종 시험에 합격하였다. 그리고 1944년 6월 1일 경기도 연천에 있는 군남(郡南) 공립국민학교 훈도에 임명되어 교육계에 첫발을 내딛었다. 당시는 일제시대였고, 그도 일제의 교육제도하에서 선생의 길에 들어섰던 것이다. 일제의 강압에 의하여 할 수 없이 창씨를 하게 되었는데 기자의 후손이라는 의미에서 '기'자를, 수원군에 거주한다는 의미에서 '원'자를 따서, 창씨명은 기원정택(箕原鼎澤)으로 하였다. 한정택은 일제의 억압 속에서 1945년 3월 31일에는 군남 공립청년 특별연성소 지도원으로 위촉되어 활동하였다. 당시 상황을 한정택은 그의 자서전에서 다음과 같이 술회하고 있다.

당시 학교에는 남자특별연성소, 여자특별연성소, 청년훈련소 등이 부설되어 있어서 장차 일본군에 입대시킬 장정들을 강제로 모아서 일본말을 가르치고, 기초교련을 시키고, 황민화 정신교육을 시키던 제도이고. 여자특별연성소란 나이찬 처녀들을 강제로 학교에 출석시켜 일본말과 정신교육을 시키던 제도인데 나중에 알고 보니까 일본 군수공장이나 일본군인들 위안부로 데려가기 위하여 마련된 아주 흉칙한 제도였다. 지금 생각해보면, 이러한 반민족 적 행위에 대하여 협조하였다는 것이 매우 부끄러운 일로서 양심상 가책이 많이 되지만 당 시는 그러한 내막을 자세히 모르고 문맹자들에게 한자라도 깨우쳐주고 일어를 소통케 하는 교육제도로 단순히 생각하고 해방을 맞을 때까지 계속하였다.

1945년 8월 해방이 되었다. 선생은 해방을 연천에 있는 군남국민학교에서 맞이하였 다. 그 후 그는 향리로 돌아와 1946년 3월 10일부터 고향인 우정면에 위치한 우정초등 학교 훈도로 근무하게 되었다. 이때를 시작으로 하여 그는 석천국민학교에서 정년퇴 직을 할 때까지 수원군지역에서 학생교육을 위하여 진력하였던 것이다.

한정택은 작고하기 전 자신의 생애를 해방직후까지 기록으로 남겼다. 그의 미간행 자서전을 통해 해방공간을 바라보기로 하자.[41] 제목은 필자가 임의로 붙여보았다.

(1) 해방 후 일본인 교장의 공포

본장에서는 해방 직후 일본인들의 동향을 그려볼 수 있는 부분이다. 갑작스러운 해 방은 우리에게나 보통 일본인들에게 큰 당혹감으로 다가왔다. 특히 한정택은 일반 농 민이 아니라 일자리가 있는 교사였기 때문에 더욱 혼란스러웠을 것으로 보인다.

1945년으로 접어들면서 일본은 패망의 길로 치닫고 있었다. 일본 해군의 총수였던 해군 사령관 야먀모도이소로꾸(山本五六) 원수가 작전 지휘 중 전사한 것을 계기로 일본은 연전 연패 패망이 다가오고 있었다. 방대한 점령 지역도 점차 포기하고 철수에 철수를 거듭하고

---

41) 박환, 「수원군 출신 교육자의 인생역정: 한정택선생님의 사례」, 『수원지역 근대교육자료 총서』 1, 수원문 화원, 2011.

있었다. 군수 물자 보급을 위하여 학교의 국기 게양대까지 빼가고 각 가정의 제기(유리그릇)까지 걷어 갔으니 이제는 더 이상 버틸 힘을 잃은 것이다. B29 비행기가 연천 부근 철원에까지 날아와 기총 소사를 하는 지경에 이르렀다. 우리들 몇몇 동료 들은 여름방학이 끝날 무렵인 8월 17일부터 금강산 구경을 가기로 약속이 되어 있어 그 준비를 진행하고 있었다.

연천에서 금강산까지는 사실 지척지간이다. 원산방면으로 두 정거장만 가면 강원도 철원이고 철원에서부터 금강산까지는 전철이 부설되어 있어 금방 갈 수 있는 곳이다. 내일 모레면 천하 절경 금강산 구경을 떠나는 날이다.

그런데 1945년 8월 15일 일본이 연합군에 항복을 하여 우리나라가 해방이 된 것이다. 해방을 맞은 우리나라는 발끈 뒤집혀졌다. 우리민족은 너 나 할 것 없이 환호성을 올리며 거리로 뛰쳐나왔고, 일본인들은 눈물을 흘리며 어찌 할 바를 몰랐다. 이런 소용돌이 속이라 금강산 관광은 중단 될 수밖에 없었다. 삼팔선이라는 것이 그어져 50여년이 지난 오늘날까지 금강산 관광을 가지 못 하게 되리라고는 그 당시에는 아무도 상상하지 못했던 일이다. 일본인 교장 내외가 계속 눈물을 흘려가며, 신붕(神棚)과 신붕 안에 보관하여 두었던 일본 황실의 신문 스크랩사진을 꺼내어 불태우며 나를 붙잡고 기원(미노하라) 선생은 나라가 해방되고 독립되어 좋겠지만 자기네들은 돌아갈 곳이 없다고 하소연 하던 모습이 아직도 기억에 생생하다. 비록 우리나라를 강점하고 갖은 못된 학정을 일본이지만 개인적으로 나에게 잘 해주던 그들의 눈물을 보니 측은한 생각이 들어서 마음이 언짢았다.

(2) 해방 직후, 일본 경찰의 탄압과 수원군으로의 귀향

본장은 해방된 조국에서 오히려 일본경찰의 탄압으로 목숨을 구하기 위하여 고향으로 탈출하는 모습을 보여주고 있다. 해방공간의 당시 상황을 현실감 있게 살펴볼 수 있는 내용들이다.

해방의 기쁨을 맞은 나는 곧 고향으로 돌아오고 싶었지만, 좀 더 상황을 봐서 행동할 필요를 느껴 머물러 있었다. 곧바로 건국준비위원회(建國準備委員會)가 전국적 규모로 조직 발표되고, 군남면에도 김준연[(金俊淵) 훗날 한국정계에 거물이 됐던 사람]이라는 사람이 중심이 되어 건준을 발족시켰다.

그러고는 과거의 모든 친일한 공무원들은 자기들의 지시에 따르라는 것이 아닌가. 곧 학생들을 소집하여 한글부터 가르치라는 지시다. 아직도 일인 교장은 관사에 기거하고 있고 파출소에는 일인 경관이 머물러 있는데 좀 난처한 면은 있었으나, 우리는 신나게 아동을 모아 한글을 열심히 가르치고 있었다.

그런데 이게 웬일인가? 일인 경관(파출소 소장)이 총을 메고 교실에 찾아와 우리를 위협하는 게 아닌가, 그러면서 우리를 연행하여 가는 것이다. 이유인 즉 아동들에게 배일 감정을 선동하여 자기네들이 위협 받고 있어서 할 수 없는 조치라는 것이다. 정말로 곤경에 빠지고 말았다. 이 무법천지 혼란 속에 잘못되면 생명까지 위험한 것이다. 이 위험을 모면 하려면 도망치는 수밖에 없다고 판단하고 기회를 노리고 있었는데, 마침 지나던 거리의 주막집에서 개를 잡아 보신탕 냄새를 풍기고 있어, 보신탕을 좋아하는 일본인 경관을 유혹하게 되어 이 일경(日警)이 음식점으로 들어가게 되었다. 이때다 싶어 화장실에 좀 다녀오겠다고 속이고 그 길로 도망질을 쳤다. 얼떨결이라 하숙집에도 들르지 못하고 반바지, 반팔뚝 옷만을 입은 체 모든 것을 다 버린 채로, 연천역으로 가지 못하고 지름길을 택하여 전곡역으로 가서 열차에 몸을 실었다. 일인 경관이 곧 쫓아오는 것만 같아 애가 탔다. 그러나 아무 단속 없이 경성역에 무사히 도착하여 안도의 한숨을 내쉬었다. 해도 지고 하여 경성에 사는 육촌 형님 댁으로 갈까 망설이다가 의복도 초라하고 하여 경부선 열차에 몸을 싣고 수원아래 병점역에서 하차하였다.

이곳에서 서랑리 외가댁까지는 가깝기 때문에 외가댁으로 갈 참이었다. 그러나 점심과 저녁을 굶고 한 종일 긴장 속에 하루해를 보냈기 때문에 피로가 겹쳐 한 걸음도 떼어놓기 싫었고, 역에서 외가댁까지는 5킬로 쯤 되는 산골길이라 호랑이가 넘나든다는 이야기도 있던 때라 할 수 없이 양산리까지 가서 마을 사람들 모인데서 이런 저런 이야기를 듣다가 마을 사람들이 헤어진 뒤에 마당에서 하루 밤을 자게 됐다. 그런데 아무리 한 여름이라 해도 한종일 먹은 게 없고 옷도 반바지, 반팔뚝의 얇은 옷이라 한데서 자기에는 무척 추웠다. 그래서 멍석을 둘둘 말고 하루 밤을 지새웠다. 이튿날 새벽 동이 터오자 걸음을 재촉하여 새벽같이 외가댁에 당도했다. 물론 외가댁 식구들이 기절초풍을 한 것은 말할 나위가 없다. 이렇게 해서 초라한 모습으로 고향을 찾아 왔는데 이때의 경험은 죽을 때까지 잊지 않고 생생하게 남을 것이다.

옷도 다 버리고 자격증을 위시한 모든 서류도 다 버리고 정다운 이들에게 떠나온 다는 인사말 한마디 남기지 못한 채, 허무하게 정든 제2의 고향을 숨어서 떠나왔던 것이다. 지금도 눈에 선하다. 좋은 산 군자봉과 그 골짜기의 맑은 물, 여름이면 미역 감고 겨울이면 얼음 타던 임진강(臨津江), 나에게 잘 해 주던 여러 여인들, 비탈진 자갈밭을 두 마리의 소가 하나의 투박한 장기를 끌던 모습, 마을 밭 마다 활짝 피었던 하얀 양귀비꽃의 청초한 모습(이곳이 아편생산지였다), 처음 만났던 어린 것들의 초롱초롱한 눈망울, 이제는 모든 것들이 아득한 옛 추억이 되고 말았다.

해방 직후 우리 조선인들에게 치안권이 일시 넘어왔었으나 여러 가지 불상사 때문에 일본인이 한동안 치안권을 다시 회수하여 일경 들이 권력을 행사 하는 바람에 해방된 조국 땅에서 전례와 같은 수난을 겪었던 것이다.

(3) 고향에서 우정초등학교 교사: 민주교육을 위해 노력하다

본장에서는 해방된 조국의 역사와 한글을 가르치는 교사, 그리고 특히 조국의 얼을 심고 민주주의 교육을 급선무로 여기는 교사 한정택을 바라볼 수 있다. 당시 교사들의 공통된 과제가 아니었나 생각된다.

왜정시대 받았던 훈도 발령장과 교원 시험 합격증을 당국에 제시하였더니 내일부터 즉각 출근 하라는 것이었다. 당시만 해도 교원 자격을 가진 사람이 절대 부족 하던 시절이라, 아무데고 희망하는 대로 갈 수 있었다. 그래서 나는 우정학교를 택하였다.

우정학교에서 처음 담임 한 학년은 사학년이었다. 왜정의 식민지 교육을 받던 아이들에게 조국의 얼을 심고 민주주의 교육을 시키는 것이 급선무였다. 나 자신이 맞춤법 공부와 국사공부를 새로이 배우며 아이들을 열심히 가르쳤다.

아이들의 숫자가 80명 가까이 되고 덩치들이 크다 보니 교실에 가득하다. 연천군남학교에 근무할 때는 주로 1, 2학년을 가르쳤고 아이들의 숫자도 적어 매우 수월했었다. 그런데 이곳 아이들은 나이가 많아 어떤 녀석들은 나하고 세 살 차이 밖에 아니 되고 턱에 수염이 거뭇거뭇하여 제법 어른스러워 보이기까지 했다. 담배 피우는 놈까지 있었다. 여학생들도 나이가 천차만별이라 어떤 아이는 어리고 천진난만하여 매우 귀여운가 하면, 어떤 아이는 처녀티가 나고 제법 규수감으로도 손색이 없을 정도로 성숙한 아이도 있었다.

당시 학교장은 김봉현(金鳳鉉)이라는 피부가 까무잡잡한 평양 출신의 30대 분으로서 매우 성실하고 의욕에 찬분이었다. 사범학교 시절에는 농구선수여서 학교에 농구대를 설치하고 방과 후에는 직원들에게 농구를 직접 가르치며 한판 농구를 한 뒤에는 농주 파티를 열어 직원들의 친목을 도모하고 가끔 우스개 소리를 하는 머리가 잘 돌아가는 사람이었다.

교직원의 대부분이 지방 출신들로서 구성되어 있었는데 몇몇 사람은 학력으로 보나 인격상으로 보나 교직원으로서의 자질이 부족한 사람도 있었다. 그래서 말썽도 많이 일으키고 학생들이나 학부형들의 신망을 얻지 못하여 중도에 탈락하고 말았다. 이강혁이라는 교사는 김부영이라는 건달 교사의 선동을 받고 느닷없이 최정순이라는 여교사의 뺨따귀를 때려 권고사직을 당하는 일까지 있었다.

교장은 나를 꽤 신임하는 편이어서 나에게 학교 후원회 일을 맡기고, 내 말은 거의 수용하였다. 나는 내가 사학년 때 맡았던 학생들을 삼년간 계속 담임하여 졸업시켰다. 이 아이들이 육학년이던 해에 커다란 색 다른 일들이 몇 가지 있었다. 그 하나는 내가 이때 결혼을 하게 된 것이고, 그 둘째는 오십(五十)선거 때 우리 반 반장 녀석이 정치에 가담하여 말썽을 일으킨 것이고, 그 셋째는 중학교 입학성적이 매우 좋았던 것이다.

해방 후 한정택의 모습은 "왜정의 식민지 교육을 받던 아이들에게 조국의 얼을 심고 민주주의 교육을 시키는 것이 급선무였다. 나 자신이 맞춤법 공부와 국사공부를 새로이 배우며 아이들을 열심히 가르쳤다"로 압축적으로 표현할 수 있을 것 같다.

3) 고등동 김순태의 해방과 동말한글강습소, 광명학교 만들기

수원시 고등동 김순태(1927년생, 화서 1동 동말―수원군 일왕면 동리 출생)의 해방과 동말한글강습소, 광명학교 만들기는 수원문화원, 『수원사람들의 삶과 문화』, 2008[42]에서 찾아볼 수 있다. 최자운, 김영진, 박성호 등 당시 수원문화원팀이 한 면담 내용을 보면 다음과 같다.

질문: 해방되고 나서는 어떻게 생활하셨어요?
답변: 해방 되고나서는 내가 뭘 했냐하면, 동말이라는데, 화서동이지. 한글 강습회를 했어. 일제 시대에도 한글강습회를 있었어요. 나도 거기 가서 천자를 배우고 그랬었어. 어렸을 적에. 근데 내가 해방 되고나서는 바로 나도 한글을 가르쳤지. 거기서. 동네 주임들. 그때 당시에는 한글하나도 모르지. 또 시집도안간 처녀들 이런 사람들 한글을 가르쳤지. 사진도 거기 동말 그게있어. 우리 집에.

라고 있는 바와 같이, 김순태는 해방된 조국에서 한글강습회를 개최하여 문맹자들에게 한글 교육을 시키고자 하고 있어 주목된다.

---

[42] 수원문화원, 『수원사람들의 삶과 문화』, 2008, 274~275쪽.

질문: 그럼 집에 가지고 계신 거에요?

답변: 집에 있는 거지. 어저께 바빠서 찾을 수도 없이. 집을 뜯어고치다 보니까 다 없어진 거야. 그 다음에 내가 공부를 해야겠다는, 독학을 해야겠다는 생각을 했는데, 해방 후에 집안이 기울어졌어. 일제 시대에 형님들 사업한다고 아버지가 땅을 다팔아먹었지. 그걸 안 팔아먹었으면 보통 부자가 아니. 다 팔아 먹고 농사를 아부지가 짓기가 귀찮으니까. 아들들 주다가 보니까. 그러고 난 또 어머니가 없는 바람에 그러다 보니까 돌봐줄 사람이 없었고. 그래서 해방 후부터는 내가 뭘 해야겠다는 생각을 하고, 독학을 시작하고, 이렇게 일제시대에는 일본에 저 항일도 준비해서 공부하고, 그때는 학교 못 댕겨요. 그리고 기독교 사람들은 아무데나 못가요. 또 엄마가 없으면 안 가르치니까. 그러다가 내가 뭘 했냐하면 지금 매산학교 이쪽에 별관 있죠? 별관 그것이 방영학교였어요. 방영학교. 광명고등국민핵교. 그것을 시작을 한 거야. 누가 처음 시작했냐면 박송운 철공소라고 있어. 소나무 송자고, 구름 운자. 철공수 유일한 철공소. 지금 세무서 아랜가? 저 박송운 철공소 있었어요. 근데 그 아들이 어디 살어 지금두. 여기 농대 나오구. 후밴데. 박송운 철공소구. 여기 근덕 상회라고 있었어요. 사진이 내 있어요. 김영환이.. 그러구 또 황칠성이라고 농대학생이었었는데. 이북서 나온 사람인데. 남에 집에서 일을 해줘가면서 학교를 다녀. 그러니까 인저 이 방영학교를 할 때 나보구 함께 하자구 시작. 화서동에 강습소를 하고 있었으니까 오라구. 같이하자. 그래서 나이도 같으구 그래서 같이 방영학교를 한거에요.

이어 김순태는 무산아동을 가르치는 야간학교인 방영학교, 즉 광명고등국민학교를 김영환, 황칠성과 더불어 운영하였다. 학교의 설립연도와 교사진에 대하여 김순태는 다음과 같이 언급하고 있다.

질문: 그때가 몇 년도 입니까?

답변: 육이오 사변 전이니까. 해방되고 나서 육이오 사변 전에. 그 역사는, 그런 걸 미리 알았으면 내가 가져왔을 텐데. 그 찾으면 있어요. 거기서 내가 역할을 많이 했지. 황칠성이는 교두라 그래서 교장격 이지. 내가 교무일을 보면서. 나는 많이 배운 게 없으니까 국어, 사회, 중학교1학년정도 영어는 할 줄 알았으니까. 그런 걸 좀 가르쳐 가면서. 그때 같이 하던 선생 중에 박태환이라고 천주교 댕기는 친구하나 아직 살아있어. 나 육군 대원가 뭐 그랬지만은, 수원 고등학교 선생했어.

질문: 광명학교 하시다가요?
답변: 아니 여긴 광명 여긴 무산아동 가르치는 데니까 야간 학교니까. 나이 많은 사람들 모이는 데야.

질문: 그러면 박태환 선생님은 수고 선생님 하시다가..
답변: 수고 선생을 하다가 밤에는 여기 와서 우리랑 같이.

질문: 훌륭하시다.
답변: 그렇지. 나하고 황칠성이하고, 나는 바로 해방되고서 농과대학교 서기로 취직이 됐어. 농대서기로 취직이 되가지구서 학생하고 같이 일을 해는 거지. 박태환이를 거기서 만나고 김영환이, 김덕성이 아들도 거기서 만나고. 근데 지금 다 죽었어. 죽었는데 박태환이만 살아있어.

위의 기록들을 통하여 해방 후 수원 일반 시민들이 무산아동을 교육시키기 위해 학교를 설립하고자 하는 움직임을 보인 점은 높이 평가된다고 할 수 있다. 그러나 이러한 운동도 학교 이사진 구성 등의 갈등으로 지속화되지 못하였다.[43]

6. 결어

해방은 한민족 전체에게 큰 기쁨이었다. 자연히 일제의 압박과 탄압 속에서 신음하고 있던 수원사람들에게도 큰 기쁨으로 다가왔을 것이다. 그러나 시간이 지날수록 한반도 전체 민중들과 수원사람들에게도 정도의 차이는 있으나 미래에 대한 희망과 더불어 불안함 그리고 무엇인가 두려움이 엄습해오고 있었던 것 같다. 본고에서는 해방 후 수원의 다양한 유형의 사람들이 해방 후 어떠한 행동을 하였는가에 초점을 맞추어서 글을 전개해보자 하였으나 자료의 제한으로 초보적인 단계에 머무르고 말았다. 그러나 미개척 분야를 새로이 개척해 나간다는 의미에서 본 논문은 나름대로의 의미가

[43] 위의 책, 275쪽.

있다고 판단된다.

우선, 해방공간의 분위기 속에서 수원사람들은 일제에 의해 희생당한 분들에 대한 고마움과 추모를 잊지 않았다. 제암리학살사건 추도비 건립과 독립운동기념비 건립이 이를 상징적으로 보여주고 있다.

해방공간 수원정국은 사회주의 세력이 주도하였던 것 같다. 물론 타 지역에 비하면 상대적으로 사회주의 세력이 강했던 것은 아닌 것 같다. 수원지역의 사회주의 세력의 상충부에는 일제하 일본제국주의에 대항하여 민족운동을 전개한 인물들이 포진해 있었다. 송산지역 3·1운동의 주도인물이었던 홍면옥, 국채보상운동과 3·1운동을 주도한 이하영 등이 그 대표적인 인물들이다. 이들은 당시로는 고령인 60대의 인물들이었다. 아울러 일제하 1920~30년대 청년운동과 농민운동, 신간회 운동을 주도했던 양감면 출신 박승극, 장주문 등이 사회주의운동의 리더로서 활동하게 된다. 이처럼 일제강점기 독립운동에 나섰던 인물들이 사회주의를 지지함으로써 수원의 지역적 분위기도 사회주의에 좀 더 호감을 갖는 분위기가 되지 않았나 짐작된다. 그러나 미군정의 실시와 대한민국정부수립의 분위기는 수원출신 사회주의자들이 수원에 발을 디딜 수 있는 공간을 제공하지 않았다. 결국 이들 중 홍면옥과 박승극은 월북했고, 북에서 그들의 새로운 삶을 영위했던 것이다.

해방 공간의 사회주의적 분위기의 팽배는 자연히 수원의 유지들로 하여금 그들의 방향성을 새롭게 모색하도록 한 것 같다. 구한말과 1920년대까지 민족운동에 참여했던 유지들은, 1931년 만주사변, 중일전쟁 이후 전시기에는 자신의 생존과 재산을 지키기 위한 노력들을 전개해 왔다. 바로 이러한 유지들의 노력이 해방공간속에서 어떻게 평가받게 될 것인가에 대한 두려움이 앞섰을 것이다. 나경석의 무상토지분배, 차씨들과 홍씨 집안의 육영사업과 기부 등은 바로 당시 시대적 분위기속에서 이루어진 것이 아닌가 한다. 그리고 대한민국 정부수립이후 이들은 대한민국의 중추세력으로서 새롭게 변신, 성장하게 된다. 그러나 일면 유지들의 가문 내에 사회주의에 동조하는 사람들도 있었음은 주지의 사실이다. 홍사훈의 아들 홍달선과 차씨 가문의 차도선 등을 들 수 있다.

해방공간속에서 교육계의 경우 일제시대 때 교사로 활동했던 분들이 계속 교직에 몸담은 것 같다. 한정택의 사례를 통하여 이를 짐작해 볼 수 있었다. 그리고 일본이 세운 학교들도 해방공간속에서 그대로 유지되고, 학생들도 교과만 바뀐 상태에서 계속 학생으로서의 신분이 유지되었다. 한편 김순태와의 면담 기록을 통하여 해방 후 조선인들이 자체적으로 학교를 만들려는 노력 등이 있었다는 것도 알게 되었다.

즉, 해방공간 속에서 수원은 독립운동을 선양하고, 희생당한 독립운동가들을 추모하는 일면, 좌우익의 갈등과 대립이 있었고, 그 속에서 새로운 질서와 참다운 미래를 만들어가려고 하는 수원인들의 끊임없는 노력들이 있었다고 하겠다.

제2장

한국전쟁과 국민방위군

『유정수일기』를 중심으로

1. 서언

국민방위군은 1950년 12월 17일 정부에서 「제2국민병소집령」을 발동하여, 제2국민병역 해당자인 만17세 이상 40세 미만의 장정들을 소집, 6 · 25전쟁 당시 군에 입대하지 않은 젊은이들이 북한의 의용군에 징집되는 것을 방지하고 우리 측 예비 병력으로 활용하기 위해 조직한 부대이다. 그러나 이 부대는 졸속으로 만들어지고, 그 유지비용 또한 국민방위군 지도부에서 횡령하는 일이 있어 그 역할을 제대로 하지 못하고 1951년 전반기에 해체되고 말았다. 주한유엔민간원조사령부의 1951년 2월 15일 보고에 따르면, 국민방위군의 도별 분포와 규모는 제주도(34,053명), 경상남도(257,610명), 경상북도(10,1951명), 전라남도(40,872명), 충청남도(264명) 등이다.[1]

국민방위군은 당시 정부의 지원 없이 추운 겨울에 경상도 등 남부지방으로 이동하고 또한 교육대에 배치된 이후에도 생존을 위한 최소한의 먹거리와 잠자리도 제대로 제공되지 않아 많은 젊은이들이 희생당한 6 · 25전쟁 당시 우리 군에 의해서 이루어진

---

[1] 김학재, 「유엔민간원조사령부 자료 해제」, 『전장과 사람들』, 선인, 2010, 327쪽.

비참한 사건의 하나이다. 정부에서는 2010년 국민방위군에 대하여 진실과 화해 차원에서 관심을 갖고 집중적인 조사를 하였고, 이를 통해 국민방위군이 입은 피해 상황이 상당히 드러나게 되었다. 이와 더불어 학계에서도 관심을 갖게 되어 남정옥에 의하여 이 분야에 대한 개척적인 연구 성과가 발표되었다.[2] 그 결과 국민방위군의 창설배경과 국민방위군 사건 발생과 처리, 해체 등에 대하여 전반적인 모습이 드러나게되었다.

아울러 2005년에 설립된 진실화해위원회는 2007년부터 2010년에 걸쳐 제주, 부산, 경북의 경산·영천·고령·청도, 경남의 의령·함안·창녕·남해·하동·사천·진주·통영·고성·합천 등의 지역에 남아 있는 관련 시설 및 목격자 등을 현지조사 하였다. 특히 국민방위군 사령부에서 작성하여 국무회의에 보고한 것으로 보이는 「국민방위군」을 주된 자료로 활용하여 그 실체를 보다 분명히 밝혔다. 「국민방위군」은 원래 내무부 치안국에서 작성한 「관내상황」(1951)에 첨부된 문서이다. 앞부분은 국민방위군 창설의 취지를 밝히고, 이후 '종합전황표', '각단 종합전과표', '각 단대 일람표', '청년방위대 단지대 배치도', '국민군교육대 상비사단 배치도' 등으로 이루어져 있다. 특히 '각 단대 일람표'에는 그동안 정확히 알려지지 않았던 국민방위군 49개 교육대의 소재지와 책임자(방위 대령급), 정원 및 현 인원 등이 기록되어 있다. 그리고 '청년방위대 단지대 배치도', '국민군교육대 상비사단 배치도' 등에는 지도상에 각 교육대의 위치가 표시되어 있다.

그러나 이러한 성과에도 불구하고 국민방위군에 대하여는 아직도 많은 부분이 제대로 연구되지 못한 것 같다. 기존의 연구들은 대부분 국민방위군의 횡령사건 및 굶주림과 희생을 중심으로 단편적으로 이루어져 국민방위군의 전체적인 모습을 종합적으로 연구하지 못하였다. 이에 본고에서 유정수일기를 통하여 국민방위군에 보다 가까이 다가가고자 한다.[3]

유정수는 1925년생으로 경기도 화성군 양감면 요당리에서 출생하였다. 그는 경북

[2] 남정옥, 『6.25 전쟁시 예비전력과 국민방위군』, 한국학술정보(주), 2010.
[3] 국민방위군에 대한 회고록으로는 다음을 들 수 있다. 심재갑, 『국민방위군 일기』, 작가들21, 2007 ; 김태청, 「국민방위군의 기아행진」, 『신동아』, 1970 ; 『민족의 증언』 4, 중앙일보사, 1972.

청도군 풍각면으로 이동하였고, 이를 일기로 남겼지만 풍각지역으로의 이동 상황에 대한 것은 현재 공적인 자료에 전혀 언급되고 있지 않은 상황이다. 다만 청도지역의 경우 현재 『관내상황』에는 청도국민학교와 이서국민학교에 교육대가 있었던 곳으로 표기되어 있다.[4] 또한 진실과 화해위원회의 현장 실태조사에서도 22교육대가 있던 청도지역은 전체적으로 전혀 조사되지 못하였다. 이에 필자는 유정수일기를 통하여 경기도 화성 양감면 출신들의 이동경로 및 이동상황, 국민방위군 편성 이후의 상태, 귀가 등에 대하여 살펴보고자 한다.[5] 이는 국민방위군의 실태를 보다 정확히 파악할 수 있는 한 사례로서 주목된다고 하겠다.

2. 유정수의 인물

유정수(柳艶秀, 1925~2009)는 유종규(柳宗珪, 1905년생)의 장남으로 경기도 수원군 양감면 요당1리 146번지에서 1925년 8월 16일 출생하였다.[6] 본관은 전주이다. 부친은 수원군 향남면 발안에서 포목상을 하였고, 어머니는 최남순이다. 그가 출생한 요당 1리는 유씨들이 거주한지 380년 정도 되는 전주 유씨의 세거지이다.

유정수는 1932년 4월 1일, 양감면에 있는 4년제 양감공립보통학교에 입학하였다. 입학당시 아버지가 돌아가신 후여서, 할아버지인 유제근(柳悌根)이 보호자로 되어 있다. 1936년 3월 23일 제4회로 졸업하고[7] 다시 평택군 청북면에 있는 6년제 청북공립

---

4) 화성 출신인 서태원(1923년생, 5대 국회의원 역임)은 청도군 이서면 소재 이서국민학교에 배치되었다고 회상하고 있다(서태원, 『서태원 자서전, 회상』, 일조각, 1984, 97~100쪽).
5) 화성출신들 중 양감, 동탄 등지의 거주자들은 주로 경북 청도군 풍각면으로 이동하였으나, 화성의 송산, 서신 등 해안지역 출신들은 배를 이용하여 제주도로 이동한 경우가 많았던 것 같다. 김흥순의 아버지 김 국진(1914년생)은 경기도 화성군 반월면에서 제2국민병으로 소집되어 제주도에서 열병으로 사망하였다. 김흥순은 장기간에 걸친 민원 끝에 제주도 서귀포시 중문면 강정리에서 국방부의 유해발굴 결과 부 김국 진의 유해를 찾았으며, 김국진의 순직사실이 인정되어 국가유공자로 인정받았다(진실과 화해 조사위원회, 「국민방위군 사건」, 『진실과 화해 조사보고서』 10, 2010, 533 · 496~497쪽).
6) 호적상에는 1926년 8월 31일로 되어 있다.
7) 양감공립보통학교 유정수 학적부.

보통학교를 졸업하였다. 당시 이 지역에서는 4년제를 졸업하면 6년제인 향남보통학교나 청북보통학교에 진학하였던 것이다. 유정수는 청북공립보통학교를 제1회로 졸업하였다. 그리고 1941년 3월 3일 서울에 있는 선린상업학교 전수과 3년제를 졸업하고, 1941년 4월 10일부터 1942년 10월 25일까지 일본인이 운영하는 주식회사 경성 삼립상회의 사원으로 근무하였다. 그리고 유정수는 1944년 6월 18일부터 1945년 10월 20일까지 조선총력연맹에서 운영하는 평택군 청북면 율북리에 있는 율북학원(사립) 국어강습소 교사로서 일하였다.

해방 후 유정수는 학교교사가 부족한 관계로 모교인 양감국민학교에 촉탁교사로 임명되었다. 그리고 1946년 8월 12일 개성공립사범학교 하기(夏期) 연수를 수료하였다. 또한 1947년 1월 24일 경기도 제2회 동기(冬期) 학기를 수료하였다. 그리고 1948년 2월 29일 경기도초등교원자격시험검정에 합격하였다. 동년 8월 21일 경기도 제2회 하기 학기를 수료하고, 1949년 8월 1일 초등학교 조건부 정교사 자격증을 획득하였다.[8]

유정수는 1945년부터 11월 10일 양감초등학교 교사로 발령받았다. 그 후 1949년 9월 10일 동탄초등학교 교사로 임명되었다.[9] 이때 유정수는 평택군 청북면 용성리에 살고 있던 한윤수와 혼인하였다. 그녀는 화성 반월 출신으로 8세에 서울로 올라가 17세인 1945년 봄 동덕여고보 3년을 중퇴할 때까지 서울에 살고 있었다.[10]

동탄초등학교 직원록에 따르면, 1950년 당시 유정수는 25세의 나이로, 1학년 2반 담임이었고, 연구교과는 국어와 사회생활이었다.[11] 그러나 곧 6·25전쟁이 나자 고향인 양감면으로 귀향하였다. 그 뒤 인민군이 1950년 7월 초 화성지역을 점령하자 2개월 반 동안은 북한군의 점령하에 있었다. 의용군으로 차출될까 봐 당시 교사였던 유정수는 일단 피신하였다. 북한은 7월 1일 최고인민회의 상임위원회의 명의로 만 18세부터 36세까지의 주민에 대해 이른바 전시동원령을 내렸다. 이 동원령에 따라 남한 점령지역에서 '인민의용군'을 모집했다. 초반에는 주로 지원자를 우선해서 선발했다. 그러나

---

8) 유정수 자필 이력서.
9) 유정수 자필 이력서.
10) 2013년 5월 30일 유정수의 부인 한윤수(1930년생)와의 면담에서 청취.
11) 동탄초등학교, 직원록 1, 유정수 조 참조(동탄초등학교 참조).

그러한 지원도 금방 한계에 부딪쳤다. 계속되는 전선의 확대와 늘어나는 전투인력의 수요는 자발성에만 기초하여 충원하기에는 분명 한계가 있었을 것이다. 서울과 같은 도시지역과 농촌지역의 모집방식은 달랐을 것이다. 서울의 경우 익명의 도시사회라서 가두모집과 개별 수색 등의 무작의적인 모집방법이 가능했다. 그러나 경기도 의왕과 같은 가족적인 분위기의 농촌에서는 도시와 같은 무작위적인 모집은 근본적으로 불가능한 것이었다. 그리하여 동원된 방식이 할당제였다.[12]

그 후 국군이 동년 9월 서울을 수복한 후 유정수는 12월 23일 국민방위군에 입대하였던 것이다. 6·25 이후 교사직에 복직한 유정수는 1970년 2월 21일까지 초등학교 교사로 일하였다.

요컨대, 유정수는 향리에서 보통학교 6년제를 마친 후, 서울에 있는 선린상업학교를 졸업하고, 회사생활, 조선총력연맹산하 율북학원 교사를 역임하였다. 그리고 해방 후에는 양감 및 동탄 초등학교 교사를 지냈다. 그리고 국민방위군으로 갈 시기에는 동탄초등학교 교사였다. 이러한 그의 경력을 통하여 볼 때 국민방위군에 대한 그의 일기는 당대의 기록으로서 상당히 신빙성이 있을 것으로 보인다.

3. 집필 시기 및 동기

일기의 집필 시기는 1950년 12월 23일 국민방위군에 소집되어 수원공설운동장으로 출발한 1950년 12월 23일부터 귀향 중이던 1951년 3월 10일까지이다. 연도는 단기로 날짜는 양력으로 되어 있다. 일기 표지는 『유정수 일기』라고 하고, 그 다음에 "사랑하는 내 어머니와 아내와 동생들에게 이 기록을 드리노라"라고 적혀 있다. 유정수는 1951년 3월 10일 마지막 일기장에서 다음과 같이 고향과 가족에 대한 그리움을 나타

---

12) 북한의 점령지역 전쟁 동원정책에 대하여는 정병준이 경기도 시흥군 사례를 구체적으로 검토하고 있어 큰 도움을 주고 있다. 수원군의 경우도 대체로 시흥군과 유사할 것으로 보인다(정병준, 「한국전쟁기 북한의 점령지역 동원정책과 '공화국 공민 만들기'—경기도 시흥군의 사례를 중심으로—」, 『한국민족운동사연구』 73, 2013).

내고 있다.

> 4284.3.10.
> 이제 故鄕山川이 보일 듯이 가까우니 모두들 얼굴에 喜色을 띄우고 집에 가서 家族 만나보고 飮食해먹을 이야기로 발 아픈 것은 잊는다.

1951년 1월 22일 일기에서는 일기를 쓰던 유정수의 생생한 모습을 그려볼 수 있어 정겹다.

> 4284.1.22 月 晴
> 고향 생각이 간절하다. 어머님이나 어린동생 할아버님 어느 누구나 집안 식구 생각을 하면 애절한 마을 간절하고나. 윤수야 잘 있느냐?
> 起宪(完)이가 몰래 뭉처준 누룽갱이를 뜨더멱으며 배를 깔고 日記를 쓰고 있나니 万里他鄕 외롭구나 구슬은 심사 조금더 공부좀 하다가 잘가 보냐?

일기의 내용을 검토해 보면, 일기는 대부분이 매일 쓴 것임을 알 수 있다.

> 4284.1.9 雨天
> 華城郡 才二國民兵二期生(35歲까지)이 昨日 清道에 到着하였다고 한다.
> 才三期生도 不遠向 出発하리라고 한다. 寅秀가 어떻게 될지 궁금하다.
> (以上午后3时記) 午后 四時頃 基亢이가 正門立哨를 섯음을 機会삼

즉, 위의 기록을 통하여 그는 1951년 1월 9일 일기를 오후 3시 이전과 이후로 나누어 표시하고 있을 정도로 시간에 있어서 정확성을 보여주고 있다. 또한

> 4284.1.23 火
> 지금은 2월 1일 인대 나는 오늘 저녁때에서야 쓰랴고 한다[13] 아 그러나 고대 바로 한 時間 前에 술을 마시어서 정신이 어찔하니 어찌 記憶을 더두머서 지나간 날의 日記를 쓸 것인고?

---

13) 1951년 1월 23일부터 동년 1월 31일까지의 일기는 밀려서 일괄 작성된 것으로 보여짐.

라고 하여 일정이 바쁠 때에는 여러 날 동안의 일기를 한꺼번에 모아 쓴 적도 있음을 짐작해 볼 수 있다. 그리고 2월 1일에 1월 23일 이후의 일기를 쓰고 있음을 보여 줄 정도로 철저함을 기하고 있음을 알 수 있다. 그가 쓴 2월 1일자 일기는 다음과 같다. 2월 1일자 기록을 보면 술 한 잔 하였음을 알 수 있다.

> 4284.2.1 木
>
>   오날도 募兵次 公用証을 떼어갖이고 어제 갖던 華陽隣近 部落을 더듬었다. 淸道郡에서 大邱로 向하는 좀 넓은 길가에 스니 避難民들인상 싶은 사람이 봇다리를 이고 지고 三三五五 南下하는 한편 才二 ●民兵들은 모두 北進한다. 이들을 취調하니 大部分은 除隊証이나 不合証(서울兵府司令部發行)을 갖이고 한거름 이라도 故鄕 가까이 가려는 사람이 大部分이고 其中에는 所屬을 잃었거나 逃避한 者들도 석껴있다. 部落民家에 몸을 붙쳐 세죽이나 나무를 하여 주고 밥을 얻어 먹는 사람이 어제간 部落에도 十余名이 있는대 오늘 온 곳에도 数名있다고 区長은 말한다. 이 部落에서 半月面 革坪里에 사는 二期生 二名을 摘発하였고 오는 길에서도 붓들고 하여 近 20名 잡어 들였다.
>
>   特記 할 일은 龍沼里 栗北里에 살다가 이곳에 居住한다고 하는 趙氏을 만나 豚肉에 濁酒를 마시었다. 너더 댓잔 먹으니 참 얼근하고 기분이 좋다.[14]

   현재 유정수 일기처럼 국민방위군의 당시 상황을 쓴 기록은 현존하지 않는다는 점에서 이 일기는 중요한 사료적 가치를 갖고 있다고 보여진다.

4. 내용 및 자료적 가치

   유정수일기는 국민방위군에 동원된 1950년 12월 23일부터 귀향길에 올라 이동 중인 1951년 3월 10일까지의 기록을 상세히 보여주고 있다. 그의 기록은 소집 후의 수원 공설운동장으로의 집합, 집합 후 경북 청도로의 이동과정, 청도 풍각초등학교 도착

---

[14] 1951년 1월 23일 일기 내용 중 술을 마셨다는 내용과 일치하는 것으로 보아 2월 1일부터는 당일 날 일기를 쓰기 시작한 것으로 사료됨.

후 제22교육대 제6대대에서의 훈련 및 생활, 1951년 2월 이후 귀향과정 등으로 나누어 볼 수 있다.

1) 이동상황

(1) 국민방위군 동원 당시 나이 및 신분: 26세, 초등학교 교사

유정수일기를 통하여, 국민방위군 징집 당시의 나이 등에 대하여 알 수 있다. 유정수는 1925년생이다. 국민방위군은 소집영장은 각 시군의 말단 행정조직이나 경찰조직을 통하여 발부되었는데, 만17세부터 40세까지의 제2국민병이 그 대상이었다. 전시라는 이유로 청년방위대에 의한 불법적 '홀치기' 등 마구잡이식 징병을 해왔던 경험을 가지고 있었던 정부는 "지원에 의하여 국민방위군에 편입될 수 있다"는 국민방위군 설치법규정에도 불구하고 국민방위군 소집을 반강제적으로 추진하였다. 집안의 가장, 40세 이상의 고령, 학생이나 공무원일지라도 거의 예외가 없었다.[15] 당시 유정수는 25세의 청년이었고 또한 교사였으므로 국민방위군에 소집되었던 것 같다. 그리고 경찰서에서 소집명령서를 발송하였고, 경찰이 이들을 호위하여 수원공설운동장까지 대동하였던 것이다.

과천에서 국민방위군으로 동원된 이용진의 구술에 따르면, 처음에는 젊은이들이 갔고, 다음에는 30대 초반, 세 번째는 35살부터 갔다고 하는 것으로 보아[16] 유정수는 처음에 갔음을 알 수 있다. 이후 두 팀 정도가 더 양감지역에서 청도로 이동하였을 것으로 보인다. 1951년 1월 9일자 일기를 통하여 이를 짐작해 볼 수 있다.

> 4284.1.9 雨天
> 華城郡 才二國民兵二期生(35歲까지)이 昨日 淸道에 到着하였다고 한다.
> 才三期生도 不遠向 出発하리라고 한다. 寅秀가 어떻게 될지 궁금하다.
> (以上午后3時記)

[15) 진실과 화해 조사위원회, 「국민방위군 사건」, 488~489쪽.
[16) 『갈현동지』, 과천문화원, 2009, 141쪽.

(2) 집합 시기 및 장소: 1950년 12월 23일, 수원공설운동장

경기도 화성군 양감면에서는 1950년 12월 23일부터 집합장소에 모이기도 하였음을 알 수 있다. 1950년 12월 17일 공포된 『국민방위군 설치법』에 의해 창설된 국민방위군은 국가 비상사태에 대비하는 예비병의 성격이 강하였다. 이미 창설 이전에 제주도와 경상남·북도에 49개의 교육대를 설치하고 제2국민병을 남쪽으로 이동시키고 있었던 정부는 미처 관리대책 등을 마련하기도 전에 중공군의 남침으로 인하여 급속히 수십만에 달하는 국민방위군을 남쪽으로 무리하게 이동시키기 시작하였다.[17]

국민방위군 소집 장소는 지역마다 정해진 곳이 있었다. 서울은 창덕궁, 경기 북부 고양지역은 안산국민학교나 아현국민학교, 경기 남부 수원은 수원공설운동장, 인천은 축현국민학교 또는 동산중학교 등이었다.[18] 그렇게 모인 장정들을 100~200명씩 편성하여 인솔자를 붙여 남하시켰는데, 국민방위군 참모장이었던 박경구는 "당시 정부당국의 청장년 수송계획이라는 것이 '18일 오전 11시 출발팀 3천 명 김해', '오후 1시 출발팀 4천 명 남해' 이런 식의 막연한 것이었다"고 하였다. 대한청년단 양산지부 총무차장이었던 참고인 정성용은 충북 양산면의 청장년 100여 명을 소집하여 양산국민학교를 출발, 영동읍을 거쳐 남하하였다. 그는 충북지구 병사구사령관이 보낸 '청장년 방위군 인솔증명서'를 받았는데, 내용은 '무조건 대구 방위군사령부로 인솔하여 가라'고 되어 있었다고 한다.[19]

유정수의 일기를 보면, 출발 시기 및 당시의 상황에 대하여 짐작해 볼 수 있다.

> 4283.12.23
> 오늘 8시까지 집합이라고 한다 방이 차서 새벽 5시쯤 잠이 깨었는대 다시 눕기가 싫여서 담배를 피어가며 날이 밝기를 기다렸다. 동숙한 일행은 (유－필자 주)병규 (최)기완이 (유)창수 나까지 4명. 큰댁형 김순경과 같이 수원시 공설운동장에 가서 집합하였다. 굉장이 많은 사람의 물결, 아마 만여명은 데리라. 점심 것 때쯤 집합은 완료된 모양이나 부대 편성 등 무

---

17) 진실과 화해 조사위원회, 「국민방위군 사건」, 461쪽.
18) 경기도 시흥군 사람들과 과천사람들은 의왕면 고천리에 집결하였다고 한다(『갈현동지』, 140쪽).
19) 진실과 화해 조사위원회, 「국민방위군 사건」, 489쪽.

었을 하는지 지지하게 시간만 근다. 삼십분 후에 떠날는지 두시간 후에 떠날는지 알 수가 없어 궁궁답소한채로 어름이 깔리고 또 사람의 발 온기로 그것이 녹은 물구덩이 위에 발을 굴고 덜덜 떨며 멍하니 출발을 기다리고 있을 분 점심이라곤 흰 떡가래 하나 먹었다. 자서한 내용은 알 수 없으나 이같이 많은 인원을 인솔하는 마당에 이와 같이 지지하게 꿈지러 거려서야 하고 탄성만 할 뿐이다! 그럴 수밖에 오후 5시가 가까워서야 이 자리를 떠났든 것이다.

위의 기록을 통해 볼 때, 유정수는 12월 23일 큰댁 형 김순경과 같이 아침 8시까지 수원시 공설운동장에 가서 집합하였음을 알 수 있다. 여기서 주목되는 부분은 순경이 함께 인솔해간 점이다. 이것은 안전문제와 더불어 혹시 이탈자가 생기지 않을까 하는 염려 때문이기도 할 것이다.

(3) 경북 청도까지의 이동 경로

당시는 유엔군이 모든 기간도로를 MSR(Main Supply Route, 주 보급로)로 지정하여 민간인의 출입을 통제하고 있었으므로 국민방위군은 샛길, 산길 등을 도보로 이동해야 했는데, 지급된 피복이나 식량도 없이 엄동설한에 긴 도보행군을 해야만 했다. 서울 장정은 창경궁 홍화문 - 청량리 - 덕소 - 양평 - 여주 - 장호원 - 괴산 - 연풍 - 이화령(혹은 문경새재) - 문경 - 상주 - 군위 - 신녕(영천) - 경산까지 온 후 부산방면, 마산방면, 진주 방면, 울산방면 등으로 나뉘었다. 인천과 경기서부 장정(강화도 포함)은 인천항에서 해군 함정(LST)을 타고 제주도로 가거나 서울지역과 마찬가지로 육로로 이동하기도 하였다.[20] 경기도 과천 사람들은 의왕 고천리에서 집결하여 수원역 - 신갈 - 양지 - 삼랑진으로,[21] 강원도 장정은 제천 - 충주 - 문경 - 상주 - 영천 방면으로 남하하였다.[22]

유정수일기에 의하면 화성 장정들의 이동경로는 장호원부터는 서울 장장과 같은 경로로 이동하였으나 장호원까지는 용인, 죽전을 거쳐 장호원으로 합류한 것으로 보인다.

---

20) 진실과 화해 조사위원회, 「국민방위군 사건」, 489~490쪽.
21) 『갈현동지』, 140쪽.
22) 진실과 화해 조사위원회, 「국민방위군 사건」, 489~490쪽.

〈이동노선〉

4283.12.23 수원시 공설운동장 집합—곱돈고개—용인 김량장—용인군 용인면 호리(범골) 숙소

4283.12.24 원산면 석천리

4283.12.25 죽산(석천리에서 5.6km)

4283.12.26 장호원에서 숙박

4283.12.27 충주에 도착

4283.12.28 이화령 넘어 문경 도착

4283.12.29 상주군 함창에 일찍 도착

4283.12.30 상주읍 외 촌락에서 숙박

4289.12.31 안계 도착

4284.1.1   군위

4284.1.2   신녕

4284.1.3   경산도착

4284.1.4   청도도착

   즉, 유정수 일행은 1950년 12월 23일 수원공설운동장을 출발하여 1951년 1월 4일 국군이 1.4후퇴하던 날 경북 청도에 도착하였다. 이동로의 중심지역은 수원에서 죽산, 장호원, 충주, 이화령, 상주, 군위, 경산, 청도 노선을 택하였다. 이 노선은 당시 서울에서 집합하여 이동하였던 국민방위군과 장호원부터는 대체로 일치한다고 볼 수 있다.[23] 이동 당시 산악지대에 남아 있던 일부 인민군들과 교전이 있었다는 기록은 보이지 않고 있다.

   국민방위군의 경우 주요 목적지인 대구, 경산, 마산, 부산, 통영 등에 도착하면 신체검사가 행해졌다. 일단 신체가 건강한 장정은 현역병이나 국민방위군 기간병으로 선발되었으며, 여기서 불합격한 인원은 재편성되어 영천이나 울산, 사천, 진주 등 방면의 교육대로 다시 보내졌다. 거기서도 본부대와 지대로 재편성되어 인근의 수용시설로 보내졌는데, 이러한 과정을 통해 병약한 자는 자꾸 걸러져서 열악한 환경으로

---

23) 진실과 화해 조사위원회, 「국민방위군 사건」, 461쪽.

밀려나 죽음으로 결국 내몰리는 상황이 되었다.[24)]

(4) 추위 속의 이동의 어려움[25)]

국민방위군은 추운 겨울날 이동을 시작하였으므로 그 고생은 보통 큰 것이 아니었다. 첫 이동시부터 유정수에게는 큰 고난이었던 것 같다. 그는 1950년 12월 23일 첫날 일기에서 다음과 같이 당시 상황을 묘사하고 있다.

> 고생은 이제부터다 지금부터 출발해서 목적지는 김良場이라고 한다. 길은 유리쪼각으로 포장한것 같이 어름으로 깔리고 갈래를 지나서부터는 가 일층 심하다. 바람이 시게 부렀다 약하게 뿌렸다. 눈은 싫어 날리니 미끄럽고 춥고 그저깨부터 부르튼 발바닥은 체 고도로 앞으고 짐진 어깨는 아퍼 죽겠으니 이런 고생은 생후 처음이라. 갈래와 김량장사이의 곱돈고개(길이 십리라고 한다)를 넘던 생각은 잊지 못하리라.
> 간신히 김량장에 닿았으나 숙소 배치 시키느라고 약 2시간은 길에 뻐처 서 잇다가 거기서 또 약 십리 가령거러 비로소 숙소를 정했다. 龍仁郡 龍仁面 虎里(범골)이라고 한다.
> 김량장 어름깔린 길위에 2시간동안 서인는 동안의 고생이란 형용불능. 필절로 표현키 어렵다. 길가 집테미를허러 모닷불을 놓고 있다.
> 숙소에 드러갓을 때에는 이미 24일 오전 2시반이였다. 20명이 간반사랑에 웅크리고 않아 금새 고러 떠러젓다. 저녁을 먹은 때는 아마 4시쯤일것이다.

아울러 걸을 때의 괴로움을 양말과 신발 바닥에 비누를 칠하여 부드럽게 해보고자 자체적으로 노력하기도 하였던 것이다.

> 4283.12.24
> 아침 일쪽이러나며서부터 앞은 발바닥하고 씨름이다. 어머니의 말씀대로 어재 바풀 배접을 하였더니 오히려 더욱 해로운것 같어서 오늘은 양말과 신 안바닥에다 비누칠은 하고 종이를 깔고 거러보았는대 과연 어재보다는 헐신 부드럽다. 아마 아픈 고비는 넘은 모양이다.

---

24) 진실과 화해 조사위원회, 「국민방위군 사건」, 491쪽.
25) 국민방위군의 열악한 환경에 대한 최경록, 홍사중, 임쾌동, 신동우의 증언은 『민족의 증언』 4, 중앙일보사. 103~110쪽에 단편적으로 기술되어 있다.

4283.12.28
梨花嶺을 넘어 聞慶着, 죽을 고생을 한 記憶이야 生死 잊지 못할터

유정수가 화성에서 청도까지 이동할 당시의 날씨, 청도에서의 날씨, 귀향당시의 날씨 등을 일기를 통하여 보면 다음과 같다.

4283.12.23 심한 바람과 눈
4284.1.9 　비
4284.1.10 비
4284.1.11 심한 북풍
4284.1.12 맑았지만 매우 추웠음. 산에는 눈, 들에는 비
4284.1.13 晴
4284.1.14 晴, 심한 서북풍
4284.1.15 晴
4284.1.16 晴
4284.1.17 晴
4284.1.21 晴 대한
4284.1.22 晴, 밝고 웅장한 月
4284.1.29 매우 추웠음
4284.2.2~2.20 기록이 없음
4284.2.21 비 (점심때부터 시작)
4284.3.3 　흐림
4284.3.4 　봄바람
4284.3.5 　밤부터 눈
4284.3.6 　진눈깨비
4284.3.10 완연한 봄날

위의 기록을 통하여 보면, 1950년 12월 말부터 1951년 3월까지는 상당히 추운 날씨들이 연속되었던 것 같다. 특히 1월 12일과 1월 29일은 매우 추웠던 것으로 기록되고 있다.

(5) 열악한 먹거리와 잠자리

유정수는 일기 곳곳에서 이동시 자비로 떡을 사먹었다고 기술하고 있다. 국민방위
군으로 동원되었으면 국가에서 배급이 주어지는 것이 일반적인 상식이나 당시 이동
시에는 배급이 제대로 이루어지지 못하였던 것 같다. 다음의 일기 내용들은 이를 반
증해 주고 있다.

> 4283.12.25
> 주인 왈, 먼저 통과한 부대들의 난복이란 말할 수없다. 수저는 모다 잃고 그릇도 깨틀고
> 자기네 세도만 믿고 부량을 부리고 하니 아니곱고 귀찮아 영업을 중지한다고 하며 지방 아
> 는 손님이 오면 방으로 모셔 슬그머니 대접한다. 우리 일행을 누구나 다 걱정스러히 생각한
> 다. 먼저 간 부대들이 이런 행동을 하기 때문에 나중 가는 우리가 오해를 사고 가는 곳마다
> 지방의 인심을 악화시켜 놓을 것이라고. 숙소에 와서 주인 아주머니 이야기를 들어도 그렇
> 다. 즉 떡장사 떡을 무전도식 하는 까닭에 떡장사를 않한다고 한다. 듯고 나서 생각하니 아
> 까 竹山이 장날인대도 불고하고 떡장사 심지어 담배장사지상 없지 않은가.

> 4283.12.26
> 長湖院에서 宿泊. 主人집에서 名札만들고 양말 깁고, 인절미를 사먹었다.

> 4284.1.1
> 軍威南方 2k 地点에서 留宿. 밥이적어

한편 유정수는 일기에서 잠자리의 불편함을 호소하고 있다. 이는 다음의 기록을 통
하여 짐작해 볼 수 있다.

> 4283.12.24
> 상상하던 바와 달러 낙심하고 한심스럽다. 숙소는 백암리에서 남으로 10리 가령 가서 동
> 면 石川里에서 정했다. 숙소 배치는 어재와 다름없이 여전히 힘든다. 대원들은 인솔자 靑防
> 隊員에 불평을 퍼붓는다. 왁자지끌 떠들고 고함치는자 꺼부는 칭구들은 욕설까지 하니 옆에
> 드는 사람까지 무안스럽다. 인솔자도 해결책이 없는 듯하고 또 자기 내가 주의하면 교정할

수 있는 일에도 실책이 많음을 자인하고 있으며 지기내 상사에 대해서 우리가 하듯 동일한 불평을 품고 있는 듯 하다.

유정수가 이동하는 당시 동료들 가운데 얼어 죽은 사태가 발생하기도 하였다. 그때 가 더욱이나 크리스마스 날이라 마음이 아프다고 기술하고 있다.

4283.12.25

23일 김량장에 와서 추워 떠를 때 연대장이 훈개하여 가로대 지난밤(22일) 여기서 동사자 가 3명 났으니 너이들도 정신차리라는 것이었다. 나중에 들으니 잘 곳이 없어 창고에서 자 다가 죽었다고. 이곳 죽산에서도 창고나 학교 같은 건물에 바닥에 가미니짝을 깔고 우리를 재울랴고 지방사람이 주장하는 것을 우리 인솔자들이 강경히 요구하여 촌가에서 자게 된 것이라고 한다. 크리스마스

2) 청도 도착 후 제22교육대 배속과 방위군 생활

유정수가 청도로 이동한 것은 당시 청도가 인민군의 미점령지이기 때문이었다. 당 시 그 이웃인 창녕에는 인민군이 진주해 있었고, 그래서 청도지역에는 많은 피난민이 와 있었다.[26] 주한유엔민간원조사령부(UNCACK)의[27] 1951년 1월 27일자 통계를 보면, 청도에는 5,196명의 피난민이 있었다고 한다. 당시 경북지역에는 다수의 피난민이 있 었는데, 대구에는 175,416명, 포항 1,155명, 김천 21,120명, 달성 21,151명, 의성 14,953명, 안동 2,761명, 청송 3,700명, 영양 690명, 영덕 24,844명, 경주 34,945명, 영천 28,159명, 경산 9,270명, 고령 32,776명, 성주 13,888명, 칠곡 13,430명, 금녕 31,059명, 상주 113,186명, 문경 160,000명, 예천 23,078명, 영주 2,794명, 봉화 366,783명, 울릉도 485명 등이었다.[28]

---

[26] 2013년 5월 30일 김외태(1932년생, 당시 경북 청도군 이서면 백곡리 거주)와의 면담에서 청취. 당시 이서면 의 경우도 빨치산이 밤에는 삼성산 등 주변에 다수 있었다고 한다.

[27] 주한유엔민간원조사령부 자료에 대하여는 다음의 논문이 참조된다. 김학재, 「주한유엔민간원조사령부 자 료해제」. 위 기관의 1951년 초반자료에는 국민방위군의 현황과 경남지역내의 부대 위치, 담당관이 현지를 직접 방문하여 상황을 조사한 보고서가 몇 건 있다.

[28] RG 338, UN Civil Assistance Command, Korea (UNCACK), 1951, Box 17, February, Weekly Reports 사료철 113 사료명 : Annex H: Weekly Health Report-Kyongsang Pukto.

1951년 2월 5일에는 청도지역의 피난민이 107,756명, 3월 3일에는 6,299명, 4월 14일에는 6,594명, 5월 5일에는 5,542명, 7월 1일에는 5,390명, 10월 16일 4,135명이었다.[29]

주한유엔민간원조사령부 1951년 보고에 따르면, 당시 청도지역에는 총 인구 107,756명이었는데 병원시설인 구호소는 6개가 있었다.[30] 그리고 동년 3월 31일자 보고에 따르면, 청도지역에는 DDT가 11드럼, 살수 펌프 2대, 담요 106장, 목도리 30장, 남자옷 48벌, 양말 648, 면포 62, 자두 통조림 15캔, 세탁비누 3케이스 등이 제공되었다.[31]

한편 유정수일기를 통해 청도 도착 이후의 이동 상황을 보면 다음과 같다.

> 4284.1.5   청도군 풍각면에 도착, 풍각국민학교 훈련소
> 4284.1.28   풍각고등공민학교 떠나 다시 청도읍으로 이동
> 4284.1.31   (청도 화양읍) 화양시장에서 낙오병 수색
> 4284.2.2   6대대 청도읍에서 4km 떨어진 한촌으로 이동
> 4284.2.14   부야동 출발(現 청도읍 부야리), 본부도착
> 4284.2.19   부야동 2구에서 숙박

위의 내용을 통하여 검토해 볼 때, 청도 풍각, 청도읍, 화양 등은 모두 청도군의 지명으로 청도도착 이후 주로 청도군내에서 활동한 것으로 보인다.

유정수는 22교육대[32] 제6대대에 소속되었다. 6대대에는 양감에서 함께 온 유영수, 유두희, 유택희, 유준희, 유기항, 유병규, 유달희, 유창수, 유문수, 유철수, 유철규, 최기완(취사반) 등이 포함되어 있었다.[33] 대체로 요당리 사람들이었고, 전주 유씨 인척들이었다. 유정수의 6촌인 柳永秀는 생존하여 현재 요당1리 36번지에 거주하고 있었

---

29) 이임하, 「한국전쟁기 유엔민간원조사령부의 인구조사와 통제」, 『전장과 사람들』, 108쪽.

30) RG 338, UN Civil Assistance Command, Korea (UNCACK), 1951, Box 17, February, Weekly Reports 사료철 113 사료명 : Annex I: Kyongsang-Pukto Province, Immunization Program.

31) RG 338, UN Civil Assistance Command, Korea (UNCACK), 1951, Box 17, February, Weekly Reports 사료철 113 사료명 : Weekly Activities Report.

32) 국민방위군 제22교육대 위치는 「국민군교육대상비사단 배치도」에 잘 나타나 있다.

33) 유영수(2013년 2월 25일 화성시 양감면 요당리 36번지 자택에서 필자와 면담)에 따르면, 유택희, 유철규 등만이 현재 생존해 있고, 유두희, 유준희, 유기항, 유병규, 유달희, 유창수, 유문수, 유철수, 최기완 등은 모두 현재 작고하였다고 한다.

다. 1929년 3월생이다. 그는 유정수와 항상 함께 하였다고 한다. 조사결과 다른 분들 가운데, 지금 현재 생존자는 거의 없었다. 그리고 타 지역으로 이사하여 근황을 모르는 분들도 있었다.[34]

국민방위군 교육대는 교육대장(방위대령 또는 중령) 휘하에 군수처장, 작전처장, 인사처장, 정보처장 등이 있었고, 서너 개의 대대로 이루어졌다. 처장 바로 밑에 보좌관이 있었고, 보좌관 밑에 군수처의 경우 경리과장과 조달과장이 있었다. 과장 계급은 중위이고, 중대장은 소위였다. 현역의 체계를 그대로 계승한 것처럼 되어 있었으나, 인사문제를 교육대장이 마음대로 할 수 있는 등 미비한 점이 많았다. 특히 간부들이 부정과 횡령을 저지르는 가장 큰 원인이 되었던 것이 장교나 기간병이나 할 것 없이 봉급을 지급하지 않았다는 점이다. 군복도 자비로 만들어 입어야 했다.

방위군을 통틀어 현역장교는 몇 명 되지 않았고, 대부분 대한청년단 배속장교 출신이거나 청년방위대 장교 출신, 국민방위군 사관학교출신들이었다. 이들은 2달 남짓 훈련을 마치면 소위 계급장을 달고 중대장이 되었으므로 교육과정이나 훈련이 제대로 될 리가 없었다.

국민방위군 사관학교는 초기에는 온양에 있었고, 1·4 후퇴 이후 대구 칠성방직공장과 부산 범어사 등에 각각 소재하였다. 장교들은 처음에는 청년단과 청년방위대로 채워졌지만, 수십만 명에 달하는 국민방위군을 관리하기 위하여 많은 수의 장교가 더 필요했다. 그에 따라 수용되어 있던 제2국민병 중에서 지원을 한 경우가 많았는데, 대부분 굶주림과 고통스러운 환경을 벗어나려는 사람들이었다.[35]

유정수는 1951년 1월 19일 제6대대 제4중대 선임하사가 되었으며, 동년 2월 9일에는 대대본부훈련계에 보직 임명되었다. 유정수가 근무할 당시 제22교육대 6대대의 보직상황은 다음과 같았다.

---

[34] 유영수는 양감공립보통학교와 청북공립보통학교를 졸업한 후 서울에서 중학교를 다니다가 중퇴하였다. 경상도에서 먹은 것은 인절미가 기억난다고 한다. 그는 국민방위군으로 갔다가 징집 1기로 제주도로 가서 훈련받고 기간요원으로 4년간 복무하였다고 한다(2013년 2월 25일 화성시 양감면 요당리 36번지 자택에서 필자와 면담).

[35] 진실과 화해 조사위원회, 「국민방위군 사건」, 485~486쪽.

제6대대 대대장: 金明鎬 대위/ 6대대장: 김연하(1951년 1월 19일자)
제4중대 중대장 畜 중위/4중대장: 박병호중위(충남 온양)(2월 4일자)
대대 선임하사 지성용
대대본부훈련계 전임자: 이종인(1950년 2월 8일자)

그밖에 등장하는 인물들은 박석병 중위, 한상덕, 이화범, 홍두표 등이다.[36] 이들은 모두 6대대 소속으로 짐작된다. 아울러 3대대 김철규 중위, 2대대본부 박용무, 장시순, 장양근, 박창호, 이창수, 7대대 소속 정보원 전병호 등이 언급되고 있다.

(1) 제22교육대 제6대대에 배속

관내상황 자료에 따르면, 화성출신들은 제22교육대에 편입되었으며, 책임자는 송일성이고, 경북 청도군 청도읍 청도국민학교, 이서국민학교에 배치된 것으로 되어 있다. 1951년 2월 현재 상황을 보면 장교 정원은 183명인데, 현재 인원은 84명이고, 기간병 정원은 422명인데, 현재 인원은 763명이다. 사병 정원은 5,000명인데, 현재 인원은 4,616명이다. 총 정원은 5,605명인데, 현재 인원은 5,463명으로 되어 있다.[37]

유정수 등은 제22교육대 제6대대에 훈련소에 편입되었으며, 풍각국민학교에 배치되었다. 이는 다음의 유정수 일기들을 통하여 살펴볼 수 있다.

4284.1.4
清道到着 民家에서 宿泊

4284.1.5
清道発 清道郡豊角面에 到着 豊角國民學校에서 收容팀 여기가 우리 才22教育隊, 才6大隊 訓練所다. 今日은 學校隣近 民家에서 宿泊.

---

36) 유정수 자필 일기 1951년 2월 14일.
37) 국민방위군사령부, 국민방위군, 『관내상황』, 1951.

4284.1.6
本隊編成後 休계, 才4中隊 1小隊에 編入되다. 本6大隊員는 烏山面 楊甘面의 大部分. 其他 東灘面 正南面 同志들도 若干있다.
우리中隊 中隊長은 奇中尉, 大隊長은 金明鎬大尉다.
蓼塘里同志一同은 全部 本大隊에 編入되었는대 姓名은 列擧하면 다음과 같다. 柳艶秀, 柳永秀, 柳斗熙, 柳擇熙, 柳俊熙, 柳基亢, 柳明珪, 柳達熙, 柳昌秀, 柳文秀, 柳哲秀, 柳哲珪 그리고 崔起完이는 食事炊事班에 드러같다.

유정수는 제22교육대 6대대 제4중대 1소대에 편입되었다. 제6대대에는 오산과 양감면 출신 대부분과 동탄, 정남면의 약간 명이 배속되었다. 대대장은 김명호 대위, 소대장은 기씨 성의 중위였다. 화성출신들은 계속해서 국민방위군으로 청도에 도착한 것으로 보인다. 다음의 기록이 이를 반증해 주고 있다.

4284.1.9 雨天
華城郡 才二國民兵二期生(35歲까지)이 昨日 淸道에 到着하였다고 한다.
才三期生도 不遠向 出発하리라고 한다. 寅秀가 어떻게 될지 궁금하다.

(2) 제6대대에서 제1대대로 이동

유정수는 1월 28일 풍각을 떠나 청도읍내에 있는 제1대대 청도국민학교로 전출되었다. 함께 온 동리사람들과의 이별은 유정수에게는 슬픔과 두려움의 교차였다.

4284.1.28 日
오늘은 移動의 날이다. 豊角高等公民學校 卽, 4, 5 中隊兵舍를 떠나 淸道 才1大隊로 臨時 入營하여 되었다. 和範君 明珪 昌秀 斗熙, 俊熙 起完 等 洞里 사람을 뒤에 남겨두고 잊지 못할 豊角을 뒤에 두고 淸道로… 1대대로와 낯선 곳에서의 첫날밤은 서먹서먹하다.

4284.1.29 月
淸道 才1大隊 兵舍에서 첫날밤을 잣다. 춥고 춥다. 兵舍는 亦 養잠 실 문은 너풀너풀 찬바람이 든다. 주먹밥에 소금도 없다.

4284.1.30 火

아무턴 새벽 6時 起床後 驅步 約4.5km 그리고 어름을 끄고 찬물에 세면하는 요것이 제일 견디기 어려운 것이다.

유정수는 1대대의 인원 보충을 위하야 1대대로 이동하여 청도읍인근의 화양지역으로 낙오병과 탈출병을 찾은 일, 모병하는 일등을 진행하였다.

4284.1.31 水

六大隊에도 人員이 4,500名 不足하다고 하여 区隊長 先任下士 等 30名이 이를 補充시키기 爲하여 落伍兵 脫出兵 等을 수색하여 収用하러 아침부터 나갔다. 우리 一行(永秀, 나, 姜泰烈, 申仲法, 徐廷九)는 方向을 西北으로 잡아 華陽市場 近洞에 가서 部落区長을 찾어 落伍者 有無를 물었더니 벌서 支署에 留宿届를 내고 名簿까지 꾸며 놓았다. 区長宅에서 吳心食事를 하고 落伍者들이 나무를 해가지고 와서 저녁 食事를 마친 다음에 우리도 저녁 食事를 하고 10名을 引率하여 갖이고 왔다.

4284.2.1 木

오늘도 募兵次 公用証을 떼어갖이고 어제 갖던 華陽隣近 部落을 더듬었다. 淸道郡에서 大邱로 向하는 좀 넓은 길가에 스니 避難民들인상 싶은 사람이 봇다리를 이고 지고 三三五五 南下하는 한편 才二 ●民兵들은 모두 北進한다. 이들을 취調하니 大部分은 除隊証이나 不合証(서울兵府司令部發行)을 갖이고 한거름 이라도 故鄕 가까이 가려는 사람이 大部分이고 其中에는 所屬을 잃었거나 逃避한 者들도 석껴있다. 部落民家에 몸을 붙쳐 세죽이나 나무를 하여 주고 밥을 얻어 먹는 사람이 어제간 部落에도 十余名이 있는데, 오늘 온 곳에도 数名있다고 区長은 말한다. 이 部落에서 半月面 革坪里에 사는 二期生 二名을 摘発하였고 오는 길에서도 붓들고하여 近 20名 잡어 들였다.

特記 할 일은 龍沼里 栗北里에 살다가 이곳에 居住한다고 하는 趙氏을 만나 豚肉에 濁酒를 마시었다. 너더 댓잔 먹으니 참 얼근하고 기분이 좋다[38]

4284.2.2 金

六大隊移動 우리가 移舍할 집은 어떤가 하고 와보니 淸道邑에서 約 4Km 떨어진 어는 寒

---

[38] 1월 23일 일기 내용 중 술을 마시었다는 내용과 일치하는 것으로 보아 2월 1일부터는 당일 날 일기를 쓰기 시작한 것으로 사료됨.

村의 산비알 밑에 있는 물도 말은 依例히 그렇드시 자갈 많은 조그마한 냇갈 바닥에 「∧」型
으로 지어놓은 움집이다. 겉은 보고 위선 정떨어 젓거니와 안에 들어가 보니 "영"한겹 둘른
지붕은 하늘이 환하게 비치고 찬 바람이 휘- 돈다. 재수없다. 여기서 起居할 앞날을 生覺하
니 落心千万 정냄이가 떨어진다.

　過然 밤에 잘려고 "지직" 자리위에 몸을 뉘고 보니 밑에서는 冷한 기운이 숨어 오고 휘도
는 찬 바람에 뺨다기가 시렵다. 지긋 지긋하게 치운 잠자리어-…

(3) 부대 생활

　국민방위군의 조직구성은 청년방위대의 인적 구성을 그대로 이어받은 것이었다.
애초에 군 경력이 거의 전무한 대한청년단 배속장교나 청년방위대 장교 출신들에게
벼락 진급을 시켜 관리를 맡겼던 것부터 부실의 원인이 되었으며, 국민방위군 사령부
자체가 부정을 일삼았으므로 내부 감시체계마저 마비되어 교육대가 해체될 때까지
부정과 횡령이 계속되었다.

　이러한 상황이었으므로 수용되었던 국민방위병들은 극심한 고통을 겪을 수밖에 없
었다. 배급되는 식사의 양은 갈수록 줄어들어 나중에는 계란만한 소금 주먹밥이 나왔
고, 굶주림에 직면한 국민방위병들은 민가에 뛰어들어 구걸이나 약탈을 하고, 너무나
배가 고파 소나무 껍질, 땅속의 메뿌리, 정미소 벽에 붙은 왕겨, 인분을 뿌린 밭작물
도 마다하지 않고 닥치는 대로 먹었다. 심지어 우물가 수채에 버려진 밥풀을 주워 먹
기도 하였고, 바닷물을 먹고 사망에 이른 경우도 있었으며, 밥을 훔쳐 먹다 기간사병
에게 맞아죽기도 했다.

　이렇게 열악한 영양공급 상태와 비위생적인 환경 속에서 다수의 인원을 집단수용
하게 되자 발진티푸스 등 유행병도 급속히 퍼져 사망자가 속출하기 시작하였다. 그러
나 교육대는 별 대책이 없었다. 환자가 생기면 닭장, 옹기가마, 창고 등 별도의 장소
에 따로 격리했다가 죽으면 들것에 실어 아무 곳이나 묻어버리면 그만이었다. 그나마
교육대 근처에서 사망한 사람은 암매장지라도 추정할 수 있었으나, 귀향 도중에 길가
에서 죽은 수많은 장정들은 파악조차 할 수 없었다. 사망자 명단이 가족에게 통지되
는 것도 거의 없었다. 고향 친구가 살아 돌아와 가족에게 사망사실을 알리는 것이 전

부였다.

국가는 너무 안일하게 대처하였다. 국방 관계자는 국회에서 유엔 구호물자는 유엔 중앙구호위원회의 정책상 민간 이외에는 배정할 수 없으며, 또 국민방위군은 정규군이 아니기 때문에 원조물자를 배정할 수 없다는 말만 반복하였다. 또한 제2국민병에 잘 조치하라는 이승만 대통령의 지시(1951년 1월 11일자)에도 불구하고 3월 중순이 되어서야 귀향이 시작되었다. 그동안 교육대에 구호물자가 즉각 지급되지 않았던 것은 물론이다.[39]

① 식사

제22교육대의 일반적인 식사에 대하여 유정수는 1951년 1월 7일자 일기에서 잘 보여주고 있다.

> 4284.1.7
> 食事는 白米1日4合飯이다. 찬은 간장 된장과 된장국을 끓여주는대 때에 따라서는 以上 세가지중 한가지 밖에 없고 국만을 밥에 부어 줄때가 많다. 外出은 大隊長 或은 週番司令의 許可없이는 嚴禁이다. 그래서 울타리 사이로 盜食(暗買食)하는者가 많다. 들키기만 하면 氣合이다. 그래도 暗買食한다.

식사는 白米 1日4合飯이다. 반찬은 간장 된장과 된장국이다. 때에 따라서는 이상 세가지 중 한가지 밖에 없고 국만을 밥에 부어 줄때가 많다고 한다. 다른 날의 일기 기록에서도 식사 상황을 짐작해 볼 수 있다.

> 4284.1.16 晴, 火
> 夕食 소금국. 1合3勺飯

> 4284.1.20 土
> 어제도 오늘도 소곰국에 밥 먹기는 참 힘든다. 밥도 1合1勺 밥이다. 그러나 中隊本만큼은

---

39) 진실과 화해 조사위원회, 「국민방위군 사건」, 462~463쪽.

아마 1合5勺 밥은 된다. 이만하면 배를 끌리지는 않는다.

4284.2.19 月

국도 않먹고 마른 밥만 먹어서 그런지 뒤를 보자면 大固難을 느낀다. 아푸고 피가 나온다. 그러니 치질이 걱정이다. 요새는 많이 도진 것 같다.

食事는 오날부터 一食에 1合1勺으로 주러 붙고, 국도 없어 어느 때는 메르치 여나문마리, 또는 된장 한숫가락 때로는 고등어나 갈치 조기 같은 것을 五,六人앞에 짜게 쩌서 한 토막식 준다. 국을 끓여 준대야 맨 된장 국이라 간을 앓처서 맹물 같은대 그나마 반사발 밖에 않준다.

4284.2.20 火 (1.15)

오날은 正月大보름 날이다. 그러나 우리의 生活面에는 아무런 變換도 없다. 더구나 어재부터는 밥도 주러부터 밥그릇을 받고 보면 정내미가 떨어진다. 하루종일 배곱은 생각만 난다. 혹시나 房 빌린집의 主人이 술이나 한잔 주지나 않을가 하고 은근히 마음속에 고대하나 그것도 헛된 欲望이 되고 말았다. 요새 몇일은 몹시나 술생각이 나는구나…

4284.2.21 水 (1.16) 雨天

週番副官을 自請하여 하였다. 食事때 비가 몹시 와서 敎育隊 本部 勤務中隊에서 逃亡해 온 基幹要員들이 많이 食事하러 오지 않었으므로 食卷이 많이 남어 이사람 저사람에게 나누어 주었다. 나는 밥을 晝食에 二番 夕食에 二番半이나 먹었더니 국도 없는 꼬실 꼬실 한 맨 밥을 넘어 급히 많이 먹었기 때문에 뱃속이 그북하다.

② 세수, 세탁

세수와 관련된 기록이 종종 보인다. 때에 따라서는 며칠씩 세수를 못하는 경우도 있었다고 하니 참으로 힘든 상황이었다.

4284.1.8

아침 洗面은 約7,800m 되는 곳에 있는 자갈많고 맑은 물이 흐르는 시내까지 구보로가서 하고 온다.

4284.1.16 晴, 火

朝, 六時起床 約30分間 駆步後 세수도 못하고 朝食이다. 나는 오늘까지 四日間 洗面을 않이 하였다. 그래서 얼골은 꼬조조하게 때가 끼어서 얼룩얼룩하고 頭髮은 竹山에서 調髮한 後 여적것 닥지를 못하여서 뿌옇고 뻣뻣하고 헝크러컷다. 입안에서는 사뭇 구린내가 나는 形便이다.

4284.1.20 土

오래간만에 理髮館에 들어가 머리를 깎고 세수를 하였다. 기분이 상쾌하고 갑분하다. 竹山에서 깎은 后 처음이고 세수를 제법한것도 이번이 처음이다.

국민방위군의 생활은 간단한 것이 아니었다. 유정수는 1월 10일자 일기에서 "무시무시한 분위기"라고 표현하고 있다.

4284.1.10 雨天

어제와 같이 오늘도 세수도 못하였다. 이곳 북쪽에 솟아 있는 아마 海拔로는 높은 듯한 山頂에는 눈이 쌓이는대 우리가 서있는 밑창 들판에는 비가 나린다. "까마귀"떼 数百數千마리가 뭉탱이를 지어서 오락가락 떠돈다…… 晝食後 겁내며 기다리든 무서운 氣合을 받았다. 理由는 便所 使用이 不潔하며 清潔整頓이 되어 있지 않다는 것. 但人的으로 잘한 사람도 있으나 大隊全体的으로 보아 不美하니까 連帶氣合을 받으라는 것이다. 約20間「엎두려뼈처를 하곤 장작개비로 다섯 대식 맞었다. 夜寢時「기침」을 어찌 많이 하였는지 뱃창사가 앞으다. 夜半에 非常召集, 練兵場에 뛰어나가보니 날씨는 흐리어 冷冷한 大氣와 컴컴한 어두움은 사람을 威压하는듯하다. 이 무시무시한 雰圍氣 이것이 우리의 앞으로의 生活場 이로구나. 生覚할 때 軍隊生活이 겁나고도 고달픈 生覚이 자꼬만 난다. 아직 나 自身에 쳐한 自信을 얻지 못한 까닭이겠지. 나는 앞으로 이 生活을 격고나면 自身의 生活力量과 能力을 測量할수 있을 것이고, 그다음 앞으로 오는 나의 活動에 나 自身 더 커다란 期持와 冒險을 突破할 自信을 얻을 수 있을 것이다.

다음은 당시 세탁상황을 보여 주고 있다.

4284.2.22

아침에 이러나니 옷은 겉 약복은 말할 것도 없거니와 內衣까지도 마르지 않았으나, 하는 수 없이 좀 덜 젖은 옷을 골라 입고 10時쯤 늦이 막하게 兵舍를 찾아가니 兵舍廣場을 뿌연 洪水가 소리도 요란스러히 흘너 나리고 隊員들이 징검다리를 놓고 건너다닌다. 大隊本部는 経理後 事務室로 移動. 12時頃 宿所로 빨래하러 왔다. 대충 때꾹만 흔들어 내는 대도 저녁때까지 걸렸다 빨래하기도 무척 힘이 든다. 바느질할 때 힘이 들면 그렇거니와 집에서 빨래해 주는 사람의 수고가 고마웁게 生覚된다.

4284.2.13 火

오날이야 비로소 얼골을 닦고 장갑을 빨았다. 얼골은 자조 보지 않아서 때 묻은 것을 모르고 지내거니와 손등에 누더기 때가 묻은 것과 손이 시러워서 장갑을 끼면 까마케 윤이 나도록 더러운 그 꼴이야 말로 초로한 모습을 한층 더 가련하게 보여준다.

장갑을 빨으니 집에서 끼고 나온지 이미 50일이라 여기저기 해저 뚜러것다.

③ 내무반 생활

잠자리도 상당히 불편하였던 것 같다. 그러므로 저녁이 돌아오는 것이 지긋지긋하다고 표현하고 있다. 잠자리가 좁고 형편없는 상황이다.

4284.2.11 日 (1.6)

하도 추워서 (낮에는 따뜻하지만 해만지면) 저녁이 도라오는 것이 지긋지긋하다. 그래서 大隊本部 火로 불을 쪼이고 앉었으면 잠자리에 드러가기가 싫다. 자다가 便所에 가는 나달이면 개 떨 듯이 떨지 않으면 안이되어 저녁 食事때는 可及的 물을 않마신다, 그러나 몸이 차니까 그런지 으래히 밤중이면 오줌이 마려우니 하는 수 없다

4284.2.12. (1.7)

해넘어가고 어두워지면 돌막 굽는 것이 한가지 일이 되었다. 돌을 구워서 거직자리 밑에 넣고 자면 보통 數時間동안은 훈훈하기 때문이다. 잠자리가 좁아서 모루 간신이 끼어 자니 아침에 이러나면 몸이 뻐근하다. 양말도 이제는 마지막 끄내 신었다,

1950년 1월 11일자 기록은 당시 의료상황과 내무실의 환경을 단적으로 보여주고 있다.

추운데도 불구하고 의무실에는 설비도 약도 준비되어 있지 않은 상황이었다. 내무반에는 102명이 열악한 조건에 있는 상황이었다.

4284.1.11 天 모진 北風
날씨가 매우 추워서 그런지 室外 訓練은 없고 內務室에서 學科만 있었다. 吊中隊民이 몸이 아픈대 教育隊医務室에서 施藥하나, 効力이 적고 판대서 약을 사다 써야 하는대 돈이 없다는 말을 듣고 隊員中 某君이 発議하여 隊員에게 任意로 金戈을 내라고 하여 100원을 내었다.
內務室(寢室)이 추어서 病者가 續出하는대 医務室에 設備도 藥도 不足하여 困難이다. 內務室은 通教室 마루 바닥에 지직, 집, 가마니 等을 두서너겹 깔았으므로. 잘적에는 寢具라야 담요 1枚뿐인지라 모두들 춥다고 떠든다. 갓득이나 지직에서 나는 북댁이 몬지 연기 等으로 또 담배 연기 때문에 기침이 나서 고생이다.

4284.1.13 晴
이 고장에 居處한 次來 처음 겪끄는 모진 추이다. 室內에 102名이 한 대끼여 자건만 찬바람이 얼골을 스처, 방안은 싸늘한 기운이 스쳐든다.

3) 어머니, 가족, 고향에 대한 그리움과 걱정 그리고 귀향

유정수는 일기에서 곧 잘 가족에 대한 걱정과 그리움을 토로하곤 했다. 그가 유정수일기에서 가족과 고향에 대한 그리움을 가장 잘 보여주는 글은 1월 12일자 일기가 아닌가 한다.

4284.1.12 晴
몹시 춥다. 여기가 이렇게 추울때야 우리 고향은 이루 말할 수 없는 추이겠지. 여기는 높은 산頂에는 눈이 나리고 얕은 들에는 비가 連달아왔으니 아마 우리 고향에는 어지간이 눈이 쌓였을 것이다 하고 쑥덕걸이며 고양을 근심하고 있다. 오늘도 날씨가 추워서 內務室에서 學科만 하였다. 學科时間에 教官日「戰況은 現在 中共敵이 烏山近處까지 왔으리라고 추측된다 하며 華城郡 避難民은 大田, 金川, 大邱 等地에 集結되어 있다고」 모두들 집 食口가 어찌 되었을까 하고 잠도 자지 못하며 근심들 한다. 自身의 苦生은 집생각 하느라고 몸이 단다고 한다.

寅秀는 과연 才三期生으로서 南下하였을까? 蘭秀는 어찌 되었을까? 어머님은 얼마나 근심걱정으로 갓득이나 弱하신 몸에 苦生이 많으실까? 할아버지는 호수는 할아버님께서는 老末에 몹쓸 일을 當하시니 얼마나 非痛하실까? 允洙도 불쌍하다. 미안수럽다. 시집은 以來 어언 間 해는 바뀌었지만 남편이라는 나와 同寢食한 날이라고는 손꼽아 셈할만하고 其間근심과 걱정으로 지내었구나. 이러저러한 生覺, 자근 아버지의 安否는? 자근어머님의 心境을 生覺하고 어린 喜秀랑 생각하면 生覺할수록 가슴만 쓰라리다.

아울러 일기 여기저기에서 고향에 대한 그리움이 묻어난다.

4284.1.14 晴 日曜日
아- 故鄕生覺 집안 식구 生覺을 하니 가슴이 울렁거리는구나. 난약하신 어머님의 모습이 눈에 선하다. 允洙. 누구누구 할것 있나 生覺하면 마음만 상하고 답답만하지.

2484.1.22 月 晴
고향 생각이 간절하다. 어머님이나 어린동생, 할아버님, 어느 누구나 집안 식구 생각을 하면 애절한 마을 간절하고나. 윤수야 잘있느냐?

고향 생각은 명절날 더욱 더 생각난다고 기술하고 있다.

4284.2.6 火(陰 正月初一日)
오날은 陰丁 초하루 명일 날이다. 해마다 질거웁게 지내엇든 초하루 명절을 想起하고 오늘날에 가련한 꼬락선이를 생각하니 마음이 안타까운 모양이다. 士兵들은 두셋이나 모이기만하면 「엔장 집에 있으면 술도 있고 떡도 있겠다 비단 바지 저고리 입고 기분있게 놀아 보련만……」하고 한숨을 길게 쉰다. 나 역시 그렇거니와 누구나 머릿속에 훤히 떠이는 것은 그 풍성진 음식과 샷듯한 의복이다. 그리고 세배 단이는 이곳사람을 보면 고향 동리에서 흥성맛고 즐거웁고 재미나던 동리의 설날 광경이 눈에 환-하게 보이는 듯하다.

朝食은 밥이었고 卨心은 떡국을 주는데, 그야말로 간에 기별도 않간다. 메루치국물에 떡쪽이 여나문 라러 앉어 있을 따름이라 먹고나니 시부장찮기 짝이 없다. 이제는 돈도 떠러 것으니 豊角서처럼 몰래로도 사먹을 希望조차 없다. 따라서 外出하고 싶은 意欲조차 적다.

가족들에 대한 그리움은 꿈으로도 이어진다.

　4284.1.17 晴, 水
　어젯 밤에는 잊어지지 않는 꿈을 꾸웠다. 即 다음과 같다.「집에 도라갓는대 允洙가 밥을 갓다주어서 맛있게 먹었다. 잘때에 건넛방에 할머님이 生存者와 같으신 모습으로 누어 기시고 희수랑 二三人이 같이 누어있었다. 나의 아들이라고 하는 어린아이(두살가령되어보이는)가 재롱을 떠는대 내가 안어주면 좋와한다」이러한 꿈이였다. 한 室內에 있는 사람들이「제일 보고 싶은 것은 어린아이들이야」하는 말을 듣고 나 자신 은연중에 그러한 귀여운 아이가 있었으면 생각 하였던 까닭에 그런 꿈을 꾸었을까? 그러나 나는 내가 혹시 전장에 나가 죽는다 하더라도 나의 후계를 잇는다는 봉건적 風習으로 해서 養子를 한다거나 하는 것을 싫여한다. 인수가 있다 長子건 次子건 따질것 없이 집을 계속해서 이어 나가면 고만이다. 만일 내가 戰死한다면 允洙는 새로운 患命을 開拓하는 勇敢한 길로 나서지 않으면 안될 것이다. 새로운 幸福을 찾을 이 當然之事요, 新時代에 맞는 思想이다. 虛禮를 打破하라!!

한편 꿈에도 그리던 청도에서 화성으로 귀향 경로를 보면 다음과 같다.

　4284.3.3　남성현고개(청도군 화양읍, 청도ー남성현고개ー경산)를 넘어 경산 도착
　4284.3.4　경산군출발ー대구시내통과ー달성군 하인면
　4284.3.5　낙동강ー목선으로 건넜음ー성주ー성주군 벽진면지서 숙박
　4284.3.6　성주군ー김천으로 향함
　4284.3.7　김천人道橋ー추풍령ー영동군 매곡면
　4284.3.8　청산도착
　4284.3.9　보은군 수한면
　4284.3.10　피반령고개를 넘어 청도도착(이 시점에서는 충북 청원군이어야 맞음)

유정수는 1951년 3월 3일 청도와 경산을 가로지르는 남성현고개를 넘어 경산에 도착하고 있다. 이를 통해 볼 때 유정수 등 일행의 이동은 3월 초에 이루어진 것으로 보인다. 1951년 4월 30일 이종형의원이 발의한 국민방위군 사건 설치법 폐지에 관한

법률이 가결되어 국민방위군은 해체되었다. 그러나 이때는 이미 정부가 동년 3월 25일 이전에 26세 이상의 장정 6만 명을 귀향시켰으며, 그 이후에도 26세 이하 15만 8천 명을 귀향시켜, 4월 30일 당시에는 국민방위군은 사실상 사령부를 비롯한 기간요원만 남아 있는 상태였다. 한편 귀향 장정에게는 쌀과 광목이 얼마씩 지급되어야 했으나 이마저도 지급하지 않고 횡령하는 사례가 빈번하였다.[40]

귀향이 언제부터 시작되었는지는 일기를 통하여서는 정확히 알 수 없다. 귀향길에 대한 기록은 1951년 3월 3일자부터 나타나기 시작한다.

4284.3.3 日[41]

南省峴의 一夜를 무사히 지내고 3大隊本部인 學校運動場에 集合한 것은 8時 30分頃이다. 編成이 끝난다음 16名이 1吺식 米穀을 나눈다음 大邱를 向해서 出発한것은 점심때가 기우러서다. 南省峴고개를 넘어 慶山까지 오기에 등에 점머진 쌀이 묵어워서 게로웠다. 慶山에 드르스니 배는 고픈대 돈이 그야말로 無一戔이라, 거리에 널린 음식은 그림에 떡이라. 尹君이 이윽고 삼백円을 내어 흰떡3가래를 사서 三人이 나누어 먹었다. 大邱10km前方에서 宿寝하는대 班長任의 厚情으로 厚持를 받았다.

4284.3.4 月

慶山郡 面發 大邱市內 通過 達成郡 河仁面 花山洞[42] 3区에서 宿泊 날씨는 좋다. 아침을 먹고 길에 나스니 날은 맑에 개이고 봄바람은 솔솔 불어 氣分도 상快하거니와 길걷기에는 더웁지도 않고 춥지도 않아 심상 좋다. 그리운 故鄕에 가는 길이라 거름거리도 산듯산듯 모두들 喜色이 滿面이라. 어재 짐을 지고 오기에 무거워 고생스러웠기에 아침에 宿所主人婦人에게 大斗二升을 賣却하여 2400円을 받어 오는 途中에 200어치 술을 마시고 200원은 朴昌遠君에게서 꾼 돈을 갚고, 大邱市內에 드러서서 地圖를 700円 주고 사고 성냥 一匣에 200주고 삿다. 그 間에 성냥값이 2倍가 올랏으니 다른 물가도 이에 比例하여 高等되지 않았을까 싶다. 金鍾澈君이 담배一匣과 돈1000円은 주기에 받버 넣었다. 金君과 永秀는 어잿밤에 담요를 팔았다고 한다.

---

[40] 진실과 화해 조사위원회, 「국민방위군 사건」, 526쪽.
[41] 3월 3일은 토요일이었음. 2월 26일부터 요일을 誤記한 것으로 생각됨.
[42] 하인면 화산동은 존재하지 않았고, 현재 하빈면 하산동과 구지면 화산동은 존재하고 있음. 경로로 보아 하빈면 하산동의 誤記로 생각됨.

4284.3.10.

오늘은 하루종일 산길만 거렸다. 꼬불꼬불 골자기로 언덕으로 한참거러 나스니 날은 흐려서 方向을 알기 어렵다. 끝으로 넘은 皮盤嶺이라는 곳은 海拔 375m 上 5,550m 下降 3,500余m ●●上20●拔下16의 어머어마하게 긴 고개인대 이 고개를 넘기에 約 2時間은 걸렸다. 淸道郡[43]南一面에서 配置. 이곳에서 淸道市[44]가 멀리 보인다. 約4K前方이다. 오늘 거른 산길가에는 버들 강아지 눈이 트고 아지랑이가 아롱거려 春日이 和暖하니 路辺의 芳草가 아름답게 싹튼다.

이제 故鄕山川이 보일 듯이 가까우니 모두들 얼굴에 喜色을 띄우고 집에가서 家族 만나보고 飮食해먹을 이야기로 발아픈 것은 잊는다.

5. 결어

전쟁을 겪은 화성지역 성인 남자들에게 가장 고통스러운 기억은 국민방위군에 끌려가서 고생한 일이었다. 중국군의 공세로 다시 후퇴를 결정한 정부는 1950년 12월 21일에 제2국민병에 해당하는 만 17세 이상 40세 미만의 장정을 국민방위군에 편입하여 동원과 훈련에 응하게 하는 「국민방위군설치법」을 공포했다. 이 법령에 따라 대한청년단과 1949년에 창설된 청년방위대를 근간으로 하여 국민방위군사령부를 설치하고, 1951년 1월 1일부로 국민방위군을 지도·감독할 기관으로 국민방위국을 육군본부에 설치했다. 국민방위군은 적의 병력으로 활용될 수 있는 장정들을 사전에 적으로부터 격리·보호하고, 나아가 후방전력으로 훈련시켜 국군의 전력을 증강시킬 목적으로 창설한 것이었다. 이 법령에 따라 제2국민병에 해당되는 장정들은 각 시도별로 소집되어 경상도와 제주도 등 후방지역에 설치된 52개의 교육대로 이동하게 되었다. 그러나 당시 서울·경기지역에서 교육대가 있는 경상도지역으로 이동하는 주요도로는 군사작전이나 보급 수송로로 유엔군이 통제하고 있는 상황이었기 때문에 제2국민병

---

[43] 이동 경로로 보아 충북 청원군을 誤記한 것으로 보여짐. 현재 충북 청원군 남일면이 있음.
[44] 청원군에서 보았다면 청주시가 보였던 것으로 사료되며 역시 誤記로 생각됨.

장정들은 할 수 없이 소로나 산길을 통해 이동해야 했다.[45]

화성지역의 청·장년들도 마을마다 국민방위군에 차출되었다. 화성지역에서는 나이별로 제1차, 제2차, 제3차로 나눠서 이동했다. 청년들을 제일 먼저 보냈고, 나이 든 사람들은 2차 3차로 보냈다. 그리하여 이들은 경상북도 청도까지 집단으로 이동했다. 화성 서부지역은 제주도까지 갔다.

그러나 병력수송과 훈련, 무장 등을 하는 데 필요한 예산이 확보되지 못하고 행정적인 조처도 미흡하였으며, 대한청년단 단원들을 뽑아 현역으로 배치했기 때문에 지휘통솔력이 부족해 많은 문제점을 낳았다. 실제로 이들이 1·4후퇴 때 부산까지 걸어서 후퇴하면서 굶주림과 추위에 시달려 9만여 명의 사망자가 나왔다.

1951년 1월 15일 부산 피난지에서 열린 국회에서 이 문제에 대한 정부대책을 집중적으로 추궁하자 그해 2월에 36세 이상인 장병들은 귀향하게 하였다. 이 과정에서 국민방위군 간부들이 유령인원을 조작하여 거액의 금품을 착복하고 5만 2,000섬의 양곡을 부정처분한 것이 드러난 이른바 국민방위군사건이 발생하여 부통령 이시영(李始榮)과 국방부장관 신성모(申性模)가 사임하는 등 정국이 어지러웠다. 결국 국회의 결의에 따라 국민방위군은 1951년 5월 12일에 해체되었다.

본고는 1차로 화성 양감지역에서 경북 청도로 이동한 유정수의 당시 일기를 소개하고 분석한 글이다. 현재 유정수의 일기처럼 당시를 기록한 글은 제주도로 이동한 심대갑의 수기만의 존재할 뿐이다. 그런 차원에서 유정수일기는 국민방위군을 이해하는데 매우 소중한 자료라고 평가할 수 있다. 특히 경북 청도에 있던 제22교육대 제6대대에 관한 자료가 전무한 상태에서 본 일기가 갖는 자료적 가치는 더욱 크다고 할 것이다.

유정수는 1950년 12월 23일부터 귀향하는 도중인 1951년 3월 11일까지 일기를 소상히 기록하고 있다. 이 기록을 통하여 화성 양감 청년들이 어떠한 이동경로를 통하여 경북 청도까지 이동하였는지, 경북 청도에서 22교육대 제6대대에 배치되어 부대생활은 어떠하였는지, 귀향과정은 어떠하였는지 소상히 파악할 수 있었다. 본 자료는 유

---

[45] 의왕시사편찬위원회, 『의왕시사』 1권, 2007, 646~647쪽.

정수 등 일행이 이동 당시, 부대 생활시 얼마나 추위와 배고픔에 고생하였는지를 단적으로 보여주고 있다. 아울러 고향에 대한 그리움도 적나라하게 표현해 주고 있다. 병에 걸려도 약도 설비도 없었다. 특히 본 자료는 일기체로 쓰여져 하루하루 당시의 상황을 정확히 파악하는데 큰 도움을 주고 있다.

　1951년 2월 말까지 상황을 집계한 국회 특별조사위원회의 조사결과에 따르면 제2국민병 전체 655,486명 가운데 무사히 교육대에 도착한 인원은 383,743명이고, 도중에 도망·행방불명·동상·질병 등으로 목적지에 도착하지 못한 인원이 272,743명이나 되었다.[46] 이 사건으로 신성모국방부장관이 물러났고, 이시영 부통령은 사임서에서 국민의 의혹을 풀기 위한 국회의 적극적인 조치를 촉구했다. 국회는 1951년 4월 30일 국민방위군의 해체를 결의하였고, 사령관 김윤근을 비롯하여 관련된 국민방위군 간부들은 군법회의에 회부되어 중앙고등군법회의에서 사형을 언도받고, 8월 12일에 총살되었다.[47]

---

46) 중앙일보사, 『민족의 증언』 3, 1983, 342~343쪽.
47) 남정옥, 『6.25 전쟁시 예비전력과 국민방위군』, 129~148쪽.

제3장
『유정수 일기』

사랑하는
내 어머니와
아내와
동생들에게
이 기록을 드리노라

4283.(1950년 – 필자주)12.23

　오늘 8시까지 집합이라고 한다. 방이 차서 새벽 5시쯤 잠이 깨었는대 다시 눗기가 싫어서 담배를 피어가며 날이 밝기를 기다렸다. 동숙한 일행은 명규, 기완이, 창수, 나까지 4명. 큰댁형 김순경과 같이 수원시 공설운동장에 가서 집합하였다. 퀭장이 많은 사람의 물결, 아마 만여 명은 데리라. 점심 것때쯤 집합은 완료된 모양이나 부대편성등 무었을 하는지 지지하게 시간만 큰다. 삼십분 후에 떠날는지, 두시간후에 떠날는지 알수가 없어 궁궁답소한채로 어름이 깔리고 또 사람의 발 온기로 그것이 녹은 물구덩이 위에 발을 굴고 덜덜 떨며 멍하니 출발을 기다리고 있을 분 점심이라곤 흰

떡가래 하나 먹었다. 자서한 내용은 알수없으나 이같이 많은 인원을 인솔하는 마당에 이와 같이 지지하게 꿈지러 거려서야 하고 탄성만 할 뿐이다! 그럴수 밖에. 오후 5시가 가까워서야 이 자리를 떠났든것이다.

기다리던 "도민증"을 출발여 몇시간 앞두고 찾었다. 아마 우리 양감면이 화성군에서 제일 늦게 받는 모양이다. 속도는 20世紀의 증상이다. 일은 신속이 해야 할것이 않인가?

보류는 데지 않는 모양이다. 보류하느니 보다 떠나는 것이 낳을 것 같다. 가자 가.

고생은 이제부터다. 지금부터 출발해서 목적지는 김良場이라고 한다. 길은 유리쪼각으로 포장한것 같이 어름으로 깔리고 갈래를 지나서부터는 가 일층 심하다. 바람이 시게 부렀다 약하게 뿌렸다. 눈은 싫어 날리니 미끄럽고 춥고 그저깨부터 부르튼 발바닥은 체 고도로 앞으고 짐진 어깨는 아퍼 죽겠으니 이런 고생은 생후 처음이라. 갈래와 김량장사이의 곱돈고개(길이 십리라고 한다)를 넘던 생각은 잊지 못하리라.

간신히 김량장에 닿았으나 숙소 배치 시키느라고 약 2시간은 길에 뻐처 서 잇다가 거기서 또 약 십리 가령거러 비로소 숙소를 정했다. 竜仁郡竜仁面虎里(범골)이라고 한다.

김량장 어름깔린 길위에 2시간동안 서인는 동안의 고생이란 형용불능. 필절로 표현키 어렵다. 길가 집테미를허러 모닷불을 놓고 있다.

숙소에 드러갓을 때에는 이미 24일 오전 2시반이였다. 20명이 간반사랑에 웅크리고 않아 금새 고려 떠러젓다. 저녁을 먹은때는 아마 4시쯤일것이다.

4283.12.24

아침 일쪽이러나며서부터 앞은 발바닥하고 씨름이다. 어머니의 말씀대로 어재 바풀 배접을 하였더니 오히려 더욱 해로운것 같에서 오늘은 양말과 신 안바닥에다 비누칠은 하고 종이를 깔고 거러보았는대 과연 어재보다는 훨신 부드럽다. 아마 아픈 고비는 넘은 모양이다. "이제는 나도 살았다"하고 뽐내 본다. 오늘 가는 곳은 遠三面白巖里장터다. 도중의 "곱돌고개"라고 하는 고개는 안팍 10里라고 하는대 아무튼 시역사 생후 처음 넘어 보는 쾡장한 고개다. 고개 위에서 넓리 내려다보니 삼에는 나무가 없고 눈만 하얗게 덮여있다. 아무턴 무척 깎거먹었다. 상상하던 바와 달러 낙심하고 한심스럽다. 숙소는 백암리에서 남으로 10리 가령 가서 동면 石川里에서 정했다. 숙소 배치는 어재와 다름없이 여전히 힘든다. 대원들은 인솔자 靑防隊員에 불평을 퍼붓는다. 왁자지끌 떠들고 고함치는자 꺼부는 칭구들은 욕설까지 하니 옆에 드는 사람까지 무안스럽다. 인솔자도 해결책이 없는 듯하고 또 자기 내가 주의하면 교정할 수 있는 일에도 실책이 많음을 자인하고 있으며 지기내 상사에 대해서 우리가 하듯 동일한 불평을 품고 있는 듯 하다. 石川里의 웃둑 솟은 俗稱 "쪽끼산"은 근처에 있는 산에 比하여 異株가 있다. 鳥飛山 또는 朝避山이라고도 부른다는대 쪽끼 같이 생견는지? 鳥飛라는 이름은 風流客이 지은듯하고, 朝避山이란 이름은 그 어느 封建時代 兩班들이 지은 이름이겠지. 그두 고려조나 李朝때일 것이다. 주인을 잘만나 食事는 싫여 말도록 포식하고 분대원 10명이 200원식 걷어서 고기 2근 사가지고 아침에 국을 끄려 먺었다. 영수하고 나하고는 한근을 다로 싸서 구어 갖이고 보따리 속에 넣었다. 가다가 먹을 작정으로 영양을 취해서 지치지 않도록 해야 한다고 한다.

4283.12.25

어재밤 잔집 주인은 인정이 많다. 자기집 쌀을 보태서 밥을 나우 하고 반찬도 배추김치 우둠지 푸른 잎은 담지 않았다. 주인의 말에 의하면 금번 동원된 부대들은 많이 통과하였으나 숙박은 이번이 처음이라고 한다. 그 말을 들은 우리 일행중에서는 주인의 인정 많음을 가르쳐 "이는 아직 여러번 꺼꺼보지 않은 탓인가봐"한다. 오늘 竹山에 와서 보니 과연 그 말도 일리가 있다. 어느 음식점에 드러가서 술을 청하니 주인이 없다고 그런다. 그래서 영수하고 둘이 어제 石川里에서 구어 갖이고온 고기 덩이를 씹어 먹으며 주인의 비우를 맟처 주며 한잔만 달라고 간청하니, 주전자와 잔을 들고 와서 한잔 부어준다. (아무도 없는 사이에) 주인 왈, 먼저 통과한 부대들의 난복이란 말할수 없다. 수저는 모다 잃고 그릇도 깨틀고 자기네 세도만 믿고 부량을 부리고 하니 하니곱고 귀찮아 영업을 중지한다고 하며 지방 아는 손님이 오면 방으로 모셔 슬그머니 대접한다. 우리 일행을 누구나 다 걱적스러히 생각한다. 먼저간 부대들이 이런 행동을 하기 때문에 나중가는 우리가 오해를 사고 가는 곳마다 지방의 인심을 악화시켜 놓을 것이라고. 숙소에 와서 주인 아주머니 이야기를 들어도 그렇다. 즉 떡장사 떡을 무전도식 하는 까닭에 떡장사를 않는다고 한다. 듯고 나서 생각하니 아까 竹山이 장날인대도 불고하고 떡장사 심지어 담배장사지상 없지 않은가.

오늘 낮 1시경에 떠난 石川里에서 이곳 竹山이 5.6㎞가령.

23일 김량장에 와서 추워 떠를때 연대장이 훈개하여 가로대 지난밤(22일) 여기서 동사자가 3명 났으니 너이들도 정신차리라는 것이었다. 나중에 들으니 잘곳이 없어 창고에서 자다가 죽었다고. 이곳 죽산에서도 창고나 학교 같은 근물에 바닥에 가미니짝을 깔고 우리를 재울랴고 지방사람이 주장하는 것을 우리 인솔자들이 강경히 요구하여 촌가에서 자게 된것이라고한다. 크리스마스.

4283.12.26

長湖院에서 宿泊. 主人집에서 名札만들고 양말 깁고, 인절미를 사먹었다.

4283.12.27

忠州邑에 到着, 宿所에서 相良, 恒錫, 관석이와 술을 마시고 午前4時 出発.

4283.12.28

梨花嶺을 넘어 聞慶着, 죽을 고생을 한 記憶이야 生死 잊지 못할터.

4283.12.29

집이 문어리 쪽잽이 모양 채일 번 했다.
尙州郡咸昌에 일직 도착 간밤에 꼼박새우고 咸昌南方村家에서 宿泊.

4289.12.30

尙州邑外 村落에서 宿泊, 主人의 好意로 인절미를 만들었으나 失敗.

4283.12.31

安溪着.

4284.1.1

軍威南方 2k 地点에서 留宿. 밥이적어.

4284.1.2

新寧外 40里村落에 가서 宿泊, 집에서 밥은 싫컷 먹었다.

4284.1.3

慶山着 오다가 사과 포식.

4284.1.4

淸道到着 民家에서 宿泊.

4284.1.5

淸道発 淸道郡豊角面에 到着 豊角國民學校에서 收容팀 여기가 우리 才22敎育隊, 才6大隊訓練所다. 今日은 學校隣近 民家에서 宿泊.

4284.1.6

本隊編成後 休계, 才4中隊 1小隊에 編入되다. 本6大隊員는 烏山面 楊甘面의 大部

分. 其他 東灘面 正南面 同志들도 若干있다.

우리中隊 中隊長은 奇中尉, 大隊長은 金明鎬大尉다.

蓼塘里同志一同은 全部 本大隊에 編入되었는대 姓名은 列擧하면 다음과 같다. 柳 甝秀, 柳永秀, 柳斗熙, 柳擇熙, 柳俊熙, 柳基亢, 柳明珪, 柳達熙, 柳昌秀, 柳文秀, 柳哲秀, 柳哲珪 그리고 崔起完이는 食事炊事班에 드러같다.

4284.1.7

食事는 白米1日4合飯이다. 찬은 간장 된장과 된장국을 끓여주는대 때에 따라서는 以上 세가지중 한가지 밖에 없고 국만을 밥에 부어 줄때가 많다. 外出은 大隊長 或은 週番司令의 許可없이는 嚴禁이다. 그래서 울타리 사이로 盜食(暗買食)하는者가 많다. 들키기만 하면 氣合이다. 그래도 暗買食한다.

4284.1.8

아침 洗面은 約7,800m 되는 곳에 있는 자갈많고 맑은 물이 흐르는 시내까지 구보로 가서 하고 온다. 今日부터 日課에 따라 正式으로 訓練이다.

나는 軍隊敎練을 받어 보지 못해서 여가까지 오는 途中에도 最大의 근심꺼리더니 過然 訓練을 받어보니 어리둥절하지 않을수 없다. 그러나 우리 小隊 小隊民이 近洞 徐廷九軍인지라, 宽大히 黙過하여 주지만 或 中隊長이나 大隊長 앞에서 調練하다가 氣合받을까봐 근심 걱정이다. 꿈 어머니.

4284.1.9 雨天

洗面하러 갔다가 오는 途中에 떡을 몰래 사서 넣는대 돈1백원 내고 하나만 집을 떡을 슬적 두쪼각 집어 넣었다.

昇旗式後 時間 調練하다가 비가 점점 많이 와서 中止하고 內務班에서 休息하였다. 会計좀 따저 보자 今日現在殘額 8800円이다.

오늘 떡 500원어치 담배 150円 엿200円어치를 사서 먹었다. 너무 많이 썻다 節約하자. 華城郡 才二國民兵二期生(35世까지)이 昨日 淸道에 到着하였다고 한다. 才三期生도 不遠向 出発하리라고 한다. 寅秀가 어떻게 될지 궁금하다.

(以上午后3时記)午后四时頃基亢이가 正門立哨를 섯음을 機会삼.

내 슬쩍 外出하여 濁酒一배를 하였더니 氣分이 좋다. 酒家부억에서 「다찌노미(立飲)을 할 때 살광에 놓인 「고치장」의 맛. 집을 떠난지 처음 먹어보는 「무상치」의 맛이란 각별하다. 사과 200원어치 4㫗를 사가지고 들어왔다. 저녁에 잘 때 기침 때문에 苦生이다 콧물이 자꾸만 나와서 죽겠다.

4284.1.10 雨天

어제와 같이 오늘도 세수도 못하였다. 이곳 북쪽에 솟아 있는 아마 海拔로는 높은 듯한 山頂에는 눈이 쌓이는대 우리가 서있는 밑창 들판에는 비가 나린다. "까마귀"떼 數百數千마리가 뭉탱이를 지어서 오락가락 떠돈다…… 晝食後 겁내며 기다리든 무서운 氣合을 받았다. 理由는 便所 使用이 不潔하며 淸潔整頓이 되어 있지 않다는 것. 㫗人的으로 잘한 사람도 있으나 大隊全体的으로 보아 不美하니까 連帶氣合을 받으라는 것이다. 約20㫗「엎두려뼈처를 하곤 장작개비로 다섯 대식 맞었다. 夜寢時「기침」을 어찌 많이 하였는지 뱃창사가 앞으다. 夜半에 非常召集, 練兵場에 뛰어나가보니 날씨는 흐리어 冷冷한 大氣와 컴컴한 어두움은 사람을 威压하는듯하다. 이 무시무시한 雰圍氣 이것이 우리의 앞으로의 生活場 이로구나. 生覚할 때 軍隊生活이 겁나고도 고달픈 生覚이 자꼬만 난다. 아직 나 自身에 처한 自信을 얻지 못한 까닭이겠지. 나는 앞으로 이 生活을 격고나면 自身의 生活力量과 能力을 測量할수 있을 것이고, 그다음 앞으로 오는 나의 活動에 나 自身 더 커다란 期持와 冒險을 突破할 自信을 얻을 수 있을 것이다.

4284.1.11 天 모진 北風

날씨가 매우 추워서 그런지 室外 訓練은 없고 內務室에서 學科만 있었다. 奇中隊民

이 몸이 아픈대 教育隊医務室에서 施藥하나, 効力이 적고 딴대서 약을 사다 써야 하는대 돈이 없다는 말을 듣고 隊員中 某君이 発議하여 隊員에게 任意로 金戈을 내라고 하여 100원을 내었다.

　內務室(寢室)이 추어서 病者가 續出하는대 医務室에 設備도 藥도 不足하여 困難이다. 內務室은 通教室 마루 바닥에 지직, 집, 가마니 等을 두서너겹 깔었으므로. 잘적에는 寢具라야 담요 1枚뿐인지라 모두들 춥다고 떠든다. 갓득이나 지직에서 나는 북댁이 몬지 연기 等으로 또 담배 연기 때문에 기침이 나서 고생이다.

4284.1.12 晴

　몹시 춥다. 여기가 이렇게 추울때야 우리 고향은 이루 말할 수 없는 추이겠지. 여기는 높은 山頂에는 눈이 나리고 얕은 들에는 비가 連달아왔으니 아마 우리 고향에는 어지간이 눈이 쌓였을 것이다 하고 쑥덕걸이며 고양을 근심하고 있다. 오늘도 날씨가 추워서 內務室에서 學科만 하였다. 學科时间에 教官日「戰況은 現在 中共敵이 烏山 近處까지 왔으리라고 추측된다 하며 華城郡 避難民은 大田, 金川, 大邱 等地에 集結되어 있다고」 모두들 집 食口가 어찌 되었을까 하고 잠도 자지 못하며 근심들 한다. 自身의 苦生은 집생각 하느라고 몸이 단다고 한다.

　寅秀는 과연 才三期生으로서 南下하였을까? 蘭秀는 어찌 되었을까? 어머님은 얼마나 근심걱정으로 갓득이나 弱하신 몸에 苦生이 많으실까? 할아버지는 호수는 할아버님께서는 老末에 몹쓸 일을 當하시니 얼마나 非痛하실까? 允洙도 불상하다. 미안수럽다. 시집은 以來 어언 间 해는 바뀌었지만 남편이라는 나와 同寢食한 날이라고는 손꼽아 셈할만하고 其间근심과 걱정으로 지내었구나. 이러저러한 生覚, 자근 아버지의 安否는? 자근어머님의 心境을 生覚하고 어린 喜秀랑 생각하면 生覚할수록 가슴만 쓰라리다.

4284.1.13 晴

　이 고장에 居處한 次來 처음 겨끄는 모진 추이다. 室內에 102名이 한 대끼여 자건만 찬바람이 얼골을 스처, 방안은 싸늘한 기운이 스쳐든다.

밤새도록 기침하느라고 혼이났다. 患者라고 핑게하고 슬그머니 外出하여 金德洙君이 끄는 대로 그와 같이 염집에 가서 밥을 지어 먹고 막걸리에다 고추가루를 풀어서 두잔 먹었더니 어찌 배가 부른지 저녁때까지 배가 불러서 고생하였다. 이 점심 먹은 것은 낮에는 추워서 消化가 되지 않다가 밤애 잘때서야 삭어 나리는지 밤중에 자다 말고 네 다섯 번이나 小便을 보러 드나 들었다. 기침약을 400원 주고 사먹었는대 效果가 있을는지?

外出하고나서 도라와 보니 試驗이 있다고 하는대 合格者는 教育隊에서 防衛少尉를 假任命하고 後에 防衛士官學校에 보내 준다는 것이다. 나는 시험을 않치르고 말았다. 치러야 利 할는지, 않치러야 좋을는지?

日夕 點呼時에 才一中隊長이 나에게 口頭試问을 連発하면서 나의 學厂을 묻드니 낮에 어째서 應試않하였느냐고 모라대고 자기내 同伴者하고 「하렸다」 소리를 連다라 하며 나가 버렸다. 영문이를 모르는 나에게는 危협을 받는 것 같애서 (나쁜生覚이 聯想되어) 근심이 되었다. 不知中 몸도 떨었다.

4284.1.14 晴 日曜日

아침은 추워서 半時间 늦게 起床종이 울렸다. 오늘은 日曜日이라고 課業은 없고 방에서 이나 잡으라고 한다. 朴柬柄中尉를 믿고 外出許可를 받을라고 하였으나 도장을 못 받았다. 야속한 生覚이 난다. 韓相德에게 물어보니 어제 試驗에 合格하면 本教育隊에서 継續 新兵養成을 하게 되고 우리 一般隊員은 三週日의 所定課程을 맞추면 才一線에 가게 된다고 한다. 그래서 應試한 사람이 많아 無處80名이 가깝다고 한다. 三週日만에 修了式이 있다고 하니 이제는 現役으로 編入될 날도 十餘日 밖에는 남지 않았다. (4日부터 計算하면 11日後가 修了式이다)

訓練에 自信이 없는 내가 健康에도 自信이 없다. 기침이 어떻거면 가라앉일까? 이리궁리 저리궁리 하다가 별 道理없어 고만이다. 医務室이 엉터리인 가닭이다. 지금 夕陽이 西南向 유리창을 通해 들어오는대 따뜻한 볓을 뺨에 받으면서 담요를 두지버

쓰고 모루누어 日記를 쓰고 있다.[1] 창밖에 나부키는 太極旗를 보니 西北風이 모지게 부는것을 알수있다. 旧校舍에서는 때때로 오락회의 환성이 들리어 온다. 아 故鄕生覺 집안 식구 生覺을 하니 가슴이 울렁거리는구나. 난약하신 어머님의 모습이 눈에 선하다. 允洙. 누구누구 할것 있나, 生覺하면 마음만 상하고 답답만하지.

4284.1.15 晴 月曜日

기침이나서 지난밤에 苦生이 되었기로 起床하지 않고 午前 11時頃에 患者로서 外出하여 医務室에 갓다가 柳斗熙 李和範君等 計5名과 같이 金昌熙氏(첫날宿泊하였던 집)宅에 가서 大斗二升 밥을 지어 달라고 하여 점심과 저녁을 배가 터질 지경이 되도록 잔득 먹었다. 반찬은 미리 고등어 2마리를 사가지고 가서 구어 놓았고 석박지가 짜다 못해 쓴맛이 낫으나 달게 먹었다. 和範君은 몹시 몸이 게로운지라 自己몸을 가누지를 못하고 눈물이 글성거린다.(아마 前에 마진것이 도지였나보다고 徐廷九君도 말한다) 斗熙는 짜디 짠 석박지를 그래도 좋다고 자꾸 먹었다. 밥을 먹고 나서 和範君이 꼼작 못하겠다고 고만 자리에 쓰러저 버린다.

결국 和範, 斗熙, 洪斗杓三君을 남겨두고 兵舍에 도라오니 夕食이 끝났을 무렵이였다.

4284.1.16 晴, 火

朝, 六時起床 約30分間 駆歩後 세수도 못하고 朝食이다. 나는 오늘까지 四日間 洗面을 않이 하였다. 그래서 얼골은 꼬조조하게 때가 끼어서 얼룩얼룩하고 頭髮은 竹山에서 調髮한 後 여적것 닥지를 못하여서 뿌옇고 뻣뻣하고 헝크러젓다. 입안에서는 사뭇 구린내가 나는 形便이다.

어재 大隊內에서 盜難事件이 発生하여 大隊內 全員이 氣合을 받을 뻔했다. 午后는 舍前에서 分隊散開隊形 実演. 夕食 소금국. 1合3勺飯.

---

[1] 당일에 일기를 작성한 것으로 보여짐.

4284.1.17 晴, 水

어잿 밤에는 잊어지지 않는 꿈을 꾸웠다. 即 다음과 같다. 「집에 도라갓는대 允洙가 밥을 갓다주어서 맛있게 먹었다. 잘때에 건넛방에 할머님이 生存者와 같으신 모습으로 누어 기시고 희수랑 二三人이 같이 누어있었다. 나의 아들이라고 하는 어린아이 (두살가령되어보이는)가 재롱을 떠는대 내가 안어주면 좋와한다」 이러한 꿈이었다. 한 室內에 있는 사람들이 「제일 보고 싶은 것은 어린아이들이야」하는 말을 듣고 나 자신 은연중에 그러한 귀여운 아이가 있었으면 생각 하였던 까닭에 그런 꿈을 꾸었을까? 그러나 나는 내가 혹시 전장에 나가 죽는다 하더라도 나의 후계를 잇는다는 봉건적 風習으로 해서 養子를 한다거나 하는 것을 싫여한다. 인수가 있다. 長子건 次子건 따질것 없이 집을 계속해서 이어 나가면 고만이다. 만일 내가 戰死한다면 允洙는 새로운 患命을 開拓하는 勇敢한 길로 나서지 않으면 안될 것이다. 새로운 幸福을 찾을 이 當然之事요, 新時代에 맞는 思想이다. 虛禮를 打破하라!!

4284.1.18 木

朝会가 끝난 다음 六大隊內의 下級 機關 要員들의 任命이 있었다. 数日前에 試験绩績 等을 参考로 하여 相當한 人事移動이 있다.

意外도 참말 뜻 밖에 呼名하는 사람 중에 나의 이름도 있는 것이다. 어제 內務班에서 日課時에 大隊先任下士 池聖用氏가 나를 보고 「区隊長의 職责을 맡아 보겠는가?」하고 묻기에 「自信은 없으나 힘것 하겠습니다」하고 対答하였지만, 나의 心境은 任務에 처한 要領을 잘 몰라 어떻게 责任豙行을 할까? 하고 근심이 가득찬다.

4284.1.19 金

오늘 10時頃에서 舍家에서 大隊長(金然夏氏)任 앞에 集合하여 申告을 하였다. 나의 申告는 이러하다.

「申告합니다. 柳艶秀는 檀紀4284年 1月 18时로 才4中隊 先任下士로 任命되었압

기 삼가 玆次 申告합니다.」

申告后 即時 부임. 나의 處所는 市場 東方에 있는 兵舍의 才四中隊 本部이다. 本部는 兵舍(豊角高等公民學校 舍 三敎室) 옆에 敎員 舍宅의 一室(溫突)을 빌린 것이다.

오늘 저녁부터는 밥도 많아 먹을만 하고 잠자리도 장퐌 방에서 자게 되었는대 집에서 들은 그런줄도 모르시고 고생하는 주만 아시고 근심 걱정으로 만 지내시겠지? 이것이 염려된다.

4284.1.20 土

오래간만에 理髮舘에 들어가 머리를 깎고 세수를 하였다. 기분이 상쾌하고 갑분하다. 竹山에서 깎은 后 처음이고 세수를 제법한것도 이번이 처음이다. 주인의 인심이 좋다. 내가 배곱흘줄알고 점심먹고 남은듯한 찬밥 한床을 차려다 준다. 나는 이제는 밥보다도 김치랑 반찬이 탐이 난다. 집에 두고온 배추김치 깍둑이 등이 눈에 시원하고 생각만 하여도 침이 흐를지경이다.

어제도 오늘도 소금국에 밥 먹기는 참 힘든다. 밥도 1合1勺 밥이다. 그러나 中隊本만큼은 아마 1合5勺 밥은 된다. 이만하면 배를 끌리지는 않는다.

어제도 오날도 中隊名簿 作成 때문에 늦게 잠을 잣다.

4284.1.21 日 晴

오늘이 大寒 추이 날이라고···· 참 몹시 냉한 날씨다.

日曜日이라 日課는 없고 隊員들은 內務班內에서 休息한다.

나는 中隊先任下士인 故로 事務連絡上「常時營門出入證」을 갖이고 있기 때문에 出入의 自由를 얻은 몇몇 特權者中의 一人이다. 理髮所에서 또 밥을 주어서 아침을 두번 먹었다. 그리고 午后 2時頃까지 隊員 38名을 引率하여 갖이고 理髮관에 가서 머리를 까끼었다. 이것은 一擧兩得之策 으로 그 中에 一은 理髮所 主人에 厚情에 대한 報思도 될까하여 中隊長任의 許可를 얻어 實施한 것이다.

和範이 斗熙랑을 回病하고 장에 가서 술 서너잔 떡국 한그릇 먹었다. 배가 불러 터질 지경이다. 이제 돈이라고 땀방 2000円밖에 없다 돈 생각을 하면 기운이 없어진다. 돈 떨어지면 어떻거나?……

2484.1.22 月 晴

作夜 突然 大隊本部에서 区隊長을 集合시켜 놓고 22日 敎育隊員의 身体 檢査가 있다는 것을 傳達하였다. 그럼으로 밤늦도록 身体劍士表를 作成하고 金哲圭 中隊長任의 노-트를 筆記하고 約 12时頃에 就寢하였다. 今日은 起寢이 30分일렀는대 起床하여 보니 열나흗날 둥글고 큰 달은 환하고 밝아 天地가 雄壯하여 보인다. 身体檢査決果 蓼塘里에서는 明珪, 昌秀, 斗熙, 文洙 四名이 不合格되었다. 区隊長 先任下士 等 機關要員들은 大部分 身体檢査를 하지 않았다. 卷煙 1匣, 長壽煙 1匣을 400円을 주고 사고 나니 이제는 모두 1,600円밖에 않이 남는다. 寒心스럽다.

이럴줄 알았으면 집에서 돈을 좀더 장만하여 갖이고 떠날 것을…하고 生覚하나 後회막及이다. 고향 생각이 간절하다. 어머님이나 어린동생, 할아버님, 어느 누구나 집안 식구 생각을 하면 애절한 마을 간절하고나. 윤수야 잘있느냐?

起宪(完)이가 몰래 뭉처준 누룽갱이를 뜨더먹으며 배를 깔고 日記를 쓰고 있나니 万里他鄕 외롭구나. 구슬은 심사 조금더 공부좀 하다가 잘가 보냐?

4284.1.23 火

지금은 2월 1일인대 나는 오늘 저녁때에서야 쓰랴고 한다.[2] 아- 그러나 고대 바로 한时间前에 술을 마시어서 정신이 어찔하니 어찌 記憶을 더두면서 지나간 날의 日記를 쓸것인고?

---

[2] 1.23~1.31일까지의 일기는 밀려서 일괄 작성된 것으로 보여짐.

4284.1.24 水

全哲圭 副官을 訪问 感氣. 몸살로 누어게시다. 隊에 適合한 型의 사람은 않이로되 어질고 착하시에 人情 많고 점잖하시다. 나보고도 敬語를 쓰시니 참 分에 넘친다. 和範君은 病이 좀 덜한 모양.

4284.1.25 木

4中隊本部에서 할 일이란 별로 없다. 日朝 日夕點呼时와 朝会3回만 本部에 가서 人員 把握하면 고만이다.

4284.1.26 日

무시무시한 밤 솔난하고 혼돈의 밤을 지내다. 暗黑은 무섭다. 三大隊에 가서 丁弘鎭君의 妹夫를 만나 점심을 언어 먹었다. 高等公民學校로 移舍. 本日 金昌熙氏宅에서 外迫. 朝会时突然 全員集合(外迫患者까지) 角南三大隊에 가서 防衛軍豫備役을 ●出當 하게 되었다.

4284.1.27 土

午后前記豫備軍에게 豊角學校를 내어 주고, 우리는 정들었던 우리의 兵舍 豊角學校를 日前에 合格한 士兵들의 所屬 民防衛軍 五師團 十三聯隊에게 내어주고, 우리는 떠난다.
基亢이 澤熙 達熙와 哲秀 三人를 뒤에 남기고 떠나는 것이다.
우리의 앞날은 어떠할는지? 제각기 「?」을 품운채 우리는 갈너지는 것이다.

4284.1.28 日

오늘은 移動의 날이다. 豊角高等公民學校 即, 4, 5 中隊兵舍를 떠나 淸道 才1大隊로 臨时入営하여 되었다. 和範君 明珪 昌秀 斗熙, 俊熙 起完 等 洞里 사람을 뒤에 남겨두

고 잊지 몰할 豊角을 뒤에 두고 淸道로…

4284.1.29 月

淸道 才1大隊 兵舍에서 첫날밤을 잣다. 춥고 춥다. 兵舍는 亦 養잠 실 문은 너풀너풀 찬바람이 든다. 주먹밥에 소곰도 없다.

4284.1.30 火

아무턴 새벽 6時 起床後 驅步 約4.5km 그리고 어름을 끄고 찬물에 세면하는 요것이 제일 견디기 어려운 것이다.

4284.1.31 水

六大隊에도 人員이 4,500名 不足하다고 하여 区隊長 先任下士 等 30名이 이를 補充시키기 爲하여 落伍兵 脫出兵 等을 수색하여 收用하러 아침부터 나갔다. 우리 一行(永秀, 나, 姜泰烈, 申仲法, 徐廷九)는 方向을 西北으로 잡아 華陽市場 近洞에 가서 部落区長을 찾어 落伍者 有無를 물었더니, 벌서 支署에 留宿届를 내고 名簿까지 꾸며 놓았다. 区長宅에서 点心食事를 하고 落伍者들이 나무를 해가지고 와서 저녁 食事를 마친 다음에 우리도 저녁 食事를 하고 10名을 引추하여 갖이고 왔다.

4284.2.1 木

오날도 募兵次 公用証을 떼어갖이고 어제 갖던 華陽隣近 部落을 더듬었다. 淸道郡에서 大邱로 向하는 좀 넓은 길가에 스니 避難民들인상 싶은 사람이 봇다리를 이고 지고 三三五五 南下하는 한편 才二 ●民兵들은 모두 北進한다. 이들을 취調하니 大部分은 除隊証이나 不合証(서울兵府司令部發行)을 갖이고 한거름 이라도 故鄕 가까이 가려는 사람이 大部分이고 其中에는 所屬을 잃었거나 逃避한 者들도 석껴있다. 部落民家에 몸을 붙쳐 세죽이나 나무를 하여 주고 밥을 얻어 먹는 사람이 어제간 部落에도 十余名이 있는데, 오늘 온 곳에도 数名있다고 区長은 말한다. 이 部落에서 半月面 革坪里에 사는 二期生 二名을 摘発하였고 오는 길에서도 붓들고하여 近 20名 잡어 들였다.

特記 할 일은 龍沼里 栗北里에 살다가 이곳에 居住한다고 하는 趙氏을 만나 豚肉에 濁酒를 마시였다. 너더 댓잔 먹으니 참 얼근하고 기분이 좋다.[3]

4284.2.2 金

六大隊移動 우리가 移舍할 집은 어떤가 하고 와보니 淸道邑에서 約 4Km 떨어진 어는 寒村의 산비알 밑에 있는 물도 말은 依例히 그렇드시 자갈 많은 조그마한 냇갈 바닥에 「∧」型으로 지어놓은 움집이다. 겉은 보고 위선 정떨어 젓거니와 안에 들어가 보니 "영"한겹 둘른 지붕은 하늘이 환하게 비치고 찬 바람이 휘- 돈다. 재수없다. 여기서 起居할 앞날을 生覚하니 落心千万 정냄이가 떨어진다.

過然 밤에 잘려고 "지직" 자리위에 몸을 뉘고 보니 밑에서는 冷한 기운이 숨어 오고 휘도는 찬 바람에 뺨다기가 시렵다. 지긋 지긋하게 치운 잠자리어…

4284.2.3 土

兵舍周圍 整理. 길도 내고 集合場所도 많들었다. 어제 춥게 잔 몸이 점심밥을 먹고서야 겨우 풀린다.

4284.2.4 日

週番副官 次例가 돌아 왔다. 司令은 우리 四中隊長 朴秉浩中尉.

밤에는 참차리 추운 生覚을 하니 움집에 드러가기가 죽기보다 싫여 營門衛兵所에서 모닷불을 쪼이며 하룻밤을 새었다.

---

[3] 1월 23일 일기 내용 중 술을 마셨다는 내용과 일치하는 것으로 보아 2월 1일부터는 당일날 일기를 쓰기 시작한 것으로 사료됨.

4284.2.5 月

이곳에서는 勤務中隊를 特設하고 營門出入은 一切嚴禁이다. 大隊本部要員조차 外迫을 禁하고 있다.

食事는 어제부터 基幹要員中 將校 大隊本部員 区隊長, 中隊本部員들은 食卷을 갖이고 大本舍內에서 食事를 하게 되었다. 밥그릇 국그릇은 앞에 놓고 먹으니 제법 밥늘 먹는상 십다. 물도 그만하면 그닥지 않다.

4284.2.6 火(陰 正月初一日)

오날은 陰丁 초하루 명일 날이다. 해마다 질거웁게 지내엇든 초하루 명절을 想起하고 오늘날에 가련한 꼬락선이를 생각하니 마음이 안타까운 모양이다. 士兵들은 두셋이나 모이기만하면 「옌장 집에 있으면 술도 있고 떡도 있겠다 비단 바지 저고리 입고 기분있게 놀아 보련만……」하고 한숨을 길게 쉰다. 나 역시 그렇거니와 누구나 머릿속에 훤히 띠이는 것은 그 풍성진 음식과 삿듯한 의복이다. 그리고 세배 단이는 이곳 사람을 보면 고향 동리에서 흥성맞고 즐거웁고 재미나던 동리의 설날 광경이 눈에 환-하게 보이는 듯하다.

朝食은 밥이었고 점心은 떡국을 주는대, 그야말로 간에 기별도 않간다. 메루치국물에 떡쪽이 여나문 라러 앉어 있을 따름이라 먹고나니 시부장찮기 짝이 없다. 이제는 돈도 떠러 젓으니 豊角서처럼 몰래로도 사먹을 希望조차 없다. 따라서 外出하고 싶은 意欲조차 적다.

4284.2.7 水 (1.2)

士兵들은 나무하러 가서 동리 촌가를 찾어가서 떡국도 얻어 먹고 혹은 술도 얻어 먹었다고 한다. 예라 나도 차라리 士兵과 같이 나무하러 가서 얻어나 먹을 걸하고 마음속으로 후해도 된다. 떡국이 떡이 술이 눈에 훤히 비추인다. 먹는 것 추운 것 옷떠러진 것… 이렇것만이 머릿속에 가득차 있다. 정신이 이런대에만 쏠리고 만다. 衣食

이 足해야 禮儀를 안다는 말이 새삼스러히 느껴진다.

4284.2.8. 木 (1.3)

나를 大隊本部訓練係의 職責을 준다는 것은 二,三日前에 임이 消息을 드렀다. 그래서 前任者 李鍾仁氏가 事務引繼한다고 부뜨는것도 不拘하고 外出하였다. 外出理由는 不足 士兵을 募集하러 나가라는 것인대 내 마음속으로는 募兵은 才二次요, 金也洞 兵舍에 온지 一回도 外出 못하여 갑갑짐이 나서 더퍼놓고 나가봤으면 하는 막연한 心事와 村家에 드러가서 떡국이나 한그릇 배부르게 乞食해보자는 欲心이 앞섰던 것이다. 永秀, 仲話와 같이 三大隊의 金哲奎中尉를 面会할 豫定으로 南省峴으로 가기로 決心을 하고 途中 村落에 드러가서 떡국을 얻어 먹고 南省峴으로 가는 길에서 永秀 잠바를 가려 입도록하고 金中尉를 만나 보았다. 나를 반가웁게 맞어주고 三大隊로 올 希望이 있으면 오라고 한다.

歸路 落伍兵 数名은 다라고 눈나리는 저녁 느지막해서 歸營하였다.

4284.2.9 金 (1.4)

朝食後 基幹要員補職에 대한 申告가 있었다. 오날 비로소 正式으로 大隊訓練係에 補職된 것이다.

요새는 食事가 充分하다고 할 수는 없지 만은 過히 배곱흐지 안다. 이만하면 食事問題 良好하다.

4284.2.10 土 (1.5)

忠南 溫陽 朴秉浩 中尉가 原隊復歸할때에 나하고 永秀만은 데리고 가겠다고 함으로, 별서 数日前부터 마음을 조리며 計劃하고 꿈꾸고 있었든 것이 모다 水泡로 도라가고 마랐다. 담요도 팔았다가 물르고 共他私物도 몸에 지니고 다니다가 朴中尉가 슬그머니 사라지고 만이 어이없기 짝이 없다.

4284.2.11 日 (1.6)

하도 추워서 (낮에는 따뜻하지만 해만지면) 저녁이 도라오는 것이 지긋지긋하다. 그래서 大隊本部 火로 불을 쪼이고 앉었으면 잠자리에 드러가기가 싫다. 자다가 便所에 가는 나달이면 개 떨 듯이 떨지 않으면 안이되어 저녁 食事때는 可及的 물을 않마신다, 그러나 몸이 차니까 그런지 으래히 밤중이면 오줌이 마려우니 하는 수 없다.

4284.2.12. (1.7)

해넘어가고 어두워지면 돌막 굽는 것이 한가지 일이 되었다. 돌을 구워서 거적자리 밑에 넣고 자면 보통 數時間동안은 훈훈하기 때문이다. 잠자리가 좁아서 모루 간신이 끼어 자니 아침에 이러나면 몸이 뻐근하다.

양말도 이제는 마지막 끄내 신었다.

4284.2.13 火

오날이야 비로소 얼골을 닦고 장갑을 빨았다. 얼골은 자조 보지 않아서 때 묻은 것을 모르고 지내거니와 손등에 누더기 때가 묻은 것과 손이 시러워서 장갑을 끼면 까마케 윤이 나도록 더러운 그 꼴이야 말로 초로한 모습을 한층 더 가련하게 보여준다.

장갑을 빨으니 집에서 끼고 나온지 이미 50일이라 여기저기 해저 뚜러젓다.

4284.2.14 水

아침 일지기 兵力 差出이 있었다. 우리 洞里 사람이라고는 나, 永秀, 哲珪, 三人밖에는 없다. 나는 技術壯丁을 引率하고 22敎育隊 本部에 갔었다. 本部에 가보기는 이번이 처음이다. 11時에 金也洞 出発 12時에 本部 到着, 4時半에 떠나도라 오다가 2大隊本部에 드러가서 朴容茂君과 張時淳氏를 面会하고 그곳에서 열린 政訓2作隊演劇을 본 다음에 夕食을 얻어 먹고 떠나 6大隊에 도라오니까 어두어졌다. 食卷을 타서 夕食을 또하고 나니 大隊長이 사냥한 「노루」고기 국에 濁酒 연석이 버러졌다. 고대 밥을 먹은지라 2사발을 마시니 배가 불러 더 못 마시겠다.

永秀는 아침에 昌寧에 갔는대 내일 저녁때나 도라올 것이다.

張錫瑾氏와 그 家族이 淸道 近방에 와있다고 하는대 面会하지 못하여 섭섭하다.

4284.2.15. 木

돈 떠러진제 이제는 오라서 담배조차 사서 필수가 없다. 이사람 저사람에게 한 대 두 대 얻어피기도 어렵다. 「콘섯트」에 드러가니 申鳶兩君이 담배를 종이에 싸서 준다. 그리고 「오징어」 두 마리를 주어서 잘 먹었다.

4284.2.16 金

今日 淸道敎育隊本部에서 22敎育隊全隊員의 査閱式이 있다고 하여 갔었다. 그런대 그 자리에서 兵力移動이 있었고 우리 6大隊의 基幹要員大部分은 敎育隊本部 動務中隊에 編入되어 버리고 말았다.

그러나 午后가 되고 저녁이 되니 하나둘식 逃亡들 오기 시작한다. 나와 大本 要員 5名은 再編成 事前에 敎本에서 名簿作成하라고 하는 것을 奇貨로 그 자리를 免해서 떠날수가 있었다. 오날부터 兵舍가 不足하여 大本은 外泊許可를 얻었다.

4284.2.17 土

4284.2.18 日

外泊을 하니, 좀 살것같다. 兵士에는 新兵(不会格者)가 多数들어와 總員이 千余名이나 되어 兵舍不足으로 基幹要員들이 잘자리가 없다.

4284.2.19 月

金也洞二区에 개화집 사랑을 빌려 자게 되었다. 장판房에 따뜻한 잠자리를 참 오래간만에 맛 보았다.

국도 않먹고 마른 밥만 먹어서 그런지 뒤를 보자면 大固難을 느낀다. 아푸고 피가 나온다. 그러니 치질이 걱정이다. 요새는 많이 도전것같다.

食事는 오날부터 一食에 1습1勺으로 주러 붙고, 국도 없어 어느때는 메르치 여나문 마리, 또는 된장 한숫가락 때로는 고등어나 갈치 조기 같은 것을 五,六人앞에 짜게 쩌서 한 토막식 준다. 국을 끓여 준대야 맨 된장 국이라 간을 않처서 맹물 같은대 그나마 반사발 밖에 않준다.

4284.2.20 火 (1.15)

오날은 正月大보름 날이다. 그러나 우리의 生活面에는 아무런 變換도 없다. 더구나 어재부터는 밥도 주러부터 밥그릇을 받고 보면 정내미가 떨어진다. 하루종일 배곱은 생각만 난다. 혹시나 房 빌린집의 主人이 술이나 한잔 주지나 않을가 하고 은근히 마음속에 고대하나 그것도 헛된 欲望이 되고 말았다. 요새 몇일은 몹시나 술생각이 나는구나…

4284.2.21 水 (1.16) 雨天

週番副官을 自請하여 하였다. 食事때 비가 몹시 와서 敎育隊 本部 勤務中隊에서 逃亡해온 基幹要員들이 많이 食事하러 오지 않았으므로 食卷이 많이 남어 이사람 저사람에게 나누어 주었다. 나는 밥을 晝食에 二番 夕食에 二番半이나 먹었더니 국도 없는 꼬실 꼬실 한 맨 밥을 넘어 급히 많이 먹었기 때문에 뱃속이 그북하다.

점심때부터 오는 비가 밤이 되어도 연실 고향땅에 장마 비 오듯이 쏟어지더니 냇물이 차차 붓기 시작하였다. 수일전부터 기우러 젓던 才一「콘셋트」가 점점기우러지기 始作하여 危險狀態에 빠졌으므로 밤중 9時쯤에 不得己 士兵을 才二 才三 內務班으로 移動시켰다. 그러는 동안에도 비는 加一層 악수같이 쏘아지고 따라서 냇물은 벌장하여 종내 大隊本部天幕과 「콘셋트」內로 浸水하게 되었다. 夜暗雨中에 시내를 防축처럼 가로막은 石垣를 허든 생각……

지금도 어깨 쪽지가 아프다. 作業이 끗난 다음 午後 1時假量되어 속살 까지 젖은 옷을 밖에 버서 버린채 釜也洞二区宿所에가서 잣다.

4284.2.22

아참에 이러나니 옷은 겉 약복은 말할 것도 없거니와 內衣까지도 마르지 않았으나, 하는 수 없이 좀 덜 젖은 옷을 골라 입고 10時쯤 늦이 막하게 兵舍를 찾아가니 兵舍 廣場을 뿌연 洪水가 소리도 요란스러히 흘너 나리고 隊員들이 징검다리를 놓고 건너 다닌다. 大隊本部는 経理後 事務室로 移動. 12時頃 宿所로 빨래하러 왔다. 대충 때꾹만 흔들어 내는 대도 저녁때까지 걸렸다. 빨래하기도 무척 힘이 든다. 바느질할 때 힘이 들면 그렇거니와 집에서 빨래해주는 사람의 수고가 고마웁게 生 覚된다.

4284.2.23 金

無爲한 一日 별로 바뿌게 일할 것도 없고 士兵들의 敎練도 없고 오날도 그렁저렁 하로는 淸費되었다.

原隊復旧의 날은 언재인고?

4284.2.24 土

밤 2時까지 겨우 양말 한켜래 기였을 뿐.

4284.2.25 日

뱃탈이 났다. 週番副官하던날 밥을 넘어 먹은 탓(더구나 맨밥), 어재 밤 늦도록 꾸프리고 쪼꾸리고 않아 바느질하고 이잡느라고 탈이 난 것이다.

어재 저녁때 간신히 방을 얻어 이사하였는대 주인 老人의 人情이 좋고 방은 장판방에 바닥은 직사하게 뜨거워 이만하면 만彔 우리집 아름묵이나 진배없다.

지반식구는 어찌 지내고 잇나? 자나깨나 생각이다 叔父께서는 어떻게 되신 것일까.

允洙야 잘지내느냐? 넘어 나의 염려하다가 病이나 나지 않았는지 굳세게 이세상을 사러다오-

4284.2.25 月[4]

어잿밤에도 첫닭이 울 무렵에야 잠을 잣더니 아침에 이러나기가 싫다. 그러나 6時半까지 營門에 드러가야만 한다.

뱃속이 나뻐서 점심 후 숙소에 도라와 양복 쓰봉 무릅을 기엇는대 우굴쭈굴 나쁘게 기어졋다.

全炳浩君이 数日前에 七大隊所屬 情報員으로 派遣되어왔다. 마음에 한결 기쁘다.

4284.2.26 火

4284.3.3 日[5]

南省峴의 一夜를 무사히 지내고 3大隊本部인 學校運動場에 集合한 것은 8時30分頃이다. 編成이 끝난다음 16名이 1叺식 米穀을 나눈다음 大邱를 向해서 出発한것은 점심때가 기우러서다. 南省峴고개를 넘어 慶山까지 오기에 등에 점머진 쌀이 묵어워서 게로웠다. 慶山에 드르스니 배는 고픈대 돈이 그야말로 無一戔이라, 거리에 널린 음식은 그림에 떡이라. 尹君이 이윽고 삼백円을 내어 힌떡3가래를 사서 三人이 나누어 먹었다. 大邱10km前方에서 宿寢하는대 班長任의 厚情으로 厚持를 받았다.

4284.3.4 月

慶山郡 面發 大邱市內 通過 達成郡 河仁面 花山洞[6] 3区에서 宿泊 날씨는 좋다. 아

---

[4] 4284년 2월 26일은 월요일이었던 것으로 보아 일기를 후일에 쓰거나 요일을 착각한 것으로 여겨짐.

[5] 3월 3일은 토요일이었음. 2월 26일부터 요일을 誤記한 것으로 생각됨.

[6] 하인면 화산동은 존재하지 않았고, 현재 하빈면 하산동과 구지면 화산동은 존재하고 있음. 경로로 보아 하빈면 하산동의 誤記로 생각됨.

침을 먹고 길에 나스니 날은 맑에 개이고 봄바람은 솔솔 불어 氣分도 상快하거니와 길걷기에는 더웁지도 않고 춥지도 않아 심상 좋다. 그리운 故鄕에 가는 길이라 거름거리도 산듯산듯 모두들 喜色이 滿面이라. 어재 짐을 지고 오기에 무거워 고생스러웠기에 아침에 宿所主人婦人에게 大斗二升을 賣却하여 2400円을 받어 오는 途中에 200어치 술을 마시고 200원은 朴昌遠君에게서 꾼 돈을 갚고, 大邱市內에 드러서서 地圖를 700円 주고 사고 성냥 一匣에 200주고 삿다. 그 間에 성냥값이 2倍가 올랏으니 다른 물가도 이에 比例하여 高등되지 않었을까 싶다. 金鍾澈君이 담배一匣과 돈1000円은 주기에 받버 넣었다. 金君과 永秀는 어잿밤에 담요를 팔았다고 한다.

4284.3.5

어잿밤은 참 苦生이였다. 방이 차서 밤에 자다가 잠이 깨니 다시는 잠이 들지 않아 담배를 피우며 날이 밝기를 기다렸다.

아침에 永秀와 같이 出發 洛東江辺을 끼고 北으로 向하여 倭館에 到着하여 보니 鉄橋는 지나가지 못하게하고 木船으로 渡河를 시키는대, 木船은 작어 배하나에 60名밖에는 싣지 못하는 것이 단 二채라 해가 넘어갈때까지 간신이 건넜다. 우리도 午后 3時半쯤 되어서 건넜다. 船가는 一人當50円이다. 洛東江은 앝어 2~3m 깊이쯤 되어 보이고 江辺에는 사과 果樹園이 많고 밤나무도 방천 삼아 심은 것인지 많이 서있다. 江辺의 山脈의 岩石은 沙岩인듯 싶다. 배에서 나려 星州까지 가다가 술한잔 마시고 수좋게 「추럭」을 만나 星州까지 約10里를 타고 가다 星州에서 集結하는줄 알고 갓더니 將校도 없고, 하는 수 없이 金泉으로 向하는 길로 가다 約20里假量 갓어도 集結所는 없고 해는 저무러 하는 수 없이 내가 그곳 星州郡 碧珍面支署에 들어가 우리一行 71名의 宿泊을 付託하였더니, 面에 依賴하여 주어서 副面長의 指示를 따라 奀福洞에 찾아가는대 날이 저물어 해는지고 날은흐려 캄캄절벽같애 途中에 길을 잃어 不過 5里路程을 2時間以上이나 걸려 간신히 찾아 갔다.

발은 논흙에 빠치고 비오는 밤에 35名의 宿所 配置를 맞이고 区長宅에서 지어주신 밥을 먹고 잣다.

4284.3.6

어재 저녁과 오늘 아침은 쌀도 않이 바치고 먹었다. 아침에 이러나 밖을 내다보니 밤시이에 눈이 相當히 많이 쌓여였고 조반을 마치도록 진눈까비가 나리니, 갈일이 아득하였으나 引率將校를 찾으랴고 산길을 허매고 또 허매어 간신히 星州郡 草田面所在地에 다다러 星州서 金烏山으로 通하는 신작로를 따라 金泉方面으로 向하였다. 金烏山은 무참히도 战火를 입어 완전히 소화되어 버린채 있었다. 倭館과 星州로 通하는 道路分岐处에 있는 쓸쓸한 寒村이다. 이곳에 몹시 배골음을 참고 오다가 自動車를 타게 되어 金泉人道橋를 건넜으나 MP의 停止로 前進하지 못하고, 다리를 되건넜으나 引率將校들이 오지 않아 기다리는 동안에 점심겸 저녁을 지어 먹었다. 해가 질 무렵 中隊長級將校들을 만나 集合은 하였으나, 金少領이 到着하지 않아 宿所 配置가 않되므로 中隊長들이 우리들에게 各者任意로 宿所를 얻으라 함으로 川辺某村에 들어 갓으나 部落人心이 나쁜지라, 가는 집마다 拒絕當하고 不得已 그도 人情있는 젊은 사람의 厚意로 24円에 방과 나무를 빌어 자게 되었는대, 방에 불을 대중없이 피어 夜半에 뜨거워서 잠을 자주 깨고 나는 발 뒤꿈치를 디었으며, 房中사람이 모다 불머리를 알아 이튿날까지 고생하였다. 방이 좁아 새우잠을 잔 것은 말할 것도 없다. 밥은 永秀가 지어주어서 먹었다.

4284.3.7.

金泉人道橋를 건느지 못하게 하여 金泉내下流約2K地处에서 渡河하여 金泉南方으로 멀리 돌아, 높고 높은 고개를 넘어 金泉西方 金泉서 秋風嶺으로 向하는 鉄道線을 만났다. 고개길은 사람이 하나 밖에 通過치 못할만큼 좁고 험준한대 눈이 담북 쌓여 約두어시간 걸려서 간신히 넘어섰다.

秋風嶺旧道는 予想한봐 보다 그리 험준하지 않고 고래를 넘어스니 高原을 이루어 平단하고 田地가 많으며 人家도 많다.

小白山 줄기는 눈애 덮여 더욱 俊嚴 雄壯하여 보이고 溪谷의 맑은 물은 바위를 뚫

고 쏜살같이 흐른다.

秋風嶺을 넘어스니 永同郡 梅谷面인대 溪流는 岩脈을 뚫고 소리처 내려가는 風致가 아름답다. 宿所 얻기가 매우 어려워서 집자리 까론 방에서 하루 저녁을 새웠으나 날씨가 춥지 않아 춥지도 덥지도 않게 잘잣다.

4284.3.8.

우리 一行은 本大隊에서 落伍된듯하여 아침부터 速力을 노아 부지런히 거러가다 보니 靑山[7]이 集合地라는 소식을 듣고 安心은 하였으나, 하여간 부지런히거러 午后 二時半頃전에 靑山에 到着하였다.

朴昌遠君이 濁酒一升을 사고 내가 두부한모를 사서 먹고 宿所配置가 될 무렵 李昌洙의 母堂을 만나 夕,早食을 콩나물국에 고치장에 맛있게 먹고 잠자리까지 求하여 주셔서 편이 잘 쉬었다. 客地에 나와 故鄕사람을 만나서 반갑기 짝이 없고 그분도 客地에 生活費도 떠러졌다 하시는대 우리를 이같이 厚待하여 주시니 고마웁기 짝이 없다.

靑山이란 이름과는 反対로 밝간 野山에 나무하나 볼수없다. 무척 나무가 귀하다고 한다.

4284.3.9

어재 부지런히 거른 탓으로 몸이 화끈거리고 콧김이 뜨거우며 콧속이 허렀다. 報恩까지 오는 途中 道路辺도 몹시 파괴되었다. 어재 저녁부터 鉋声이 殷殷히 들리며 오는대 地方人의 말을 들으니 報恩東北方30里에 있는 俗離山에서 共匪殘敵을 소탕하는 中이라고 한다.

報恩郡水汗面山속 깊이 드러가서 宿所를 定했다. 이곳은 太白山脈에서 車嶺山脈이 갈라져 나가는 곳이라, 山이 켭켭이 백히고 俊嚴하며 산에는 큰나무는 서있지 않으나 7,8年生의 소나무 갈나무 참나무 等이 서었으며, 칡덩쿨이 엉켜있고 풀은 까꺼낸 자

---

7) 충북 옥천군의 옛지명으로, 1914년 행정구역 개편 때 옥천군에 합하여 청산면이 되었음. 이동 경로로 보아 충북 옥천군 청산으로 추측됨.

욱이 없다. 바위가 많고 溪谷 맑은 물밑에 깔린 잔돌곱고 깨끗하면 웃둑웃둑 서있는 바윗돌은 운치를 도웁는다. 宿所 主人宅에서 黃色煙草 200석를 사서 어머님게 선사하기로 하였다.

이저 버리고 쓰지 않았는대 金泉서 자든날 永秀에게서 千円을 받았다.

4284.3.10.

오날은 하루종일 산길만 거렀다. 꼬불꼬불 골자기로 언덕으로 한참거러 나스니 날은 흐려서 方向을 알기 어렵다. 끝으로 넘은 皮盤嶺이라는 곳은 海拔 375m 上 5,550m 下降 3,500余m ●●上20●拔下16의 어머어마하게 긴 고개인대 이 고개를 넘기에 約 2時間은 걸렸다. 淸道郡[8)南一面에서 配置. 이곳에서 淸道市[9)가 멀리 보인다. 約4K前方이다. 오늘 거른 산길가에는 버들 강아지 눈이 트고 아지랑이가 아롱거려 春日이 和暖하니 路辺의 芳草가 아름답게 싹튼다.

이제 故鄕山川이 보일 듯이 가까우니 모두들 얼굴에 喜色을 띄우고 집에가서 家族만나보고 飮食해먹을 이야기로 발아픈 것은 잊는다.

4284.3.11.

(끝)

---

8) 이동 경로로 보아 충북 청원군을 誤記한 것으로 보여짐. 현재 충북 청원군 남일면 有.
9) 청원군에서 보았다면 청주시가 보였던 것으로 사료되며 역시 誤記로 생각됨.